OTTO HOLZAPFEL
Das große deutsche Volksballadenbuch

OTTO HOLZAPFEL

Das große deutsche
VOLKS BALLADEN BUCH

Mit einem Nachwort und Erläuterungen
sowie acht Farbtafeln
und zahlreichen Abbildungen

Artemis & Winkler

Die Deutsche Bibliothek – CIP-Einheitsaufnahme

Das große deutsche Volksballadenbuch / Otto Holzapfel.
Mit einem Nachw. und Erl. - Düsseldorf;
Zürich : Artemis und Winkler, 2000
ISBN 3-538-06840-2

© 2000 Patmos Verlag GmbH & Co. KG
Artemis & Winkler Verlag, Düsseldorf und Zürich
Alle Rechte, einschließlich derjenigen des auszugsweisen
Abdrucks sowie der fotomechanischen und elektronischen
Wiedergabe, vorbehalten.

Umschlagmotiv: Der Erlkönig (Herr Oluf)
Umschlaggestaltung: Volker Butenschön, Lüneburg
Druck und Verarbeitung: Wiener Verlag, Himberg bei Wien
ISBN 3-538-06840-2

INHALT

Vorwort 7

Die Volksballaden 9

ANHANG

Nachwort 453

Ergänzende Literatur 462

Erläuterungen 463

Kurzkommentar 519

Alphabetisches Verzeichnis der Balladen-
überschriften und -anfänge 549

Sach- und Personenregister 557

Vorwort

»Graf und Nonne«, »Königskinder«, »Nachtjäger« und »Schloss in Österreich« sind Volksballadentitel, die der Generation unserer Großeltern durchaus geläufig waren. Andere hier in Liedform erzählte, in der Regel tragische Geschichten sind auch für uns noch erschreckend aktuell. Wir bieten mit dieser Textanthologie ein Lesebuch, möchten aber nicht vergessen lassen, dass zum eigenartigen Reiz der Volksballade ihr musikalischer Vortrag gehört, und zwar mit sich strophenweise wiederholenden Melodien, die manche Texte noch ausdrucksvoller und einprägsamer erscheinen lassen.

Bedeutsam war diese Jahrhunderte alte Gattung einer überlieferten Volksdichtung für die Entwicklung der Kunstballade im späten 18. Jahrhundert. Bürger, Herder, Goethe, Schiller u. a. dichteten nach diesem Muster. Der ›Volkston‹ wurde geschätzes Vorbild für die Kunstdichtung des Sturm und Drang, der Klassik und der Romantik. In überschwänglicher Begeisterung hat man die einfache Form des Volksliedes jedoch bald vergessen, und ein Dichter wie Heinrich Heine musste die Texte mit ironischer Brechung gleichsam in die Realität zurückholen. Aber verpflichtet fühlten sie sich alle dem archaisch wirkenden Vorbild bis hin zu Bertolt Brecht, der den Bänkelsang aufgriff.

Mündliche Überlieferung kennen wir heute nur noch bei einfachsten Erzählformen wie z. B. dem Gerücht oder dem Witz. Unsere Vorfahren waren weitaus stärker einer Welt verpflichtet, in der nicht allein die schriftliche Form der Tradierung zählte, schon gar nicht die über EDV automatisierte. Hier gingen Lieder und Geschichten durchaus von Mund zu Mund, und der unterhaltende Bänkelsänger und umherziehende Liedflugschriftenverkäufer war ein Bild aus dem Alltag.

Auskunft über die besondere Erzählform der traditionellen Volksballade gibt das Nachwort. Verschiedene Aufzeichnungen ähnlicher Fassungen lassen sich dem gleichen Liedtyp zuordnen. Hier werden diese Typen in alphabetischer Reihenfolge präsentiert, und jede Liedgeschichte umfasst in der Regel mehrere Varianten. In gleicher Reihenfolge gibt der abschließende Kurzkommentar, der auch die Funktion eines ausführlichen Inhaltsverzeichnisses hat, erste Hinweise zur Interpretation. Die beigegebenen Farbtafeln wollen eine Stimmung vermitteln, wie sie um etwa 1900 für jene Generationen wichtig war, in der Volksballaden noch lebendige Überlieferung darstellten. Die in den Text eingefügten schwarz-weiß Abbildungen stellen für die Balladentexte zusätzliche Quellenbelege dar bzw. verweisen über das Nachwort hinaus auf weitere Fragestellungen aus der Wissenschaft.

Im Gegensatz zur Sage etwa, aber weitgehend auch zum Märchen, sind Volksballadentexte nicht immer und für jeden leicht zugänglich. Unter der Textoberfläche liegen assoziative Hinweise und gattungstypische Strukturen, die dem Hörer damals geläufig waren, die wir uns heute aber durch Interpretation erst erschließen und verdeutlichen müssen. Deshalb haben wir hier zu den etwa 50 wichtigsten Texten unserer Anthologie als zweiten Teil Erläuterungen angeschlossen. Sie machen auf die vielfältigen Fragestellungen aufmerksam, die die Wissenschaft beschäftigt. Auch hier geht es nur um die Texte; die Melodien müssten ähnlich umfangreich und detailliert erschlossen werden. Der Kommentar ist fortlaufend lesbar und folgt einer bestimmten Argumentation in einer Reihenfolge, die nicht jene der Texte ist. Durch die Markierung der Überschriften wird man sich unschwer zurechtfinden.

Wir streben (neben einer behutsamen Modernisierung der Sprache) einen dokumentennahen Abdruck an, der sich z. B. auch darin zeigt, dass wir die Strophenzählung der Quelle übernehmen; wo eine solche fehlt, setzen wir die erschließbare Strophenzählung in eckige Klammern. In manchen Fällen kommt die Quelle unverändert im altertümlichen Gewand daher. Sie sollen sich als Leser selbst ein Urteil bilden können und nicht auf die häufig ›verbesserten‹ Texte mancher älterer Anthologien vertrauen müssen. Für die Generation von Herder und Goethe um 1770 war das Volkslied nicht nur eine Entdeckung, sondern mit dem ›Fund‹ ging auch die ›Erfindung‹ einher, wie es Ernst Klusen 1969 beschrieb. Das hat bis heute Folgen, indem traditionell überlieferte Texte allzu oft nachgebessert werden, um einem bildungsbürgerlichen Ideal zu entsprechen. So waren sie nicht, die Volksballaden; das werden Sie unschwer beim Lesen der Texte erfahren.

Eine landschaftliche Gliederung ist hier nicht sinnvoll, obwohl es neben der oberdeutschen bis um etwa 1500 eine bemerkenswerte niederdeutsch(-niederländische) Überlieferung gab. Wenn wir jedoch z. B. beim »Mädchenmörder« eine niederdeutsche Fassung, zuerst gedruckt 1842, voranstellen, bedeutet das durchaus nicht, dass diese besondere Volksballade ihrer Herkunft nach nur einseitig Norddeutschland zuzurechnen ist. Das war jedoch eine wichtige Fragestellung der Forschung: Etwa für den »Mädchenmörder« nahm man eine Entstehung um 1300 im niederländischen Raum an. Im Vergleich mit den anderen (oberdeutschen) Belegen erweist sich die Fassung allerdings als gängige Variante im Rahmen der gesamten (europäischen) Überlieferung. Für diese kennen wir aus dem niederdeutschen Sprachbereich eine eigene lebendige Tradierung. Ebenso gibt es keine Volksballaden, die nur etwa in Franken gesungen wurden oder gar dort entstanden sind. – Die gleiche Zeitlosigkeit und Ortsungebundenheit gilt für die erzählten Inhalte und für die im Text verwendeten Stilmittel. Manche genretypischen Eigenschaften haben ihren Ursprung in spätmittelalterlicher Dichtung, die Gattung jedoch war mit neuen Liedern produktiv bis in das 19. Jahrhundert hinein.

Zudem ist die Volksballade ein ausgeprägt internationales Genre mit Parallelen in fast allen europäischen Sprachen. Dazu konnten wir nur einige Verweise im Kurzkommentar nennen. Weitere Angaben bietet das Nachwort. Die Wissenschaft der internationalen Volksballadenforschung hat ihre Tradition seit etwa 1850 mit vielen Untersuchungen, unterschiedlichen Theorien und wechselnden Ansätzen. Das alles kann hier nicht vorgeführt werden und soll auch Ihre eigene Lust, Texte zu entdecken, nicht einengen.

DIE VOLKSBALLADEN

AARGÄUER LIEBCHEN

[1.] Im Äärgäu sind zweu Liebi.
Sie hättid enandre gern.

[2.] Und der jung Chnab zog zu Chriege.
Wenn chunnt er wiederum hei?

[3.] Uf d's Jahr im andere Summer,
wenn alli Stüdeli trägid Laub.

[4.] Und d's Jahr und das wär' ume!
Der jung Chnab ist wiedrum hei.

[5.] Er zug dur's Gässeli ufe,
wo d's schön Anneli verborge läg.

[6.] »Gott grüeß dich, du Hübschi, du Feini!
Von Herze gefallst mir wohl!«

[7.] »Wie kann ich denn dir gefalle?
Ha schon längst en andre Mann

[8.] En hübsche-n-und en ryche-n
und der mich erhalte kann.«

[9.] Er zug dur's Gässeli abe,
er truuret und weint so sehr.

[10.] Da begegnet ihm seine Frau Muetter:
»Und was truurist und weinist so sehr?«

[11.] »Warum sollt i denn nit truure?
Jitz ha-n-i keis Schätzeli meh!«

[12.] »Wärist du daheim gebliebe,
so hättist dys Schätzeli no!«

*Sammlung von Schweizer-Kühreihen und alten Volksliedern
[erste Auflage von S. von Wagner, Bern 1805; zweite Auflage
von G. J. Kuhn, 1812], nach der 3. Auflage, Bern 1818,
S. 65f. – Vgl. Schweizer Kühreihen und Volkslieder,
von J. R. Wyss [Bern 1826; nach G. J. Kuhn, 1812],
neu hrsg. von R. Simmen, Zürich 1979*

ABENDGANG

[1.] ES wohnet Lieb bey Liebe /
darzu groß Herzte leid /
Ein Edle Königinne /
ein Ritter hoch gemeid /
sie hatten einander lieb /
das sie vor großer hüte [behütet,
 bewacht] /
zusammen kamen nie.

[2.] Die Junckfraw die was Edel /
sie thet ein abendt ganck /
Sie ginck gar trawriglichen /
do sie den Wechter fand /
O Wechter trith du her zu mir /
Reicher wolt ich dich machen /
dörfft ich vertrawen dir.

[3.] Jr sollent mir vertrawen /
zart Edle Junckfraw fein /
So förcht ich nichts als sehre /
Als ewers Vatters grym [Grimm] /
Jch förcht ewers Vatters zorn /
Wo es mir mißlünge [misslingen würde] /
mein Leib [Leben] het ich verlorn.

[4.] Es sol vns nicht mißlingen /
Es sol vns wol ergan /
Ob ich entschlaffen würde /
so weck mich mit gethan [Getön?] /
Ob ich entschlaffen wer zu lang /
O Wechter traut Geselle /
so weck mich mit gesang.

[5.] Sie gab jhm das Golt zu behalten /
den mantel an seinen arm /
Faret hin mein schön Junckfrawe /
vnd das euch Gott bewar /
Vnd das er euch auch wol behüth /
es krencket demselben Wechter /
sein leben vnnd sein Gemüth.

[6.] Die Nacht die war so finster /
Der Mon gar lutzel schein [Mond schien
 klein, ein wenig] /
die Junckfraw die was Edel /
Sie kam zum holen [hohlen] stein /
Darauß ein kaltes Prünnelein sprang /
darüber eine grüne Linde /
Fraw Nachtegal saß vnd sang.

[7.] Was singestu [singst du] Fraw
 Nachtegal /
du kleines Waldtfogelein /
wol [wollt'] mir ihn Gott behüten /
ja des ich warten bin [auf den ich warte,
 mich sehne] /
So spar mir Gott auch jhn gesundt /
Er hat zwey Braune Augen /
darzu ein roten Mundt.

[8.] Das erhört [hört] ein Zwergelein
 kleine /
das in dem Walde saß /
Es lieff mit schneller eile /
Da es die Junckfraw fandt /
Jch bin ein Bott [Bote] zu euch gesandt /
mit mir solt jr von hinnen /
Jn meiner Mutter Landt.

[9.] Er nam sie bey der Hende /
bey jhre schneeweißen handt /
Er fürt sie an das ende /
da er sein Mutter fandt /
O Mutter die ist mein allein /
ich fandt sie nechten spate [spät, gestern
 Abend] /
bei einem holen stein.

[10.] Vnd do des Zwergels Mutter /
die Junckfraw anesach [ansah] /
Gang für sie wieder geschwinde /
da du sie genomen hast /
du schaffst groß jamer vnd groß noth /
ehe Morgen der Tag hergehet /
so seindt [sind] drey Menschen Todt.

Wächterruf und Tagelied, »Eyn Schone tageweys / Von eynes Künigs Tochter / vnd einem Wechter…«, gehören zur Szenerie der Ballade vom »Abendgang«. Der sorgfältige Druck einer Flugschrift mit diesem Liedtext stammt von Mattes Maler in Erfurt und ist »M.D.XXIX« (1529) datiert. Es ist die älteste Liedflugschrift dieser berühmten Ballade aus einer großen Zahl von Drucken des 16. Jahrhunderts. Die Tonangabe (»Jm thon«) verweist auf die Melodie, nach der dieses Lied gesungen werden kann. Die Illustration, ein grober Holzschnitt mit einem Ritter im Gespräch unter Frauen, passt zum Text, muss aber nicht für dieses Lied geschnitten worden sein. – Aus älteren Beständen der Ratsschulbibliothek in Zwickau, Kopie im DVA Freiburg i. Br. = Bl 2087.

[11.] Er nam sie bey der Hande /
bey jhr schneeweißen handt /
er fürt sie an das ende /
da er sie genomen hat /
Da lag der Ritter verwundt biß auff den
  Todt /
Do stundt die schöne Junckfrawe /
so gar in großer noth.

[12.] Sie zog das schwerdt auß jhme /
sie stachs auch selbs in sich /
Vnd hastu [hast du] dich erstochen /
so stich ichs auch in mich /
Es sol sich nimmer keins Könninges
  [Königs] Kindt /
vmb [um] meinent willen sterben /
ermorden mehr vmb mich.

[13.] Do es das Morgens taget /
der Wechter hub an und sang /
so wardt mir in keinem jare /
kein nacht noch nie so lang /
denn diese nacht mir hat gethan /
O Reicher [mächtiger] Christ von Himel /
wie wirt es mir ergan [ergehen].

[14.] Vnnd das erhöret [hört] die
  Königin /
die inn dem Bette lag /
O höret Edler Herre /
was ist des Wechters klage /
wie jhm die nacht doch het gethan /
Jch fürcht das vnser Tochter /
Die hab [hat] nicht wol gethan.

[15.] Der Köning wol zu der Könningin
  sprach /
zündt an ein kertzelicht /
vnd sehet inn alle Bürge [Burg, Raum] /
ob jhr sie finden möcht /
findet jhrs an dem Bett nicht dran /
so wirdts demselben Wechter /
wol an sein leben gan [gehen].

[16.] Die Königin war geswinde /
sie zündt an ein kertzen liecht /
sie sach inn alle Börge [!] /
sie fandt jhr Tochter nicht /
Sie suchts mit fleiß am Bett dran /
O reicher [mächtiger] Christ von Himel /
wie wirdt es heut ergan.

[17.] Sie ließen den Wechter fahen
  [fangen] /
sie legten jn auff ein Tisch /
zu stücken thet man jhn schneiden /
gleich wie einem Salmen Fisch /
vnnd warumb theten sie jhm das /
das sich ein ander Wechter /
solt hüten desto baß [besser].

Liedflugschrift aus dem Ende des 16. Jh.: Vier schöne Lieder. Das erste [...] gedruckt zu Wolfenbüttel bei Konrad Horn, o.J. [um 1590]; Bestand der Berliner Staatsbibliothek = DVA Bl 569 [die Schreibung der Vorlage wurde belassen, Worterklärungen in eckigen Klammern; Schrägstrich steht für Virgel, dem Vorläufer des Kommas]

ALTER MANN UND SCHÜLER (A)

1. Es stoht eis [ein] Schlössli unten am Rhein,
darinnen war's ein alter Mann,
viel Geld hat er gestohlen.
Er läuft die Risen uf und ab,
da begegnet ihm's ein Schülerknab.

2. »Ach Schülerknab, ach Schülerknab,
nimm mir das Geld ein weneli [wenig] ab
und trag es in die Burg ine [!],
wohl für die riche Herre.«
Und als er in die Burg ine kam,

3. wohl für die riche Herre.
»Wo hast du das Geld genommen?« –
»Ich hab's nit genommen, ich hab's nicht gestohlen,
es hat mir's gegeben ein alter Mann.«
Die Herren, die kehrten sich nicht daran.

4. Sie taten den Schüler fangen,
sie taten ihn in es hohes Turm,
am Galge muess er hange.
Der Schüler schickte [schrieb] dem Vater zu.
Es ging nit mehr als ein halb Stund,

5. der Vater, der war schon da.
»Ach Sohne, liebster Sohne min,
mein Herz tuet mir zerbrechen.« –
»Ach Vater, lieber Vater min,
dein Herz soll dir nicht brechen.«

6. Die Mutter trug das zehntisch [zehnte] Kind
unter ihrem treuen Herzen.
»Ach Sohne, liebster Sohne min,
dasselbe können wir nicht rechnen [rächen],
es steht noch unter Gottes Hand,

7. kein Wort kann es noch sprechen.«
Und als das Glöggli drü [drei] Uhr schlug,
sie führten ihn zu dem Galgen.
Er wollte nicht die Leiteren uf,
er tat noch eine Bitte.

8. »Lasset mich noch einmal die Welt anschauen,
ich schau sie jetzt an und nimmer mehr.«
Der Schüler stieg die Leiteren uf.
Und als der Schüler gehenket war,
da kam eine schneeweisse Taube daher

9. und führte den Schüler ins Himmelreich.
Der alte Mann stund oben am Rain.
Da kam der Teufel und nahm ihn beim Bein
und fahrt mit ihm in die Hölle,
da musst jetzt auch lide [leiden] die ewige Pein.

DVA = A 29 025; aufgezeichnet in Kanton Aargau (Schweiz), 1859. – Der Übergang von der Str. 2 zu 3, 4/5, 6/7 und 8/9 ist jeweils um eine Zeile verschoben. Das könnte etwa durch eine wiederholte Zeile 4 in Str. 2 korrigiert werden, wovon wir absehen. Die Quelle, wahrscheinlich ein handschriftliches Liederbuch, hat auch so ihren Reiz [Groß- und Kleinschreibung wurden allerdings normalisiert].

ALTER MANN UND SCHÜLER (B)

1. Es war einmal ein alter Mann,
viel Geld hat er gestohlen,
er tragts wohl über grünen Heid,
begegnet ihm ein Schüler.

2. »Ei Schüler, herzliebster Schüler mein,
helf mir das Gelde tragen,
trags mir, trags nur eine halbete Stund,
kann ich ein wenig ruhen.«

3. Der Schüler gab sein Willen drein,
er hilft das Gelde tragen,
er tragts durch dieselbige Nacht,
wo er das Geld gestohlen hat.

4. »Ei Schüler, herzliebster Schüler mein,
wo hast du das Geld gestohlen?«
»Es hats mir gegeben ein alter Mann,
so hat er mich betrogen.«

5. Sie führten den Schüler ins Rathaus,
sein Urteil wird gesprochen,
sein Vater nicht weit wohl hinter ihm stand,
sein Herz muß ihm zerbrechen.

6. »Ei Vater, herzliebster Vater mein,
lasst euer Herz nicht zerbrechen,
die Mutter geht mit einem Kind,
das wird schon vor mich rechnen [!].«

7. »Ei Sohn, herzliebster Sohne mein,
wie kann das vor dich rechnen,
du bist groß, das Kind ist klein,
wie kann das vor dich rechnen?«

8. Sie führten den Schüler zum Galgen naus,
wohl auf der dritten Spriessel [Sprosse].
»Reicht her, reicht her das seiden Tuch,
verbindet mir meine Augen [!].

9. Nehmt weg, nehmt weg das seiden Tuch,
lasset mich die Welt anschauen,
vielleicht siech ich sie zum letzten
mit meine schwarzbraune Augen.«

DVA = A 142 152; aus einem handschriftlichen Liederbuch aus Hajos (Ungarn), 1907 (Sammlung Karl Horak). – Karl Horak (1908–1992) war ein hervorragender Volksliedaufzeichner und engagierter Wissenschaftler, der sich, zusammen mit seiner Frau Grete, besonders um die Volksmusikaufzeichnung im Alpenraum und in Südosteuropa verdient gemacht hat (1927 in der Steiermark, seit 1928 im Burgenland, ab 1933 in Tirol und Südtirol, 1938 im Banat usw.). – Handschriftliche Liederbücher sind wichtig für die Beurteilung eines persönlichen Repertoires der Gewährspersonen.

BAUER IM HOLZ

1. Es fuhr, es fuhr, es fuhr,
es fuhr ein Bauer ins Holz,
da kam ein stolzer Schreiber
zu seinem Fräulein stolz.

2. »Herzallerliebste schöne Frau,
und wo ist Euer Mann?«
»Drei Stunden vor dem Tage
spannt er sein Rösslein an.

3. Er fuhr, er fuhr, er fuhr,
er fuhr mit leichtem Sinn;
ich wollt, dass ihn Sant Velten
auf dem Wege führt dahin.«

4. Der Bauer, der Lauer, der Lauer,
der Lauer kam wieder heim,
er fand den stolzen Schreiber
bei seinem Fräulein fein.

5. »Herzallerliebste schöne Frau,
was macht der Schreiber hier?
Hab ich ihn doch mein Leben lang
noch nie gesehen hie.«

6. Der Bauer, der Bauer, der Bauer,
der Bauer erwischt ein Scheit,
er schlug den stolzen Schreiber
auf seinen zarten Leib.

7. »Was hab, was hab, was hab,
was hab ich dir getan?
Dein Fräulein ließ mich bieten [bitten]:
Auf der Lauten sollt ich ihr schlan [schlagen].«

8. »Das dank, das dank, das dank,
das dank der Teufel dir,
dass du nach deinem Gefallen
auf der Lauten schlägst ihr.«

9. Er hat, er hat, er hat,
er hat so sehr geschlan,
dass ihn wohl vier Studenten
aufs Kollegium mussten tragen.

10. Da war, da war, da war,
da war der Schreiber heftig krank:
Ein Bett ließ er ihm machen
beim Ofen auf die Bank.

11. Da kam, da kam, da kam,
da kam der Kapelan:
»Ach Sohn, und du musst beichten,
drumb komm ich herein.«

12. »Ach Herr, ach Herr, ach Herr,
ach Herr, ich bin zu krank,
und soll ich dann nu beichten,
so geschichts wider meinen Dank.«

13. »Ei Sohn, ei Sohn, ei Sohn,
ei Sohn, ich rate dir zu:
Und wann du wieder frisch wirst,
so solltu Buße tun.«

14. »Ach Herr, ach Herr, ach Herr,
ach Herr, ich hab's im Sinn:
Verleiht mir Gott das Leben,
so schleich ich wieder hin.«

15. »Ach Sohn, ach Sohn, ach Sohn,
ach Sohn, ich rate dir bei Gott:
Kommt dir der Bauer noch einmal,
so schlägt er dich zu Tod.«

Hermann Strobach, Droben auf jenem Berge, Rostock 1984, Nr. 18c (nach Melchior Francks Quodlibet-Sammlung, Nürnberg 1611)

BAUER UND MAGD (A)

1. Es war ein Bauer im Schwabenland,
der hat ein schönes Wei', Wei', Wei,
juchhe und abermals,
der hat ein schönes Wei'.

2. Er hätt a schöne Dirn dabei,
die war der Bäurin zglei'.

3. Die Bäurin will afn Kirta [Kirchweih] gehn,
da war der Bauer schon froh.

4. Der Bauer tut zan Knecht glei' sagn:
»Geh, schnei' in Pferd a Stroh!«

5. Der Bauer tut za da Dirn glei' sagn:
»Geh, geng mar a weng ins Heu, Heu, Heu,
juchhe und abermals,
nur af a kloani Weil!«

6. Die Bäurin kam vom Kirta zhaus,
ganz trutzi schaut sie aus.

7. Das Bett, das war umgekehrt,
der Strohsack schaut heraus.

8. Die Bäurin tut za da Dirn glei' sagn:
»Geh, pack di aus mein Haus!

9. Du hast die Wurst gefressen,
friss auch das saure Kraut!«

Gustav Jungbauer, Volkslieder aus dem Böhmerwalde, Bd. 1,
Prag 1930, Nr. 47b (aufgezeichnet in Prietal, um 1890)

Titelblatt einer undatierten Liedflugschrift, gedruckt zu Augsburg bei »Mattheum Francken« [dieser druckte 1559 bis 1568]. »Ein hüpsch New Lied / Schürtz dich Gredlein schürtz dich etc...« mit der Ballade vom »Gretlein«, das sich verführen lässt (nicht in unserer Auswahl). – Aus dem Bestand des Britischen Museums London, Kopie im DVA Freiburg i. Br. = Bl 1452; vgl. Deutsche Volkslieder mit ihren Melodien: Balladen, Band 9, Freiburg i. Br. 1992, S. 87.

BAUER UND MAGD (B)

1. Der Bauer aus dem Schwabenland,
der hat ein schönes Weib,
dazu eine schöne Dienstmagd,
die war dem Bauern sein Freud.

2. Der Bauer zu der Dienstmagd spricht:
»Geh, gehn ma a bisserl aufs Heu!
Ich werd dir was erzählen dort,
es dauert nur a Weil.«

3. Die Dienstmagd zu dem Bauern spricht:
»O Herr, das darf nicht sein.
Wenn das die Frau Madam erführ,
bekomm ich keinen Lohn.«

4. Der Bauer zu der Dienstmagd spricht:
»Was bekümmert dich der Lohn?
Ich bin der reichste Bauersmann,
ich schenk dir einen Sohn.«

5. Die Bäurin von dem Jahrmarkt ging
aufn Heuboden hinauf.
Sie sucht ja dort die Dienstmagd auf,
und den Bauern sucht sie auch.

5a. Die Bäurin vom Jahrmarkt kommt,
stieg oben die Treppe hinauf;
da sah sie das Dienstmadl liegn im Rück,
den Bauer oben drauf.

6. Die Bäurin zu dem Bauern spricht:
»Ei, das ist mir schon recht,
wenn du dich mit der Dienstmagd spielst,
so spiel ich mich mitn Knecht.«

Gustav Jungbauer, Volkslieder aus dem Böhmerwalde, Bd. 1, Prag 1930, Nr. 47a (aufgezeichnet in Chrobold, 1907). – Str. 5a ist eine Variante aus einer anderen Aufzeichnung.

BAUER UND STUDENT

[1.] Es hatt' ein Bauer ein Töchterlein;
dass sie täte den Willen sein,
er bot ihr Silber und rotes Gold,
dass sie ihn lieb haben sollt'
  gar heimlich.

[2.] Als ein Student das erhört,
seinem Haus er den Rücken kehrt
und kam vor der Jungfrau Tür
und klopft mit seinem Finger dafür
  gar heimlich.

[3.] Die Jungfrau auf dem Bette lag,
zum Student sie da sprach:
»Ist jemand draußen, der begehret mein,
der ziehe das Schnürlein und komme
  herein
  gar heimlich.«

[4.] Der Student in die Kammer ging,
große Freude er da empfing,
er küsste sie auf ihr Mündelein,
drückte sie an ihr Brüstelein
  gar heimlich.

[5.] Als nun der Bauer das erhört,
seinem Haus er den Rücken kehrt
und kam vor der Jungfrauen Tür;
er klopft mit seinem Stiefel dafür
  gar öffentlich.

[6.] Die Jungfrau auf dem Bette lag,
zu dem Bauern sie da sprach:
»Ist jemand da, der begehret herein,
der suche ein ander Jungfräulein
  gar heimlich.«

[7.] »O weh, o weh«, der Bauer da sprach,
»es ist gar falsch um meine Sach',
ich hab verloren mein rotes Gold,
das Mägdlein ist einem andern hold
  gar heimlich.«

[8.] Wer ist, der uns dies' Liedlein sang,
ein freier Student ist er genannt,
er lehrt einer Jungfrauen Lesen und
  Schreiben,
braucht dazu weder Feder noch Kreiden,
  gar heimlich.

nach: R. Caspari und E. Kleinschmidt, in: Jahrbuch für Volksliedforschung 21 (1976); nach einer Liedflugschrift, datiert 1646. Der Text steht in der Tradition eines mittelalterlichen, lateinischen Liedes, »Rusticus amabilem...«, welches seit der Mitte des 15. Jh. belegt ist und von dem man verschiedene deutsche Parallel-Übersetzungen kennt.

BAUERNTÖCHTERLEIN

1. Es kam ein Knab für's Bauern Tür:
»Ach, Bauer, schaff mir dein' Tochter herfür!«

2. Der Bauer, der dacht' in seinem Mut:
Der Knabe stolz, wo hat er sein Gut?

3. Der Knabe hat der Gaben so viel
und kaufte dem Mägdlein, was es will.

4. Er kief [kaufte] ihr ein' Gürtel um ihren Leib,
der viel zu lang und auch viel breit.

5. Er kief ihr ein' Ring an ihre Hand,
damit reist sie durchs ganze Land.

6. Er kief ihr ein paar neue Schuh,
damit trat sie zum Ehstand zu.

7. Der Tag verging, die Nacht herkam,
der Bräutigam die Braut schlafen nahm.

8. Es war kaum um die halbe Nacht,
der Bräutigam an sein' Braut gedacht.

9. Er wollte sie nehmen in seinen Arm,
da war sie kalt und nicht mehr warm.

10. Er wollte sie küssen an ihren Mund,
da war sie tot und nicht gesund.

11. Der Bräutigam schrie mit heller Stimm:
»Ach Gott hilf mir! Mein' Lieb ist hin!

12. Wo krieg ich denn zwei junge Weib',
die mir mein' Schatz in Seiden kleid'?

13. Wo krieg ich denn sechs junge Knaben,
die mir mein' Schatz zur Erde begraben?«

*DVA = B 16 288; aus der Zeitschrift Idunna und Hermode [Iduna],
Weimar 1816*

BAYRISCHER HIASL

1. I bin da boarisch Hiasl, gar a lustiga Bua,
steck i a paar Fedan [Federn] aufi af an grean Huat.

2. Koa Jaga is imstand, koa Jaga hat a Schneid,
der mir halt mein Gamsbart vom Huat abakeit.

3. Es seids oft nach mir ganga, es habts mi oft gnua gsehgn,
habts oft auf mi gschossn, seids ma ganga aufs Lebn.

4. Wenns Bixerl [Büchse] frisch tuat knalln, des Ding tuat ma gfalln,
mir san enkre Kugln all in Sack einigfalln.

5. Des werd ma a no taugn, wanns es außi gehts an Wald,
da wer is zammaschiaßn, daß alles tuscht und knallt.

6. De Gamserl von dem Hochgebirg, de Vögerl von dem Bam,
oft wern sie si halt denka: Bal da Hiasl bald wegkam!

7. Es alle meine Jaga, oans will i enk [euch] no sagn:
Es könnts schiaßn wias wollts, und es kinnts ma net schadn.

8. Des Pulver und des Blei, des gib i enk dafür,
koa Jaga is imstand, der ma auflöst mei Gfrier.

9. Da Hund und da Bua, de lacha halt dazua,
sie denka si halt grad: Schiaßts no schö brav zua!

10. Wia ärga als sie's schnalzn hörn, so bessa tuat sies gfrein,
i bin da boarisch Hiasl, koa Kugl geht ma ein.

11. In Augsburger Wald drinn, da hab is mei Gäu,
dort schiaß i alle Wochn a Hirscherl a drei.

12. De Haut de vokaf ma, des Fleisch freß ma selm,
des Geld des vosauf ma, da kinnan mia scho lebn.

13. Der alte Schergn Veitl, der narrische Tropf,
der hat ins voratn im Augsburger Gschloss.

14. Jetz gengas auf mi stroafa a ganz Regiment
und wenns mi dawischn, so wer i zammbrennt.

15. Wia öfter als is schiaßn hör, wia ärga tuat ma garbn,
sie solltn ihre Kugln all in ihra Brust drinn habn.

16. A Jaga od'r a Hund, des gilt mir alles gleich,
ob i an Jaga zammaschiaß, od'r an Hund ins Wassa schmeiß.

17. I bi da boarisch Hiasl, da erga is mei Hund,
mir lafa halt den ganzn Tag im Wald umadum.

Kiem Pauli, Sammlung Oberbayrischer Volkslieder, München 1934/1971, S. 102; aufgezeichnet in Miesbach 1930. – Str. 8 »Gfrier« = ›Festsein gegen Stich und Schuss‹, magischer Schutz.

Der Bayrische Hiasl und seine Bande. Ausschnitt aus einer Radierung von J. M. Will (1727–1806). Vgl. P. E. Rattelmüller, Matthäus Klostermaier vulgo Der Bayrische Hiasl, München 1971

BELOHNTE UNSCHULD

1. »Feinsliebchen du sollst mir nicht barfuß gehn,
du zertrittst dir die zarten Füßlein schön.«

2. »Wie wollte ich denn nicht barfuß gehn,
hab keine Schuh ja anzuziehn.«

3. »Feinsliebchen, willst du mein eigen sein,
so kaufe ich dir ein Paar Schühlein fein.«

4. »Wie könnt ich euer eigen sein,
ich bin ein armes Mägdelein.«

5. »Und bist du auch arm, so nehm ich dich doch,
du hast ja die Ehr' und die Treue noch.«

6. »Die Ehr' und die Treu mir keiner nahm,
ich bin, wie ich von der Mutter kam.«

7. Was zog er aus seiner Tasche fein?
Von lauter Gold eine Ringelein.

DVA = A 161 731, aufgezeichnet nach Siedlern aus Galizien 1940 (Sammlung Albert Brosch). – Albert Ludwig Brosch (1886–1970) war Uhrmachermeister in Eger. Er zählt zu den bedeutendsten Volksliedsammlern des deutschen Sprachraums; seine gesamten Aufzeichnungen, vor allem aus Böhmen (ab 1906) und Mähren und (ab 1945) aus Franken (Windsheim), werden auf ca. 20.000 geschätzt.

BERNAUERIN
(AGNES BERNAUER 1435)

1. Es reiten drei Herren zum Tore hinaus,
sie reiten einer Baderin wohl vor ihr Haus.

2. »Andel Baderin, sollst früh aufstehn
und sollst ein wenig vor die Herren ausgehn,
der Herzog Albrecht der ist kommen.«

3. Andel Baderin zieht an ein Hemd schneeweiß,
dadurch sah man ihren schneekreideweißen Leib,
sie trat wohl vor die Herren.

4. »Andel Baderin, wollt ihr Herzog Albrecht verwägen,
ein marmelsteinern Schloss das wollen wir euch geben,
dazu einen wackeren Herren.«

5. »Ja, eh ich wollt Herzog Albrecht verwägen,
viel eher wollt ich sterben, dass es jedermann tut sehen,
von wegen des Herzogs Albrecht.«

6. Sie binden ihr die Hand wohl auf den Ruck [Rücken]
und führten sie ganz schnell wohl auf die Bruck [Brücke],
das Wasser musste sie anschauen.

7. Sie wickeln ihr den Prügel um ihr goldgelbes Haar
und stoßen sie in das Wasser hinab,
darinnen musste sie ersaufen.

8. Sobald sie in die Mitte hinein kam,
der heilige Nikolai, den ruft sie an:
»O heiliger Nikolai, hilf mir aus der Not!

9. Ich will dir lassen bauen ein neues Gotteshaus,
dazu eine ewige Messe.«

10. Sobald sie auf das Land hinaus kam,
der leidige Henker stand schon wieder da
und stößt sie hinab ins Wasser.

11. »Ach leidiger Henker, was hab ich dir getan,
dass du bist meinem Leben so gram
und stößt mich wieder ins Wasser?«

12. »Du hast mir mein Lebtag nichts Leids getan,
als dass du Herzog Albrecht willst han [haben]
und bist nur eines Baders Tochter.«

13. Es steht an bis auf den dritten Tag,
der Herzog Albrecht ist selbsten da,
Herzog Albrecht, der ist gekommen.

14. »Ach ihr Herren, seids euer so viel gewest [gewesen]
und hat keiner für mein schönes Andel gebetet!

15. Ach, Vater, wenn ihr mein Vater nicht wärt,
so müsst ihr sterben, wann Gott selbsten da wär,
von wegen meiner schönen Andel Baderin.«

16. »Ach Sohn, ach Sohn, reise über den Rhein,
du bekommst schon wieder ein so wacker Mädelein,
nimm nur keine Baderstochter.«

17. »Ach Baderstochter hin, ach Baderstochter her,
meinen Lebtag bekomm ich so kein wackeres Mädel mehr,
als wie das Mädel ist gewesen.«

18. Es steht an bis auf den dritten Tag,
der Herzog Albrecht ist selbsten tot,
er hat sich selbst erschossen.

19. Jetzt müssen wir Herzog Albrecht begraben
und müssen allesamt goldige Badhörlen [Rosenkränze] tragen
von wegen unseres Herzogs Albrecht.

DVldr Nr. 65 B; Niederschrift von Jacob Grimm ohne nähere Angaben, Februar 1815. –
Str. 4 »verwägen« = verderben; hier: abschwören

BESTRAFTE ZECHPRELLEREI (A)

1. Ein Liedlein wollen wir singen,
ein Liedlein so hübsch und fein,
und wie die drei besoffnen Weiber
zusammenkommen sein.

2. Die erste sprach mit Freuden:
»Ich weiß ein kühlen Wein,
ein Halbe wollen wir's trinken,
weil wir's beisammen sein.«

3. Die zweite sprach ganz trutzig:
»Eine Halbe trink ich nicht,
mein Mann, der ist zuhause,
meinem Mann, dem trau ich nicht.«

4. Die dritte sprach ganz zornig:
»Was fragst du nach dein' Mann,
dein Mann, der braucht's nicht wissen,
was wir als Weiber tun.«

5. Sie gingen nun ins Wirtshaus
und ja so geschwind:
»Herr Wirt, verschaff uns Essen,
ein schweinernes Bratl geschwind.«

6. Und wie die Weiber gegessen haben
drei Dutzend Bratwürst,
auf's Trinken haben sie vergessen schon,
wie's die Weiber dürst'.

7. Sie trinken aus dem Krug
wie wohl aus dem Glas,
bis der Wein ist kommen
auf sechsunddreißig Maß.

8. Der Wirt, der nahm die Kreide
und schrieb es alles auf.
»Ihr besoffenen Weiber,
bezahlen müsst ihr aus!«

9. Es hat eine jede drei Taler,
sie zahlen tapfer aus,
bis die dritte muss ziehen
ihr gschecketes Kleidlein aus.

10. Und wie die Weiber nach Hause kommen,
der Mann schaut beim Fenster heraus:
»Ei, du besoffenes Luder,
hast du dein Kleidlein draus.«

11. Sie nahm ihn bei dem Bart
und riss ihn ja so hart,
bis das Blut tut fließen
wohl über den Bart herab.

DVA = A 142 148; aus einem handschriftlichen Liederbuch in Ungarn, 1907 (Sammlung Karl Horak)

BESTRAFTE ZECHPRELLEREI (B)

1. Es treiben drei Weiber die Küh',
sie treiben's in aller Früh;
sie treiben sie alle zusammen,
einen guten Rat haben sie.

2. Die Erste, die sprach ganz fein:
»In Wirtshaus kehren wir ein.
Eine Halbe Wein wollen wir trinken,
beisammen wollen wir sein.

3. Wir trinken aus keinem Glas,
wir trinken aus einer Maß.
Und wie der Wein gerunnen ist
so fünf und zwanzig Maß.«

4. Die Erste, die zahlt bar aus,
die Zweite ziegt [zieht] den Beidel [Beutel] heraus,
die Dritte hat Kittel versoffen,
mit dem Hemd lauft sie nach Haus.

5. Und wie sie nach Hause kommt,
sie reißt ihren Mann beim Bart;
sie reißt ihn hin, sie reißt ihn her,
ei, Mann gib's Geld nur her.

6. Ei, Weib lass mich mit Ruh,
da hast mein altes Paar Schuh,
da hast meine alte Hose dazu,
und sauf zum Teufel zu.

DVA = A 213 577; aufgezeichnet von Frau Magda Schwalm in Baja (Ungarn), vor 1976

BESTRAFTER FÄHNRICH (A)

1. Es reisen drei Regimenter wohl über den Rhein:
ein Regiment zu Fuß, ein Regiment zu Pferd,
ein Regiment Husaren.

2. Bei einer Frau Wirtin da kehrten sie ein,
da kehrten sie ein: »Schwarzbraunes Mädchen,
schlafst ganz allein?«

3. Und als das schwarzbraun Mädchen vom Schlaf erwacht,
vom Schlaf erwacht, vom Schlaf erwacht,
so fing es an zu weinen.

4. »Herzallerliebstes Mädchen! Was weinest du so sehr?« –
»Ein Kaporal [Korporal] vom siebenten Husaren-Regiment
hat mir die Ehr genommen.«

5. Der Kommandant, der war ein zorniger Mann,
die Trommel ließ er rühren,
den Feldmarsch ließ er schlagen.

6. Der Kommandant, der war ein zorniger Mann,
ein'n Galgen ließ er bauen, ein'n Galgen ließ er bauen,
daran der Kaporal muß hangen.

7. »Ach, liebster Kamerad! Wenn einer nach mir fragt,
wenn einer nach mir fragt, wenn einer nach mir fragt,
so sag, ich sei erschossen.«

8. Indem da kam dem Kaporal sein Weib:
»Ach Gott! Wo ist mein Mann? Ach Gott! Wo ist mein Mann?
Wo ist er denn geblieben?«

9. »Dort draußen vor dem Straßburger-Tor,
dort draußen vor dem Straßburger-Thor,
haben ihn zwei Kaiserlich' erschossen.«

10. Und so geht's, wenn man verheiratet ist,
wenn man verheiratet ist, wenn man verheiratet ist,
muss ein's das andere verlassen.

*DVA = Bl 3253, Liedflugschrift (Staatsbibl. Berlin Yd 7918.15) Fünf neue Lieder …,
ohne Ort und Datierung (um 1810? in einem Sammelband)*

BESTRAFTER FÄHNRICH (B)

1. Es marschieren drei Reiter
wohl über den Rhein,
ein Regiment zu Fuß, eine Regiment zu Pferd
und auch ein Regiment Dragoner.

2. Bei einer Frau Wirtin
da kehrten sie ein,
ein schwarzbraunes Mägdelein
schlief ganz allein.

3. Und als das schwarzbraune Madel
vom Schlaf erwacht,
vom Schlaf erwacht,
da fing sie an zu weinen.

4. »Ach schönste Madmoisell,
warum weinen sie so sehr?« –
»Ein junger Offizier, eine hübscher Offizier,
hat mir genommen die Ehr.«

5. Der Hauptmann, das war
ein ganz zorniger Mann,
die Trommel ließ er rühren,
einen Feldmarsch ließ er schlagn.

6. Er ließ sie aufmarschieren,
bei einen und bei zweien,
bei dreien und bei vieren,
bei vieren und bei dreien.

7. »Ach schönste Mademoisell,
ach kennen sie ihn wohl?« –
»Da vorne tut er reiten,
der da die Fahne wiegt.«

8. Der Hauptmann, das war
ein ganz zorniger Mann,
einen Galgen ließ er bauen
und dran den Fähnrich hangen.

DVA = A 194 473, handschriftliches Liederbuch des Adolf May aus Retzstadt (Unterfranken), um 1913–15

BESTRAFTER FÄHNRICH (C)

1. Es zogen zwei Burschen wohl über den Rhein,
der eine schwarz und der andre ganz weiß,
wie echte Fußballspieler.

2. Bei einer Frau Wirtin da kehrten sie ein.
Und sie tranken Bier, und sie tranken Wein,
schwarzbraunes Madel schenke ein.

3. »Sag Madel, wo schläfst du denn diese Nacht?« –
»Ich schlaf in 'nem kleinen Kämmerlein
bis an den frühen Morgen.«

4. Und als der helle Tag anbrach,
der helle Tag anbrach und das Magdelein erwacht,
da fing es an zu weinen.

5. »Sag Madel, was weinest du so sehr?« –
»Ein junger Fußballspieler, von der freien Turnerschaft,
hat mir die Ehr genommen.«

6. »Erkennest du ihn wieder, erkennest du ihn noch?« –
»Ja, ja ich erkenn ihn wieder, denn er war ein Fußballspieler
und trug die Farbe schwarz weiß.«

7. Dann zogen sie wieder der Heimat zurück.
Vergessen war das Madel, vergessen war das Spiel,
ein Fußballspieler liebt zuviel.

*DVA = A 117 703, vorgesungen von W. Major aus Hassadel (Oberschlesien),
aufgezeichnet von K. Hoffmann, vor 1930*

BETRÜGERISCHER FREIER
(STOLZ HEINRICH)

1. Stolz Heinrich der wollt' freien gehn,
wohl in das fremde Land:
Er sah ein' Königstochter,
fein mein Lieb, mein Schatz, mein Kind,
er sah ein' Königstochter,
Margret' war sie genannt.

2. »Margretchen, du mein liebes Kind,
willst du wohl mit mir gehn?
Ich hab' in meinem Vaterland,
fein mein Lieb, mein Schatz, mein Kind,
ich hab' in meinem Vaterland
noch sieben Mühlen stehn.«

3. Als sie wohl auf grün' Heide kam,
wohl auf die grüne Heid',
meint' sie, dass Mühlen blinken,
fein mein Lieb, mein Schatz, mein Kind,
meint' sie, dass Mühlen blinken;
es war nur ein' grün' Heid'.

4. »Margretchen, du mein liebes Kind,
erfreu' dich nicht so sehr.
Ich hab' in meinem Vaterland,
fein mein Lieb, mein Schatz, mein Kind,
ich hab' in meinem Vaterland
nicht mehr als ein' grün' Heid'.«

5. »Hast du in deinem Vaterland
nicht mehr als ein' grün' Heid',
so muss sich Gott erbarmen,
fein mein Lieb, mein Schatz, mein Kind,
so muss sich Gott erbarmen,
dass ich gekommen bin.«

6. Was zog sie aus der Scheiden?
Ein Schwert von Golde rot;
sie kniete vor ihm nieder,
fein mein Lieb, mein Schatz, mein Kind,
sie kniete vor ihm nieder
und stach sich selber tot.

7. »Und wenn dich nun mein Vater fragt,
wo ich geblieben wär',
so sag, ich läg' begraben,
fein mein Lieb, mein Schatz, mein Kind,
so sag', ich läg' begraben
so fern auf lieb' grün' Heid'.«

Max Friedlaender, 100 deutsche Volkslieder, Leipzig o. J. [1886], Nr. 68; wahrscheinlich überarbeitet nach:
Karl Simrock, Die deutschen Volkslieder, Frankfurt am Main 1851

BETTELMANN UND EDELFRAU (A)

1. Es bettelt sich ein Bettelmann aus Ungerland heraus,
er kam zu einer schönen Jungfrau ins Haus.
Er sprach die Jungfrau um eine schöne Gabe an:
»Ich bin ein armer Bettelmann.«

2. »Ach Bettelmann, was soll ich dir geben für eine schöne Gab'?
Es ist ja verschlossen alles was ich hab'.
Ist dir etwas gelegen an meinem zarten Leib?
Ich bin ein armes Edelweib.«

3. Der Bettelmann der Ehre ward froh,
Er schmiss den Bettelsack wohl auf das Stroh,
wohl auf das Stroh, wohl unter die Bank:
Dem Bettelmann ward die Zeit so lang.

4. Er zog sich an ein Hemdlein weiß,
und sprang zu der schönen Jungfrau mit Fleiß.
Er sollte bei ihr schlafen die liebe lange Nacht,
bis dass der helle Tag anbrach.

5. »Ach Bettelmann, steh auf! 's ist hohe Zeit;
die Vögelein haben schon ihren Streit.« –
»Lass streiten hin, lass streiten her!
Bei einer solchen Frau schlaf' ich nicht mehr.«

6. Der Bettelmann zum Bette 'raussprang,
das Hemd von Gold und Silber klang:
»Ich dachte, du wärst ein Bettelmann,
Derweil bist du ein junger Edelmann.«

7. Der Bettelmann zum Tor 'nauskam,
begegnet ihm der schönen Jungfrau ihr Mann:
»Ach Herr, ich wünsch' ihm das ewige Leben
für das was mir seine Frau hat gegeben!«

8. »Ei Frau, was hast du dem Bettelmann gegeben,
dass er mir wünschet das ewige Leben?« –
»Ich hab' ihm gegeben dies und das,
und alles was mein ganzes Edeltum vermag.«

9. »Ei Frau, ich sag' das frei heraus,
dass du mir keinen Bettelmann mehr lässt ins Haus.
Reich ihm die Gab' zum Fenster hinaus,
oder schick's ihm mit der Magd ins Haus!

10. Oder bind's ihm an eine lange Stang',
dass er sie mit der Hand erlangen kann.
Die Bettelleute sind ja voller List,
sie schlafen bei dir und du sagest mir's nicht.«

Hoffmann von Fallersleben und Ernst Richter, Schlesische Volkslieder mit Melodien, Leipzig 1842, Nr. 24 (aus Kunitz bei Liegnitz)

Singende Scholaren mit Notenheften, Holzschnitt aus »De generibus ebriosorum«, Nürnberg 1516; vgl. W. Salmen, Musikleben im 16. Jahrhundert, Leipzig 1976, S. 119

BETTELMANN UND EDELFRAU (B)
(BEDLMANNL AUS UNGARN)

1. 's Bedlmannl reist von Ungarn 'raus
und schleicht sich zu da Edlfrau in ihra Haus.
's Bedlmannl bitt' die Frau um eine Gåb,
die die Frau nicht geben måg.

2. 's Bedlmannl stellt den Stock ins Eck
und schleicht sich zu da Edlfrau ins Bett.
Sie liegen zusammen die gånze Nåcht,
bis das Hammerl åchte schlågt.

3. »O liabs Bedlmannl, öitz [jetzt] moußt auferstehn,
sonst kånn dich da Herr beim Bett üwagehn!« –
»Auferstehn tua i's a no nit,
aus dem Schlafkammerl gehn i's no nit.«

4. Sie liegen beisammen die gånze liebe Nåcht,
bis daß 's Hammerl zehne schlågt.
»Valiabts Bedlmannl, öitz muaßt auferstehn,
sonst kånn dich der Herr beim Tor übergehn!«

5. Wia 's Bedlmannl beim Tor hinausging,
da begegnet er dem Herrn am gerittnen Pferd:
»I wünsch dem Herrn viel Glück und Seg'n
und dazua dås ewige Leb'n!«

6. »O liabe Frau, wås håst dem Bedlmannl geb'n,
dass er mir wünscht viel Glück und Seg'n?« –
»Ich hab ihm geb'n båld dies båld das
und was der Herr nicht hören mag.«

7. »O Frau, låss mir das Bedlmannl nimma ins Haus,
reich ihm die Gåb beim Fensta heraus!
Bind's an a långe, långe Stång,
dass er die Frau nimma lången kånn!«

Gustav Jungbauer und Herbert Horntrich, Die Volkslieder der Sudetendeutschen,
Kassel o.J. [1943], Nr. 676 (aus Galizien)

BLUTHOCHZEIT

[1.] Der Pfalzgraf zu dem Waidwerk reit't,
viel Knecht' und Diener im Geleit.

[2.] Und als sie durch den Talweg zieh'n,
steht eine Mühl in stillem Grün.

[3.] Des Müllers Tochter, schön und fein,
die schaut da aus dem Fensterlein.

[4.] »O Müller, gib dein Kind heraus,
sonst steck ich dir den Hahn auf's Haus.«

[5.] »Steckst du den roten Hahn auf's Haus,
geb ich doch nicht die Tochter 'raus.«

[6.] Zuerst schlug er den Vater tot,
zum andern die Frau Mutter rot.

[7.] Zum dritten ihre Brüder drei,
dass Gott, der Herr, Euch gnädig sei!

[8.] Der Pfalzgraf, der steckt ein das Schwert
und nahm das Mädchen mit auf's Pferd.

[9.] Und da sie kam'n auf grüne Heid',
da glänzten sieben Schlösser weit.

[10.] »Schaust du die sieben Schlösser mein?
D'rauf sollst du lieb Pfalzgräfin sein!«

[11.] »Ich wollt, das Feu'r hätt sie verzehrt
und du lägst tot von Feindes Schwert!«

[12.] Bei Flötenspiel und Cymbelschall
führt man die Braut zum hohen Saal.

[13.] »Nun iss und trink den alten Wein
und lass dein Herze fröhlich sein!

[14.] »Ich mag nicht trinken alten Wein,
mein Herz kann nimmer fröhlich sein!

[15.] Erst schlugst du mir den Vater tot,
zum andern mein' Frau Mutter rot!

[16.] Zum dritten meine Brüder drei,
dass Gott, der Herr, Euch gnädig sei!«

[17.] Der Tag verging, es kam die Nacht,
die Braut ward in die Kammer gebracht.

[18.] Bei zweiundsiebzig Kerzen Schein
führt man die junge Braut hinein.

[19.] Wohl um die stille Mitternacht
der Pfalzgraf aus dem Schlaf erwacht.

[20.] Da wollt' er küssen ihren Mund,
doch kalt und tot die Liebste fund.

Talvj [das ist: Therese A. L. Robinson, geb. Von Jacobs],
Volkslieder, Leipzig 1840, S. 408f. (überarbeitet nach einer
Mitteilung von Wilhelm [bzw. dessen Bruder Vinzenz] von
Zuccalmaglio, vor 1835 (angeblich im Bergischen [Rheinland]
häufig gesungen)

BRAUN ANNEL

1. Es wollt ein Knab spazieren gehn,
wollt vor braun Annels Laden [Fenster] stehn,
er wusst nicht, was er ihr verhieß,
dass sie den Riegel schleichen ließ.
Den Riegel wohl in die Ecken,
zum Braun Annel wohl unter die Decken.

2. Sie liegen bei einander eine kleine Kurzweil,
der jung Knab weckt's braun Annelein.
»Steh auf, es geh, geh es an den Laden,
sieh, ob es nicht irgends will tagen.« –
»Bleib liegen, mein Schätzel, nur stille,
es taget nach unserem Wille.«

3. Sie liegen bei einander eine kleine Kurzweil,
der jung Knab weckt's braun Annelein.
Braun Maidel gab dem Laden einen Stoß,
scheint ihm die helle Sonne in' Schoß.
»Steh auf, mein Schätzel, nur balde,
die Vögel die singen im Walde.«

4. Braun Annel war so hurtig in Eil,
sie ließ den Knaben hinunter am Seil,
sie meint, er wär nun bald drunnen,
liegt er so tief im kalt' Brunnen.

5. Man zog ihn raus am dritten Tag,
weint alles, was da um ihm war
als nur's braun Annel alleine,
für Trauern konnt sie nicht weinen.

6. »Ach Gott, was war das für ein Mann,
dass ich ihn nicht erkennen kann;
ich hab ihn öftermal hören nennen,
ich kann ihn doch nicht erkennen.«

7. Es stund eine alte Frau dabei:
»Schweig still, schweig still, braun Annelein,
keine Nacht hast unterlassen,
hast ihn alle Nacht zu dir gelassen.«

nach: Louis Pinck, Volkslieder von Goethe im Elsaß gesammelt [... 1771, Straßburger Handschrift], Metz 1932, S. 96

»Bremberger« ist die Ballade von dem grausam ermordeten Gefangenen, dessen Herz gebraten wird. Das Titelblatt der undatierten Liedflugschrift, gedruckt von Valentin Neuber in Nürnberg um 1550 zeigt als groben Holzschnitt eine Szene mit Essen und Trinken. Zur Illustration des Liedes »Eyn schöner Bremberger...« wurden oft Holzschnitte verwendet, die von anderen Drucken übernommen wurden, ohne dass sich ein direkter Zusammenhang mit dem neuen Lied ergeben musste. – Aus dem Bestand der Berliner Staatsbibliothek, Kopie im DVA Freiburg i. Br. = Bl 3748.

BREMBERGER

1. Ich hab gewacht ein winterlange Nacht,
dazu hat mich ein Fräulein bracht
mit ihren weißen Brüsten,
danach tät mich gelüsten.

2. Die Frau war schön, ihr Händ die waren weiß,
darauf legt der Knab seinen Fleiß,
sein Herz und all sein Sinne,
mit ihr wollt er von hinne[n].

3. Dem Fräulein kamen leidige Mär,
wie dass ihr Buhl [Geliebter] gefangen wär,
in einen Turm geworfen,
darinnen gar hart beschlossen
   [eingeschlossen, gefesselt].

4. Darin lag er wohl sieben Jahr,
sein Bart ward weiß, sein Haar ward grau,
sein Mund war ihm verblichen,
von der Lieben abgewichen.

5. Man legt den Bremberger auf ein Tisch,
schneid ihn zu Riemen wie ein Fisch,
sein Herz gab man zu essen
der Frauen in einem schwarzen Pfeffer.

6. »Hab ich hier [ge]gessen das junge Herz sein,
so schenket mir ein den kühlen Wein
und lasst mich darauf trinken,
mein Herz will mir versinken.«

7. Den Becher setzt sie an den Mund,
sie trank ihn aus bis an den Grund,
neiget sich gegen der Wände,
nahm gar ein seligs Ende.

8. Der uns das Lied von neuem sang,
ein Reutersmann war er genannt,
denn ihm hat misselungen,
ist um sein Buhlen kummen.

9. Du junger Knab, mich recht versteh,
von Buhlschaft kommt groß Ach und Weh,
bringt manchen um sein Leben,
sein Seel der Höll wird geben.

10. Da muss sie bei den Teufeln sein
und ewig leiden schwere Pein,
ist von Gott abgeschieden,
von himmelischen Freuden.

*DVldr Nr. 16, nach: »Graßliedlin« 1535 und einer
Liedflugschrift des 16. Jh. aus Nürnberg*

*Motiv von einer undatierten Liedflugschrift;
Sammlung DVA Freiburg i. Br.*

BROMBEERPFLÜCKERIN (A)

1. Es tät ein Mädel früh aufstehn
dreiviertel Stund' vor Tag.
Sie wollt' einmal spazieren gehn,
ei, ei, ei, spazieren gehn,
wohl in dem grünen Wald.

2. Und als sie nach dem Walde kam,
begegnet' ihr ein Jägersknecht:
»Ei Mädel geh' mir nicht im Wald,
ei, ei, ei, mir nicht im Wald,
dort übt mein Herr sein Recht.«

3. Und als sie in dem Wald 'nein kam,
begegnet' ihr der Jägerssohn:
»Ei Mädchen setz' dich nieder,
ei, ei, ei, dich nieder,
ich pflück' dir's Körblein voll.«

4. »Was soll mir denn mein Körblein voll?
Eine Handvoll hab' ich genug.«
Es stunde an ein halbes Jahr,
ei, ei, ei, ein halbes Jahr,
die Brombeern wurden groß.

5. »Was soll mir denn mein Körblein voll?
Eine Handvoll hab' ich genug.«
Es stunde an dreiviertel Jahr,
ei, ei, ei, dreiviertel Jahr,
hat sie 'nen Knaben im Schoß.

6. Sie sah das Knäblein wundernd an:
»Ei, ei, was hab'n wir getan?
Sind das nicht die Brommelbeeren,
ei, ei, ei, die Brommelbeeren,
die wir gepflücket han?«

7. Und wer ein ehrlich Mädchen hat,
der lass' sie nicht im Wald;
der schick' sie nicht nach Brommelbeeren,
ei, ei, ei, nach Brommelbeeren,
der Jäger schießt sie bald.

*DVA = A 122 330; aus der handschriftlichen Sammlung des
Pfarrers Röther 1795, angeblich nach einer Liedflugschrift*

BROMBEERPFLÜCKERIN (B)

1. Es wollt ein Mädchen in der Früh' aufstehn,
dreiviertel Stund' vor Tag',
wollt' gehen in den grünen Wald,
ju ja grünen Wald,
wollt' Brombeer brechen ab.

2. Und als nun das Mädchen in den Wald nei kam,
da begegnet ihr des Jägers Knecht:
»Ei Mädchen, scher' dich aus dem Wald'!
Ju, ja aus dem Wald,
ei Mädchen, scher' dich aus dem Wald'!
's ist meinem Herrn nit recht.«

3. Und als nun das Mädchen ein Stück weiter kam,
begegnet ihr des Jägers Sohn:
»Ei Mädchen, setz' dich nieder
und zupf' dein Kerbche voll.«

4. »Ein Kerbche voll, das brauch' ich nit,
ein' Handvoll war ja genug.
In meines Vaters Garten
gibt's Brombeer grad' genug.«

5. Und als nun dreiviertel Jahr um war,
und die Brombeer' waren reif,
da bekam das arme Mädchen
ein Kind auf ihren Schoß.

6. Sie schaut das Kind barmherzig an:
»Ach Gott, was ist denn das?
Sind das die reifen Beeren,
die ich gegessen hab'?«

7. Und so ist's, wenn der Vater schene Mädche hat
und er schickt sie in den Wald,
und sie holen reife Beeren,
die reifen alsobald.

M. Elizabeth Marriage, Volkslieder aus der Badischen Pfalz, Halle a. S. 1902, Nr. 6 (u. a. aus Heidelberg-Handschuhsheim). – Mary Elizabeth Marriage (1874–1952) kommentierte ihre Sammlung, seit 1897 vor allem in Handschuhsheim nach jungen Frauen notiert, die »Volkslieder aus der Badischen Pfalz« (1902), wissenschaftlich mit Parallelen aus der Literatur. Damit leistete sie einen ersten Beitrag zur Entromantisierung des Begriffes Volkslied.

BROMBEERPFLÜCKERIN (C)

1. Es wollte ein Mädchen früh aufstehn,
wollte gehen in den Wald,
wollte gehen in den Wald, hulie dulie, ja Wald,
wollte Braunbirl brocken gehn.

2. Und als sie nun in den Wald hineinkam,
begegnet ihr der Jägersknecht:
»Madel, kehr dich aus dem Walde,
meinem Herrn, dem ist's nicht recht.«

3. Und als sie då weiter in den Wald hinein kam,
begegnet ihr der Jägerssohn:
»Madel, willst du Braunbirl brocken,
brocke dir dein Körblein voll.«

4. Es stånd nicht ån dreiviertel Jåhr,
sind unsre Braunbirl reif:
»Madel, setz dich vor die Haustür,
das Knäblein auf dem Schoß.«

5. Der Jägerssohn ging hin und her,
er sah das Knäblein an:
»Madel, sind das unsre Braunbirl,
die wir gebrocket håm?«

*DVA = A 215 060, aufgezeichnet in Lindberg bei Zwiesel
(Bayerischer Wald), 1957*

BROMBEERPFLÜCKERIN (D)

1. Ein Mädchen wollte früh aufstehn,
wollt gehen in den Wald,
wollt in den Wald spazieren gehn, halli, hallo, spazieren gehn,
wollt Brombeern brocken [pflücken] ab.

2. Und als das Mädchen in den Wald nauskam,
begegnet ihm der Jägersknecht:
»Mädchen, scher dich aus dem Wald,
dem Förster is net recht.«

3. Das Mädchen ging in'n Wald hinein,
begegnet ihm der Förstersohn:
»Mädchen, willst du Brombeer pflücken,
so gib mir meinen Lohn.«

4. Es dauert kaum dreiviertel Jahr,
die Brombeern werden groß,
das Mädchen sitzt im Häusl drin,
tragt's Büabal auf'm Schoß.

5. Wenn einer ein schöns Maderl hat,
dann lasst er's nicht in Wald,
denn im Walde sind die Jäger,
verführn das Mädchen bald.

6. Und wenn einer eine Schwiegermutter hat,
dann schickt er s' in den Wald,
denn im Wald, da sind die Räuber,
die machen jede Schwiegermutter kalt.

Aufzeichnung nach Fritz Huber aus Ostermünchen, 1977; Material des Volksmusikarchivs des Bezirks Oberbayern, Bruckmühl. – Was genau die Schwiegermutterstrophe (Str. 6) mit diesem Liedinhalt zu tun hat, ist kaum logisch zu klären. Die formelhafte Abschluss-Str. wurde aber zur Kennzeichen-Str. dieser beliebten Volksballade.

BROTFREVEL

[1.] Hört was ich heute singen will,
Von einem neuen Wunder,
Das sich begiebet in der Still
Das merket nun jetzunder.
Das neulich sich begeben hatt'
Zu Silbaco eine kleine Stadt,
In Pommerland belegen.

[2.] Daselbst ein armer Bauer war,
Der thät viel Kinder haben,
Sie mußten gehen immerdar
Und suchen Allmos Gaben.
Die Aelteste war ein Mägdelein,
Und wollte gern hoffärthig seyn,
Und konnt es doch nicht haben.

[3.] Dieselbe diente mit der Zeit,
Bey Anwuchs ihrer Jahren,
Bei zwey sehr reich doch frommen Leut,
Sie thäten alles sparen,
Was ihr nun kame an die Hand
Das wurde alles angewandt,
Zum hoffärthigen Leben.

[4.] Der Herr sprach oft, ach Mägdelein,
Du thust an uns nicht sehen,
Daß wir stolz und hoffärthig seyn,
Drum laß dein Hoffarth stehen,
Denn es ist keine größere Sünd,
Als ein Hoffarths-Sünden-Kind,
Gott kann kein Hoffarth leiden.

[5.] Sie sprach: bin ich doch schön von Leib,
Das mancher wol thät fehlen,
Drum will ich mich zum Zeitvertreib,
Alle Moden mir erwählen.
Wie Jungfern in den Städten schön,
So will ich auch gekleidet gehn,
Muß ichs doch selbst verdienen.

[6.] An diesen Tag war sie zwölf Jahr,
Da that ihr Vater sterben,
Sie war bey einer Wittwen dar;
Ihre Mutter thäte darben.
Sie sprach: ach liebes Töchterlein,
Thu mir doch was behülflich seyn,
Dein Vater zu begraben.

[7.] Nein theure Mutter, das kann nicht seyn.
Ihr könnt ihn wohl begraben,
Ich muß auf Kirchmeß kaufen ein,
Und neue Kleider haben.
Zu kaufen ein paar neue Schuh,
Und ein ganz neues Kleid dazu
Von rothem Tuch darneben.

[8.] Als derselbige Tag nun kam,
Sie sollt Gevatter stehen,
Die Frau vier Brod zu Händen nahm,
Die kannst du übertragen.
Nach deiner Eltern Mutter Haus,
Du gehst ja doch den Weg hinaus,
Sie thun ja doch verschimmeln.

[9.] Sie kleidet sich gar schöne an,
Das Brod thät sie mit nehmen,
Als sie nun kam den Berg hinan,
That sie sich gar nicht schämen.
Ihr Hochmuth trieb sie zu dem Werk,
Ihr neue Kleider unvermerkt,
Daselbsten anzuziehen.

[10.] Das Brod legt sie wol auf der Erd,
Ihr Schuh darauf zu setzen,
Damit sie nicht beschmutzet werd,
Sie thät sich daran ergetzen.
Doch aber merket weiter an,
Was hier der liebe Gott gethan,
Sie mußt da stehen bleiben.

[11.] Der Priester sprach: hoffärthigs Kind,
Was thät dich doch bewegen,
Gedenkst du nicht daß Gott dich find,
Mit Straf' dich kann belegen:
Deine Eltern mußten betteln gehn,
Und du thust mit den Füßen stehn,
Auf Brod und Gottes Gaben.

[12.] Sie sank hin zu der Erden dar,
Da nahete sich ihr Leiden,
So lag sie nun so wie sie war,
Und wollte gerne scheiden.
Die Erd schlosse sich zusammen,
daß Jedermann bald bei ihr kam,
Drey Tag' hat sie gestanden.

[13.] Sie wandt' sich hin, sie wandt' sich her,
kein Fuß konnte sie nicht heben,
Sie that erbarmlich schrein sehr,
konnt sich doch nicht bewegen.
Sie rief: herzallerliebster Gott!
Sie rief: ach! rett mich aus der Noth,
Ich will mich gern schlecht kleiden.

[14.] Drum hüte dich, o liebes Kind,
Für Hoffarth und für Sünden,
Leb nicht den Weg hinein so blind
Gott kann dich auch wol finden.
Nimm deine Füße eben wahr,
Daß du nicht kommest in Gefahr,
Thu Buß', thu Buß' von Herzen.

DVA = Bl 1704; Liedflugschrift ohne Angaben [Hamburg: Brauer, um 1820]; Schreibung unverändert. – Die ins Schwedische übersetzte Fassung dieses Liedes, »Med sorgse ton jag sjunga vill…« (vgl. P. A. Säve, Gotländska visor, Uppsala 1949–1955, Nr. 138), ist u. a. auf einer Flugschrift von 1823 belegt. Darauf steht mit der Hand an den Rand geschrieben: »Bootsmann Mangel aus Björke ist mit im Krieg in Pommern gewesen und hat die Stelle gesehen, wo das Mädchen auf das Brot trat und versunken ist«. 1974 wurde mir das Lied auf Finnland-Schwedisch auf der Insel Houtskär (Ålandsinseln) vorgesungen. Die Sängerin orientierte sich dabei an einer Liedflugschrift von 1858 und berichtete, das Lied von der Mutter zu haben, w,elche es »mit uns als Kinder immer wieder sang, damit wir daraus eine Lehre ziehen sollten«.

*Motiv von einer undatierten Liedflugschrift;
Sammlung DVA Freiburg i. Br.*

BUCKLIGES MÄNNLEIN

1. Will ich in mein Gärtlein gehn,
will mein Zwiebeln gießen,
steht ein bucklicht Männlein da,
fängt als an zu nießen.

2. Will ich in mein Küchel gehn,
will mein Süpplein kochen,
steht ein bucklicht Männlein da,
hat mein Töpflein brochen.

3. Will ich in mein Stüblein gehn,
will mein Müßlein essen;
steht ein bucklicht Männlein da,
hats schon halber gessen.

4. Will ich auf mein Boden gehn,
will mein Hölzlein holen;
steht ein bucklicht Männlein da,
hat mirs halber g'stohlen.

5. Will ich in mein Keller gehn,
will mein Weinlein zapfen;
steht ein bucklicht Männlein da,
tut mir'n Krug wegschnappen.

6. Setz ich mich ans Rädlein hin,
will mein Fädlein drehen;
steht ein bucklicht Männlein da,
läßt mirs Rad nicht gehen.

7. Geh ich in mein Kämmerlein,
will mein Bettlein machen;
steht ein bucklicht Männlein da,
fängt als an zu lachen.

8. Wenn ich an mein Bänklein knie,
will ein bißlein beten;
steht ein bucklicht Männlein da,
fängt als an zu reden.

9. Liebes Kindlein, ach ich bitt,
bet' für's bucklicht Männlein mit!

Achim von Arnim und Clemens Brentano, Des Knaben Wunderhorn,
Band 3, Heidelberg 1808, Kinderlieder S. 54f.

BUHLERISCHE FRAU

1. Ich weiß mir ein edle Keyserin,
sie ligt mir Tag und Nacht im Sinn,
ich kann jhr nicht vergessen,
ich schlaff oder wach, thu was ich wöl,
sie ligt mir in meinem Hertzen.

2. Die Keyserin hett ein alten Man,
daran wolt sie kein Genügen han,
sie wolt sich selbs versorgen,
ein heimliche Bulerin wolt sie sein,
wolt bulen unverborgen.

3. Und das erhört ein junger Knab,
er trat die Gassen auf und ab,
gar heimlich und gar stille,
bis er das in Schlaffkemmerlein kam,
da geschach jr beider Wille.

4. Und da er in jr Schlaffkemmerlein kam,
ein schneeweis Hembdlein legt er [sie] an,
wie thu ich dir gefallen?
Du magst mir ein edle Keyserin sein,
du liebst mir ob allen.

5. Da es war umb die Mitternacht,
da kam der edlen Keyserin Man,
für jr Schlaffbet [-bett] gegangen,
da fand er sein schönes Frewelein,
mit schneeweissen Armen umbfangen.

6. Die Keyserin hett sich eins bedacht,
wie bald sie den Knaben zum Laden hinaus bracht,
wol in ein fliessend Wasser,
sie schawet den Knaben hinden nach,
jre Äuglein gaben Wasser.

7. Was weinst, was weinst mein Keyserin,
darumb darffstu nit trawrig sein,
ich kan wol Wasser schwimmen,
und da er wol in die Mitte nein kam,
sein Kunst wolt jhm mißlingen.

8. Und da er in die Mitte nein kam,
Maria Gottes Mutter, die ruft er an,
Maria mit jrem Kinde,
sie solt jm trewlich Beystand thun,
wenn er kund nimmer schwimmen.

9. Und da er das Gestadt naus kam,
ein schneeweis Kleid leget er an,
trat hurtig über die Gassen,
der edlen Keyserin für jr Thür,
da jre Brüder sassen.

10. Da sprach der edlen Keyserin Man,
welcher Teufel hat tragen daher,
ich sah dich Nechten [gestern] spate,
bey Meth und auch bey külen Wein,
bey meiner schönen Frawen.

11. Ich glaub du seyest kein Christenman,
das du dem Frewelein solchs nachsagst,
was wiltu daraus machen,
und wer sich dem Frewelein solches nachredt,
der leugt [lügt] in seinem Rachen.

12. Wolauff, feins Lieb mit mir davon,
du sichst, das ich kein Glück nit han,
man thut mirs nit vergönnen,
und wo ich über die Gassen gang,
das mich anscheint die Sonne.

13. Wie kompts, das ich kein Glück mehr han,
und mich so gar keins wil an gahn,
das Glück, das thut sich meiden,
doch dennoch wil ich die Keyserin nicht,
und wers aller Welt ein Leiden.

14. Und wer ists, der dis Liedlein sang,
ein Reuters Knab ist ers genandt,
er hats so frey gesungen,
der Keyserin hat ers zu Dienst gemacht,
mit Freuden ist er davon kommen.

nach: Das Ambraser Liederbuch vom Jahre 1582, hrsg. von Joseph Bergmann, Stuttgart 1845, Nr. 117 (die Vorlage hat durchgehende Kleinschreibung, sonst Orthographie belassen)

BUTZEMANN (A)

»... und dann ritten Viekenludolf und Aschenkurt fort und hatten die beiden Männer zwischen sich, die nicht merkten, dass hinter einem jeden von ihnen sein leibhaftiger Tod aufgesessen war, denn sie juchten und bölkten das Lied vom Butzemann, der im Deutschen Reiche umgeht.«

DVA = F 9664; Hermann Löns, Der Wehrwolf: eine Bauernchronik [1910], Jena 1923, S. 126 (Die Handlung des fiktiven Liedmilieus ist im Dreißigjährigen Krieg um 1623 angesiedelt.)

BUTZEMANN (B)

Es tanzt ein Potzelmann
auf unserm Boden rum.
Er hat Pumphosen an,
die Beine waren krumm.
Er rüttelt sich, er schüttelt sich
und wirft sein Päckchen über sich.
Ach hätt' ich doch den Potzelmann,
ich gäb 'n Taler drum.

DVA = A 197 062; aufgezeichnet in Obersinn bei Gemünden (Unterfranken), 1914.

BUTZEMANN (C)

Es tanzt ein Butz und Butzemann
in unserm Haus herum;
er rüttelt sich
und schüttelt sich,
und wirft sein Säckchen hinter sich.

»Dieser Butzmann ist Bosan, Basan = Wodan.«

DVA = B 45 991; Pater Ambrosius Götzelmann, Das geschichtliche Leben eines ostfränkischen Dorfes, Hainstadt im Bauland, Würzburg 1925, S. 397

BUTZEMANN (D)

Es tanzt ein Bibabutzemann
in unserem Haus herum, fidebum.
Er rüttelt sich, er schüttelt sich,
er wirft sein Säcklein hinter sich.
Es tanzt ein Bibabutzemann
in unserem Haus herum.

*Gerda Grober-Glück, »Kinderreime und -lieder in Bonn 1967«,
in: Jahrbuch für Volksliedforschung 16 (1971), S. 119*

BUTZEMANN (E)

Es tanzt ein Bi-ba-butzemann
in unserem Haus herum, didum,
es tanzt ein Bi-ba-butzemann
in unserem Haus herum.
Er rüttelt sich, er schüttelt sich,
er wirft sein Säckchen hinter sich,
es tanzt ein Bi-ba-butzemann
in unserem Haus herum.

*Anita Desai, Baumgartner's Bombay [englischer Roman],
Harmondsworth, Middlesex, 1988, S. 38 f.*

*Motiv von einer undatierten Liedflugschrift;
Sammlung DVA Freiburg i. Br.*

DESERTEUR

1. Zu Straßburg auf der langen Brück',
da stand ich eines Tags.
Nach Süden wandt' ich meinen Blick
dem grauen Nebel nach.

2. Und wie ich stand und mich besann,
da schlich ein Knab herbei,
er blies das traute Alpenhorn
der Heimatsmelodie.

3. Mir wurd' es warm, mir wurd' es bang,
schnell sprang ich in die Flut,
den Rhein hinab [!] mit starkem Arm
schwamm ich mit frohem Mut.

4. Hätt es der Sergeant nicht geseh'n,
so hätt es keine Not.
Jetzt haben sie gefangen mich
und schießen heut mich tot.

5. Jetzt führt man mich zum Tor hinaus
und zählt die fünfzehn Schritt.
Schießt wacker, Brüder! Doch zuvor
gewährt mir eine Bitt.

6. Blast mir das Alphorn noch einmal
zum wunderbaren Reiz,
begrüßt mir dann viel tausendmal
mein Vaterland, die Schweiz.

Gottlieb Brandsch, Siebenbürgisch-deutsche Volksballaden,
Hermannstadt 1938, Nr. 39 (aus Kelling, 1898)

DIENENDE SCHWESTER (A)
(KÖNIGSTOCHTER)

1. Der englische König wohl über dem Rhein,
der hatte drei schöne Töchterlein;
die erste die ging nach Rosen,
die andere die ging in das Kloster,
die dritte die ging in das Niederland,
da war sie fremd und unbekannt.

2. Sie kam vor einer Frau Wirtin Tür,
da klopft sie an gar leise dafür.
Frau Wirtin sprach: »Wer ist draußen vor mein' Tür
und klopfet an so leise dahier?« –
»Es ist ein schwarzbraun Mägdelein,
sie wollt das Jahr eure Dienstmagd sein.«

3. Da sprach die Frau Wirtin: »Keine solche [ver]ding ich nicht,
sie möchte sich in meinen Mann verlieb'n.« –
»In ihren Mann verlieb ich mich nicht,
ist mir's meine Ehr' noch viel zu lieb.«
Das Mägdlein sprang auf mit ihrem goldreichen Haar
und diente der Frau Wirtin sieben Jahr'.

4. Ja sieben Jahr' und eine Stund',
das Mägdlein wird krank und nicht mehr gesund.
»Schenk ein, schenk ein, Frau Wirtin mein!
Schenk ein, schenk ein, ein Kännelein mit Wein!« –
»Trink aus, trink aus, meine Dienstmagd fein,
und sag, wer deine Freunde sein!«

5. »Ach Gott, ach Gott, wen soll ich nennen,
ist niemand hier, der mich wird erkennen;
der englische König wohl über dem Rhein,
der ist der liebste Vater mein,
der Kaiser der ist mein Bruder,
und die Königin ist meine Mutter.«

6. »Ei hättest du dies nur eher gesagt,
deine adeligen Kleider hättest müssen trag'n.« –
»Keine adeligen Kleider die trag ich nicht,
nunmehr bin ich's zum Tod gericht'«.
Es stund wohl an den dritten Tag,
drei Lilien die wuchsen auf ihrem Grab,
darauf stund es geschrieben,
bei Gott wär' sie geblieben.

Franz Wilhelm Frh. von Ditfurth, Fränkische Volkslieder, Leipzig 1855, Nr. 4
(aus »Ziegelanger« [Zeil am Main])

DIENENDE SCHWESTER (B)

1. Es wohnte ein Pfalzgraf wohl an dem Rhein,
der hat drei schöne Töchterlein.
Es wohnte ein Pfalzgraf wohl an dem Rhein,
der hat drei schöne Töchterlein.

2. Die erste zog ins Oberland,
die zweite zog ins Unterland.
die dritte zog vor Schwesters Tür
und klopft so leise wohl an die Tür.

3. »Wer ist da draußen vor meiner Tür,
und klopft so leise wohl an die Tür?«

4. »Ein junges Mädchen gar hübsch und fein,
das möchte gerne Dienstmagd sein.«

5. Und als sie diente ein halbes Jahr,
und da sie krank zu Bette lag.

6. »Mein liebes Kind, wenn du krank sein willst,
so sage mir, wer deine Eltern sind!«

7. »Mein Vater ist Pfalzgraf wohl an dem Rhein,
meine Mutter ist Königs Töchterlein.«

8. »Mein liebes Kind, das glaub ich nicht,
und wenn du auch die Wahrheit sprichst.«

9. »Und wenn du es nicht glauben willst,
so geh zum Koffer und lies den Brief.«

10. Und als sie ihn gelesen hat,
da fiel ihr eine Trän aufs Blatt.

11. »Geschwind, geschwind, hol Brot und Wein,
es ist mein liebes Schwesterlein!«

12. »Ich mag nicht Brot, ich mag nicht Wein,
ich mag ins kühle Grab hinein.«

13. Am andern Tag, da sah man schon:
sie war gerufen vor Gottes Thron.

14. Der Sarg, der war aus Marmorstein,
die Nägel warn aus Elfenbein.

Alfred Quellmalz, Südtiroler Volkslieder, Bd. 1, Kassel 1968, Nr. 11b (aufgezeichnet in St. Walburg, Ultental, 1941 und 1962). – Alfred Quellmalz (1899–1979) war, nach einer Zeit am DVA (1928–37), in den Jahren 1940–42 für das SS-Ahnenerbe bei der Sammlung der Südtiroler Volkslieder tätig. Die Aufzeichnungen wurden später ergänzt und 1968–72 herausgegeben als eine wichtige regionale Edition. Die Diskussion um die ideologische Zielsetzung wurde z. T. heftig geführt. Vgl. P. Schwinn, ›Auf Germanensuche in Südtirol. Zu einer volkskundlichen Enquête des SS-Ahnenerbes‹, in: Jahrbuch für Volkskunde [Görres-Gesellschaft], 1989, und W. Stief, Register zu Alfred Quellmalz Südtiroler Volkslieder [...], Bern 1990 (Studien zur Volksliedforschung 4).

DIENENDE SCHWESTER (C)

1. »Wer ist da drauß und klopfet an,
der mich so sanft aufwecken kann?«

2. »Es ist ein schwarzbraunes Mädichen,
es wollt ja gern eine Dienstmagd sein.«

3. »So keine Dienstmagd brauch ich nicht,
die ja so gern beim Manne schlieft
  [schläft].«

4. »Ich schlief nicht gern bei einem Mann,
mir ist mein Ehr noch viel zu jung.«

5. »Ist dir 's deine Ehr noch viel zu jung,
so ding ich dich auf ein halbes Jahr.«

6. Und da das halbe Jahr rum war,
da dingt sie es aufs ganze Jahr.

7. Und da das ganze Jahr rum war,
da dingt sie es auf sieben Jahr.

8. Und da die sieben Jahr rum warn,
da war das Mädchen krank und schwach.

9. »Ei Mädchen, wenn du krank willst sein,
so sag mir's, wer deine Eltern sein.«

10. »Mein Vater ist der Kaiser,
mein' Mutter ist die Kaiserin.«

11. »Ei Mädchen, das kann nicht sein,
sonst wärst mein allerjüngstes
  Schwesterlein.«

12. »Dort liegt der Brief, dort schaut
  hinein,
dort wird es auch bezeichnet sein.«

13. Mit Freuden schaut sie in den Brief,
mit Tränen schaut sie wieder heraus.

14. »Ei Mädchen, warum hast nicht eh'r
  gesagt,
ein seidnes Kleid häst du getragt.«

15. »Ich brauch kein seidnes Kleide nicht,
mir ist mein Leben zum Tod bereit.«

16. »Ist dir's dein Leben zum Tod bereit,
so schenk dir's Gott die Ewigkeit.«

nach: J. Künzig und W. Werner, Balladen aus ostdeutscher Überlieferung, Freiburg i. Br. 1969, Nr. 18 (aufgezeichnet 1967 in Hárta, Ungarn). – Johannes Künzig (1897–1982) war einer der großen, erfolgreichen Volksliedsammler unserer Zeit. Er schuf in Freiburg i. Br. ein Archiv mit Tonaufnahmen und gab u. a. kommentierte Schallplattenserien heraus.

DOKTOR FAUST

1. Hört ihr Christen mit Verlangen
etwas neues ohne Graus,
wie die eitle Welt tut prangen
mit den Johann Doktor Faust.
Von Anhalt war er geboren,
studieret mit großem Fleiß,
in der Hoffart auferzogen
richt' er sich auf alle Weis.

2. Vierzig tausend Geister er zitieret
mit G'walt aus der Höllenpein,
unter diesen war gar keiner,
der ihm recht kunt tauglich sein
als Mevestophilus [Mephisto], der
    g'schwinde,
wie der Menschen Gedanke ist,
auch der Auerhan wie der Winde,
der sein Favoritel ist.

3. Diese waren geschwind wie Pfeile,
führen ihn in schneller Eil'
vielmal etlich tausend Meilen,
dass kein Land zu denken sei,
wo er sich nicht hat lustieret,
wie ein Fürst sich aufgeführet,
die Geister grausam exerzieret,
wie man hier vernehmen wird.

4. Was für Früchte in den Sommer
im fremden Land gewachsen sein,
müssens bringen, müssen im Winter,
alles muss natürlich sein.
Auch was in dem Winter gewachsen,
müssens bringen eilends her,
Wein aus Spanien dermaßen,
alles, was sein Herz begehrt.

5. Wann er auf der Post tät reiten,
hat er die Geister also gschworn,
vorn und hinten beider Seiten
den Weg zu pflastern auserkoren.
Kegel scheiben auf der Donau
war z'Regenspurg sein größte Freud,
Fischen, Jagen nach Verlangen
war seine Ergötzlichkeit.

6. Lustige Comödie-Sachen
müssen die Geister bei der Nacht,
ja die schönste Musik machen,
dass kein Ohr nie ghöret hat.
In der Luft die Vögel fangen,
das war auch sein größte Freud,
er ließ keinen Geist von dannen,
bis das Werk sich end't allzeit.

7. Geld viel tausend müssens schaffen,
Gold und Silber, was er wollt,
Faustus tat zu diesem lachen,
das gefiel ihm herzlich wohl.
Schießscheiben zu Straßburg ließ
    aufrichten,
dass er haben kunt sein' Freud,
tat oft auf den Teufel schießen,
dass er vielmals laut aufschreit.

8. Bitten taten ihn oft die Geister,
er sollts einmal lassen los,
er sagt: Nein ich hab die Freuden
euch zu scheren allein bloß.
Ihr müsst mir allzeit parieren,
eilends wann ichs haben will,
ich werd euch noch recht crystieren,
denn ich treib das Widerspiel [hier: böses
    Spiel].

9. Gold, Silber, köstlich Modi Kleider,
es sei in was für einem Land,
müssen ihm bringen gleich die Geister,
dass er sich aufführen kann.
Geschmuck von Diamant d' schönsten
    Sachen,
müssens bringen aus Türkei,
in allen Landen die Sprachen
kunt er, dass er sicher sei.

10. Vor sein' End tat er zitieren
deren zweitausend Geister gschwind,
müssen ihn nach Jerusalem führen,
diese waren wie der Wind.
Er wollt das heilige Land auch sehen,
weil kein Land mehr übrig war,
wo ihn die Geister nicht hinführten,
dieses ist ganz sonnenklar.

11. Am heiligen Karfreitag übermaßen
kam Faustus angelangt
zu Jerusalem der heiligen Straßen,
wo Christus am Kreuzes Stamm
für uns Sünder ist gestorben.
Dieses zeigt ihm an der Geist,
hat für dich das Heil erworben
und du ihm kein' Dank erzeigst.

12. Faustus tat den Geist befragen,
wie Gott ausgesehen hat,
darauf tat der Geist ihn fragen,
kein Maler ist auf der Welt,
der das Contrafei [Bild] kann treffen,
wie Gott am Kreuz ausgesehen hat.
Fauste, du sollst das nicht begehren,
deine Reu, die ist zu spat.

13. Wann du sollst gesehen haben,
wie Christus hat gesehen aus,
voller Blut und voller Wunden,
war zu schauen an ein Graus,
würd' dein' Seel im Leib erzittern
und ein Schrecken kommen an,
bleiben lass du dieses lieber,
bei Gott hast du kein Pardon.

14. Faustus tat stark disputieren
mit den Geistern in der Luft,
sein' Verstand tat er verlieren,
dass er ihm nicht zu helfen wusst.
Seht die Barmherzigkeit Gottes
zeigt ihm am himmlischen Firmament
das Contrafei, wie er's begehrt,
vermeint es sei sein letztes End.

15. Seufze nit, hör auf zu klagen
über dieses Contrafei,
oder wir lassen dich ins Meer fallen
hast Buß und Reu getan von eh.
Zweitausend Klafter hoch sie ihn führten
in der Luft nach Mailand fort,
sie ihn alldort niederliessen,
er ging an sein' bestimmten Ort.

16. Ulessus der Auerhahn wie der Wind,
muss zweihundert Meilen fort
und ihm drei Ellen Leinwand bringen
aus Portugal der großen Stadt.
Dieses tut er recht bezwingen,
dass er ihm nicht dienen wollt,
was er gedenkt, muß er ihm bringen,
auch die Farb von gleichen Ort.

17. Um neun Uhr tat er ankommen,
war so geschwind als wie der Wind,
Mevestophilus reibt die Farben,
dass diese gleich fertig sind.
Faustus sagt, jetzt mußt du malen
Christum recht am heiligen Kreuz,
wie er gestorben ist dazumalen.
Gib acht, dass du mir nicht fehlst.

18. Der böse Geist fing an zu malen
an dem heiligen Crucifix,
tat den Faustum scharf befragen,
ob er sein Punkten noch b'ständig ist.
Ihn tut er drauf gleich sagen,
mal du mir nun dieses aus,
nach Gott tu ich nichts fragen,
weder um sein himmlisch Haus.

19. Wie die Passion vollendet,
war das Kunststück fertig schon,
Faustus tat darob erschrecken,
ihm kam Furcht und Schrecken an.
Er tut dieses wohl betrachten,
sagt nicht, dass ihm was mangiert [fehlt],
der böse Feind tat zu ihm sagen,
eines kann ich malen nicht.

20. Den Titul und heiligen Namen
kunt der Teufel malen nit,
ober dem Haupt des Kreuzesstamms,
dieses betracht mein lieber Christ.
Tu den heiligen Namen Jesu ehren,
sprich diesen andächtig aus,
wird dich Gott allzeit anhören,
bis du kommst ins himmlisch Haus.

Ausführliche **Beschreibung** des weit- und wohl bekannten, auch weltberühmten, **Johann Doktor Faust** von Anhalt geboren, Meister der höllischen Geister.

(70)

Steyr, gedruckt bey Joseph Greis.

Undatierte Flugschrift aus dem oberösterreichischen Steyr von Joseph Greis [druckt in den Jahren 1804 bis 1827] mit der Beschreibung über »Doktor Faust« und dem Lied »Hört ihr Christen mit Verlangen…« Dazu eine Szene, die einigermaßen passend auf den Liedinhalt Bezug nimmt: Hinter dem Kartenspieler in der Wirtschaft lauert der Teufel. – Gegenüber den Prosaerzählstoffen, deren Berichte zeitungsähnlich sozusagen als historische Tatsachen verbreitet wurden, sind die Liedzeugnisse beim »Faust« jüngeren Datums, zielen aber auf die gleiche Mischung von Befriedigung der Sentationslust und der religiös fundierten, belehrenden Unterhaltung. – Nach einer älteren, inzwischen verschollenen Vorlage aus der Universitätsbibliothek Leipzig als Kopie im DVA Freiburg i.B. = Bl 4125.

21. Als Faustus letzter Tag ankommen,
da kam der Teufel mit ein' Brief,
dass er sein' verschriebene Seel wird abholen,
Faustus laut vor Schrecken ruft.
Zu viel hundert Stücken wurd sein Leib zerrissen,
sein' Seel fuhr in die höllisch Pein,
allwo Faustus muß ewig sitzen
und ewig gequälet sein.

Anton Schlossar, Deutsche Volkslieder aus Steiermark, Innsbruck 1881, Nr. 315 (nach einer Liedflugschrift)

*Motiv von einer Liedflugschrift 1831;
Sammlung DVA Freiburg i. Br.*

DOLLINGER

[1.] Es ritt ein Türk aus Türkenland,
er ritt gen Regensburg in die Stadt,
da Stechen [Turnier] ward;
vom Stechen war er wohl bekannt.

[2.] Da ritt er für des Kaisers Thur [Tor, Tür, Turm?]:
»Ist jemand hier, der komm herfür,
der stechen will um Leib und Seel,
um Gut und Ehr,
und dass die Seel dem Teufel wär.«

[3.] Da waren die Stecher alle verschwiegen,
und keiner wollte dem Türken obliegen,
dem leidigen Mann,
der so trefflich stechen kann.
Um Leib und Seel, um Gut und Ehr,
und dass die Seele dem Teufel wär.

[4.] Da sprang der Dollinger wohl heran:
»Ich muss hin an den leidigen Mann,
der so trefflich stechen kann.«
Das erste Reiten, das sie taten.

[5.] Sie führten gegen einander zwei scharfe Speer,
das eine ging hin, das andere her.
Da stach der Türk den Dollinger ab,
so dass er auf dem Rücken lag:
»O Jesus Christ, steh du mir bei,
steck mir den Zweig [des Siegers];
sind ihrer drei, bin ich allein,
führ meine Seel' ins Himmelreich.«

[6.] Da ritt der Kaiser zum Dollinger behend,
gab ihm ein Kreuz in seine Händ
und strichs ihm über seinen Mund,
und Dollinger sprang auf frisch und gesund
zum Reiten, das sie taten.

[7.] Da stach der Dollinger den Türken ab,
dass dieser auf dem Rücken lag.
»Berühmter Teufel, steh nun ihm bei;
bin ich allein, sie ihrer drei.
Führ seine Seel in die Hölle hinein.«

nach: Zeitschrift »Bragur«, Band 4, Heft 1, Leipzig 1796, S. 171–173

DONAUSTRUDEL (A)

1. Bin ein Mädichen aus Braunau,
gieng in die Stådt spåziren,
geg'nt mir ein Schefmånn [Schiffmann]
 aus Passau,
der wollte mich verführen.
Aus Linz und Krems und Schweigenau,
aus Regensburg, Müncha und Passau,
schwäbischö, bayrischö Dienei [Dirndl],
muess der Schefmånn führen.

2. Åls ich ån dö Gränze kåm,
språch dö bayrischö Dudl:
Såg mir, liaba Schefmånn mein,
hab'n mir no weit zun Strudl?
Zan Strudl håb'm ma neama weit,
nu seid's ma koanö vazågtn Leut'!
Han, Schefmånn såg' uns, wela
ist denn gå so g'fähla [gefährlich]?

3. Ös meinö liab'm Jungfrau'n mein,
um oans muaß i enk fråg'n:
Mecht eppan oanö drunta seyn,
thuat's ma's liaba såg'n,
dö koan reinö Jungfrau is,
hålt i en Strudl nit füa g'wiß,
dort unt'n ån da Deich'n
kunnt's wieda glei einsteig'n.

4. Åls dö Jungfrau'n dös vanumma,
håb'mt sö sö glei bösunna,
sand glei ållö mitanånd
aus'n Schef ausg'sprunga;
koanö wolt mit'n Schefmån fåhr'n,
åls a Madl mit åcht, neun Jåhr'n,
und dö låßt sö nenna:
Schenö Jungfrau Lena.

5. Geht da Wind üba Budweis hea,
z' Neuhaus üba dö Doana,
nindert [nirgends] geits koan Jungfrau mea,
nix åls lauta ...
Wül oanar a reinö Jungfrau håb'm,
muass oana nu en Halla fråg'n,
dort'n sand's nit theua,
's Dutzat kråd ån Dreya.

6. Ös meinö liab'm Jungfrau'n mein,
's Liedlein wol'n ma b'schliaßn,
mecht eppar oanö drunta seyn,
dös kunnt vüleicht vadriaß'n.
Hån i enk wås Load's göthån,
klågt's mi ban Stådtrichtar ån,
i wear' enk Åntwort göb'm,
solt's kost'n a mein Löb'm.

Maria Vinzenz Süß, Salzburgische Volks-Lieder, Salzburg 1865, S. 83f. – Dieser Text, gedruckt 1865, steht bereits in dem seit den 1830er Jahren verstärkten Modetrend in der Schweiz, in Bayern und Österreich, dass ›echtes Volkslied‹ in der Mundart zu sein habe. Man darf das Lied deshalb nur sehr eingeschränkt als Beleg für eine (an sich ungewöhnliche) Dialektballade werten.

DONAUSTRUDEL (B)

1. Als wir jüngst in Regensburg waren,
sind wir über den Strudel gefahren.
Da war'n viele Holden,
die mitfahren wollten.
Schwäbische, bairische Dirnen, juchhe!
Muss der Schiffsmann führen.

2. Und ein Mädel von 12 Jahren
ist mit über den Strudel gefahren.
Weil sie noch nicht lieben kunnt',
fuhr sie sicher über Strudels Grund.
Schwäbische, bairische Dirnen, juchhe!
Muss der Schiffsmann führen.

3. Und vom hohen Bergesschlosse
kam auf stolzem, schwarzen Rosse
adlig Fräulein Kunigund,
wollt' mitfahren über's Strudeln Grund:
Schwäbische, bairische Dirnen, juchhe!
Muss der Schiffsmann führen.

4. »Schiffsmann, lieber Schiffsmann mein,
sollt's denn so gefählich sein?
Schiffsmann, sag' mir's ehlich,
ist's denn so gefährlich?«
Schwäbische, bairische Dirnen, juchhe!
Muss der Schiffsmann führen.

5. »Wem der Myrtenkranz geblieben,
landet froh und sicher drüben;
wer ihn hat verloren,
ist dem Tod erkoren!«
Schwäbische, bairische Dirnen, juchhe!
Muss der Schiffsmann führen.

6. Als sie auf die Mitt' gekommen,
kam ein großer Nix geschwommen,
nahm das Fräulein Kunigund,
fuhr mit ihr in des Strudels Grund.
Schwäbische, bairische Dirnen, juchhe!
Muss der Schiffsmann führen.

DVA = A 43 814; aufgezeichnet von Heinrich Heerwagen in Muggendorf, Oberfranken, 1892

DONAUSTRUDEL (C)

1. Geh ich halt wohl in den Wald,
in den Wald spazieren;
kommt ein Schiffmann von Passau
und wollt mich vexieren.
Und als ich kam ans Schiff dahin,
saßen nichts als Mädchen drin:
Schwäbische, bayersche Dendel [!], juhe!
Muss der Schiffmann führen.

2. Schiffmann, lieber Schiffmann mein,
ich möcht' etwas fragen:
Wo habt ihr eure Mädchen dann
zusammen aufgeladen? –
Zu Linz, zu Ems und zu Mietingen,
zu Regensburg und zu Bossingen.

3. Schiffmann, lieber Schiffmann mein,
wie weit ist noch vom Strudel? –
Auf den Strudel habt ihr nicht weit,
seids nur keine verzagte Leut.
Drunten auf der Seiten
könnt ihr wieder einsteigen.

4. Es kommen ihrer hundertunddrei
über das Feld gelaufen.
Das war ein sehr groß Geschrei,
zu sitzen auf einem Haufen.
Es konnt keiner über den Strudel fahren
als ein Mächen von achtzehn Jahren,
sie ist nicht 'rausgestiegen,
sie ist beim Schiffmann geblieben.

5. Sollt' etwa eine drunter sein,
die keine Jungfrau wäre,
muss sie gleich aus dem Schiff 'raussteigen,
denn der Strudel tut gar sehr.
Drunten auf der Seiten
könnt' sie wieder einsteigen.

Othmar Meisinger, Volkslieder aus dem badischen Oberlande,
Heidelberg 1913, Nr. 268 (aus Müllheim, Baden)

DONAUSTRUDEL (D)

1. Als wir einst verschütt gegangen waren,
mussten wir im grünen August fahren:
Zimmerleute, Maurerleute und ein Vagabund
mussten fahren in dem grünen August rum.

2. Ein Barbier war ohne Papiere,
wollt' handeln und schachern und läuft von Tür zur Türe:
Stiefelbänder, Putzpomade, alles feine Sachen,
läuft er um die Ecke, grad dem Schutzmann in den Rachen.

3. »Ach, Herr Schutzmann, ich habe nichts verbrochen,
habe nichts gestohlen und bin auch nicht besoffen,
habe nur ein wenig nach der Arbeit umgeschaut,
ritze, ratze, Mausefallen habe ich verkauft.«

4. Ein junges Mädchen von siebzehn, achtzehn Jahren
musste mit dem grünen August fahren,
denn sie hat sich rumgetrieben wie ein Schlachterhund,
musst fahren in dem grünen August rum!

DVA = A 155 182; gesungen in Hamburg-Altona 1916 (Sammlung Paul Alpers, Celle); »grüner August« vergleiche Grüne Minna (Wagen der Polizei)

DORNRÖSCHEN (A)

1. Dornröschen war ein schönes Kind,
schönes Kind, schönes Kind,
Dornröschen war ein schönes, schönes Kind.

2. Sie wohnt in einem Schlosse.

3. Das Schloss, das war aus Marmorstein.

4. Da kam die böse Fee herein.

5. Und stach sie mit dem Spindelschiff.

6. Da kam die gute Fee herein.

7. Verzaubert seist du hundert Jahr.

8. Da wuchs die Hecke riesengroß.

9. Der Prinz, der schlug sie alle ab.

10. Und endlich kam er in das Schloss.

11. Und nahm Dornröschen bei der Hand.

12. Und führt' sie durch das ganze Land.

13. Da war der Jubel riesengroß.

DVA = A 90 621; als Kinderreigen aufgezeichnet in Gresgen im Wiesental (Baden), 1926

DORNRÖSCHEN (B)

1. Dornröschen war ein schönes Kind,
schönes Kind, schönes Kind, schönes Kind.

2. Dornröschen, nimm dich ja in acht.

3. Da kam die böse Fee herein.

4. Dornröschen, schlafe hundert Jahr.

5. Da wuchs die Hecke riesengroß.

6. Da kam der junge Königsohn.

7. Dornröschen, wache wieder auf.

8. Da feierten sie das Hochzeitsfest.

9. Da jubelte das ganze Volk.

DVA = A 207 761; aufgezeichnet als Ringelreihen der Kinder in Mehle (bei Alfeld an der Leine, Niedersachsen), vor 1966

*Motiv von einer Liedflugschrift 1617;
Sammlung DVA Freiburg i. Br.*

DREI GEFANGENE

1. Es war'n einmal drei Reiter gefang'n,
gefangen waren sie.
Sie wurden gefangen und geführet,
keine Trommel ward dabei gerühret
im ganzen deutschen Reich.

2. Und als sie auf die Brücke kam'n,
was begegnet ihnen allda?
Ein Mädchen jung an Jahren,
hatte nicht viel Leid erfahren:
»Geh hin und bitt für uns!«

3. »Und wenn ich für euch bitten tu,
was hülfte mir denn das?
Ihr zieht in fremde Lande,
lasst mich wackres Mägdelein in
    Schanden,
in Schanden lasst ihr mich.«

4. Das Mägdlein sah sich um und um,
groß Trauern kam ihr an.
Sie ging wohl fort mit Weinen,
bei Straßburg über die Steinen,
wohl vor des Hauptmanns Haus.

5. »Gut'n Tag, gut'n Tag, lieber
    Hauptmann mein,
ich habe eine Bitte an Euch.
Wollet meiner Bitte gedenken
und mir die Gefangenen losschenken,
dazu meinen eigenen Schatz!«

6. »Ach nein, ach nein, liebes Mägdelein,
das kann und darf nicht sein.
Die Gefangenen, die müssen sterben,
Gottes Reich sollen sie ererben,
dazu die Seligkeit.«

9. Was zog sie aus ihrem Schürzelein?
Ein Hemd, so weiß wie Schnee.
»Sieh da, du Hübscher und Feiner,
du Herzallerliebster und du Meiner,
das soll dein Sterbekleid sein.«

10. Was zog er von seinem Fingerlein?
Ein goldenes Ringelein.
»Sieh da, du Hübsche und du Feine,
du Herzallerliebste und du Meine,
das soll dein Denkmal [Andenken] sein.«

Gottlieb Brandsch, Siebenbürgisch-deutsche Volksballaden, Hermannstadt 1938, Nr. 32 (aus Schweischer, 1897)

DREI SEELEN VOR DER HIMMELSTÜR
(DREI SCHWESTERN VOR DER HIMMELSTÜR, HÖLLENTRUNK)

1. Es wohnt' ein Müller an dem Rhein,
der hatte drei schöne, schöne Töchterlein,
der hatte drei schöne, schöne Töchterlein.

2. Die erste ging zur Kirch' hinein,
die zweite kam gleich hinterdrein,
die dritte blieb vor'm Spiegel stehn.

3. Das Haupt geschmückt und das Haar gekrollt,
hat sie verdienet die ewige Schuld.

4. Die drei die starben in einer Stund',
die erste starb um halb drei Uhr.

5. Die zweite starb dreiviertel auf drei,
die dritte, die starb um drei Uhr.

6. Nun fuhren sie fort, nun fuhren sie fort,
bis daß sie kamen an die himmlische Pfort'!

7. »Ach Herr, ach Herr, mach' auf deine Tür,
es stehen drei arme Seelen dafür.«

8. »Es sind keine armen Seelelein,
es sind drei reiche Müllerstöchterlein.«

9. Die erste ging zur Tür' hinein,
die zweite ging gleich hinterdrein,
die dritte blieb vor der Türe stehn.

10. »Ach Herr, was hab' ich denn verschuld't,
dass ich muss vor der Türe steh'n?«

11. »Als gingen die zwei zur Kirch' hinein,
hast du dich vor den Spiegel gestellt.

12. Das Haupt geschmückt, das Haar gekrollt,
hast du verdient die ewige Schuld.«

13. Da fuhr sie fort, da fuhr sie fort,
bis dass sie kam an die höllische Pfort'.

14. »Luzifer, Luzifer, mach' auf deine Tür',
es steht eine arme Seele dafür.«

15. »Es ist kein armes Seelelein,
es ist ein reiches Müllerstöchterlein.«

16. »Hätt' ich meines Vaters Geld und Gut,
so könnt' ich mich abkaufen aus der höllischen Glut.«

17. »Hier gilt kein Geld und auch kein Gut,
hier musst du verbrennen in der höllischen Glut.«

18. Die Tür ging auf, sie ging hinein,
da fühlt' sie schon die höllische Pein.

*Ernst H. Wolfram, Nassauische Volkslieder, Berlin 1894, Nr. 11;
aus Würges (Hessen)*

*Motiv von einer undatierten Liedflugschrift;
Sammlung DVA Freiburg i. Br.*

DURSLI UND BABELI (A)

[1.] Es hätt' e' Buur e' Töchterli,
mit Name hieß es Babeli,
es hätt' e' paar Zöpfle, sie sind wie Gold,
drum ist ihm auch der Dusle hold.

[2.] Der Dusle lief dem Vater na':
»O Vater, wollt ihr mir's Babele lahn?« –
»Das Babele ist noch viel zu klein;
es schläft dies Jahr noch wohl allein.«

[3.] Der Dusle lief in einer Stund',
lief abe bis gen Solothurn,
er lief die Stadt wohl uf und ab,
bis er zum öbersten Hauptmann kam.

[4.] »O Hauptmann, lieber Hauptmann mi',
i' will mi' dingen in Flandern 'ni!«
Der Hauptmann zog die Seckelschnur,
gab dem Dusle drey Taler drus.

[5.] Der Dusle lief wohl wieder heim,
heim zu s'in'm liebe Babelein:
»O Babele, liebes Babele mi',
jezt hab i' mi' dungen in Flandern 'ni'!«

[6.] Das Babele lief wohl hinters Huus,
es grient [weint] ihm schier sin' Äugele uus.
»O Babele, tu doch nit so sehr,
i' will ja wieder kommen zu dir!

[7.] Und komm i' übers Jahr nit heim,
so will i' dir schreiben e' Briefelein,
darinnen soll geschrieben stahn:
I' will min Babele nit verlahn [verlassen]!«

Johann Gottfried Herder, Volkslieder, Bd. 1, Leipzig 1778, S. 139f.,
Nr. 9 = Herder, Stimmen der Völker in Liedern, 1807

DURSLI UND BABELI (B)

1. Es het e Bur e's Töchterli,
mit Name heißt es Bäbeli,
vo wäge hm hm hm hm,
vo wäge ha ha ha ha,
mit Name heißt es Bäbeli.

2. Es het zwei Züpfli gäl wie Gold,
drum isch em au der Dursli hold,
vo wäge usw.

3. Der Dursli lauft' im Müeti no:
»O tüet mer doch das Bäbeli lo.

4. »Ach Dursli, lieber Dursli my,
das Bäbeli isch no vil zu chly.

5. Der Dursli lauft im volle Zorn
wohl in die Stadt nach Solledorn [Solothurn].

6. Er lauft die Gasse ein und aus,
bis dass er kam vor's Hauptmanns Haus.

7. »Ach Hauptmann, lieber Hauptmann my,
jetz will i dinge go Flandre y.«

8. Der Hauptmann zog den Beutel aus
und gab dem Dursli drei Taler draus.

9. Der Dursli gieng jetz wieder hei
zu seinem liebsten Bäbelein.

10. »Ach liebstes, liebstes Bäbeli my,
jetz ha=ni dunge go Flandre y.«

11. Das Bäbeli gieng wohl hinters Hus
und weinte fast seine Äuglein us.

12. »Ach Bäbeli, tue doch nit eso,
i bi ufs Johr widerumme do.

13. Und wenn i nit cha umme cho,
so will dr es Briefli schrybe lo.

14. Im Briefli sell's geschribe stoh,
i well das Bäbeli nit verloh.«

*Sigmund Grolimund, Volkslieder aus dem Kanton Solothurn,
Basel 1910, Nr. 15*

EDELMANN IM HABERSACK (A)

1. Es wohnt ein Müller an einem Teich,
stiehlt er viel, so wird er reich.

2. Der Müller hat ein' treuen Knecht,
und war er tut, ist alles recht.

3. Er fasst ei'm Bauernknecht [in] ein' Sack,
man trägt ihn in d'Mühl für'n Habersack.

4. Man stellt den Sack zu der linken Hand,
wo meiner [!] Tochter Bett an der Wand.

5. »Steh auf, mein' Mutter, zünd an ein Licht,
in unsrer Mühl da ist ein Dieb.«

6. »Nein, nein, mein' Tochter, es ist kein Dieb,
's is der Bauernknecht, er hat dich lieb.

7. Sieh an, mein' Tochter, das schöne Geld,
kannst dir drum kaufen, was dir gefällt.«

8. »Nein, nein, mein' Mutter, das tu ich nicht,
mein Kranz ist mir lieber als Gut und Geld.«

*Musenalmanach für das Jahr 1808, hrsg. von Leo Frh. von Seckendorf,
Regensburg 1808, Nr. 30, »Des Müllers Tochter«*

*Motiv von einer undatierten Liedflugschrift;
Sammlung DVA Freiburg i. Br.*

EDELMANN IM HABERSACK (B)

1. Es wohnt ein Müller an jenem Teich
– aus feichelblauer [veilchen-] Seide –
der hat eine Tochter, und die war reich.
– aus Liebeslust und Freude –
Schöner grüner, gut schmeckt der Wein
am Rhein, juchhe!

2. Nicht weit von ihm ein Edelmann,
der wollt des Müllers Tochter hab'n.

3. Der Edelmann hat einen Knecht,
und was er tat, das war ihm recht.

4. Der Knecht steckt sein' Herrn in' Habersack
und trägt ihn so zur Mühl hinab.

5. »Guten Morgen, du Frau Müllerin,
wo stell ich denn meinen Habersack hin?«

6. »Stell ihn hin in jene Eck,
nicht weiter von meiner Tochter ihr Bett.«

7. Und als es war um Mitternacht,
der Habersack sich lustig macht.

8. Der Habersack kriegt Händ und Füß
und in der Mitt 'n langa Spieß.

9. »O Mutter, mach geschwind a Licht,
der Habersack schon auf mir liegt.«

10. »Ei Tochter, häst du still geschwiegen,
ein Edelmann den häst könna kriegen.«

11. »Ein Edelmann den mag ich net,
ein lustiga Schneider versag ich's net.

12. Ein lustiga Schneider den muss ich haben,
und wenn ich ihn aus der Erd muss raus graben.«

13. Und als ich [!] ihn aus der Erd raus grub,
da war's a drecketer Schustersbub.

DVA = A 144 782, handschriftliches Liederbuch aus Oberthulba (Unterfranken), Ende 19. Jh.

EDELMANN IM HABERSACK (C)

1. Dort unten am Graben, då steht a Haus,
då wohnt ein ålter Müller zu Haus.

2. Der Müller der håt ein schöns Töchterlein,
wer [!] will des Müllers sein Töchterlein håbn?

3. »Guten Morgen, Frau Müllerin,
wo stell is meinen Habersack hin?«

4. »Stell hin, stell hin in jenes Eck,
nicht weit von meines Töchterlein Bett.«

5. Wie ist gekommen die Mitternacht,
håt sich der Håbersåck selber aufg'måcht.

6. »Ei Mutter, ei Mutter bring' gschwind a Liacht,
es ist a hoamischer Diab in da Mühl.«

7. »Schweig still, schweig still mein Töchterlein,
es ist ein Edelmann, der dich treu liabt.«

8. »Koan Edelsmann den brauch is nit,
an lustiga Bauersbuam, den muaß i håbn.«,

DVA = A 134 901, aufgezeichnet von Karl Horak, vorgesungen von
Maria Schober in Seele (Gottschee, Slowenien), 1929

EDELMANN IM HABERSACK (D)

1. Es wohnt ein Müller bei einem Teich,
der hat ein schön Töchterlein
– hularidari di juchhe –
der hat ein schön Töchterlein,
sell [die] war sein Reich [war reich / sein ein und alles?].

2. Nicht weit davon wohnt ein Edelmann,
der wollt des Müllers sein Töchterlein habn.

3. Der Edelmann hat einen treuen Knecht,
alles was er tat, sell [das] war ihm recht.

4. Der Knecht steckt den Herrn in Habersack hinein
und trug ihn wohl zu dem Müller in die Mühl.

5. »Guten Tag, guten Tag, Frau Müllerin,
wo soll i denn stell'n den Habersack hin.«

6. »Dort hin, dort hin am selbigen Eck,
aber [!] nicht weit von mein Töchterlein Bett.«

7. Um halber zwölfe in der Nacht,
da hat sich der Habersack selber aufgmacht.

8. »Geh Mutter, steh auf und mach mir a Licht,
in unserer Mühl da drin, da isch a Dieb.«

9. »O Töchterlein sei still geschwind,
es isch der Edelmann, der hat di' lieb.«

10. »Ein Edelmann sell mag i koan,
a lustiger Bauernbub, sell muaß i håbn,
und sollt i'n wohl müssen aus der Erd außagråbn.«

DVA = A 187 537, aufgezeichnet von Karl Horak, vorgesungen von Anna
Resch (29 Jahre), Tiers bei Bozen (Südtirol) 1941

EDELMANN UND SCHÄFER (A)

1. Ein Edelmann reitet zum Tor hinaus,
der Schäfer, der weidet die Schäfelein draus.

2. Der Edelmann zog es sein Hütlein herab
und bietet dem Schäfer ein guten Tag.

3. »Ach Edelmann, lass du dein Hütlein nur stehn,
bin ich es ja nur deines Bauern Sohn.«

4. »Bist du es wohl nur meines Bauern Sohn
und ziehest in sammetnem [aus Samt] Kleide davon?«

5. »Dich stolzer Edelmann geht es nichts an,
wenn nur es der Vater bezahlen kann.«

6. Der Edelmann fasst ein'n grimmigen Zorn
und stoßet den Schäfer in 'nen finstern Thorn [Turm].

7. Da kam die Frau Bäurin geflogen herbei
und sprach zu dem Herrn mit lautem Geschrei:

8. »Ach Edelmann, lasst mir mein Söhnlein nur leben,
gern will ich euch tausend Dukaten hin geben.«

9. »Tausend Dukaten, das ist mir kein Geld,
dein Söhnlein muss sterben im weitesten Feld.«

10. »Ach Edelmann, lasst ihr das Söhnlein mir leben,
so will ich euch tausend Demantenstein [Diamanten] geben.«

11. »Kannst du es mir tausend Demantenstein geben,
dann will ich die Tochter dem Schäfersknecht geben.«

DVA = E 3700, handschriftliche Sammlung von Achim von Arnim, 1807

EDELMANN UND SCHÄFER (B)

1. Es trieb ein Schäfer die Lämmerlein aus,
er trieb sie wohl vor dem Edelmann sein Haus.

2. Der Edelmann der schaut zum Fenster heraus
und bot dem Schäfer ein guten Morgen hinaus.

3. »Ach Edelmann, lass du dein Hütchen stohn!
Ich bin ja ein armer Schäferssohn.«

4. »Bis du ein armer Schäferssohn
und gehst doch in Sammet und Seide herum?«

5. »Was geht es dich ruppigen Edelmann an,
wenns nur mein Vater bezahlen kann!«

6. Der Edelmann geriet in ein grimmigen Zorn
und liess den Schäfer wohl sperren in den Turm.

7. Als das dem Schäfer sein Vater erfuhr,
macht er sich auf und ging hinzu:

8. »Ach Edelmann, schenk meinem Sohne das Leben,
ich will dir dreihundert Stück Lämmlein gebn.«

9. »Dreihundert Stück Lämmlein ist fürn Edelmann kein Wert,
der Schäfer soll sterben wohl durch das Schwert.«

10. Und als das dem Schäfer sein Mutter erfuhr,
macht sie sich auf und ging hinzu:

11. »Ach Edelmann, schenk meinem Sohn das Lebn,
ich will dir sechshundert Stück Lämmlein gebn.«

12. »Sechshundert Stück Lämmlein ist fürn Edelmann kein Wert.
Der Schäfer soll sterben wohl durch das Schwert.«

13. Und als das dem Schäfer sein Liebste erfuhr.
Macht sie sich auf und ging hinzu:

14. »Ach Edelmann, schenk meinem Liebsten das Lebn,
Das grüne Brautkränzle will ich dir gebn.«

15. »Willst du mir das grüne Brautkränzlein gebn,
So will ich wohl schenken deim Liebsten das Lebn.«

Ludwig Erk und Franz Magnus Böhme, Deutscher Liederhort, Bd. 1, Leipzig 1893, Nr. 43 a = Wolfgang Steinitz, Deutsche Volkslieder demokratischen Charakters aus sechs Jahrhunderten, Bd. 1, Berlin 1954, Nr. 60

*Motiv von einer undatierten Liedflugschrift;
Sammlung DVA Freiburg i. Br.*

EDELMANN UND SCHÄFER (C)

1. Ein Schäfer über die Brücke trieb,
– Ei rommi, rommi, romm, ei nochmals romm! –
ein Edelmann ihm entgegenritt.
– Hm, hm, he, valladirra! –

2. Der Edelmann zog sein Käppchen ab,
er meint es sei dem König sein Sohn.

3. »Ei Edelmann, lass Dein Käpplein d'rauf,
bin's nur ein armer Schäferssohn!«

4. »Bist Dus ein armer Schäferssohn,
gehst in lauter Samt und Seide 'rum?«

5. »Was geh'n Dich meine Kleider an,
wenn sie mir mein Vater bezahlen kann?«

6. Der Edelmann kricht [kriegt] einen heftigen Zorn,
er ließ ihn werfen in den Torn [Turm].

7. »Herr Edelmann lass mein Sohn bei Leb'n,
ich will Dir tausend Dukaten geb'n!«

8. »Die tausend Dukaten seins [sind] gar kein Geld;
dein Sohn muss sterben, wenn mirs gefällt!«

9. »Herr Edelmann lass mein Sohn bei Leb'n,
ich will Dir tausend Schäflein geb'n!«

10. »Die tausend Schäflein sein mirs wohl recht,
da hast dein' faulen Schäfersknecht!«

*DVA = A 189 431, eingesandt von Lina Reuß, Untersteinbach
[Rauhenebrach] bei Hassfurt (Unterfranken), 1901*

EIFERSÜCHTIGER KNABE (A)

1. Nicht mehr tut mich es erfreuen,
als wenn der Sommer angeht;
die Rosen, die blühen im Maien,
Trompeten die blasen ins Feld.

2. »Hör' Schätzchen, was hab' ich erfahren,
du wollest jetzt reisen von mir;
wollst reisen in fremde Lande hausen.
Wann kommst du wieder zu mir?«

3. Und als ich wieder nach Hause kam,
feins Liebchen stund hinter der Tür.
»Gott grüß' dich, du hübsche und feine,
von Herzen gefallest du mir!«

4. »Was brauch' ich dann dir zu gefallen,
ich habe schon längst einen Mann,
dazu auch einen reichen und schönen,
der mich wohl ernähren kann.«

5. Da zog er wohl aus seiner Tasche
ein Messer, das spitzig und lang,
und stach das Feinsliebchen durchs Herze,
das rote Blut gegen ihn sprang.

6. Und als er das Messer herauserzog,
von Blut war es so rot.
»Hilfreichster Gott vom Himmel!
Wie bitter ist mir der Tod!«

7. So gehts, wenn ein Mädchen zwei Knaben lieb hat,
das tut ja sehr selten nur gut,
wir beiden, wir habens erfahren,
was falsche Liebe tut.

DVA = E 5971, Sammlung Ludwig Erk; aus dem Material für das »Wunderhorn«, Achim von Arnims Sammlung, vor 1808

EIFERSÜCHTIGER KNABE (B)

[1.] Es stehen drei Sterne am Himmel,
sie geben der Lieben ein Schein,
sie scheinen der Lieben vor die Türe.
»Wo bind ich mein Rösselein hin?«

[2.] »Hol du es, dein Rösschen, beim Zaume,
bind es an den Lindenbaum an
und setz dich eine kleine Weile nieder
und ruhe eine kleine Kurzweil!«

[3.] »Ich kann es fürwahr nit ruhen,
kann nimmer mehr fröhlich sein.«
Was zog er aus seiniger Tasche?
Ein Messer, war scharf und spitz.

[4.] Er sticht es der Lieben ins Herze,
dass 's rote Blut gegen ihn spritzt.
Er sticht es hinein, zog's wieder heraus,
von Blut war es so rot.

[5.] Was zog er aus seinem Finger?
Ein Ringlein von Golde so rot.
Er wirft es ins tiefste Wasser,
wo's Wasser am tiefsten war.

[6.] »Schwimm hin, schwimm her, Goldringelein,
schwimm in das tiefste Meer,
du bist meiner Liebsten gewesen,
von heute nun nimmermehr.

[7.] Wir beiden, wir haben erfahren,
was falsche Liebe tut.
Wir leiden [!], wir haben erfahren,
was falsche Liebe tut.«

*Louis Pinck, Verklingende Weisen. Lothringer Volkslieder, Bd. 1,
Metz 1926, S. 122f. (vorgesungen 1920)*

Schöne Neue Lieder.

1. Du, du liegst mir am Herzen.
2. Es kann mich nichts schönres erfreuen.
3. Ein Mädchen holder Mienen voll Liebe.
4. Die Welt ist nichts als ein Orchester.

Neu gedruckt.

Liedflugschrift mit »Schönen Neuen Liedern… neu gedruckt« [ohne Angaben, gedruckt um 1790 bis um 1830] und verschiedenen Modeliedern der Zeit. Um immer aktuell zu sein, wurde oft auf die Angabe eines Jahres verzichtet; die angebotene Ware ist ›neu‹. Die Gattung Volksballade mit vielleicht Jahrhunderte alten Texten ist dabei nicht besonders herausgehoben, sondern schwimmt mit im gängigen Modetrend dieser Jahre. »Es kann mich nichts schönres erfreuen…« mit dem Text der Volksballade vom »Eifersüchtigen Knaben« ist hier ein wohlbekannter Textfüller. Die beiden sich küssenden Putten bzw. Eroten an der Säule entsprechen dem Geschmack des Biedermeier. – Aus dem Bestand der Berliner Staatsbibliothek, Kopie im DVA Freiburg i. Br. = Bl 2940.

EIFERSÜCHTIGER KNABE (C)

1. Was könnt mich denn besser erfreuen, ju, ja freuen,
als wenn sich der Sommer anfängt,
die Blümlein, die blühen im Maien,
die Burschen, die wandern dahin.

2. Als ich in fremdige Länder kam,
vernahm ich ein klägliches Wort.
»Ach wär ich zuhause geblieben
und hätte gehalten mein Wort.«

3. Und als ich wieder nach Hause kam,
das Mädchen stand unter der Tür.
»Gegrüßt seist du Hübsche, du Feine,
von Herzen gefallest du mir.«

4. »Was brauch ich denn dir zu gefallen,
ich hab ja schon längst einen Mann.«
Er zog das Messer und stach es ins Herz,
so das rote Blut gegen ihn sprang.

*Kurt Huber und Ludwig Simbeck, Niederbairisches Liederbuch,
München 1954, S. 52*

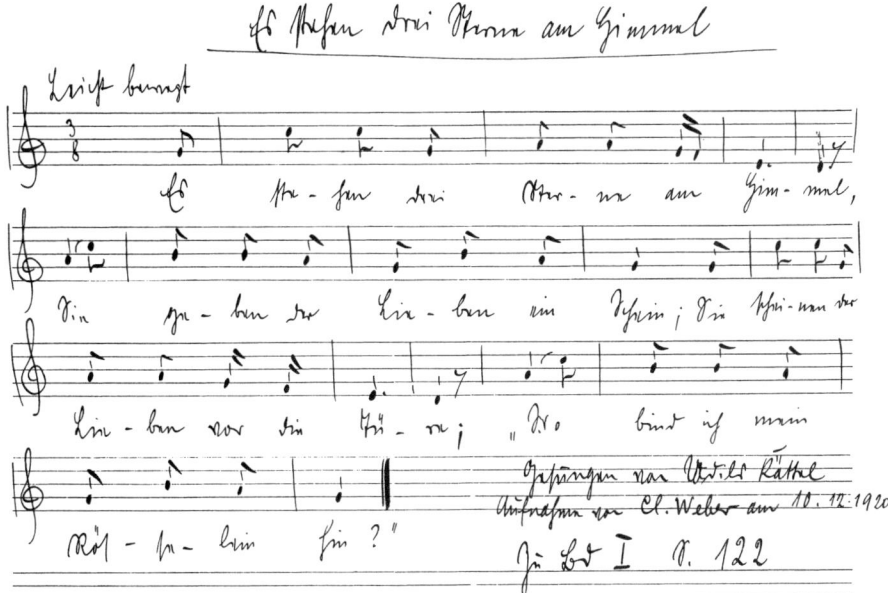

Zu: Louis Pinck, Verklingende Weisen, Lothringer Volkslieder, Band 1, Metz 1926, S. 122. Eine berühmte Vorsängerin für Pfarrer Pinck, die Udils Kättel, trug in Lothringen die Ballade vom »Eifersüchtigen Knaben« vor. Die Melodie dazu wurde von Cl. Weber 1920 aufgenommen: »Es stehen drei Sterne am Himmel...« – Aus dem Nachlass Pinck im DVA Freiburg i. Br.; vgl. O. Holzapfel und W. Stief, Deutsche Volkslieder mit ihren Melodien: Balladen, Band 10, Bern 1996, S. 38.

ELFJÄHRIGE MARKGRÄFIN

1. Es hatt' ein Bauer ein Töchterlein,
die soll das schönste im Lande sein;
es kamen drei Reuter [Reiter] in sein Haus
und freiten ihm sein Töchterlein 'raus.

2. »Mein Töchterlein ist noch gar zu klein,
es geht ins eilfte [elfte] Jahr hinein.«
Sie ließen dem Bauer kein' Ruh und Fried'
und nahmen ihm sein Töchterlein mit.

3. Es stund wohl an ein halbes Jahr,
bis dass das Töchterlein schwanger war;
es stund wohl an dreiviertel Jahr,
bis dass das Töchterlein in Kindsnöten war.

4. »Sollt' ich denn keinen Menschen mehr hab'n,
der meiner Frau Schwieger die Botschaft hintragt?«
Da setzte er sich wohl auf sein Ross
und ritt wohl über die Heide groß.

5. Als er nun über die Heide ritt
und seiner Frau Schwieger entgegen sieht:
Da nahm er sie bei ihren Rock
und setzte sie hinter sich auf sein Ross.

6. Und als sie über die Heide reit'n,
hört er's ein traurig Glöcklein läut'n.
»Ach Hirtelein, liebes Hirtelein!
Was läutet für ein Glöckelein?«

7. »Es läutet zwar zu keiner Freud',
es läutet unserm Grafen sein Weib,
die mit dem Kind verschieden ist.«

8. Als er nun auf das Tor zuritt
und seine sechs Träger [ihres Sarges] entgegen sieht,
da zog er heraus ein scharfes Schwert
und stach sich in sein eigenes Herz.

9. Dann trug man ihn zum Tor hinaus,
und sie trug man in Gottes Haus;
es stund wohl an drei Tag, drei Nacht,
da wuchsen drei Ilgen [Lilien] auf ihrem Grab.

10. Auf der einen da steht geschrieben:
er wäre bei Gott geblieben.
Da grub man ihn aus und wieder ein,
das wird doch wohl das Ende sein.

F. W. Frh. von Ditfurth, Fränkische Volkslieder, Leipzig 1855, Nr. 9 (»Der Graf und die Bauerntochter«, aufgezeichnet in Römershöfen, Franken)

ENTFÜHRTE GRASERIN (A)

1. Es graste eine Jungfrau, hübsch und fein,
auf einem kleinen Wieselein.

2. Sie graste so lang, bis ein' Räuberband':
»O Graserin, gib mir ein Pfand!«

3. »Ich habe weder Pfand noch Pfennige,
die schmale Sichel hab' ich nur.«

4. »Die schmale Sichel mag ich nicht,
keine Damenkleider trag' ich nicht.«

5. Er schwang die Jungfrau wohl auf sein Ross
und ritt mit ihr zum Falkenschloss.

6. »Macht auf, macht auf, ihr Gesellen mein,
ich bring' euch eine Wirtin 'rein.«

7. Sie setzten die Jungfrau auf die Bank,
so dass ihr der Gürtel vom Leibe sprang.

8. Sie setzten die Jungfrau wohl hinter den Tisch
und trugen ihr auf gebrat'nen Fisch.

9. Sie trugen ihr auf eine Kanne Wein:
»Da iss, austrink, und du bist mein.«

10. Die Jungfrau, die schaute zum Fenster hinaus,
sie vermeint, sie sieht ihr Vaterhaus.

11. »Ach wenn ich doch bei meinem Vater wär',
das Falkenschloss versunken wär'!

12. Wer wird mich wohl zu Grabe trag'n?
Zwei Räuber- und zwei Rittersknab'n.

13. Wer wird mir wohl mein Grab einsing'n?
Die Drossel und die Nachtigall.«

14. Sie legten die Jungfrau wohl auf den Tisch
und zerteilten sie wie einen Karpfenfisch.

Adolf König, Heimatlieder aus Nordböhmen, Reichenberg i. B. 1919, Nr. 12

ENTFÜHRTE GRÄSERIN (B)

1. Wollte's Gott Gräserin grasene gehn,
sie grast wohl in dem grünen Klee,
sie grast wohl in dem grünen, ja grünen Klee.

2. Sie grast wohl in dem grünen Klee,
bis dass stolz Reiter ihre [ihr ein] Pfand abnahm.

3. »Ach Reiter, ich hab' kein Pfand bei mir,
ich habe nichts als meine krumme Sichel ein.«

4. Er greift sie wohl mit ihrem Rock,
er schwingt sie wohl auf sein hohes Ross.

5. Sie reiten miteinander über Berg und Tal,
bis dass sie die sieben Schlösselein sahen.

6. »Und wem sind die sieben Schlösselein da?« –
»Und die sind ja alle sieben mein.«

7. Sie reiten miteinander den Hof hinein,
die Schwiegermutter ihnen entgegen schreit.

8. »Willkomm, willkomm, mein lieber Sohn,
und du auch, o zarte Jungfräuelein.«

9. Sie führen sie wohl an den Herrentisch,
sie tragen ihr wohl auf gebackene Fisch'.

10. Sie tragen ihr wohl auf den roten, kühlen Wein,
die Gräserin mag gar nicht fröhlich sein.

11. Die Gräserin schaut zum Fenster hinaus,
da gesieht sie bis vor ihr Vaters Haus.

12. Die Gräserin gedenkt wohl in ihrem Sinn:
»Ich wollt', diese Schlösser wären alle verbrennt,
und ich wär' in meines Vaters, ja Vaters Haus.«

DVldr Nr. 45, aufgezeichnet in Lothringen, 1929 und 1934
(Sammlung Louis Pinck)

ERLE (A)

1. Es gingen einmal drei Spielleut,
sie gingen mitsammen gar stolz,
sie kamen über eine Wiese,
da stund sich ein Erlenholz.

2. Sagt einer zu dem andern:
»Das wäre zur Fiedel gut.«
Der erst' hub an zu hauen,
die Erle hebt an und blut't.

3. Der andere hub an zu hauen,
die Erle hebt an und weint;
der dritt' hub an zu hauen,
die Erle hebt an und redt:

4. »Nicht haut, ihr stolzen Spielleut drei,
ich bin sich kein Erlenholz.
Nicht haut, ihr stolzen Spielleut drei,
ich bin ein Mägdlein stolz.

5. Mein Mutter hat mich verwunschen,
weil ich so lang nach Wasser war;
in der Höll soll sie verbrennen
zu Staub, zu Schwefel und Asch!

6. Ei geht, ihr stolze Spielleut drei,
vor meiner Mutter Tür,
geht hin, ihr stolze Spielleut drei,
geigt ihr das Liedlein von mir!«

7. Die Spielleut huben an zu geigen
von ihr und ihrem Kind:
In der Höll soll sie verbrennen
zu Staub, zu Schwefel und Asch.

8. »Nicht geigt, ihr stolze Spielleut, mehr
von mir und meinem Kind:
Hätt' ich ihr gleich noch zehne,
den Wunsch ich keiner wieder tät!«

Ludwig Erk und Franz Magnus Böhme, Deutscher Liederhort,
Bd. 1, Leipzig 1893, Nr. 8 (dort ins Hochdeutsche übersetzt nach:
J. G. Meinert, Alte teutsche Volkslieder in der Mundart des
Kuhländchens [Mähren], 1817)

ERLE (B)
(AHORN)

[1.] Wanderten zwei Spielleut',
junge, hübsche Burschen.

[2.] Talentlang sie schritten,
einer sprach zum anderen:

[3.] »Weiß von einem Baume,
einem Ahornbaume.

[4.] Laß' uns d'raus für jeden
schneiden eine Geige!«

[5.] Hieben in den Ahorn,
und der Ahorn seufzte.

[6.] Hieben in den Ahorn,
und der Ahorn weinte.

[7.] Hieben in den Ahorn
und der Ahorn flehte:

[8.] »Spaltet mich nicht, Spielleut',
junge hübsche Burschen!

[9.] Denn ich bin kein Baumstamm,
bin ein schönes Mädchen.

[10.] Mich verwünscht' die Mutter,
als ich Wasser schöpfte!«

[11.] »Bleibe Tochter, bleibe
du ein hoher Ahorn,
reich an breiten Blättern!«

[12.] »Trennet mich von der Erde,
traget mich nach Hause,
stellt mich vor die Pforte!

[13.] Dort beginnt zu spielen,
singet dort ein Lied von
der verwünschten Tochter:

[14.] Eine gute Mutter
nie ihr Kind verfluchet!«

[15.] Und die Spielleut sangen,
und die Mutter weinte.

DVA = K 5088; Alfred Waldau, Böhmische Granaten, Bd. 2, Prag 1860, S. 97f. (aus dem Tschechischen übersetzt)

Motiv von einer undatierten Liedflugschrift;
Sammlung DVA Freiburg i. Br.

ERLÖSUNG VOM GALGEN (A)

1. Es ritt ein Herr zum kühlen Wein,
verspielt sein einziges Söhnelein.

2. Und wie er nun nach Haus kam,
sein einz'ger Sohn ihm entgegen kam.

3. »Ach Vater, liebster Vater mein,
was bringt ihr mit vom kühlen Wein?«

4. »Ich bring' dir mit ein reitend Pferd,
darauf du noch nie geritten hast.

5. Reit' hin, reit' hin zur Nähtersfrau [Näherin],
und lass dir machen ein Hemdelein.

6. Und lass dir's machen wohl in die Weit',
dass du darinnen kannst schreiten.

7. Und lass dir's machen wohl in die Läng',
dass du darinnen kannst hängen.«

8. Und wie er nun nach Hase kam,
sein Haus und Hof voll Reiter war'n.

9. Es mocht' ihn keiner greifen an,
sein falscher Vater griff ihn selber an.

10. Es mocht' ihn keiner führen aus,
sein falscher Vater führt' ihn selber aus.

11. Wie weit schritt ihm die Mutter nach?
Sie schritt bis hinter die Pforte.

12. Wie weit schritt ihm die Schwester nach?
Sie schritt bis hint'r das Galgengericht.

13. »Ach Herren, edle Herren mein,
gebt mir mein einziges Brüderlein!«

14. »Und deinen Bruder, den kriegst du nicht,
er muss jetzt hängen am Galgengericht.

15. Und wenn du dich ziehst nackend aus
und dreimal um den Galgen laufst.«

16. Und wie das letzte Wort geschah,
die Kleider alle schon unten war'n.

17. Und wie sie's erstemal 'rum kam,
da fingen alle Frauen zu weinen an.

18. Und wie sie's zweitemal rum kam,
da fingen alle Herren zu weinen an.

19. Und wie sie's letztemal rum kam,
da hieß'n sie das Mädelein stehen.

20. »Schließt ab, schließt ab das Kettenhemd
und lasst den Knaben wieder in das Land!«

DVA = E 5663; aufgezeichnet im Kreis Guhrau (Schlesien), 1840, durch A. H. Hoffmann von Fallersleben

ERLÖSUNG VOM GALGEN (B)

1. Es spielen drei Kaufleut an einem Tisch,
die spielen um das Jüngste Gericht,
sie spielen so hübsch, so spielen so hoch,
bis dass einer hat verspielet sein' allerjüngsten Sohn.

2. Und wie der Herr nach Hause kam,
sein jüngster Sohn ihm entgegen kam.
»Ach Vater, liebster Vater mein,
habt ihr es mir nichts mitgebracht vom roten kühlen Wein?«

3. »Den roten kühlen Wein, den bringe ich dir nicht,
ich habe dich verspielet beim Jüngsten Gericht.«
Und wie die Mutter die Rede vernahm,
sie sprang gleich zu der Nähterin.

4. »Ach Nähterin, ach Nähterin mein,
macht's meinem Sohn sein Totenhemmetlein,
macht nur hübsch und macht's nur breit,
mein Sohn, der ist zum Hängen bereit.«

5. Und wie die Nähterin die Rede vernahm,
der Hof schon voller Leute stand.
Niemand wollt ihn, ihn greifen an,
sein falschender Vater greift ihn selbst an.

6. Niemand wollt ihn hinauf führen,
sein falschender Vater führt ihn selbst 'naus.
Und wie sie auf'n Gerichtsplatz kamen,
die jüngste Schwester ihn' entgegen kam.

7. »Gerichtsmann, liebster Gerichtsmann mein,
könnt' ich es nicht erlösen mein Brüderlein?« –
»Dein Brüderlein erlösest du nicht,
du laufst nicht neunmal nacket um's Gericht.«

8. Und eh der Richter die Rede vernahm,
sprang sie schon neunmal nacket ums Gericht.
»Ach Bruder, liebster Bruder mein,
reich du mir es dein schneeweißes Tüchlein.

9. Trockne ab den kalten Schweiß,
ach wie heiß ist der Schandenschweiß!
Wir haben unsere Ehr' noch nie verloren,
Gott der Herr hat uns nacket auf die Welt geboren.«

*DVA = A 136 985; aus einem handschriftlichen Liederheft aus Hatzfeld
(Banat), 1871 [die Schreibung wurde normalisiert]*

*Motiv von einer Liedflugschrift 1614;
Sammlung DVA Freiburg i. Br.*

ERZWUNGENE EHE

1. Es hat ein Bauer braun Anneli fein,
's ist gar ein wackerbrauns Mädelein.

2. Die Knaben die kommen zur Stubtür herein,
der Vater der saß beim roten, kühlen Wein.

3. »Ach Bauer, ach lieber Bauer mein,
wir kommen um euer braun Anneli herein.«

4. Braun Anneli saß hinterm Ofen und sprach:
»Ach Vater, ich mag ja noch kein' Mann.«

5. Der Vater der hört' ihm seine Rede nit an,
er gab dem braun Anneli gleich ein' Mann.

6. Braun Anneli sprang zu der Stubtür hinaus:
»Ach Mutter, ach Mutter, meine besten Tage sind aus.«

7. »Sie sind nit aus, sie fangen erst an,
deine besten Tage sollst haben beim Mann.«

8. Sie setzen 's braun Annel oben an den Tisch,
sie tragen auf gebackene Fisch'.

9. 's braun Annel legt den Kopf auf dem Bruder sein' Arm,
's braun Annel wird kalt und nicht mehr warm.

DVldr Nr. 50, aufgezeichnet in Lothringen, 1932 (Sammlung Louis Pinck)

EULE UND ADLER

1. Die Eule auf dem Zaune sass,
sie sass so ganz alleine.
Da kam der Adler, der schönste Vog'l:
»Was machst du hier alleine?«

2. »Und was ich hier alleine mach'?
Ich bin ein' arme Waise:
Der Vater ist im Krieg' geblieb'n,
die Mutter gestorben vor Leide.«

3. »Ist dir der Vater im Krieg' geblieb'n,
die Mutter gestorben vor Leide,
so nimm du mich zu deinem Mann',
ich nehme dich zum Weibe.«

4. Die Eule streicht sich die Wimpern aus
und schaut ihm in die Augen:
»Adler, du bist der schönste Vog'l,
doch will ich dir nicht trauen.«

5. »Wenn du mir nicht trauen willst,
was geb' ich dir zum Pfande?
Flieg du zuvor, ich flieg' dir nach
bis in die weiten Lande.«

6. Und wie sie kamen in'n grünen Wald,
wohl in des Adlers Geniste,
da fand man viele Federlein
von Vögeln, die er zerrissen.

7. Er stieß sie hin, er stieß sie her,
er brach ihr Bein' und Rippen.
»Ach Adler, Adler, schönster Vog'l,
jetzt kenn' ich deine Tücken!«

8. Gießt man das Bier in'n Essigkrug,
gar balde wird es sauer;
ihr Mädchen, nehmt euch wohl in Acht,
ihr dürft nicht allen trauen.

Anton Peter, Volksthümliches aus Österreichisch-Schlesien, Troppau 1865,
S. 191–193 (aus Jägerndorf, Oberschlesien)

FAHRT INS HEU
(BAUER INS HEU)

1. Es hätt' ein Biedermann [Bauer] ein Weib,
ihr Tück wollt sie nit lan [lassen].
Das macht ihr grader stolzer Leib,
dass sie bat ihren Mann,
und dass er führ ins Heu,
nach Grummet in das Gäu.

2. Der Mann, der wollt erfülln
der Frau ihren Willen.
Er stieg heimlich zum Laden ein,
wohl auf die Dillen [Diele];
sie meint, er wär ins Heu,
nach Grummet in das Gäu.

3. Indem so kam ein junger Knab
ins Haus gegangen,
er ward vom selben Fräuwelin
gar schön empfangen:
»Mein Mann, der ist ins Heu,
nach Grummet in das Gäu.«

4. Er nahm sie bei der Mitte,
er tat, ich weiß nicht wie;
der Herr Mann uf der Dillen sprach:
»Fahr schön, ich bin noch hie,
ich bin nicht in das Heu,
nach Grummet in das Gäu.«

5. »Ach trauter lieber Herr Mann,
nun verzeih mir das!
Ich will dir all mein Leben lang
kochen dester bass [umso besser]:
Ich meint, du wärst ins Heu,
nach Grummet in das Gäu.«

6. »Und wenn ich schon nach Haberstroh
wär ausgegangen,
solltest du dich darum legen
zu andern Mannen?
So fahr der Teufel ins Heu,
nach Grummet in das Gäu!«

Hermann Strobach, Droben auf jenem Berge, Rostock 1984, Nr. 19b (nach: Gassenhawerlin und Reutterliedlin, Frankfurt am Main 1535)

FALSCHER PILGER

1. Es hat ein Edelmann ein Weib,
ein wunderschöne Frauen;
es war ein junger Graf im Land,
der wollt sie gern beschauen.

2. Legt sich in weiße Kleider an,
als ob er ein Pilgrim [Pilger] wäre;
er kam vor's Schloss und klopfet daran,
ob jemand darinnen wäre.

3. Die Dirn [Dienerin] wohl zu der Frauen sprach:
»Es ist ein Pilgrim draußen.
Weder soll man ihn lassen wieder gehn,
oder soll man ihn lassen draußen?«

4. Die Frau wohl zu der Dirne sprach,
man sollt ihn einher lassen;
man sollt ihm Essen und Trinken geben,
man sollt ihn lassen rasten.

5. Alsbald er in die Stube reinkam,
da bot man ihm zu trinken
aus einem silbern Becherlein,
seine Äuglein ließ er sinken.

6. Alsbald er g'gessen und trunken hät,
der Herr hub an zu fragen,
aus welchem Land er kommen wär,
aus Franken oder aus Schwaben.

7. »In Franken bin ich wohl bekannt,
in Schwaben bin ich's erzogen;
und was ich darinnen verloren hab,
das darf ich wohl wieder holen« [er hat einen ehrenhaften Ruf].«

8. Die Frau wohl zu dem Herren sprach:
»Man sollt die Leut nit fragen.«
Alsbald sie g'gessen und trunken haben,
sollt man ihm leuchten schlafen.

9. Der Herr, der ist ein zorniger Mann,
er schlug die Frau ins Maule;
ja wenn der Herr was zu reden hat,
soll stillschweigen die Fraue.

10. Die Frau wohl zu dem Herren sprach:
»Der Streich wird euch gereuen;
ja wenn das Glöcklein neune schlägt,
wohl zwischen zwei und dreie.«

11. Und da das Glöcklein zwölfe schlug,
der Herr ging zu der Metten [in der Kirche];
da schwang sich das wunderschöne Weib
wohl zu dem Pilgrim ans Bette.

12. Wohl dahin gegen den Tag
hört man die Vöglein singen;
da schwang sich das wunderschöne Weib
wohl mit dem Pilger von hinnen.

13. Und da der Herr von Metten heimkam,
kamen ihm viel neue Märe [Nachrichten],
wie es sein wunderschönes Weib
wohl mit dem Pilger hin wäre.

14. Der Herr wohl zu dem Knechte sprach:
»Sattel unsre beiden Gäule;
wir wollen reiten Berg und tiefe Tal,
wir wollen's wohl ereilen.«

15. Und da sie auf die Heide auskamen,
hörten sie's Jägerlein blasen.
»O Jäger, liebster Jäger mein,
wer wohnt auf diesem Schlosse?«

16. »Und wer auf diesem Schlosse wohnt,
das darf ich euch wohl sagen:
Es ist ein wunderschöne Frau
wohl mit dem Pilger herzogen.«

17. Der Herr wohl zu dem Knechte sprach:
»Wohl auf, wir wollen von dannen;
wenn es mein' Frau keine Ehr will haben,
so hab sie Spott und Schande.«

18. Wer ist, der uns dies Liedlein sang,
frisch frei hat er's gesungen;
das hat getan ein Pilgersmann gut,
dem mit der Frauen ist gelungen.

nach: DVA = Bl 226; Abschrift nach Liedflugschrift, gedruckt in Basel bei Johann Schröter, 1610.

Motiv von einer Liedflugschrift 1831;
Sammlung DVA Freiburg i. Br.

FALSCHER SCHNEIDER (A)

1. Es wollt' ein Mädel früh aufstehn
sie wollt' im Wald spazieren gehn,
sie ging nach Försters Garten.

2. Sie pflückte Blümchen mancherlei
und macht dem Schneider ein Kränzelein,
dabei legt' sie sich nieder.

3. Sie schlief ein Stündchen,
   zwei oder drei,
da kam der Schneider auch herbei
und wollte bei ihr schlafen.

4. Sie schlief ein Stündchen,
   zwei oder drei,
da kam der andre auch herbei
und wollte bei ihr sitzen.

5. Er klopfte an mit seinem Ring.
»Mach auf, mach auf, allerschönstes Kind,
und lass mich bei dir sitzen.«

6. »Ich steh' nicht auf, lass' dich nicht rein,
du magst mir auch der wahre sein,
bei dir mag ich nicht sitzen.«

7. »Wo soll ich denn nun jetzund hin,
da alle Tor' verschlossen sind
und alle Leute schlafen?«

8. »Nimm du dein Pferd bei jenem Zaum
und reit hin unter den Sadelbaum
   [Sadebaum]
und leg' dich dabei nieder.«

9. Er nahm das Pferd bei jenem Zaum
und ritt hin unter den Sadelbaum
und legt sich dabei nieder.

10. Er schlief ein Stündchen,
    zwei oder drei,
da kam der helle Tag herbei,
kam's Mägdelein gegangen.

11. »Guten, guten Tag, fein's Mägdelein!
Wie steht dir denn dein Häubelein?
Wie hast du denn geschlafen?«

12. »Ich hab' geschlafen, dass Gott erbarm,
die ganze Nacht in Schneiders Arm,
meine Ehr' hab' ich verschlafen.«

13. »Hättest du mich gestern lassen rein,
so hätten wir uns lassen trau'n
mit Pauken und Trompeten.«

DVA = E 5499; Sammlung A. H. Hoffmann von Fallersleben (wohl aus Breslau, 1840)

FALSCHER SCHNEIDER (B)

1. Es wollt ein Mädel früh aufsteh'n
und in den Wald spazieren gehn,
die Rosen abzupflücken,
die Rosen abzupflücken.

2. Und als sie in den Wald rein kam,
ein stolzer Reiter angeritten kam,
sie bot ihm schön guten Morgen,
sie bot ihm schön guten Morgen.

3. »Guten Morgen, guten Morgen, fein's Mädelein,
kann ich eine kleine Weile bei dir sein,
die Rosen abzupflücken,
die Rosen abzupflücken?«

4. »Ach nein, ach nein, das kann nicht sein,
kommen Sie auf den Abend bei Mondenschein,
herein will ich Sie lassen,
herein will ich Sie lassen.«

5. Der Tag verging, der Abend kam,
ein stolzer Reiter angeritten kam,
ganz leise er anklopfte,
ganz leise er anklopfte.

6. »Wer ist denn da, wer klopfet an,
der mich so leis erwecken kann,
in meinem Schlafe stören,
in meinem Schlafe stören?

7. Reite du ab, du Kaffelrist [Kavallerist],
ich schlaf' bei einem Infantrist,
so sanft in seinen Armen,
so sanft in seinen Armen.«

8. Er nahm sein Pferd an dem güldnen Zaum
und band es an ein' Lindenbaum
und legt sich nieder zu schlafen,
und legt sich nieder zu schlafen.

9. Er schlief bis dass die Sonn' aufging,
bis dass das Mädel zur Kirche ging,
er bot ihr schön guten Morgen,
er bot ihr schön guten Morgen.

10. »Guten Morgen, guten Morgen, fein's Mädelein,
wie schön steht dir dein Kränzelein,
bei wem hast du geschlafen,
bei wem hast du geschlafen?«

11. »Ich hab geschlafen in des Schneiders Arm,
ich hab geschlafen, dass sich Gott erbarm,
meine Ehr hab ich verschlafen,
meine Ehr hab ich verschlafen.«

12. Er dreht sich um und lacht sie aus
und sucht sich eine viel schönere aus,
in der Schand' ließ er sie stehen,
in der Schand' ließ er sie stehen.

DVA = A 112 716, eingesandt von M. Ahlsdorf, Stolp in Pommern, 1929.

FASSBINDER (BINDERLIED)

1. Es wollt' ein Böttcher wandern,
wollt' wandern in's Niederland,
schöns Geld wollt' er sich verdienen
mit seiner schneeweißen Hand,
wollt' wandern ins Niederland.

2. Und als er in das Niederland kam,
wohl vor der Frau Wirtin ihr' Tür:
»Frau Wirtin hat sie nichts zu binden?
Der deutsche Verbinder ist hier
wohl vor der Frau Wirtin ihr' Tür.«

3. »Dort unten in dem Keller,
da steht ein altes Fass,
dasselbe soll er verbinden,
die Reifen, die sind ja zu klein
an diesem Fässelein.«

4. Die Köchin in der Küche
schrie auch um Hilfe laut:
»Mich sticht's an meiner Seite,
ich glaube, es wäre der Tod,
drum tut das Verbinden sehr Not!«

5. Die Nachbarsfrau daneben
schaut auch zum Fenster 'raus:
»Mein Mann ist nicht zuhause,
drum schau ich zum Fenster heraus,
drum schau ich zum Fenster heraus.«

6. Ein altes Weib hinter dem Ofen saß,
wollt' auch verbunden sein:
»Der Teufel mag alles verbinden,
meinem Hammer, da wackelt der Stiel,
die Alte mag binden, wer will!«

7. Ein Mädchen von achtzehn Jahren
wollt' auch verbunden sein,
da macht' ich gleich wieder
mein' Hammerstiel fest,
die hab' ich verbunden auf's best'.

DVA = A 143 838; aufgezeichnet von Carl Hartenstein in Hellborn, Thüringen, 1908. Dazu gibt es mit der Hand ›Binderschläge‹ in verschiedenen Positionen: Faust auf die andere Hand, auf den Tisch, mit dem Ellbogen usw.

FRAU VON WEISSENBURG (A)

1. »Hans, sattle mir den Gaul,
Hans, sattle hübsch und fein:
wir wollen beid' ausreiten;
vor Klaschtoch [Ortsname?] bleibe stehn!«

2. Als sie vor Klaschtoch kamen,
wohl vor das hohe Haus,
da sah die junge Edelfrau,
zum Fenster sah sie raus.

3. »Ich grüß' dich, edle junge Frau,
und geb' dir 'n guten Tag;
wo ist der edle Jung-Herr,
nach dem ich fragen mag?«

4. »Er ist wohl auf und jagt,
wo er nicht jagen muss;
er ist auf grüner Heiden
wohl in dem Lindenbusch.«

5. »Hans, sattle mir den Gaul,
Hans, sattle hübsch und fein:
wir wollen beid' ausreiten;
vorm Lindenbusch bleib stehn!«

6. Als sie vor den Lindenbusch kamen
wohl an die grüne Heid',
da war der edle Jung-Herr
mit seinen Hündelein.

7. »Ich grüß' Euch, edler junger Herr,
und geb' Euch 'n guten Tag;
Ihr sollt nicht länger leben
als einen halben Tag.«

8. »Soll ich nicht länger leben
als einen halben Tag,
tu ich mich Gott ergeben,
der mich erschaffen hat.«

9. Was zog er aus der Scheiden?
Ein Schwert von Golde rot
und stach den edlen jungen Herrn
mit seinen Hündlein tot.

10. »Hans, sattle mir den Gaul,
Hans, sattle hübsch und fein:
wir wollen beid' ausreiten;
vor Klaschtoch bleibe stehn!«

11. Als sie vor Klaschtoch kamen,
wohl vor das hohe Haus,
da sah die Mannsverrät'rin,
zum Fenster sah sie raus.

12. »Ich grüß' dich, Mannsverrät'rin,
und geb' dir 'n guten Tag;
hier ist das Schwert, womit ich
deinen Mann erstochen hab'.«

13. Sie riss sich in die Haare,
sie schlug sich auf den Mund:
»Ach, dass sich Gott erbarme!
Wäre mein Mann gesund!«

14. Was zog er aus dem Säckel?
Dreißig Dukaten rot:
»Sieh da, du Mannsverrät'rin,
hast für deine Kinder Brot!«

nach: DVldr Nr. 30, Friedrich Heinrich Bothe, Frühlings-Almanach, Berlin 1804

FRAU VON WEISSENBURG (B)

1. Graf Friedrich wollt' ausreiten,
er reitet für ein stockhohes Haus;
da schaut die Frau von Weißenburg
bei der oberste Lade [Fenster] raus.

2. »Guten Tag, guten Tag, Frau von
   Weißenburg,
Gott gebe euch einen guten Tag;
wo ist der Herr von Weißenburg,
den ich schon lange nicht mehr sah?«

3. »Er ist geritten in grünen Walde,
wohl auf des Kaisers Jagd.« –
»Den Wald woll'n wir durchschreiten,
und um das Leben wird er gebracht.«

4. Und wie sie in den Wald hineinkamen,
sie reiten vor ein Klafter-Holz [!],
da kam der Herr von Weißenburg
mit seinen fünf Jüngling' stolz.

5. »Guten Tag, guten Tag, Herr von
   Weißenburg,
Gott gebe euch einen guten Tag;
euer Leben soll beendet werden
heute an diesem schönen Tag.«

6. »Darf mein Leben nicht erhalten
   werden
über heute und manchen Tag?
Ich danke unsrem Gott und Vater,
der mich erschaffen hat.«

7. »Oh sag' an, Graf von Weißenburg,
wem vermachst du dein Gut?« –
»Mein Gut vermache ich den Armen,
die Reichen haben ja genug.«

8. »Oh sag' an, Graf von Weißenburg,
wem vermachst du denn dein Haus?« –
»Mein Haus vermache ich Goldvögelein,
die fliegen da bald ein und aus.«

9. »Oh sag' an, Graf von Weißenburg,
wem vermachst du dein Weib?« –
»Mein Weib vermache ich Graf Friedrich,
den sie mehr liebt als mich.«

10. Was zog Weißenburg vom Finger ab?
Ein schön goldenes Ringelein.
Er warf es in den Bächlein ab,
das Ringlein gab dort einen Schein.

11. »Schwimm hin, schwimm her,
    Goldringelein,
schwimm ewig im Wasser herum;
ich verzichte auf alles Schön' und Fein',
ich ziehe in der Welt herum.«

12. Was zog Graf Friedrich von seiner Seit'?
Ein Schwert mit scharfem Spitz',
und stach den Herrn von Weißenburg,
das rote Blut gegen ihn spritzt.

13. Graf Friedrich ritt durch Berg und Tal
und auch für [vor] das hohe Haus,
da schaut die Frau von Weißenburg
bei der oberste Lade raus.

14. »Guten Tag, oh Frau von Weißenburg,
Gott geb' euch einen guten Tag,
was ihr mir angefohlen [!] habt,
das ist nun schon vollbracht.«

DVA = A 211 082, aufgezeichnet von August Rukatukl (Aglasterhausen, Ungarn) in der Nord-Batschka, 1973

FRECHER KNABE

1. Es ging ein Knab spazieren,
wohl in den grünen Wald,
wohl in den grünen Wald.

2. Was begegnet ihm auf der Reise?
Ein Mädchen, und die war schön,
ein Mädchen, und die war schön.

3. Er fasste sie an ihr Schürzchen,
weil sie am schönsten war,
weil sie am schönsten war.

4. Sie setzten sich beide wohl nieder,
wohl in das grüne Gras,
wohl in das grüne Gras.

5. Da kam des Knaben seine Mutter:
»Mein Sohn, was hast du hier,
mein Sohn, was hast du hier?«

6. »Ich hab ein jung hübsch Mädchen,
der hab ich genommen die Ehr',
der hab ich genommen die Ehr'.«

7. »Hast du ihr die Ehr' genommen,
so sollst du sterben den Tod,
so sollst du sterben den Tod.«

8. Ein Kaufmannssohn gewesen,
und soll jetzt sterben den Tod,
und soll jetzt sterben den Tod?

9. »So gebt mir Pferd und Wagen,
denn ich geh nicht länger zu Fuß,
weil ich weiß, dass ich sterben muss.«

10. Ein Kaufmannssohn vom Lande
und soll jetzt sterben den Tod;
ist das nicht Jammer und Not?

*nach: Pommersche Volksballaden, hrsg. von Hans Engel
und F. M. Goebel, Leipzig o. J. [1933], Nr. 73*

FUHRMANN UND BETROGENES MÄDCHEN

1. Zu Frankfurt an der Oder
da stand ein schönes Haus.
Da schauten alle Morgen
drei schöne Burschen heraus.

2. Der erste war ein Bauer,
der ließ mich fragen an,
ob ich ihn wollte haben,
ja, haben zu der Eh'.

3. Ein'n Bauern will ich nicht haben,
nicht haben zu der Eh',
da muss ich schwaches Mädchen
in die Scheune dreschen gehn.

4. Der zweite war ein Fuhrmann,
der ließ mich fragen an,
ob ich ihn wollte haben,
ja, haben zu der Eh'.

5. Ein'n Fuhrmann will ich nicht haben,
nicht haben zu der Eh',
da muss ich schwaches Mädchen
den Wagen schmieren gehn.

6. Der dritte war ein Müller,
der ließ mich fragen an,
ob ich ihn wollte haben,
ja, haben zu der Eh'.

7. Ein'n Müller will ich haben,
ja, haben zu der Eh',
da kann ich schwaches Mädchen
in der Mühl' spazieren gehn.

8. Er nahm sie an der Hand
und führt sie in sein Land.
Da kam er an ein Wirtshaus,
da war er wohl bekannt.

9. »Guten Tag, guten Tag, Frau Wirtin,
haben Sie gut Bier und Wein?
Meine Frau hat schöne Kleider,
die müssen vertrunken sein.«

10. »Für Ihre Frau ihre Kleider
hab' ich kein Bier und Wein.
Ihre Frau ist jung an Jahren,
die braucht ihre Kleider allein.«

11. Hätt' ich den Bauern genommen,
hätt' ich viel Fleisch und Brot,
mit dir, du alter Müller,
muss ich jetzt leiden Not.

12. Hätt' ich den Fuhrmann genommen,
könnt' ich fahren aus und ein.
Mit dir, du alter Müller,
muss ich zu Fuße gehn.

Karl Adamek, Deutsche Volkslieder und Sprüche aus dem Netzegau, Lissa in Posen [Polen] 1913, Nr. 23

FUHRMANN UND WIRTIN

1. Es wollt ein Fuhrmann ins Weinland fahren,
den guten Wein wollt' er aufladen,
den saueren wie den süßen.

2. Und wie der Fuhrmann ins Weinland ist kommen,
Frau Wirtin schauet zum Fenster heraus
mit ihren schwarzbraunen Augen.

3. »Frau Wirtin, habt ihr nicht in euer Gewalt,
dass ihr nicht könnt' einen Fuhrmann über Nacht behalt'?
Sechs Ross' und einen Wagen?«

4. »Was tät mich dann meine Wirtschaft batten [nützen],
wenn ich nicht könnt' einen Fuhrmann über Nacht behalten,
sechs Ross' und einen Wagen.

5. Stellt ihr euer Pferd in den untersten Stall
und kommt herauf zu mir ins oberste Saal,
mein Mann ist nicht zu Haus.

6. Mein Mann ist über Feld,
er hat den Beutel und ich das Geld,
er wird bald wieder kommen.«

7. Frau Wirtin war so voller List,
sie sperrt den Fuhrmann in die Kist,
sie steckt den Schlüssel wohl zwischen ihr Brüst',
sie sagt, sie hätt' ihn verloren.

8. »Habt ihr den Schlüssel von der Kiste verloren,
so gibt es auch noch Achsen [Äxte?] und Bohren,
die Kiste wollen wir aufmachen.«
[Der Fuhrmann liegt darinnen.]

nach: DVA = 185 188; aufgezeichnet in Hambach bei Saargemünd (Lothringen)
von Pfarrer Louis Pinck, 1920er Jahre

GEBURT IM GRABE

1. Es war eine Frau einst schwanger,
da ward ihr gar sehr bange.
Es waren kaum drei Tage,
man trug die Frau zu Grabe.

2. Der Vater hat ein Söhnelein,
der [das] lief hin zu dem Grabstein.
Er hat es hören singen,
aus Sarg und Erd rausklingen.

3. Das Söhnlein lief nach heime
zum Vater in die Scheune:
»Ach Vater, lass dir sagen,
und komm zur Mutter Grabe.

4. Ich hab es hören singen,
aus Sarg und Grab rausklingen.«
Der Vater ließ das Grab aufmach'n,
die Frau, die saß im Sarg und lacht.

5. Was hat sie auf dem Schoße?
Zwei Knäblein nackt und bloße.
Was hat sie auf dem Häuptelein?
Zwei weiße Turteltäubelein.

Hartmann Goertz, Mariechen saß weinend im Garten.
171 Lieder aus der Küche, München 1963, S. 196
(dort nach: Anton Peter, Volksthümliches aus
Österreichisch-Schlesien, 1865).

GEBURT IM WALDE (A)

1. Es war ein Mädchen von Farbe so bleich,
es war ihrer Mutter von Herzen so leid.

2. »Ach Mutter, was braucht es Ihr leid zu sein?
Ich trage von stolz Reiter ein Kindelein.«

3. »Trägst du von stolz Reiter ein Kindelein,
i so wünsch ich, dass du nie mehr fröhlich mögst sein.«

4. Das Mädchen ging auf einen hohen Berg stehn,
da konnt' sie von ferne stolz Reiter sehn.

5. »Ach Reiter, reit doch ein wenig zu mir,
meine Mutter hat mich verwünscht mit dir.«

6. Sie war dem stolz Reiter wohl lieb und wert,
er schwenkt sie hinter sich wohl auf sein Pferd.

7. Sie ritten bergauf, sie ritten bergab,
bis dass sie an einen kühlen Brunnen kam'n.

8. »Ach könnt ich hier haben einen frischen kühlen Trunk,
so würd' mir mein jung frisch Herz gesund.

9. Vom Pferd stieg der Reiter und schwenkt ein Glas:
»Herzliebchen, da trink so viel als du magst.«

10. »Tu hinweg, tu hinweg, ich mag nicht mehr,
mein Herz im Leib wird mir so schwer.

11. Ach Reiter, ist nicht ein Dörfchen nahbei,
dass ich könnt haben eine Frau auf zwei drei?«

12. »Halt dich an meinen jungen starken Leib,
das ist dir besser als eine Frau auf zwei drei.«

13. »Eh' du solltest wissen der Jungfrauen Not,
eh' wollt' ich sterben den bittern Tod.

14. Ach Reiter, reit doch ein wenig von mir,
bis dass ich dir [!] rufe, so antworte mir!

15. Ruf ich aber nicht, so bin ich wohl tot,
so tu es meinem Vater und Mutter zu gut.«

16. Das Rufen, das ward dem Reiter so lang,
er ging so lang suchen, bis dass er sie fand.

17. Als er sie fand, da war sie tot
und hatt' zwei junge Söhnchen in ihrem Schoß.

18. Er band ihr ab ihr Schürzeltuch,
wo er die zwei junge Söhnchen einschlug.

19. Mit seinem Schwerte macht er das Grab,
mit seinen braunen Augen das Weihwasser gab.

*DVldr Nr. 7, aufgezeichnet in Bonn (Rheinland), vor 1851 (Karl Simrock,
Die deutschen Volkslieder, Frankfurt am Main 1851)*

*Motiv von einer Liedflugschrift um 1830;
Sammlung DVA Freiburg i. Br.*

GEBURT IM WALDE (B)

1. Und es gingen zwei Verliebte
in den grünigen [!] Wald,
und die kamen vor ein Brünnelein,
das war kühl und war kalt.

2. Ach Reiter, lieber Reiter,
schöpfen Sie mir ein Glas;
und so trink mein Feinsliebchen,
so vieles du machst [magst].

3. Ich habe getrunken,
trinke aber nicht mehr;
mir tut ja mein zartes,
junges Leibchen so weh.

4. Ach Reiter, lieber Reiter,
reite Weg [weg] von mir,
bis dass ich wieder rufe,
kommst du wieder zu mir.

5. Dem Reiter, dem Dauber [?] [war]
das Rufen zu lang,
er sucht sein Feinsliebchen,
bis dass er es fand.

6. Und als er es fand,
da war es ja schon tot,
zwei wunderschöne Knäbelein
lagen auf ihrem Schoß.

7. Er tut ihr das Schürzchen
vom Leibe hinweg
und wickelte zwei wunderschöne
Knäbelein hinein.

8. Er macht das Grab
mit dem seinigen Schwert,
mit den seinigen Tränen
ihr das Weihwasser gab.

DVA = A 144 498, handschriftliches Liederbuch der Paulina Hock aus Bischbrunn (bei Marktheidenfeld, Franken), um 1900

GEBURT IM WALDE (C)

1. Eine Mutter verwundert sich sehr,
weil ihre schöne Tochter ihre Farbe verliert [dass ... verlör'].

2. »Ach Mutter, lasset dein Wunder[n] nur sein,
ich trage vom Ritter ein Kindilein klein.«

3. »Tragst du's [du es = Mundart] vom Ritter ein Kindilein klein,
so sollest für wahr meine Tochter niemals sein.«

4. Er stand draußen unter dem Tore,
er höret, er höret, er höret wohl zu.

5. »Ach Mädichen, willst du's mit mir gehn,
oder willst bei deiner Mutter bleiben stehn.«

6. »Bei meiner Mutter bleib ich nicht stehn,
sie will mich vor ihren Äuglein niemehr sehn.«

7. Er nahm sie an ihrem rechten Arm,
er schwanget [schwenkt] sie auf sein hohes Ross.

8. Er reitet mit ihr wohl in den Wald,
da war ja ein Wasser, 's war kühl und war kalt.

9. »Ach hätte ich nur ein einziger [-en] Trunk,
so wär ja mein jung frisch Herz gleich gsund.«

10. Er zog heraus das bäumische [böhmische] Glas:
»Ei Schatz, da hast, trinkst so viel du es magst.«

11. »Ich hab' schon getrunken, ich mag nimmermehr,
mein jung frisch Herzlein, das ist mir so schwer.«

12. Er reit' mit ihr wohl unter den Baum,
er schlafet, er schlafet, er schlafet wohl ein.

13. »Ei Schatz, steig [steh] auf, es ist schon Zeit,
die Liebe ist tot und das Kindilein schreit.«

14. Die Tränen über die Backen heran [rannen],
so gab er ihr das Weihwasser.

15. Er nahm das Kind wohl in sein Arm:
»Jetzt habn mir [wir] 's kein Mutter, dass Gott sich erbarm.«

DVA = A 213 442; vorgesungen von deutschsprachigen Siedlern in Gara (Ungarn), aufgezeichnet von Paul Schwalm, 1975

GEFANGENENBEFREIUNG
(GEFANGENER HANS)

[1.] Es ritten drei Burschen durch Rosental
nach Amsterdam vor die Pforten,
und als vor die Pforten sie kamen,
da nahm sie der Pförtner gefangen,
   gefangen.

[2.] Die Tochter zu dem Vater sprach:
»Ach schenke, Vater, ihnen das Leben.
Es sind sich ja drei Bürschcher so jung
und haben noch frische Gemüter,
   Gemüter.«

[3.] Der Vater zur Tochter sprach:
»Die Bitte kann ich dir nicht gewähren,
wir müssen sie hängen an's Galgenholz,
zu Amsterdam vor die Pforten, die
   Pforten.«

[4.] Die Tochter ließ backen drei
   Gerstenbrot',
darinnen drei Feilen versteckt.
Sie warf die Brot' den Gefang'nen in den
   Turm
und sprach: »Ihr Gefangenen schweiget, ja
   schweiget.«

[5.] Des Nachts wohl um die halbe Nacht
der Jüngste begann zu feilen;
er feilte das Eisen durch und durch,
dazu die dicken Mauern, ja Mauern.

[6.] Und als die Burschen erbrochen den
   Turm,
da kamen herfür sie alle
und fanden ein jeder ein tapferes Ross,
d'rauf sollten sie reiten, ja reiten.

[7.] Die Tochter die Schürze vom Leibe
   abband
und wand den Rossen sie um die Hufe,
damit die Eisen nicht klappern soll'n
und niemand sollt' sie hören, ja hören.

[8.] Und als sie kamen auf Grün-Heid,
herum der Jüngste sich drehte:
»Nun sei dir Lob und Dank gesagt,
ein' Jungfrau sollst du bleiben, ja
   bleiben.«

J. H. Schmitz, Sitten und Bräuche, Lieder, Sprüchwörter und Räthsel des Eifler Volkes, Trier 1856, S. 143 f.

Verkäufer mit Flugschriften, 1631. Der umherziehende Neuigkeitenhändler bietet die Zeitung an und ruft sie aus, »Relation, Relation...« (auch »Avis« u.ä.) genannt. Lieddrucke in dieser Funktion der zumeist sensationellen Nachricht über einen Mord (Moritaten), über Krieg (Ereignisse des Dreißigjährigen Krieges) und Unglück u.ä. wurden auch ›Newe Zeitung‹ genannt. Die Lieder hießen dann zuweilen »Ein schön neu Lied...« Einen zusätzlichen Anreiz erhielt das Blatt durch ein Titelbild. Bilderhändler, Hausierer mit Dingen für den Haushalt und Liedverkäufer wie Bänkelsänger zogen über Land und bedienten die Märkte. – Kopie im DVA; vgl. O.Holzapfel, Liedflugschriften, Heft 1–3, München 2000, Teil 3, S. 51.

GENOVEFA

1. Ein jeder betracht, der gewisshaft ist,
was ich jetzt singe, die Wahrheit ist,
von einem Grafen und seiner Frau,
die liebten einander überaus.

2. Der Graf hat viel Geld und Güter dar,
sie hausen in dem ersten Jahr,
die Frau von keiner Frucht nichts weiß;
nun höret zu mit ganzem Fleiß.

3. Der Kaiser spricht den Grafen an,
er sollte doch dasjenige tun
und in das Feld ziehen fort,
er will ihm geben große Gnad.

4. Der Graf abschlägts dem Kaiser nicht,
sondern er sprach ganz williglich:
»Ich will wagen mein Fleisch und Blut,
wie es ein Ritter gebühren tut.«

5. Er sprach: »Ach liebste Fraue mein,
Ihr werdet ja nicht kleinlaut sein,
was ich Euch werde zeigen an,
der Kaiser hats befohlen schon.

6. Ins Feld soll ich, liebste Frau mein,
ich bitt, wollt mir eingedenk sein,
daheim regieren wie zuvor,
ich werd ausbleiben nicht ein Jahr.«

7. Er redet den Hofmeister an,
er soll der Gräfin gehorsam sein,
sollte fein folgen ihrem Wort,
regieren an seiner Statt fort.

8. In etlichen Wochen, höret an,
die Frau wurde dick vom Grafen dann,
weil sie zuvor hat nichts gewisst,
erfreuet sie sich inniglich.

9. Der Hofmeister nahm solches wahr,
strebet der Gräfin heimlich nach,
wollte sie bringen in Unlauterkeit,
solches eine lange Weile treibt.

10. Er sieht, dass die Frau ihrem Herrn
gar treu war in seim Begehren,
gedacht: ›Was muß ich fangen an,
wenn der Graf wiederkommt ins Land?‹

11. Der Teufel gibt ihm in den Sinn,
er sollte schreiben ins Feld dahin
zum Grafen wohl von seiner Frau,
da sie jetzt hat ein wilden Brauch.

12. Die Lüg schrieb er von seiner Frau:
»Sie buhlt zu Haus recht ohne Graus,
sie ist schon dick, der Graf glaubs mir!
Ich mich alsbald resolvier.«

13. Den Brief bekommt der Graf behend;
als er erfahrtet dies Elend
von seiner Frau wurd er gewahr,
wollt er sich selbst erschießen gar.

14. Andre Ritter und Kavalier
gaben dem Grafen solche Lehr:
Er sollte es schreiben nach Haus,
dass die Frau werd weggeräumt mit Graus.

15. Als dieser Brief kam in das Schloss
für den Herrn Hofmeister groß,
ließ zusammenkommen geschwind
die Soldaten, so darinnen sind.

16. Er sprach: »Nun spielet ihr,
denn zwei müssen der Gräfin hier
ihr Leben nehmen in dem Wald,
da habt ihr hundert Taler bald.

17. Zum Zeichen bringet von ihr her
die Zungen, wie ich es begehr;
ihr könnts erschießen oder erschlagen,
denn unser Herr Graf wills also haben.«

18. Die zwei Soldaten mit Gewalt
rissen die Gräfin aus dem Saal,
hinaus mit ihr in wilden Wald,
da muss bekommen eine andre Gestalt.

19. Die Soldaten sagten der Gräfin alls,
sie sollten sie umbringen in dem Wald;
die Gräfin fallet auf ihre Knie
vor ihren Knechten nieder allhie.

20. Bittet und schwört ihnen alsobald,
daß sie ihr Lebtag in dem Wald
will bleiben drin, bis endlich Gott
sie erretten wird durch den Tod.

21. Die Gräfin geht in d'Wüsten dar,
worinnen sie bliebe sieben Jahr,
gebar ihr Kind mit größter Freud,
o wunderbare Begebenheit!

22. Gott schickt ihr gleich zur Stund behend
ein Hirschenkuh in ihrem Elend;
die legt sich nieder gleich vor ihr,
da sie kein Milch bekommet hier.

23. Die Hirschenkuh sieben ganze Jahr
gibt ihr ein Gespan in der Wüsten dar;
davon sie lebten ohne Not,
wie reichlich tät sie speisen Gott.

24. Die zwei Soldaten besinnen sich
wegen der Zungen jämmerlich;
da kam ein Hündlein her im Wald,
dem nahmen sie die Zungen bald.

25. Die Zungen tragens mit ihnen ins Schloss
und gebens dem Hofmeister groß;
die nimmt er hin und hebt sie auf,
o weh, o weh des falschen Kaufs.

26. Nachdem so kam der Graf nach Haus
und fragte nach seiner Frau,
der Hofmeister sprach allda behend:
»Sie hat genommen schon ihr End.«

27. Es steht an sieben ganze Jahr,
da jagt der Graf im Walde dar;
da kam die Hirschenkuh behend
wohl für den Grafen hingerennt.

28. Er jagt nach ihr ganz traurig drein,
wohl in den wilden Wald hinein
zu ihrer Frau in die Höhlen ein,
ihr Sohn tat Wurzel graben fein.

29. Sie ging heraus ganz nackend bloß,
nur gleich ein Flecklein um die Schoß;
er schreiet auf sie, soll sagen gleich,
ob sie ein Mann oder Weibsbild sei.

30. Er sprach: »Bist du allein allhier?«
Sie sprach: »Ein Kind hab ich bei mir;
es geht um Würzlein, unsre Speis,
die suchet es mit ganzem Fleiß.«

31. Er sprach: »Von wann bist du kommen hier,
sag mir die Wahrheit, du musst mit mir.«
Sie sprach: »Ach Herr, ganze sieben Jahr
bin ich schon in der Wüsten dar.

32. Zuvor war ich im Lande drauß
eine Gräfin und eine große Frau;
jetzt bin ich einer Bettlerin gleich,
daß Gott erbarmt im Himmelreich.«

33. Sie sprach: »Ich hätt ein guten Herrn,
aber nach des Kaisers Begehren
musst er ins Feld, ach lieber Gott,
schon sieben Jahr leid ich hier Not.

34. Mein Herr hat keine Schuld daran,
aber der große Hofmeister schon,
der wollte mich in meinen Ehren
notzüchtigen nach sein Begehren.

35. Nach dem Begehrn verklagt er mich,
schreibt in das Feld ein große Lüg,
ich tät zu Haus Unrecht treiben,
hernach kam von mein Herrn ein Schreiben.«

36. Dem Grafen fiel ein: O liebster Gott,
das ist mein Frau, hier leidt sie Not!,
springt von dem Pferd, fällt auf die Knie,
sagt: »Liebste Frau, jetzt gehst mit mir.«

37. Er zog aus sein Kopf und Mantel dar,
zum Kopf ein Schnupftuch gerichtet war;
das Kind auf den Felsen drauß,
dass seinem Vater der Buckel graus.

38. Der Graf nahm sein Jägerhorn,
er blast kläglich, dass Gott erbarmt:
»Kommt her, ihr liebsten Diener mein,
ich hab verjagt die Herzliebste mein.«

39. Befahl ihnen gleich behend,
dem Hofmeister zu binden Füß und Händ.
»Da sehet ihr die Fraue mein,
schon sieben Jahr hier leidet Pein.«

40. Er hebt die Gräfin wohl auf das Pferd,
dazu den Jungen wert;
die Hirschenkuh lief neben fort
bis in der Gräfin Zimmer dort.

41. Der Hofmeister bekommt seinen Lohn,
mit vier Rossen zerrissen schon;
das hat verdient die falsche Zung,
sein Urteil ist gefället nun.

42. Man setzt die Gräfin zu dem Tisch
und gebet ihr Wildpret und Fisch;
sie sprach zu ihrem Herren fein:
»Mein Magen läßt kein Speis hinein.«

43. Noch mehr die Gräfin spricht ganz frei:
»Mein Herr, um Gnad, das bitt ich Euch:
Tut mir nur nichts an meiner Ehrn,
mit mir werds nicht lang mehr währn.«

44. Die Frau lebt nicht ein viertel Jahr,
ihre Zeit nun vollendet war;
der Jäger machte ein Testament,
sein Sachen alls den Armen schenkt.

45. Begibt sich drauf mit seinem Sohn
in die vorigen Steinfelsen nun,
wo seine Frau ganze sieben Jahr
in lauter Lästrung gewesen war.

46. Da seht, ihr alt und jungen Leut,
wie Gott strafet zu seiner Zeit,
die ehrabschneiderisch falsche Zung
vielleicht muss ewig leiden drum.

Harald Dreo und Sepp Gmasz, Burgenländische Volksballaden, Wien 1997, Nr. 41 (aufgezeichnet 1929, gesungen nach einer Liedflugschrift)

Motiv von einer undatierten Liedflugschrift;
Sammlung DVA Freiburg i. Br.

GERÄCHTER BRUDER

1. Es flogen drei schwarze Raben
wohl über jungen Herrens Kammer:
»Wie liegst du, junger Herr, oder schliefst du, junger Herr?
Dein Bruder der liegt zerschlagen ins Feld.«

2. »Mein Bruder liegt nicht zerschlagen
wie ein Kindchen von dreien Tagen.
Gestern Abend, als ich noch bei ihm war,
da war er noch frisch und wohle te pass [wohlauf].«

3. Er schwenkt es den Sattel auf sein Pferd
und tut sich drauf setzen reiten.
Er ritt es den Weg so kurz und so lang,
bis dass er den jüngsten Bruder wohl fand.

4. »Gut Morgen, gut Morgen, lieb' Bruder mein,
wie liegest du hier zerschlagen?
Sprich du nur ein Wort gleich wie ein Mann,
so will ich dir helfen, was ich gleich kann.«

5. »Wie wollt' ich noch können sprechen,
mein Herze ist mir bestechen [!].
Das haben die drei Landsherren getan,
bei dem Grunewald sind sie eingekehrt.«

6. Er schwenkt es den Sattel auf sein Pferd
und tut sich drauf setzen reiten.
Er ritt es den Weg so kurz und so lang,
bis dass er die drei Landsherren wohl fand.

7. »Guten Tag, guten Tag, ihr Herren mein,
wo seid ihr gewesen jagen?
Wie sieht es dem Hund das Maule so rot,
wie sieht es das Schwert vom Blute so rot?«

8. »Wir haben gejagt Land auf Land ab,
wir haben einen Has geschossen.
Drum sieht es dem Hund das Maule so rot,
drum sieht es das Schwert von Blute so rot.«

9. »Der Has, den ihr geschossen habt,
den hatte meine Mutter getragen;
das war der jüngste Bruder mein!
Ihr Herrn könnt denken, wie es mir nun mag sein.«

10. Was zog er aus seiner Tasche?
Ein Messer was scharf und gespitzt.
Er hieb und schlug, gleich was er sah,
bis dass er die drei Landsherren umbracht'.

DVldr Nr. 28; aus der Zeitschrift »Der Niederrhein«, Cleve 1878

Motiv von einer Liedflugschrift, Straßburg: Jacob Frölich, nach 1532; Sammlung DVA Freiburg i. Br.

GIFTMORD AUS EIFERSUCHT (A)

1. In das Dorf geht Johann eilig hin,
traurig ist sein Mut, verwirrt sein Sinn.
»O, Herr Weber, hört! ich bitte euch!
Meiner Braut webt einen Kittel gleich!
Mutter will's, ich heirat', ja fürwahr –
Borisch Kukur wird mein Lebenspaar!«

2. In das Dorf geht Johann eilig hin,
traurig ist sein Mut, verwirrt sein Sinn.
»O, Herr Schuster, hört! ich bitte euch!
Schuh' verfertigt meiner Braut sogleich!
Mutter will's, ich heirat', ja fürwahr –
Borisch Kukur wird mein Lebenspaar!«

3. In das Dorf geht Johann eilig hin,
»Apotheker, hört! ich bitte euch!
Für zwei Kreuzer Gift gebt mir sogleich!« –
»Deine Braut willst du vergiften, sprich?
Bald vom Galgen fressen Raben dich!«

4. In das Dorf geht Johann eilig hin,
lustig ist sein Mut und froh sein Sinn.
»O, Herr Tischler, hört! ich bitte euch!
Einen Sarg verfertiget sogleich!
Wollte Hochzeit halten, ja fürwahr –
bald im Grabe ruht mein Lebenspaar!«

*Heinrich von Wlislocki, Volksdichtungen der siebenbürgischen
und südungarischen Zigeuner, Wien 1890, S. 123 f. (aus
Siebenbürgen; »Die vergiftete Braut«)*

GIFTMORD AUS EIFERSUCHT (B)

1. Der Schwanewirt sprang zum Tor hinaus,
er sprang dem Goldschmied in seis [sein] Haus:
»Ach Goldschmied, lieber Goldschmied mein,
mach 's Uhrmachers Mägdlein ein Ringelein;
mach er es frei hübsch und mach er es frei fein:
's Uhrmachers Mägdli muess im [dem] Schwanewittli sein.«

2. Der Schwanewirt sprang zum Tor hinaus,
und sprang dem Schuemacher in seis Haus:
»Ach Schuemacher, lieber Schuemacher mi,
mach 's Uhrmachers Mägdli Pantöffeli;
mach em s' frei hübsch und mach em s' frei fein:
's Uhrmachers Mägdli muess im Schwanewittli sein.«

3. Der Schwanewirt sprang zum Tor hinaus
und sprang dem Apitheker [!] in seis Haus:
»Apitheker, lieber Apitheker mi,
mach mir für ein Krüzer [Kreuzer] Gift dari.« –
»O nei, o nei, das chan nit sei,
du vergäbest deiner Liebste, der Anne Katherei.«

4. Der Goldschmied sprang zum Tor hinaus
und sprang dem Schriner in seis Haus:
»Ach Schriner, lieber Schriner mi,
mach du mir iez eis Bäumeli [Sarg];
mach mer's frei hübsch und mach mer's frei fein,
's Uhrmachers Mägdli muess begraben sein.«

*Ludwig Tobler, Schweizerische Volkslieder, Bd. 1, Frauenfeld 1882, Nr. 26
(aus dem Aargau, »wo das Lied nach einer wahren Geschichte, welche
sich vor einigen Jahrzehnten zutrug, verfasst worden sein soll«)*

GLÜCKSJÄGER

1. Es blies ein Jäger wohl in sein Horn,
doch alle sein Blasen war verlorn;
hopsasa, zum fallerallera,
doch alle sein Blasen war verlorn.

2. »Soll alle mein Blasen verloren sein,
viel lieber möcht' ich kein Jäger mehr sein!«

3. Er ließ seinen Hund wohl in den Busch,
da sprang ein schwarzbrauns Mädel heruss.

4. »Schwarzbrauns Mädel, ach springe so nicht!
Meine großen Hunde, die fassen dich!«

5. »Deine großen Hunde, die tun mir nicht,
sie kennen meine hochweiten Sprünge noch nicht!«

6. »Deine hochweiten Sprünge, die kenne ich wohl,
ich weiß wohl, wie ich dich fangen soll!«

7. Er warf ihr den Strick wohl vor den Fuß,
dass sie darüber straucheln muss.

8. »Nun bin ich gefangen, o Jäger mein,
nun muss ich alle Zeit bei dir sein.«

9. Er nahm sie bei ihrer schneeweißen Hand
und führte sie in sein Vaterland.

10. Als er an des Vaters Hause kam,
seine Mutter ihm entgegen kam.

11. »Guten Tag, guten Tag, mein Söhnelein,
was bringst du mir da für ein wildes Schwein?«

12. »Es ist fürwahr kein wildes Schwein,
es ist die Herzallerliebste mein.«

13. »Ist es die Herzallerliebste dein,
so soll sie mir auch willkommen sein.«

14. »Esset und trinket, seid wohlgemut,
ich weiß wohl, wer es bezahlen tut.«

15. »Und wer es bezahlen tut, das bin ich,
ich habe kein lieberes Mädchen als dich!«

16. »Hast du kein lieberes Mädchen als mich,
ich habe kein'n lieberen Jäger als dich!«

DVA = A 86 475, aufgezeichnet in Westfalen von Annette von Droste-Hülshoff, 1842. Vgl. John Meier und Erich Seemann, in: Jahrbuch für Volksliedforschung 1 (1928)

*Motiv von einer undatierten Liedflugschrift.
Das mit unserer Ballade verwandte Lied vom Geistlichen Jäger,
dessen Beute, ein Einhorn, sich in den Schoß der Maria flüchtet;
Sammlung DVA Freiburg i.Br.*

GRAF FRIEDRICH (A)

[1.] Graf Friedrich tät ausreiten
mit seinen Edelleuten,
wollt' holen seine liebe Braut,
die ihm zur Ehe war vertraut.

[2.] Als er mit seinem hellen Hauf
ritt einen hohen Berg hinauf
an einem kleinen Weg,
kam er auf einen schmalen Steg.

[3]. In dem Gedräng dem Grafen wert
schoss aus der Scheid' sein scharfes Schwert.
Verwundet' ihm seine liebe Braut
mit grossem Schmerz sein's Herzens traut.

[4.] Also zog er bald sein Hemmet
[Hemd] weiss,
drucket 's ihr in die Wunden mit Fleiss,
das Hemmet war mit Blut so rot,
als ob man's draus gewaschen hätt'.

[5.] Er gab ihr gar sehr freundlich' Wort',
man hat nie grösser' Klag' erhört,
die von ei'm Manne kommen schon,
als von dem Grafen wohl getan.

[6.] »Graf Friedrich, edler Herre,
ich bitt euch gar sehre,
sprecht ihr zu eurem Hofgesind,
dass sie nicht reiten so geschwind!«

[7.] Graf Friedrich ruft seinen Herren:
»Ihr sollt nicht reiten so sehre!
Meine liebe Braut ist mir verwund',
o reicher Gott, mach sie mir gesund!«

[8.] Graf Friedrich zu sein'm Hof einritt,
sein' Mutter ihm entgegen schritt:
»Bist Gottwillkomm, du Sohne mein,
und all', die mit dir kommen sein!

[9.] Wie ist dein' liebe Braut so bleich,
als ob sie ein Kindlein hab' gezeugt!
wie ist sie also inniglich [?],
als ob sie ein's Kindleins schwanger sei!«

[10.] »Ei schweig, mein Mütterlein, stille,
und tu's um meinet wille!
Sie ist Kind's halben nicht ungesund,
sie ist bis auf den Tod verwund'.«

[11.] Da es nun war die rechte Zeit,
ein köstlich' Wirtschaft war bereit,
mit aller Sach versehen wohl,
wie ein's Fürsten Hochzeit sein soll.

[12.] Man setzt die Braut zum Tische,
man gab ihr Wildpret und Fische,
man schenkt' ihr ein den besten Wem,
die Braut, die mocht' nicht fröhlich sein.

[13.] Sie mocht' weder trinken noch essen,
ihr's Unmuts konnt' sie nicht vergessen,
sie sprach:»Ich wollt' es wär' die Zeit,
dass mir das Bettlein würd' berei't.«

[14.] Das höret die übel' Schwieger,
sie red't gar bald hinwider:
hab ich das mein Tag nie gehört,
dass eine Braut zu Bett begehrt.«

[15.] »Ei schweig, mein Mütterlein, stille!
Hab daran kein'n Unwillen!
Sie red't es nicht aus falschem Grund,
sie ist todkrank zu dieser Stund.«

[16.] Man leuchtet der Braut zu Bette
vor Unmut sie nichts red'te,
mit brennenden Kerzen und Fackeln gut,
sie war traurig und ungemut.

[17.] Man leuchtet der Gräfin schlafen,
mit Rittern und mit Grafen,
mit Rittern und mit Reitern,
mit lauter Edelleuten.

[18.] »Graf Friedrich, edler Herre,
so bitt ich euch so sehre:
Ihr wollt ihm nach dem Willen mein,
lasst mich die Nacht ein' Jungfrau sein!«

[19.] »O allerliebste Gemahle mein!
Der Bitt' sollt du gewähret sein.
Mein Schatz, mein Trost, mein schönes Lieb!
Ob deinen Schmerzen ich mich betrüb'.

[20.] Du herzigs Lieb, mein höchster Hort!
Ich bitt' dich: hör mich nur ein Wort!
Hab ich dich tödlich [ver]wund't erkennt;
verzeih' mir das vor deinem End!«

[21.] »Ach allerliebster Gemahl und Herr!
Bekümmert euch doch nicht so sehr!
Es ist euch alles verziehen schon,
nichts Arges habt ihr mir getan.«

[22.] Sie kehrt sich gegen die Wände
und nahm ein selig's Ende;
in Gott end't sie ihr Leben fein
und blieb ein Jungfrau keusch und rein.

[23.] Zu Morgens wollt sie haben
ihr Vater reichlich begabet,
da war sie schon verschieden
in Gottes Namen und Frieden.

[24.] Ihr Vater fragt' all' Umstände,
wie sie genommen hätt' ein Ende?
Graf Friedrich sprach: »Ich armer Mann
bin, Gott sei's klagt! selbst schuldig dran.«

[25.] Der Braut Vater sprach in Unmut:
»Hast du verderbet ihr junges Blut,
so musst du auch darum aufgeben
durch meine Hand dein junges Leben.«

[26.] Indem so zog er aus sein Schwert,
erstach den edlen Grafen wert,
mit grossen Schmerzen durch seinen Leib,
dass er tot auf der Erden bleib.

[27.] Man band ihn an ein hohes Ross,
man schleift' ihn durch das tiefe Moos,
darin man seinen Leib begrub;
kürzlich zu blühen er anhub.

[28.] Es stund an bis den dritten Tag,
da wuchsen drei Lilien auf seinem Grab,
darauf da stund geschrieben,
er wär bei Gott geblieben.

[29.] Ein' Stimm vom Himmel kam herab:
Man sollt ihn nehmen aus dem Grab!
Der schuldig war an seinem Tod,
der muss darum leiden ewig Not.

[30.] Man grub ihn wieder aus dem Moos,
man führt ihn auf sein festes Schloss.
Zu seiner Braut man ihn begrub;
sein' liebliche Farb' sich erhub.

[31.] Er war bei dreien Tagen schon tot,
noch blühte er als ein' Ros' rot
unter seinem Angesicht fürwahr;
sein ganzer Leib war weiss und klar.

[32.] Ein groß Wunder auch da geschah,
das mancher Mensch glaubhaftig sah:
Sein Lieb er mit Armen umfing
ein' Red' aus seinem Munde ging.

[33.] Und sprach: »Gott sei gebenedeit!
Der geb' uns heut' die ewig' Freud'!
Seit ich bei meinem Buhlen bin,
fahr ich mit leichtem Mut dahin.«

Brüder Grimm Volkslieder [handschriftliche Sammlung um 1806 bis 1815], hrsg. von Ch. Oberfeld u. a., Bd. 1, Marburg 1985, S. 665–669 (»Graf Friedrichs Brautfahrt«, »Fliegendes Blatt aus der Schweiz«, d. h. gedruckte Liedflugschrift wahrscheinlich des 16. Jh.)

GRAF FRIEDRICH (B)

1. Graf Friedrich wollt' ausreiten,
wollt' reiten mit edeln [edlen] Leuten,
wollt' holen seine geliebte Braut,
die ihm von innen [zur Ehe] war vertraut.

2. Graf Friedrich ritt übern schmalen Steg,
da sprang ihm das Schwert aus der Scheide.
Das hat die liebe Braut verwund't,
dass sie niemand mehr heilen konnt'.

3. Graf Friedrich zog sein Hemed [Hemd] aus
und drückte es tief in die Wund' hinein.
Das Hemed das ward so rot von Blut,
wie wenn man's drinnen gewaschen hätt'.

4. Graf Friedrich ritt zum Tor hinein,
seine Mutter ihm entgegen kam:
»Ach Sohne, Herzenssohne mein,
was für eine bleiche Braut bringst du herein?«

5. »Ach Mutter, schweigen Sie stille
und tun Sie ihr nur den Wille!
Die Braut die war frisch und gesund,
sie ist bis in den Tod verwundt.«

6. Sie führten die Braut zu Tische
und gaben ihr gebackene Fische
und schenkten ihr ein vom besten Wein,
die Braut wollt' nicht mehr fröhlich sein.

7. Die Braut begehrt' zu Bette,
das hörte die üble Schwieger:
»Das hab' ich auch noch nie gehört,
dass eine Braut ins Bett begehrt.«

8. Sie führten die Braut zu Bette
mit Fackeln und mit Kerzen,
die Braut die kehrt sich gegen die Wand
und nimmt auch gleich ein seliges End'.

DVA = A 118 067, aufgezeichnet in Siebenbürgen (Rumänien), 1902

GRAF UND MAGD (A)

[1.] Es spielt' ein Graf mit seiner Dam',
Sie spielten alle beide,
Sie spielten die liebe lange Nacht,
Bis an den hellen Morgen.

[2.] Als nun der helle Morgen anbrach,
Das Mägdlein fing an zu weinen;
Es weint' sich die schwarzbraun'n Äuglein roth,
Rang ihre schneeweißen Hände.

[3.] Wein' nicht, wein' nicht, allerschönstes Kind,
Die Ehre ich dir bezahle;
Ich will dir geben einen Reutersknecht,
Dazu dreyhundert Thaler.

[4.] Euern Reutersknecht den mag ich nicht,
Was frag ich nach eurem Gelde?
Ich will zu meiner Frau Mutter gehn,
In einem frischen Muthe.

[5.] Als sie nun vor die Stadt Regensburg kam,
Wohl vor die hohen Thore,
Da sah sie ihre Frau Mutter stehn,
Die thät ihr freundlich winken.

[6.] Willkommen, willkommen, o Tochter mein,
Wie ist es dir ergangen?
Dein Röcklein ist dir von hinten zu lang,
Zu kurz ist dir's von vorne.

[7.] Sie nahm das Mägdchen bei der Hand,
Und führte sie in ihre Kammer,
Sie trug ihr auf einen Becher Wein,
Dazu gebackne Fische.

[8.] Ach herzallerliebste Mutter mein'
Ich kann weder essen noch trinken,
Macht mir ein Bettlein weiß und fein,
Daß ich darin kann liegen.

[9.] Als es nun gegen Mitternacht kam,
Das Mägdlein thät verscheiden,
Da kams dem jungen Grafen im Traum:
Sein Liebchen thät verscheiden.

[10.] Ach herzallerliebster Reutknecht mein,
Sattle mir und dir zwey Pferde,
Wir wollen reiten Tag und Nacht,
Bis wir die Pest erfahren.

[11.] Als sie nun vor die Stadt Regensburg kam'n
Wohl vor die hohen Thore,
Da trugen sie sein fein Liebchen heraus
Auf einer Todtenbahre.

[12.] Setzt ab, setzt ab, ihr Träger mein,
Daß ich mein Liebchen schaue.
Ich schau nicht mehr als noch einmal
In ihre schwarzbraunen Augen.

[13.] Er deckt ihr auf das Leichentuch,
Und sah ihr unter die Augen,
O weh, o weh! der blasse Tod
hats Äuglein dir geschlossen.

[14.] Er zog heraus sein blankes Schwerdt,
Und stach sich in sein Herze;
hab ich dir geben Angst und Pein,
So will ich leiden Schmerzen.

[15.] Man legt den Grafen zu ihr in Sarg,
Verscharrt sie wohl unter die Linde;
Da wuchsen nach dreiviertel Jahr
Aus ihrem Grabe drey Nelken.

DVA = Bl 1843, Hamburger Drehorgellieder, Bd. 3, St. 47, o.J.
[Hamburg, nach 1800; Schreibung belassen]

GRAF UND MAGD (B)

1. Es spielt ein Graf mit seinem Schatz,
sie spielten miteinander,
sie spielten so die ganze Nacht,
sein Liebchen wurde schwanger.

2. Und als sein Liebchen schwanger war,
sie sprach: »Was soll ich treiben?
Ich muss zu meiner Mutter gehn
und spinnen mit ihr Seide.«

3. Und als sie hin nach Regensburg kam,
dort an der oberen Gasse,
da stand die liebe Mutter da,
schöpft aus dem Brunnen Wasser.

4. »Ach Tochter, liebe Tochter mein,
dir ist es schlimm ergangen,
weil dir dein Röcklein vorn so kurz
und hinten viel zu lange.«

5. »Ich hab bei einem Grafen gedient,
ach, er hat mich verlassen,
und als ich mich betrogen sah,
zog ich so meiner Straßen.«

6. Dem Grafen träumt es um Mitternacht,
es träumte ihm sehr schwere,
ihm träumte, dass die Liebste sein
in Kindesnöten wäre.

7. Er sprach zu seinem Reitersknecht:
»Schnell, sattle uns zwei Pferde,
dauern tuts die ganze Nacht,
der Weg ist reitenswerte.«

8. Und als sie hin nach Regensburg
kamen,
da hörten sie ein Geläute.
»Sag an, sag an, o Hirte mein,
ist das zu Leid oder Freude?«

9. »Ein junges Mädchen, hoher Herr,
hat heute Nacht geboren,
als sie in Kindesnöten war,
ist sie so jung gestorben.«

10. Und als sie zur Stadt ritten ein,
da trug man eine Bahre.
»Halt still, halt still, ihr Trägerlein,
setzt nieder auf der Straße.«

11. Da hob er ihr den Schleier auf
und tat die Leich beschauen.
»O mache dich noch einmal auf,
ich will dein Auge schauen.«

12. Er zog heraus da sein Gewehr
[Seitengewehr, Bajonett]
und stach sich in sein Herze;
das Grab, das ziert ein Marmorstein,
dort ruhen beider Herzen.

nach: DVA = A 93 631, Liedersammlung Fritz Aumüller, Michelau bei Lichtenfels (Oberfranken), zwischen 1871 und 1902

»Ein hübsch Liede / Es fleugt ein kleynes wald vögelein...« Titelblatt einer undatierten Liedflugschrift von Valentin Neuber in Nürnberg [um 1544 bis um 1560]. In der Situation des Tageliedes (»Tagweis«) weckt der Türmer die Schlafenden und das Liebespaar. Um eine geeignete Illustration dafür zu schaffen, wurde bei dem rechten Holzschnitt die halbe linke Szene abgeschnitten (ein Teil eines Fußes ist noch zu sehen) und mit einem anderen Block zusammengefügt. Auch das ist ein Kennzeichen billiger Massenproduktion im 16. Jahrhundert. – Bestand der Vatikanischen Bibliothek Palatina in Rom, Kopie im DVA Freiburg i. Br. = Bl 5177.

GRAF UND MAGD (C)

1. Es schlief ein Graf bei seiner Magd
bis an den hellen Morgen;
und als der helle Tag erwacht,
da fing sie an zu weinen.

2. »Wein' nicht, wein' nicht, deine Ehr
will ich dir bezahlen,
ich gebe dir den Reitersknecht
und noch dreitausend Taler.«

3. »Den Reitersknecht, den mag ich nicht,
ich will den Herren selber!« –
»Den kriegst du nicht, den kriegst du nicht,
geh' heim zu deiner Mutter!«

4. »Ach Mutter, liebste Mutter mein,
verschaff mir eine Kammer,
damit ich wein'n und beten kann
und stille meinen Jammer.«

5. »Ach Tochter, liebste Tochter mein,
was ist mit dir geschehen?
Das Kleid wird dir von vorn zu kurz,
von hinten immer länger.«

6. Da sprach der Graf zu seinem Knecht:
»Sattle uns zwei Pferde!
Wir wollen nun auf Reisen gehn
und uns die Welt anschauen!«

7. Und als sie vor das Stadttor kam'n,
da trug man eine Leiche:
»Ach Träger, liebster Träger mein,
was habt ihr für eine Leiche?«

8. »Es ist ein rosenroter Mund,
ein Kind von achtzehn Jahren;
sie hat bei einem Graf gedient
und auch bei ihm geschlafen.«

DVA = A 204 502, aufgezeichnet wohl um 1900 in Birkenfeld (Unterfranken)

GRAF UND MAGD (D)
(RITTER UND SCHNEIDERSTOCHTER)

1. Ein Ritter spielt die ganze Nacht
mit einer Schneiderstochter,
dirom dirom dirallalala,
mit einer Schneiderstochter.

2. Und als das Spiel zu Ende war,
da fing sie an zu weinen.

3. »Herzliebste, warum weinest du,
ja, weinest du so sehr?«

4. »Verschlafen hab ich meine Ehr,
die musst du mir bezahlen.«

5. »Hast du verschlafen deine Ehr,
so will ich's dir bezahlen.

6. Den jüngsten Reitknecht geb ich dir,
dazu dreitausend Taler!«

7. »Den jüngsten Reitknecht mag ich nicht,
ich will den Herren selber.

8. Wenn ich den Herrn nicht selbst bekomm,
so klag ich's meiner Mutter.«

9. »O, Mutter, liebste Mutter, mein,
gib mir eine dunkle Kammer!

10. Dass ich kann weinen Tag und Nacht,
mein Elend und mein Jammer.«

11. »Tochter, liebste Tochter, mein,
wie ist das zugegangen?

12. Dass dir dein Kleide vorn zu kurz
und hinten ist zu lange?«

13. Er tut herab den Schleier weiß
und schaut ihr in die Augen.

14. »Bist immer meine Liebste gewesen
und jetzt mußt du verfaulen.«

15. Er tut herab den Schleier weiß
und schaut ihr in die Hände.

16. »Bist immer meine Liebste gewesen,
und jetzt hat alls ein Ende.«

17. Er tut herab den Schleier weiß
und schaut ihr in die Füße.

18. »Bist immer meine Liebste gewesen,
und jetzt musst du es büßen!

19. Weil du hast gelitten den bittern Tod,
leid ich die bittern Schmerzen.«

Gustav Jungbauer, Volkslieder aus dem Böhmerwalde, Bd. 1, Prag 1930, Nr. 6c (aufgezeichnet von Albert Brosch in Oberplan, 1905)

GRAF UND NONNE (A)

[1.] Ich steh auf einem hohen Berg,
Seh nunter in's tiefe Tahl;
Da sah ich ein Schifflein schweben,
Darinn drey Grafen sass'n.

[2.] Der alleriüngst der drunter war
Die in dem Schifflein sassn,
Der gebot seiner Liebe zu trincken
Aus einem *Venedischen Glas.

[3.] Was giebst mir lang zu trincken,
Was schenckst du mir lang ein
Ich will ietzt in ein Kloster gehn,
Will Gottes Dienerinn seyn.

[4.] Willst du ietzt in ein Kloster gehn,
Willst Gottes Dienrinn seyn.
So geh in Gottes Nahmen
Deins gleichen giebts noch mehr.

[5.] Und als es war um Mitternacht,
Dem iung Graf träumts so schweer,
Dass sein Herz allerliebster Schatz
Ins Kloster gezogen wär.

[6.] Auf Knecht steh auf und tummle dich,
Sattl' unser beyde Pferd,
Wir wollen reiten 'sey Tag oder Nacht,
Die Lieb ist reitenswehrt.

[7.] Und da sie vor ienes Kloster kamen,
Wohl vor das hohe Tohr,
Fragt er nach iüngster Nonnen,
Die in dem Kloster war.

[8.] Das Nünngen kam gegangen,
In einem schneeweissen Kleid,
Ihr Härl war abgeschnitten,
Ihr rother Mund war bleich.

[9.] Der Knab er setzt sich nieder,
Er sass auf einem Stein,
Er weint die hellen Tränen
Brach ihm sein Herz entzwey.

[10.] So solls den stolzen Knaben gehn
Die trachten nach grosem Gut.
Nimm einer ein schwarzbraun Maidelein,
Wie's ihm gefallen thut.

handschriftliche Sammlung Johann Wolfgang von Goethes [Abschrift nach einem handschriftlichem Liederbuch], Elsass 1771; nach der Weimarer Handschrift, hrsg. von Hermann Strobach, Weimar 1982, S. 47f., »Das Lied vom jungen Grafen« [Schreibung belassen]. Goethes Handschrift hat als Anmerkung zu Str. 2 [»Venedisches Glas«]: »*nach der Tradition ein Glas das den Tranck vergiftete«.

GRAF UND NONNE (B)

1. Stand ich auf hohem Berge,
sah in den tiefen Rhein,
sah ich ein Schifflein schweben,
viel Ritter tranken drein.

2. Der jüngste von den Rittern
hob auf sein römisch Glas,
tät mir damit zuwinken:
Feinslieb ich bring dir das!

3. Was tust du mir zutrinken,
was bietst du mir den Wein?
Ich muß ins Kloster gehen,
muss Gottes Dienerin sein.

4. Des Nachts wohl um die halbe Nacht
träumt es dem Ritter so schwer,
als wenn sein herzallerliebster Schatz
ins Kloster gegangen wär.

5. Mir träumt, ich hätt' eine Nonn gesehn,
ich trank ihr zu mein Glas,
sie wollt nicht gern in's Kloster,
ihr Äuglein waren nass.

6. Halt an! Halt an dem Klostertor,
ruf mir mein Lieb heraus.
Da kam die ält'ste Nonne:
»Mein Lieb soll kommen heraus.«

7. »Kein Feinslieb ist hierinnen,
kein Feinslieb kann heraus.« –
»Und ist kein Feinslieb drinnen,
so steck ich an das Haus.«

8. Da kam Feinslieb gegangen,
schneeweiß war sie gekleid't:
»Mein Haar ist abgeschnitten,
leb wohl in Ewigkeit!«

9. Er vor dem Kloster niedersaß,
und sah ins tiefe, tiefe Tal;
tat ihm sein Glas zerspringen,
zerspringen auch sein Herz.

[Groos-Klein bzw. von Plehwe] Deutsche Lieder für Jung und Alt, Berlin 1818, S. 11 [erstes Berliner Kommersbuch]. – Wir sind weiterhin im Zweifel, wem wir dieses frühe studentische Liederbuch zuschreiben dürfen: Karl Groos und Bernhard Klein oder von Plehwe. Eine interessante handschriftliche Ergänzung von etwa 1825/35, aufbewahrt in einer Chicagoer Bibliothek, brachte dazu leider keine neuen Hinweise. Vgl. Wiegand Stief und O. Holzapfel, in: Jahrbuch für Volksliedforschung 43 (1998).

GRAF UND NONNE (C)

1. Ich stund auf hohen Felsen,
sah in das tiefe Tal,
sah ich ein Schifflein schwimmen,
worin drei Grafen waren.

2. Der jüngste von den Grafen,
der in dem Schifflein saß,
gab mir einmal zu trinken
ein Wein aus einem Glas.

3. Er zog von seinem Finger
ein goldnes Ringelein:
»Nimm hin du hübsch und feine,
dies soll ein Denkmal [Andenken] sein.«

4. »Was tu ich mit dem Ringelein?
Wenn ich dein nicht werden kann,
bin ich ein armes Mädichen,
verlassen bin ich ganz.«

5. »Bist du ein armes Mädichen,
hast weder Geld noch Gut,
so gedenk an unsre Liebe,
die zwischen bei uns ruht.«

6. »Ich denk an keine Liebe
und denk an keinen Mann;
ins Kloster will ich gehen,
will werden eine Nonn.«

7. »Willst du ins Kloster gehen,
willst werden eine Nonn,
will ich die Welt durchreisen,
bis dass ich zu dir komm.«

8. Er sprach zu seinem Knechte:
»Sattle mir und dir zwei Pferd,
die Welt wollen wir durchreisen,
der Weg ist reisenswert.«

9. Als sie zur Pforte kamen,
ganz leise klopften sie an:
»Gebt heraus die jüngste Nonne,
die zuletzt ist kommen an.«

10. »Es ist ja keine kommen
und kommt auch keine raus!« –
»Das Kloster wollen wir stürmen,
das schöne Gotteshaus.«

11. Sie trat sogleich geschritten
mit ihrem schneeweißen Kleid,
die Haar waren ihr geschnitten,
zur Nonn war sie geweiht.

12. Sie gab ihm einmal zu trinken
aus ihrem Becher Wein,
in vierundzwanzig Stunden
starb er aus [!] kühlem Wein.

13. Mit ihrer Messerspitze
grub sie ein Gräbelein,
mit ihren zarten Händen
legt sie ihn selbst hinein.

14. Mit ihrer schönen Zunge
schlug sie den Glockenklang,
mit ihrer hellen Stimme
sang sie ein Lobgesang.

Karl Frh. von Leoprechting, Aus dem Lechrain, München 1855, S. 285–288, »Das Klosterlied«

»Die Nonne« und »Der Tod der Liebenden« auf einer undatierten Liedflugschrift des Wiener Druckers Friedrich Jasper für den Liedverleger Matthias Moßbeck in Wien [dieser ließ 1864 bis 1881 drucken]. Die Ballade von »Graf und Nonne« ist hier als »altdeutsches Volkslied« bezeichnet worden. Im späten 19. Jahrhundert konnte man sich mit neuen, billigen Techniken den Abdruck der Melodie erlauben; das Blatt kostete damals 10 Pfennige. Das Lied gerät auch mit der leicht süßlichen Illustration in den Bereich des Kitsches, wobei das hinsichtlich der Volksdichtung eine wissenschaftlich umstrittene Bewertung ist. – Original im DVA Freiburg i. Br. = Bl 8420.

GRAF UND NONNE (D)

1. Es welken alle Blätter,
es fallen alle ab,
und mich hat mein Schatz verlassen,
das kränket mich so sehr.

2. Ins Kloster will sie gehen,
will werden eine Nonn;
so muss ich die Welt bereisen,
bis dass ichs zu ihr komm!

3. Und im Kloster angekommen,
ganz leise klopft ich an:
»Kommt [gebt] heraus die jüngste Nonne,
die zuletzt ins Kloster kam.«

4. »Es ist ja keine reingekommen
und kommt auch keine raus.« –
»So muss ich das Kloster zerstören,
das schöne Nonnenhaus.«

5. Nun kommt sie angeschlichen
in einem weißen Kleid,
ihr Haar war abgeschnitten,
zur Nonne war sie geweiht.

6. Nun zog sie von ihrem Finger
ein goldnes Ringelein:
»Nimm hin, mein Herzallerliebster,
das soll der Abschied sein.«

7. Und nun gab sie ihm zu trinken
ein Gläschen roten Wein,
und in dreimal dreißig Stunden
starb der Reiter zu Köln am Rhein.

Chr. Pöhlmann, in der Zeitschrift Alemannia, Neue Folge 7 (1906), S. 154 f., ›gesungen von einzelnen Leuten des Dritten Bayrischen Infanterie-Regiments‹

GRAF UND NONNE (E)

1. »Du hast gesagt, du nehmest mich
und wenn der Sommer kommt;
der Sommer ist gekommen,
du hast mich nicht genommen,
die wahre Lieb' ist aus.«

2. »Du sagst ja wohl von Nehmen,
wenn ich dich owr [aber] net mag.
Du bist mir viel zu arme,
du bist mir viel zu arme,
du bist mir viel zu schwach.«

3. »Bin ich dir viel zu arme,
bin ich dir viel zu schwach,
ins Kloster will ich gehen,
ins Kloster will ich gehen,
will werden ein frommes Kind.«

4. »Willst du ins Kloster gehen,
willst werden ein frommes Kind,
alle Welt will ich ausreisen,
alle Welt will ich ausreisen,
bis ich dich wieder find'.«

5. Der Ritter kommt geritten,
wohl vor die Klostertür.
»Gebt mir die erschte Nonne,
die jetzt ins Kloster ist kommen,
soll treten vor die Tür!«

6. Die Nonne kommt gelaufen
mit ihrem schwarzen Kleid,
ihre Haar war'n abgeschnitten,
ihre Haar war'n abgeschnitten,
zu einer Nonne war sie bereit.

7. Der Ritter dreht sich dreimal um
und weint so bitterlich.
In einer Viertelstunde
war ihm sein Herz zersprungen,
vor lauter Lieb' und Leid.

8. Die Nonne ließ ihr [ihm?] ein Häuslein [Kapelle] bau'n,
wohl auf den sein Ritters Grab.
Darin will ich verbleiben,
darin will ich verbleiben
bis auf den jüngsten Tag.

DVA = A 219 620, aufgezeichnet von Paul Schwalm in Tarján/Tata (Ungarn), 1983

GRAF UND NONNE (F)

1. Steig ich auf das Berglein
und schau' ins tiefste Tal,
dort sik [sehe] ich ein Schiffelein
   schwimmen,
drei Reiter, die sitzen darin.

2. »Die erste«, sprach der Reiter,
»die zweite gehöret mein«. –
»Was gabst du mir zum Trinken
und was für einen Wein?«

3. »Ich gab dir von mein' Blute,
von einem Bechilein,
darauf soll es ja heißen,
vergiß nicht mein.«

4. Und bei der Nacht um zwelf Uhr
hat es den Reiter geträumt:
»Es wäre doch nicht meine Geliebte
ins Kloster getreten sein?«

5. »Ins Kloster willst du s gehen?
Willst Gottes Dienerin sein?
So gedenk an keine Liebe,
so gedenk an keinen Mann.«

6. »Ich gedenk auf keine Liebe,
ich gedenk auf keinen Mann,
ich gedenk auf Gott, den Vater,
der mich erschaffen hat.«

7. »Ach Stallknecht, liebster Stallknecht!
Sattl mir's und dir's ein Pferd.
Wir wollen die Stadt herumreiten,
sie ist das Reiten wohl wert.«

8. Sie reiten über zwei Stockhoch,
beim dritten Stock klopfen sie an:
»Gebt raus, gebt raus meine Liebe,
sonst zünd' ich das Kloster an!«

9. Sie kamen ja vorgetreten
mit ihne' schneeweißeste' Kleid,
ihre Haare, die waren zerschnitten,
so waren sie zur Nonne bereit.

10. Was hat sie in den Händen?
Vom Gold ein Becherlein.
Er hat's kaum ausgetrunken,
spring' ihm das Herz entzwei.

DVA = A 220 676, aufgezeichnet von Paul Schwalm in Csávoly/Felsőszentiván (Ungarn), 1985. – Dr. Paul Schwalm (Baja) hat manchmal unter schwierigen persönlichen Verhältnissen bei deutschsprachigen Siedlern in Ungarn Lieder aufgezeichnet. Vgl. Jahrbuch für Volksliedforschung 31 (1986).

GRAF VON ROM

1. Ich verkünd euch neue Märe,
und wollt ihr die vernahm?
Zu Rom da saß ein Herre,
ein Graf gar wohlgetan;
der war von reicher Habe,
war mild und tugendhaft,
wollt' ziehen zum heiligen Grabe
nach Ehr' und Ritterschaft.

2. Sein' Frau erschrak der Märe,
sie blickt den Grafen an.
Genad mir, edler Herre,
dazu mein ehlich Mann:
Mich nimmet Wunder sehre,
was euch die Ritterschaft soll?
Habt ihr doch gut und Ehre
und was ihr haben sollt.

3. Er sprach zu seiner Frauen:
Nun spar dich Gott gesund!
All's will ich dir vertrauen
allhie zu dieser Stund.
Also schied er von dannen,
der edle Graf so zart,
groß Kummer stund ihm zu Handen,
ein's König Gefangener er ward.

4. Er möcht ihm nicht entfliehen:
Das war sein größte Klag.
Am Pflug, da musst er ziehen
viel länger denn Jahr und Tag.
Er litt viel Hunger schwere,
war ihm ein große Buß,
der König ritt vor ihm here,
der Graf fiel ihm zu Fuß.

5. Der König sprach mit Züchten
wohl zu dem Grafen schon:
So hilft dir doch kein Bitten,
schwör ich bei meiner Kron.
Und fällst du alle Morgen
nieder auf deine Knie:
Du wirst nit ledig werden,
dein' Frau wär selber hie.

6. Der Graf erschreckte sehre,
groß Leid er ihm gedächt'.
Bring' ich mein' Frau dahere,
so wird sie mir geschmäht.
Soll ich dann hie bleiben?
Darauf so will ich schreiben,
will schicken nach mein'm Weib.

7. Einer war an dem Hofe,
der hatt' die Gefang'nen in Hut,
mit dem vertrug sich der Grafe,
verhieß ihm Hab und Gut.
Ein Brief schrieb er behände,
der seiner Frauen klar:
Sein' Kummer möcht' niemand wenden,
sie käm dann selber dar.

8. Der Bot' zog ohne Trauren
wohl über das wilde Meer.
Zu Rom fand er die Fraue,
den Brief den gab er ihr;
den tät sie selber lesen
gar heimlich und gar bald,
sie verstund ihres Herrn Wesen,
ihr Herz wird ihren kalt.

9. Ein Brief schrieb sie wiederumme
so gar behändiglich,
und wie sie nicht möcht' kommen.
Es war ihr unmöglich,
dass ein' Frau möchte fahren
wohl über das wilde Meer;
kein Gut wollt' sie nicht sparen
an ihrem Grafen und Herr.

10. Der Bot', der tät sehr eilen
wohl wieder heim zu Land,
die Frau stund in groß Leiden,
gar wohl sie das empfand.
So gar in stillen Sachen
tät sie das alles gern:
Sie ließ ihr ein Kutten machen,
dazu ein Blatten [Tonsur] schern.

11. Die Frau konnt' lesen und schreiben
und andere Kurzweil viel,
sie konnt' harfen und geigen
und andere Saitenspiel.
Das hing sie an ihr Seiten,
Lauten und Harfen gut;
dem Boten tät sie nachreiten
über Meer, da man fahren tut.

12. Sie zog drei Tag oder viere
die Frau gar wundersam;
auf dem Meer fing sie an zu harfen,
jedermann das wundernahm.
Der Bot' saß zu ihr here
sogar in guter Pflicht.
Den Graf gesandt dahere,
sie kennt ihn, er sie nicht.

13. Der Bot', der sprach mit Sinnen
wohl zu dem Mönchen fein:
»Herr, wollt ihr Gut gewinnen,
so ziehet mit mir heim
zu einem König reiche,
da habt ihr reichen Sold,
er hält euch ehrbarliche
als lang ihr bleiben wollt.«

14. Der Bot' ließ nicht davone,
fest er den Mönchen bat;
sie zogen miteinander
wohl an des Meeresstaad'.
Sie zogen alle beide
viel Berg und tiefe Tal;
die Frau in Mönches Kleide
wohl für des Königs Saal.

15. Der König kam hergangen
mit Rittern und Knechten viel;
die Frau war schön empfangen
mit ihrem Saitenspiel.
Da schlug sie auf der Lauten
gar freudenreiche Wort';
die Heiden sprachen laute:
Sie hätten's nie so gehört.

16. Der Mönch wird gesetzt an Tische,
sie hatten ihn lieb und wert,
er bekam Wildpret und Fische
und was sein Herz begehrt.
Da sie das nun ansahe,
dacht sie in ihrem Mut,
weil ihr so gütlich geschahe,
mein' Sach' wird werden gut.

17. Da schlug sie auf der Harfen
und macht' ein frisch Gesang,
gar höflich und gar scharfe
das im Palast erklang.
Da nun die Heiden tanzten,
damit da war es Nacht,
wohl unter selben Dingen
ward dem Grafen Botschaft bracht.

18. Dem Grafen kam die Märe
von seinem schönen Weib,
wie sie nicht könnte kommen,
es war ihr unmöglich:
Sie wird geschwändt [?] von Heiden
und käm' in große Not;
der Graf der dacht im Leide,
jetzt leide ich den Tod.

19. Die Frau war an dem Hofe
bis an den andern Tag,
sie sah nun nach dem Grafen,
es war ihr größte Klag.
Da ging sie an die Zinnen
gar heimlich unvermeld't,
sie wurd ihr's Grafen innen
dort ziehen in dem Feld.

20. Wohl zu derselben Stunde
fing sie zu weinen an,
weil sie ihm nicht konnt' helfen,
wie sie hätt' gern getan.
Sie war gar unverdrossen,
sagt uns das Buch gar schön;
sie war im Schloss vier Wochen,
eh sie da Urlaub [Abschied] nahm.

Der Graff von Rom.

So prächtig der Titelholzschnitt auf dieser Liedflugschrift ist, gedruckt 1510 in Nürnberg von Adam Dyon, so wenig passt er doch zum Inhalt des Liedes vom »Grafen von Rom«. In dieser Ballade bezirzt die als Mönch verkleidete Frau den heidnischen König durch Lieder und Saitenspiel, ihren gefangenen Ehegatten freizulassen. Der Drucker verwendete für diesen Massendruck eine dazu passende Szene aus seiner übrigen Produktion: ein Mann mit dem Kopf eines Enthaupteten und Frauen, die Harfe und Glocke spielen. – Aus dem Bestand der Universitätsbibliothek Erlangen, Kopie im DVA = Bl 1976.

21. Dem Mönchen wollt man lohnen
und wollt ihm lohnen wohl;
wollt ihm geben eine guldene Krone,
viel Geldes ein Schüssel voll.
Seht hin mein lieber Herre;
lasst euch verschmähen nicht.
Der Mönch wehret sich sehre:
Es ist meines Ordens nicht.

22. Der Mönch, der sprach mit Sitten:
Ich begehr' kein solchen Gold,
um ein' Hab' will ich bitten:
Es ist kein rotes Gold.
Weder um Edelgesteine
noch sonst kein andern Rat,
dann um den Menschen alleine,
der im Pflug umziehen gat [geht].

23. Der König sprach mit Fuge:
Herr habt euch denn Gewalt!
Man bracht' den Graf vom Pfluge
wohl für den König bald.
Der König sprach mit Treue
und gab dem Grafen Rat:
Dank du dem Abenteurer,
der dich erlöset hat.

24. Die Frau stund an dem Meere
bis an den andern Tag;
der Graf ließ nicht davone,
wollt' ziehen zum heiligen Grab.
Wiewohl er hätt' nicht mehre
weder Habe noch Gut;
so half ihm Gott der Herre:
Über Meer da man fahren tut.

25. Der Graf war heimgegangen
also gar ärmiglich;
er war gar schön empfangen
von seiner Frau herziglich.
Im Brief hab ich dir geschrieben,
mein' Kummer und große Not,
da bist du daheimen blieben,
du acht'st nicht, ob ich wär' tot.

26. Die Frau sprach mit Züchten:
Herr das ist alles wahr;
im Brief habt ihr mir geschrieben
den euren Kummer gar.
Das lasset euch nitt reuen,
traut lieber Herre mein,
ich konnt' dem Bot' nicht trauen,
ich fürcht' der Ehre mein.

27. Der Graf war nun daheimen
bis an den andern Tag;
seine Freund, die ihn beschenkten,
führten über die Frau groß' Klag.
Wie umzogen wäre
so bei des früh und spät,
eins hin, das andere here,
niemand weiß, was sie geschafft.

28. Die Frau stand auf gar schnelle,
sie von dem Tische trat;
sie ging in ihre Kammer,
sie nahm der Kutten wahr.
Sie hing an ihre Seiten
Harfen und Lauten gut,
recht so wie sie war gestanden
vor dem König in ihrem Mut.

29. Sie trat hinein mit Schalle
wohl durch die Tür geschwind,
sie tät sie grüßen alle,
die da gesessen sind.
Der Graf erfreut sich balde,
da er sie also sach:
Das ist der Abenteurer,
der mich erlöset hat.

30. Da sprach die Frau zu ihme:
Herr, das ist alles wahr,
ihr habt mich wohl gesehen
vorm König offenbar.
Der König der tät sprechen
wohl zu derselben Sach':
Du G'fangner und Gebundner
geh aus von Ungemach!

31. Die Freund' erschraken sehre,
war ihnen ein' schwere Buß',
sie stunden auf vom Tische
und fielen der Frauen zu Fuß:
Sie täten sie all bitten,
dass sie ihn' das vergeb'.
So wird mancher Frau abgeschnitten
ihr Treu und auch ihr Ehr!

nach: Anton Birlinger, Schwäbische Volks-Lieder, Freiburg i. Br. 1864, S. 30, Nr. 22 (aus einem handschriftlichen Liederheft um 1750)

Titelblatt einer undatierten Liedflugschrift (16. Jh.), Sammlung DVA Freiburg i.Br.

GRASERIN UND REITER (A)

1. Es wollte ein Mädchen früh aufstehn,
wollt grasen ein' grünigen Klee,
begegnet ihr ein Fähnderich,
wollt's haben zu der Eh'.

2. Er breitet seinen Mantel aus,
wohl auf das grüne Gras:
»Setze dich nieder, schöns Mädelein,
hab mehr zu reden als das.«

3. »Hast mehr zu reden als das,
hab noch kein Büschelchen Gras,
hab eine so schlimme Mutter zu Haus,
die schlägt mich alle Tag.«

4. »Hast du eine so schlimme Mutter zu Haus,
die schlägt dich alle Tag,
bind du dir die Finger zusammen,
sag hast dir's geschnitten ab.«

5. »Ach meiner Mutter vorlügen,
das wär ja mir eine Schand,
viel lieber wollte ich sagen,
der Fähnderich ist mein Mann.«

6. »Ach Mutter, liebste Mutter,
gebt mir doch einen Rat,
es geht mir alle Früh morgens
ein schöner Fähnderich nach.«

7. »Ach Tochter, liebste Tochter,
den Rat den geb ich dir,
lass du den Fähnderich reisen,
bleib noch drei Jahr bei mir.«

8. »Ach Mutter, liebste Mutter,
dein Rat der wär schon gut,
der Fähnderich ist mir lieber
als all' dein Hab und Gut.«

9. »Ist dir der Fähnderich lieber
als all' mein Hab und Gut,
pack' du deine Kleider zusammen,
reis mit dem Fähnderich furt.«

10. »Mit dem Fähnderich zu reisen
hab ich immer frischen Mut,
drum bitt' ich dich, herzliebste Mutter,
gib du mir mein Heiratsgut.«

11. »Ach Tochter, liebste Tochter,
dein Heiratsgut ist nicht viel,
hat's alles dein Vater verrauschet
in Kegel und Kartenspiel.«

12. »Hat's alles mein Vater verrauschet
in Kegel und Kartenspiel,
so heirat' ich den Fähnderich,
mag's gehen wie's auch will.«

DVA = A 122 755, »Sammlung baierischer Volkslieder von Dr. Karl Rottmanner« (Oberbayern um 1805/1808)

GRASERIN UND REITER (B)

1. Ein Mädchen wollte grasen,
ja grasen grünen Klee,
es kam zu ihr ein Reiter
wohl abends zu der Eh' [Ehe?].

2. Er sprach zu diesem Mädchen,
ob sie nicht niedersaß.
»Ach Herr, ich darf nicht niedersitzen,
ich kriag mein'r Kuh koin Gras.«

3. »Dann sagscht, du hast dich g'schnitta,
zwei Fingerlein halb ra [ab].« –
»Ach Herr, ich darf nicht lügen,
steht mir gar übel an.«

4. Ich wollt' ja lieber sagen,
der Reiter sei mein Mann.

5. »Sei [sag] du, mein' liaba Muattar,
o gib du mir an Rat,
es reitet mir schon alle Tag
ein stolzer Reiter nach.«

6. »Ischt dir der Reiter liabar
als all mein Hab und Guat,
so nimm dein' Sach en Ara
    [im Arm, in Ehren?]
und geh dem Reiter zua.«

*DVA = A 120 811, mitgeteilt von Maria Wiedemann
aus Döpshofen bei Augsburg [Gessertshausen];
nach einem handschriftlichen Liederbuch von 1894*

GRASERIN UND REITER (C)

1. Es wollt a Moiderla gråsn,
ja gråsn im grünen Klee,
da begegnet ihm ein Reiter
von Jakob, Michl, Thomas
in Königs Bruder eh,
in Königs Bruder eh.

2. Der Reiter legt sein Mantel,
ja Mantl aufs grüne Gras.
»Gäih, setz du nu glei nieder,
du wackers, wackers Moidl du,
du wackers Moidl du,
du wackers Moidl du!«

*A. J. Eichenseer und W. A. Mayer, Volkslieder
aus der Oberpfalz, Regensburg 1976, S. 152f.
[dort nach: Hanns Seidl, Gesungene Zwiefache,
München 1957, S. 26f.]*

GRAUSAME MUTTER
(HAMBURGER KINDERMORD)

1. Ach, das Herz, das tut mir bluten,
wenn ich denk' an die Geschicht',
wie in Hamburg eine Mutter
ihrem Kind das Urteil spricht.

2. Kaum hat sie ein Kind geboren,
kaum war es zwei Jahre alt,
hat sie schon ihr Mann verloren,
sie war eine Witwe bald.

3. Einer wollte sie heiraten,
aber wenn das Kind nicht wär',
und sie ließ ihm sogleich sagen:
Dieses Kind lebt' lang' nicht mehr.

4. Und die Mutter tat's probieren,
nahm das Kindlein an der Hand,
führt' es in den Keller nieder
hinter Riegel, Schloss und Wand.

5. »Liebe Mutter, hab' Erbarmen,
hab' ich dir was Leid's getan?«
Doch die Mutter wollt's nicht hören,
riegelt' dann drei Tag' die Tür.

6. Leise schlich sie, um zu sehen,
ob das Kind gestorben sei,
doch das Kind hört ihre Schritte,
ruft sie dann zur Tür herbei:

7. »Liebe Mutter, hab' Erbarmen,
gib mir doch ein Stücklein Brot!«
Doch die Mutter wollt' nicht hören,
bis das arme Kind war tot.

8. Nach drei Tagen wollt' sie sehen,
ob das Kind gestorben sei,
und der Schreiner musste kommen,
brachte einen Sarg herbei.

9. »Geh' hinweg von meiner Seite,
du bist schuld an diesem Mord,
das Gericht wird dir schon sprechen,
denn das ist nicht der rechte Tod.«

10. Die Trompeten, die da blasen,
rufen Gott zum Zeugen an,
die da weinen, die da klagen,
rufen: Die Mutter hat's getan.

Sigmund Grolimund, Volkslieder aus dem Kanton Aargau, Basel 1911, Nr. 18 (aus Suhr im Aargau, Schweiz)

GRAUSAMER BRUDER

1. Es ritt ein Jägersmann über die Heid',
er wollte Graf Holsteins Schwester frei'n.

2. »Meine Schwester Annchristine, die kriegst du ja nicht,
denn sie ist von Adel, das bist du ja nicht.«

3. »Und ist sie von Adel so hübsch und so fein,
so hat sie doch ein klein Kindelein.«

4. »Musje [Monsieur] Jäger, das mustu gelogen sein,
meine Schwester Annchristine ist Jungfer fein.«

5. »Sollen alle meine Worte gelogen sein.
so lasst die Christine 'mal kommen herein.«

6. Da schickte Graf Hans Annchristine einen Boten,
sie soll kommen zu Pferde und nicht zu Wagen.

7. Und als der Annchristine die Botschaft kam,
sie soll gleich kommen zu Pferde heran:

8. »Was schickt mir mein Bruder einen so schlechten Boten?
Ich soll gleich kommen zu Pferde heran?

9. Sonst schickte er mir einen silbernen Wagen,
die Pferde, die waren mit Golde beschlagen.

10. So lange mir her mein seiden Wickelband,
darin ich will wickeln meinen jungen Triafant [?].

11. Ich wickel' ihn heut' und gar zu gern,
ich wickel' ihn heut' und nimmermehr.

12. Und langet mir her mein Beutelein fein,
damit ich kann lohnen die Mägdelein mein.

13. Ich lohne sie heut' und gar zu gern,
ich lohne sie heut' und nimmermehr.

14. Und langet mir her meinen weißen Rock,
drin will ich mich schnüren, als wär' ich eine Pupp'.«

15. Annchristine wohl zu Pferde sprang,
ihr gülden krauses Haar lang nieder hangt.

16. Sie reit't wohl über Berg und Tal,
ihr Bruder schon aus dem Fenster sah.

17. »Musje Jäger, das mustu gelogen sein,
meine Schwester Annchristine ist Jungfer fein.«

18. »Sollen alle meine Worte gelogen sein,
so lasst die Annchristine auf den Tanzboden h'rein.«

19. Graf Hans der machte wohl nun einen Tanz,
der Tanz der dauerte sieben Stunden lang.

20. »Musje Jäger, das mustu gelogen sein,
meine Schwester Annchristine ist Jungfer fein.«

21. »Sollen alle meine Worte gelogen sein,
so lasst uns mal zücken den Schnürband fein.«

22. Und als sie nun den Schnürband zückten,
die weiße Milch sprang ihr aus den Brüsten.

23. »Ich habe getrunken den rheinischen Wein,
das zog mir in die Brüste hinein.«

24. »Und hast du getrunken den rheinischen Wein,
das zieht doch nicht in die Brüste hinein.

25. Annchristine, willst du die Rute schmecken,
oder soll ich dich mit dem Schwerte durchstechen?«

26. »Viel lieber will ich die Rute schmecken,
eh' du mich sollst mit dem Schwerte durchstechen.«

27. Er schlug sie so sehre, er schlug sie so lang,
bis Leber und Lunge aus dem Leibe ihr sprang.

28. »Halt ein, halt ein, lieber Bruder mein,
Prinz Friedrich von Engelland ist Schwager dein.«

29. »Ach Schwester, hätt'st du mir das eher gesagt,
so hätte ich dich nicht zu Tode geplagt.

30. Und kannst du noch bis morgen leben,
so will ich dir ganz Schweden geben.

31. Und kannst du leben noch einen Tag,
so will ich dich führen nach Engelland.«

32. »Ich kann nicht mehr leben eine halbe Stund,
wollt'st du mich auch führen nach Engelland.

33. Ich kann nicht mehr bis morgen leben,
wollt'st du mir auch ganz Schweden geben.«

34. Es dauerte wohl bis an den dritten Tag,
Prinz Friedrich von Engelland geritten kam:

35. »Guten Tag, guten Tag, lieber Schwager mein,
wo hast du die Herzallerliebste mein?«

36. »Dein' Herzallerliebste ist krank gewesen,
und sie wird nun und nimmer genesen.«

37. »Sie haben mir unterweges erzählt,
du hättest sie selber zu Tode gequält.«

38. »Setz' dich nieder, setz' dich nieder an diesen Tisch,
es sollen gleich kommen gebratene Fisch.«

39. »Gebratene Fische, die ess' ich nicht gern,
noch früher sollst du den Tod schmecken lern'n.

40. Lege dich, lege dich nur auf den Tisch,
wir wollen dich hauen wie gebratene Fisch.

41. Dass jedes Stück nicht größer sei,
als wie ein kleiner Fisch mag sein.«

42. Sie legten den Grafen wohl auf den Tisch,
sie hauten ihn klein wie einen Fisch.

43. Annchristine die ward getragen zu Grabe,
Graf Hans den fraßen Krähen und Raben.

*John Meier, Balladen, Bd. 2, Leipzig 1936, Nr. 51 A (aus Ditmarschen;
nach Karl Müllenhoff, 1845)*

GRAUSIGES MAHL

1. »Gott grüß' euch, edle Fraue,
wo habt ihr euern Mann?« –
»Er ist im Rosengarten,
er bleibet nicht mehr lang.«

2. Nun kam er bald nach Hause.
»Warum bliebst du so lang?«
[…]

3. Sie bracht' dem Herrn zu essen
zwei Hände und zwei Füß':
»Nun iss, mein edler Herre!
Die Speise schmeckt so süß.«

4. »Ach Frau, ich mag nicht essen,
bin sehr ein müder Mann;
viel lieber wollt' ich schlafen
wohl mit dem Jungfräulein.«

5. Sie bracht' dem Herr zu trinken
wohl Essig in dem Blut:
»Nun trink, mein edler Herre,
der Trank der schmeckt sehr gut.«

6. »Ach Frau, ich mag nicht trinken,
bin sehr ein müder Mann;
viel lieber wollt' ich schlafen
wohl mit dem Jungfräulein.«

7. Sie führte den Herrn zu Bette
auf einen hohen Saal.
Was hat's denn oben stehen?
Ein schneeweiß klares Bett.

8. Was hat's denn in der Mitte?
Auch ein sehr scharfes Schwert,
und wer daran wird rühren,
der wird sich schneiden sehr.

9. »Nun sieh, du falsche Fraue,
was hast du denn getan!«
Er nahm sie bei den Zöpfen
und band sie oben an.

10. Sie rief zu ihrem Knechte:
»Du treuer Diener mein!
Hier kostet's mein junges Leben
und reuet mich also sehr.«

A. H. Hoffmann von Fallersleben und Ernst Richter, Schlesische Volkslieder, Leipzig 1842, Nr. 28
(aus Petersdorf bei Hainau; Str. 2 als lückenhaft bezeichnet; »Wechselseitige Rache«)

HAFERBINDEN

1. Es wollt' ein feines Mägdelein
den Hafer binden,
da stachen sie die Distelein
in ihre Finger.

2. Und da das feine Mägdelein
den Hafer aufband,
da kam das feine Hänselein
und nahm sie bei der Hand.

3. Er nahm sie bei den Händen,
bei ihrer schneeweißen Hand,
er führt sie frei schneller,
bis dass er's Haus fand.

4. Da kauft er ihr
ein Gürtlein schmal,
es war mit rotem Gold beschlagen,
es war mit rotem Gold beschlagen.

5. Es war beschlagen
bis auf den Fuß:
»Es reuet mich,
dass ich sterben muss.«

6. »Ei sterb ich denn hier,
so sterb ich den Tod,
kriegt mein Lieb einen andern [eine andere],
so ist es gut.«

nach: Berg-Lieder-Büchlein, o. O. u. J. [um 1700] = Bergliederbüchlein, hrsg. von Elizabeth Mincoff-Marriage, Leipzig 1936, Nr. 89

HAMMERSCHMIED (A)

1. Susannchen sprang zum Tor hinaus,
sie sprang in ihres Vaters Haus,
ja Vaters Haus.

2. »Ach Vater, geb' mir einen Rat!
Der stolze Hammerschmied geht mir nach,
und der geht mir nach.

3. Er geht mir ja nach meiner Ehr'!
Ich wollt, dass ich noch ledig wär,
ja ledig wär.«

4. »Ach, Schwester setz auf den Jungfernkranz,
wir wollen nach Straßburg auf den Tanz,
wohl auf den Tanz.«

5. Und als wir nun nach Straßburg kam'n,
der stolze Hammerschmied, der war da,
und der war da.

6. Mein Bruder zog sein Degen raus
und stach dem Hammerschmied das Leben h'raus,
ja Leben heraus.

7. »Ach Schwester, hab' ich recht getan?
Ich hab dem Hammerschmied das Leben genommen,
ja Leben genommen.«

8. »Ach nein! du hast nicht recht getan,
du hast mei'm Kind sein Vater genommen,
ja Vater genommen.«

9. »Ach Schwester, du verfluchte Hur'!
Du bringst mich um mein jung frisch Blut,
ja jung frisch Blut.«

10. Dem Hammerschmied läuten die Glöckelein,
dem Bruder singen die Waldvögelein,
Waldvögelein.

DVA = E 6484; aufgezeichnet in Schlierbach (Hessen), o.J. [um 1850]

HAMMERSCHMIED (B)

1. »Ach Vater, gib mir nur einen Rat,
's zieht mir ein stolzer Schmiedknecht nach.«

2. »Ach Amili, ich bin ein alter Mann,
zeig' du's dem jüngsten Bruder an.«

3. »Ach Bruder, gib mir nur einen Rat,
's zieht mir ein stolzer Schmiedknecht nach.«

4. »Ich will dir geben einen Rat:
Geh du auf Freiburg zu dem Tanz.«

5. Als Amili auf den Tanzplatz kam,
der Schmied schon oben am Reihen stand.

6. »Ach Schmied, bleib du nur stille stoh,
du kannst mein Schwesterli tanzen lo [lassen].«

7. »Ach Gott, warum soll ich stille stoh,
ich hab' ihm gekauft ein neues paar Schuh.«

8. Was zog er heraus? Sein glitzerichs Schwert.
Er stach den Schmiedknecht durch sein Herz.

9. »Ach Schwesterli, hab ich recht getan?
Ich hab dem Schmiedknecht 's Leben genommen.«

10. »Nein, Bruder, du hast nicht recht getan,
du hast mei'm Kind den Vater genommen.«

11. »Ach Amili, du bist eine kuriose Hur'
du bringst mich um mein Fleisch und Blut.«

12. Dort unten am Steg, dort schwimmen Fisch,
gut isch's ei'm, wenn man ledig isch.

13. Ledigen Leuten ist es wohl,
ihre Kinder schlafen schon.

aus Sundhausen im Elsass, 1850er Jahre und 1878; August Kassel und Joseph Lefftz, Elsässische Volkslieder, Straßburg 1940 [Umbruchexemplar] »Str. 12 und 13 bilden ein altes Draufliedchen [Vierzeiler, Schnaderhüpfel], das unserem Liede angehängt wurde.«

HASLACHER TAL

1. Es war ein junger Knab,
sein's Alters achtzehn Jahr,
dort im Haslacher Tal, dort im
 Haslacher Tal,
des Abends ging er bald
zum Liebchen durch den Wald.

2. Sein Kamerad ging mit,
denkt an kein Böses nit.
Da sprach der Böswicht bald:
»Sterben musst heut in dem Wald!«

3. »Ach, lieber Kamerad,
sag an, was ich dir tat?
Gedenk an Gott! O felsenhartes Herz,
was leid ich jetzt für Schmerz!

4. O lieber Bruder mein,
kann's denn nicht anders sein,
gewähr' mir eine Bitt':
Denk' wie der Heiland litt!«

5. Es half kein Bitten nicht,
er gab ihm gleich den Stich
wohl in den Hals und kein Pardon,
er war verblendet schon.

6. Und zu der guten Letzt
hat er sein Hund noch g'hetzt
auf diesen guten Freund,
so bös hat er's gemeint.

7. Jetzt wird er g'fangen bald
zu Haslach in dem Wald,
mit Ketten er g'schlossen wird
und in Arrest geführt.

8. Man führt' ihn vor's Gericht,
gestehen wollt' er nicht,
man nimmt ihn streng zur Hand
und sah, wie sich's erfand.

9. Das Urteil ward gefällt
zum Tode durch das Schwert,
der Richter bricht den Stab,
Gott seiner Seel' genad!

DVA = A 65 106; aufgezeichnet von Johann Philipp Glock in Elzach (Baden), o. J. [vor 1900]

HAUPTMANNSTOCHTER

1. Ein Liedlein wollen wir singen
vor Freuden ein schönes Lied
von der kapitänischen Dame,
die hatt' die Soldaten so lieb.

2. Ein Körbelein trug sie am Arme,
ein Sträußelein in der Hand,
sie ging so lange spazieren,
bis sie das Lager wohl fand.

3. Und als sie das Lager gefunden
und als sie das Lager wohl fand,
sieh, da stand der kapitänische Vater,
der schaute das Mädchen wohl an.

4. »Ach Mädchen, herzliebstes Mädchen,
ach Mädchen, o wärest du mein,
schöne Kleider die solltest du tragen,
ich wollt' sie verzieren mit Gold.

5. »Ach Vater, herzliebster Vater,
ich habe schon Lust an der Welt,
wär ich als Knabe geboren,
frei tapfer zög ich ins Feld.

6. Im Felde da ist es gut wohnen,
im Felde da ist es gut sein;
da hört man die Trommel schon schlagen,
fürs Vaterland bin ich bereit.«

DVA = A 43 938; aufgezeichnet in Baumbach bei Fronhausen an der Lahn (Hessen), 1915; »von Burschen und Mädchen häufig gesungen«

HEILIGE KATHARINA (A)

1. Es war'n einmal drei Kaiser,
die hielten einen Rat;
sie hielten die Katharina
für die allerschönste Magd.

2. Da sprach der eine Kaiser:
»Ich nehm' sie zu der Eh';
ich will ihr lass verschreiben
mein ganzes Reich zur Eh'.«

3. Da sprach die Katharina:
»Das tun ich aber nicht!
Mein himmlischer Vater
der ist mir viel zu lieb.«

4. Da bekam derselbige Kaiser
ein' Groll und grimmigen Zorn,
und warf die Katharina
in allerfinstersten Turm.

5. Darin lag Katharina
wohl sieben ganze Jahr;
es tät ihr niemand Essen
und Trinken reichen bar.

6. Und als derselbige Kaiser
den Turm wieder aufschloss,
da saß die Katharina
so schön als wie ein' Ros'.

7. »Ei, Katharina, sage:
Wer hat dich denn ernährt,
dass dich die Würmer und Schlangen
nicht haben aufgezehrt?«

8. »Es hat's getan ein heiliger,
ein heiliger Mann,
es hat's getan Jesus Christus,
mein lieber Bräutigam.«

9. Da ließ der Kaiser schmieden
ein nägelscharfes Rad,
darauf sollt' Katharina
ihren Geist aufgeben dar.

10. Da kam ein groß Gewitter,
ein großer Donnerschlag,
und schlug denselbigen Kaiser
wohl auf das scharfe Rad.

11. Und wo der Katharina
ihr Herze zersprang,
da wuchsen alle Morgen
drei Rosen ohne Dorn,
da standen alle Morgen
drei Engel an der Sonn'.

F. W. Frh. von Ditfurth, Fränkische Volkslieder, Bd. 1, Leipzig 1855, Nr. 70 (aus Theres)

HEILIGE KATHARINA (B)

1. Der Türk und auch der Kaiser,
die führen mit einander Streit
von wegen der Katharina,
weil sie die schönste sei.

2. »Katharina, liebe Katharina,
wollt ihr nicht werden mein Weib,
ich will euch in kurzer Zeit machen
zu einer Kaiserin.«

3. »Ach nein, du türkischer Kaiser,
es kann einmal nicht sein,
ich habe Jesum Christum,
meinen Herren viel zu lieb.«

4. Der türkische Kaiser fasste
einen grimmigen Zorn,
er ließ die Katharina werfen
in den tiefsten Turm.

5. Darinnen lag sie verschlossen
bis auf den neunten Tag,
man gab ihr weder Essen noch Trinken,
noch Sonne und Mond sie sah.

6. Die neun Tag sind verflossen,
als man den Turm aufschloss,
da blüht die Katharina
als wie zwei Röslein rot.

7. »Katharina, liebe Katharina,
wer hat euch so lang ernährt,
dass euch die giftigen Tiere
haben nicht verzehrt?«

8. »Die giftigen Tiere und Schlangen,
die tun mir ja nichts,
ich habe meinen Herrn
Jesum Christum viel zu lieb.«

9. Der türkische Kaiser ließ machen
ein scharfes Rad.
»Nun bitt' du Gott vom Himmel
wohl um einen Donnerschlag.«

10. Der Donnerschlag ist kommen
vom hohen Himmel herab
und erschlug vier tausend Menschen,
dazu das scharfe Rad.

11. Es soll ja kein Mensch sterben
ohne das heilige Sakrament,
als wie's die Katharina hat empfangen
wohl vor ihrem End'.

Ernst Meier, Schwäbische Volkslieder, Berlin 1855, Nr. 212 (aus Hechingen und Wurmlingen, Württemberg)

HEILIGE ODILIA (A)

1. Als die heilige Odilja geboren war
und ihr Vater im Zweifel war,
ob er sie sie woll [!] schwimmen auf dem Wasser,
ob er sie sie woll schwimmen auf dem Wasser.

2. Er haut dem Fässel dene Bode nein
und setzt die heilige Odilja drein
und stellt sie auf das Wasser,
und stellt sie auf das Wasser.

3. Sie schwimmt drei Tag, drei ganze Nacht,
sie schwimmt dem Müller ans Mühlerad,
das Mühlrad tut sich stellen.

4. Der Müller sprang zur Hintertür hinaus
und zieht die heilige Odilja raus,
und zieht sie aus dem Wasser.

5. Er zog sie auf bis ins dreizehnte Jahr,
als es ein Mädchen auf der Straße war,
ein Mädchen auf der Straße.

6. Da kommen die bösen Burgerskind
und sagen: »Odilia, du bist ein gefundens Kind,
du bist geschwummen auf dem Wasser.«

7. »Heiß ich, Odilia, gefundenes Kind,
so will ich schaun, ob ich meine Mutter find,
vor dem Vater will ich weinen.«

8. Sie kniet auf einen harten Stein,
sie kniet sich Löcher in ihre Bein,
sie weint sich Löcher in ihre Wangen.

9. Da kommt der Teufel Luzifer
und bringt ihr' Vater auf dem Rücken her,
wohl aus der höllischen Flamme.

10. Das ist geschehen, es geschieht nimmermehr,
dass ein Kind sein' Vater aus der Höll erlöst
wohl aus der höllischen Flamme.

DVA = A 213 787, vorgesungen in Walburg, 1932 (gelernt von der 1875 in Hagenau geborenen Mutter), Elsass

HEILIGE ODILIA (B)

1. Als die heilig Sankt Odilja geboren war,
so war ihr Vater in großer Gefahr,
ein Fässlein lässt er binden.

2. Er schlagt dem Fässel den Boden hinein
und setzt die heilig Sankt Odilja darein,
auf's Wasser tät er sie setzen.

3. Sie schwimmt drei Tag und auch drei Nächte,
sie schwimmt dem Müller vor das hohe Rad,
das Mühlrad tät sich stellen.

4. Der Müller sprang zur Hintertür hinaus
und zieht die Sankt Odilia daraus,
geschwummen auf dem Wasser.

5. Er zieht sie auf bis zum zwölfte Jahr,
bis dass sie ein wacker braunes Mädelein war,
ein Maidel auf der Gasse.

6. Der Müller hat so gottlose Kinder,
sie schelten Sankt Odilia gefundenes Kind,
geschwummen auf dem Wasser.

7. »Viel lieber als ich will sein ein gefundenes Kind,
will ich gehen, bis ich mein Mütterlein find,
mein' Vater will ich beweinen.«

8. Sie kneit [!] sich auf ein Marmorstein,
sie kneit sich Löcher in ihre Knei
und weint sich Löcher in ihre Backen.

9. Dann schaut sie's herum und schaut herum,
dann seht sie den Satan kommen,
der hat ihren Vater auf dem Rücken.

10. Es ist geschehen und geschieht nimmermehr,
dass ein Kind seinen Vater erlöst
wohl aus den höllischen Flammen.

DVA = A 148 638, vorgesungen in Lützelburg, Saarburg, 1935 (Lothringen)

HEILIGE ODILIA (C)

1. Und als die Adelia geboren war,
ei ihr Vater ein reicher Krämer war,
ei ein Fässlein ließ er sich binden,
ei ein Fässlein ließ er sich binden.

2. Er schlug den Boden von oben hinein
ei und setzte die heilige Adelia hinein.
Ei auf's Wasser hieß er sie schwimmen.

3. Ei sie schwamm drei Tag und auch drei Nacht,
ei bis dass sie das Wasser an das Mühlrad bracht',
ei das Mühlrad und das stand stille.

4. Der Müller der schaute von oben heraus
ei und sah er die heilige Adelia da drauß.

5. Er krog [!] sie an ihrer schneeweißen Hand
ei und zog sie heraus auf das trockene Land.

6. Er zog sie bis in das siebente Jahr,
ei bis dass sie dem Müller schon recht dienstbar war.

7. Der Müller, der hatte zwei gottlose Kind,
ei die schalten die Adelia ein gefundenes Kind.

8. Und wenn ich bin ein gefundenes Kind,
ei so will ich wiederum suchen, bis ich mein Vater find'.

9. Sie ging den Mühlweg wohl auf und ab,
ei bis dass sie zwei Marmelstein gefunden hat.

10. Sie kniete sich nieder und betete sie an,
ei bis dass ihr Vater aus der Hölle kam.

11. Es ist geschehen und geschieht nicht mehr,
dass ein Kind seinen Vater aus der Hölle erlöst,
ja wohl aus der höllischen Flamme.

*Georg Schünemann, Das Lied der deutschen Kolonisten in Russland,
München 1923, Nr. 24 (»aus den Wolga-Kolonien«)*

HEIMKEHRENDER BRÄUTIGAM

1. Es wollte sich ein Jüngling erwerben,
erwerben in der Jugend sein Weib,
derselbige Jüngling musst' reisen,
musst' ziehen in die weite Welt.

2. »Ei Schätzchen, wann kommst du denn wieder,
welchen Tag, welche Nacht, welche Stund?« –
»Sieben Jahre musst du noch warten,
im achten Jahr komm ich nach Haus.«

3. Da sah sich das Weibchen unterdessen
nach einen anderen Mann,
da kam ja der Jüngling vom Reisen,
bei der Hochzeit traf er sie an.

4. Er schlich sich das Gässchen hinunter,
er ging ja der Wirtin vors Haus:
»Schön Schätzelein, bist du noch munter,
ei so schau doch ein wenig heraus.«

5. Sie schlug ihre Äugelein nieder,
sie schaute wohl unter den Tisch.
»Schön Schätzelein, kennst du mich nimmer,
bin ja gewesen dein herzliebster Schatz.«

6. »Ach hättest du mir's nicht versprochen,
niemals wär ich wieder zurück,
doch hast du die Treu jetzt gebrochen,
so wünsch ich dir vielmals Glück.«

DVA = A 144 523, handschriftliches Liederheft der Mathilde Schneider aus Erlenbach (bei Marktheidenfeld, Franken), 1902

HEIMKEHRENDER SOLDAT (A)

1. Soldat kam aus dem Kriege,
er kam zerrissen und ganz leer:
»Ach, lieber Soldat, wo kommt er her?«
Soldat kam aus dem Kriege.

2. »Ich komm' wohl aus dem Kriege:
Ich hab' gedienet achtzehn Jahr,
das zeigt mein Pass und Abschied ja –
ich komm' wohl aus dem Kriege.«

3. Soldat schwang sich ins Wirtshaus 'nein:
»Frau Wirtin, hat sie gutes Bier?« –
»Soldat, hat er auch Geld dafür?«
Soldat schwang sich ins Wirtshaus 'nein.

4. »Kein bares Geld das hab' ich nicht;
ich hab' en alten Mantel hier,
damit bezahl' ich ihr das Bier –
kein bares Geld das hab' ich nicht.«

5. Soldat setzt sich zu Tische;
er fing zu essen, zu trinken an,
Frau Wirtin fing zu weinen an –
Soldat setzt sich zu Tische.

6. »Frau Wirtin, warum weinet sie?
Sie weint vielleicht wohl um das Bier?
Sie denkt, sie kriegt kein Geld dafür.
Frau Wirtin, warum weinet sie?«

7. »Nein um das Bier da wein' ich nicht:
Ich hatt' einen Mann, der mich verließ.
Ich dacht', er wär' es ganz gewiss.
Nein, um das Bier da wein' ich nicht.«

8. »Wem gehören denn die Kinder?
Zwei Kinder, die verließ ich dir,
jetzt aber seh' ich, hast du vier!
Wem gehören denn die Kinder?«

9. »Ein falscher Brief, der mich betrog,
zeigt mir meins Manns Begräbnis an,
da nahm ich einen andern Mann.
Ein falscher Brief der mich betrog.«

10. »Wir woll'n die Kinder teilen:
Den ält'sten Sohn nehm' ich zu mir,
die andern drei behältst du dir –
wir woll'n die Kinder teilen.«

11. So ging der Soldat vom Wirtshaus fort
und wanderte in die weite Welt,
sein Söhnlein zog er auf zum Held –
so ging der Soldat vom Wirtshaus fort.

A. H. Hoffmann von Fallersleben und Ernst Richter, Schlesische Volkslieder mit Melodien, Leipzig 1842, Nr. 228

HEIMKEHRENDER SOLDAT (B)

1. Soldat kommt aus dem Kriege, hurra, hurra,
ist ganz zerrissen und noch viel mehr. –
»Mein lieber Soldat, wo kommst du her?« Hurra, hurra.

2. »Ich komme aus dem Kriege,
denn ich hab gedient drei volle Jahr,
ich zeige dir meinen Urlaubspass.«

3. Marschieren wir ins Wirtshaus nei,
Soldat fängt zu essen und trinken an,
Frau Wirtin fängt zu weinen an.

4. »Frau Wirtin, warum weinet Sie?
Weint Sie vielleicht wohl um das Bier
und glauben, Sie bekommen kein Geld dafür?«

5. »Wohl um das Bier da wein' ich nicht,
denn ich hatt' ein' Mann, der mich verließ,
ich glaube, Sie sind's für ganz gewiss.«

6. »Frau Wirtin, wo kommen die Kinder her,
denn als ich gegangen, da waren es zwei,
und wie ich seh', jetzt sind es drei.«

7. »Die Kinder wollen wir teilen,
der älteste Sohn, der geht mit mir,
die anderen zwei behältst du dir.

8. Von einander wollen wir scheiden, hurra, hurra,
zu Hamburg wollen wir schiffen ein,
und das soll unser Abschied sein.« Hurra, hurra.

DVA = A 144 761, handschriftliches Liederbuch, Ende 19. Jh., Oberthulba (Unterfranken)

HEIMKEHRENDER SOLDAT (C)

1. Soldaten kommen aus dem Kriege, hurrah!
Bei einer Frau Wirtin da kehren sie ein,
bei einer Frau Wirtin da kehren sie ein, hurrah!
»Frau Wirtin, habt Ihr ein gut Glas Bier? Hurrah!« –
»Ein gut Glas Bier, das haben wir.
Soldaten, habt ihr auch Geld dafür? Hurrah!«

2. »Bares Geld, das haben wir nicht, hurrah!
Den grauen Mantel, den hab ich bei mir.
Mit dem bezahl ich das Glas Bier, hurrah!«
Soldaten, die fingen zu trinken an, hurrah!
Soldaten, die fingen zu trinken an,
Frau Wirtin, die fing zu weinen an, hurrah!

3. »Frau Wirtin, warum weinet Ihr? Hurrah!
Weinet Ihr vielleicht um das Glas Bier?
Soldaten, die haben noch Geld dafür, hurrah!« –
»Um das Glas Bier da wein ich nicht, hurrah!
Ich hab ein Mann, der mich verliess,
und ich glaub, Ihr seid es ganz gewiss, hurrah!«

4. »Frau Wirtin, wo kommen die Kinder her? Hurrah!
Zwei, und die hinterliess ich dir,
und jetzt bin ich da, so hast du vier, hurrah!« –
»Ein falscher Brief, der mich betrog,
der zeigte meins Manns Begräbnis an, hurrah!
Drauf nahm ich mir ein andern Mann, hurrah!«

5. »Frau Wirtin, wir wollen die Kinder teilen, hurrah!
Den ältsten Sohn, den nehm ich mit mir,
die andern drei hinterlass ich dir, hurrah!
In Havre, und dort schiffen wir ein, adjes!
In Havre, und dort schiffen wir ein,
adjes, mein Weib und Kinder klein, adjes!«

*Louis Pinck, Verklingende Weisen. Lothringer Volkslieder, Bd. 1, Metz 1926,
S. 153 f. (vorgesungen 1918)*

HERR OLUF (A)

[1.] Herr Oluf reitet spät und weit,
zu bieten auf seine Hochzeitleut';

[2.] da tanzen die Elfen auf grünem Land',
Erlkönigs Tochter reicht ihm die Hand.

[3.] »Willkommen, Herr Oluf, was eilst von hier?
Tritt her in den Reihen und tanz' mit mir.«

[4.] »Ich darf nicht tanzen, nicht tanzen ich mag,
frühmorgen ist mein Hochzeitstag.«

[5.] »Hör an, Herr Oluf, tritt tanzen mit mir,
zwei güldne Sporen schenk ich dir.

[6.] Ein Hemd von Seide so weiß und fein,
meine Mutter bleicht's mit Mondenschein.«

[7.] »Ich darf nicht tanzen, nicht tanzen ich mag,
frühmorgen ist mein Hochzeitstag.«

[8.] »Hör an, Herr Oluf, tritt tanzen mit mir,
einen Haufen Goldes schenk ich dir.«

[9.] »Einen Haufen Goldes nähm' ich wohl;
doch tanzen ich nicht darf noch soll.«

[10.] »Und willst, Herr Oluf, nicht tanzen mit mir,
soll Seuch' und Krankheit folgen dir.«

[11.] Sie tät einen Schlag ihm auf sein Herz,
noch nimmer fühlt er solchen Schmerz.

[12.] Sie hob ihn bleichend auf sein Pferd:
»Reit heim nun zu dein'm Fräulein wert.«

[13.] Und als er kam vor Hauses Tür,
seine Mutter zitternd stand dafür.

[14.] »Hör an, mein Sohn, sag an mir gleich,
wie ist dein' Farbe blass und bleich?«

[15.] »Und sollte sie nicht sein blass und bleich,
ich traf in Erlenkönigs Reich.«

[16.] »Hör an, mein Sohn, so lieb und traut,
was soll ich nun sagen deiner Braut?«

[17.] »Sagt ihr, ich sei im Wald zur Stund,
zu proben da mein Pferd und Hund.«

[18.] Frühmorgen und als Tag kaum war,
da kam die Braut mit der Hochzeitsschar.

[19.] Sie schenkten Met, sie schenkten Wein:
»Wo ist Herr Oluf, der Bräutigam mein?«

[20.] »Herr Oluf, er ritt' in' Wald zur Stund,
er probt allda sein Pferd und Hund.«

[21.] Die Braut hob auf den Scharlach rot,
da lag Herr Oluf, und er war tot.

Johann Gottfried Herder, Volkslieder, Bd. 2, Leipzig 1779, S. 158–160 (»Erlkönigs Tochter«; aus dem Dänischen übersetzt [und von Herder bearbeitet]). – Herder (1744–1803) ist der Ausgangspunkt für die Entdeckung des Volksliedes. Seine auf Internationalität bedachte Sammlung der »Volkslieder« – nach englischem Vorbild schuf er diesen Begriff – erschien 1778/79, eine zweite Ausgabe als »Stimmen der Völker in Liedern« 1807. Der Beginn des Volksliedinteresses in Deutschland war ideologisch geprägt, und mit den Romantikern wurden Vorstellungen von ›Volk‹ und ›echter Liedüberlieferung‹ geschaffen, die mehr vom Wunschdenken als von der Realität diktiert waren: »... ein Volkslied in dem Sinne, wie wir seit Herder den Begriff angewandt haben, gibt es gar nicht« (Ernst Klusen 1973).

Fr. Schubert   **Erlkönig**   *Goethe*

Wer reitet so spät durch Nacht und Wind?
Es ist der Vater mit seinem Kind;
er hat den Knaben wohl in dem Arm,
er faßt ihn sicher, er hält ihn warm.

Mein Sohn, was birgst du so bang dein Gesicht?
Siehst, Vater, du den Erlkönig nicht?
Den Erlkönig mit Kron' und Schweif?
Mein Sohn, es ist ein Nebelstreif.

„Du liebes Kind, komm' geh' mit mir!
gar schöne Spiele spiel' ich mit dir;
manch bunte Blumen sind an dem Strand,
meine Mutter hat manch gülden Gewand."

Mein Vater, mein Vater, und hörest du nicht,
was Erlkönig mir leise verspricht?
Sei ruhig, bleibe ruhig, mein Kind:
In dürren Blättern säuselt der Wind.

„Willst, feiner Knabe, du mit mir gehn?
meine Töchter sollen dich warten schön;
meine Töchter führen den nächtlichen Reih'n,
und wiegen und tanzen und singen dich ein,
sie wiegen und tanzen und singen dich ein."

Mein Vater, mein Vater, und siehst du nicht dort
Erlkönigs Töchter am düster'n Ort?
Mein Sohn, mein Sohn, ich seh' es genau,
es scheinen die alten Weiden so grau.

„Ich liebe dich, mich reizt deine schöne Gestalt,
und bist du nicht willig, so brauch' ich Gewalt."
Mein Vater, mein Vater, jetzt faßt er mich an!
Erlkönig hat mir ein Leids getan!

Dem Vater grauset's, er reitet geschwind,
er hält in Armen das ächzende Kind,
erreicht den Hof mit Müh' und Not;
in seinen Armen das Kind war tot.

Liedpostkarte mit Goethes »Erlkönig«, Wien o. J.;
Sammlung DVA Freiburg i. Br.

HERR OLUF (B)

1. Es ritt ja ein Reiter sehr weit und sehr breit;
er lud sich die Gäste zu seiner Hochzeit.

2. Er ritt ja, und er kam ja vor dem König seine Tür;
da stand ja dem König seine Tochter dafür.

3. »Ach Rolof, liebster Rolof, komm und tanze mit mir,
zwei silberne Sporen, die schenke ich dir!

4. Zwei silberne Sporen, ein Tüchlein von Seide,
meine Mutter, die bleicht es im Mondenscheine.«

5. »Ich kann ja und darf ja nicht tanzen mit dir,
denn es ist ja morgen frühe mein Hochzeitstag hier!«

6. »Und wenn du heute Abend nicht tanzest mit mir,
so ruht morgen frühe der Tod schon auf dir!«

7. Da ritt er und kam ja vor seine Haustür;
das stand ja seine liebe Mutter dafür.

8. »Ach Rolof, mein Rolof, du schwitzest so sehr,
was wird denn deine Braut nur sagen zu dir!«

9. Des Morgens in der Frühe kam sein Liebchen herfür,
in ihrem Brautstaate stand sie vor der Tür.

10. »Ach Mutter, liebste Mutter, was weinst du so sehr?
Wo ist denn mein Liebster, er ist ja nicht hier!«

11. Da lag ja eine Decke wie Scharlach so rot,
darunter lag Rolof ganz bleich und war tot!

12. »Ach dass Gott sich erbarme!« schrie das Mädchen laut auf;
sie riss auf ihren Haaren den Myrtenkranz raus.

13. »Was nützt mir mein Blümchen, mein fröhlicher Sinn;
mein Rolof ist tot, ja mein Rolof ist hin!«

DVA = A 124 869; aufgezeichnet in Pyritz (Pommern), 1930

HERR UND SCHILDKNECHT

1. Es ritt ein Herr und auch ein Knecht
den breiten Weg, den schmalen Steg.

2. Und wie er auf die Au' naus kam,
da stand ein schöner Sadelbaum [Sadebaum].

3. Darauf saß eine Turteltaub',
die Taub' wohl ihresgleichen wert.

4. »Ei Diener, ich nehm' dein Ross beim Zaum,
und steig auf diesen Sadelbaum.«

5. »Ach nein, mein Herr, das tu' ich nicht,
der Baum ist dürr, der trägt mich nicht.«

6. »Ei Diener, nimm du mein Ross beim Zaum,
ich steig' auf diesen Sadelbaum.«

7. Und wie er auf die Mitt' nauf kam,
da fing der Baum zu brechen an.

8. Er fiel herunter auf einen Stein,
schlug sich sein Herz im Leib entzwei.

9. »O weh, o weh, mein Herr ist tot,
so bleib' ich Armer unbelohnt!«

10. »Ei Diener, nimm du mein' grauen [!] Ross
und reit zu meiner Frau ins Schloss!«

11. »Ach nein, mein Herr, das tu' ich nicht,
die Frau ist von Adel, gehört mir nicht.«

12. »Ei Diener, nimm du mein silbernes Schwert,
das soll sein deines Lohnes wert.«

13. »Ach nein, mein Herr, das nehm' ich nicht,
das Schwert ist Silber, es gehört mir nicht.«

14. »Ei Diener, nimm du mein' goldne Peitsch'
und peitsch' die Hündlein um die Bein'!«

15. »Ach nein, mein Herr, das tu' ich nicht,
die Hündlein sind bös, sie leiden es nicht.«

16. »Ei Diener, zieh du dir das Hemdlein weiß
und zeuch [ziehe] mit mir ins Himmelreich!«

17. »Ach ja, mein Herr, das will ich tun,
das will ich hab'n zu mein'm Lohn.«

DVA = E 2148, aufgezeichnet in Zobtenberg (Schlesien), 1840, Sammlung A. H. Hoffmann von Fallersleben. – Der »Sadebaum« ist ein wachholderartiges Nadelgewächs, das in der traditionellen Medizin verwendet wurde (u. a. als Abtreibungsmittel und gegen Hexen).

*Ständchen, nach einer Liedflugschrift des 16.Jh.;
Sammlung DVA Freiburg i. Br.*

HERR VON BRAUNSCHWEIG

1. Es sollte ein Kind zur Schule gehn,
ein Kind von sieben Jahren;
da kam es längs Rosenbaumsgarten,
wo viele Kaninchen in [drin] waren.

2. Es spannte seinen Bogen auf
und wollt die Kaninchen erschießen;
das wurden die Herrn von Groben gewahr,
sie ließen das Kind einschließen.

3. Das wurde dem Kind seine Mutter gewahr,
sie schnürte sogleich ihre Schuh,
sie schnürte ihre Stiefel
und eilte darauf ihrem Kindlein zu.

4. »Ach Herren, ach liebste Herren mein,
ach schenkt meinem Kindlein das Leben;
ich hab sieben Söhne so fein,
die will ich euch all dafür geben.«

5. »Dein' Söhne, die sieben wollen wir nicht,
die sind ja so fein und bleiben am Leben;
es kann ja nicht anders, nicht anders sein,
dein Kindlein das müssen dem Henker wir geben.«

6. Das Kind wohl auf der Leiter war,
wohl auf der ersten Sprosse,
da flehte es die Mutter Gottes an,
sie sollt es nicht verlassen.

7. Das Kind wohl auf der Leiter war,
wohl auf der dritten Sprosse,
da sah es weit und fern
und seiner Brüder dreie ruhen.

8. »Ach Brüder, ach liebste Brüder mein,
gebt eurem Ross die Sporen;
wenn zwölfe die Glocke schlägt,
dann wird mein Leib geschoren.«

9. Es flogen drei Tauben übers Galgenhaus,
man meinte, es wären drei Tauben;
es waren der himmlischen Engel drei:
»Ach Kindlein, wir müssen dich rauben.«

10. Es flogen drei Raben übers Galgenhaus,
man meinte, es wären drei Raben;
es waren der höllischen Teufel drei:
»Ach Herrn, wir müssen euch haben.«

nach: DVldr Nr. 23, aufgezeichnet in der Eifel, vor 1856

HERR VON FALKENSTEIN

1. Es reit der Herr von Falckenstein
wohl über ein breite Heide.
Was sieht er an dem Wege stehn?
Ein Mädel mit weißem Kleide.

2. »Wohin, wonaus, du schöne Magd,
was machet ihr hier alleine?
Wollet ihr die Nacht mein Schlafbuhle sein,
so reitet ihr mit mir heime!«

3. »Mit euch heimreiten das tu ich nicht,
kann euch doch nicht erkennen.« –
»Ich bin der Herr von Falckenstein
und tu mich selber nennen.«

4. »Seid ihr der Herr von Falckenstein,
derselbe edle Herre,
so will ich euch beten um 'en Gefangnen mein,
den will ich haben zur Ehe.«

5. »Den Gefangnen mein den geb ich dir nicht,
im Turm muss er verfaulen;
zu Falckenstein steht ein tiefer Turm
wohl zwischen zwo hohen Mauern.«

6. »Steht zu Falckenstein ein tiefer Turm
wohl zwischen zwei hohen Mauern,
so will ich an die Mauern stehn
und will ihm helfen trauern.«

7. Sie ging den Turm wohl um und wieder um:
»Feinslieb, bist du darinnen?
Und wenn ich dich nicht sehen kann,
so komm ich von meinen Sinnen.«

8. Sie ging den Turm wohl um und wieder um,
den Turm wollt sie aufschließen:
»Und wenn die Nacht ein Jahr lang wär,
keine Stund tät mich verdrießen.

9. Ei, dürft ich scharfe Messer tragen
wie unsers Herrn sein Knechten,
so tät ich mit'm Herrn von Falckenstein
um meinen Herzliebsten fechten.«

10. »Mit einer Jungfrau fecht ich nicht,
das wär mir immer ein' Schande,
ich will dir deinen Gefangenen geben:
zieh mit ihm aus dem Lande!«

11. »Wohl aus dem Land da zieh ich nicht,
hab niemand was gestohlen,
und wenn ich was hab liegen lahn [lassen],
so darf ichs wieder holen.«

DVldr Nr. 21, nach einer Abschrift von J. W. von Goethe aus einem handschriftlichen Liederbuch, Elsass 1771 (vgl. Louis Pinck, Volkslieder von Goethe im Elsaß gesammelt [...], Saarbrücken 1935, S. 66; nach der Straßburger Handschrift)

*Motiv von einer Liedflugschrift, Augsburg: Ulrich Schönigk, 1615;
Sammlung DVA Freiburg i.Br.*

HERZOGIN VON ORLAMÜNDE

[1.] Albert Graf von Nürnberg spricht:
»Herzogin ich liebe nicht;
bin ein Kind von achtzehn Jahren
und im Lieben unerfahren,
würde doch zum Weib dich nehmen,
doch vier Augen mich beschämen;
wenn nicht hier vier Augen wären,
die das Herze mein beschweren.«

[2.] Orlamündens Herzogin
spricht zu sich in ihrem Sinn:
»Witwe bin ich schön vor allen,
aller Fürsten Wohlgefallen;
wenn nicht hier vier Augen wären,
würde seine Lieb mich ehren.«

[3.] »Kinder ihr vom schlechten Mann,
der mich hielt in strengem Bann;
weil ihr meine Land ererbet
wenn ihr nicht unmündig sterbet.«
Also Öl in Flammen wütet,
das statt Wasser aufgeschüttet.

[4.] Also deutet sie die Rede
auf zwei eigne Kinder schnöde,
die im Saal zum Spiel abzählen,
unter sich den Engel wählen:
»Engel, Bengel, lass mich leben,
ich will dir den Vogel geben.«

[5.] Nadeln aus dem Wittibschleyer
zieht sie, dass er falle freier,
zu dem wilden Hager [Jäger] spricht:
»Nimm die Nadeln und verricht,
schwarzer Hager, du mein Freier
fürchtest nicht den schwarzen Schleier,

[6.] fürchtest du nicht auch vier Augen,
die zum Zusehn hier nicht taugen,
setz' dich mit zu ihren Spielen,
dass sie keine Schmerzen fühlen,
dass die Wunden niemals sprechen,
muss du in das Hirn sie stechen.«

[7.] Herulus zum Hager spricht,
eh der ihm das Hirn einsticht:
»Lieber Hager, lass mich leben,
will dir Orlamünde geben,
auch die Plassenburg die neue,
und es soll mich nicht gereuen.«

[8.] Herula zum Hager spricht,
eh er ihr das Hirn einsticht:
»Lieber Hager lass mich leben,
will dir meine Docken [Puppen] geben,
Engel, Bengel laß mich leben,
will dir meinen Vogel geben.«

[9.] Hager sich als Mörder nennt,
eh er sich das Hirn einrennt.
»Gott, ach Gott, wo werd ich ruhen,
höre schon den Vogel rufen,
Gott, ach Gott, wo soll ich fliehen,
sehe schon den Vogel ziehen.«

[10.] Albert spricht zur Herzogin:
»Das war nicht der Rede Sinn,
meinte unsre eignen Augen,
wie wir nicht zusammen taugen.«

[11.] Beide Kinder unverweset
liegen noch im Marmorsarge,
als wär heut der Mord gewesen,
recht zum Trotze allem Argen.

Achim von Arnim und Clemens Brentano, Des Knaben Wunderhorn, Bd. 2, Heidelberg 1806, S. 232 [ohne Strophenzählung als Zweizeiler]

HINRICHTUNG

1. »Was trag ich unt'r meinem Herzen?
O weh, wie wird mir's schwer.
Scharfrichter, Scharfrichter mein,
schreib'n Sie mir ein Briefelein,
meine Eltern sollen kommen
zur fröhlichen Hochzeit mein.«

2. »Wenn ich's 'en schreiben tät,
dass du solltest werden gericht't,
sie werden gar sehr erschrecken,
zu mir kämen sie nicht.«
Da sie das Brieflein bekamen
vor Freuden sie waren voll.

3. Sie dankten's Gott vom Himmel,
dass ihre Tochter zur Ehren zog.
Zwei Wagen waren bereitet,
mit Kasten und Betten geschmeidet;
zwei Brüder zogen mit
als wie auch zwei Schwesterlein.

4. Da sie nun nach Hirschberg kamen,
wohl unter die Tore 'nein,
da täten sie gleich fragen,
wann denn die Hochzeit sei?
»Wir wissen nichts von keiner Hochzeit,
es ist nichts als Traurigkeit.

5. Morgen früh werden sie eine 'nausführen
wohl unter die Galgentüre,
wohl fürs Gericht dorthin.«
Als sie nun auf den Ring 'nei kamen,
da kamen sie schon gelaufen,
geeilet und geschwind.

6. »Ach Tochter, liebste Tochter mein,
wo hast du denn den Bräut'gam dein,
da du so kommst gelaufen?« –
»Ach Mutter, liebe Mutter mein,
der Scharfrichter soll der Bräut'gam sein.

7. Morgen früh werden sie mich 'naus führen
wohl unter die Galgentüre,
wohl für's Gericht dorthin.«
Als nun auf den Morgen kam,
da kam zusammen Frau und Mann,
die taten die Jungfer 'nausführen
wohl unter die Galgentüre,
wohl fürs Gericht dorthin.

8. Ein Jüngling kam gedrungen,
wohl aus dem Volk heraus.
Sprach: »Lasst die Jungfer leben,
zur Ehren meine soll sie sein!« –
Jungfrau, sag sie ein Wort,
will sie den Jüngling haben?
Das Leben erhält sie noch.«

9. »Ach nein, das kann nicht sein,
auf der Welt mag ich nicht sein.
Wenn ich noch länger sollte leben,
ein Vorwurf möchte mir's sein.
Scharfrichter, zieh' raus dein Schwert
vor meinen Augen, dass ich seh,
wenn ich im Blute werde liegen,
in der Ohnmacht werdet ihr sein.

10. Ihr Eltern dreht euch um,
dass ihr nicht seht 'rausspritzen
eu'r eignes Fleisch und Blut.
Zieh' nur in Gottes Namen:
Glückseligkeit und Amen.«

*DVA = E 6078; aufgezeichnet von Hoffmann von Fallersleben
in Krummendorf bei Strehlen (Schlesien), 1840*

HOCHZEIT IM GRABE (A)
(LENORE)

1. Es stehn die Stern am Himmel,
es scheint der Mond so hell,
die Toten reiten schnell.

2. »Mach auf mein Schatz dein Fenster,
lass mich zu dir hinein,
kann nicht lang bei dir sein.

3. Der Hahn der tät schon krähen,
er singt uns an den Tag,
nicht lang mehr bleiben mag.

4. Weit bin ich her geritten,
zweihundert Meilen weit
muss ich noch reiten heut.

5. Herzallerliebste meine!
Komm setz dich auf mein Pferd,
der Weg ist reitenswert.

6. Dort drin im Ungerlande
hab ich ein kleines Haus,
da geht mein Weg hinaus.

7. Auf der grünen Heide,
da ist mein Haus gebaut
für mich und meine Braut.

8. Lass mich nicht lang mehr warten,
komm Schatz zu mir herauf,
weil fort geht unser Lauf.

9. Die Sternlein tun uns leuchten,
es scheint der Mond so hell,
die Toten reiten schnell.«

10. »Wo willst mich denn hinführen?
Ach Gott, was hast gedacht
wohl in der finstern Nacht!

11. Mit dir kann ich nicht reiten,
dein Bettlein ist nicht breit,
der Weg ist auch zu weit.

12. Allein leg du dich nieder,
Herzallerliebster, schlaf
bis an den jüngsten Tag.«

nach: Achim von Arnim und Clemens Brentano, Des Knaben Wunderhorn, Heidelberg 1806–1808, Bd. 2, S. 19. [Angebliche Quelle:] »Bürger hörte dieses Lied nachts in einem Nebenzimmer«. Nach einer Einsendung von Auguste Pattberg (1769–1850), d. h. wohl Umdichtung nach Bürgers »Lenore« (1774). – Arnim und Brentano, die Herausgeber des »Wunderhorns«, schufen die wichtigste Liedpublikation aus dem Anfang des 19. Jh. Die Sammlung enthält vielfach Neu- und Umdichtungen (von Brentano vor allem), die oft mit Begriffen wie Volkslied, Fliegendes Blatt und mündlich aufgewertet sind. Das Wunderhorn ist kein Spiegelbild traditioneller Überlieferung, sondern ein literarisches Produkt der Romantik, allerdings auf der Grundlage älterer Volkslied-Quellen, Einsendungen von Sammlern wie z. B. den Brüdern Grimm, Carl Nehrlich, Auguste Pattberg u. a. und Liedflugschriften. Das »Wunderhorn« erschien ohne Melodien, aber viele dieser Texte lebten später in mündlicher Überlieferung und wurden wiederum zu Volksliedern. Vgl. Wunderhorn-Edition in der historisch-kritischen Werkausgabe von Clemens Brentano, hrsg. von Heinz Rölleke 1975–78; Nachdruck 1987 (mit ausführlichem Kommentar).

HOCHZEIT IM GRABE (B)
(TOTER FREIER)

1. Es ging ein Knabe spazieren
feins Liebchen zum Fenster hinein.
»Feinsliebchen, bist du drinnen?
Steh auf und lass du mich 'nein!«

2. »Du sagst mir wohl von einlassen,
weiß aber nit, wer du bist.« –
»Riech du mir an meine Hände,
wirst riechen, wer ich bin.«

3. »Deine Händlein riechen nach Erde,
als wärst du selber der Tod.« –
»Warum soll ich nicht riechen nach Erde?
Es sind ja schon achthalbe Jahr,
dass ich gestorben war.

4. Wecke auf dein'n Vater und Mutter,
wecke auf all deine Hausleut,
wecke auf deine Schwestern und Brüder,
der schmale Weg ist schon bereit!

5. Stutze dich brav hübsch und fein sauber auf,
als hättest du das Kränzelein auf;
das Kränzelein muss gebunden sein,
das nimmst du in Himmel hinauf.«

Aufzeichnung aus Merzhausen bei Freiburg i. Br. (Baden), 1848 (aus dem Nachlass von F. M. Böhme; vgl. O. Meisinger, Volkslieder aus dem badischen Oberlande, Heidelberg 1913, Nr. 15). – Der Nachlass von Franz Magnus Böhme (1827–94), Herausgeber des wichtigen »Deutschen Liederhorts« (1893–94), wird in der Sächsischen Landesbibliothek in Dresden aufbewahrt; ein Teilnachlass liegt in Weimar. Vgl. Jahrbuch für Volksliedforschung 38 (1993).

HOCHZEIT IM GRABE (C)
(TOTE BRAUT)

1. Es schliefen zwei verborgen
unter einem Federbett,
sie schliefen alle Morgen,
bis dass sie die Sonn' aufweckt.

2. Und als er in das fremde Land kam,
gedachte er gleich wieder nach Haus.
Nach Hause will ich gehen,
mein' Herzallerliebste ist krank.

3. Und als ich wieder nach Hause kam,
war dies mein erstes Wort:
Mein Schatz, der ist gestorben,
er liegt an einem andern Ort.

4. Jetzt will ich auf den Kirchhof gehn,
will suchen mein' Schätzchen sein Grab,
will rufen: Schönstes Schätzchen,
bis dass ich Antwort hab.

5. Und als ich auf den Friedhof kam,
schaut ich den Grabstein an,
das Weinen und das Klagen
hat sie unter die Erd' gebracht.

6. Ach schönster Schatz, bleib draußen stehn,
hier ist ein finsterer Ort,
man hört kein Glöcklein läuten,
sieht weder Sonn' noch Mond.

DVA = A 1154, aus einem handschriftlichen Liederbuch aus Engelrod, Lauterbach (Hessen), um 1840/1870

HOCHZEIT IM GRABE (D)
(TOTER BEIM LIEBCHEN)

1. Bei der Nacht ging ich spazieren,
bei der Nacht, wenn's finster is;
da kam ich an Liebchens Türchen,
ganz leislich klopft ich an.

2. »Ach Schätzchen, bist du darinnen,
so mache mir ein wenig auf,
mich friert in meine Finger,
der Tau, der fällt mir drauf.«

3. »Aufmachen will ich dir schon,
hereinlassen kann ich dich nicht,
ich habe mich mit einem verschworen,
keinen anderen will ich nicht.

4. Du riechst nach kühler Erde,
du riechst nach Grabesluft,
es sind schon bald acht Jahre,
dass dich mein Jesus ruft [rief].«

5. »Hast du dich mit einem verschworen,
keinen anderen liebst du nicht,
so mache auf deine schwarzbraun Äuglein,
vielleicht erkennst du mich.

6. Wecke auf deine Schwester und Brüder,
wecke auf deine ganze Freundschaft [Großfamilie],
wecke auf deinen Vater und Mutter,
die Hochzeit wird gemacht.«

7. Wenn die Glock' das erstemal läutet,
da läut' sie zur seligen Ruh',
wenn sie das zweitemal läutet,
läut' sie dem Himmel zu.

aus einem handschriftlichen Liederbuch aus Haidl bei Eisenstein (Böhmen), 1906; vgl. G. Jungbauer, Volkslieder aus dem Böhmerwalde, Bd. 1–2, Prag 1930–1937, Nr. 16

HOCHZEIT IM GRABE (E)
(TOTER BRÄUTIGAM)

1. Es geht ein Knab' spazieren,
wohl zu dem Fensterl hin.
»Geliebte bist du drinnen?
Steh auf, lass mich hinein!«

2. »Ich bin ja wohl herinnen,
herein lass ich dich nicht,
ich bin mit einem versprochen,
kein' andern lieb ich nicht.«

3. »Derjenig, mit dem du versprochen bist,
vielleicht derselbe bin i.
Streck aus dein' schneeweiß' Händelein,
vielleicht erkennst du mi.«

4. Sie schreit wohl zu dem Himmel
allzu dem höchsten Gott:
»Du riechst ja von der Erden,
i glaub du bist der Tod.«

5. »Soll ich nicht riechen von der Erden,
wo ich gelegen bin?
Es ist ja schon achthalbes Jahr,
dass ich gestorben bin.

6. Weck' auf dein Vater und Mutter,
weck' auf all deine Hausleut',
weck' auf dein' Schwester und Bruder;
der Bräutigam steht schon bereit.

7. Leg an dein weißes Kleiderl,
setz auch dein Kranzerl auf,
mit Seide soll's gebunden sein,
in' Himmel tragst du's hinein.«

8. Wenn sich zwei Liebe versprochen haben
und halten's treu und rein,
so kann keins früher selig wern,
bis sie nicht verbunden sein.

DVA = A 116 668, aufgezeichnet in Weiz (Steiermark), 1907

HUNGERNDES KIND (A)

1. »Mutter, ach Mutter, es hungert mich,
gib mir Brot, sonst sterbe ich!« –
»Warte nur, mein liebes Kind,
morgen wollen wir ackern geschwind!«
Als das Feld geackert war,
schreit das Kind noch immerdar.

2. Als das Feld geackert war,
schreit das Kind noch immerdar:
»Mutter, ach Mutter, es hungert mich,
gib mir Brot, sonst sterbe ich!« –
»Warte nur, mein liebes Kind,
morgen wollen wir säen geschwind!«

3. Als das Feld gesäet war,
schreit das Kind noch immerdar:
»Mutter, ach Mutter, es hungert mich,
gib mir Brot, sonst sterbe ich!« –
»Warte nur, mein liebes Kind,
morgen wollen wir eggen geschwind!«

4. Als das Feld geegget war,
schreit das Kind noch immerdar:
»Mutter, ach Mutter, es hungert mich,
gib mir Brot, sonst sterbe ich!« –
»Warte nur, mein liebes Kind,
morgen wollen wir jäten geschwind!«

5. Als das Feld gejätet war,
schreit das Kind noch immerdar:
»Mutter, ach Mutter, es hungert mich,
gib mir Brot, sonst sterbe ich!« –
»Warte nur, mein liebes Kind,
morgen wollen wir schneiden geschwind!«

6. Als das Feld geschnitten war,
schreit das Kind noch immerdar:
»Mutter, ach Mutter, es hungert mich,
gib mir Brot, sonst sterbe ich!« –
»Warte nur, mein liebes Kind,
morgen wollen wir dreschen geschwind!«

7. Als das Korn gedroschen war,
schreit das Kind noch immerdar:
»Mutter, ach Mutter, es hungert mich,
gib mir Brot, sonst sterbe ich!« –
»Warte nur, mein liebes Kind,
Morgen wollen wir mahlen geschwind!«

8. Als das Korn gemahlen war,
schreit das Kind noch immerdar:
»Mutter, ach Mutter, es hungert mich,
gib mir Brot, sonst sterbe ich!« –
»Warte nur, mein liebes Kind,
morgen wollen wir backen geschwind!«
Als das Brot gebacken war,
leit das Kind auf der Totenbahr'.

Louis Pinck, Verklingende Weisen: Lothringer Volkslieder, Bd. 2, Metz 1928, Nr. 47 (aus Forbach, Lothringen)

HUNGERNDES KIND (B)

[1.] »Mammele, Mammele, Schnittel haben!« –
»Warte nur, mein liebes Kind,
bis das Brot gebacken ist.«

[2.] Als das Brot gebacken war,
stand das Kind schon wieder da:
»Mammele, Mammele, Schnittel haben!«

[3.] »Warte nur, mein liebes Kind,
bis das Brot geschnitten ist.«

[4.] Als das Brot geschnitten war,
stand das Kind schon wieder da:

[5.] »Mammele, Mammele, Schnittel haben!« –
»Warte nur, mein liebes Kind,
bis das Brot geschmieret ist.«

[6.] Als das Brot geschmieret war,
stand das Kind schon wieder da:
»Mammele, Mammele, Schnittel haben!« –
»Warte nur, mein liebes Kind,
bis das Brot gesalzet ist.«

[7.] Als das Brot gesalzet war,
stand das Kind – als Leiche da.

*Will-Erich Peuckert, Schlesische Volkskunde, Leipzig 1928, S. 199. –
Die Variante A arbeitet eindrücklich mit dem wiederkehrenden
Reim »Warte nur mein liebes Kind, morgen ... geschwind«. Davon
verwendet die Variante B nur den ersten Teil. Hier allerdings hat
die alltagssprachliche und kindgemäße Färbung, »Mammele,
Schnittel haben«, einen besonderen Reiz, den man neben dem etwas
unbeholfenen Schluss; »... stand das Kind – als Leiche da«, nicht
übersehen sollte.*

JÄGER AUF KÖNIGLICHER HEIDE (A)

1. Es wollt ein Jäger jagen,
wollte jagen auf der königlichen Heid.
Und was begegnet ihm auf der Reise:
ein hübsch Mädchen, war schneeweiß gekleidet.

2. »Sag', wohin, du edle Dame?
Sag', wohin steht dir der Sinn?« –
»Ich will zu meinem Vater
da ich geboren bin.«

3. »Willst du zu deinem Vater,
da du geboren bist,
deine Ehre sollst du lassen
bei dem Jäger auf der königlichen Heid.«

4. »Soll ich meine Ehre lassen,
bei dem Jäger auf der königlichen Heid?«
Sie setzten sich beide zusammen
bei zwei oder drittehalb Stund.

5. »Steh nur auf, du fauler Jäger,
steht nur auf, es ist hoch an der Zeit,
deine Hirschlein sind entlaufen,
sind entlaufen auf der königlichen Heid.«

6. Lass sie gehn und lass sie laufen,
denn sie laufen ja dem Bauer in das Korn,
denn sie müssen's ja bezahlen,
sie bezahlen's mit ihrer eignen Haut.

7. Steh nur auf du edle Damen
steh nur auf, es ist hoch an der Zeit
deine Ehre hast du verschlafen
bei dem Jäger auf der königlichen Heid.«

8. »Hab' ich mein' Ehr verschlafen
bei dem Jäger auf der königlichen Heid,
ei so bedaure, so bedaure
ich mein schneeweißes Kleid.

9. Nicht allein mein schneeweiß Kleidchen,
sondern auch mein goldgelbes Haar,
denn das war das allerschönste,
allerschönste, was mein eigen war.«

DVA = E 2390; aufgezeichnet in Klein-Welle bei Perleberg (Brandenburg), 1846, »ein Dienstmädchen sang's«

JÄGER AUF KÖNIGLICHER HEIDE (B)

1. Ein Jäger wollte jagen,
ein Jäger wollte jagen,
wohl auf der Lüneburger Heide, eins, zwei.

2. Da begegnete ihm ein Mädchen,
da begegnete ihm ein Mädchen,
wohl auf der Lüneburger Heide, eins, zwei.

3. »Wo willst du hin, mein Mädchen?
Wo willst du hin, mein Mädchen?
Wohl auf der Lüneburger Heide, eins, zwei.«

4. »Ich will zu meinem Vater,
ich will zu meinem Vater,
wohl auf der Lüneburger Heide, eins, zwei.«

5. »Was willst du bei dein'm Vater?
Was willst du bei dem Vater?
Wohl auf der Lüneburger Heide, eins, zwei.«

6. »Ich muss ihm etwas sagen;
ich muss ihm etwas sagen,
wohl auf der Lüneburger Heide, eins, zwei.«

7. »Was musst du ihm denn sagen,
wohl auf der Lüneburger Heide, eins, zwei.«

8. »Das darf ich niemand sagen,
wohl auf der Lüneburger Heide, eins, zwei.«

9. Dann steche ich dich nieder,
wohl auf der Lüneburger Heide, eins, zwei.«

10. Er zog aus seiner Tasche:
wohl auf der Lüneburger Heide, eins, zwei.«

11. Ein blitzeblankes Messer:
wohl auf der Lüneburger Heide, eins, zwei.«

12. Und stach das Mädchen nieder:
wohl auf der Lüneburger Heide, eins, zwei.«

13. Dort unten in dem Tale:
wohl auf der Lüneburger Heide, eins, zwei.«

14. Wo liegt sie denn begraben?
Wohl auf der Lüneburger Heide, eins, zwei.«

DVA = E 2390; aufgezeichnet in Klein-Welle bei Perleberg
(Brandenburg), 1846, »ein Dienstmädchen sang's«

Motiv von einer undatierten Liedflugschrift;
Sammlung DVA Freiburg i. Br.

JÄGER IM TANNENHOLZ (A)

1. Es ging ein Jäger jagen
wohl in das Tannenholz,
begegnet ihm auf dem Wege
ein Mädchen, das war stolz.

2. »Wohin, du hübsches Mädchen,
wohin, du Mädchen stolz?« –
»Ich geh' zu meinem Vater
wohl in das Tannenholz.«

3. »Gehst du zu deinem Vater
wohl in das Tannenholz,
sollst du deine Ehre lassen
bei einem Jäger stolz.«

4. »Eh' ich meine Ehr' will lassen
bei einem Jäger stolz,
viel lieber will ich meiden
das grüne Tannenholz.«

5. Er zog von seinem Finger
ein gold'nes Ringelein:
»Da nimm, du hübsches Mädchen,
das soll dein Denkmal [Andenken] sein.«

6. »Was soll ich mit dem Ringe,
kann ich nicht werden dein?
Leg' ihn in deinen Kasten,
schließ' ihn in deinen Schrein.«

7. »Der Kasten ist verschlossen,
der Schlüssel ist verlor'n,
ich hab' in meinem Herzen
ein'n andern [eine andere] auserkor'n.«

8. »Hast du in deinem Herzen
ein'n andern auserkor'n,
so mag sich Gott erbarmen,
so bin ich ganz verlor'n.

9. Ich geh' nicht aus den Stegen,
ich geh' nicht aus der Stadt,
bis ich mein'n Schatz gesehen
und ihn geküsset hab'.«

*Hermann Frischbier, Hundert Ostpreussische Volkslieder in hochdeutscher Sprache, Leipzig 1893, Nr. 77 a
(»Der Jäger und das Mädchen«)*

JÄGER IM TANNENHOLZ (B)

1. Es wollt' ein Jäger jagen
wohl in das Tannenholz;
was begegnet ihm auf der Straße?
Ein Mädchen, das war stolz.

2. »Wo hinaus, du Feine, du Stolze!
Wohin steht dir dein Sinn?« –
»Ich will zu meinem Vater
wohl in das Tannenholz.«

3. »Willst du zu deinem Vater
wohl in das Tannenholz,
musst du deine Ehre lassen
vor einem Jäger stolz.«

4. »Muss ich meine Ehre lassen
vor einem Jäger stolz,
viel lieber will ich meiden
das Ficht- und Tannenholz.«

Augusta Bender, Oberschefflenzer Volkslieder
[Nordbaden], Karlsruhe 1902, Nr. 85
(»Zu hoher Preis«)

JÄGER IM TANNENHOLZ (C)

1. Es ging ein Knab spazieren,
spazieren in den Wald.
Was begegnet ihm auf der Reise?
Ein Mädchen von schöner Gestalt,
war achtzehn Jahre alt.

2. »Wohin, wonaus, schönes Mädel?
Wohin steht dir dein Sinn?« –
»Ich will zu meinem Vater
wohl in das Tannenholz.«

3. »Was willst du dort sehen?«
Ein wunderschönen Baum.
Der Baum, der hat zwei Zweige,
die Zweige waren rot,
sie glänzen wie das Gold.

Johann Erbes und Peter Sinner, Volkslieder und
Kinderreime aus den Wolgakolonien,
Ssaratow 1914, Nr. 36

JAGDABENTEUER

1. Der Jäger längs dem Weiher ging,
lauf, Jäger, lauf!
Die Dämmerung den Wald umfing.
lauf, Jäger, lauf!
Mein lieber Jäger lauf!

2. Was raschelt in dem Grase dort?
Was flüstert leise fort und fort?

3. Was ist das für ein Untier doch?
Hat Ohren wie ein Blocksberg hoch.

4. Das muss fürwahr ein Kobold sein,
hat Augen wie ein Karfunkelstein.

5. Der Jäger furchtsam um sich schaut:
»Jetzt wil ichs wagen, o mir graut!«

6. »O Jäger, lass die Büchse ruhn,
das Tier könnt dir ein Leides tun!«

7. Der Jäger lief zum Wald hinaus,
verkroch sich flink im Jägerhaus.

8. Das Häschen spielt im Mondenschein,
ihm leuchten froh die Äugelein.

*Ludwig Erk und Franz Magnus Böhme, Deutscher Liederhort, Bd. 1,
Leipzig 1893, Nr. 13b (vgl. »Kronschlange« Nr. 13a)*

JERMAN WEIZERS FRAU

1. Hört zu, ihr lieben Christenleut',
was sich begann zu dieser Zeit!
Ein Wunder Gottes ich vermeld',
drum merk auf, verkehrte Welt!

2. In einem schon verfloss'nen Jahr
in Schlesien in Breslau [es] war,
ein Bürger wohnt' in dieser Stadt,
der selbst eine schwangere Eh'frau hat.

3. Die Frau rufet Maria an,
auch Jesum, ihren liebsten Sohn,
dass sie eine glückselige Stund'
zu der Geburt erlangen kunnt'.

4. Jesus, Maria hat die Bitt'
der schwangeren Frau abschlagen nicht;
sie hat geboren einen Sohn.
Was geschehen ist, jetzt höret!

5. Die Frau lag in den Zügen dar,
verzückt mit einem Kind fürwahr;
ja, jedermann meint', sie war tot
und gestorben in der Kindesnot.

6. Vier Tag' im Haus sie liegen tät,
hernach man sie begraben tät;
ihr kleines Kind man in den Arm
der Frau gegeben; dass Gott erbarm!

7. Die Frau im Grab sechs ganze Tag'
im Friedhof dort begraben lag.
Der Vater sprach: »Ihr Kinderlein,
geht fleißig in den Friedhof 'nein

8. und betet dorten allzugleich,
dass Gott wolle das Himmelreich
der Mutter geben aus Gnad',
weil er sie zu sich genommen hat.«

9. Einsmal hörten die Kinder fein,
wie die Mutter dem Kindelein
zusingen tät: »Schlaf ein, mein Sohn,
hier ruhen wir in Gottes Nam'.«

10. Die Kinder schrien vor Freuden auf:
»Ach liebste Mutter, steh doch auf!«
Sie liefen heim zum Vater dar
und brachten ihm die Post fürwahr,

11. wie dass die Mutter in dem Grab
dem Kindlein zugesungen hat.
Der Vater sprach: »Es kann nicht sein,
ihr meine lieben Kinderlein.«

12. Der Vater ging in' Friedhof 'nein,
überlaut hört' er auch singen fein:
»Schlaf ein, mein Kind, schlaf ein,
  mein Sohn,
hier ruhen wir in Gottes Nam'.«

13. Sobald er dieses Stimm' vernimmt,
dass in dem Grab lebt Weib und Kind,
da geht er gleich zur Obrigkeit,
zeigt an die Sach' mit großer Freud'.

14. Die Obrigkeit gleich in der Stadt
die Frau wiederum aus[ge]graben hat.
Was groß Wunder man gesehen hat,
wie Mutter und Kind gelebet hat.

15. Die Mutter hat erzählet frei,
wer alle Tag' gekommen sei:
Eine schöne Frau und ein schöner Herr
brachten ihr Speis' und Trank daher.

16. Maria, liebst' Mutter dann,
ist's gewest und ihr herzliebster Sohn,
haben das Wunder, wie ich's beschreib',
getan an diesem schwangeren Weib.

DVA = A 182 537; aus einem handschriftlichen Heft mit Wallfahrtsliedern aus Ursprung bei Graslitz (Egerland), o.J. [vor 1937]

JÜNGERES HILDEBRANDSLIED

[1.] »Ich will zu Land ausreiten«, sprach sich Meister Hildebrand,
der mir die Weg' tät weisen gen Bern wohl in die Land',
die sind mir unkund gewesen viel manchen lieben Tag:
In zweiunddreißig Jahren Frau Ute ich nie gesah.«

[2.] »Willst du zu Land ausreiten«, sprach sich Herzog Abelung,
»was begegnet dir auf der Heiden? Ein schnell' Degen [Krieger] jung.
Was begegnet dir auf der Marke? Der junge Alebrand;
ja, rittest du selbzwölfte [mit der Heldengruppe], von ihm würdest angerannt.«

[3.] »Ja, rennt er mich an in seinem Übermut,
ich zerhau ihm seinen grünen Schild, es tut ihm nimmer gut,
ich zerhau ihm seine Brünne mit einem Schirmenschlag [Verteidigungs-],
und dass er seiner Mutter ein ganz' Jahr zu klagen hat.«

[4.] »Das solltest du nicht tun«, sprach sich von Bern Herr Dieterich,
»denn der jung' Herr Alebrand der ist mir von Herzen lieb;
du sollst ihm freundlich zusprechen wohl durch den Willen mein,
dass er dich woll' lassen reiten, als lieb als ich ihm mag sein.«

[5.] Da er zum Rosengarten ausritt', wohl in des Berners [Verona] Mark,
da kam er in große Arbeit [Mühe] von einem Helden stark,
von einem Helden jung da war er angerannt:
»Nun sag an, du viel Alter, was suchst in meines Vaters Land?

[6.] Du führst deinen Harnisch lauter und rein, recht wie du seist eines Königs Kind,
du willst mich jungen Helden mit sehenden Augen machen blind;
du sollst daheim bleiben und haben gut Hausgemach
bei einer heißen Glut [warmen Ofen]«. Der Alte lacht und sprach:

[7.] »Sollt ich daheim bleiben und haben gut Hausgemach?
Mir ist in allen meinen Tagen zu reisen [kämpfen] aufgesetzt,
zu reisen und zu fechten bis zu meiner Hinefahrt [Tod],
das sag ich dir viel Jungen, darum ergraut mir mein Bart.«

[8.] »Dein' Bart will ich dir ausraufen, das sag ich dir viel alten Mann,
dass dir dein rosenfarben Blut über dein' Wangen muss abgehn;
dein' Harnisch und dein' grünen Schild musst du mir hier aufgeben,
dazu musst mein Gefangner sein, willst du behalten dein Leben.«

[9.] »Mein' Harnisch und mein' grünen Schild, die taten mich dick ernähren [oft retten],
ich [ver-]trau Christ vom Himmel wohl, ich will mich dein' erwehren.«
Sie ließen von den Worten, sie zogen zwei scharfe Schwert',
und was die zwei Helden begehrten, das wurde den zweien gewährt.

[10.] Ich weiß nicht, wie der Junge gab dem Alten einen Schlag,
dass sich der alte Hildebrand von Herzen sehr erschrak.
Er sprang hinter sich zurücke wohl sieben Klafter weit:
»Nun sag an, du viel Junger, den Streich lehrt dich ein Weib.«

[11.] »Sollt ich von Weibern lernen, das wär mir immer ein' Schand,
ich hab viel' Ritter und Knechte in meines Vaters Land,
ich hab viel Ritter und Grafen in meines Vaters Hof,
und was ich nicht gelernet hab, das lerne ich aber noch.«

[12.] Er erwischt ihn bei der Mitte, da er an dem [am] schwächsten was [war],
er schwang ihn hinter sich zurück wohl in das grüne Gras:
»Nun sag mir, du viel Junger, dein Beichtvater will ich wesen [sein],
bist du ein junger Wölfinger, von mir magst du genesen.

[13.] Wer sich an alte Kessel reibt, der empfängt gerne Ram [Ruß],
also geschieht dir, viel Junger, wohl von mir altem Mann;
dein' Beicht' sollst du hier aufgeben auf dieser Heiden grün,
das sag ich dir viel eben, du junger Held so kühn.«

[14.] »Du sagst mir viel von Wölfen, die laufen in dem Holz,
ich bin ein edler Degen aus Griechenlanden stolz,
meine Mutter die heißt Frau Ute, eine gewaltig' Herzogin,
so ist der Hildebrand der alte der liebste Vater mein.«

[15.] »Heißt dein' Mutter Frau Ute, eine gewaltig' Herzogin,
so bin ich Hildebrand der alte, der liebste Vater dein.«
Er schloss ihm auf sein' gülden Helm und küsst ihn an seinem Mund:
»Nun muss es Gott gelobet sein, wir sind noch beid' gesund.«

[16.] »Ach Vater, liebster Vater, die Wunden, die ich dir hab geschlagen,
die wollt ich dreimal lieber in meinem Haupte tragen.« –
»Nun schweig, du lieber Sohne, den Wunden wird gut' Rat,
seit dass uns Gott all' beide zusammengefüget hat.«

[17.] Das währte von der None [Mittagszeit] bis zu der Vesperzeit,
bis dass der junge Herr Alebrand gen Bern einhin reit'.
Was führt er an seinem Helme? Von Gold ein Kränzelein.
Was führt er an der Seiten? Den liebsten Vater sein.

[18.] Er führt in mit ihm [sich] in seinen Saal und setzt ihn oben an den Tisch
    [Ehrenplatz],
er bot ihm Essen und Trinken, das deucht' sein' Mutter unbillig:
»Ach Sohne, lieber Sohne, ist der Ehren nicht zu viel,
dass du mir ein' gefangen Mann setzt oben an den Tisch?«

Ein prächtiger Ritter schmückt diese Liedflugschrift aus der Druckerei des Samuel Apiarius in Basel um 1580. Mit dem Liedtext haben wir das sogenannte »Jüngere Hildebrandslied« überliefert, das in dieser Zeit auf vielen Flugschriften vorliegt, und zwar seit den ältesten Drucken dieses Liedes, die etwa 1495 beginnen. Bereits kurz nach der Einführung der Druckpresse überhaupt bedient man sich dieses neuen Mediums auch für Massendrucke. Dabei waren sich auch große Drucker wie die Familie Apiarius, seit 1533 in Straßburg, 1537 in Bern, in Solothurn und um 1557 bis um 1590 in Basel, durchaus nicht zu schade, mit solchen ›fliegenden Blättern‹ zusätzlich Geld zu verdienen. – Aus einem Sammelband mit Liedflugschriften der Universitätsbibliothek Tübingen, Kopie im DVA Freiburg i. Br. = Bl 4314.

[19.] »Nun schweige, liebe Mutter, ich will dir neue Mär sagen:
Er kam mir auf der Heide und hat mich nahent [fast] erschlagen;
und höre, liebe Mutter, kein Gefangner soll er sein:
Es ist Hildebrand der alte, der liebste Vater mein.

[20.] Ach Mutter, liebe Mutter mein, nun biet ihm Zucht und Ehr!«
Da hob sie auf und schenket ein und trug ihm's selber her.
Was hatt' er in seinem [!] Munde? Von Gold ein Fingerlein [Ring],
das ließ er in' Becher sinken der liebsten Fraue sein.

nach: DVldr Nr. 1; Liedflugschrift, gedruckt zu Nürnberg durch Kunegund Hergotin, o. J. [um 1528–1532]. – Der junge Krieger verspottet den Alten, den er nicht kennt. Der Alte erwidert den Spott, indem er meint, ein Weib hätte ihm das Fechten gelehrt (Str. 10). Da gebietet es die ritterliche Ehre, sich gegenseitig die Namen zu nennen. Im Älteren Hildebrandslied des 9. Jahrhunderts tötet der Vater, der 30 Jahre lang bei Dietrich von Bern als Waffenmeister war, seinen Sohn in einem archaischen, ausweglosen Verständnis von Ehre. Dieses tragische Ende ist aus altnordischen Quellen zu erschließen. – In Str. 20 gerät etwas durcheinander: Eigentlich lässt der heimgekehrte Unbekannte seinen Ring in den Becher gleiten, den dann die Frau des Hauses leert und daran ihren Mann erkennt.

*Motiv von einer anderen, undatierten Liedflugschrift
mit dem »Liedt von dem alten Hiltebrandt«;
Sammlung DVA Freiburg i. Br.*

JUNGER HELD

1. Des Abends bei dem Mondenschein,
da sah ich ein wacker braunes Mädelein,
wohl auf [vor] der Haustür stehn,
wohl auf der Haustür stehn.

2. Ich tät sie gerne fragen,
eine Nacht bei ihr zu schlafen,
eine Nacht bei ihr zu sein
in ihrem Schlafkämmerlein.

3. »Ach nein, ach nein, das kann nicht sein,
denn ich bin ein wackerbraunes Mädelein,
und du ein jung frisch Blut,
hast ja gar kein Mut.«

4. Des abends um die achte
das Mädchen sich bedachte
und wie's die Uhr schlug neun,
ließ sie den Knab' herein.

5. Des nachts wohl um's die halbe Nacht
das Mädchen an seine Ehr gedacht,
sie weinet und g'reuet sich so sehr,
wackerbraunes Mädel um seine Ehr.

6. »Es braucht dich nicht zu verdrießen,
denn du hast mir's ja verwießen,
ich sei ein jung frisch Blut
und hätt' ja noch gar nicht Mut.«

7. Des morgens um die viere
der Knab saß bei dem Biere,
beim Bier und roten kühlen Wein:
»Schönster Schatz, du bist jetzt mein.

8. In mein's Vaters Gärtelein,
da wachsen so schöne Blümlein,
die blühen ja so schön,
die Wurzel bleibt ja besteh'n.«

9. Die Buben, ach die Buben,
die sein gar liederliche Lumpen.
Die rauben den Mädchen die Ehr
und geben sie nicht wieder her.

*DVA = A 142 061; aus einem handschriftlichen Liederheft
aus Lixingen, Saargemünd (Lothringen), 1883*

JUNGFER DÖRTCHEN

1. Es ging ein Jäger wohlgemut,
der trug zwei Federn auf seinem Hut.

2. Die eine war weiß, die andere rot:
Ich glaub fürwahr, mein Schatz ist tot.

3. Und als er in den Wald nein kam,
hört er das Glöcklein läuten schon.

4. Das Glöcklein hat einen Todesklang:
Ich glaub fürwahr, mein Schatz sei krank.

5. Und als er an den Kirchhof kam,
sah er die Gräber graben schon.

6. Ach Gräber, liebste Gräber mein,
für wen grabt ihr das Grab so fein?

7. Das Grab, das graben wir so fein,
es ist gestorben ein Jungferlein.

8. Es ist gestorben ein jungfrisch Blut,
für dies graben wir das Grab so gut.

9. Ist gestorben ein Jungferlein,
wirds doch nicht meine eigne sein?

10. Und als er in den Hof nein kam,
hört er die Mutter weinen schon.

11. Ach Mutter, liebstes Mütterlein,
wo ist denn euer Töchterlein?

12. Mein Töchterlein hats wohl bedacht,
hat sich zu Gott hinauf gemacht.

13. Ach wenn ich doch gestorben wär,
dass ich bei meiner Liebsten wär!

Georg Heeger und Wilhelm Wüst, Volkslieder aus der Rheinpfalz, Bd. 1–2, Kaiserslautern 1909, Nr. 38 (»Trauriges Wiedersehen«)

KERENSTEIN

[1.] »Ich bin durch Frauen Willen
geritten in fremde Land,
mich hat ein edler Ritter
zu Boten hergesandt.
Der entbeut [entbietet] euch sein viel
    werten Gruß,
nun entbiet't ihm, was ihr wöllet,
von euch, so hat er Freuden g'nug.«

[2.] »Was soll ich ihm entbieten?«
red't als das Mägdlein rein.
»Säh ich den Held mit Augen,
das erfreuet das Herze mein.
Und siehst du dort die Linden,
wohl vor der Burge stahn,
da heiß dann deinen Herren
des Abends spät darunter gahn.
Da will ich mit ihm kosen,
und sagen meinen Mut;
ich bin vor großen Sorgen
sicher wohl behut't [behütet].«

[3.] Da der edel Ritter
da unter die Linden kam,
was fand er unter der Linden?
Ein Mägdlein die war wohlgetan.
Ab zog er den Mantel sein,
er warf ihn in das Gras.
Da lagen die zwei die lange Nacht
bis an den lichten Tag.
Er halst, er küsst, er drücket
sie lieblich an sein Leib.
»Du bist auf meine Treue,
das allerliebste Weib.«

[4.] »Nun ist dir dein Will an mir
    zergangen«,
red't als das Mägdlein rein.
»So tust du wohl desgleichen,
wenn du mir treu willst sein.
Und kehrst mir bald den Rücken
und reist dahin von mir,
so tu ich als ein kleines Kind,
und wein, ach edler Herr, nach dir.«

[5.] »So verbiet ich euren Augen,
ihr wunderschönes Weib,
dass sie nach mir nicht weinen,
ich komm her wieder in kurzer Zeit.
Und siehst du dort mein Rösslein
nach dem Zügel schlagen,
das soll uns, mein allerliebstes Lieb,
aus größten Nöten tragen.«

[6.] Da hub sich in der Burge
wohl wundergroßer Schall,
der Wächter an der Zinne,
der sang: Die Burg ist aufgetan!
Hat jemand hier verloren,
der soll sein nehmen wahr.
Da sprach der Edle von Kerenstein:
»Ich hab mein' schöne Tochter verloren,
darum so hast du Wächter genommen
das rote Gold,
darum so musst du leiden den bittern Tod.«

[7.] »Nun weiß es Christ vom Himmel wohl,
dass ich unschuldig bin,
und ist mein' schön Jungfraue
mit einem andern dahin,
das war ihr beider Wille,
sie waren einander lieb.«
Der Wächter an der Zinne,
der sang so wohl ein Tagelied.

nach: Arnim und Brentano, Des Knaben Wunderhorn, Heidelberg 1806–1808, Bd. 2, S. 282, »Die Entführung«; dort abgedruckt nach Frh. von Seckendorfs Musenalmanach für das Jahr 1808, nach einer Augsburger Handschrift von 1454 [Schreibung modernisiert]

KINDSMÖRDERIN (A)

1. Ach Joseph, liebster Joseph,
was hast du gemacht,
du hast ja die schöne Berta
in das Unglück gebracht.

2. Ach Joseph, liebster Joseph,
mit uns ist beide aus,
ich werde morgen früh geführet
zu dem Richtplatz hinaus.

3. Ihr Freunden und Bekannten,
die ihr alle um mir [mich] weint,
trocknet ab alle eure Tränen,
die ihr alle um mir weint.

4. Ihr Brüdern und Geschwistern,
die ihr alle um mir seit,
zeitlebens auf die Festung,
viel lieber [als] der Tod.

5. Der Richter kömmt gegangen,
das Schwert hat er in der Hand.
Er macht ja die schöne Berta
ihr Unglück bekannt.

6. Ach Richter, liebster Richter,
richten Sie fein und geschwind;
ich möcht ja am liebsten sterben,
dass ich hin komm' bei [zu] mein Kind.

7. Der Fendrich [Fähnrich] kömmt
    gegangen,
er schwinget mit der Fahn'.
Haltet ein mit die schöne Berta,
denn ich bring paraduhn [Pardon].

8. Ach Fendrich, liebster Fendrich,
die schöne Berta ist schon tot;
ei so nähme Gott die arme Seele
in die ewige Ruh.

DVA = A 88 627; aus einem handschriftlichen Liederbuch aus Quadenschönfeld (Mecklenburg), zwischen 1855 und 1866, »Die Unschuld«

KINDSMÖRDERIN (B)

1. Ach Hannche, liebes Hannchen,
mit dir ist's bald aus,
sie werden dich bald führen
zu dem Schandheits Tor hinaus.

2. Zu dem Schandheits Tor hinaus,
auf ein so grossen Platz,
dann werden's die Leutcher [Leute] sehen,
was schön Hannche hat gemacht.

3. Der Scharfrichter kam gegangen,
trug das Schwert in seiner Hand.
Wo ist dann nun das schöne Hannchen,
das das Kind hat umgebracht?

4. Ach Scharfrichter, liebster Scharfrichter,
mach es nur mit mir geschwind;
denn ich möchte so gerne sterben,
dass ich käme bei mein Kind.

5. Stolzer Fähndrich kam geritten,
trug in seiner Hand die Fahn.
Ei wo ist denn nun das schöne Hannchen,
dass ich bringe ihm Pardon.

6. Schönes Hannchen ist gestorben,
seine Seele liegt in Ruh. –
Ei so grüss mir Gott die arme Seele,
gönnt dem Kinde seine Ruh.

7. Ihr Jungfrauen all beisammen,
nehmet euch dies wohl in acht,
denn ihr sehet ja vor euren Augen,
was schön Hannchen hat gemacht.

DVA = A 91 396; aus einem handschriftlichen Liederbuch aus Selters, Westerwaldkreis (Hessen), 1928

KÖNIG VON MAILAND

1. Es kehrt ein Fürst beim Fürsten ein,
er beschwängert dem Fürst sein Töchterlein,
er beschwängert dem Fürst sein Töchterlein.

2. »Ach herziges Mädel, bleib du mir fromm,
in vierzig Wochen ich wiederkomm!«

3. Und als die vierzig Wochen rum warn,
der Fürst noch nicht gekommen war.

4. Heut Abend sprach die Mutter:
»Meine Tochter ist fromm!
Bis zum Morgen aber hat sie einen Sohn!

5. Der Sohn ist mein, die Tochter ist mein.
Bis zum Freitag soll sie gehänget sein!«

6. Und als der Bruder solches hört:
»Ach, Schwester, liebste Schwester mein,
bis zum Freitag sollst du gehänget sein!«

7. »Ei, wenn ich nur eine Botschaft kriegt,
die meinem Fürst ein Schreiben brächt!«

8. »Schreib zu, schreib zu, liebe Schwester mein,
die Botschaft will ich selber sein.«

9. Und als sie nach Feder und Tinte griff,
da war fürwahr die Tinte nicht.

10. Sie schnitt sich in Finger 'nein,
ob's weh auch tut,
und schrieb mit ihrem eignen Blut.

11. Und als ihr Bruder halbwegs war,
stand ihm sein Schwager vor der Brust [!].

12. »Guten Tag!« – »Schönen Dank« –
»Lieber Schwager mein,
da hast du ein Schreiben von meinem
Schwesterlein.«

13. »Du tust mich Schwager nennen,
aber ich kann dich nicht erkennen.«

14. Und als er dann das Schreiben überlas,
da wurden ihm die Augen nass.

15. Und als nun jetzt der Freitag anbricht,
muss sie ans Galgen und vors Gericht.

16. Und als sie die erste Treppe betritt:
»Ach, Mutter, herzliebste Mutter, ich bitt,
verschont mein armes Würmelein!«

17. Die Mutter sprach: »Verschont wird nicht.
Hängt zu, hängt zu, ihr Henkersknecht!«

18. Und als sie auf die zweite tritt:
»Ach Vater, herzliebster Vater, ich bitt,
verschont mein armes Würmelein!«

19. Die Mutter sprach: »Verschont wird nicht.
Hängt zu, hängt zu, ihr Henkersknecht!«

20. Und als sie auf die dritte tritt:
»Ach Schwester, herzliebste Schwester, ich bitt,
verschont mein armes Würmelein!«

21. Die Mutter sprach: »Verschont wird nicht.
Hängt zu, hängt zu, ihr Henkersknecht!«

22. Und als sie auf die vierte tritt:
»Ach, Bruder, herzliebster Bruder, ich bitt,
verschont mein armes Würmelein!«

23. Die Mutter sprach: »Verschont wird nicht.
Hängt zu, hängt zu, ihr Henkersknecht!«

24. Und als sie auf die fünfte tritt:
»Ihr allgemein, ich bitt, ich bitt,
verschont mein armes Würmelein!«

25. Die Mutter sprach: »Verschont wird nicht.
Hängt zu, hängt zu, ihr Henkersknecht!«

26. Und als sie auf die letzte tritt,
ihr Fürst kommt hinten angeritt'.

27. »Guten Tag!« – »Schön Dank!« – »Ihr
allumringt [ihr alle im Kreis],
was schafft ihr mit meinem Weib und Kind?

28. Meiner Schwiegermutter wünsch ich
den Teufel zugleich,
meinem Schwiegervater das Himmelreich!

29. Meinem Schwager wünsch ich das ewige Glück,
mein Weib und Kind die nehm ich mit.«

*Viktor Schirmunski, in: Jahrbuch für Volksliedforschung 1 (1928),
S. 161 f. (aus den Wolgakolonien)*

*Motiv von einer undatierten Liedflugschrift;
Sammlung DVA Freiburg i. Br.*

KÖNIGSKINDER (A)
(ELSLEIN-STROPHE)

1. Es warb ein schöner jüngling
vber ein braiten see
vmb eines Königes tochter,
nach leid geschach jm wee.

2. »Ach elßlein, lieber bule,
wie gern wer ich bey dir!
so fliessen zwey tieffe wasser
wol zwischen mir und dir.«

*Georg Forster, Frische Teutsche Liedlein in fünf
Teilen, Teil 2, Nürnberg 1540, Nr. 49. Vgl.
dazu den ältesten deutschen Beleg im Glogauer
Liederbuch, »Elzeleyn, lipstis elzeleyn«, um 1480
[nur diese Textmarke]*

KÖNIGSKINDER (B)

[1.] Zwischen zweyen burgen /
da ist ein tieffer See /
auff der einen burge /
da sitzet ein edler Herr.

[2.] Auff der andern burge /
do wont ein Junckfraw fein /
sie weren gern zu sammen /
ach Gott möcht es gesein.

[3.] Da schreib er jr herüber /
ein freundlichen gruß /
da bot sie jm herwider /
sie wolt es gern thun.

[4.] Da schreib er jr hinwider /
er künd wol schwimmen /
da bot sie jm herwider /
sie wolt jm wol zünden.

[5.] Sie gieng in schneller eyle /
da sie ein Kertzen liecht fandt /
sie steckt es gar wunder balde /
an ein steinen wandt.

[6.] Stell ichs dir zu hoche /
so löschet mirs der windt /
stell ichs dirs zu nider /
so löschen dirs die Kindt.

[7.] Das merckt ein wunder böses weib /
das liecht dunckt mich nit gut /
ich förcht das vnser Tochter /
nit wol sey behüt.

[8.] Sie nam es von der wände /
vnd löschet es zu der selben stundt /
da gieng dem Edlen Ritter /
das wasser in den mundt.

[9.] Ach Mutter liebe Mutter /
erlaub mir an den See /
ein wunder kleine weile /
mir thut mein häuptlein wee.

[10.] Ach Tochter liebe Tochter /
wilt [willst] du nun an den See /
so nimb [nimm] dein Jüngste schwester /
mit dir spacieren an den See.

[11.] Mutter liebe Mutter /
mein schwester ist noch ein kindt /
sie bricht die roten Rößlein ab /
die auff der heyden sind.

[12.] Ach Vatter lieber Vatter erlaub /
[erlaub] mir an den See /
ein wunder kleine weile /
mir thut mein häuptlein wee.

[13.] Ach Tochter liebe Tochter /
thut dir dein häuptlein wee /
so nimm dein jungsten Bruder /
mit dir spacieren an den See.

[14.] Ach Vatter lieber Vatter /
mein bruder ist noch ein kindt /
er scheußt die kleinen waldfögelein /
die auff der heyden sind.

[15.] Die Junckfraw war behende /
sie thet einabentgang [einen
    Abendgang] /
sie lieff gar wunder balde /
da sie ein Fischer fandt.

[16.] Ach Fischer lieber Fischer /
vnnd schlag dein hacken zu grundt /
es ertranck sich nächten spate [gestern
    Abend spät] /
ein Ritter hübsch vnd jung.

[17.] Der Fischer was [war] behende /
er thet was man jn hieß /
er schlug den edlen Ritter /
den hacken in seine füß.

[18.] Er nam jn bey der mitten /
er leyt jrn in die schoß /
mit heissen trähenen sie den Ritter vbergoß.

[19.] Was zog sie ab der hende /
von Gold ein fingerlein /
seh hin Fischer geselle /
das soll dein eigen sein.

[20.] Nun gesegen dich Vatter vnnd Mutter /
ich spring auch in den See /
es sol vmb [wegen] meinet willen /
ertrincken kein Ritter mee [mehr].

DVA = Bl 1002 (Nürnberg, German. Museum), Liedflugschrift aus Nürnberg: Valentin Fuhrman, o. J. [nach 1563]. Auf dieser Flugschrift auch unsere Abbildung, die, wie so oft, nicht für diesen Text geschaffen, sondern aus anderen, mehr oder weniger passenden Motiven ausgewählt wurde. Selten illustrieren die Holzschnitte unmittelbar den Text.

KÖNIGSKINDER (C)

1. Es waren zwei Königskinder,
die hatten einander so lieb,
sie konnten beisammen nicht kommen,
das Wasser war viel zu tief.

2. »Ach Schätzchen, könntest du schwimmen,
so schwimm doch herüber zu mir!
Drei Kerzen will ich anzünden,
und die soll'n leuchten zu dir.«

3. Das hört ein falsches Nönnchen,
die tat, als wenn sie schlief;
sie tät die Kerzlein auslöschen,
der Jüngling ertrank so tief.

4. Es war an ein'm Sonntagmorgen,
die Leut waren alle so froh,
nicht so die Königstochter,
ihre Augen saßen ihr zu.

5. »Ach Mutter, herzliebste Mutter,
der Kopf tut mir so weh;
ich möcht so gern spazieren
wohl an die grüne See.«

6. »Ach Tochter, herzliebste Tochter,
allein sollst du nicht gehn;
weck auf deine jüngste Schwester,
und die soll mit dir gehn.«

7. »Ach Mutter, herzliebste Mutter,
meine Schwester ist noch ein Kind;
sie pflückt ja alle Blümlein,
die auf Grünheide sind.«

8. »Ach Tochter, herzliebste Tochter,
allein sollst du nicht gehn;
weck auf deinen jüngsten Bruder,
und der soll mit dir gehn.«

9. »Ach Mutter, herzliebste Mutter,
mein Bruder ist noch ein Kind;
er schießt mir alle Vöglein,
die auf Grünheide sind.«

10. Die Mutter ging nach der Kirche,
die Tochter hielt [machte] ihren Gang;
sie ging so lang spazieren,
bis sie den Fischer fand.

11. »Ach Fischer, liebster Fischer,
willst du verdienen groß Lohn,
so wirf dein Netz ins Wasser
und fisch mir den Königssohn.«

12. Er warf das Netz ins Wasser,
es ging bis an den Grund;
der erste Fisch, den er fischet,
das war sich [!] des Königs Sohn.

13. Sie fasst ihn in ihre Arme
und küsst seinen toten Mund:
»Ach Mündlein, könntest du sprechen,
so wär mein jung Herz gesund.«

14. Was nahm sie von ihrem Haupte,
eine güldene Königskron:
»Sieh da, wohledler Fischer,
hast dein' verdienten Lohn.«

15. Was zog sie ab vom Finger,
ein Ringlein von Gold so rot:
»Sieh da, wohledler Fischer,
kauf deinen Kindern Brot.«

16. Sie schwang um sich ihren Mantel
und sprang wohl in die [!] See:
»Gut Nacht, mein Vater und Mutter,
ihr seht mich nimmermehr.«

17. Da hört man Glöcklein läuten,
da hört man Jammer und Not;
hier liegen zwei Königskinder,
die sind alle beide tot.

DVA = A 28271, aufgezeichnet in Zürich (Schweiz), 1912

KÖNIGSKINDER (D)

1. In einem kleinen Dorfe
da wohnt eine alte Frau
die hat eine jüngste Tochter,
die was [war] zum Tod bereit.

2. »Ach Mutter, liebste Mutter,
ich möcht spazieren gehn,
spazieren will ich gehen
am weiten breiten See.«

3. »Ach Tochter, liebste Tochter,
allein darfst du nicht gehn,
nimm mit deinen jüngsten Bruder,
er soll nur mit dir gehn.«

4. »Ach Mutter, liebste Mutter,
mit meinem Bruder geh ich nicht,
er schießt die kleinen Vögel,
die auf der Straße ziehn.«

5. Die Mutter ging zu Bette,
da schlich die Tochter fort,
sie ging nun spazieren,
am weiten, breiten See.

6. »Guten Morgen, liebster Fischer,
was suchen Sie so früh?« –
»Ich suche meinen [!] Liebsten,
der hier ertrunken ist.«

7. Was zog sie von seinem Finger,
einen Ring aus Edelstein.
»Nimms hin, du guter Fischer,
das soll dein Denkmal sein.«

8. Dann ging sie zu den Auen
und stürzte sich in die [!] See.
»Lebe wohl meine liebste Mutter,
nun wirst mich nimmer sehn.«

DVA = A 131 777, aufgezeichnet in Guttenbrunn (Niederösterreich), vor 1913

KÖNIGSKINDER (E)

1. War einst 'ne alte Witwe,
ein steinuraltes Weib;
die hatte eine Tochter,
zum Lieben war sie bereit.

2. »Ach Mutter, liebste Mutter,
mir tut der Kopf so weh!
Lass mich ein wenig spazieren gehn
hinunter ans Ufer des See!«

3. »Ach Tochter, liebste Tochter!
Allein kannst du nicht gehn!
Nimm deinen kleinen Bruder,
er wird schon mit dir gehn!«

4. »Ach Mutter, liebste Mutter,
mein Bruder ist ja ein Kind!
Er verjagt mir ja die Vögelein,
die an dem Wege sind!«

5. »Guten Morgen, mein lieber Herr Fischer!
Was suchen Sie hier schon so früh?« –
»Ich suche den jungen Herrn Pater,
der gestern ertrunken ist hie!«

6. Sie zog ein Ringlein vom Finger
und steckts dem Fischer ein:
»Nehmt hin, mein lieber Herr Fischer,
das soll Euer Denkmal [Andenken] sein!«

7. Sie schwingt sich auf die Mauer
und stürzt sich in den See.
»Ade, mein lieber Herr Fischer,
wir sehen einander nicht meh[r]!«

DVA = A 162 948, Sammlung Christian Nützel, Helmbrechts (Oberfranken), 1920er oder 1930er Jahre

KÖNIGSKINDER (F)

1. Dor wiren twee Königskinner,
dee hadden eenanner so leew,
bieenanner kunn'n se nich kamen,
dat Water was väl to deep.

2. »Leew Harte, kannst du nich swemmen,
leew Harte, so swemme to mi.
Ick will di een Lücht upstäken,
in See to lüchten för di.«

3. Dor wir ok een falsche Nonne,
dee slek sick ganz sacht nah de Städ'
un ded em de Lücht utpusten,
de Königssœhn bleew in de See.

4. »Ach Fischer, leewste Fischer,
wullt du verdeenen grot Lohn,
so smiet du dien Netten to Water
un fisch mi den Königssœhn.«

5. He smet siene Netten to Water,
de Lod', dee sunken to Grund,
he fischte un fischte lange,
de Königssœhn was sien Fund.

6. Se nehm em in ehre Arme,
dat Harte, dat ded ehr so weh,
se sprung mit em in de Wellen:
»Leewe Vader, leew Moder, ade!«

*Heike Müns, Dat du mien Leewsten büst, Rostock 1988,
Nr. 47 (nach: Richard Wossidlo, Ein Winterabend in
einem mecklenburgischen Bauernhause, Wismar 1937)*

KÖNIGSKINDER (G)

1. Es waren zwei Landeskinder,
die planten ein Kraftwerk in Wyhl.
Sie konnten dazu nicht kommen, denn:
Der Widerstand bei Wyhl war viel zu viel,
denn der Widerstand bei Wyhl war viel zu viel.

2. Es saßen die zwei Landeskinder
im Aufsichtsratsgestühl.
Sie wollten zu Gelde kommen,
doch der Widerstand bei Wyhl war viel zu viel.

3. Es zogen and're Landeskinder
gen Stuttgart. Der Landtag war ihr Ziel.
Sie wollten den beiden nur sagen:
Der Widerstand bei Wyhl ist viel zu viel.

Lieder zu Marckolsheim und Wyhl, Weisweil am Kaiserstuhl, 1975; Text von Buki (Roland Burkhart). – Der einfache, dafür aber eingängige Text spielt auf die Stuttgarter Landesregierung an, die nördlich des Kaiserstuhls ein (inzwischen aufgegebenes) Kernkraftwerk plante. Der Ortsname wird alemannisch »Wiil« (das ist Weiler, Dorf) ausgesprochen und reimt sich korrekt auf »viel« – die Vertreter aus Schwaben wurden ausgebuht, wenn sie penetranterweise »Wühl« sagten. Es war eine Zeit, in der politischer Protest noch in Liedform ausgedrückt werden konnte, vielfach auch in der ›neuentdeckten‹ Mundart.

KRONSCHLANGE

1. Der Jäger längs dem Weiher ging,
lauf, Jäger, lauf!
Die Dämmerung den Wald umfing.
Lauf, Jäger, lauf!
Mein lieber Jäger, guter Jäger lauf!

2. Was plätschert in dem Wasser dort?
Es kichert leis in einem fort.

3. Was schimmert dort im Grase feucht?
Wohl Gold und Edelstein mich deucht.

4. Kronschlängelein ringelt sich im Bad,
die Kron sie abgeleget hat.

5. Jetzt gilt es wagen, ob mir graut,
wer Glück hat, führet heim die Braut.

6. »O Jäger, lass den goldnen Reif,
die Diener regen schon den Schweif.

7. O Jäger, lass die Krone mein,
ich geb dir Gold und Edelstein.

8. Wie du die Kron mir wiederlangst,
geb ich dir alles, was du verlangst!«

9. Der Jäger lief, als sei er taub,
im Schrein barg er den teuern Raub.

10. Er barg ihn in den festen Schrein:
Die schönste Maid, die Braut war sein.

*Ludwig Erk und Franz Magnus Böhme, Deutscher Liederhort,
Bd. 1, Leipzig 1893, Nr. 13 a (vgl. »Jagdabenteuer« Nr. 13 b)*

LIEBESPROBE (A)

1. Es stand eine Linde im tiefen Tal,
war oben breit und unten schmal.

2. Worunter zwei Verliebte saßen,
die sich ihre Liebe so treu versprachen.

3. »Feinsliebchen, ich muss sieben Jahr wandern,
heirate dir keinen andern.«

4. »Musst du noch sieben Jahr wandern,
so heirat ich mir keinen andern!«

5. Und als die sieben Jahr um warn,
sie ging wohl in den Garten,
ihr feines Lieb zu erwarten.

6. Sie dacht, sie war alleine,
da kam ein Herr geritten gar stolz,
er tut sie grüßen feine.

7. »Was machst du hier so früh im Grase,
was tust du hier alleine?

8. Ist dir dein Vater oder Mutter gram,
oder hast du heimlich einen Mann?«

9. »Mir ist mein Vater und Mutter nicht gram,
heimlich hab ich auch keinen Mann.

10. Heut sind es drei Wochen über sieben Jahr,
dass mein Feinsliebchen ausgewandert hat.«

11. »Gestern bin ich geritten durch eine Stadt,
wo dein Feinsliebchen hat Hochzeit gemacht!

12. Was tust du ihm für Wünsche an,
dass er seine Treue nicht gehalten hat?«

13. »Ich wünsch ihm so viel Ehre,
als wie nur Sand am Meere,

14. Ich wünsch ihm so viel Segen,
als wie nur Tropfen im Regen.

15. Ich wünsch ihm so viel Kindelein,
als wie nur Stern am Himmel sein.

16. Ich wünsch ihm so viele Gäste,
als wie ein Baum trägt Äste.

17. Ich wünsch ihm so viele gute Zeit,
als wie nur Sand am Meere leit [liegt].«

18. Was zog er von seinem Finger?
Ein Ring von Gold so rot.

19. Sie fing wohl an zu weinen,
das Ringlein in Tränen floss.

20. Was zog er aus seiner Taschen?
Ein Tuch schneeweiß gewaschen.

21. »Trockne ab, trockne ab deine Äugelein.
Fürwahr, du sollst mein eigen sein.

22. Ich wollte dich nur versuchen,
ob du würdest schwören oder fluchen.

23. Hättest du einen Fluch oder Schwur getan,
von Stund an wär ich geritten davon!«

aus Kehnert in Sachsen-Anhalt, um 1855; Sammlung L. Parisius (vgl. I. Weber-Kellermann, Ludolf Parisius und seine altmärkischen Volkslieder, Berlin 1957, Nr. 247). – ›Wandern‹ (Str. 3/4) kann hier und in Variante B die Gesellenzeit ›auf der Walz‹ bedeuten.

*Motiv von einer undatierten Liedflugschrift;
Sammlung DVA Freiburg i. Br.*

LIEBESPROBE (B)

1. Stand einst ein Lindenbaum im Tal,
der war oben breit und war unten schmal;
darunter saß ein verliebtes Paar,
das von einander Abschied nahm.

2. »Ach, Mädchen, liebes Mägdelein,
es muss einmal geschieden sein,
muss sieben Jahr auf Wandern gehn;
leb wohl, leb wohl, auf Wiedersehn!«

3. Und als die sieben Jahr um war'n
und ihr Geliebter noch nicht kam,
da setzte sie sich aufs grüne Holz;
da kam ein Reiter geritten stolz.

4. »Ach, Mädchen, liebes Mägdelein,
was sitzest du hier so ganz allein?
Ist dirs dein Vater oder Mutter krank
oder hast du heimlich einen Mann?«

5. »Mir ist nicht Vater noch Mutter krank
und ich habe auch nicht noch einen Mann!
Heut sind's gerade sieben Jahr,
da mein Geliebter Abschied nahm!«

6. »Ich reiste einst durch eine Stadt,
da dein Geliebter Hochzeit hatt'!
Was wünschest du ihm nun dafür,
dass er die Treue gebrochen dir?«

7. »Ich wünsch ihm Glück und Segen
auf allen seinen Wegen!
Ich wünsch ihm Glück und Wohlergehn,
soviel als Sternlein am Himmel stehn!«

8. »Ach, Mädchen, liebes Mägdelein,
ich bin ja der Geliebte dein!
Hättest du mir einen Fluch getan,
wär ich geritten auf meiner Bahn!«

DVA = A 163302, Sammlung Christian Nützel, Helmbrechts (Oberfranken), 1932

LINDENSCHMIDT

1. Es ist nit lang, dass es geschah,
dass man den Lindenschmid reiten sah
auf einem hohen Rosse;
er reit den Rheinstrom auf und ab,
hat sein gar wohl genossen, ja genossen.

2. »Frisch her, ihr lieben G'sellen mein!
Es muss sich nur gewaget sein,
Wagen, das tut gewinnen;
wir wöllen reiten Tag und Nacht,
bis wir ein Beut gewinnen.«

3. Dem Markgrafen von Baden kam neue Mär,
wie man ihm ins G'leit gefallen wär,
das tät ihn sehr verdrießen;
wie bald er Junker Casper schreib:
Er sollt ihm ein Reislein dienen.

4. Junker Casper zog dem Bäurlein ein Kappen an,
er schickt ihn allzeit vorne dran
wohl auf die freie Straßen:
ob er den edlen Lindenschmid fänd,
denselben sollt er verraten.

5. Das Bäurlein schiffet über Rhein,
er kehret zu Frankenthal ins Wirtshaus ein:
»Wirt! Haben wir nichts zu essen?
Es kommen drei Wägen, seind wohl beladen,
von Frankfurt aus der Messen.«

6. Der Wirt, der sprach dem Bäurlein zu:
»Ja, Wein und Brot hab ich genug,
im Ställ, da stehn drei Rosse,
die seind des edlen Lindenschmid,
er nährt sich auf freier Straßen.«

7. Das Bäurlein dacht in seinem Mut:
Die Sache wird noch werden gut,
den Feind hab ich vernommen;
wie bald er Junker Casper schreib,
dass er soll eilends kommen!

8. Der Lindenschmid, der hätt einen Sohn,
der sollt den Rossen das Futter tun,
den Habern tät er schwingen:
»Steh auf, herzliebster Vater mein!
Ich hör die Harnisch' klingen.«

9. Der Lindenschmid lag hinterm Tisch und schlief,
sein Sohn, der tät so manchen Rief [Ruf],
der Schlaf hatt' ihn bezwungen.
»Steh auf, herzliebster Vater mein,
dein Verräter ist schon kommen.«

10. Junker Casper zu der Stuben eintrat,
der Lindenschmid von Herzen sehr erschrak.
»Lindenschmid, gib dich gefangen!
Zu Baden an dem Galgen hoch,
daran so sollst du hangen!«

11. Der Lindenschmid, der war ein freier Reutersmann,
wie bald er zu der Klingen sprang:
»Wir wollen erst ritterlich fechten!«
Es waren der Bluthund also viel,
sie schlugen ihn zu der Erden.

12. »Kann und mag es denn nit anders gesein,
so bitt ich um den liebsten Sohnen mein,
auch um meinen Reutersjungen,
und haben sie jemands Leids getan,
darzu hab ich sie gezwungen.«

13. Junker Casper sprach nein darzu:
»Das Kalb muß entgelten der Kuh;
es soll dir nicht gelingen,
zu Baden in der werten Stadt
muss ihm sein Haupt abspringen.«

14. Sie wurden alle drei gen Baden gebracht,
sie saßen nit länger denn eine Nacht;
wohl zu derselbigen Stunde,
da ward der Lindenschmid gericht,
sein Sohn und der Reutersjunge, ja Junge.

Hermann Strobach, Droben auf jenem Bergen, Rostock 1984, Nr. 8b (nach einer Liedflugschrift aus Basel, um 1610; u. a. abgedruckt bei Ludwig Uhland, Alte hoch- und niederdeutsche Volkslieder, Bd. 1, Stuttgart 1844, Nr. 139A)

LOSGEKAUFTE

1. »Schiffer auf! Erwache noch einmal!
Schiffer auf! Erwache noch einmal!
Denn ich hab noch einen Vater,
und der Vater errettet mich gewiss!«

2. »Vater, ach, versetze deinen Hut
und errette mir mein junges Leben.«
[Wiederholung]

3. »Meinen Hut versetze ich ja nicht,
dein junges Leben errette ich ja nicht.
Darum Schifflein, du musst sinken,
und die wunderschöne Anna muss ertrinken.«

4. »Schiffer auf, erwache noch einmal,
Schiffer auf, erwache noch einmal,
denn ich hab noch eine Mutter,
und die Mutter, die errettet mich gewiss.«

5. »Mutter, ach, versetze deinen Rock
und errette mir mein junges Leben.«
[Wiederholung]

6. »Meinen Rock versetze ich ja nicht,
dein jung Leben errette ich ja nicht.
Darum Schifflein, du musst sinken,
und die wunderschöne Anna muss ertrinken.«

7. »Schiffer auf, erwache noch einmal!
Schiffer auf, erwache noch einmal,
denn ich hab noch eine Schwester,
und die Schwester, die errettet mich gewiss.«

8. »Schwester ach, versetze deine Brosch'
und errette mir mein junges Leben!«
[Wiederholung]

9. »Meine Brosch' versetze ich ja nicht,
dein jung Leben errette ich ja nicht.
Darum Schifflein, du musst sinken,
und die wunderschöne Anna muss ertrinken.«

10. »Schiffer auf, erwache noch einmal!
Schiffer auf, erwache noch einmal,
denn ich hab noch einen Bruder,
und der Bruder, der errettet mich gewiss.«

11. »Bruder, ach, versetze deine Uhr
und errette mir mein junges Leben.«
[Wiederholung]

12. »Meine Uhr versetze ich ja nicht,
dein jung Leben errette ich ja nicht.
Darum Schifflein, du musst sinken,
und die wunderschöne Anna muss ertrinken.«

13. »Schiffer auf, erwache noch einmal!
Schiffer auf, erwache noch einmal,
denn ich hab noch einen Geliebten,
und der Geliebte, der errettet mich gewiss.«

14. »Geliebter, ach, versetze deinen Ring
und errette mir mein junges Leben.«
[Wiederholung]

15. »Mein Ring? Der ist schon längst versetzt,
mein Ring, der ist schon längst versetzt.
Darum Schifflein, komm zum Strande!«
Und die wunderschöne Anna kam zu Lande.

DVA = A 141917, vorgesungen von Veronika Reder, Haselbach (Unterfranken; Bischofsheim an der Rhön), aufgezeichnet von Carl Hartenstein, 1933

MÄDCHEN UND FÄHNRICH (A)

1. Es wohnt ein reicher Schlächtersmann,
bei Koblenz an dem Rheine,
der hat ein einz'ges Töchterlein,
die schlief so gern alleine.

2. »Ach Tochter, Herzenstochter mein!
Hör was die Leute reden:
Sie sagen, du liebst Herzfähnrich so sehr,
das kann ich gar icht leiden!«

3. »Ach Mutter, Herzensmutter mein,
lassen Sie die Leutchen reden;
und wenn Herzfähnrich angeritten käm,
so wüsst ich nicht, wer's wäre.«

4. Und als es kam um die Mitternacht,
Herzfähnrich an ihr Fenster klopft:
»Feinsliebchen, willst du mit?«

5. »Ach Fähnrich, Herzensfähnrich mein,
warten Sie eine kleine Weile,
bis dass ich meine Kleider zusammengerafft,
dazu meine flunkerne [!] Seide.«

6. Und als sie ihre Kleider zusammen hat,
sie ließ sich aus dem Fenster herab,
Herzfähnrich an die Seite.

7. »Ach Fähnrich, lieber Fähnrich mein!
Lassen Sie ihr Pferdchen springen.«
Und sie ritten über Berg und tiefes Tal,
und sie ritten über Berg und Steine.

8. Da begegnet ihr ein reicher
Schlächtersmann [!]
mit siebzig fetten Schweinen:
»Guten Morgen, guten Morgen, lieber
Schlächtersmann,
wem gehören diese fetten Schweine?«

9. »Die gehören dem reichen
Schlächtersmann
bei Koblenz an dem Rheine.« –
»Mein'm Vater wünsch ich eine
wohlschlafende Nacht,
meiner Mutter aber keine.«

10. Und sie ritten über Berg und tiefes Tal,
und sie ritten über Berg und Höhle [!];
da begegnet ihr ein reicher Lieutenant,
dem bieten sie schönen guten Morgen.

11. »Schön'n Dank, schön'n Dank, Herzfähnrich mein,
wollen Sie ihr Feinsliebchen nicht verkaufen?
Ich will Ihnen geben groß Geld, groß Gut,
dazu ein Rhein [!] Gebäude.«

12. »Sie kostet mir nicht groß Geld, groß Gut,
sie kostet mir Ehr und Leben,
drum werd ich sie kein'm andern geben.«

DVA = E 1934; aufgezeichnet in Kolberg (Pommern), 1845; »ein Soldat sang's«

*Motiv von einer undatierten Liedflugschrift;
Sammlung DVA Freiburg i. Br.*

MÄDCHEN UND FÄHNRICH (B)

1. Es wohnt ein reicher Kaufmannssohn
zu Kolberg an dem Rheine,
der hatt' ein einzigs Töchterlein,
die war so ganz alleine.

2. Und als es war um Mitternacht,
kam der Fähnrich angeritten,
er klopft mit seinem goldnen Ring:
»Jungfer Röschen, bist du drinnen?«

3. »Ach Fähnrich, Herzensfähnrich mein,
wart' nur noch eine Weile,
bis ich meine Kleider zusammenleg'
und flecht mein Haar mit Seide.

4. Ach Fähnrich, Herzensfähnrich mein,
lass nur dein Füchschen springen,
ich glaub, die Mutter hat's gehört,
ich hört ein Schlüsslein klingen.«

5. Sie sprang wohl aus dem Fenster raus,
dem Fähnrich an die Seite,
sie ritten über Berg und Tal
bis auf die grüne Heide.

6. Da kam ein reicher Kaufmannsherr [!]
Mit siebzig fetten Schweinen:
»Ach Kaufmann, lieber Kaufmannsherr,
wem gehör'n denn all die Schweine?«

7. »Sie gehör'n dem reichen Kaufmannsherrn
zu Kolberg an dem Rheine.« –
»Gehören sie dem reichen Kaufmannsherrn
zu Kolberg an dem Rheine,
so wünsch' ich meinem Vater tausend gute Nacht,
meiner Mutter aber keine.«

DVA = A 119 214; aufgezeichnet von Ludwig Steglich in Großenhain (Sachsen), vor 1929

MÄDCHEN UND HASEL (A)

1. Es wollt' ein Mädchen spazieren gehn,
gar schön war sie gezieret,
was sah sie da am Wege stehn?
Ein'n Sagebaum, sehr grüne.

2. »Sag mir, sag mir, du Sagebaum,
wovon bist du so grüne?« –
»Wovon dass ich so grüne bin,
das will ich dir wohl sagen:

3. Es fällt ein grüner Tau auf mich,
davon bin ich so grüne;
sag mir, sag mir, du Mägdelein,
wovon bist du so schöne?«

4. »Wovon dass ich so schöne bin,
das will ich dir wohl sagen:
Ich esse Semmel und trinke Wein,
davon bin ich so schöne.«

5. »Sag mir, sag mir, du Mägdelein,
wo bist du hin gewesen?« –
»Wo ich hin gewesen bin,
das will ich dir wohl sagen:

6. Ich will mein'm Schatz entgegen gehn,
dann werd' ich wied'rum kommen.« –
»Schweig still, schweig still, du Mägdelein,
du bist schon hin gewesen.

7. Du hast von Kraut ein Kränzelein
In seinem Arm gelassen.« –
»Schweig still, schweig still, du Sagebaum,
ich tu dich nicht anschauen.

8. Ich hab' zwei stolze Brüderlein,
die sollen dich abhauen!« –
»Hau'n sie mich nur im Winter ab,
im Sommer grün' ich wieder.

9. Ein Mädchen, das ihre Ehr' verlieret,
die kriegt sie nimmer wieder.
Ein Mädchen, die ihre Ehr' will haben,
muss fein zu Hause bleiben.

10. Sie muss sich fein ins Bett rein legen
mit ihrem zarten Leibe.
Hin tanzen kann sie auch wohl gehn
bei Tag' und Sonnenscheine.

11. Bei Sonnenschein und wiedrum ein,
dann hat sie Ruhm und Ehre.
Bei finstrer Nacht und Mondenschein
ist keine Ehr' vorhanden.«

DVA = E 3342, aus Gramzow in der Uckermark (Brandenburg), 1844 (»Sagebaum« = Sadebaum, wacholderähnliches Nadelholz; bereits in der Antike in der Heilkunde verwendet, galt als Zauber- und Abtreibungsmittel)

MÄDCHEN UND HASEL (B)

1. Es wollt 's fein Mädel früh aufstehn,
wollt' rote Röslen brechen,
was oben am hohlen Wege stehn, aber stehn;
ein Haselnussstauden war grüne.

2. »So grüß' di Gott, traut Haselnussstaud'n,
z' wen bist du denn so grüne?« –
»So dank' dir's Gott, du schöne Magd, aber Magd,
z' wen bist du denn so schöne?«

3. »Von wen dass ich so schöne bin,
das kann ich dir schon sagen,
ich iss weiß Brot, trink' Met und Wein, aber Wein,
von die bin ich so schöne.«

4. »Isst du weiß Brot, trinkst Met und Wein,
von die du bist so schöne,
steh ich in Reif, in kühlen Tau, aber Tau,
von die bin ich so grüne.«

5. »Stehst du in Reif, in kühlen Tau,
davon du bist so grüne,
hab ich zween oder drei Bub'n stolz, aber stolz,
sie werdn di abhauen.«

6. »Ei, haun sie mi in Winter ab,
in Summer grün' ich wieder;
aber wenn ein Mädel ihr Ehr' verliert, aber verliert,
nit mehr kriegt sie die wieder.

7. Fein's Mädel, wennst am Tanzbod'n gehst,
schla' deine Äugeln nieder,
gi' du nit iden Bub'n Red, aber Red,
Gott wird dein Ehr behüten.

8. Fein's Mädel, wennst am Heimweg gehst,
schau di nit weiter ummer,
ei, hat ein Knäbel Lieb' zu dir, aber dir,
schon nachi wird er kummen.«

9. »Hab' Dank, hab' Dank, traut Haselnussstaud'n,
hab' Dank für deine Lehre,
itz wollt' ich zu mein' Büble gehn, aber gehn,
nu tu ich wieder ümmkehren.«

10. »Geh furt, du wunnerschöne Maid,
du derfst nit mehr ümmkehren;
jed's Mädel derf zen Buben gehn, aber gehn,
in Züchten und in Ehren.«

*Alois Hruschka und Wendelin Toischer, Deutsche Volkslieder aus Böhmen,
Prag 1891, S. 119f., Nr. 28a (aus Eger)*

*Motiv von einer undatierten Liedflugschrift zu einem anderen Lied; Sammlung DVA Freiburg i. Br. –
Die Melodieangabe, »Schillers Ton«, wird ab 1500 und im ganzen 16. Jh. häufig zu vielen verschiedenen
Texten verwendet, die Identifizierung mit einer bestimmten Melodie fällt allerdings schwer. Möglicherweise
gehört sie zu einem geistlichen Lied, mit dem auch die Schlacht bei Murten 1476 besungen wurde.*

MÄDCHEN UND LANDSKNECHT (A)

1. Es ging ein braun Mägdlein über den Steg,
begegnet ihm ein braver Landsknecht.
»Gott grüß euch, Jungfrau reine!
Wollt ihr des Nachts mein Schlafbuhl sein,
so ziehet mit mir heime.«

2. »Ich mag nicht reiten, ich mag nicht gehn,
ich muss des Morgens früh aufstehn,
so manchen Reichstaler zu lösen [verdienen];
mein Mütterlein hat mich ausgesandt
zum Guten und nicht zum Bösen.«

3. Er nahm das Mägdlein bei der Hand,
führt es in ein Korn, und das war lang.
Sie beide lagen beisammen,
bis dass der helle Tag anbrach,
der Bauer kam gegangen.

4. »Du magst mir ein braver Landsknecht sein,
du legst dich ins Korn, und das ist mein,
gar teuer musst du mir's bezahlen,
mit Silber und mit rotem Gold,
mit lauter dicken Talern.«

5. Das Mägdlein war voll grimmigen Zorn,
sie warf ihr Kränzlein in das Korn.
»Hier hab ich mein' Ehr' gelassen
bei einem braven Soldaten gut,
er wird mich nicht verlassen.«

6. Was zog er aus seinem Beutel gut?
Dreihundert Dukaten, die waren rot.
»Die geb' ich für deine Ehre;
halt du dich zu mir, wie ich zu dir,
ich hab der Reichstaler mehre.«

7. »Was soll ich mit Silber und rotem Gold tun,
ist doch mein Vater ein reicher Kaufmann,
führt er sein Gut in Schwaben;
er hat der Ung'rischen Dukaten so viel,
frisch auf! Nun woll'n wir's wagen.«

nach: *Tugendhaffter Jungfrauen und Jungen Gesellen Zeitvertreiber*
[um 1690]; DVldr Nr. 162.

MÄDCHEN UND LANDSKNECHT (B)
(MÄDCHEN UND MATROSE)

1. Es stieg ein Mädchen wohl in ein Schiff,
ein stolzer Matrose wohl zu ihr spricht:
»Ei, woher denn, du schönes, junges Mädchen?
Kannst heute nacht bei mir Schläf'rin sein,
denn ich schlaf' so ganz allein.«

2. »Bei mir zu schlafen, das kannst du nicht,
denn meine Eltern erlauben's nicht.
Meine Mutter, die hat mich ausgeschickt,
sie hat mir einen Taler in die Hand gedrückt
für solch' einen jungen Matrosen.«

3. Er nahm das Mädchen wohl bei der Hand
und führt sie an des Schiffes Rand,
und sie schliefen nun so fröhlich beisammen,
bis dass der helle Tag anbrach,
und es fuhr ein Schiff vom Lande.

4. »Auf, Matrosen, es ist schon Zeit,
denn wir sind alle zuvor bereit!«
Und sie lichten so fröhlich die Anker,
stecken ihre Fahne auf den sogenannten Mast,
und es fuhr ein Schiff vom Lande.

5. Und als das Mädchen nach Hause kam
und es die böse Schand' vernahm:
»Ei, du Luder, wo bist du denn gewesen?
Wir haben dich die liebe lange Nacht gesucht
und konnten dich nicht finden.«

7. »Ei, ich war's bei einem jungen Matrosen
auf einem großen langen Schiff verirrt
und konnte nicht entreißen;
meine Ehr' hat er mir genommen,
ist gezogen in die weite, weite Welt.«

aus Aschbach im Elsass, 1903; nach: August Kassel und Joseph Lefftz, Elsässische Volkslieder, Straßburg 1940 [Umbruchexemplar einer geplanten Ausgabe, von der deutschen Wehrmacht verboten, weil das Buch natürlich auch französische Lieder und die Marseillaise enthielt]

MÄDCHENMÖRDER (A)
(GERT OLBERT)

1. Wel will met Gert Olbert utriden gon,
det mot sick kleiden in Samt un Seiden,
de mot sick snören int rode Gold.

2. Dat wull de schöne Helena don,
se wull met Gert Olbert utriden gon,
se dei sick kleiden in Samt un Seiden,
se dei sick snören int rode Gold.

3. Helena de kiekt tom Fenster herut:
»Nu kom, Gert Olbert, un hale de Brut!«
He nam se bi er brunsidene Kleed,
he swung se wull achter sick up sin Perd.

4. Se ridden de grüne Heide entlank,
se ridden drei Dag und drei Nächte lank:
»Gert Olbert, Gert Olbert, mein Schätzelein,
es muss auch gegessen und getrunken sein!«

5. »Do giernter [da hinten], unner
giernter gent Linnenbom
da soll gegessen und getrunken sein.«
Se satten neder int grüne Gras,
den külen Win drunken se ut dat Glas.

6. Und giernter an giernter gent Linnenbom
do hingen wol sierwen [sieben] Jungfräulein schon;
de achte dat sall Helena sin,
de achte dat moste Gert Olbert sin.

7. »Wust du di keisen [wählen] den Dannigenbom
oder wust du di keisen den Waterstrom
oder wust du di keisen dat blanke Schwert?«

8. »Ick will nich keisen den Dannigenbom,
ick will nich keisen den Waterstrom,
vierl leiwer keis ick dat blanke Schwert,
dat is Helena er Häufd [Haupt] wol wert.«

9. »Treck ut, treck ut din sidene Kleed!
Jungfräulik Bloot springt wit un breet,
wenn et di besprützde, dat dei mi leed.«

10. Un as he sick had ter Siden [zur Seite] gekert,
do nam Helena dat blanke Schwert,
do flog sin Häufd wol öwer dat Perd.

11. Do sprak to er dat falske Hert:
»Wol achter min Perd do hangt en Ho'n [Horn],
do mot Helena in blosen don.«

12. »Dorin te blosen dat wör nich got,
dan leipen mi alle de Mörders no,
as wie de Hunde den Hasen dot.«

13. Frau Jutte de kek tom Fenster herut:
»Helena, wo ist mein Sönelein,
Helena, wo ist dein Schätzelein?«

14. »Dein Sönelein lebt und ist nicht tot,
he sitt unner giernter Linnenbom
un spierlt met sierwen Jungfräulein schon,
de achte de soll Helena sin,
de achte de most he sölwer sin.«

nach: Ludwig Uhland (1842) = Paul Alpers, Alte niederdeutsche Volkslieder mit ihren Weisen, Münster 1960, Nr. 5

*Motiv von einer Liedflugschrift 1561;
Sammlung DVA Freiburg i. Br.*

MÄDCHENMÖRDER (B)
(SCHÖN ALBRECHT)

1. Schön Albrecht wollt' spazieren gehn,
rot Ännchen wollte auch mit gehn,
sie gingen wohl beide in grünen Wald
und kamen an eine Rasenbank.

2. Schön Albrecht setzt sich nieder,
rot Ännchen war sehr müde.
Sie legte den Kopf in Albrechts Schoß
und weinte, dass die Träne floss.

3. »Rot Ännchen, warum weinest du?
Weinest du um deines Vaters Gut?
Weinest du um deinen stolzen Mut?
Oder ist dir schön Albrecht nicht gut genug?«

4. »Ich weine nicht um meins Vaters Gut,
auch nicht um meinen stolzen Mut,
schön Albrecht ist mir gut genug,
schön Albrecht ist mir gut genug.

5. Ich weine um die elf Jungfräulein,
die hängen an den Bäumelein.« –
»Und weinst du um die elf Jungfräulein,
so sollst du nun die zwölfte sein.«

6. »Soll ich denn nun die zwölfte sein,
so verleih mir [erlaube mir] noch drei Schreierlein.«
Den ersten Schreier, den sie tat,
rief sie ihrem lieben Vater nach.

7. Den zweiten Schreier, den sie tat,
rief sie ihrer lieben Mutter nach;
den dritten Schreier, den sie tat,
rief sie ihrem lieben Bruder nach.

8. Der Bruder saß beim kühlen Wein,
der Schall, der kam zum Fenster rein.
»Nun hört, ihr Brüder alle,
meine Schwester schreit im Walde.«

9. Er hatte das Wort kaum ausgesagt,
schön Albrecht in die Stube reinkam.
»Wovon sind deine Schuhe voll Blut?« –
»Ich habe geschlacht' ein Turteltäubelein.«

10. »Das Turteltäubelein, das du geschlacht',
hat meine Mutter zur Welt gebracht.
Sie ist erzogen mit Semmel und Wein,
es war ja mein jüngstes Schwesterlein.«

11. Rot Ännchen ward gefunden,
schön Albrecht ward gebunden,
rot Ännchen ward ins Grab gelegt,
schön Albrecht ward fürs Rad gelegt.

12. Rot Ännchen gingen die Glocken so schön,
schön Albrecht fraßen die Raben so kleen.

aus Pechau in Sachsen-Anhalt, um 1855; Sammlung L. Parisius
(vgl. I. Weber-Kellermann, Ludolf Parisius und seine altmärkischen
Volkslieder, Berlin 1957, Nr. 6)

MÄDCHENMÖRDER (C)

1. Mariechen saß auf einem Stein,
Mariechen saß auf einem Stein.

2. Da fing sie an zu weinen.
[Wiederholung]

3. Da kam ihr Bruder Karl herein.

4. »Mariechen, warum weinest du?«

5. »Ich weine, weil ich sterben muss.«

6. Da kam der böse Fähnderich.

7. Der stach Mariechen durch das Herz.

8. Da fiel sie tot zu Boden.

9. Da kamen ihre Eltern.

10. »Wo ist denn unser Mariechen?«

11. »Die ist schon längst gestorben.«

12. »Wer hat sie denn getötet?«

13. »Das war der böse Fähnderich.«

Lydia Eberle, Kinderreime aus der Holzschwanger Gegend (Bayrisch Schwaben), in: Aus dem Ulmer Winkel, Nr. 3 (1929), S. 12

Neben dem Bänkelsänger, der vom Vortrag und vom Verkauf seiner Liedflugschriften lebte, war der Drehorgelmann (hier um 1850) eine typische Person auf Markt, Straße und Jahrmarkt. Die Texte der Liedflugschriften nannten als Melodiehinweis oft den ›Ton‹ eines sehr populären Liedes, nach dem viele weitere Texte gesungen werden konnten. Gleiches gilt für die Schlager der Drehorgel, zu deren Melodien man neue Texte dichtete und aussang. Moralisch belehrende Unterhaltung und politische Sensationsnachricht waren in dieser Zeit noch keine getrennten Bereiche. Kopie im DVA; vgl. O.Holzapfel, Liedflugschriften, Heft 1–3, München 2000, Teil 3, S. 58.

MÄDCHENMÖRDER (D)

1. Es wollt ein Metzger wohl über den See;
was fangt er an: ein neues Lied,
ein Liedchen aus heller Stimme,
über Berg und Tal soll's klingen.

2. Das gehört [hört] sich dem König sein Töchterlein
in ihrigem Vater sein Schlösselein.
»Ach, könnt ich nur singen wie jene [jener?],
wär' ich aller Jungfräulein 's gleich.«

3. »Jungfräulein, wollt Ihr mit mir gehn,
dort draußen im Wald hab ich sieben Schlösser stehn,
dort will ich Euch lehren singen,
über Berg und Tal soll's klingen.«

4. Er nahm sie bei ihrigem goldenen Schloss [Gürtel]
und schwenkt [schwingt] sie hinter sich auf sein Ross,
er reitet geschwind und auch balde
durch den stockfinsteren Walde.

5. Da saßen zwei Turteltauben,
die Tauben tate[n] girren:
»Jungfräulein, Ihr lasst Euch verführen.«

6. Der Metzger zieht den Mantel aus
und schreitet [breitet] ihn auf das grüne Gras.
»Jungfräulein, jetzt müsst Ihr mir [mich] lausen
mein gelbgraues Härlein durchsauchen [suchen].«

7. Er schaut ihr in die Augen:
»Warum weinst du, schön Jungfrauen,
Jungfrau, ach lasst das Weinen sein,
sonst müsst Ihr ja die zwölfte sein,
müsst ja die oberste hangen,
müsst Königin werden über die anderen.«

8. »Ach Metzger, liebster Metzger mein,
erlaubet mir zwei Kreischelein,
zu kreischen wohl durch den Walde,
über Berg und Tal soll's schalten [schallen].«

9. Den ersten Kreisch, den sie tat,
den tat sie der lieben Mutter Gottes zu:
»Ach Mutter, komm mir zu Hände,
sonst hat mein Beben [Leben] ein Ende.«

10. Den zweiten Kreisch, den sie tat,
den tat sie ihrem jüngsten Bruder zu:
»Ach Bruder, komm mir bei Hände,
sonst hat mein Leben ein Ende.

11. Mein Bruder ist ein Jägersmann,
der all Gewilder [Wild] schießen kann.«
Er lasst sein Hündelein schreiten [!],
er hört sein Schwesterlein schreien.

12. Er nahm sie bei ihrer schneeweißen Hand
und führt sie in ihres Vaters Land:
»So Schwester, nun bist du daheim,
trau nur keinem Metzger mehr am Rhein.«

*DVA = A 148 644, vorgesungen von Charles Kuhn, Weisweiler,
Saargemünd (Lothringen), 1936*

*Motiv von einer Liedflugschrift 1669;
Samlung DVA Freiburg i. Br.*

MÄDCHENMÖRDER (E)

1. Der Heinrich wollt spazieren gehn,
Radinchen wollt auch mit ihm gehn.

2. Und als der Heinrich in' Wald rein kam,
Radinchen ihm entgegen kam.

3. Der Heinrich zog den Mantel aus,
Radinchen legte sich darauf.

4. Sie legte den Kopf auf seinen Schoß
und weinte, dass die Träne floss.

5. »Radinchen, warum weinest du?« –
»Ich seh elf Jungfrauen hängen schon.«

6. »Siehst du elf Jungfrauen hängen schon,
so sollst du heut die zwöfte sein.«

7. »Soll ich denn heute die zwölfte sein,
so erlaube mir, dreimal nach Hause zu schrein.«

8. Den ersten Schrei hat sie getan,
da rief sie Gott im Himmel an.

9. Den zweiten Schrei hat sie getan,
da rief sie Vater und Mutter an.

10. Den dritten Schrei hat sie getan,
da rief sie Bruder und Schwester an.

11. Der Bruder saß beim kühlen Wein.
Der Schall der schlug zum Fenster rein.

12. »Ach Gäste, liebe Gäste mein, ich hör
meine Schwester im Walde schrein.«

13. »Hörst du deine Schwester im Walde
schrein, so geh und mach sie vom Galgen frei.«

14. Und als der Bruder in' Wald rein kam,
Radinchen tot an der Eiche hang [hing].

DVA = A 223 128; aufgezeichnet unter deutschsprachigen Siedlern aus Wolhynien (Russland), 1944

MÄDCHENMÖRDER (F)

1. Es ritt ein Ritter über die Ried,
er stimmt an ein neues Lied;
ein Liedlein von dreierlei Stimmen,
schöne Jungfraun vom Haus heraus springen.

2. »Ei tätest du mich so schön singen lehren,
ich gäbe dir wohl meine Treu, meine Ehr!« –
»Gibst du mir deine Treu und deine Ehr,
ich werde dich schön singen lehren.«

3. Er nahms bei ihrem schwarzseidenen Kleid
und schwangs hinauf aufs hohe Roß.
Er reitet so schnell und so balde
in einen stockfinsteren Walde.

4. Er reitet vorbei vor ein Haselnußstaudn,
dort sitzen zwei weiße Turteltauben;
die können so wunderlich kirren:
»Schöne Jungfrau, laß dich nicht verführen!«

5. »Du lügst, du lügst aus deinem Kragen!
Wir müssen noch weiter hinvor jagen;
dorthin zur selbigen Tonne,
wo Wasser und Blut herausronne.«

6. Und als sie weiter hinvorkam,
breitet der Ritter den Mantel auf.
»Schöne Jungfrau, tu mich ein wenig lausen,
meine goldfarbenen Haarlein aufkrausen.«

7. Und das erste Haarlein, das sich rührt,
eine Träne schlägts dem andern zu.
Der Ritter, er schaut ihr unter die Augen:
»Schöne Jungfrau, was tut dich bedauern?

8. Bedauerst du deines Vater Gut,
bedauert dich dein stolzer Mut?« –
»Mich bedauert die selbige Tonne,
wo Wasser und Blut herausg'ronnen.«

9. »O Jungfrau, liebste Jungfrau ein,
lass dir das nicht so seltsam sein!
Elf Jungfrauen sind schon ermordet,
die zwölfte sollst du heut werden.«

10. »O Ritter, liebster Ritter mein,
erlaub du mir drei Schreierlein!« –
»Drei Schreierlein erlaub ich dir gerne,
ist niemand im Wald, der dich höret.«

11. Den ersten Schrei, den sie tut,
tuts ihrem herzgeliebten Vater zu:
»O Vater, o Vater, komm balde,
sonst muss ich heut sterben im Walde!«

12. Den zweiten Schrei, den sie tut,
tuts der herzgeliebten Mutter zu:
»O Mutter, o Mutter, komm balde,
sonst muss ich heut sterben im Walde!«

13. Den dritten Schrei, den sie tut,
tuts dem herzgeliebten Bruder zu:
»O Bruder, o Bruder, komm balde,
sonst muss ich heut sterben im Walde!«

14. Der Bruder, der war ein Jägersmann,
der alle Tierlein schießen kann.
Er ließ seine Hündelein schleichen,
sein Schwesterlein höret er schreien.

15. Er hebet auf die rechte Hand
und schoss den Ritter auf einmal z'samm:
»Hast du wollen mein Schwesterlein haben,
hast du jetzt den Lohn empfangen!«

16. Er nahm sie bei ihrer schneeweißen Hand
und führte sie ins Vaterland.
»Zu Hause tu hausen und bauen,
keinem Ritter, dem darfst du nicht trauen!«

H. Dreo und S. Gmasz, Burgenländische Volksballaden, Wien 1997 (COMPA, 7), S. 185 f., Nr. 31/2 (aufgezeichnet in Ödenburg, o. J.)

MANNSTOLLES MÄDCHEN (A)

1. Ein Mädlein an ein'm Laden [Fenster] stund,
es schrei [schreit] überlaut:
»Hätt' ich einen jungen Knaben,
der mir die Lauten schlüg'
und ein kleines Geiglein mit ihm trüg'!«

2. Das erhört ein junger Knab'
ein weidlicher [tüchtiger] Gesell,
er ließ ihm ein Geiglein machen
von Silber und von rotem Gold.
O weh, liebes Mädlein, ich bin dir hold.

3. Da das Geiglein gemachet ward,
da trat er der Lieben für [vor] die Tür.
»Bist du, fein's Lieb, da innen,
so tritt zu mir herfür.
O weh, liebes Mädlein, gefall' ich dir?«

4. »Du gefällst mir aus der Maßen wohl,
ich will mit dir davon,
mit dir über die Heide,
meinen Freunden [Familie] zu Spott und zu Leide.«
O weh, liebes Mädlein, es wird dir Leid.

5. Da sie über die Heide kam,
das Mädlein gedacht' sich müd.
»Hätt' ich vier Ross' und Wagen,
der mich ein' Weile trüg.
O weh, lieber Hans, wie bin ich so müd.«

6. »Vier Ross' und Wagen vermag ich nit,
ich vermag ein' Bettelsack,
und mag er dich gehelfen [helfen];
ich häng' dir'n an deinen Hals.«
O weh, liebes Mädlein, nun hab' dir das.

7. »Des Bettelsacks, des will ich nit,
ich bin kein' Pilgerin,
ich bin ein's Malers Töchterlein
dort nieden an dem Rhein.«
O weh, lieber Narro [Narr], was will ich dein?

8. Da es an die Kleider ging,
das Mädlein, das trauert sehre.
»So will ich's meiner Mutter sagen,
das ich hab' verloren meine Ehre.
O weh, liebe Mutter, wie trauerst [du] so sehre.«

9. Der uns das Liedlein neu gesang,
von neuem gesungen hat,
das hat getan ein Salzburger;
Gott geb ihm ein fein's gut's Jahr.
O weh, liebes Mädlein, nimm ihn beim Haar!

*DVldr Nr. 126; nach: Liederhandschrift des Valentin Holl,
Nürnberg um 1524*

*Motiv von einer Liedflugschrift 1714;
Sammlung DVA Freiburg i. Br.*

MANNSTOLLES MÄDCHEN (B)
(MALERS TÖCHTERLEIN)

1. Zu Nürnberg da steht ein hohes Haus,
da fliegt alle Morgen eine Taube heraus.

2. Die Taube die hat einen weißen Fuß,
sie schwingt sich Frau Malerin in ihren Schoß.

3. »Gott grüß euch, Frau Malerin hübsch und fein!
Wo habt ihr euer schwarzbraunes Töchterlein?«

4. »Mein Töchterlein ist noch viel zu klein,
sie schläft wohl noch ein Jahr allein.«

5. »Ein Jahr, ein Jahr ist mir zu lang!«
Sie schwingt sich von der Erden wohl auf die Bank.

6. Und von der Bank schnell auf den Tisch:
»Seht, liebe Frau Mutter, wie groß bin ich!«

Georg Scherer, Deutsche Volkslieder, Leipzig 1866, S. 55

MARIA UND DER SCHIFFMANN

1. Maria ginget, sie ging
über den Tron [Thron?],
sie nimmt ihr heiliges Buch
in ihre Hand.

2. Sie ginget so lange,
sie ging so schön,
bis Maria Mutter Gottes
zu dem Schiffmann kommt.

3. »Schiffmann es hör,
Schiffmann es hör,
wollt ihr mich nicht fahren
übers tiefste Meer?«

4. »Über tiefste Meer
fuhr ich niemand,
und wann mir schenkt
die liebe Frau
ihr heilige Ehr!«

5. »Mein heilige Ehr
gib ich nicht her,
lieber werd ich waten
übers tiefste Meer.«

6. Maria hebt auf
ihr seidenes Gewand
und tretet in das Meer,
in das trockene Land.

7. No, wie Maria
in die Mitt' hinein kommt,
so sieht sie schon
den Schiffmann zu Grunde gehn.

8. No, wie Maria
ins Land hinaus kommt,
so fangen alle Glöcklein
zu läuten an.

9. Sie läuten so schön,
sie läuten so lang,
bis Maria Mutter Gottes
zum Kreuzbaum kommt.

10. Der Kreuzbaum,
der ja dort steht,
wo Maria Mutter Gottes
ihr Herz betrübt.

11. Wer das Liedlein
wohl alle Freitag singt,
dem verzeiht der liebe Herr Jesu Christ
alle seine Sünd.

12. Alle seine Sünd und Missetat,
was er in seinem Lebenstag begangen hat.
Ihr Sünder, bekehrt's euch,
der Himmel ist süß.

Karl Horak, »Wochentagslieder aus Münnichwies«, in: Karpathenland 4 (1931), S. 63f. (»Freitaglied«)

MARIA UND DIE ARME SEELE

1. Ach, unsere liebe Frau,
die wollt' wandern geh'n,
sie wandert wohl
über eine Heid'.

2. Und wie sie's übri kommt
über die grüne Heid',
da fangen alle Glöcklein
zu läuten an.

3. Und wie sie's eini kommt
zur himmlischen Tür,
da sprach gleich der Petrus:
Komm einer zu mir.

4. Ach, unsere liebe Frau,
die soll einergeh'n;
und die arme Seel'
soll draußten bleiben steh'n.

5. Ei, wenn die arme Seel'
soll draußten bleiben steh'n,
viel lieber will i
für sie in die Hölle eingeh'n.

6. Die hat mir alle Samstag Nacht
ein Lichtlein gebrennt,
ein Lichtlein gebrennt
bis am hellichten Tag.

7. Ei, hat denn das Samstaglicht
so viel ausgemacht,
so dass die arme Seel'
in den Himmel gebracht.

*Irene Thirring-Waisbecker, »Volkslieder der Heanzen« [Burgenland],
in: Zeitschrift für österreichische Volkskunde 21/22 (1915/16), S. 185*

MARIA UND DIE ESPE (A)

1. Unsre liebe Frau reist übers Gebirg,
da begegnet ihr Sankt Jauer und Sankt
   Jirg [Georg].
»Wo gehest du hin, du heiliges Weib,
hast Jesum getragen in deinem Leib.«

2. Unsre liebe Frau ist hochgebor'n,
sie hat ihren lieben Sohn verlor'n.
Sie suchten ihn bei Tag und bei der Nacht
mit großen Schmerzen und großer Angst.

3. »Josef, du liebster Zimmermann mein,
ach zimmre mir doch ein Wiegelein
zimmre es hübsch und zimmre es fein,
es soll für das zarte Herz Jesulein [sein].«

4. Dort oben auf dem Berg, dort gehet
   der Wind,
dort wieget Maria ihr liebes Kind,
sie wiegt es mit ihrer schneeweißen Hand,
der Engel, der bracht ihr das Wiegen-
   band.

DVA = A 52 364; aufgezeichnet in Sauerwitz (Schlesien), o.J. [um 1914]

MARIA UND DIE ESPE (B)

1. Die halige [heilige] Maria
ging über das Gebirg,
begegnet ihr der Ritter,
der Ritter Sankt Girch.

2. Die halige Maria
ging durch den grünen Wald,
da beugten sich alle Bäumelein,
ob jung oder alt.

3. Die große, die Espe,
die neiget sich nicht,
dafür da muss sie zittern
bis auf das Jüngste Gericht.

4. Bis auf das Jüngste Gericht,
bis auf den Jüngsten Tag,
weil sie sich vor Maria
nicht geneiget hat.

DVA = A 182 640; aufgezeichnet von Albert Brosch in Eger (Böhmen), 1936 (angeblich um 1867 gelernt)

MARIAE WANDERUNG

1. Maria, du sollst auswandern gehn,
sollst alle Länder ausgehn;
sollst alle Länder ausgehn,
um zu suchen ihren lieben Sohn.

2. Wer begegnet ihr auf der Reise?
Sankt Petrus, der heilige Mann,
Sankt Petrus, der heilige Mann!
»Habt Ihr nicht gesehen meinen Sohn?«

3. »Gestern Abend spät hab' ich ihn gesehn
vor einem Judenhaus,
vor einer Judentür:
Stand Jesus ganz traurig dafür.«

4. Was trägt Jesus auf seinem feinem Haupte?
Von Dornen eine heilige Kron',
von Dornen eine heilige Kron';
das Kreuz, das trägt Jesus schon.

5. Das Kreuz muss Jesus tragen
nach Bethlehem wohl in die Stadt,
nach Bethlehem wohl in die Stadt,
wo Jesus gelitten hat.

6. »Maria, du sollst nicht weinen
und auch nicht traurig sein:
Den Himmel haben wir erworben,
der Himmel ist mein und dein.

7. Den Himmel haben wir erworben
durch unser rosenfarbnes Blut,
durch unser rosenfarbnes Blut:
Kommt all den Sündern gar zu gut!«

Carl Köhler und John Meier, Volkslieder von der Mosel und Saar, Halle a. S. 1896, Nr. 1b (aufgezeichnet in Pflugscheid, Saarbrücken, 1892) »Das Lied wird besonders viel von Bettlern gesungen, die am Kirmess-Montag und Dienstag Kuchen betteln gehn.«

MARIENS TRAUM

1. Es träumte einer Frau
ein wunderschöner Traum.
Hei, was wuchs denn unter ihrem Herze[n]?
Ein wunderschöner Baum.

2. Der Baum, der wuchs in die Höh,
in weite, breite Welt,
er bedeckte mit seinen Ästlein
die ganze Christenheit.

3. Die Ästlein waren's rot,
sie glänzten wie das Gold.
Hei, das macht ja weil Jesus Christus
gehanget war an das Holz.

4. Die Kinder auf der Straße
verspotten ihren Gott.
Hei, wer weiß, konnt [können] sie's wohl beten
die heilige[n] zehn Gebot?

5. Und wer das Liedlein sang,
Mann oder Frau,
dem steht's der Himmel offen,
und die Höll ist zugebaut.

DVA = A 102 103; aufgezeichnet von Ellinor Johannson in Alt-Krim auf der Krim, 1928 (aus dem Archiv Leningrad [St. Petersburg], Sammlung Viktor Schirmunski)

MARKGRAF VON BACKENWEIL

1. Horchet zu und schweiget still!
Wir singen vom Markgrafen von
   Backenwil,
wie es ihm ist ergangen.
Er ist gezogen in ungrischen Krieg,
bei den Türken ward er gefangen.

2. Er blieb gefangen sieben Jahr,
er schrieb gar oft um sein Kaution
   [Lösegeld],
kein Antwort tat er empfangen.
Das war dem Herrn ein schwere Buß,
kein'm Menschen konnt er's klagen.

3. Graf Backenwil lag in einem Stall,
er hatte eine Kette um den Hals
Und eine an den Füßen.
Die Lebensnahrung, wo er hatt,
musst er mit den Hunden genießen.

4. Er ward vor einen Pflug gespannt,
viel Hunger und Durst er oft empfand.
Ganz hart wurd er geschlagen.
Das war dem Herrn ein schwere Buß,
kein'm Menschen konnt er's klagen.

5. Er ward zum vierten Mal verkauft,
zum fünften Mal dass er's nicht weiß.
Es tat den Türk verdrießen,
er rufte [!] seinem Diener zu,
morgen müsst er ihn totschießen.

6. Der Diener war bereit geschwind,
geht in den Stall, wo er ihn find,
und tut das ihm ansagen:
Er soll sich rüsten zu dem Tod,
morgen wird er ihn totschießen.

7. »Du hast mir schon so oft gesagt
von deinem Gott, er wär so stark,
bitt ihn zu dieser Stunde:
Es ist kein Mensch mehr auf der Welt,
der dir mehr helfen könnte.«

8. Graf Backenwil kniet sieben Stund,
bis er vor Ohnmacht niedersunk,
sank nieder auf die Erde.
Er schlief nur eine kleine Weil,
sollt ihm gleich besser werden.

9. Indem er schlief eine kleine Weil,
kam er dreihundertfünfzig Meil.
Und als er draus erwachet,
so lag er unter einem Baum
ganz nah bei seinem Schlosse.

10. Graf Backenwil sah hin und her,
er sah ein Mägdlein bei der Herd.
Er sagt ganz unverdrossen:
»Ach, Mägdlein, liebes Mägdelein,
sag mir, wem gehört das Schlosse?«

11. »Es gehört dem Grafen von Backenwil,
der ist schon lang gestorben.
Er ist gezogen in ungrischen Krieg,
bei den Türken ist er verdorben.«

12. »Ach, liebes Kind, tu mir noch
   weiter sagen,
was sein denn jenes für Kutschen
   und Wagen
oder was tut hier passieren?
Was ist heut für ein Fest,
dass alle dorthin marschieren?«

13. »O, lieber Bruder [Pilger], ich
   will dir sagen,
die gnädige Frau will Hochzeit haben.
Sie lässt sich kopulieren [verheiraten]
mit einem Herrn von Falkenstein,
drum tun sie dorthin marschieren.«

14. »Hab Dank, mein liebes Mägdelein,
fürwahr ich will auch sein dabei.
Ich will mich adressieren.«
Er nahm den Stock in seine Hand,
tut langsam zum Schlosse marschieren.

15. Und als er vor die Pforte kam,
der Portner schaut ihn gar sauer an.
»Wo kommst du her getreten?
Packe dich nur gleich davon,
man braucht hier keinen Bettler!«

16. »Ach, Gott, ich bin kein Bettler nicht,
hab Kommission [Auftrag, Nachricht]
   an d'gnädig Frau.
Bin durch d'Türkei gegangen,
ich sah den Herrn von Backenwil,
sehr übel ist es ihm ergangen.«

17. Der Diener sprach: »Pack dich
   gleich davon,
man braucht hier kein Kommission,
tu nur nicht disputieren,
oder ich nehm den Stock zur Hand
und tu dich fest abschmieren.«

18. Graf Backenwil ging traurig davon,
er blieb draußen vor dem Tor
und dacht in seinem Herzen,
der liebe Gott weiß alles schon,
mit dem will ich nicht scherzen.

19. Der Diener war bereit, geschwind
geht zu der Frau, wo er sie find,
und tut das ihr ansagen,
es sei ein Armer vor dem Tor
mit jammervollen Klagen.

20. »Lass nur den Armen kommen her,
möcht wissen, was sein Begehren wär,
eh es zur Kirche läutet.«
Er kommt geschwind zur gnädigen Frau
und sagt: »Ich muss berichten.

21. Ich bin durch d'Türkei gegangen,
ich sah den Herrn von Backenwil,
sehr übel ist ihm ergangen.« –
»Ach, lieber Mann, tu mir weiter sagen,
was tut er für Kleider tragen?

22. Mein Kind [!], tu mir noch
   weiter sagen:
Was tut er für ein Kleidung tragen?
Was trägt er für einen Kittel?
Was führt er für eine Liverei [Livree]?
Oder was für einen Titel?«

23. »Er trägt auf sich ein langen
   Leinenrock,
keinen Hut hat er auf seinem Kopf,
keine Schuh an seinen Füssen.
Die Lebensnahrung, wo er hat,
tut er mit den Hunden genießen.«

24. »O, lieber Mann, tu mir noch
   weiter sagen,
anstatt der Freuden hör ich Klagen,
wo könnt ich ihn antreffen?
Ich will dich gern mein Leben lang
für mein eignes Kind anrechnen.«

25. »O, gnädige Frau, wollt Ihr das tun,
so gebet euere Hand dazu.
Seht hier meinen kleinen Finger!
Ach, Schatz, wenn du mich sonst
   nicht kennst,
kennst du noch das goldene Ringelein.«

26. Da gnädige Frau den Ehering sah,
fiel sie dem Markgraf um den Hals,
tut ihn ganz freundlich küssen.
Mein erster Ehemann lebt ja noch,
kein anderer soll mir werden!«

27. Die Herren waren alle sehr erfreut,
dankten Gott in Ewigkeit
von wegen den Wunderdingen.
Dem Bräutigam war es ein Leid,
dass er musst leer von hinnen.

Joseph Lefftz, Das Volkslied im Elsass, Bd. 1, Colmar 1966, Nr. 10 (aufgezeichnet 1880 und 1937)

MEERERIN (A)

Wie früh ist auf die Meererin,
die schöne, junge Meererin!
Sie stehet am Morgen gar frühe auf,
sie gehet die Wäsche waschen zum breiten Meer,
5   zum breiten Meer, zur tiefen See.
Sie richtet an, sie wäschet weiß.
Von weitem da schwimmt ein bunt's Schifflein her;
drinnen da sitzet ein Schiffmann jung.
»Guten Morgen, guten Morgen, du Meererin,
10   du schöne, du junge Meererin!«
Die schöne, die junge Meererin:
»Schönen Dank, schönen Dank, du Schiffmann jung!
Guten Morgen hab' ich wenig!« –
»Wieso, wieso, du Meererin,
15   du schöne, du junge Meererin?« –
»Nur so, nur so, du Schiffmann jung.
Zu Hause hab' ich einen bösen Mann,
einen bösen Mann, einen jungen Sohn.
Bei Tage läßt mir mein Mann keine Ruh,
20   bei der Nacht läßt mich der Sohn nicht schlafen.« –
»Nur nichts, nur nichts, du Meererin, du Meererin,
du schöne, du junge Meererin.«
Er zieht einen Ring vom Finger.
»Nimm hin, nimm hin, du Meererin,
25   du schöne, du junge Meererin!« –
»Ich bin nicht die schöne Meererin,
ich bin ja die Windelwascherin.« –
»Tritt herein zu mir in mein Schifflein klein,
du schöne, du junge Meererin,
30   drinnen hab' ich vielerlei Pfeiflein,
da wirst du ausklauben, was für eines du wirst wollen,
Das wirst du geben dem jungen Sohn.«
Also sprach der Schiffmann jung.
Die schöne, die junge Meererin,
35   sie tritt wohl in das Schifflein klein;
er gab dem Schifflein nur einen Stoß,
sie ist fort gewesen bis zum roten Sand.
»Ei große Gnad, ihr Schiffmann jung,
wer wird mir versorgen meinen jungen Sohn?« –
40   »Wer wird wollen, wird ihn versorgen.« –
»Wo führt ihr mich hin, wo komm ich hin?« –
»Nur nichts, nur nichts, du Meererin,
du schöne, du junge Meererin;
dort siehest du ein weißes Gschloss,

45 dort wirst du sein meine Frau Kellnerin,
meine Kellnerin, meine Schlüsselträgerin.« –
»Ei hier, ei hier, ihr Lieber mein,
wollte Gott, ich würd eure arme Dirn.«
Er gab dem Schifflein einen zweiten Stoß
50 und sie sind gleich gewesen bei einem weißen Gschloss.
Dort grüßen sie sie und halsen sie sie
und küssen sie, die Meererin,
die schöne, die junge Meererin.
Sie ist dort gewesen sieben ganze Jahr,
55 sieben ganze Jahr und drei Tage.
Wie um nun waren die sieben Jahr,
die sieben Jahr und drei Tage,
also da spricht die Meererin,
die schöne, die junge Meererin:
60 »Ei hier, ei hier, du Lieber mein,
mein Herzle tut mir etwas wehe,
um meinen jungen Sohn.« –
»Nur nichts, nur nichts, du Meererin,
du schöne, du junge Meererin;
65 schau außen, schau außen beim Fenster weiß,
zum breiten Meer, zur tiefen See;
dort stehet, dort stehet ein dürrer Kirschenbaum.
So gewiss der Kirschenbaum Laub wird tragen,
so gewiss gehst du zum jungen Sohn.«
70 Und morgens steht sie gar frühe auf;
sie schauet außen beim Fenster weiß:
»Ei hier, ei hier, du Lieber mein,
schau außen beim Fenster auf den Kirschbaum schön:
Der Kirschbaum blühet, er ist blütenweiß.«
75 Sie sitzen wohl ins Schifflein klein
und fahren dahin übers breite Meer;
dort hüteten wohl drei Hirtle klein.
Zwei Hirtlein waren beide so lustig,
nur das dritte hielt sich leidig.
80 Also da spricht die Meererin,
die schöne, die junge Meererin:
»Ei Hirtle, ei Hirtle, du liebes mein,
warum hältst du dich so leidig?« –
»Wie sollt ich mich nicht leidig haben!
85 Gerade heut sind sieben Jahre um,
als meine Mutter ist gegangen waschen weiß
zum breiten Meer, zur tiefen See
und zurück ist sie nicht mehr kommen.
Daheim hab ich einen bösen Vater, eine böse Stiefmutter.«

90 Also da spricht die Meererin,
   die schöne, die junge Meererin:
   »Tritt immer zu mir, du mein Hirtle klein,
   bei mir wirst du sein der junge Sohn,
   der junge Sohn, der schöne Sohn.
95 Ich bin deine Mutter, die Meererin,
   die schöne, die junge Meererin.«

J. von Laas, in: [Zeitschrift] Heimgarten 8 (1884), Heft 11,
S. 864 f. = Gottscheer Volkslieder, Bd. 1, Volksballaden, hrsg.
von R. W. Brednich und W. Suppan, Mainz 1969, Nr. 57 a
(ohne Strophenzählung)

Dorfstraße in Gottschee (Max Ruppe, Salzburg, 1930);
Sammlung DVA Freiburg i. Br.

MEERERIN (B)

Übertragung:

1. Bie vrie ischt auf de Mârarin,
dai scheane, dai junge Mârarin!

1. Wie früh ist auf die Meererin,
die schöne, die junge Meererin.

2. Shi schteanet schmoaronsch guer vrie auf,
shi geanet baschen dai baiße Bäsch.

2. Sie steht des Morgens gar früh auf,
sie gehet waschen die weiße Wäsche.

3. Zan proitn Mâr, zan tiefn Sheab;
shi hâvet uen, shi baschet schean.

3. Zum breiten Meer, zum tiefen See,
sie hebet an, sie waschet schön.

4. Am Mâr, due shbimmet a Schiffle kloin,
atine due shizent zbean junge Hearn:

4. Auf dem Meere, da schwimmet ein Schifflein klein,
darinnen da sitzen zwei junge Herr'n.

5. »Guet(n) Moarn, guet(n) Moarn, scheanai Mârarin,
du scheanai, du jungai Mârarin.«

5. »Guten Morgen, guten Morgen, schöne Meererin,
du schöne, du junge Meererin!«

6. »Schean Donk, schean Donk, ier jungen Hearn,
vil gueten Moarn hon i a beank!«

6. »Schönen Dank, schönen Dank, ihr jungen Herr'n
viel gute Morgen hab' ich gar wenig!«

7. Vom Nâgel ar ziechet a Ringerle:
»Nimm hin, du scheanai Mârarin!«

7. Vom Finger zieht er ein Ringelein:
»Nimm hin, du schöne Meererin!«

8. »I pins et dai scheane Mârarin,
i pin ju dai Bintlbascharin.«

8. »Ich bin nicht die schöne Meererin,
ich bin ja die Windelwäscherin.«

9. Drêf shezent shai she ins Schiffle kloin
unt vuerent ibr's proaite Mâr.

9. Drauf setzen sie sich ins Schifflein klein
und fahren übers breite Meer.

10. »Du pischt laiber dai scheane Mârarin,
dai scheane, dai junge Mârarin!«

10. »Du bist eben doch die schöne Meererin,
die schöne, die junge Meererin!«

Hinweise zum Dialekt: â (Mâr = Meer) und ê sind lange Vokale; auslautend e (junge) ist zumeist ein flüchtiger Laut, auch z. B. in »guer« = gar; anlautend w ist »b« transkribiert (bie = wie, baiße = weiße) [hier eine vereinfachte Transkription]

DVA = A 202 305 (und hochdeutsche Übertragung), aufgezeichnet von Richard Wolfram unter Frauen und Kindern aus der Gottschee (Slowenien) im Lager Kapfenberg (Steiermark), 1954 = Gottscheer Volkslieder, Bd. 1., Volksballaden, hrsg. von R. W. Brednich und W. Suppan, Mainz 1969, Nr. 57r [zweizeilige Melodie]

MORD AN DER BRAUT (A)

1. Es war ein reicher Bauernsohn,
er liebte ein armes Mädchen;
er hatt' ihr versprochen die heilige Eh',
fürwahr, er wollt sie nicht lassen stehn,
fürwahr, er wollt sie nehmen.

2. Und als er über die Gasse ging,
begegnet ihm eine reiche.
»Ach Gott, ach Gott, was fang ich an,
dass ich die arme verlassen kann!
Die reiche wär' mir lieber.«

3. Die reiche gab ihm einen Rat,
er sollt' die arme umbringen:
»Nimm du ein Gläschen mit
 Branntewein
und tu ein halb Lot Gift darein,
und gibs der armen zu trinken-«

4. Und als er vor das Lädlein kam,
wollt' sie ihn nicht aufnehmen:
»Steh nur auf, steh nur auf, schöns
 Schätzle mein!
Ich hab ein Glas mit Branntewein,
tu meine Gesundheit trinken!«

5. Als sie davon getrunken hat,
wollt' sie's ihm wieder geben:
»Trink' nur aus, trink' nur aus, schöns
 Schätzle mein!
Ich hab keinen Durst nach Branntewein,
ich bin im Wirtshaus gewesen.

6. Und als sie's ausgetrunken hat,
wollt' ihr das Herz zerspringen:
»Komm heraus, komm heraus, schöns
 Schätzle mein!
vielleicht gibts noch ein Kräutelein,
das deiner Gesundheit dienet.«

7. Und als er in den Wald 'naus kam,
tät er sie gar umbringen;
er machte ein Gräblein über dem Rhein [!],
und machte das Gräblein viel zu klein,
darein tritt er sie mit Füßen.

8. Es schaute zu ein Hirtenbub,
die Sach' blieb nicht verschwiegen.
»Verflucht sei alles Geld und Gut,
das in der Welt florieren tut,
hätt' ich meine arme behalten!«

Ernst Meier, Schwäbische Volkslieder, Berlin 1855, Nr. 197 (aus Wurmlingen, Württemberg); »Die arme Braut«

MORD AN DER BRAUT (B)

1. Ein freiheitlicher Sohn
liebt eine Bauernmagd.
Was ist geschehen?
Was ist geschehen?

2. Sie hatten sich verpflicht'
einander zu lassen nicht,
eher zu sterben.

3. Seinen Eltern war's nicht recht,
weil sie war von einem Bauersgeschlecht;
sie täten ihm's wehren.

4. Wie's war die St. Jürgen Nacht,
ein Pistol zu ihr gebracht
mit zwei Kugeln geladen.

5. Er steigt zum Dach hinein
zur Herzallerliebsten sein,
wo sie tät schlafen.

6. Sie war im ersten Schlaf
und war erst fünfzehn Jahr,
und musst ihr Leben lassen.

7. Er setzt das [!] Pistol leis' an ihr Herz,
drückt los mit großem Schmerz,
sie tät sehr schreien.

8. Schrie: »O Jesu, Maria mein,
wolltest mir gnädig sein
an meinem Ende!«

9. Er steigt zum Dach hinaus
er läuft zu sein Vaterhaus,
wollt sich verstecken.

10. Sein Gewissen ließ es nicht zu,
es gab ihm keine Ruh
auf allen Ecken.

11. Es wurde lärmend bekannt,
ihre Eltern schlugen die Händ
übers Kind zusammen.

12. Er läuft auf den Wald zu,
es lässt ihn keine Ruh
auf allen Ecken.

13. Er wurde hineingeführt,
in die Stadt geführt.
Dort musst er sitzen,
bis es kam aus der Atlation [Gericht o. ä.],
sein Urteil war gefällt.

14. Er wurde hinausgeschleppt,
in einer Rindshaut war sein Weg
für das Gericht eben.

15. Er sprach: »Ihr Eltern arm und reich,
habt ihr auch Kinder zugleich,
wehret euren Kinder nicht,
dass ihnen nicht so geschicht [geschieht]
wie mir jetzunder.

16. Ich leid' gern den Tod,
als [um] meine Herzliebste dort
ewig zu sehen.

17. Allweltliche Lustbarkeit,
ich reis' in die Ewigkeit,
gelobt sei Jesu!«

18. Der Kopf ward ihm geschlagen ab,
gelegt ins kühle Grab;
das kann die Liebe,
das kann die Liebe!

DVA = B 43 283; Karl Hübl, Volkslieder aus dem nördlichsten Schönhengsterland [Mähren], in: Mitteilungen zur Volks- und Heimatkunde des Schönhengster Landes 22 (1926), S. 22 f., »Der freiheitliche Sohn«

MORDELTERN (A)

1. Es hatt' ein Gastwirt einen Sohn,
er ließ ihn etwas lernen schon,
das Schlosserhandwerk eben;
und wie er ausgelernet hatt',
gab er sich auf die Wanderschaft
und tat sich was versuchen.

2. Als 16 Jahre waren um,
er als Gesell nach Hause kam,
seine Eltern zu besuchen;
stellt sich an wie ein Fremder hier,
bat höflich um ein Nachtquartier,
gab sich nicht zu erkennen.

3. Ach Gastwirt, lieber Gastwirt mein,
schreib an die Zeche groß und klein,
morgen will ich bezahlen,
ach Gastwirt, lieber Gastwirt mein,
hebt ihr auch auf mein Ränzelein
und tut es wohl verwahren.

4. Darin hab ich ein schön Stück Geld,
was ich ersparet in der Welt,
in meinen jungen Jahren;
darinnen hab' ich Wäsch', ein Buch,
und was man sonst noch haben muss,
tut mir es wohl verwahren.

5. Die Tochter nahm ein Licht zur Hand
und leuchtet ihm ganz unbekannt,
und führte ihn zu Bett.
Ach Jungfer, liebste Jungfer mein,
hat sie nicht noch ein Brüderlein,
dass sie muss all's verrichten.

6. Ach ja, ich hab der Brüderlein
schon zwei gehabt im Leben,
der eine ist gestorben fein,
nur erst vor 14 Tagen,
der andre wird sein lange tot,
wir haben in 16 Jahr
kein Wort von ihm
   können erfahren.

7. Ach glaube liebe Schwester mein,
ich bin dein einzig's Brüderlein,
der jetzt tut vor dir stehen.
Drauf schenkt er ihr ein schön Goldstück,
schweig still und sags den Eltern nicht,
sonst muss ich wieder aufstehen.

8. Die Schwester folgte seinem Rat
und hat den Eltern nichts gesagt,
und tat zu Bette gehen.
Wie es nun kam um Mitternacht,
die Eltern von dem Schlaf erwacht,
täten das Geld besehen!

9. Das machte ihnen frisch'n Mut,
sie sprachen, jetzt könnt's werden gut,
wenn wir ihn nun erschlügen.
Der Böse ließ ihn'n keine Ruh,
sie gingen auf die Kammer zu
und tat'n ihn erschlagen.

10. Wie nun der erste Schlag geschah,
der Gesell aus dem Schlaf erwacht,
und tät erbärmlich schreien:
Soll ich in meines Vaters Haus
mein junges Leben hauchen aus
und meinen Geist aufgeben?

11. Ach Jesu an des Kreuzes Stamm,
nimm doch meine arme Seele an,
tu mir mein' Sünd verzeihen.
Die Schwester hört das groß Geschrei,
lief eilend nach der Kammer hin,
und tät erbärmlich schreien:

12. Verwünscht sind doch die Hände dein,
die mir mein einzig Brüderlein
so schmerzlich tun umbringen.
Verwünschte Stund, die Mutter sprach,
da ich das Geld besehen hab'
und sprang sogleich in' Brunnen.

13. Der Vater stach sich selbst in' Hals,
so wurde alles ermordet bald,
ach, was ist das vor Jammer!
Die Schwester starb vor Herzeleid,
den Freunden bracht's viel Traurigkeit.
Gott behüte uns doch alle!

nach: DVA = Bl 1145 (Staatsbibl. Berlin Yd 5738 I. 33), Liedflugschrift »Sechs schöne Lieder...«, ohne nähere Angaben [um 1800/20]

*Motiv von einer undatierten Liedflugschrift;
Sammlung DVA Freiburg i. Br.*

MORDELTERN (B)

1. Es waren mal zwei Bauernsöhn,
sie hatten Lust in den Krieg zu gehen,
wohl um Soldat zu werden.

2. Und als sie wieder nach Hause kamen,
Frau Wirtin schaut zum Fenster heraus
mit ihren schwarzbraunen Augen.

3. Frau Wirtin hat sie nicht eine Gewalt,
dass sie ein Reiter über Nacht behalt,
den Reiter und sein Pferdelein?

4. So viel Gewalt das hab ich schon,
was einer Frau Wirtin gehören soll,
ein Reiter zu logieren.

5. Stell du dein Pferd in den hinteren Stall,
komm zu mir in den oberen Saal,
mein Mann ist nicht zu Hause.

6. Und als er in die Stube 'nein trat,
Frau Wirtin ihm entgegen sprang
und wünscht ihm guten Abend.

7. Er setzt sich gleich oben an den Tisch,
sie bracht ihm gebackenen Fisch,
dazu ein Glas mit Wein.

8. Frau Wirtin trag sie mir nur auf, was ihr wollt,
ich hab brav Silber und rechtes Gold
und auch Ungrische Dukaten.

9. Und als es war um Mitternacht,
die Frau zu ihrem Manne sprach:
Den Reiter wollen wir ermorden!

10. Ach nein, ach nein, das darf nicht sein,
lass du den Reiter nur Reiter sein,
das bleibt uns nicht verschwiegen.

11. Die Frau die ging in allem Fleiß,
sie macht gleich Schmutz [Fett] im Pfännel heiß
und goss dem Reiter in sein Hals.

12. Sie nahm ihn bei der kühlen Hand,
schleppt ihn in den Keller unter den Sand:
Da liegst und bleibst verschwiegen.

13. Den andern Morgen, als Tag es war
und als es war am Morgen früh,
da kam dem Reiter sein Kamrad.

14. Wo habt ihr euren Reiter? –
Der Reiter und der ist nicht mehr,
der Reiter und der ist weiter.

15. Der Reiter und der kann nicht weiter,
im Stall steht sein Pferdelein
mit Sattel und mit Zäume.

16. Habt ihr dem Reiter etwas Leids getan,
es ist fürwahr eurer eigner Sohn,
der aus dem Krieg ist gekommen.

17. Die Mutter hängt sich in den Brunnen hinein,
der Vater in den Keller hinein,
die Tochter kam von Sinnen.

18. O du verdammtes Geld und Gut,
brachst manches um sein junges Blut,
wohl um sein junges Blut.

Curt Mündel, Elsässische Volkslieder, Straßburg 1884, Nr. 16 (aufgezeichnet in Schönenburg bei Weißenburg)

MORDELTERN (C)

1. Es reiten aus zwei Reiterlein,
zwei gute Kameraden;
sie reiten vor das Neuwirtshaus,
Frau Wirtin schaut zum Fenster raus:
»Frau Wirtin, ist sie drinnen?«

2. »Ach ja, ach ja, ich bin schon hier,
stellt eure Pferd' im Stall dahier,
gute Wirtschaft sollt ihr haben!«

3. Als der Reiter zu der Tür neitrat,
sein Geldgurt auf dem Tische warf:
Frau Wirtin soll's aufheben!

4. Frau Wirtin sprach zu ihrem Mann:
»Wollen wir dem Reiter das Leben nahm
   [nehmen]?
Das Reiterlein hat viel Gelder [Geld].«

5. Sie nahm alsdann das Licht in die Hand
und führt den Reiter unbekannt
   [unerkannt]
wohl in die Kammer schlafen.

6. Dann macht sie Schmalz in der
   Pfannen heiß
und goss's dem Reiter in den Hals,
das Reiterlein muss verbrennen.

7. Des Morgens, als der Tag anbrach,
da kam sein andrer Kamerad:
»Ei, Kamerad, bist du drinnen?«

8. »Ach nein, ach nein, er ist nicht hier,
ist gestern abend schon abmarschiert,
er ist nicht hier geblieben.«

9. »Ach nein, ach nein, das kann nicht sein,
mein Kamerad muss drinnen sein,
meinen Kamerad muss ich finden.«

10. Da sucht man aus das ganze Haus
und noch dazu das Kellerhaus:
Das Reiterlein tut sich finden.

11. »Frau Wirtin, was hat sie getan?«
Hat umgebracht ihr'n eignen Sohn,
ihren Sohn hat sie getötet.

12. Den Reiter legt man in das Grab,
Frau Wirtin stellt man auf das Rad,
Frau Wirtin wird gerädert.

DVA = A 200 416, Liedersammlung Nicolaus Mitbach, Neudrossenfeld bei Kulmbach (Oberfranken), vor 1911

MORDKNECHT

1. Es reit't ein Herr und auch sein Knecht
wohl über eine Heide, die war schlecht,
und alles, was sie red'ten da,
war alles von einer wunderschönen Frau.

2. »Ach Schildknecht, lieber Schildknecht
   mein,
was red'st du von meiner Frauen,
und fürchtest nicht mein' braunen Schild
   [Schwert]?
Zu Stücken will ich dich hauen.«

3. »Euern braunen Schild, den fürcht
   ich klein,
der lieb' Gott wird mich wohl behüten.«
Da schlug der Knecht sein' Herrn zu Tod:
Das geschah wegen Fräuleins Güte.

4. »Nun will ich heimgehen landwärts ein
zu einer wunderschönen Frau. –
Ach Fräulein, gebt mir's Botenbrot;
euer edler Herr und der ist tot
so fern auf breiter Heide.«

5. »Und ist mein edler Herre tot,
darum will ich nicht weinen;
den schönsten Buhlen, den ich hab',
der sitzt beim mir daheime
   mutteralleine.«

6. »Nun sattel mir mein graues Ross;
ich will von hinnen reiten.«
Und da sie auf die Heide kam,
die Lilien täten sich neigen
auf breiter Heide.

7. Auf band sie ihm sein' blanken Helm
und sah ihm unter sein' Augen.
»Nun muss es Christ geklaget sein,
wie bist du so zerhauen
unter dein' Augen!

8. Nun will ich in ein Kloster zieh'n,
will den lieben Gott für dich bitten,
dass er dich ins Himmelreich will lassen;
das geschah durch meinen Willen!
Schweig stille!«

9. Wer ist, der uns den Reihen [Lied] sang,
Matthias Deger ist er genannt,
beim Trunk hat er's gesungen.
Er ist sein'm Widersach'r von Herzen
   feind,
zu ihm kann er nicht kommen,
   ja kommen.

nach: Ludwig Uhland, Alte hoch- und niederdeutsche Volkslieder, 2. Auflage, Bd. 1, Stuttgart 1881, S. 159f.

MORINGER

1. Wollt ihr hören fremde Mär
   [Nachricht],
die vor Zeiten und eh' geschah,
von dem edlen Moringer,
wie er zu seiner Frauen sprach
des Nachts, da er bei ihr lag.
Er umfing die zarte Fraue fein,
der Freuden Spiel er mit ihr pflag
   [pflegte].

2. Er sprach: Herzliebe Fraue,
vernimm mein' Red' fürwahr;
alle Ehren ich euch getrau [anvertraue],
wollt Ihr warten sieben Jahr?
Abenteuer sind mit bekannt;
nun gebt mir Urlaub zarte Frau,
denn ich will in Sankt Thomas Land.

3. Da sprach die Frau so trauriglich,
sehr betrübet war ihr Mut [Sinn]:
Sagt, edler Ritter reich [mächtig],
wem befehlet Ihr euer Gut;
das sagt mir durch den Willen mein [das
   will ich wissen].
Wem befehlt Ihr Land und Leut,
wer soll mein treuer Pfleger sein?

4. Das tu ich, herzliebe Frau.
Manche werten Dienstmann',
die von euch haben Gut und Ehr',
die sollen euch sein untertan
in Treue, wie Ihr es je gewahrt.
Nun gebt mir Urlaub, liebe Frau,
ich will [für] Gott vollbringen seine Fahrt.

5. In dem Glauben will ich euch nicht
   wecken,
herzliebe Fraue, zart,
zum besten seid Ihr [in] mein' Gedenken.
Ich bin auf der Hinefahrt,
seit ich euch das gelobet hab;
so gebt mir Urlaub, zarte Frau,
ich will es nicht unerledigt [?] lan [lassen].

6. So gesegen euch Gott, edle Frau,
in also tugendhaftem Mut,
alle Ehren ich euch getrau;
Gott hab' uns selbst in seiner Hut
und woll' uns auch beholfen sein;
Sankt Thomas, der viel edle Herr,
der tu [geb] uns seiner Hilfe Schein.

7. Da der edle Moringer
des Morgens aus seinem Bett ging,
da begegnet ihm sein Kämmerer,
das Gewand er von ihm empfing.
Ein Becken mit Wasser bracht' man da,
da nahm er auf seine weiße Hand
und wusch seine lichten Augen klar.

8. Er sprach: Kämmerer, treues Gesinde,
du allerliebster Diener mein,
ob ich die Tugend an dir finde,
dass du pflegst die Frauen mein?
Ich befehl dir's nun sieben Jahr;
komm ich immer [jemals] heim zu Land,
reichlich dich begaben [belohnen] soll.

9. Da sprach der Kämmerer tugendleich
   [tugendlich]:
Edler Ritter, es deucht mich gut,
Ihr bliebet daheim bei eurem Reich;
die Frauen tragen [haben] einen kurzen
   Mut [Sinn].
Vernehmt mich recht, was ich sag,
dass ich die eure Frauen pfleg'
nicht länger denn auf sieben Tag.

10. Da dem edlen Moringer
die fremde Red' war bekannt,
er ging heim in großer Schwer'.
Da er den jungen von Neiffen fand,
da er ihm zum ersten ansah,
wie der edle Moringer
gar züchtiglich zu ihm sprach.

11. Er sprach: Junger Herr von Neiffen,
Ihr allerliebster Diener mein,
ich bitt' euch also tugendlich,
dass Ihr pflegt die Frauen mein.
Ich befehl's euch an der Statt
als [wie] Gott seiner lieben Mutter tät,
da er an das Kreuze trat.

12. Da dem jungen Herrn von Neiffen
dies Abenteuer ward bekannt:
All eure Sorg' lasst euch entschleifen
und zieht in Sankt Thomas Land;
ich gelob' euch sicherlich fürwahr,
dass ich der euren Frauen pfleg',
und wärt Ihr aus dreißig Jahr.

13. Da dem edlen Moringer
die gute Red' ward bekannt,
er vergaß ein Teil da seiner Schwer';
er zog ins Sankt Thomas Land.
Die Abenteuer sag uns fürwahr,
da war der edle Moringer
völlig aus auf sieben Jahr.

14. Da der edle Moringer
in einem Garten lag und schlief,
dem Ritter träumet also schwer;
ein Engel ihm vom Himmel aufrief:
Erwache Moringer, es ist Zeit;
kommst du heut nit heim zu Land,
der jung' von Neiffen nimmt dein Weib.

15. Da ruft der edle Moringer
vor Leid aus seinem grauen Bart:
Mir ist leid und also schwer,
ach Gott, dass ich geboren ward,
soll ich also geschieden sein
von Land und auch von Leuten,
so reuet mich die Fraue mein.

16. Er sprach: Sankt Thomas, edler Herr,
all's mein Leid sei dir geklagt,
dass sich mein' Frau will scheiden von
  [der] Ehr',
die ich habe [ge]bracht zur Würdigkeit.
Ach, ich elender Mann,
nun bin ich hier in fremden Landen,
Gott, der mag's wohl unterstehn
  [verstehn].

17. Da der edle Moringer
alles auf zu Gott rief,
ihm war leid und also schwer,
in seinen Sorgen er wieder einschlief.
Da er erwacht', er wusst nit, wo er was [war],
wie der edle Moringer
daheim bei seiner Mühle saß.

18. Nun dank ich Maria und ihrem Kind,
dass sie mir hand [haben] geholfen her,
dass ich mein' Mühle so schöne find'
nach allen meines Herzens Begehr.
Doch war er gar ein traurig Mann,
da er in sein' Mühlen ging
und ihn niemand [zu] kennen begann.

19. Er sprach: Müller, trauter Freund,
weißt du aus der Burg nit neue Mär,
ob ich die Tugend an dir find',
ich elender Pilger. –
Abenteuer, die weiß ich viel,
wie des edlen Moringers Frau
den jungen von Neiffen heut' nehmen will.

20. Man spricht, der edle Moringer,
der sei in fremden Landen tot,
das ist mir leid und also schwer,
Gott woll' ihm helfen aus aller Not.
Gott gnad' dem lieben Herrn mein,
von dem ich hab' groß Gut und Ehr',
Gott tröst' die liebe Seele sein.

21. Da sprach der edle Moringer,
als [da] er war so ein traurig' Mann:
Ach Gott, nun hilf du mir, nun Herr,
nun rat, wie greif' ich es nun an,
dass ich in meine Burg ja käm'
und von diesem Hofgesind'
an meinem Leib kein Schaden nähm'.

22. Da ging der edle Moringer
an sein eigen Burgentor;
er klopfte an mit großer Schwer'.
Der Torwart sprach: Wer ist davor? –
Sage, Held, der Fraue dein,
es sei hier nieden vor der Burg
ein elender Pilger ein.

23. Nun bin ich doch heut' vergangen [gegangen],
dessen ich müde worden bin;
tu's durch Gott, säum dich nicht lange,
denn in die Burg steht all mein Sinn.
Ich bitt' das Almosen also sehr
durch Gott und Sankt Thomas Willen
und durch des edlen Moringers Ehr'.

24. Der Torwart tät nach sein'm Gebot,
er ging zu der edlen Fraue sein,
er sprach: Edle Frau, bei Gott,
hier nieden steht ein Pilger fein;
er bitt' das Almosen also sehr
durch Gott und Sankt Thomas Willen
und durch des edlen Moringers Ehr'.

25. Da nun die Frau das erhört [gehört]
und den armen Pilger ein,
sie sprach: Nun schließ auf die Pfort'
und lass ihn zu mir herein;
schließ ihm auf das Burgentor
durch Gott und Sankt Thomas Willen,
so will ich's [Almosen] ihm geben ein ganzes Jahr.

26. Da derselbe Torwart
hin schied von der edlen Fraue sein,
da ward der edle Moringer
gelassen in sein' Burg hinein.
Ich dank dir Gott Herr Jesu Christ,
deiner Milde und deiner Güte
dass mir mein' Burg geöffnet ist.

27. Da der edle Moringer
in sein' eigen Burg einging,
ihm war leid und also schwer,
dass ihn nie kein Mann empfing.
Er setzt sich nieder auf ein' Bank,
wie dem edlen Moringer
ein' kleine Weil ward ihm zu lang.

28. Heinacht gegen die Abendstund
die Braut sollt zu dem Bett gan [gehen],
was die Herren an ihm bekund't,
da red't der beste Dienstmann:
Mein Herr Moringer hatt' die Weis' [Sitte],
dass kein Gast auf seiner Burg einschlief,
er sang ihm davor ein' Tageweis' [Lied].

29. Das erhört' [hörte] der junge von Neiffen,
der da Bräutigam sollte sein.
Hört auf mit Lauten und mit Pfeifen,
Herr Gast, singt mir ein Liedelein;
gefällt es den Leuten wohl,
ich gelob' euch sicherlich fürwahr,
reichlich ich euch begaben [Gabe; belohnen] soll.

30. Ein langes Schweigen habe ich gedacht [bedacht],
so will ich aber singen als eh'r,
dazu hand [haben] mich die Frauen [ge]bracht,
die mögen mir wohl gehelfen mehr.
So bitt ich dich, du junger Mann:
[Ich] richt' mich an die alte Braut,
und schlag mit deiner Lauten an.

31. Was ich schaff', so bin ich alt,
davon die Jungen seh'n nicht viel,
dass mir mein Bart ist grau gestalt',
das sie ein' Jungen haben will.
Vor[her] war ich Herr, jetzt bin ich Knecht,
da ist mir auf dieser Hochzeit
ein' alte Schüssel [ge]worden recht.

32. Da die Frau nun das erhört,
betrübt wurden ihre Augen klar;
zuhand' ein gold'ner Becher zart,
den setzt sie dem Pilger dar.
Darin schenkt man den kühlen Wein,
darin der edle Moringer
von rot' Gold sank [senkte] sein Fingerlein [Fingerring].

33. Das zog er ab von seiner Hand,
es war lauter und klar,
als sein Leid sich da verwandt [wendete].
Was ich sing', das ist wahr;
er warf es in den Becher drat [?],
damit ihm seine allerliebste Frau
zum ersten Mal gemählet [vermählet] ward.

34. Er sprach: Weinschenk, traut' Gesell',
du allerliebster Diener fein,
willst du tun, was ich will,
so trag das vor die Fraue dein.
Ich gelob' dir nun sicherlich,
wird mein' Sach' immer besser,
so will ich dich nun machen reich.

35. Ja, sprach der Weinschenk tugendlich,
Ihr allerliebster Pilger, als zuhand.
Er trug ihn vor die Fraue reich,
er gab ihr den Becher in die Hand.
Fraue, liebste Fraue, fein,
das lasset euch nit verschmähen,
das sendet euch der Pilger, ein.

36. Da des edlen Ritters Fraue
das Fingerlein [Ring] in dem Becher sah,
sie begann es eben [zu] schauen.
Nun mögt ihr hören, wie sie sprach:
Mein Herr, der Moringer, der ist hie;
aufstund die Frau gar züchtiglich
und fiel vor ihn auf die Knie.

37. Seid mir willkommen, lieber Herr,
wann [da] Ihr seid allen Leides voll.
Wo seid Ihr gewesen so lang und fern,
Ihr solltet euch gehaben wohl.
Lasst euer solches Trauern sein
und gedenket euch keines Leides,
noch hab' ich die Ehre mein.

38. Die hab ich behalten also fest,
edler Herr, gar sicherlich;
das dünket mich das allerbest',
des dank ich Gott vom Himmelrich
  [Himmelreich].
Ob ich Unrecht hab getan,
zerbrochen mein Fräulein Gelübd',
so sollt Ihr mich vermauern lan
  [einmauern lassen].

39. Da dem jungen Herr von Neiffen
dies' Abenteuer ward bekannt,
all' sein' Freud ward ihm entschliffen,
er ging, da er sein' Herren fand.
Herre, liebster Herre, mein,
zerbrochen hab ich Treu und Eid,
darum schlagt ab das Haupte mein.

40. Da sprach der edle Moringer:
Junger Herr von Neiffen, es soll nicht
  sein;
vergesst ein' Teil der euren Schwer'
und habt [nehmt] euch die Tochter mein,
und lasst mir die alte Braut,
mit der kann ich mich verrichten wohl,
ich will ihr selber bern [gerben] die Haut.

nach: DVA = Bl a 407; Liedflugschrift aus dem Bestand der Palatina, Vatikanische Bibliothek, Rom; gedruckt bei Jacob Frölich in Straßburg, undatiert [um 1550]

MUSKATBAUM

1. Es steht ein Baum in Österreich,
der trägt Muskaten Blumen;
die erste Blume und die er trug,
die brach ein's Königs Tochter.

2. Dazu so kam ein Reiter gegangen,
er freiet des Königs Tochter;
er freiet sie länger denn sieben Jahr',
er konnt sie nicht erfreien.

3. »Lass ab, lass ab, du junger Knab,
du kannst mich nit erfreien,
ich bin viel besser geboren denn [als] du,
von Vater und auch von Mutter.«

4. »Bist du viel besser geboren denn ich,
von Vater und auch von Mutter,
so bin ich dein's Vaters gedingter Knecht
und schwing dem Rösslein das Futter.«

5. »Bist du mein's Vaters gedingter Knecht
und schwingst dem Rösslein das Futter,
so gibt dir mein Vater ein' großen Lohn,
damit lass dich genügen.«

6. »Den großen Lohn, den er mir gibt,
der wird mir viel zu sauer,
wenn ander' Knecht' zum
Schlafkämmerlein gehn,
so muss ich zu der Scheuer.«

7. Des Nachts wohl um die halbe Nacht
das Mägdlein begann zu trauern,
sie nahm ihr' Kleider in ihrem Arm,
sie ging wohl zu der Scheuer.

8. Des Morgens, da der Tag anbrach,
die Mutter begann zu rufen:
»Steh auf, steh auf, du gedingter Knecht,
und geb dem Ross das Futter.«

9. »Das Futter, das ich ihm geben will,
das liegt in meinen Armen,
nächten [gestern] Abend war ich euer
    gedingter Knecht,
euer Eidam [Schwiegersohn] bin ich
    worden.«

10. »Dass du mein Eidam worden bist,
des muss sich Gott erbarmen,
ich hab sie Rittern und Grafen versagt,
dem Schlemmer [Verschwender] ist sie
    worden.«

11. »Dem Schlemmer, dem sie worden ist,
der kann sie wohl ernähren,
er trinkt viel lieber den kühlen Wein,
denn [als] Wasser aus dem Brunnen.«

12. Der uns das neue Liedlein sang,
er hat's gar wohl gesungen,
er ist dreimal in Frankreich gewest
und allzeit wiederkommen.

nach: Ambraser Liederbuch [1582], hrsg. von J. Bergmann, Stuttgart 1845, Nr. 159

MUTSCHELBECK

[1.] WEll mir aber singen
vnd wöl wirs heben an
wol von dem Muschelbecken
vnd wie es jm ergieng.

[2.] Er sprach zu seinem sune [Sohn]:
»vnd setz dich zu dem tisch,
sehin, hab dir zu trincken
vnd seüd [siede] du vns die visch.«

[3.] Do er am aller besten
mit seinen kindenn as,
da kamen die Herren vonn Basel,
vonn Basel auss der Statt.

[4.] Sy rittenn dem Muschelbecken
wol für sein aigen hauss:
»Muschelbeck, bist du dinnen,
so gee zu vns herauss.«

[5.] Da bot er jhn zu trincken,
sy wolltenn nitt den wein,
sy sprachen: »du bist gefangenn
meiner Herren vnd gantzer gmain.«

[6.] »Warumb wölt jr mich fachenn
[fangen],
ich hab euch nichts gethon,
von wegenn meiner falschen frawen,
hat mich verraten lon.

[7.] Jr thun mich zu Basel zeyhenn
[anklagen] –
ich binn vnschuldig dran –,
ich solt mein eelichs weybe
im ofen verbrennet hon.

[8.] Der sach bin ich nit schuldig,
ich hab es nit gethon,
jr klaider liess sy liegenn,
lieff bey der nacht daruon.

[9.] Ich wil mit euch nit reuten
vnd wil mitt euch nit gan;
ich hab fünfftausent guldenn,
wil ich verbürgen lon.

[10.] So hab ich brieff vnd sigel,
die seind so vil wol werdt,
ich hab drey guter mülenn,
die stond auff vester erd.«

[11.] Der vogt der nam die brieffe,
er liess jn fürbass gon,
er sprach: »jr solt in acht tagen
euch zu Basel finden lon [lassen].«

[12.] Er sass widervmm zum tische,
von schwaiss so ward er nass,
er sprach zu seinem sune:
»zepff an das Rappass [Wein] fass.

[13.] Der vnfal wil mich reiten,
der vnfall hatt mir gethon,
ich sag euch, lieben kindlein,
ich bin ain gefangen man.«

[14.] Er gieng mit seinem sune
am nächstenn in den Rat,
do kamen die Herrn von Strassburg,
die ritten auss der Stat.

[15.] Sy sprangtenn Herr
Muschelbeckenn
grausamlich durch seinn Müll [Mühle],
do sprach der Muschelbecke:
»es dunckt mich woll zu vil.

[16.] Jst es nit zu erbarmen?
Was hab ich nun gethon,
das jr mich zwaymal fahenn
wie ain schedlich mann?«

[17.] Er sprach zu seinem Sune:
»gangg sattel mir meinn pferdt,
satels mir meinn falbenn plassen,
fürs mir von stalle her.

[18.] Bring mir mein seydin schaubenn,
bring mir mein seidin gewand
vnd auch mein seydinen däschen,
mein guldin borten daran.

[19.] Seyd ich soll raysig [Reisiger]
werdenn,
so will ich raysig sein.
ich sag euch, liebenn kindlein,
ich kumm lecht nymer haymm [heim].«

[20.] Bald er sich in den sattel,
in seinen sattel schwang,
das jm zway tausent guldin
inn seinem seckel klang.

[21.] Er sprach zu seinem sune:
»kum her, beüt mir dein hand,
ich muss gen Basel ins rechte,
kumm lecht [vielleicht] nymmer haim.«

[22.] »Mir ist meinn Hertz so schwere
wie ainn pleynner [bleierner] stain,
ich bitt dich, lieber Vatter,
bleyb heint [heute] bey mir herhaym.«

[23.] »Herr haim so wer ich geren,
herhaim so wer mir wol:
ich hab dem vogt verhaissen,
dem ich dann halten soll.«

[24.] Als bald er nun gen Strasburg kam
auff des Ammaisters haus,
da schawet der Oberst maister
zu ainem fenster heraus:

[25.] »Nun bis mir Gott willkummenn,
ich main, es gang dir vbel;
mich dunckt, ich solt dich kennen,
bist nit der Beck aus schweytzenn bihel
 [Schweizerbühl]?«

[26.] »Ey ya, ich bin der selbig.
waz hab ich euch gethon?
jr habt mich die vonn Basel
schentlich [schändlich] fahen lon.«

[27.] »Vnnd bist du jr gefanger,
die sach wirt dir zu teür,
ich sag dir bey meiner treüwe,
du verbrinest in aym fewr [Feuer].«

[28.] »Solt ich darumb verbrinnen,
dannocht will ichs nit lon:
mein trew die wil ich laysten,
wie ich offt hab gethon.«

[29.] »Ja bist du der selbig,
es wirdt dir nit wol gon.«
er sprach: »drumb bin ich kommenn,
das rechtens wil ich hon.«

[30.] Bald er nun gen Basel kam
wol für des Vogtes haus,
do rüffet er dem Vogte,
der luget zum laden heraus.

[31.] »Vnnd wer ist nun der manne,
der so freffenlich [frevel-] stat,
der mir vor meinem hause
ainn sollich geschray hat?«

[32.] »Ey ya, ich wil dirss sagenn,
daz ich dich nitt erschreck,
So darr ich mich wol nennen:
ich haiss der Muschelbeck.

[33.] Ich bitt euch, Burgermaister,
Ich bitt ain weysen Rath,
von wegenn meiner gnedige Herrn
aus Basel, ainer gemainen statt.«

[34.] Da sprach der Burgermaister:
»kumm bey der zeit herhaim
vnnd stel dich zu dem rechten:
dein bürg wöll wir sein.«

[35.] Do sprangt er für die portenn [Tor]
als ein frölicher mann
zu ainem frawen Kloster,
das ligt nit weyt hin dan.

[36.] Da sprach er zu dem knechte:
»es ligt mir inn meinem sinn,
mich dunckt, ich thu jm rechte,
ich hab ain köchin darin.«

Ain Neüw Lied von dem Muschel Becken.

Getruckt zů Augspurg, Durch Hans Zimmerman.

DVA = Bl 4972; Titelblatt der abgedruckten Liedflugschrift

[37.] Die ist bey mir gewesen
lenger dann siben jar,
sie kennt mein falsches weibe,
das sag ich dir fürwar.«

[38.] Als bald ehr über den hoff ein reidt,
seinn pferdt das lies er ston,
die köchin drat jm entgegen,
sie sach jn trawrig an.

[39.] »Nun bis mir Got wilkummen.«
er sprach: »es gat mir übel,
meinn gut ist mir verbotenn,
was ligt im schweytzen bühel.

[40.] Kanst mir mein frawen zaygenn,
so hülff du mir auss not;
ich hab vierhundert gülden,
die seind dein bötten brot [Botenlohn].«

[41.] »Jr solt euch wol gehabenn,
es wirt eüch bass [besser] ergon,
ist lecht ain halbe stunnde,
das ich s' gesehen hon.

[42.] Da hab ich siben fesser,
darhinder solt du ston,
so wil ich zu der bortenn
die glockenn leyten an.

[43.] So kumbt dein falsches weybe
allmal vndter die thür,
schaw, das sy dir nit entrinne,
zeüch s' bey dem schlayr herfur.«

[44.] Er mercket auff die worte,
da kam sy vnder die thür
gleich zwischen zway vnnder der Porten,
da zuckt er sy herfur.

[45.] »Biss mir Gott willkommenn,
du meinn falsches weyb,
zu Bassel hastu verratenn
mein' jungen stoltzen leyb.«

[46.] Er band jr auff die bende
vnd fürt s' mit jm inn d'Statt,
da zaygt er s' dem Burgermaister
vnd ainem weysen Rath.

[47.] »Bin ich nit Haylig wordenn,
ich bin ain Haylig man,
der die verbrennten leüte
lebendig machen kan?«

[48.] Es antwurt jhm der Vogte:
»wir habenn kein' Schuld daran,
mann hat fünff tausent guldin
auff dich verbürgen lon.

[49.] Was Rechtens wolst du danne,
was Rechtens wolst du hon,
das sag dem Burgermaister,
wir wöllen dich lassen gon.

[50.] Wilt du s' lassen verbrennen,
verderben inn dem fewr?«
do sprach der Muschelbecke:
»nun spil ich nit so tewer.

[51.] Solt ich sy lassen verbrennenn,
sy hat der sach gut Recht:
sy tregt mir yetz ainn Erben
bey mein[em] eltern Knecht.

[52.] Ich bit euch, liebenn Herren,
jhr wöllet jr nichts thun,
wölt mir mein falsche Frawen
widerum lassen haim.«

[53.] Do sprach der Burgermaister:
»mann sol dir s' ledig lon,
du gibst vns Brieff vnd sigel
vnd auch dein Wappen dran,

[54.] Dast vns nit wöllest kriegen
auff wasser noch auff Land.«
do sprach Herr Muschelbecke:
»das hett ich wol ain schand,

[55.] Solt ich ain brieff aus gebenn,
wenn ich das mein nit hon.
wa ist mein brieff vnd sigel,
das sy mir hond nemen lon?«

[56.] Man gab im sein brief vnnd siegel,
mann schanckt im ainn pferdt darzu:
»Gott danck euch, Herrenn zu Basel,
des rechtes hab ich gnug.«

[57.] Da er nun gen Strasburg kam
auff des Ammaisters hauss,
da schaut der Oberst Ammaister
zu der Stuben heraus.

[58.] »Bis mir Gott willkommenn,
wie ist es dir ergangen
mit deinen Herrenn zu Basel,
bist da noch jr gefangen?«

[59.] »Warumb solt ich ihr gefanngner seinn,
ich bin ain frummer man,
das ich meinn falsches weybe
widerumb gefunden hon.

[60.] Ich bit euch, Burgermaister,
jhr wölt mein pfleger sein
vnd meiner klainen kinde,
ich kumm lecht nymmer haym.

[61.] Jch hab der kind wol siebne,
viere seind versehen schon,
hat eins dreihundert guldin,
sy mügen ain weil beston.

[62.] Ain pferd wil ich euch schencken,
die letze wil ich euch lonn:
Ain fardt [Wallfahrt] hab ich verhaissen,
gen Sant Jacob will Ich Gon.«

[63.] Man gab jm brieff vnd sigel
von Strasburg aus der Stat,
er danckt dem Burgermaister,
darbey aim weisen Rat.

DVldr Nr. 64 = Bl 4972 (Vatikanische Bibliothek Palatina): Liedflugschrift »Ain Neüw Lied von dem Muschel Becken, Augsburg: Hans Zimmermann, o. J. [um 1550]; Rechtschreibung der Zeit. – »Mutsch« (statt wie im Text »Musch-«) ist im Schweizer und Elsässer Dialekt ein kleines Weißbrot; ein »Mutschelbäcker« war im Elsass einer, dem das Brot oft missrät (vgl. DVldr Bd. 3, 1957, S. 193). Ein historischer Hintergrund dazu etwa aus der Zeit um 1500 hat sich bisher nicht finden lassen.

NACHTIGALL ALS WARNERIN

1. Hinter meines Vaterlis Haus,
da wohnen zwei weiße Tauben,
sie sind es dem edlen Falken verflogen,
eine Eul' hat ihn gefangen.

2. Die Eul', wo ihn gefangen hat,
die traut ihr nit weiter zu fliegen
als bis gen Regensburg über die Mauern
zu ihrem schönen Feinsliebsten.

3. Als sie auf Regensburg eine kam,
so war niemand darinnen
als ein kleines Waldvögelein,
das singt mit heller Stimme.

4. »Was singst, was pfeifst, Frau Nachtigall,
wenn andre Vögel schweigen?« –
»Ich tu reifa den kühleste Schnee
dene Läublein ab der Linde.

5. Und wenn die Linde ihre Läublein verliert,
so trauern all ihre Äste;
ei Mädle, setz auf dein'n Nägelisstrauß [Nelken-];
trag du dein Kränzelein feste.«

6. »Und wenn ich mein Kränzlein feste zu tragen,
so will es mir nimmer mehr bleiben,
viel lieber wollt' ich tragen ein Schleierlein weiß,
umwunden mit gelber Seide.«

7. Man hat dem Mädle ein'n alten Mann geben,
sein jung frisch Leben steht in Trauern;
's ist wie man süßen Wein in Essigkrug tut,
darinnen muss er versauern.

Ernst Meier, Schwäbische Volkslieder, Berlin 1855 (»Dies alte Lied wurde früher in Wurmlingen [Württemberg] bei jeder Hochzeit dem Brautpaare beim Heimgehen vorgesungen.«)

NACHTJÄGER (A)

1. Ich weiß ein Jäger, der bläst sein Horn,
– alleweil bei der Nacht –
er bläst das Wild wohl aus dem Korn
– alleweil bei der Nacht.

2. Wohl aus dem Korn, wohl in das Holz,
da begegnet ihm eine Jungfrau stolz.

3. »Wo aus, wo ein, du wildes Tier?
Ich bin ein Jäger und fang' dich schier.«

4. »Bist du ein Jäger, du fängst mich nicht,
meine hohen Sprünge, die kennst du nicht.«

5. »Deine hohen Sprünge, die kenn' ich wohl,
ich weiß schon, wie ich's dir stellen soll.«

6. »Stellst mir's zu hoch, so schlüpf ich durch,
stellst mir's zu tief, so spring ich drüb'r.«

7. Er warf ihr 's Netz wohl um den Fuß,
und dass die Jungfrau fallen muss.

8. Er warf ihr 's Netz wohl um den Arm,
da war sie gefangen, dass Gott erbarm!

9. Er warf ihr 's Netz wohl um den Leib,
da ward sie des jungen Jägers Weib.

Musenalmanach für das Jahr 1808, hrsg. Von Leo Frh. von Seckendorf, Regensburg 1808, Nr. 6

NACHTJÄGER (B)

1. Es wollt' ein Jäger jagen
– und allemal bei der Nacht, allemal bei
der Mitternacht.

2. Da kam er vor einen dicken Strauch,
da sprang ein schwarzbraun Mägdlein 'raus.

3. Er schoss es wohl in seinen Fuß,
[zu ergänzen wohl eine Zeile mit '...
sterben muss'].

4. In rechten Fuß, in's linke Bein,
er macht' ein Grab und legt' es 'nein.

5. Da wuchsen drei Lilien auf ihrem Grab,
da kam ein Bauer und brach sie ab.

6. Er steckt' sie wohl auf seinen Hut,
drum ist kein Jäger einem Bauern gut.

nach: F. W. Frh. von Ditfurth, Fränkische Volkslieder, Leipzig 1855, Nr. 33, aufgezeichnet in Wülflingen [Hassfurt]

Zu »Es wollt ein Jäger jagen wohl in des Himmels Thron...«, einer geistlichen Deutung des »Nachtjägers«, bei der das Einhorn sich in Marias Schoß flüchtet, ein Holzschnitt von Hans Leonhard Schäufelein, Einhornjagd, Nürnberg 1505. – U. Henning, in: Carinthia 189 (1999) S. 180.

NACHTJÄGER (C)

1. Es blies ein Jäger wohl in sein Jägerhorn
und alles was er blies, das war ja verlorn.

2. Er stellte sich wohl unter, wohl unter einen Baum,
aus einem Busch sprang schwarzbraunes Mädchen hervor.

3. »Ach Mädchen, liebes Mädchen erschrecke du nur nicht,
denn meine schlimmen Hunde, die beißen dich ja nicht.«

4. »Ach deine schlimmen Hunde, die kenn' ich gar zu gut,
und dass ich heut noch sterben muss, das weiß ich ja schon.

5. Und sterbe ich gleich heute, so bin ich morgen tot,
So begräbt man mich wohl unter, unter einen Rosenstock.«

6. Es wuchs sich eine Nelke wohl auf dem meinem [!] Grab,
da kam der stolze Jäger und brach sie mir ab.

7. »Ach Jäger, lieber Jäger, lass du die Nelke stehn,
die soll es mein herztausender Schatz noch einmal sehn.«

Otto Böckel, Deutsche Volkslieder aus Oberhessen, Marburg 1885, S. 47, Nr. 48 D
(›diktiert vom Nachtwächter Beiwächter in Gleiberg, 1880‹)

NACHTJÄGER (D)

1. Es ging ein Jäger [jagen] ein wildes Schwein,
bei Tag, bei der Nacht, bei Mondenschein.

2. Es ging es alle Stunden aus,
da sprang ein schwarzbraunes Mädchen raus.

3. »Ei, Mädchen, lauf doch nicht davon,
ich bin der Jäger und kenne dich schon.«

4. »Bist du der Jäger und kennst mich schon,
weißt aber nicht, wie du mich fangen sollst.«

5. Er warf den Strick um ihren Hals:
»Jetzt musst du lassen dein' Jungfraukranz!«

6. Er warf den Strick um ihren Arm:
»Jetzt bist du gefangen, dass Gott sich erbarm!«

7. Er warf den Strick um ihren Leib:
»Jetzt bist du und bleibst ein Jägerweib!«

8. Er warf den Strick um ihren Fuß:
»Jetzt weißt du, dass du sterben musst.«

9. Und als das Mädchen gestorben war,
drei Lilien wuchsen auf ihrem Grab.

10. Da kamen drei Jäger und pflückten sie ab
und trieben damit ihren stolzen Mut.

11. »Ihr Jägerlein, lasset die Lilien stehn,
es sind die drei, die nimmer vergehn.«

12. »Sind es die drei, die nimmer vergehn,
so sollen sie auf ewig stehn.«

DVA = A 177407, aufgezeichnet in Maibach [Poppenhausen] bei Schweinfurt (Unterfranken), 1898

NÄHTERIN

1. Es saß ein Mädel und nähte,
ja bis das Hähnlein krähte.

2. »Feins Mädel, was nähst so lange?
Wird dir die Zeit und Weil' nicht lange?«

3. »Ich näh' dem Herrn die Ehre [Brauthemd?],
er zahlt mir von der Ehre.«

4. Er nahm sie bei dem roten Rock
und schwang sie vor sich auf sein Ross.

5. Die Dörflein reit' er lächerlich [lachend],
die Grenzlein reit' er weinerlich.

6. Und wie er in den Wald kam 'nein,
sang'n drei weiße Täubelein.

7. Das erste sang: Die Frau ist tot;
das zweite sang: Sie lebet noch.

8. Das dritte sang: Sie ist gestorben,
ein junger Prinz der ist geworden.

9. Und wie er in das Dorf 'nein kam,
die Mutter ihm entgegen kam.

10. »Willkommen, willkommen, mein Söhnelein,
was bringst du für ein Schnürchelein?

11. »Ach Mutter, holt Semmel und kühlen Wein,
und gebt's meinem zarten Söhnelein.«

12. Und wie das Kind getaufet ward,
fing es bald zu reden an.

13. »Meine Mutter ist mir gestorben,
ein Waislein bin ich worden.«

14. »Schweig still, schweig still, mein Söhnelein,
ich will dein treuer Vater sein.«

DVA = E 3930; aufgezeichnet von Hoffmann von Fallersleben in Zobtenberg, Schlesien, 1848; Schnur = Schwiegertochter

PETER UNVERDORBEN

1. Zu Mitterfasten es geschah,
dass Peter Unverdorben gefangen lag
zu Neuenburg in dem Turme.

2. Er lag gefangen um seinen Leib:
Hilf Maria, Mutter, es ist Zeit,
du magst mir wohl gehelfen.

3. Der Turm, der heißet Schüttdenhelm,
er will mich bringen um mein Leben,
es möcht' wohl Gott erbarmen.

4. Lieber Sankt Lienhart [Leonhard],
 hilf mir aus,
ich will dir bauen ein eisernes Haus
 [Kapelle bzw. Votiv?],
das kost' recht, was es wolle.

5. Lieber Sankt Peter, hilf mir da,
gen Rom, gegen Aachen, wohl auf die
 Fahrt [Wallfahrt],
zu unser lieben Frauen.

6. Sankt Katherin, die singt uns ein'
 Tagweis' [Lied],
ich hab' ihr gedienet mit ganzen Fleiß
in meinen viel großen Nöten.

7. Gott grüß euch Frau, die Herzogin,
bitte meine Herren und auch sein Kind,
dass er mir fristet mein Leben!

8. Und auch das ander Hofgesind
und alles, das in dem Hofe ist,
das mag mir wohl gehelfen.

9. Und da er vor die Herrschaft trat,
und wollt ihr hören, wie er sprach
aus seinem viel roten Munde?

10. Gott gesegen dich Laub, Gott gesegen
 dich Gras,
Gott gesegen alles, das da was [war]!
Ich muss mich von hinnen scheiden.

11. Lieber Engel, komm' mir bei,
bis [solange] Seel' und Leib bei einander
 sein,
dass mir mein Herz nicht breche.

12. Gott gesegen dich Sonn', Gott gesegen
 dich Mond,
Gott gesegen dich schönes Lieb, wo ich
 dich hab';
ich muss mich von dir scheiden.

13. Der uns dies Lied neue sang,
Peter Unverdorben ist er genannt,
er sang's aus freiem Mute.

14. Er singt uns das und keines mehr,
und sollt' er leben, er sunget [sänge]
 mehr;
also schied er von hinnen.

nach: John Meier, Das deutsche Volkslied: Balladen, Band 1, Leipzig 1935, Nr. 23 (handschriftlich, Codex St. Blasien, um 1439)

PFAFFENDIRNE (TEUFELSROSS)

1. Es soll ein Mädchen früh aufstehn,
frisch Wasser soll es schöpfen gehn.

2. Was sah es dort am Wege stehn?
Ein schwarzer Pfaff und der war schön.

3. »Ach Mädchen, fürchte du dich nicht:
Ich bin der Pfaff und der dich liebt.«

4. »Bist du der Pfaff und der mich liebt,
so mach aus mir, was dir gefällt!«

5. Er macht' aus ihm ein schönes Pferd
und ritt mit ihm vor Goldschmieds Tür.

6. »Ach Goldschmied, schmiede mir mein Pferd,
mein Pferd ist hundert Taler wert.«

7. Den ersten Nagel, den er schlug,
da kam heraus das rote Blut.

8. Der zweite Nagel, den er schlug,
da kam heraus ein Menschenfuß.

9. Der dritte Nagel, den er schlug:
»Halt ein, halt ein, o Vater mein:
Ich bin dein jüngstes Töchterlein!«

10. Der Schmied, der warf den Hammer hinweg:
»Mein Pferd ist geschmied't, ich schmiede nimmermehr!«

11. Er ritt mit ihm vor die Höllentür:
»Mach auf, mach auf, du Luzifer!«

12. Der erste bracht' einen Sessel herbei,
der zweite bracht' ein Kissen darauf,
der dritte bracht' ein Gläschen Wein.

13. Das sollt es austrinken bis auf den Grund:
Das macht' ihr Leib und Seel' gesund.

*Carl Köhler und John Meier, Volkslieder von der Mosel und Saar, Halle a. S. 1896, Nr. 10
(aufgezeichnet in Dieffeln, Saarlouis, 1892)*

PFERDEDIEBSTAHL
(PFERDEDIEB KUGELMANN)

1. Der Mond, der scheint so helle,
sprach Kugelmann,
der Tod, der reit't so schnelle,
nehmt's wohl an.
Zwei und drei sind fünfe,
macht eure Sach' geschwinde,
fort, Gesellen, fort, fort, fort,
fort, Gesellen, fort.

2. Der Herr sitzt noch beim Spiele,
sprach Kugelmann.
Er wird's erst morgen fühlen,
nehmt's wohl an.
Zwei und drei sind fünfe usw.

3. Im Stalle zu der Linken,
sprach Kugelmann,
da tut das Zaumzeug blinken,
nehmt's wohl an.
Zwei und drei sind fünfe usw.

4. Besattelt mir den Schimmel,
sprach Kugelmann,
und machet kein Getümmel,
nehmt's wohl an.
Zwei und drei sind fünfe usw.

5. Besattelt mir den Rappen,
sprach Kugelmann,
und lasst euch nicht ertappen,
nehmt's wohl an.
Zwei und drei sind fünfe usw.

6. Besattelt mir den Fuchsen,
sprach Kugelmann,
und lasst euch nicht beluchsen,
nehmt's wohl an.
Zwei und drei sind fünfe usw.

7. Besattelt mir den Gelben,
sprach Kugelmann,
so fehlt's uns nicht am Gelde,
nehmt's wohl an.
Zwei und drei sind fünfe usw.

8. Besattelt mir den Braunen,
sprach Kugelmann,
und bindet ihn am Zaune,
nehmt's wohl an.
Zwei und drei sind fünfe usw.

9. Wo werd'n wir sie verkaufen?
sprach Kugelmann.
Zu Straßburg auf dem Haufen,
nehmt's wohl an.
Zwei und drei sind fünfe usw.

veröffentlicht in: Jahrbuch der volkskundlichen Forschungsstelle, Bd. 1, Riga 1937, S. 76f. (aus Riga 1934)

An der Saale hellem Strande stehen Burgen stolz und kühn. Ihre Dächer sind gefallen und der Wind streicht durch die Hallen.

Rudelsburg.

Fr. Kugler 1826

Der Wirtin Töchterlein

Der erste, der schlug den Schleier zurück
und schaute sie an mit traurigem Blick

RABENMUTTER (A)

1. Es trieb ein Schäfer früh hinaus,
er trieb wohl in den Wald hinein.

2. Und als er in den Wald reinkam,
hört' er von fern ein Kindsgeschrei.

3. »Ich hör' dich wohl, aber seh' dich nicht,
bist du ein Kind, so melde dich.«

4. »Ich bin im hohlen Baum versteckt,
mit Dorn und Distel zugedeckt.

5. Ach, Schäfer, nimm mich hier heraus
und trag mich in das Hochzeitshaus.«

6. »Guten Tag, guten Tag, ihr Hochzeitsgäst',
meine Mutter sitzt an der Tafel und isst.«

7. »Wie kann ich deine Mutter sein?
Ich trag' von Myrt' ein Kränzelein.«

8. »Du trägst von Myrt' ein Kränzelein
und hast gebor'n drei Söhnelein.

9. Den ersten in die Hölle getragen,
den zweiten in den Mist vergraben,
und mich in'n hohlen Baum versteckt,
mit Dorn und Distel zugedeckt.«

10. »Wenn das ein wahres Wort ja wär',
so wünscht' ich, dass der Teufel käm'
und mir den grünen Kranz abnähm'.«

11. Und als der Teufel angebrauselt kam,
der fuhr mit ihr über Berg und Tal.

Karl Adamek, Deutsche Volkslieder und Sprüche aus dem Netzegau, Lissa in Posen [Polen] 1913, Nr. 22

RABENMUTTER (B)

1. Es trieb ein Hirt im finstren Wald,
ein Kindlein hört er weinen weit,
ein Kindlein hört er weinen weit.

2. »Kindlein, ich hör dich weinen und seh dich nicht,
wie wenn du gar kein Kind nicht wärst.«

3. »Ich steck in einem hohlen Baum,
mit Schartn und Schindl zugedeckt.«

4. Er nahm das Kind auf seinen Arm
und tragts daher, dass sich Gott erbarm.

5. Er trugs wohl vor ein Hochzeitshaus,
da schaut die Mutter beim Fenster heraus.

6. »Grüß euch Gott, ihr Hochzeitsgäst,
das ist meine Mutter, die im Winkel sitzt.«

7. »Wie kann ich denn deine Mutter sein?
Ich trag ein grünes Kränzelein.«

8. »Tragst du ein grünes Kränzelein,
geboren hast drei Knäbelein.

9. Den ersten hast ins Wasser tragn,
den zweiten hast in Mist eingrabn.

10. Den dritten hast in hohlen Baum gesteckt,
mit Schindl und Scharten zugedeckt.«

11. »Ei, wenn i das getan soll habn,
so soll mi der Teufel übern Tisch umitragen.«

12. Und als sie dies geredet hat.
da kommt er gleich und holt sie ab.

Harald Dreo und Sepp Gmasz, Burgenländische Volksballaden,
Wien 1997 (COMPA, 7), Nr. 33

RANZENMANN (A)

1. Ihr Burschen merket auf,
was ich auch sagen will,
es wollt ein Mädchen zum Schneider gehn
und wollt sich lassen sein Rock annähn.

2. Ihr Vater sagt sogleich,
dass du es so lange nicht bleibst,
dass du es so lange nicht ausbleibst
und auch zu Haus dein Vieh vergisst.

3. Ich werd es so lange nicht sein,
sprang sie es zur Stubtür hinein,
ich werd ihm sagen, wie er's machen soll
und laufe so geschwind davon.

4. Das Mädchen in den Wald nein kam,
begegnet ihm der Ranzenmann;
der Ranzenmann, der war schön,
ganz lieblich anzusehn.

5. Willst du es den Weg, den ich es will gehn,
so wollen wir miteinander gehn;
er kriegt sie bei der Hand
und führt sie an den Rand.

6. Er führt sie ins Gebüsch hinein,
sie glaubte, sie werde versichert sein;
er legt sie auf ein Holz,
das Mädchen das war stolz.

[7.] Es war ja balde geschehn,
er ließ das Mädchen gehn.

8. Er hing so leis sein Ränzchen auf
und lief geschwind zum Wald hinaus;
es dauert fürwahr nicht lang,
da war das Mädchen krank.

9. Sie ließ sich nach Doktor gehn
und ließ sich seine Krankheit nachsehn;
der Doktor sagt sogleich,
was ihre Krankheit sei.

10. Sie sollte geschwind nach Hause gehn
und sich nach einem Mann umsehn;
der Ranzenmann der war weg,
das Mädchen saß im Dreck.

[11.] So bekommen die Mädchen Kinder gemacht,
vom Ranzenmann werden sie ausgelacht.

DVA = E 15 100; aufgezeichnet von W. von Plönnies in Darmstadt (Hessen), 1858. – Nach der romantisierenden Sammlung des »Wunderhorns« (1806–1808) wuchs seit den 1840er Jahren zunehmend das Bedürfnis, Volkslieder, wie sie tatsächlich gesungen wurden, kritisch zu dokumentieren. Ludwig Erk (1807–1883), der u. a. eine Sammlung von A. H. Hoffmann von Fallersleben verwendete, trug derart an die 20.000 Liedaufzeichnungen zusammen, die er teilweise publizierte. Einen Teil seines Nachlasses gab Franz Magnus Böhme (1827–1898) heraus (L. Erk und F. M. Böhme, Deutscher Liederhort, Bd. 1–3, Leipzig 1893–1894; der Bd. 1 enthält »Balladen«). Die »Sammlung Erk« (E-Nummern) bietet ebenfalls einen Grundstock für die Lieddokumentation des Deutschen Volksliedarchivs, Freiburg i. Br. Zur realitätsnahen Dokumentation gehörten auch solche Texte, die nicht aus der gutbürgerlichen Wohnstube stammen, sondern damals eher von Dienstboten und Knechten gesungen wurden.

RANZENMANN (B)

1. Es ging ein Mädchen stolz
wohl in das Holz.
Und wie sie in das Holz einkam,
da begegnete ihr ein Ranzelmann.

2. Der Ranzelmann war schön,
ward lustig anzusehn.
Er greifte sie mit schneeweißer Hand
und führt sie bis hinter ein Lorbeerstrauch.

3. Und wie es ward gescheh'n
ließ er das Mädchen gehn.
Er packt sogleich sein Ränzel an
und laufte, was er kann.

4. Das dauert gar nicht lang:
Das Mädchen, das wurd krank.
Sie ließ sogleich den Doktor fragen,
er sollte ihr die Krankheit sagen.

5. Der Doktor sagt es gleich,
was ihre Krankheit sei:
Sie sollt' nach Hause gehen
und sich nach einem Mann herum sehen.

6. Der Ranzelmann ist weck [weg],
das Mädchen lag im Dreck,
da musste sie ein Ranzel [Bettelsack] kaufen
und dann in der Welt herumlaufen.

DVA = A 158 396; aus der Sammlung von Matthias Thill (Luxemburg); aus einem handschriftlichen Liederheft aus Straßen, 19. Jh.

RATTENFÄNGER VON HAMELN

[1.] »Wer ist der bunte Mann im Bilde,
er führet Böses wohl im Schilde,
er pfeift so wild und so bedacht;
ich hätt mein Kind ihm nicht gebracht!«

[2.] In Hameln fochten Mäus und Ratzen
bei hellem Tage mit den Katzen,
es war viel Not, der Rat bedacht,
wie andre Kunst zuweg gebracht.

[3.] Da fand sich ein der Wundermann,
mit bunten Kleidern angetan,
pfiff Ratz und Mäus zusamm ohn Zahl,
ersäuft sie in der Weser all.

[4.] Der Rat will ihm dafür nicht geben,
was ihm ward zugesagt so eben,
sie meinten, das ging gar zu leicht
und wär wohl gar ein Teufelsstreich.

[5.] Wie hart er auch den Rat besprochen,
sie dräuten seinem bösen Pochen,
er konnt zuletzt vor der Gemein
nur auf dem Dorfe sicher sein.

[6.] Die Stadt von solcher Not befreiet,
im großen Dankfest sich erfreuet,
im Betstuhl saßen alle Leut,
es läuten alle Glocken weit.

[7.] Die Kinder spielten in den Gassen,
der Wundermann durchzog die Strassen,
er kam und pfiff zusamm geschwind
wohl auf ein hundert schöne Kind.

[8.] Der Hirt sie sah zur Weser gehen,
und keiner hat sie je gesehen.
Verloren sind sie an dem Tag
zu ihrer Eltern Weh und Klag.

[9.] Im Strome schweben Irrlicht' nieder,
die Kindlein frischen drin die Glieder,
dann pfeifet er sie wieder ein,
für seine Kunst bezahlt zu sein.

[10.] »Ihr Leute, wenn ihr Gift wollt legen,
so hütet doch die Kinder gegen,
das Gift ist selbst der Teufel wohl,
der uns die lieben Kinder stohl.«

Achim von Arnim und Clemens Brentano, Des Knaben Wunderhorn, Heidelberg 1806–1808, Bd. 1, S. 44. – »Zu Hameln soll Anno 1284, den 26. Juli, am Sonntage nach der Predigt ein Mann in die Stadt kommen sein, mit einem bunten Rock gekleidet, der auf der Straße gespielet, worauf 130 Kinder zugelaufen den wunderlichen Spielmann zu sehen. Da er dann vor diesen Kindern, die ihm gefolget, her und aus der Stadt gegangen bis an den Berg, da die Gerichte [Galgen] aufstehen und der Köppel-Berg genannt wird, da sich dann der Berg aufgetan und die Kinder hinein gegangen sein. Weil nun eben zur selbigen Zeit in Siebenbürgen eine Anzahl Kinder vor den Tag gekommen, deren Sprache man daselbst nicht verstanden, so wollen einige dafür halten, dass es diese zu Hameln verlorenen Kinder gewesen sind, die einen so weiten Weg über 200 Meilen unter der Erden dahin sind geführet worden... Und an dem Rathause ist folgende Inskription zu lesen: Im Jahr 1284 nach Christi Geburt, zu Hamlen wurden ausgeführt, hundert und 30 Kinder daselbst geboren, durch einen Pfeifer daselbst verloren.« Nach: P. L. Berckenmeyer, Vermehrter Curieuser Antiquarius... Hamburg 1720, S. 676.

RAUBMORD BEI PARIS (A)

1. Was pocht so grässlich an der Tür?
Geh Weib, und schau, wer ist dafür?
Es ist vielleicht ein armer Mann,
der nirgends Obdach finden kann;
der Wind braust gar so rasend draus,
drum öffne nur geschwind das Haus.

2. Das gute Weib, sie eilet gleich,
denn auf die Tür viel [fiel] Streich
   auf Streich.
Sie öffnet sie – o Jesus Gott:
Der erst' der eintritt, sticht sie tot.
Und so erhält sie Schlag auf Schlag
denn zwanzig Mörder folgen nach.

3. O schrecklich! schrecklich! armes Haus,
sie suchen jeden Winkel aus
und morden Herrn, Knecht und Magd
und rauben, bis der Morgen tagt;
ein einzig Kind das nimmt die Flucht,
im Hundestall es Rettung sucht.

4. Und es erkennt der Mörder ein'n,
die d'rin im Hause grässlich schrei'n.
Denn aus dem Dorfe ist's der Schmid,
der mordet d'rin und raubet mit.
Und wie der Tag am Himmel steht,
das Kind ins Dorf zum Richter geht.

5. Mit Zittern spricht es weinend hier:
Ach lieber Mann! kommt nur mit mir.
Daheim liegt alles in dem Blut,
geschlachtet durch der Mörder Wut.
Das war heut Nacht ein Angstgeschrei!
Der Schmied vom Dorf war auch dabei.

6. Der Richter nimmt Soldaten mit
und geht zugleich ins' Haus zum Schmied.
Er nicht da, er ist verreist,
wie es im ganze Hause heißt.
Zuletzt steht unterm' Tor ein Kind,
so frei und froh wie Kinder sind.

7. Der Richter fragt: Was tust du da?
Sag mir doch gleich, wo ist Papa?
Im Keller, sagt d'rauf schnell das Kind,
bei ihm noch viele Männer sind.
Und hört nur, wie das Silber rollt,
sie zählen Geld und wägen Gold.

8. Ja, ja, da saß befleckt vom Blut,
die ganze schöne Mörder-Brut.
Für Menschlichkeit verstockt und taub
verteilen sie den blut'gen Raub.
Doch alles endet sich nun gleich,
die Mörder sind nicht lang mehr reich.

9. Der Richter sie ergreifen lässt
und setzt sie all' in Ketten fest.
Sie sind zu schlecht für diese Welt,
zum Henker-Tod das Urteil fällt,
und für die hässlich blut'ge Tat
büßt jeder Mörder auf dem Rad.

DVA = Bl 5479, »Lied eines schrecklichen Raubmordes«, Liedflugschrift ohne nähere Angaben [Böhmen? um 1825/33]

RAUBMORD BEI PARIS (B)

1. »Es pocht so grässlich an die Tür',
geh Weib und schau', wer ist dafür?
Es ist gewiss ein armer Mann,
der nirgend Obdach finden kann.«

2. Das arme Weib, sie eilte gleich,
wohl auf die Tür' fiel Streich auf Streich.
Der erste Mörder stach sie tot,
wohl zwanzig andre folgten drauf.

3. Ein einziges Kind, das nimmt die Flucht,
im Hundestall es Rettung sucht.
Und als der Tag zu grau'n anfing,
das Kind ins Dorf zum Richter ging.

4, »Ach Richter, lieber Richter mein,
ach heute war ein Angstgeschrei;
daheim liegt alles tief im Blut,
geschlachtet durch der Mörder Wut.

5. Und ich erkannt' der Mörder ein'n,
der Schmied vom Dorf war auch dabei.«
Der Richter nimmt Soldaten mit
und geht sogleich ins Dorf zum Schmied.

6. Und wie der Richter ins Haus 'nein tritt:
»Wo ist Herr Schmied? Wo ist Herr Schmied?« –
Er ist nicht da, er ist verreist,
so wie's im ganzen Hause heißt.

7. Zuletzt steht unterm Tor ein Kind,
so froh und frei wie Kinder sind:
»Sie zählen's Geld und wiegen's Gold,
ach, hört nur, wie das Silber rollt!«

*Hoffmann von Fallersleben und Ernst Richter, Schlesische Volkslieder
mit Melodien, Leipzig 1842, Nr. 39 (aus Konradsdorf bei Hainau)*

RAUMENSATTEL

[1.] Aber will ich singen
und singen ein neues Gedicht:
von Raumensattels Dingen,
und was er hat ausgericht.
Ein Stall hat er bestellet
und hat kein Pferd darin,
also geschieht manchem guten Gesellen,
die allzeit wohl wend [wollen] sein.

[2.] Er saß bei guten Gesellen
zu Weißenstein in der Stadt:
Er trieb ein frei Geschelle [lautes Treiben]
wohl an einem Abend spat.
Der Utz der kam geschlichen,
er wollt ihn greifen an,
wär Raumensattel gewichen,
er wär wohl kommen davon.

[3.] Der Bürgermeister kam gegangen
wohl zu derselben Stund:
Raumensattel, hebst du dich von dannen,
es deucht mich jetzund gut.
Hebst du dich bald von dannen,
die Gewalt wird dir zu schwer.
Da sprach der Raumensattel herwieder:
Lasst ihr sie mir kommen her.

[4.] Raumensattel ward gefangen,
Claus von Weißenstein klagt ihn an:
Er wär ein Siegelfälscher,
im Land ein schädlich Mann.
Darum soll man ihn verbrennen,
sollt es kosten hundert Pfund,
es sei mit Silber oder Gold
und mit schwerem Gut dazu.

[5.] Die von Weißenstein tu ich loben,
es sind fromm redliche Leut:
Sie mögen's nicht auf mich bringen
mit sieben ehrbarn Mannen weit,
die gut zu der Wahrheit sein,
dass ich solches hab getan.
Wenn sie die Wahrheit sagen,
so will ich's haben getan.

[6.] Das Gericht ward aufgeschlagen
wohl drei und vierzig Tag:
Die sechs kamen geritten
so [die] auf Raumensattel klagen ab [an].
Der siebente kam auf einem Wagen,
der bracht die Brief wohl all,
er wär ein Siegelfälscher,
dazu im Land ein schädlich Mann.

[7.] Raumensattel kehrt sich herum,
ihm lacht sein roter Mund:
Er hieß ihn so frevlichen lügen
wohl zu derselbigen Stund.
Wär ich bei dir auf einer Heiden,
die ist so weit und breit,
wir wollten's zusammen schlagen,
recht wie man die Hammel zerleit [zerlegt].

[8.] Man hieß den Raumensattel schweigen
wohl zu dem dritten Mal:
Die Brief wurden gelesen,
es gefiel Raumensattel nicht wohl.
Da er's Holz [Galgen] hört aufführen,
da hub sich ein große Not,
es mag kein Unglück nicht wohl zergehn,
Raumensattel der musst in Tod.

[9.] Da tät man ihn ausführen
wohl über ein' Heid ist breit:
Da stund ein klein Bildstöcklein,
das war Raumensattel bereit.
Davor tät er nun knien,
denn er trug groß Herzeleid
und hat auch groß Verlangen
wohl nach der Ewigkeit.

[10.] Ein' Blum tät er abbrechen,
die auf der Heiden stund:
Es sind die weißen Gilgen [Lilien],
die z' Weihnachten aufgehn.
Ist Sach, dass ich's hab getan,
so soll d' Blum verbrennen schon,
hab ich's aber nicht getan,
so soll die Blum bleiben stehn.

Ein schöns Lied/

von dem Rumensattel / wie man jn vnschuldig getödt hat vnd verbzändt zc.

Zů Augspurg/truckts Mattheus Franck.

DVA = Bl 4951; Titelblatt der abgedruckten Liedflugschrift

[11.] Das Feuer ward angezündet,
es gefiel Raumensattel nicht wohl nun:
Raumensattel kehrt sich herum,
verblichen ist sein Mund.
O ihr Sieben tun mich töten,
ihr lügt mich fälschlich an,
so befehl ich das Urteil Gottes
wohl zu dem Jüngsten Tag an.

[12.] Den Arm tät er ausstrecken
mit seiner Blumen schön:
Die Sieben waren erschrocken,
sie waren allen Leids voll nun.
Der ein, der ward erstochen,
der ander fiel zu Tod,
zwei wurden gehenket
und zwei wurden gerädert schon.

[13.] Der siebente war gevierteilt,
sie starben keinen rechten Tod:
Das haben sie verschuldet
an Raumensattels Tod.
Raumensattel, der ist gestorben,
das arm unschuldig Blut,
so woll uns Gott behüten
vor der höllischen Glut. Amen.

nach: DVA = Bl 4951 (Vatikanische Bibliothek Palatina);
Liedflugschrift »Ein schöns Lied von dem Rummensattel...«,
Augsburg: Mattheus Franck, o.J. [um 1560–1580]

REITER UND HIRTENMÄDCHEN

1. Es hüt' ein Mädchen die Lämmelein im Holze,
da kam ein Reiter geritten gar stolze:
»Ach Mädchen, gehören die Schafe dir,
die du im Walde wohl hütest hier?«
Da lachte sie.

2. »Die Schafe gehören ja meines Vaters Bruder,
der hat zu Hause nur ein wenig Futter.« –
»Ach Mädchen, lass du die Schafe stehn,
wir wollen ein wenig spazieren gehn.«
Da lachte sie.

3. Und als sie nun ein Stückchen hingegangen,
da gab er ihr einen Kuss wohl auf die Wangen,
da trat er ihr auf den linken Fuß,
dass sie dreiviertel Jahr hinken muss.
Da weinte sie.

4. Und als sie nun ein Stückchen hingegangen,
da kam die Mutter mit einer langen Stangen.
»Wo bist du gesessen, du faule Haut,
vorm Jahre eine Jungfrau und heuer eine Braut?«
Da weinte sie.

5. »Ich bin gewesen in Leipzig und in Dräsen [Dresden],
da hab' ich mir ja einen auserlesen,
ich hab' mich so sehr in ihn verliebt,
dass mich kein anderer mehr ansieht!«
Da weinte sie.

6. Das erste Jahr, da lag es in der Wiegen,
das zweite Jahr, da fing es an zu kriechen,
das dritte und vierte hat's keine Not,
da schmeckte dem Kinde schon Käse und Brot.
Da lachte sie.

*Ludwig Steglich, Vom sächsischen Volkslied, Leipzig 1928, S. 46
(aus Blattersleben, Sachsen)*

REITERLIED

1. Ich ritt einstmals zu Braunschweig aus,
ich ritt vor einer Frau Wirtin Haus,
da war ein brauns Mädlein drinnen:
Ein solches brauns Mädlein, das muss ich haben,
es kost' gleich, was es wolle.

2. Sie sah mich wohl über ein' Achsel an,
sie sprach: »Du bist kein Edelmann,
du bist nit meinesgleichen:
Das Mädlein, das muss ein' Edelmann haben,
ein' hübschen und ein' reichen.«

3. »Jungfrau, lasst mich ungeschmäht,
ich bin meins Guts ein armer Knecht,
ich bin wohl euresgleichen:
Ein reicher Kaufmann wird bald arm,
ein armes Reuterlein reiche.«

4. Er lief wohl hin, er lief wohl her,
er kam vor Liebchens Schlafkammer
gar heimlich und gar stille:
Ihr beider Will' geschehen war,
gar heimlich nach ihr beider Wille.

5. »Sieh hin, brauns Mädlein, hab dir das,
darum du mich gebeten hast,
das hab ich dir verehret:
Ich will weiter kommen zu dir,
du bist mir doch bescheret.«

6. »Und hat mich dann ein Hündlein gebissen,
und hat mich doch nit gar gefressen,
und hat mich doch lassen leben:
So bald das Kindlein geboren wird,
dem Vater wollen wir's geben.«

7. Was gab er der Jungfrau für ihr' Ehr?
Drei Mark Groschen und auch nicht mehr,
sie waren ganz rot von Golde:
»Schön brauns Mägdlein, hab dir das,
ich bin dir von Herzen holde.

8. Und wenn ich wieder aus Frankreich komm',
will ich bei dir einkehren wiederum,
und dich folgend gar bezahlen:
Halt du dich mein, wie ich mich dein,
es wir dir nit missfallen.«

9. Wer ist, der uns das Liedlein sang?
Ein Reutersmann ist er genannt,
er hat's gar wohl gesungen:
Er ist von seiner Liebe geschieden hin,
will doch gar bald wiederkommen.

nach: DVA = Bl a 167, Abschrift nach einer gedruckten Liedflugschrift aus Augsburg, 16. Jh. (Friedrich von der Hagens Sammlung, 1857)

RHEINBRAUT (A)

1. Es freit' ein wilder Wassermann,
freit' sieben Jahr nach einer Braut.

2. Und als der Vater wollte,
dass er sie nehmen sollte,

3. da sprang sie in ihre Kammer,
verweinte ihr' Elend und Jammer.

4. Und als sie auf den Wagen stieg,
ihr' Vater und Mutter gute Nacht sie gibt.

5. »Gute Nacht, gute Nacht, mein Töchterlein,
wir hoffen, es wird dein Glück noch sein.«

6. »Wie soll denn das mein Glück noch sein?
Seine Mutter ist ein wildes Wasserweib,
das wird mir kosten meinen jungen Leib [Leben].«

7. Und als sie unterwegs war,
zwei weiße Schwanen ihr entgegen kamen.

8. »Fliegt ihr nur hin, wo Freude ist,
ich fahre hin, wo Elend ist!

9. Das kann ich an der Sonne sehn,
dass ich heut' muss zu Grunde gehn.«

10. Und als sie an die Brücke kam
und ihren Tod vor Augen sah:

11. Er ließ die Brücke befahren
mit vierundachtzig Wagen.

12. Sie fuhren hinüber, fuhren wieder herüber,
und die junge, junge Braut wollte nicht hinüber.

13. Er ließ die Brücke bereiten
mit vierundachtzig Reitern.

14. Sie ritten hinüber, ritten wieder herüber,
und die junge, junge Braut wollte nicht hinüber.

15. Und als sie auf die Brücke kam,
ein Stein mit ihr zu Grunde gang.

16. »Geschwinde, geschwinde eine Kette,
damit ich sie errette.«

17. Sie schwimmt wohl hin, sie schwimmt wohl her,
sie schwimmt bis an das rote Meer,
bis dass sie da zu Grunde gang [!].

18. »Soll dies die siebente Seele sein,
die ich gefahren hab' an diesen Rhein,
so soll meine Mutter die achte sein!«

DVA = E 6726, aufgezeichnet in Wittstock (Brandenburg), 1852

Liedpostkarte o. J. mit Schuberts Lied »Das Wasser rauscht, das Wasser schwoll...«;
Sammlung DVA Freiburg i. Br.

RHEINBRAUT (B)

1. Luise ging im Garten,
den Bräutigam zu erwarten;
da hatte Luise am Himmel gesehn,
dass sie im Rhein sollt untergehn.

2. Sie ging zu ihrem Vater:
»Ach Vater, liebster Vater,
könnte dies, könnte das nicht möglich sein,
dass ich ein Jahr noch könnt bei Euch sein?«

3. »Ach nein, das kann nicht gehen,
deine Heirat muss geschehen,
du musst hinüber wohl über den Rhein,
du kannst nicht länger mehr bei uns sein.«

4. Sie ging zu ihrer Mutter:
»Ach Mutter, liebste Mutter,
könnte dies, könnte das nicht möglich sein,
dass ich ein Jahr noch könnt bei Euch sein?«

5. »Ach nein, das kann nicht gehen,
deine Heirat muss geschehen,
du musst hinüber wohl über den Rhein,
du kannst nicht länger mehr bei uns sein.«

6. Sie ging in ihre Kammer
und weinte vor Schmerz und Jammer,
sie zog ihr schneeweiss Kleidchen an
und wartete, bis der Bräutigam kam.

7. Der Bräutigam kam gefahren
mit siebenundsiebzig Wagen,
der erste war mit Gold beschlagen,
darin sollt unser Luischen fahrn.

8. Sie fuhren wohl über die Brücke,
Luischen saß in der Mitte,
da kam ein großer Sturm daher
und warf Luischen in das Meer [!].

9. Der Wagen war versunken,
Luischen war ertrunken,
Da hatte der Vater keine Luise mehr,
die Mutter weinet gar so sehr.

Hans Breuer, Der Zupfgeigenhansl, Leipzig 1914, S. 79f.
[unterschiedlich in den verschiedenen Auflagen]

RHEINBRAUT (C)

1. Christinchen ging in Garten,
drei Rosen zu erwarten:
Die erste blüht weiß, die zweite blüht rot,
die dritte das war ihr bittrer Tod.

2. Christinchen ging zur Mutter,
Christinchen ging zur Mutter:
»Ach Mutter, herzallerliebste mein,
könnt' ich ein Jahr noch bei dir sein!«

3. »Mein Kind, das kann nicht gehen,
heiraten muss geschehen!
Bilde dir, bilde dir nur dies nicht ein,
dass du musst fahren über den Rhein.«

4. Sie ging zu ihrem Vater,
sie ging zu ihrem Vater:
»Ach Vater, herzallerliebster Vater mein,
könnt' ich ein Jahr noch bei dir sein!«

5. »Mein Kind, das kann nicht gehen,
die Hochzeit muss geschehen!
Bilde dir, bilde dir nur dies nicht ein,
dass du musst fahren über den Rhein.«

6. Der Bräut'gam kam gefahren
mit hundertvierzig Wagen.
Der erste, der war mit Gold beschlagen,
darinnen sie wollten Christinchen fahren.

7. Sie fuhren wohl über die Brücke,
die Brücke zerbrach in der Mitte:
Das hat meine Tochter im Himmel gesehn,
dass sie im Rheine sollt' untergehn!

8. Der Vater stand am Strande,
wand Händ' und Füss' im Sande [!]:
Das hat meine Tochter am Himmel gesehn,
dass sie im Rheine sollt' untergehn!

9. Der Bräut'gam stand daneben,
sah seine Braut noch schweben:
Ach, hätte ich doch ein Messer bei mir,
ich würde mich gleich erstechen hier!

*Ludwig Steglich, Vom sächsischen Volkslied, Leipzig 1928, S. 11
(aufgezeichnet in Gävernitz und Priestewitz)*

RICHMUDIS VON ADOCHT

1. Hört Christenleut jetzt ein neues Lied,
was kürzlich zu Köln ist noch geschehn
von einer Frauen, Richmundis [Richmudis]
 genannt, von Adocht in vierzig Geschlechtern
bekannt.

2. Sie starb, man legte sie in die Lad [Sarg],
der Mann aus lauter Trauern sprach:
»Laßt meiner Hausfrau den Trauring an,
mit Treuen da war sie wohlgetan«.

3. Der Tag verging, es kam die Nacht,
der Glöckner zu seinem Knechte sprach:
»Wir wollen hinein in das Grab wohl gehn,
und wolln der Frau den Ring absehn [abzieh'n?]«.

4. Und als der Knecht das Grab auftät,
der Glöckner schnell die Lad aufhebt;
vor Schrecken liefen sie beide fort,
und ließen der Frauen die Leuchte dort.

5. Sie nahm die Leuchte wohl in die Hand
und ging bis sie den Neumarkt fand:
»Ach Mann, ach Mann, mach auf die Tür!
Dein ehlich Hausfrau steht dafür.«

6. Die Frau die rief, die Magd die lief
wohl zu dem Mann, der oben schlief:
»O Gott, wie kann das möglich sein,
So müssten meine zwei beste Ross' bei mir sein.«

7. Sobald der Mann das Wort aussprach,
zwei Rosse liefen aus dem Stalle jach [schnell],
sie sprangen bereits die Treppe hinan
und gingen vor dem Herrn ins Fenster stehn.

8. Der Herr macht selbsten auf die Tür:
»Ach Gott im Himmel, sei gnädig mir!
Es ist wahrhaft meine Hausfrau gut,
Ich hatte sie nächten begraben tot.«

9. »Ach liebster Gemahl, sei nicht erschreckt,
ein Engel vom Himmel hat mich geweckt;
der Engel vom Himmel, gar hübsch und fein,
wir sollen in Treuen zusammen sein!«

10. Er fasst sie wohl unter den Arm sogleich
und führt sie herauf gar freudenreich;
sie setzten sich beide zusammen also,
und aßen und tranken und sprachen dazu.

11. Nach diesem Wunder, das ist wahr,
hat sie gelebt noch sieben Jahr,
geboren ihm sieben Söhnelein,
in Aposteln [Kirche in Köln] gewirkt ein Messkleid fein.

12. Dazwischen hat sie keinmal gelacht,
hat immer gar ernst den Tod betracht';
das ist zu Köln in der Stadt geschehn
und mag sich begeben so bald nicht mehr.

Lutz Röhrich, Erzählungen des späten Mittelalters und ihr Weiterleben in Literatur und Volksdichtung bis zur Gegenwart, Bd. 2, Bern 1967, Nr. III, 11 (aufgezeichnet vor 1838)

Motiv von einer Liedflugschrift, gedruckt in Nürnberg bei Friedrich Gutknecht (um 1550); Sammlung DVA Freiburg i. Br.

RITTER EWALD (A)
(EWALD UND IDA)

1. In des Gartens dunkler Laube
saßen beide Hand in Hand:
Ritter Ewald neben Ida,
schlossen treu ein festes Band.

2. »Liebe«, sprach der Ritter Ewald,
»Ida, lass dein Weinen sein.
Eh die Rosen wieder blühen,
will ich wieder bei dir sein.«

3. Und er zog beim Mondesscheine
für das teuere Vaterland,
und oft dachte er an Ida,
wenn der Mond am Himmel stand.

4. Ritter Ewald kam zurücke
aus dem blut'gen Schlachtgefecht,
kam in Garten, wo er Ida,
wo er sie zum letzten sah.

5. Was erblickt er in der Ferne?
Eines Grabes Hügel stehen!
Und auf Marmor stand geschrieben:
Oben wirst mich wiedersehn.

6. Ritter Ewald warf sich nieder
auf des Grabes Hügel hin.
Sprach: »Ich Treuer bin gekommen,
find dich aber im Grabe schon.«

7. Darauf zog er in ein Kloster,
legte Helm und Panzer ab.
Und nun trauerte er so lange,
bis ihn auch dies Los betraf.

*Gottlieb Brandsch, Siebenbürgisch-deutsche
Volksballaden, Hermannstadt 1938, Nr. 49 (aus
Schönau, 1903)*

RITTER EWALD (B)
(EDUARD UND LINA)

1. In des Gartens dunkler Laube
saßen abends Hand in Hand
Eduard und Lina Schraube,
knüpften fest das Liebesband.

2. »Liebe Lina, lass das Weinen,
Linchen lass das Trauern sein.
Eh die Rosen wieder blühen,
werd' ich wieder bei dir sein.«

3. Als er wieder kam zur Laube,
fand er einen Leichenstein,
und darauf da stand geschrieben:
Lina ruht hier ganz allein.

*Lukas Richter, Der Berliner Gassenhauer,
Leipzig o. J. [1968], Nr. 63*

SÄCHSISCHER PRINZENRAUB

[1.] Wir woll'n ein Liedel heben an,
was sich hat angespunnen,
wie's im Pleißnerland gar schlecht war b'stallt,
als den jungen Fürst'n geschah Gewalt,
durch Kunzen von Kauffungen,
ja Kauffungen!

[2.] Der Adler hat uf'n Fels gebaut
ein schönes Nest mit Jungen;
und wie er einst war g'flogen aus,
holt ein Geir die Jungen heraus,
drauf ward's Nest leer gefungen [gefunden],
ja gefungen!

[3.] Wo der Geier auf'm Dache sitzt,
da deihen die Küchlein selten,
's war Werl! ein seltsam Narrenspiel.
Welch'r Fürst sein'n Räten getraut so viel,
muss oft der Herr selbst entgelten,
ja entgelten!

[4.] Altenborg, du feine Stadt,
dich tät er mit Untreu meinen,
da in dir war'n all' Hofleut voll,
kam Kunz mit Leitern und Buben toll,
und holt die Fürsten so kleine,
ja so kleine!

[5.] Was blast dich, Kunz, für Unlust an,
dass du ins Schloss 'nein steigest?
Und stiehlst die zarten Herren heraus,
als der Kurfürst eben nit war zu Haus,
die zarten Fürstenzweige,
ja Fürstenzweige!

[6.] Es war wohl als ein Wunderding,
wie sich das Land beweget.
Was da uf'n Straßen waren für Leut,
die den Räubern folgten nach in Zeit,
all's wibbelt, kribbelt, sich beweget,
ja beweget!

[7.] Im Walde dort ward Kunz ertappt,
da wollt he Beeren naschen,
wär he in der Hast facken fortgeretten,
dass 'm die Köhler nit geleppischt hätten,
hätt he sie kunnt verpaschen,
ja verpaschen!

[8.] Ab'r sie worden ihm wed'r abgejagt,
und Kunz mit sinen Gesellen
uf Grünhain in unsers Herrn Abts Gewalt
gebracht, und darnach uf Zwicka gestallt,
und mussten sich lahn prellen,
ja lahn prellen!

[9.] Darvor fiel ab gar mancher Kopf,
und keiner, der gefangen,
kam aus der Haft ganzbeinicht davon,
Schwert, Rad, Zang'n, Strick, die war'n ihr Lohn,
man sah die Rümper hangen,
ja hangen!

[10.] So geht's, wer wider die Obrigkeit
sich unbesonnen empöret,
wer's nicht meint, schau an Kunzen,
sin Kop tut z' Freiberg noch 'runter schmunzen.
Und jed'rmann davon lehret,
ja lehret!

*Johann Gottfried Herder, Volkslieder, Teil 1, S. 284, 3. Buch,
Leipzig 1778, Nr. 19; kritisch hrsg. von Ulrich Gaier,
Frankfurt am Main 1990, S. 202–204; Schreibung belassen*

*Motiv von einer undatierten Liedflugschrift;
Sammlung DVA Freiburg i. Br.*

SANGESLOHN (A)

1. Er ist der Morgensterne,
er leucht' mit hellem Schein,
er weckt uns mit seinem Gesange
von der Allerliebsten mein.

2. »Wer ist der, der da singet?
Er mag sein Singen wohl lan [lassen]!
Ob ihm etwas widerführe,
es müsst ihm's wahrlich haben [hier: reuen]!«

3. »Ob mir etwas widerführe,
feines Lieb, was hilft dich [dir] das?
Hab ich durch deinen Willen
gesungen ein' lange Nacht.«

4. »Hast du durch [um] meinet Willen
gesungen ein' lange Nacht:
Ich will dir's wohl verlohnen, verlohnen,
du edler Jüngling mein!«

5. »Adé, ich soll mich scheiden
von der Allerliebsten mein!
Mein Rösslein will nimmer leiden,
wo soll ich mein Ross hintun?«

6. »So bind du's auch wohl an,
wohl an den grünen Zweig,
so leg dich in mein Bettlein!«
Der Knab was [war] säuberlich [hier: tüchtig].

7. »Ich kann und mag nicht schlafen,
ich kann nicht fröhlich gesein [sein]!
Ich bin's verwundet sehre,
wohl durch den Willen dein.«

8. »Bist du verwundet sehre
wohl durch den Willen mein:
Ich will dir's lassen heilen,
du edler Jüngling mein!«

9. »Adé, ich soll mich scheiden
von der Allerliebsten mein!
Mein Rössle will nimmer leiden,
adé, ich reit' von dir!«

10. Gott Vater, Gott Sohn, Gott Jesu Christ,
lass' dir die allerschönste
befohlen sein,
lass' dir sie befohlen sein!

DVldr Nr. 124; nach: Bergreihen [gedruckte Liedersammlung der Bergleute], 1531

SANGESLOHN (B)

1. Er ist der Morgensterne,
er leucht mit hellem Schein.
Es weckt uns mit Gesange
der Allerliebste mein.

2. »Alde, ich muss mich scheiden
von der Allerliebsten mein.
Mein Rösslein will nit bleiben,
Alde, ich reit von dir.«

3. »Dein Ross bind an ein Linden,
da mag es stehen bei.
Leg dich an meine Arme,
und ruh eine kleine Weil!«

4. »Nein, ihr zart schön Fraue,
ich mag nit haben Ruh.
Wie bin ich so zerhauen;
rat Frau, wie ich ihm tu!«

5. »Nun muss es Gott erbarmen,
dass ich dein Schild nit bin,
so wären deine Wunden
so weit nit und so viel.«

6. Was zog er von seinem Finger?
Ein golden Ringelein.
»Das trag, du schöne Fraue,
wohl um den Willen mein!«

7. »Was soll ich mit dem Golde,
so ichs nit tragen soll
vor Rittern und vor Knechten?
Mein Herz ist Traurens voll.«

Hans Breuer, Der Zupfgeigenhansl, 9. Auflage, Leipzig 1912
[sehr unterschiedliche Textfassungen in den verschiedenen
Auflagen]

SCHLANGENKÖCHIN (A)

1. »Kind, wo bist du denne henne west?« –
»In juer Suster [Schwester] Huse.« –
»Wat het se di do denn given?« –
»En Stücksken von 'nem Fiske [Fisch].
Steefmume kumt he, o wei, o wei!
Vergiven [vergiftet] hed se mi!«

2. »Kind, wo hed se den Fisk denn fangen?« –
»In den Nittelen, an der Muren!« –
»Kind, wat wust dinen Vatter given?« –
»En Steuleken [Stuhl] im Himmel.
Steefmume kumt he, o wei, o wei!
Vergiven hed se mi!«

3. »Kind, wat wust dinen Bröerken [Bruder] given?« –
»Olle mine Geuder.« –
»Kind, wat wust dinen Süsterken given?« –
»Olle mine Kleier [Kleider].
Steefmume kumt he, o wei, o wei!
Vergiven hed se mi!«

4. »Kind, wat wust diner Moder given?« –
»Drei Düvels ut der Hellen [Teufel aus der Hölle].« –
»Wat sall ick denn mit den Düvels daun?« –
»De salt juk teriten [territen = quälen].
Steefmume kumt he, o wei, o wei!
Vergiven hed se mi!«

Alexander Reifferscheid, Westfälische Volkslieder [...], Heilbronn 1879, Nr. 4 (aus Bökendorf)

SCHLANGENKÖCHIN (B)

1. »Wu bistu gewesen, wu bistu gewesen
Tochter du liebste, du main?« –
»Bai Schwieger und Schwer,
gebrummt wie a Bär,
Mutter du liebste, du main!«

2. »Wos hot men dir dort zu essen gegeben,
Tochter du liebste, du main?« –
»Fisch gefangen
mit aiserne Zwangen,
Mutter du liebste, du main!«

3. »Wos hot men dir dort zu trinken
   gegeben,
Tochter du liebste, du main?« –
»Med [Met] und Wain
Ssam [Sesam] derain,
Mutter du liebste, du main!«

4. »Wu hot men dich ahingeleigt
Tochter du liebste, du main?« –
»Bai'n Eiwen auf dem Bank,
dort bin ich gelegen teit-krank [tot-],
Mutter du liebste, du main!«

5. »Wu hot men dich aropgeheiben,
Tochter du liebste, du main?« –
»Auf der Erd,
die Stub nit gekehrt,
Mutter du liebste, du main!«

6. »Wos hot men dir untergeleigt,
Tochter du liebste, du main?« –
»A Säckele mit Erd,
mistome bin ich mehr nit wert,
Mutter du liebste, du main!«

7. »Wie hot men dir hingeleigt,
Tochter du liebste, du main?« –
»Mit die Fiss zum Tir,
nit wait vun dir,
Mutter du liebste, du main!«

*nach: Saul M. Ginzburg und Petr S. Marek, Jüdische Volkslieder
in Rußland, St. Petersburg 1901, Nr. 268 [Abschrift im DVA]*

SCHLANGENKÖCHIN (C)

1. »Wo bist du denn gewesen, Herztöchterlein?« –
»Bei deiner Mutter Schwester, Stiefmutter mein.«

2. »Was hast du denn gegessen, Herztöchterlein?« –
»Fleisch von einem Knochen, Stiefmutter mein.«

3. »Was tatst du mit dem Knochen, Herztöchterlein?« –
»Ich gab ihn einem Hunde, Stiefmutter mein.«

4. »Was geschah denn mit dem Hunde, Herztöchterlein?« –
»Der starb nach einer Stunde, Stiefmutter mein.«

5. »Was soll denn auf dein' Grab stehn, Herztöchterlein?« –
»Hier ruht das Königs Tochter, Stiefmutter mein.«

6. »Was soll denn auf mein' Grab stehn, Herztöchterlein?« –
»Lauter Feuer und Flammen, Stiefmutter mein.«

Fritz Jöde, Ringel Rangel Rosen, 2. Auflage Leipzig 1922, Nr. 42 (als Kreisspiel der Kinder)

Motiv von einer undatierten Liedflugschrift;
Sammlung DVA Freiburg i. Br.

SCHLANGENKÖCHIN (D)

1. »Wo bist du denn mit der Kunkel gewesen,
Madlenel, mein herziges Kind?« –
»Bei meiner Schwiegermutter da bin ich gewesen.
O jeh! O jeh! Mutter, was weh!«

2. »Was hat sie denn dir zu essen gegeben,
Madlenel, mein herziges Kind?« –
»Gebratenes Fischel hat sie mir gegeben.
O jeh! Mutter, was weh!«

3. »Wo hat sie denn das Fischel gefangen,
Madlenel, mein herziges Kind?« –
»In einer Dornhecke hat sie es gefangen.
O jeh! Mutter, was weh!«

4. »Wem hat sie denn das Köppel gegeben,
Madlenel, mein herziges Kind?« –
»Das Köppel hat sie dem Hündel gegeben.
O jeh! Mutter, was weh!«

5. »Wie ist es denn dem Hündel gegange,
Madlenel, mein herziges Kind?« –
»Das Hündel hat misse verrecke.
O jeh! Mutter, was weh!«

6. »Wem hat sie denn die Kuttle gegeben,
Madlenel, mein herziges Kind?« –
»Die Kuttle hat sie dem Wiesel gegeben.
O jeh! Mutter, was weh!«

7. »Wie ist es denn dem Wiesel gegange,
Madlenel, mein herziges Kind?« –
»Das Wiesel das hat misse verspringe.
O jeh! Mutter, was weh!«

8. »Wo sollen wir denn dein Bettel hinmache,
Madlenel, mein herziges Kind?« –
»Mein Bettel sollt ihr vor die Kirchtür hinmache.
O jeh! Mutter, was weh!«

9. »Wo sollen wir denn dein Gräbel hinmache,
Madlenel, mein herziges Kind?« –
»Mein Grab sollt ihr auf den Kirchhof hinmache.
O jeh! Mutter, was weh!«

Joseph Lefftz, Das Volkslied im Elsass, Bd. 1, Colmar 1966, Nr. 26 (aufgezeichnet in Eschweiler 1932)

SCHLOSS IN ÖSTERREICH (A)

1. Es liegt ein Schlösslein in Osterreich [!],
ist uns ganz wohl erbauet
von Silber und von rotem Gold,
mit Märmelstein gemauret.

2. Darinnen da liegt ein junger Knab
auf seinen Hals gefangen,
wohl vierzig Klafftern tief unter der Erd
bei Nattern und bei Schlangen.

3. Sein Vater kam von Rosenberg
wohl für [vor] den Turm gegangen:
»Ach Sohne, liebster Sohne mein,
wie hart liegst du gefangen.«

4. »Ach Vater, liebster Vater mein,
gar hart lieg ich gefangen,
wohl vierzig Klafftern tief unter der Erd
bei Nattern und bei Schlangen.

5. Sein Vater zu den Herren ging:
»Gebt los uns den Gefangen!
Dreihundert Gülden die wollen wir euch geben
wohl für des Knaben Leben.«

6. »Dreihundert Gülden die helfen euch nicht,
der Knab und der muss sterben;
er trägt ein güldene Ketten am Hals,
die bringt ihn um das Leben.«

7. »Trägt er ein güldene Ketten am Hals,
hat er sie doch nicht gestohlen,
hat sie ihm ein zartes Jungfräulein verehrt,
dabei hats sie ihn erzogen.«

8. Man führt den Knaben wohl aus dem Turm,
man reicht ihm das Sakramente:
»Hilf, reicher Christ vom Himmel herab,
es gehet mir an mein Ende.«

9. Man führt den Knaben zum Gericht hinaus,
die Sprossen musst' er steigen:
»Ach Züchtiger, liebster Züchtiger mein,
lass mir ein kleine Weile.«

10. »Eine kleine Weile lass ich dir nicht,
du möchst mir sonst entrinnen;
leiht mir ein seidens Tüchlein her,
lass ihm sein Augen verbinden.«

11. »Ach meine Augen verbinde mir nicht,
ich muss die Welt anschauen,
ich sehe sie heut und nimmermehr
mit meinen schwarzbraun Augen.«

12. Sein Vater unter dem Gerichte stund,
sein Herz möcht ihm zerbrechen:
»Ach Sohne, liebster Sohne mein,
dein Tod den will ich rächen.«

13. »Ach Vater, liebster Vater mein,
mein Tod sollt ihr nicht rächen,
bringt meiner Seele eine schwere Pein,
um Unschuld so will ich sterben.

14. Es ist nicht um mein junges Leben,
noch um mein stolzen Leib,
es ist nur um meine Frau Mutter daheim,
die weinet sich also sehr.«

15. Es stund kaum an den dritten Tag,
ein Engel kam vom Himmel;
man sollt den Knaben vom Gerichte nehmen herab,
sonst würde die Stadt versinken.

16. Es stund kaum an ein halbes Jahr,
der Tod der ward gerochen;
es wurden mehr denn dreihundert Mann
vons Knabens wegen erstochen.

17. Wer ist der uns dies Liedlein sang,
so frei gesungen hat?
Das haben getan drei zarte Jungfräulein
zu Wien wohl in der Stadt.

nach: DVldr Nr. 24, Liedflugschrift »Drey Schöne Newe Lieder«, ohne Orts- und Druckerangabe, datiert 1606, DVA = Bl 1269 (Staatsbibl. Berlin Yd 7852.14)

SCHLOSS IN ÖSTERREICH (B)

1. In Österreich stand ein stolzes Schloss,
ein wunderschön Gebäude,
von Silber und von Edelstein,
von Marmor ausgehauen.

2. Im Schloss wohnt [!] ein schöner Knab
von zweiundzwanzig Jahren,
zehntausend tief wohl unter der Erd'
bei Kröten und bei Schlangen.

3. Die Mutter zu dem Richter ging,
bat um des Sohnes Leben:
»Zehntausend Taler geb' ich euch,
schenkt meinem Sohn sein Leben.«

4. »Zehntausend Taler ist kein Geld
für so ein junges Leben,
euer Sohn, der trägt 'ne goldne Kett',
die bringt ihm um sein Leben.«

5. »Und trägt mein Sohn 'ne goldne Kett',
hat er sie nicht gestohlen,
sein Liebchen hat sie ihm geschenkt [verehrt]
und Treu dabei geschworen.«

6. Sie führten ihn zum Richterstuhl
mit zugebundnen Augen.
»Ach, bindet mir die Augen auf,
dass ich die Welt kann schauen.«

7. Sie banden ihm die Augen auf,
da sah er seine Mutter.
»Ach Sohn, ach Sohn, mein liebster Sohn,
muss ich dich sterben sehen!«

8. Und als er zu der Linken schaut,
sah er sein Liebchen stehen.
Sie reichte ihm schneeweiße Hand:
»Leb' wohl, auf Wiedersehen!«

DVA = A 219829, gesungen um 1965 in Windheim bei Hafenlohr am Main (Unterfranken), aufgezeichnet von Hinrich Siuts

SCHLOSS IN ÖSTERREICH (C)

1. Zu Öst'rreich stand ein schönes Schloss,
ein wunderbar's Gebäude,
mit Silber, Gold und Edelstein,
von Marmor ausgehauen.

2. Darinnen wohnt ein lockrer [!] Knab
von einundzwanzig Jahren,
sechs Klafter tief wohl unter der Erd'
bei Kröten und bei Schlangen.

3. Die Mutter zu dem Richter spricht,
schenkt meinem Sohn das Leben.
Sechstausend Taler geb ich euch,
schenkt meinem Sohn sein Leben.

4. Sechstausend Taler sind kein Geld,
und euer Sohn muss sterben.
Er trägt ja eine goldne Kett',
die bringt ihm um sein Leben.

5. Und trägt mein Sohn eine goldne Kett',
so ist sie nicht gestohlen.
Sein Liebchen hat sie ihm verehrt
und Treu dabei geschworen.

6. Und als man ihn zum Richtplatz führt
mit zugebundnen Augen:
Oh, bindet mir die Augen auf,
lass mich die Welt noch einmal schauen.

7. Und als er zu der Rechten sah,
sah er seine Mutter weinen.
Ach Sohn, ach Sohn, geliebter Sohn,
muss ich dich sterben sehen.

8. Und wie er zu der Linken blickt,
sieht er sein Liebchen stehen.
Er reicht und drückt ihr die weiße Hand
zum letzten Wiedersehen.

nach: [Zeitschrift] Volksmusik in Bayern 11 (1994) Heft 2, S. 22; aufgezeichnet von Dagmar Held in Ollarzried (Bayerisch-Schwaben), 1993, vorgesungen von einem 68jährigen Landwirt

SCHÖN ADELHEID

1. Es war einmal ein Küpper [Wucherer,
Händler] gut,
der stahl des Grafen Tochter,
er bracht sie einem König zu,
er tät sie teur verkaufen.

2. Und bei dem König da wohnt' sie bei,
da wohnt' sie sieben Jahre,
da hat sie auch sieben Söhn' gebor'n,
sieben Söhn' hat sie vom König getragen.

3. Sie ging wohl vor ihre Schwiegermutter stohn:
»Schwiegermutter, gnädigste Fraue,
ich wohnte so lange bei eurem Sohn,
wann will er zur Rechten [rechtmäßig] mich trauen?«

4. »Schön Adelheid, mein schönes Kind,
du wirst dich wohl sehr betrüben-beklagen;
wenn er schierofent von der Urburg kommt,
dann will ich ihn selber drum fragen.«

5. Der Tag verging, der Abend kam,
der König kam da zu reiten:
»Nun sag', du ein herzlieber Sohn,
wann willst du schön Adelheid trauen?«

6. »Schön Adelheid, das schöne Kind,
das will ich nimmer trauen:
Ich bin gewesen wohl über den Rhein,
da hol' ich morgen ein Frauen.

7. Ich bin gewesen wohl über den Rhein,
allwo viel Grafentöchter,
die schönste die muss mein eigen sein,
die will ich morgen trauen.«

8. Und als es hörte schön Adelheid,
da fing sie an zu weinen:
»O weh, o weh, wie komme ich zu,
dass er mich nit nimmt zum Weibe!«

9. Sie ging sich wohl vor ihre Schwiegermutter stohn:
»Lieb Schwiegermutter, gnädigste Fraue,
darf ich wohl nit auf die Hochzeit gon
und darf ich die Bruhlahv [Braut] schauen?«

10. »Du darfst wohl mit auf die Hochzeit gon,
das will dir der König nit wehren,
doch lass deine sieben Söhn' vor dir gon
und gehe dahinter here.«

11. Und als sich die schöne Adelheid geziert
und auch die sieben Söhne,
da ging sie und weint' sie bei jedem Tritt
vom Hof bis in die Kirchen.

12. Und als sie wohl auf die Hochzeit kam,
da bot ihr der König zu trinken,
sie weinte so sehr und bleich sie sprach:
»Ich mag nit essen und trinken.«

13. Und als es des Königs Braut wohl sah
und sah sie also weinen,
da sprach sie: »Biet' ihr zu essen an
und bitte sie nochmals zu trinken.«

14. Schön Adelheid zum andern sprach:
»Ich will nit essen und trinken;
mein Herzlieb hat mir so weh getan,
ich mag nit essen und trinken.«

15. »Was ist das für ein wildes Kind,
sie mag nicht essen und trinken,
so frag' ich, mein Bräutigam, sprich,
was ist sich das für eine?«

16. »Es ist sich meiner Nichten ein'
so fern aus fremdem Lande,
ihr Namen der ist schön Adelheid,
hier wohnt sie sieben Jahre.«

17. »Wenn ihr die Wahrheit wissen wollt,
So will ich sie euch wohl sagen:
Ich sah an euerm Vorgespann,
mit zweien tut ihr fahren.

18. [...] So sei Herr Christus, der Heiland, gelobt,
es ist sich mein eigene Schwester!

19. So lasset sie sitzen neben euch
und mich lasst sitzen da unten,
so tut die Kron' von euerm Haupt
und tut sie Adelheid umme.

20. So tut den Ring von eurer Hand
und tut ihn Adelheid an den Finger,
so bring' ich Vater und Mutter die Botschaft mit,
schön Adelheid ist wiedergefunden.«

DVA = A 161 409; aus einem handschriftlichen Liederbuch aus Pfaffrath, Mülheim (Rheinland), vor 1838 (Sammlung W. von Zuccalmaglio; vgl. John Meier, in: Schweizerisches Archiv für Volkskunde 43, 1946); Str. 18 wird als fragmentarisch angenommen

*Motiv von einer undatierten Liedflugschrift;
Sammlung DVA Freiburg i. Br.*

SCHÖNE JÜDIN (A)
(JÜDIN UND SCHREIBER)

1. Es war eine schöne Jüdin,
ein wunderschönes Weib.
Sie hatt' ein' schöne Tochter,
ihr Haar war schön geflochten,
zum Tanz war sie bereit.

»Ach, liebste, liebste Mutter!
Was tut mir mein Herz so weh!
Ach, lasst mich eine Weile
spazieren auf grüner Heide,
bis dass mir's besser wird.«

3. Die Mutter wend't den Rücken,
die Tochter sprang in die Gass',
wo alle Schreiber saßen.
»Ach, liebster, liebster Schreiber!
Was tut mir mein Herz so weh!«

4. Wenn du dich lassest taufen,
Luisa sollst du heißen,
mein Weibchen sollst du sein. –
»Eh ich mich lasse taufen,
lieber will ich mich versäufen,
ins tiefe, tiefe Meer.«

5. »Gut Nacht, mein Vater und Mutter,
wie auch mein stolzer Bruder,
ihr seht mich nimmermehr«.

DVA = A 121 939, aus dem Material zum Wunderhorn,
um 1806 (Einsendung von A. L. Grimm, vielleicht
aus Baden)

SCHÖNE JÜDIN (B)

[1.] Hinter Poilen wohnt a Jid
mit a wunder-scheine Frau;
ihre Hor schein geflochten,
derzu schein geschochten;
sie tanzt gor iber-woihl,
sie tanzt gor iber-woihl.

[2.] – Mutter, liebste Mutter,
die Kepele thut mir weih;
los mir ain kleine Waile
af'n Strass spazieren geihn!

[3.] – Tochter, liebste Tochter,
allein kennstu nit geihn;
nehm dain jingste Schwester'l,
mit ihr kennstu geihn!

[4.]– Mutter, liebste Mutter,
main Schwester is a jung Kind;
sie thut raissen die Blumen,
wos af'n Strasse sind!

[5.] Mutter du liebste Mutter,
die Kepele thut mir weih;
los mir ain kleine Waile
af'n Strass spazieren geihn!

[6.]– Tochter, liebste Tochter,
allein kennstu nit geihn;
nehm dain jingsten Bruder'l,
mit ihm kennstu geihn!

[7.]– Mutter, liebste Mutter!
Main Bruder'l is a jung Kind;
er thut raissen die Blumen,
wos dos is a greisser Sind!

[8.] Die Mutter leigt sich schlofen,
die Tochter derlangt a Sprung;
sie springt iber aiserne Garten,
der Schraiber thut auf ihr warten.
Sie springt zum Schraiber zu,
sie springt zum Schraiber zu:

[9.] – Schraiber du liebster,
Schraiber du main,
wie kenn dos miglich sain?
– Wenn du west sich ibertaufen,
Marie Magdalene westu heissen
un main Frau westu sain!

S. M. Ginsburg und P. S. Marek, Jüdische Volkslieder in Rußland, St. Petersburg 1901, Nr. 356 [Abschrift im DVA]

SCHÖNE JÜDIN (C)
(JÜDIN)

1. Es war einmal eine Jüdin,
ein wunderschönes Weib,
die hatte eine Tochter,
zum Tod war sie bereit.

2. »Ach Mutter, liebste Mutter,
mir tut der Kopf so weh;
lass mich ein wenig spazieren gehn
hinunter ans Ufer am See!«

3. »Ach Tochter, liebste Tochter,
allein kannst du nicht gehn;
nimm mit dein jüngstes Schwesterlein,
das wird schon mit dir gehn!«

4. »Ach Mutter, liebste Mutter,
die Schwester ist ein Kind;
sie pflückt mir alle Blümelein,
die an dem Strande sind!«

5. »Ach Tochter, liebste Tochter,
allein kannst du nicht gehn;
nimm mit dein jüngstes Brüderlein,
das wird schon mit dir gehn!«

6. »Ach Mutter, liebste Mutter,
der Bruder ist mir zu klein;
er verjagt mir ja die Vögelein,
die auf den Bäumen sein!«

7. Die Mutter setzt sich nieder
und schlummert ein wenig ein;
die Tochter ging allein spazieren
wohl an das Ufer am Rhein.

8. Und als sie kam ans Ufer,
hinaus ans Ufer am See,
da sah sie wohl von Ferne
den jungen Herrn Fischer dort stehn.

9. »Guten Morgen, mein lieber Herr Fischer!
Was suchst du denn schon so früh?« –
»Ich suche den jungen Herrn Pater,
der gestern ertrunken ist hie!«

10. Sie zog vom Finger ein Ringlein
von Gold und edlem Gestein.
»Nimm hin, mein lieber Herr Fischer,
das soll euer Denkmal [Andenken] sein!«

11. Sie schwingt sich auf die Mauer
und stürzt sich in die See.
»Ade, mein lieber Herr Fischer,
wir sehn uns nimmermeh!«

DVA = A 163 276, Sammlung Christian Nützel, Helmbrechts (Oberfranken), 1923; aufgezeichnet nach Rosa Nützel

SCHÖNE JÜDIN (D)

1. Es war amal a Mensch gewest
a wunderschönes Weib.
Sie hatte ein klein Töchterlein,
zum Tod war sie bereit.

2. Ach, Tochter, liabste Tochter mein,
allein darfst du nicht gehn.
Sag's deinem einzigen Schwesterlein,
sie wird schon mit dir gehn.

3. Ach, Tochter, liabste Tochter mein,
wo willst du denn hingehn?
Ich glaub, du willst schon wieder
den Allerliebsten sehn.

4. Die Mutter wendt den Rücken,
die Tochter springt ins Feld.
Sie geht zu ihrem Christian,
dem sie die Treue hält.

nach: O. Holzapfel und E. Schusser, Auf den Spuren von Christian Nützel (1881–1942) in Oberfranken, München 1997, S. 39; aus der Volksliedpflege in Bayern

Motiv der Lucretia von einer Liedflugschrift, gedruckt in Nürnberg bei Friedrich Gutknecht (um 1550); Sammlung DVA Freiburg i. Br.

SCHÖNE MAGDALENA (A)

[1.] Wär' ich ein wilder Falke,
ich wollt' mich schwingen aus,
ich wollt' mich niederlassen
vor eines reichen Kaufmanns Haus.

[2.] Darinnen ist ein Töchterlein,
Magdalena war sie genannt;
so habe ich alle meine Tage
kein schöner braun's Mägdlein erkannt.

[3.] Es geschah an einem Montag,
an einem Feierabend früh,
da sah man die schöne Magdalena
zu dem ober'n Tor ausgeh'n.

[4.] Da fragten sie die Zarten:
»Magdalena, wo willst du hin?«
»In meines Vater Würzgarten,
da ich nächten [gestern Abend] gewesen bin.«

[5.] Da sie nun in den Garten kam,
wohl zu dem Garten einlief,
da lag ein schöner Druckergesell'
unter einer Linden und schlief.

6. »Stehe auf, stehe auf, mein junger Gesell,
denn es ist mehr dann Zeit,
ich hör' die Schlüssel klingen,
mein' Mutter, die ist nicht weit.«

[7.] »Hörst du die Schlüssel klingen,
und ist dein' Mutter nicht weit,
so zieh' mit mir von hinnen,
wohl über die Heide breit.«

[8.] Und da sie über die Heide kamen,
wohl unter ein' Linde, war breit,
da war denselbigen zweien
von Seiden ein Bettlein bereit.

[9.] Sie lagen beieinander
bis auf dritthalbe Stund'.
»Kehr dich, fein's Lieb, herum,
biet mir dein' roten Mund!«

[10.] »Du sagst mir viel von kehren,
aber von keine Ehe,
ich fürcht', ich hab verschlafen
mein' jungfräuliche Ehr'.«

[11.] »Fürchst du, du hast verschlafen
dein' jungfräuliche Ehr',
lass dich's, feins Lieb, nicht kümmern,
ich nehm' dich zu der Eh'.«

[12.] Wer ist, der uns dies Liedlein sang,
von neuem gesungen hat?
Das hat getan ein Druckergesell
zu St. Annaberg in der Stadt.

[13.] Er hat's gar wohl gesungen
bei Met und kühlem Wein,
dabei so sind gesessen
drei zarte Jungfräulein.

[14.] Die eine heißt Margareta,
die ander' heißt Annalein,
die dritte ich nicht nennen will,
sie soll mein eigen sein!

nach: Paul von der Aelst, Blumm und Außbund Allerhandt Außerlesener Weltlicher, Züchtiger Lieder vnd Rheymen [...], Deventer 1602, Nr. 91 [Schreibung modernisiert]

SCHÖNE MAGDALENA (B)

1. Was geschah an einem Montag,
an einem Montag so früh?
Ei da kam die schöne Mallone,
zum Tor hinaus ging sie.

2. Was trug sie an ihrem Arme?
Ein schneeweisses Körbelein.
Was hatt' sie darin verborgen?
Ein schneeweiss' Hemdelein.

3. Da fragten sie die Leute:
»Mallone, wo gehst du hin?« –
»Ich gehe zu Vaters Baumgarten,
darinnen drei Bäumelein stehn.

4. Der eine der trägt Muskaten,
der andre Nägelein,
Den dritten darf ich nicht nennen,
der soll mein eigen sein.«

5. Da sie nun kam in den Garten,
wohl unter die Bäume schön,
ei, da sah sie den Herzallerliebsten,
den Herzallerliebsten stehn.

6. »Du redest so viel von der Liebe,
von der Ehe schweigest du still.
Nun sage, du Herzallerliebster,
ob du mich nicht nehmen willst!«

7. Er nahm sie bei ihrer schneeweissen,
bei ihrer schneeweissen Hand
und steckte ihr an ein Ringlein:
»Das sei mein Unterpfand!«

8. Sie hörte die Blätter rauschen,
da dacht' sie, die Mutter die käm,
da musste der feine Knabe
so schnell von der Liebsten gehn.

9. Er nahm sie in seine Arme
und küsste sein Liebchen so schön:
»Leb wohl, du schöne Mallone,
Leb wohl, und auf Wiedersehn!«

Karl Plenzat, Ostpreußische Volkslieder, Leipzig 1927, Nr. 21

SCHREIBER IM KORB (A)

1. Und wollt ihr hören, was ich will jehen [sagen],
wie es dem Hänslein Bäckersknecht ist geschehen
wohl mit seinem feinen Elselein;
die Nacht wollt er bei ihr schlafen,
es wollt ihn nicht lassen ein.

2. »Hänslein Buhle, ich darf dich nicht hier einlassen,
mein Herr leit [liegt] in seiner Kammer und will schlafen;
will dir das lange Narrenseil [Korb an einem Seil]
hinab auf die Erde lassen,
darin so setze dich.«

3. Der Hänslein Buhle der hat sich eins vergessen,
wie bald er sich in das Narrenseil tät setzen;
sie zog ihn hinauf bis auf den halben Teil,
danach ließ sie ihn hängen
wohl in dem Narrenseil.

4. Das Elslein das war gar unverdrossen,
wie bald kam es vor des Herren Kämmerlein geloffen [-laufen]:
»Steht auf, traut lieber Herre mein,
ein kleines Waldvögelein hab ich gefangen,
den liebsten Buhlen mein.

5. Der Herr kam in des Elsleins Kämmerlein gegangen:
»Welcher Teufel hat sich unter meinen
Laden [Fenster] hergehangen!
Magst mir wohl ein schlechter Buhle [Liebhaber] sein,
du solltest daheim geblieben sein,
solltest backen die Semmelein!«

6. »So wollt' ich lieber drei Tage Semmelein backen,
als dass ich soll eine halbe Nacht hier wachen!
Ach Elslein, lass mich zu der Erd',
ich geb dir des' meine Treue,
ich nehme dich zu der Ehe.«

7. Er nahm das Elslein bei ihren
schneeweißen Händ',
er führt es wohl durch den grünen Wald
[bis an] eine Ende,
er führt es wohl in der Fräulein Haus,
er versetzt es um zehn Gulden rot
und zog zum Tor hinaus.

8. »Ach Hänslein Buhle, lass dich mein
Leid erbarmen,
führ mich hinaus, schließ mich in dein'
schneeweißen Arme
und fuhr mich aus der Fräulein Haus,
lässt du mich heut darinnen,
nimmermehr komm ich da raus.«

9. »Ach Elslein Buhle, daran sollst du gedenken,
wie du mich im Narrenseil hast lassen henken [hängen];
du sollst fürbass [weiterhin] nimmermehr
keinen frommen Gesellen
stehlen seine Treu und Ehr.«

*nach: DVA = Bl 3835, Liedflugschrift Nürnberg: Georg Wachter,
Mitte 16. Jh. (Berliner Staatsbibliothek = Yd 9463)*

*Motiv von einer undatierten Liedflugschrift;
Sammlung DVA Freiburg i. Br.*

SCHREIBER IM KORB (B)

1. Gestern Abend hat mich ein Madl geniert [geärgert, bedrängt],
weil ich sie auf Musik [zum Tanz] hab gführt,
ich zahlt ihr die Zeche und führt sie nach Haus,
ich dacht, so wär's richtig, die kommt mir net aus.

2. Sie führt mich einstweilen zum Lusthaus im Garten:
»Bleibe ruhig stehn und tu ein weng [wenig] warten.«
Dann ging sie geschwind zum Boden hinauf
und macht leis' oben ein Fensterlein auf.

3. Sie ließ an der Wand ein Seil runter gehn:
»Geh, setze dich drauf, du wirst schon verstehn.«
Ich nahm gleich das Holz und setzte mich drauf,
sie zog mich ganz leise zum Boden hinauf.

4. Jetzt war ich am zweiten Stock, sie ließ mich hangen
in der Luft wie ein Narr, was wollt ich anfangen.
Ich rüttle und schüttle und ruf: »Lieber Engl,
ich bin erst am zweiten Stock, zieh noch a wengerl [ein wenig].«

5. Als nun des Morgens der Tag schon anbrach,
da kam nun der Gärtner, was dieser noch sprach:
»Mein Herr, was habt's denn, was ist denn geschehn,
so hab ich mein Lebtag noch kein' hängen sehn.«

DVA = A 93 507, Liedersammlung Fritz Aumüller, Michelau (Oberfranken), um 1901. – Das Deutsche Volksliedarchiv (DVA), Freiburg i. Br., wurde 1914 von John Meier (1864–1953) gegründet und ist ein Forschungsinstitut des Landes Baden-Württemberg. Neue Sammlungen und neue Editionen sollten u. a. den »Erk-Böhme« (1893–94) ablösen. Das DVA birgt heute u. a. über 250.000 Aufzeichnungen aus mündlicher Überlieferung (u. a. die zitierte A-Nummer) und insgesamt [geschätzt] ca. 500.000 verkartete Liednachweise, einschließlich der gedruckten Überlieferung auf Liedflugschriften (seit dem 16. Jh.) und in Gebrauchsliederbüchern (seit etwa 1780). Das Material im DVA wird nach Liedtypen geordnet und ist nach Texten und Melodien mehrfach aufgeschlüsselt. Vgl. O. Holzapfel, Das Deutsche Volksliedarchiv Freiburg i. Br., Bern 1989 (Studien zur Volksliedforschung, 3). Zweite, unveränderte Auflage 1993.

SCHREIBER IM KORB (C)

1. Einst hab ich ein Mädchen in der Wirtschaft busiert [pousiert]
und die hat mich so schrecklich, so schrecklich verführt.

2. Ich ließ ihr auftragen gut Wein und auch Bier
und tanzte gemütlich bis zwölf Uhr mit ihr.

3. Ich führt sie nach Haus ganz ohne Schenier [genieren],
und als ich dem Meister ein Trinkgeld spentier [spendiere].

4. Sie ging nun von hinten die Treppe hinauf
und machte von oben ein Fensterlein auf.

5. Sie ließ nun von oben ein Stricklein runtergehn:
»Lass pimpeln, lass pampeln, und du wirst mich verstehn.«

6. Ich band mich daran so fest, als ich kann,
sie zog mich nach oben, so gut als sie kann.

7. Und als ich nun oben am zweiten Stock war,
da ließ sie mich hängen als wär ich ein Narr.

8. Und als nun des Morgens die Sonne aufging
und alle die Leute, die schauen's dort hin.

9. Das hat mich geärgert, das hat mich gekränkt,
es kann aber nichts helfen, dort war ich gehängt.

*DVA = A 165 404, handschriftliches Liederbuch für August Grimm,
Beuchen [Amorbach] bei Miltenberg (Unterfranken), um 1903/05*

SCHUSTER UND EDELMANN

[1.] HOrt zu jr Herren gross vnnd klein/
ich wil euch singen ein liedlein fein/
ich hoff mir soll gelingen/
von einem Schuster vnnd Edelmann/
daruon will ich euch singen.

[2.] Der Schuster hett ein schönes Weib/
die war gar schön vnd stoltz von leib/
sie leuchtet wie die sterne/
der Edelman der tracht jr nach/
vnd sah sie auch gar gerne.

[3.] Der Juncker der gieng ein vnd auss/
gar offt in des Schusters Hauss/
er thet sie freundtlich anschawen/
es war wol vmb den Schuster nit/
es war nur vmb sein Frauwen.

[4.] Der Schuster dacht in seinem Muth/
der Juncker ist mir warlich gut/
er war schlecht in den sachen/
Stiffel/Schuh/was er bedorfft/
liess er jn alles machen.

[5.] Der Juncker kam offt in der eil
vnnd machte gute kurtzweil/
thet mit dem Schuster kosen/
vnnd gab der Frawen manchen blick/
der knecht thet darauff losen.

[6.] Der Knecht gedacht in seinem Herz/
wie geschicht so mancher grosser schertz/
so gar on alle sorgen/
Wie ist so mancher falscher list/
in den Frawen verborgen.

[7.] Der Knecht wol zu dem Meister sprach/
es steht nit recht mit ewrer sach/
sag ich auff gut betrauwen/
der Edelmann kompt nicht vmbsonst/
er bulet mit ewrer Frawen.

[8.] Der Meister erschrack der newen mär/
er sprach zu dem Knecht vngefehr/
wie werd ich das gewahre/
du must mir geben guten rath/
dass ich es thu erfahren.

[9.] Der Knecht sprach/ fordert ewern schuldnern gelt/
vnd sprecht jr müsset vber feld/
auff einen Jarmarckt lauffen/
euch dringet jetzund die not darzu/
Leder müsset jr kauffen.

[10.] Darnach verstelt euch in dem hauss/
vnd halt euch still gleich wie ein mauss/
so erfahret jr die sachen/
wie dass euch euwer Frauwe schon/
zum Gecken hat thun machen.

[11.] Der Meister thet des Knechtes rath/
im Hauss er sich verstecken that/
die Fraw thet sich lustig machen/
sie meynt jr Mann wer auff dem marckt/
der Juncker vernam die sachen.

[12.] Auff den Abend wart er nicht lang/
ins Schusters Hauss nam er sein gange/
vnd saumet sich nicht lange/
die Fraw wartet jm auff den dienst/
thet jn gar schon empfangen.

[13.] Sie giengen zu Beth nach jhrem will/
vnnd hetten da der kurtzweil viel/
jhren lust theten sie büssen/
der Schuster vor der Kammer stund/
es thet jn vbel verdriessen.

[14.] Jr beyder lust der ward gebüst/
der Schuster in die Kammer wischt/
er fand sie beyde schlaffen/
er dacht gar offt in seinem mut/
wie sol ich den handel schaffen.

[15.] Erstich ich sie beyd was hilfft mir was/
ich wil sie anders straffen bass/
er muss mir kommen zu steuwre/
er zoh bald seine kleyder auss/
hört zu der Abenthewre.

[16.] Er legt sie nider vor das Beth/
der Edelmann schöne Kleyder hett/
die zoh er an mit sitten/
vnnd band die Wehr an seine seit/
auss dem Hauss thet er tretten.

[17.] Vnd klopffet vor des Edelmanns Thor/
da stundt der Knecht vnd wart darvor/
vnd thet bald auff geschwinde/
sprach Juncker wo bleibt jhr so lang/
sol ich euch ein Liecht anzünden.

[18.] Er sprach du solt es bleiben lan/
ich kan wol finster schlaffen gahn/
führ mich in mein Gemache/
vnd ziehe mich behende auss/
dass mein Fraw nit erwache.

[19.] Es gefiel der Frawen von hertzen wol/
sie gedacht wie ist mein Juncker so schnell/
es nam sie heimlich wunder/
dass jr Juncker so hurtig war/
der Schuster macht sich munter.

[20.] Die Fraw sprach lieber Juncker mein/
wie thut jhr jetz so hurtig sein/
wie sol ich das vergelten/
Küchlein wil ich euch backen thun/
jr bekommets sonst gar selten.

[21.] Zu morgends da der Tag an lest/
das Freuwelein schlieff also fest/
der Schuster sah nach der Stangen/
vnd sah des Junckern beste kleyder/
wol in der Kammer hangen.

[22.] Dieselben legt der Schuster an/
vnd thet bald auff die gassen gahn/
er thet sich tapffer kleyden/
er schawt sich allenthalben wol/
sie warn von Sammat vnd seiden.

[23.] In dem der Edelmann auch erwacht/
der bey des Schusters Frawen lag/
er sucht in der Kammer schone/
wolt er nicht nacket daruon gahn/
des Schusters kleyder must er legen an.

[24.] Dann seine kleyder warn entfrembt/
dass er sich selber heymlich schämpt/
er sprach das hab ich von meinem Weibe/
sol ich auff die Bulschafft gahn/
ich wil es lassen bleiben.

[25.] Er hat sein weg nach hauss genommen/
der Schuster thet jm bald bekommen/
der Juncker erschrack gar sehre/
er hette des Schusters kleyder an/
der Schuster gieng vor jm here.

[27.] Er sprach gar bald/wo wilt du hin/
der Schuster sprach da jr seyd gesin/
da wolt ich hin zumalen/
wo jr hin wolt da komb ich her/
es wolt jm nicht gefallen.

[28.] Wider sprach der Edelmann/
warumb hastu mein Kleyder an/
der Schuster sprach geleiche/
es verkehrt sich jetzt alle ding/
darumb werd ich auch reiche.

[29.] Also haben sie einander beschissen/
dass einer den andern nit kundt erwischen/
sie mussten beyde lachen/
mancher der wil bulen viel/
thut sich selber zu schanden machen.

Lieder Büchlin, Köln, um 1580, Nr. 256 (Bibl. Palatina, Vatikan); Schreibung unverändert

»Ein schön new kurtzweilig Lied / zu lesen vnd zu singen. Von einem Edelman vnd einem Schumacher... « mit der Ballade von »Schuster und Edelmann« auf einer Liedflugschrift ohne nähere Angaben [erschließbar ist das 16. Jahrhundert]. Für die Illustration wurden zwei verschiedene Blöcke mit jeweils ziemlich verschlissenen Holzschnitten zusammengefügt. – Aus dem Bestand der Berliner Staatsbibliothek, Kopie im DVA Freiburg i. Br. = Bl 1306; vgl. S. G. Armistead, in: Jahrbuch für Volksliedforschung 17 (1972) S. 63.

SCHWABENTÖCHTERLEIN

1. Es hatt' ein Bauer ein Töchterlein,
das wollt' nit gerne dienen,
es wollt' ein' Rock und Mantel haben,
rar' [selten, teuer] Schuh' mit schmalen Riemen.

2. Willst du ein' Rock und Mantel haben,
rar' Schuh' mit schmalen Riemen,
so musst du gen Regensburg hin in die Stadt,
musst reichen Herren dienen.

3. Und da sie vor Regensburg hinein kam,
wohl vor die hohen Tore,
da sitzt der Markgraf oben am Tisch,
der spricht, sie muss mir werden!

4. Sie hat mit dem Markgraf gespielt
drei ganze Vierteljahre,
und da sie wieder nach Hause kam
zu ihrer lieben Mutter:

5. »Ach mein herzliebes Töchterlein,
wie ist es dir ergangen,
dass dir ist dein Röckelein
vorne zu kurz und hinten viel zu lange.«

6. »Ich hab mit einem Markgrafen gespielt,
der Graf hat mich betrogen.« –
»Schweig still, schweig still, liebe Tochter mein,
schweig still, tu's niemand sagen.

7. Schweig still, schweig still, liebe Tochter mein,
schweig still, tu's niemand sagen;
wenn du es gebierst dein Kindelein,
in's Wasser wollen wir's tragen.«

8. »Ach nein, ach nein, liebste Mutter mein,
das wäre uns beiden eine Sünde.
Es hat einen reichen Vater daheim,
dem Vater wollen wir's bringen.«

9. Es stand wohl an den dritten Tag,
dem Herrn träumt es schwere,
als wenn seine Herzallerliebste
vom Kind geschieden wäre.

10. »Steh auf, steh auf, guter Reitknecht mein,
sattel' mir und dir ein Pferd,
wir wollen gen Regensburg hin in die Stadt,
der Weg ist reitenswert.«

11. Und da sie vor das Tor hinaus kamen
und vor die hohen Tore,
die nächsten Leute, die ihnen begegneten,
die tragen eine Totenbahre.

12. »Seid mir willkommen, ihr Träger allhier,
lasst mich den Toten beschauen«;
er hebt ihr auf ihr Schleierlein weiß
und schaut ihr unter die Augen.

13. »Bist du so lang' mein Schatz gewes'n,
hast mir es nicht wollen glauben«;
er zog es aus sein silbernes Schwert
und stößt es in sein Herze.

14. »Hast du ihn gelitten den bitteren Tod,
so will ich leiden groß' Schmerzen,
macht mir und ihr ein tiefes Grab,
auf beiden Seiten Mauern.«

DVA = E 8619, Achim von Arnims handschriftliche Sammlung, um 1805

SCHWARTENHALS

1. Ich kam vor einer Frau Wirtin Haus,
man fragt mich, wer ich wäre.
Ich bin ein armer Schwartenhals,
ich ess' und trink' so gerne.

2. Man führt mich in die Stuben ein,
da bot man mir zu trinken.
Die Augen ließ ich umbe gahn,
den Becher ließ ich sinken.

3. Man setzt mich oben an den Tisch,
als ob ich Kaufmann wäre,
und da es an ein Zahlen ging,
mein Säckel stand mir leer.

4. Da ich des Nachts wollt schlafen gehn,
man wies mich in die Scheure.
Da ward mir armen Schwartenhals
mein Lachen viel zu teure.

5. Und als ich in die Scheuer kam,
da hub ich an zu nisten.
Da stachen mich die Hagedorn,
dazu die rauhen Disteln.

6. Da ich des Morgens früh aufstand,
der Reif lag auf dem Lache.
Da musst ich armer Schwartenhals
mein's Unglücks selber lachen.

7. Ich nahm mein Schwert wohl in die Hand
und gürt't 'es an die Seiten.
Ich Armer muss zu Fuße gehn,
weil ich nichts hab' zu reiten.

8. Ich hob mich auf und ging davon
und macht mich auf die Straßen.
Mit kam ein reicher Kaufmannssohn,
sein Täsch' musst er mir lassen.

DVA = A 165 910; aufgezeichnet in Zierenberg, Wolfhagen (Hessen), 1928

SCHWATZHAFTER JUNGGESELLE (A)

1. Es saßen drei Halunken
in einer Schenke trunken,
die hielten alle drei gar heimlichen Rat,
wer wohl in dieser Nacht das schönste Mädel hat.

2. Es war auch einer drunter,
der nichts verschweigen konnte:
»Es hat mir diesen Abend ein Mädel zugered't,
dass ich soll bei ihr schlafen auf ihrem Federbett.«

3. »Und wenn ich bei ihr schliefe,
ein Kindlein ihr verließe,
setz ich mich auf mein Pferd und reite davon,
und lass das wackre Mädel in Schimpf und Schande stehn.«

4. Das Mädel kam geschlichen
und wäre fast verblichen,
sie höret an der Wand wohl ihre eigne Schand',
sie lief zurück nach Haus und weint sich heimlich aus.

5. Die Nacht war bis zur Mitten,
der Ritter [Reiter] kam geritten,
er klopft freundlich an mit seinem goldnen Ring:
»Ei schläfst du oder wachst, mein auserwähltes Kind?«

6. »Ich kann dir nicht aufmachen,
ich muss dich nur auslachen;
geh du nur immer hin, wo du gewesen bist,
und bind deinen Gaul an einen dürren Ast.«

7. »Wo soll ich denn hin reiten?
Es schlafen allen Leute,
es schlafen alle Leute und alle Menschenkind,
und draußen auf der Heid' da geht ein kühler Wind.«

8. »Reit du nur nach der Heide,
da liegt ein Stein gar breite,
darauf mit frohem Mut dein' falsches Köpfchen leg,
das ist dir tausendgut, trägst keine Federn weg.«

9. Da sprachen die Hausknechte:
»Dem Kerl geschiehts ganz rechte,
hätt' er geschwiegen still, das Maul gehalten fein,
so hätt' er können liegen beim schönsten Mägdelein.«

Coburger Liederhandschrift Briegleb, um 1835 (vgl. Die Coburger Liederhandschrift des
Friedrich Briegleb [Edition], hrsg. von Horst Steinmetz [mit Kommentaren von O. Holzapfel],
Hammelburg 1984, Nr. 21)

SCHWATZHAFTER JUNGGESELLE (B)

1. Es waren drei Handwerksgesellen,
die täten sich was erzählen.
Sie schlugen alle drei
einen heimelichen Rat,
wer diese Nacht die Allerschönste bei sich hat.

2. Es war wohl einer darunter,
der nichts verschweigen konnte:
»'s hat mir gestern Abend
ein Mädchen zugeredt,
ich sollte bei ihr schlafen
in ihrem Federbett.

3. Und wenn ich bei ihr schliefe
und sie den Vater riefe,
dann setzt ich mich auf meinen Gaul
und ritte davon
und ließ das wackre Mädchen
in Schimpf und Schanden stehn.«

4. Das Mädchen an dem Rande
hört ihre eigne Schande.
Ach Gott, gib mir Glück
in meinem Unverstand,
dass mir der böse Bube
Nicht komme in mein Haus.

5. Des Abends um halb sieben,
da ritt er dort spazieren,
er klopft wohl an die Tür
mit seinem goldnen Ring:
»Schläfst oder wachest du,
mein allerschönstes Kind?«

6. »Ich schlafe nicht, ich wache.
Ich tu dir nicht aufmachen.
Reit du nur wieder hin,
wo du gekommen bist,
ich kann alleine schlafen,
wenn du nicht bei mir bist!«

7. »Wo soll ich den hinreiten?
Es schlafen alle Leute,
es schlafen alle Leut
und alle Bürgerskind,
es regnet, und es schneit,
es geht ein kühler Wind.«

8. »Da draußen auf der Wiese,
da stehn zwei grüne Bäume,
da binde du den Gaul
an einen grünen Baum,
da kannst du ruhn und schlafen
ganz ohne Traum.«

9. Er setzt sich auf seinen Gaul
und schlug sich auf sein Maul:
Du altes Plappermaul,
hättst du nur schweigen können,
so hättst du diese Nacht
bei dein' Feinslieb schlafen können.

aus Pechau in Sachsen-Anhalt, um 1855; Sammlung L. Parisius (vgl. I. Weber-Kellermann, Ludolf Parisius und seine altmärkischen Volkslieder, Berlin 1957, Nr. 52)

SCHWESTER GIFTMISCHERIN

1. Hier auf diesem breiten Steine
saß die Magdalen alleine.

2. Sieh, da kam ein Herr geritten,
bat um Magdalens Ehre.

3. »Meine Ehr' könnt' ich dir geben,
wenn ich meinen Bruder nicht hätte.«

4. »Deinen Bruder kannst du vergiften,
brauchst ihm nur ein Gift zu geben.

5. Gehe in des Nachbars Garten,
hole dir 'ne gift'ge Natter.

6. Koche sie im braunen Bier,
gib sie deinem Bruder zu trinken.«

7. Sieh, da kam ihr Bruder geritten:
»Schwester, gib mir was zu trinken!«

8. Und er trank und sank vom Pferde.
»Schwester, sorg für meine Kinder!«

9. »Sollt' ich sorgen für deine Kinder,
tät' ich dir nicht Gift eingeben.«

10. Und sie schrieb an ihren Geliebten:
»Hab' jetzt meinen Bruder vergiftet.«

11. »Hast du deinen Bruder vergiftet,
kannst du mir auch Gift eingeben.«

12. Und sie ging in ihre Kammer,
weinte wie 'ne arme Waise:

13. »Hab' nicht Vater, hab' nicht Mutter,
hab' nicht Bruder, hab' nicht Schwester,
ach, jetzt kann ich betteln gehn!«

DVA = A 160 335; aufgezeichnet in Justemin (Pommern) o. J.

SPIELMANNSSOHN

1. Ich war ein kleiner Spielmannssohn
und ging auf freier Straßen,
da stand des Königs Töchterlein
in ihres Vaters Lustgarten.

2. »Komm herein, du kleiner Spielmannssohn,
spiel mir eine neue Weise!«

3. »Die neue Weise spiel ich dir nicht,
ich fürcht' so sehr deinen Vater;
es sind der falschen Kläffer [Verleumder] viel,
die möchten mich ihm verraten.«

4. »Mein Vater ist im Trüdinger Forst
und jagt mit Ross' und Hunden;
ein gülden Kettlein schenk ich dir,
dazu der roten Gulden.«

5. Und als ich ihr die Weise spielt',
allein auf ihrer Kammer,
es währt' kaum eine Viertelstund,
der König kam gegangen.

6. »Du Schelm, du Dieb, du Spielmannssohn,
was tust du bei meiner Tochter?« –
»Die neue Weise spiel ich ihr,
darum hat sie mich gebeten.«

7. »Die neue Weise, die du ihr spielst,
die will mir nicht gefallen;
in Böhmen ist ein Galgen gebaut,
da sollst du Schelm dran hangen!«

DVA = E 17 082, eingesandt 1873 von F. Gebert aus Mönchsroth bei Dinkelsbühl

ST. JAKOBUS

1. Wer da will auf St. Jacob gohn,
der muss haben drei Paar Schohn
wohl auf Sankt Jacobs Straßen.
Drei Paar Schohn muss ein Pilger han,
sonst kommt er nicht mehr aus St. Jacobs-Land.

2. Der König von Spanien schwur bei der Kron,
er baut ein Spital, und das war schon,
wohl an St. Jacobs Straßen,
und alle die Pilger, die daher gohn,
die sollt' er hereine lassen.

3. Dem König von Spanien kam die Mär,
und dass das Spital nit reine wär,
es tät' ihn heimlich verdrießen:
Landspilgers Kleider tät' er an,
er möcht' es selber wissen.

4. Und als er trat zur Tür herein,
er hieß sich bringen Brot und Wein,
das sollt' er nur essen alleine:
»Spitalmeister, lieber Meister mein,
die Brote, die sind viel zu kleine.«

5. »Sind dir die Brote nicht groß genug,
hat dich der Kuckuck hereingeführt:
Er führt dich auch wieder herauße;
wär'st du nicht ein braver, welscher Mann,
ich vergäb' dir wie den deutschen Hunden.«

6. Spitäler hatt' ein Töchterlein,
mit Namen hieß es Susentelein.
Das Mädchen zu dem Herren sprach:
»Mein Vater hat noch keinen ums Leben gebracht
als dreitausend deutsche Hunde.«

7. Der Tag verschwand, der Abend kam,
Landspilger der sollt' schlafen gahn,
da sollt' er nun schlafen alleine:
»Spitalmeister, lieber Meister mein,
die Laken, und die sind nicht reine.«

8. »Sind dir [die] Laken nicht rein genug,
hat dich denn der Kuckuck hereingeführt:
Er führt dich auch wieder herauße;
wär'st du nicht ein braver, welscher Mann,
ich macht' dirs wie den deutschen Hunden.«

9. Und als sich der erste Schuss geschah,
das tat sich der König von Spania,
er schoss ihm nach dem Munde:
»Spitalmeister, lieber Meister mein,
das tun dir die deutschen Hunde.«

10. Und als man sich bald recht umsah,
Spitäler schon gebunden lag,
sie nahmen den Spitäler gefangen.
»Spitalmeister, lieber Meister mein,
allhier sollst du bald hangen.«

*John Meier und Erich Seemann, Lesebuch des deutschen Volksliedes,
Bd. 2, Berlin 1937, Nr. 168 (nach: Karl Simrock, Die deutschen
Volkslieder, Frankfurt am Main 1851)*

*Motiv von einer undatierten Liedflugschrift;
Sammlung DVA Freiburg i. Br.*

STEUTLINGER

1. Was wollen wir singen und heben an?
Von einem Hans Steutlinger,
hat aus dem Adel geheirat't,
hat geheirat't eine adelige Frau.

2. »Ei Knechte, lieber Knechte mein,
sattel mir und dir zwei Pferd':
Gen Freiburg wollen wir reiten,
gen Offenburg haben wir guten Weg.«

3. Und da ich in Freiburg eine kam
fürs jungen Herrn Friedrich sein Haus,
da schaut' der junge Herr Friedrich
zum obern Fenster heraus.

4. »Hans Steutlinger, lieber Hans Steutlinger,
steiget ihr ab von euerm Sattel,
helfet essen die wildeste Schwein.« –
[...]
»Denn ihr wollet mir verheißen,
dass ich kein Gefangener mehr sei.«

5. Sie gaben dem Hans Steutlinger gute Wort,
bis sie ihn brachten oben an' Tisch:
»Ei, iß und trink, Hans Steutlinger,
dein Leben wird nimmermehr frisch.«

6. »Wie kann ich essen und trinken,
wie kann es mir möglich sein,
will mir's mein Herz versinken
beim Met und beim kühlesten Wein.«

7. »Hans Steutlinger, lieber Hans Steutlinger,
wem vermacht ihr euer Weib?« –
»Ich vermach' sie dem lieben Herrn Friedrich,
der sieht sie viel lieber weder ich.«

8. »Hans Steutlinger, lieber Hans Steutlinger,
wem vermachet ihr euer Kind?« –
»Ich vermach' sie dem lieben Gott selbsten,
der weiß am besten, wem sie sind.«

9. »Hans Steutlinger, lieber Hans Steutlinger,
wem vermachet ihr euer Gut?« –
»Ich vermach's den armen Leuten,
die Reichen haben selber genug.«

John Meier, Balladen, Bd. 1, Leipzig 1935, Nr. 31 (handschriftlich aus Württemberg, um 1806). Der Text bietet einige Probleme; die Str. 4 enthält offenbar eine Lücke, die vielleicht mit einer zusätzlichen Str. ergänzt werden müsste (so bei Meier).

STOLZE MÜLLERIN (A)

1. Es wohnt eine reiche Müllerin
zu Schaffhausen an dem Rhein,
die tut ja nichts als mahlen,
ja dene Bäckenknaben,
ja Tag und Nacht dene Leut, dene Leut,
zu Schaffhausen an dem Rhein.

2. »Guten Tag, guten Tag, Frau Müllerein!
Wo stell ich hin meinen Sack?
Stell du dein'n Sack in die Ecke
zu andern Baurensäcken!
Kannst mahlen, wenn du willst, wenn du willst,
kannst mahlen, wenn du wilst.«

3. Und als der Müller vom Wald heimkam,
Frau Müllerin lag im Bett.
»Steh auf, steh auf, du Stolze,
mach mir ein Feu'r vom Holze!
Vom Regen bin ich nass, bin ich nass,
vom Regen bin ich nass.«

4. »Und ich steh ja nicht auf, mach dir auch kein Feur,
denn ich bin gar zu müd;
ich hab die ganze Nacht gemahlen,
ja dene Bäckenknaben,
ja Tag und Nacht dene Leut, dene Leut,
zu Schaffhausen an dem Rhein.«

5. »Was wollen wir mit der Mühle tun,
wenn du nicht mahlen willst?
Die Mühl' wollen wir verkaufen,
das Geld wollen wir versaufen!
Beim roten kühlen Wein, kühlen Wein,
da wollen wir lustig sein.«

Ernst Meier, Schwäbische Volkslieder, Berlin 1855, Nr. 130

STOLZE MÜLLERIN (B)

1. Es war einmal eine Müllnerin,
ein wunderschönes Weib,
die wollte selber mahlen,
das Mahlgeld wollt' sie sparen,
wollt' selber Müllner sein.

2. Und als der Müllner nachhause kam,
vom Regen war er nass.
»Steh auf, Frau Müllnerin, stolze,
mach mir ein Feuer von Holze,
vom Regen bin ich nass.«

3. »Ich steh nicht auf, lass dich nicht ein,«
so sprach die Müllnerin fein.
»Ich hab die Nacht gemahlen,
mit meinem kleinen Knaben,
die ganze Nacht allein.«

4. »Stehst du nicht auf, lässt mich nicht ein,
so sprach der Müllner fein,
»so will ich die Mühl verkaufen,
das Geld will ich versaufen,
beim roten Schüllerwein [Schiller-?],
wo schöne Mädchen sein.«

5. »Willst du die Mühl verkaufen,
das wär mir längst schon recht.
Dann bau ich eine neue,
dort draußen auf der Heide,
wo Quell und Wasser fließt
und viel zu mahlen ist.«

STOLZE MÜLLERIN (C)

1. Es war einmal eine Müllerin,
ein wunderschönes Weib,
sie selber wollte mahlen,
das Geld wollte sie ersparen,
wollte selbst der Mahlknecht sein.

2. Und als der Müller von der Reise kam,
vom Regen war er nass.
»Steh' nur auf, steh' nur auf, du Stolze,
mache Feuer an von Holze,
vom Regen bin ich nass.«

3. »Ich steh' nicht auf, lass dich herein,
sprach die Frau Müll'rin fein,
denn ich hab' heute nacht gemahlen
bei sechs, sieben jungen Husaren,
vom Mahlen bin ich matt.«

4. »Stehst du nicht auf, lässt mich herein,
sprach der Herr Müller fein,
also tu ich die Mühl verkaufen,
das Geld tu ich versaufen
bei lauter Bier und Wein.«

5. »Wenn du die Mühl verkaufen tust,
was mach ich mir daraus?
Ei, da bau ich mir eine zweite
dort droben auf der Lüneburger Heide,
wo klares Wasser fließt.«

Walter Brandsch, Deutsche Volkslieder aus Siebenbürgen, Bd. 3, Uffing a. St. 1988, Nr. 89 (aus Klosdorf, 1898)

DVA = A 219 807; aufgezeichnet in Ulfa bei Nidda (Hessen), 1958

SULTANS TÖCHTERLEIN (A)
(CHRISTUS DER BLÜMLEINMACHER; REGINA)

1. Regina ging i Garte,
wollt' bräche Rösali ab,
di fiine und di zarte,
die si im Garte fand.

2. Und als sie um sich schaute,
sah sie ein schöner Knab':
»Wie bist dus hergekommen,
die Tür verschlossen war.«

3. »Kein Riegel ist mir zu feste,
keine Mauer mir zu hoch:
Ich bin der Rösalimaler,
der Rösali malen kann.«

4. »Bist dus der Rösalimaler,
der Rösali malen kann,
so führ' mich in den Himmel,
ins himmlische Vaterland.«

5. Er nahm sie bei der Rechten,
bei ihrer schneeweißen Hand,
und führt' sie in den Himmel,
in ein schöneres Vaterland.

6. »Wenn das mein Vater wüsste,
dass ich im Himmel wär,
er würd' mich nicht mehr suche,
er würd' auch komme daher.«

7. Herr Jesus schrieb ein Brieflein,
schrieb nur drei einzige Wort:
D'Regine sei im Himmel,
an einem schönerem Ort.

SULTANS TÖCHTERLEIN (B)

1. Der Sultan hat ein Töchterlein,
das war früh aufgestanden
zu pflücken schöne Blümelein
in ihres Vaters Garten.

2. Sie stand und sah die Blümelein
und dacht in ihrem Sinn,
wer mag der Blumenmeister sein,
wie gern wollt ich zu ihm.

3. Der liebste Jesu kam zu ihr,
als schon die Nacht schien trübe,
»Mach auf, du edle Seele mir,
Ich bin's, der ich dich liebe!«

4. Sie machte Tür und Fenster auf
mit zitternder Gebärde
und neigte sich vor ihm, vor ihm
bis auf die tiefe Erde.

5. »Vom Himmel, Liebste, komm ich her
durch buntes Jubilieren,
um dich zu fragen, ob du willst
dorthin dich lassen führen.«

6. »Ja freilich will ich williglich
meines Vaters Haus verlassen,
wenn du, o liebster Jesu mein,
mich führest diese Straßen.«

7. Er nahm das schöne Tugendbild
ganz lieblich bei den Händen,
sie waren beide eingehüllt
in Scharlach und in Bändern.

8. Und als sie weit gegangen war'n
durch schönbeblumte Heiden,
da wollte vor dem Himmelsthron
Herr Jesus von ihr scheiden.

A. L. Gaßmann, *Das Volkslied im Luzerner Wiggertal und Hinterland*, Basel 1906, Nr. 9 (aus St. Urban, Schweiz)

DVA = Abschrift aus [Zeitschrift] *Der Oberschlesier*, November 1929, S. 743 (aus Oberglogau/Głogówek)

SUSANNA COX

[1.] Ach merket auf ihr Menschen all,
nun wirds euch vorgesagt,
von einem sehr betrübten Fall,
von einer armen Magd.

[2.] Sie hatte lang in Oley g'dient,
wohl bei dem Jakob Gehr;
ihr Name war Susanna Cox,
wie ich ihn hab gehört.

[3.] Sie hatte gar kein Unterricht
in welt und geistlich Recht,
sie wusst den Willen Gottes nicht
und auch nicht sein Gesetz.

[4.] Das ist uns Menschen wohlbekannt
und geht so in der Welt,
wer von der Schrift hat kein Verstand,
der tut, was ihm gefällt.

[5.] Ihr Nachbar, der uns ist bewisst,
sein Namen der war Mertz,
hat sie verführt durch Fleisches Lust,
in Unfall sie gestürzt.

[6.] Ein Beispiel gleich von Adams Zeit,
wie uns die Bibel lehrt,
wie Eva hat verführt.

[7.] Durch die Verführung kam der Tod
von Anfang in die Welt;
so ging es der Susanna Cox
durch diesen Mannsgesell.

[8.] Er achtet die Gesetze nicht,
er hielte nur für Spott,
was uns die heil'ge Schrift verbiet'
im siebenten Gebot.

[9.] Als Ehemann er sie hat verführt
und sie gebracht in Not,
wird es bereuen wohl zu spät
einmal nach seinem Tod!

[10.] Sie hat es nicht geoffenbart,
sie schämt sich vor die Leut,
darum es niemand sollt erfahr'n
vor der Gebärungs-Zeit.

[11.] Im Achtzehnhundertneunten Jahr,
den vierzehnten Februar,
des Morgens früh um halb fünf Uhr
sie's Kind zur Welt gebar.

[12.] Da diese arme Sünderin
verblendet war so fest,
hat sie ihr neugebornes Kind
in die Ewigkeit versetzt.

[13.] So bald es aber war entdeckt,
dass dieser Mord geschehen,
so wird sie in Arrest gesetzt
und sollte es gestehen.

[14.] Eine Jury ward sogleich bestellt,
sie sollte es nachsehen,
was dieser armen Sünderin,
für Urteil sollt geschehen.

[15.] Sie hielt wohl bei derselben an
und bittet um Gnad;
doch klagten sie sie schuldig an
des Mords im ersten Grad.

[16.] Man führte sie ins Courthaus h'nein,
vor den Richter, Herrn Spayd,
wo sie ihr schrecklich Tod'surteil
mit Weinen angehört.

[17.] Ein jeder kann nun denken wohl,
wie es ihr war zu Mut,
da sie auf Richtplatz sterben sollt,
bedauernswertes Blut.

[18.] Die Totenwarrant [-vollmacht] man
  bald schrieb
für diese arme Magd,
und ward zum Gouvernör gebracht
nach der Lancaster Stadt.

[19.] Ein Mann, der sehr mitleidig war,
den hat sie selbst geschickt,
zum Gouvernör in dieser Stadt,
der hat für sie gebitt'.

[20.] Allein für sie war kein Pardon,
gehangen muss sie sein,
den zehnten Tag im Juni schon,
der Welt im Augenschein.

[21.] Die Totenwarrant wurd' geschickt,
ihr vorgelesen gleich,
da hat sie brünstig Gott gebitt'
um Gnad im Himmelreich.

[22.] Sie war in ihrem Bußestand
besucht von Geistlichkeit;
und sie hat ernstlich Buß getan
und ihre Sünd bereut.

[23.] Sie wurd aus der Gefangenschaft
um elf Uhr ausgeführt,
dann ging es nach dem Hinrichtplatz,
bedauernsvoller Schritt.

[24.] Sie warnte alle Menschen treu,
besonders junge Leut,
und sprach: Nehmet ein Exempel euch
an mein' Endschicksal heut.

[25.] Sie kniete auf die Erde hin
und ruft den Herren an,
er möcht vergeben alle Sünd,
die sie allhier getan.

[26.] Ihr Weinen war Mitleidens wert,
wie sie lag auf die Knie,
die Tränen fielen auf die Erd,
viel' weinten über sie.

[27.] Sie sprach, ich geh zur Ewigkeit
in einem Augenblick;
ach Gott! Nimm mich in Dein Reich,
verstoss mich Sünderin nicht.

[28.] Nach diesem ward sie hingericht',
mitleidens werter Schritt,
nach siebenzehn Minuten ist
schon Leib und Seel getrennt.

[29.] Nach ihrem Tode ward mit Fleiß
von Doktoren viel probiert
zu bringen sie zum Leben gleich –
jedoch es war zu spät.

[30.] Wer diese Liedchen hat gemacht
und erstlich neu gedicht',
der hat den Jammer mit betracht',
war selbst bei dem Gericht.

[31.] Ihr Menschen all auf Erden hört
nur dieses Beispiel an:
Wenn jemand ist so ungelernt
  [ungebildet],
Wie's ihm ergehen kann.

[32.] Sie lebte nicht gar lang in Freud,
als sie im Unfall war!
Bracht ihre ganze Lebenszeit
auf vierundzwanzig Jahr.

John Baer Stoudt, The Folklore of the Pennsylvania-German, Lancaster, PA. 1915, S. 150 ff.

TANNHÄUSER (A)

1. Ein Sünder wollte reisen
wohl in die Romstadt,
die Sünden wollt er beichten,
die er begangen hat.

2. Er fing wohl an zu beichten:
Von der Jugend bis dahin
tat er drei schwere Sünden,
die man nit verzeihet ihm.

3. Der Papst wird voller Zorne
und schaut den Sünder an:
»Ewig bist du verloren,
ich dir nicht helfen kann!«

4. Er nimmt ein dürres Stabl
und steckt es in die Erdn,
und spricht: »Eh wirds das Stabl grünen,
eh du wirst selig werdn!«

5. Der Sünder tut nicht verzweifeln,
ruft seinen Jesum an:
»Kein Priester hier auf Erden,
der mich verdammen kann.«

6. Er geht auf einem Berge
und ruft von Berg zu Tale:
»Kommt, helfet mir beweinen
die großen Sünden alle!«

7. Es stund wohl an eine kleine Weil,
das Stabel wird gar grün.
Trieb aus drei rote Röselein
und andere Blümlein schön.

8. Der Papst tut sich erfreuen
und schickt dem Sünder nach.
Er kann ihn nicht erfragen
und niemand ihn ersah.

9. Er hört eine Stimme von Himmel:
»Lass deine Sorgen sein!
Tannhäuser ist gestorben
auf einem Berg allein!«

10. Gott Sohn kommt ihm entgegen
mit einer roten Fahn,
er zeigt ihm seine Wunden
und schaut ihn gnädig an.

11. Und spricht: »Dein Leid ist echte!
Drum bist du mir lieber
als neunundneunzig Gerechte!«

nach einer Aufzeichnung von vor 1860 im oberen Drautal = Anton Anderluh, Kärntens Volksliedschatz, Bd. II/1: Balladen, Klagenfurt 1966, Nr. 20 = G. Glaser, Die Kärntner Volksballade, Klagenfurt 1975, S. 154f.

TANNHÄUSER (B)
(WALTHAUSER)

1. Ein Sünder kam gegangen
nach Rom wohl in die Stadt,
Walthauser war sein Name,
beim Papst er suchet Gnad.

2. Gnad hat er erlanget
als er zum Papst hinkam:
»Ich bitt euch, Päpstliche Heiligkeit,
ich bitt euch, hört mich an!«

3. Der Sünder fing an zu beichten
von seiner Kindheit an,
er hat drei schwere Sünden,
die niemand verzeihen kann.

4. Den Papst, den macht es furig [zornig],
er sprach den Sünder an:
»O Sünder, du bist verloren,
ich dir nicht helfen kann!«

5. Der Papst, der nahm ein Stäbelein,
steckt's in die Erde hinein:
»So wenig das Stäbelein grünet,
so wenig du selig wirst sein!«

6. Der Sünder, der voll Reu und Schmerz,
floh auf ein' hohen Berg
und zu der himmlischen Glorie,
wollt zu dem Himmel gehn.

7. Christus kam ihm entgegen
mit der Siegesfahn,
zeigt ihm die Seitenwunden:
»O Sünder, du bist mein!«

8. Mit neunundneunzig Gerechten
sollst du genießen, mein Kind,
weil du mit Abbußtränen
die Reu hast fund' zu mir.«

9. Es steht nicht an dritthalbe Tag,
das Stäbelein, das wurd grün,
es blüht mit roten Röselein
und noch viel anderen Blüm.

10. Den Papst, den nahm es wunder,
daß der Sünder selig kann sein,
er wollt den Sünder suchen,
doch fund ihn nirgends mehr.

11. Kam ihm die Stimme vom Himmel,
Sankt Petrus ist dabei:
»Walthauser ist im Himmel,
er ist vom Sünden frei!«

Alfred Quellmalz, Südtiroler Volslieder, Bd. 1, Kassel 1968, Nr. 4f. (aufgezeichnet in Prettau im Ahrntal, 1941)

Erste Seite, Titelblatt, einer Liedflugschrift mit der Ballade vom »Tannhäuser«, gedruckt von Jobst Gutknecht in Nürnberg und datiert 1515. Auf dem sorgfältigen Druck mit einem passenden Holzschnitt: der Ritter, der von den weinenden Frauen Abschied nimmt, nennt sich auch der Drucker mit einem gewissen Stolz. Gleichzeitig ist diese Liedflugschrift allerdings ein Stück Zeitgeschichte in den Auseinandersetzungen der Reformation, denn in den letzten Zeilen wird »Papst Urban«, nachdem er Tannhäuser abgewiesen hat, »ewiglich« verdammt. – Aus einem Sammelband der Universitätsbibliothek Erlangen, Kopie im DVA Freiburg i. Br. = Bl 1972.

TANNHÄUSER (C)

1. Nun will ich aber heben an,
Tannhauser zu besingen
und was er wunders hat getan
im Venusberg darinnen.

2. Und wie er kam vor'n Venusberg,
da klopft er an die Pforte:
»Frau Venus, lasst mich freundlich ein,
mich verlangt nach diesem Orte!«

3. Dort blieb er sieben Jahre lang
und lebt in Freud' und Liebe;
ein Sünder wurde er genannt,
dem der Himmel verschlossen bliebe.

4. Und als er lag unterm Feichtenbaum,
ein kleines Zeitl zu schlafen,
da sagt ein Stimm' in dem Traum:
»Geh zum Papst auf Buß und Strafen!«

5. Tannhauser macht sich auf die Reis,
nach Rom ist er gegangen,
auf dass er dort nach Reu und Beicht
will Ablass und Gnad erlangen.

6. Der Papst nimmt seinen Pilgerstab,
der sich vor Dürre spaltet:
»So wenig der Stecken grünen mag,
kannst Gnade du erhalten!«

7. »Und wenn ich nicht zum Ablass komm
und keine Gnad mehr erhalte,
geh ich zurück in' Venusberg
und bleib bei ihr im Walde!«

8. Es währt bis an den dritten Tag,
der Stab fing an zu grünen;
der Papst schickt aus in alle Land:
Wo ist Tannhauser hinkommen?

9. Tannhauser aber ging allein,
dass man ihn nicht kann finden,
auf hohen Berg bei einem Stein,
da beicht' er seine Sünden.

10. Tannhauser, der ist nimmer hier,
ist schon im himmlischen Garten,
vielleicht tief drinn im Venusberg,
den jüngsten Tag zu erwarten.

11. Drum sollt kein Papst, kein Kardinal
den Sünder nicht verdammen!
Der Sünder sei groß, wie er will,
Gott schenkt ihm Gnade – Amen!

Fassung aus der bayerischen Volksmusikpflege, 1991; Volksmusikarchiv des Bezirks Oberbayern, Bruckmühl. – Das 1985 in Bruckmühl bei Rosenheim gegründete »Volksmusikarchiv des Bezirks Oberbayern« (u. a. mit dem großen Nachlass des Volksliedsammlers Karl Horak) verbindet unter der Leitung von Ernst Schusser kritische Wissenschaft mit sorgfältiger Pflege. Man ist sich bewusst, langfristig dadurch Überlieferung zu beeinflussen und vermeidet auch deshalb die fragwürdige (und grundsätzlich längst überholte) Bewertung und Unterscheidung zwischen ›echten‹ Volksliedern und Texten (und Melodien) literarischer Herkunft.

THERESIA
(KOMMANDANTENTOCHTER VON GROSSWARDEIN)

1. In Ungarland, zu Großwardein,
soll neulich was geschehen sein;
das will ich jetzo zeigen an,
merkt auf mit Fleiß, ihr Frau'n und Mann.

2. Der Kommandant selbiger Stadt
ein Töchterlein gezeuget hat,
Theresia ihr Nam' tät sein,
gott'sfürchtig, züchtig, keusch und rein.

3. Sobald sie kam zu Verstand
ihr keusch Herz vor Liebe brannt',
auf Jesum war ihr Tun gericht,
zu seiner Braut sie sich verpflicht't.

4. Sie war schön von Leib'sgestalt,
ihr's gleichen fand man nicht gar bald,
ein Edelherr, jung, reich und schön,
hat sich die Jungfrau ausersehn.

5. Er hielt an um das Töchterlein,
der Vater gab den Willen drein,
die Mutter zu der Tochter spricht:
Mein Kind, doch diesen lasse nicht.

6. Die Tochter fing zu weinen an:
Ich hab' schon einen Bräutigam,
dem hab' ich mich versprochen ganz,
zu tragen meinen Jungfrau'nkranz.

7. Der Vater sprach: Es kann nicht sein,
mein Kind, das bilde dir nicht ein!
Wo willst du bleiben mit der Zeit?
Sehr alt sind wir schon alle beid'.

8. Der Edelherr auch wiedrum kam,
man stellt bald die Hochzeit an;
es war alles dazu bereit,
die Braut war voller Traurigkeit.

9. Sie ging in ihren Garten früh
und fiel danieder auf die Knie,
rief von ganzem Herzen an
Jesum den liebsten Bräutigam.

10. Da kam ein schöner Jüngling da,
sein Angesicht war hell und klar,
sein Kleid mit Gold ganz ausgestickt,
die Jungfrau erst vor ihm erschrickt.

11. Er grüßt die Jungfrau alsbald schön,
dieselbe tät vor ihm steh'n
schamhaftig, schlägt die Augen nieder,
empfing den schönen Jesum wieder.

12. Der Jüngling an zu reden fing,
reicht dar ihr einen goldenen Ring:
Sieh' da, mein' Braut, ein Liebesband,
trag' diesen Ring an deiner Hand!

13. Er nahm sie bei der weißen Hand
und führte sie aus ihrem Land,
in seines Vaters Garten schön,
allwo viel tausend Blumen steh'n.

14. Kein Mensch kann sich nicht
    bilden ein,
war dort für schöne Früchte sein,
die Jungfrau hat in Freud' und Lust
der Frücht' und Blumen viel versucht.

15. Die Bächlein fließen silberklar,
wie Kristallinen [Kristallen] ganz und gar,
auch von Gesang und Saitenspiel
erschallt es in dem Garten viel.

16. Und als sie alles hat geschaut,
der Bräut'gam sprach zu seiner Braut:
Jetzt aber ist es Scheidenszeit
und dass ich dich nach Haus geleit'.

17. Ganz traurig schied die Jungfrau fort,
kam vor die Stadt in kurzem dort,
da halten sie die Wächter an,
sie sprach: Lasst mich zum Vater gehn!

18. Sie fragten, wer ihr Vater sei?
Der Kommandant, anwort sie frei.
Darauf ein Wächter zu ihr spricht:
Der hat ja keine Kinder nicht.

19. An ihrer Kleidung man erkannt',
dass sie von adeligem Stand,
drauf führt ein Wächter sie geschwind,
wo die Ratsherren versammelt sind.

20. Sie aber redet fest und frei,
der Kommandant ihr Vater sei,
und dass sie erst vor einer Stund'
hinaus gegangen sei jetzund.

21. Die Herren schauen sie verwundert an,
fragen, wo sie gewesen dann?
Ihr's Vaters Namen und Geschlecht,
da musste sie erzählen recht.

22. Drauf sucht man in alter Schrift,
bis man gefunden den Bericht,
dass sich ein' Braut verloren hat
zu alter Zeit in dieser Stadt.

23. Man zählte nach, wie lang es war,
und findet hundertzwanzig Jahr',
doch war die Jungfrau schön und klar,
als wenn sie wäre achtzehn Jahr'.

24. Da wurd' es allen wohl bekannt,
dass dies ein Werk aus Gottes Hand,
man setzt' ihr vor gleich Trank und Speis',
da ward sie wie ein Schnee so weiß.

25. Kein' Erdenspeis' ich mehr begehr',
bringt mir nur einen Priester her,
dass ich empfang' vor meinem End'
das allerheiligst Sakrament.

26. Und als nun dieses ist gescheh'n,
viel Christen haben es geseh'n,
ward ihr ohn' Klage, Weh und Schmerz
gebrochen ab ihr keusches Herz.

nach: F. W. Frh. von Ditfurth, Fränkische Volkslieder, Leipzig 1855, Nr. 87 (aus Opferbaum [Bergtheim] in Franken).
– Die regionale Überlieferung des Volksliedes notierte man in der Wissenschaft z. B. mit Ditfurth seit etwa 1850. Franz Wilhelm Freiherr von Ditfurth (1801–1880) hat viele nicht nur für die Liedlandschaft Franken wichtige Sammlungen herausgegeben. Seine »Fränkischen Volkslieder« (1855) sind eine Pioniertat regionaler Volksliedddokumentation. Vgl.: Franz Wilhelm Freiherr von Ditfurth: Leben und Werk, hrsg. von Horst Steinmetz und Ernst Schusser, Walkershofen 1987; Franz Wilhelm von Ditfurth: Literat und Liedersammler, hrsg. von Horst Steinmetz und Armin Griebel, Bd. 1–3, Walkershofen 1990–1994.

Eine wunderseltsame Geschichte, oder: Begebenheit.

Welche sich zugetragen in der weitberühmten Stadt und Festung Großwardein in Ungerland, mit einer Kommendantens-Tochter, welche ihr Herr Vater hat verheirathen wollen: was sich aber weiters mit ihr begeben wird solches in dem Gesang zu vernehmen seyn.

»Eine wunderseltsame Geschichte, oder: Begebenheit…« Titelblatt einer Liedflugschrift ohne Angaben [um 1800 bis um 1830 ?] mit den biedermeierlichen Putten am Rosenstock und dem Lied »In Ungerland zu Großwardein, was einmal da geschehn sey…« 33 Str. erzählen als Volksballade die Legende von der »Theresia«, der Kommandantentochter von Großwardein. Solche religiösen Themen, die damals als historisch verbürgt verstanden wurden, konnten z. B. auch bei Kirchenfesten und Wallfahrten verkauft werden. – DVA Freiburg i. Br. = Bl 5661.

TOCHTER ALS FÄHNRICH

1. Valet, valet zum Tor hinaus,
behüt' dich Gott du edles Haus.
Behüt' dich Gott, du schnöde Welt.
Ich bleib so lange, wie mir's gefällt.

2. Und wie sie vor das Tor kamen,
Mannsbildkleider zog sie ihr [sich] an.
Sie standen ihr auch gar zierlich
wie einem Kavaliere.

3. Zu einem Fähndriche ward sie gemacht,
und wie die Schlacht vorüber war,
da ein Kamrad zum andern kam,
schwang sie sich auf die Seite.

4. Nicht weit von ihren Leuten,
nicht weit von ihres Vaters Tür:
»Ach Vater, herzliebster Vater mein,
habt ihr kein einziges Töchterlein?

5. Ich bitt, ihr wollt' mir's erlauben,
ich wollt sie mir gern anschauen.
Ich wollt sie mir nehmen zu meiner Frau.« –
»Ach Sohn, herzliebster Sohne mein.

6. Ich habe zwar ein Töchterlein,
die ist mir unbekennet
gar weit in fremde Länder.
Gott weiß, seh ich sie noch einmal.«

7. »Ach Vater, herzliebster Vater mein.
Ich bin zwar euer Töchterlein,
habt ihr mich gleich verwiesen,
es sei euch schon verziehen,
ja streiten muss ich Tag und Nacht.«

DVA = E 5786; aufgezeichnet in Jordansmühl, Kreis Nimptsch (Schlesien), 1840 (Sammlung Hoffmann von Fallersleben)

TOD UND MAGDALENA

1. Es war einmal ein edler Herr,
der die schöne Magdalena hat
   genommen an,
hat genommen an.

2. Seine Häcklein waren rosenrot,
wie die Rose so rot,
wie die Rosen so schön.

3. Es fehlt ihm weder Haut noch Haare,
weder Haut noch Haare.

4. Es war drei Tag und sieben Jahr,
als der edle Herr gestorben war.

5. Es war einmal Feierabend
für die Mädchen und die Knaben,
die in der Kunkelstub sein.

6. »Da sprach der eine zu dem andern:
Was wollet ihr mir geben,
zu den Toten will ich gehen?«

7. Als er auf die Kirchstaffeln kam,
der Tod ihm schon entgegenkam.

8. »Du musst mich jetzt aufladen,
in die Kunkelstub neintragen,
vor die schöne Magdalena.«

9. »Grüss dich Gott, du schöne Magdalena,
grüss dich Gott, du schöne Magdalena.

10. Musst mir verzeihen und vergeben
aus dem ewigen Leben,
vor Gott und der Welt.«

11. »Ich will dir verzeihen und vergeben
aus dem ewigen Leben,
vor Gott und der Welt.«

12. Kaum hat sie dies ausgered't,
war er zu Staub und zu Asche,
zu Staub und zu Asche.

13. Sie tun ihn zusammen waschen,
auf den Kirchhof nauftragen,
in das kühle Grab.

DVA = A 142 088; aufgezeichnet in Walscheid, Saarburg (Lothringen), 1935 (Sammlung Louis Pinck); »Kunkelstube« = Spinnstube, Raum gemeinsamer Arbeit und Geselligkeit. – Pfarrer Louis Pinck (1873–1940) schuf mit seinen »Verklingenden Weisen« (Bd. 1–5, 1926 bis 1939 und 1962) eine nicht nur für die (damals teilweise deutschsprachige) Liedlandschaft Lothringen wichtige Sammlung. Der Volkslied-Nachlass von L. Pinck liegt im DVA (vgl. in: Jahrbuch für Volksliedforschung 22, 1977).

TÖCHTERLEIN DES GRAFEN

1. Ich weiß ein's Grafen Töchterlein,
sie wohnet zu Straßburg an dem Rhein,
sie hatt' ein' Buhlen verborgen.
Dann durch der Kläffer [Verleumder] Zungen frei
kamen sie beide in Sorgen.

2. Das Mägdlein war drei sieben [21] Jahr' alt,
sie hatt' ein' Freier von Herzen hold,
sie wollt' nicht länger beiten [warten];
sie nahm den Reuter bei der Hand
und gingen sich zu lustieren.

3. Er leite [führte] sie in den Rosengarten,
da so manch Vögelein war vergadert [im Gatter?],
sie sungen von Herzen beide,
wie dass des Grafen Töchterlein
soll kommen in großes Leide.

4. Der Reuter breit' den Mantel ins Gras,
das Mägdlein sprach auf selbige bass:
»Mein schön's Lieb auserkohren,
wenn du deinen Willen hast voll(en)bracht,
so lass mich nicht verloren.«

5. Der Reuter sprach sonder Verdrieß [ohne Verdruss]:
»Schönes Lieb, so fürcht' euch nicht,
dass ich euch soll lassen in Schanden;
ich wollt' lieber mein Leben lang
geh'n dollen achter [hier: außer] Landen.«

6. Sie sprachen so mannichs [manches] freundlich's Wort,
das haben die falschen Zungen gehört;
zum Grafen seind [sind] sie gegangen,
wie dass sein jüngstes Töchterlein
ging spazieren mit einem Manne.

7. Der Grafe war ein zornig' Mann,
er hat dies' so bald verstahn [verstanden];
er ging mit seinen Knechten gar kühnen,
da fand er sein jüngstes Töchterlein
bei dem Reuter in dem Grünen.

8. Der Grafe mit zornigem Mut [Sinn],
er warf den Reuter unter die Füß',
seine Knecht nahmen ihn gefangen;
er sprach zum Reuter: »Hab' guten Mut,
morgen zu Mittag sollst du hangen.«

9. Das Wort tät der Reuter so bald verstahn,
er ließ so manchen heißen Tran [Tränen]:
»Des muss sich Gott erbarmen,
und dass ich armer junger Held
muss sterben umb [wegen] eine Jungfrauen.«

10. Es geschah auf einen Montag,
dass der Reuter ward vor den Grafen gebracht,
man sollt' ihm sein Haupt abhauen;
da entfärbet sich der junge Held
vor Mädchen und Jungfrauen.

11. Der Reuter ging knien für das [vor dem] Schwert,
sein schönes Lieb kam da unverfährt [hier: sofort],
man hört' das Volk schreien und weinen.
»Steh auf«, sprach sie, »mein schönes Lieb,
ich will auch für dich sterben.«

12. Die Jungfrau ging kniend auf eine Seit',
sie kniet vor's Schwert mit Herzeleid:
»Ach Vater, lasst mir mein Haupt abhauen
und spart den Allerliebsten mein«,
so sprach die schöne Jungfraue.

13. Der Reuter sprach zu der Liebsten sein:
»Steh auf, Herzallerliebste mein,
ich will so frömmlich für dich sterben.
All trägst du ein kleines Kindlein von mir,
ich bitt', lass es nicht verderben.«

14. Der Grafe sprach mit Worten gut:
»Steh auf, Reiter, bis [sei] wohlgemut,
und hör' auch auf zu trauren [trauern];
ich geb' dir mein jüngstes Töchterlein
zu einer ehelichen Frauen.«

15. »Verlaub [hört], ihr Knechte und Mägd' all'samt,
die bei der Nacht auf Freien gand [gehen],
all hast du eines reichen Mann's Tochter lieb,
so hüt' dich vor den Kläffern grad [?],
so kommst du nimmer in Schand.«

nach: DVldr Nr. 63, Lieder Büchlein, Frankfurt am Main 1580, Nr. 256

TOTE BRAUT

1. In der Hauptstadt Kopenhagen
wohnt' ein reicher Handelsmann,
der durch Fleiß und frohes Leben
viele Güter sich gewann.

2. Von sechs Kindern blieb am Leben
nur ein einzig Töchterlein;
und es war des Vaters Streben,
diesem Kinde sich zu weih'n.

3. Zum Gespielen war erkoren
Adolf, eines Gärtners Sohn,
der die Mutter früh verloren,
und der Vater dient um Lohn.

4. Es waren kaum drei Jahr verflossen,
kehrt ins Dorf ein schmucker Mann,
der voll sehnenden Verlangens
hielt um sie beim Vater an.

5. Doch diesen konnte sie nicht lieben,
dieweil ihr Herz für Adolf schlug;
da ward schnell ein Brief geschrieben,
der die Botschaft zu ihm trug:

6. »Adolf, Adolf, Herzgeliebter,
teurer Adolf, rette mich!
Der will mir das Herze rauben,
das allein nur schlägt für dich!«

7. Als er diesen Brief gelesen,
griff er schnell zum Wanderstab,
reiste noch zur selben Stunde
sehnsuchtsvoll nach Bremen ab.

8. Als er kam zur Kirchhofsmauer,
fiel er vor'm Altare hin.
Als sie Adolf da erblickte,
fiel sie tot zur Erde hin.

9. Alles staunte, alles weinte,
alles klagte rings umher;
und der greise Vater weinte
um sein früh verlorenes Kind.

10. Drum, ihr Eltern, sollt nicht murren
wider eures Kindes Herz!
Lasst sie nehmen, wen sie wollen,
wenn ihnen Gott beschwert ein Herz!

Karl Wehrhan und Fr. Wienke, *Lippische Volkslieder*, Detmold 1912, Nr. 21

TOTENAMT

1. Es taget in Österreiche,
die Sonn' scheint überall,
so weiß mein wunderschönes Lieb,
wo es mich führen soll.

2. »Wo soll ich dich führen,
gut Ritter hochgemut,
ich lieg in Liebesarmen
und bin's beschlossen in.«

3. »Und liegst in Liebesarmen
und bist beschlossen in,
es möcht dich wohl gereuen,
eh' der Tag ein Ende hat.«

4. Der Tag, der hat ein Ende,
die Jungfrau tät ein' Gang
vor ihres Vaters Burge,
da sie den Wächter fand.

5. »Wächter, traut Geselle,
tritt her ein Wort zu mir:
Ich hab mein Lieb verloren,
das Leid, das klag ich dir.«

6. »Hast du dein Lieb verloren
und klagst mir deine Not,
ich sah ihn nächten [gestern] spate
zerhauen auf den Tod.«

7. »Wächter, du musst lügen,
dazu sagst du nicht wahr,
ich sah ihn nächten spate
vor meinem Bettlein stehn.«

8. »Sahst du ihn nächten spate
vor deinem Bettlein stehn,
so muss es Gott erbarmen,
dass ich's erlogen muss han [haben].«

9. Er nahm sie bei der Hände,
bei ihrer schneeweißen Hand,
er führt sie auf die Straße,
da sie ihn zerhauen fand.

10. Mit ihren schneeweißen Händen
macht sie ihm ein tiefes Grab,
mit ihren heißen Tränen
sie ihm den Segen gab.

nach: Handschrift aus St. Blasien (Schwarzwald) 1439; vgl. John Meier, Balladen, Bd. 1, Leipzig 1935, Nr. 28 B [Schreibung modernisiert]

TOTES LIEBCHEN (A)

1. Im Sommer da baut halt der Vogel sein Nest,
jetzt bin ich bei mein' Dirndl lang nimmer gewest.

2. Bin ich halt gangen bei Tag und bei Nacht,
da hat mir mein Dirndl schon 's Fensterl aufg'macht.

3. Und wie ich beim Fensterl halt eini bin g'stiegen,
da sieh ich mein Dirndl im letzten Schlaf da liegen.

4. Nimm ich's beim Handel, o mein Gott und Herr,
sie red't nit und tut nit und rührt sich nimmer mehr.

5. O du mein lieb's Dirndl, schlaf di nur aus,
und i geh zum Tischler und frimm dir a Haus [Sarg].

6. O meine Kameraden, steht's [stellt] auf paar paar [Paar und Paar],
tragt's fort mein lieb's Dirndl, um mi ist's schon gar.

7. Und wie ich's halt hör die Glöckla so schallen,
da lass'n sie mei Dirndl in's Graberl obi fallen.

8. A Handl voll Erd'n zu der ewigen Freud',
hört's auf a so läuten, geht's hoam es Nachbarsleut'.

9. Ein Baum ohne Äst', den hackt ma' gleich aus,
ein' Buam [Bub] ohne Dirndl, den lacht ma' brav aus.

10. Eine Wies' ohne Blumen ist a nit gar schön,
ein Bua ohne Dirndl muss traurig hoam geh'n.

nach: DVA = A 188 960; aufgezeichnet in Zintberg bei Schwaz (Tirol), 1908 [prägnante Dialektschreibung in der Vorlage]

TOTES LIEBCHEN (B)

1. Im Frühjahr, im Frühjahr tun sich alle Vöglein paaren,
und ich hab von mein' Dirndel schon lange nichts erfahren.

2. Im Frühjahr, im Frühjahr bauen die Vöglein ihr Nest,
und ich war bei mein' Dirndel schon lange nicht gewest.

3. Und als ich vor mein' Dirndel ihre Bettstattel kam,
sie rührt sich nicht, sie dreht sich nicht, sie schaut mich nicht mehr an.

4. Jetzt läuten alle Glocken einen heiligen Ton,
und jetzt lassen's mein Dirndel ins Grab eini fahr'n.

5. Ins Grab eini fahren zur ewigen Ruh,
und jetzt hab ich von mein' Dirndel doch endlich mal a Ruh.

6. Was liegt uns an Zwanziger, was liegt uns an Geld,
denn es gibt ja noch Dirndel gar viele auf der Welt.

nach: DVA = A 142 738; aufgezeichnet im Banat, vor 1935 [Vorlage hat versuchte Dialektschreibung]

*Motiv von einer undatierten Liedflugschrift;
Sammlung DVA Freiburg i. Br.*

TRÄNENKRÜGLEIN
(MACHT DER TRÄNEN)

1. Merkt auf, ihr Christen groß und klein,
was ich euch jetzund singe,
von einem kleinen Kindelein,
ein' Trostgeschicht' ich bringe.

2. Zu Seeberg im Lande Holstein
ein Weib sich sehr betrübet,
dieweil ihr starb ein Kindelein,
welches so sehr geliebet.

3. Das Kind ihr sehr zu Herzen ging,
sie weinet ohn' alle Maßen,
mit Angst und Weh ihr Herz empfing,
wollt' sich nicht trösten lassen.

4. Einmal ging sie hinaus ins Feld,
die Traurigkeit zu mindern,
da sind erschienen, wie ich meld',
viel schöne weiße Kinder.

5. Mit Engelskleidchen angetan,
mit Himmelsglanz formieret,
mit einer schönen Ehrenkron'
war jedes Kind gezieret.

6. Sie gingen all in Fröhlichkeit,
in lauter Lust und Springen;
das fromme Weib vergaß ihr Leid
ob dieser Wunderdinge.

7. Drauf sah sie auch ihr Kindelein
gar schön bekleidet stehen,
doch aber nicht bei der Gemein
 [Gruppe],
sondern weit hinten gehen.

8. Sobald sie nur ihr Kind ersah,
tät sie schnell zu ihm laufen;
sprach: »Liebes Kind, was machst du da,
dass du nicht bist beim Haufen?

9. Wer sind die schönen Kindelein,
die sich so herzlich freuen?
Kannst du denn nicht bei ihnen sein,
warum gehst du alleine?«

10. Das Kind zur Mutter sprach mit Fug:
»Ich muss die Freud' entbehren.
Hier hab ich einen großen Krug
und sammle eure Zähren [Tränen].

11. Wenn ihr zu weinen höret auf,
vergesst die Trauerschmerzen,
so komm ich auch zu diesem Hauf'
und freue mich von Herzen.

12. Drum lasset euer Klagen sein
und gönnet mir die Freuden,
die mir mein liebes Jesulein
im Himmelreich bescheiden.

13. Ich bin aus aller Angst und Leid
der bösen Welt entnommen
und in die wahre Himmelsfreud'
zum meinem Heiland kommen.

14. Da sind viel tausend Engelein,
die sich zu mir gesellen.
Darum, o liebe Mutter mein,
das Trauern tut einstellen!

15. Bedenkt, dass ihr in kurzer Zeit
auch werdet zu mir kommen
und leben in der Himmelsfreud'
samt allen Gottesfrommen.«

16. Die Red' drang ihr ins Herz hinein,
den Trost hat sie empfunden;
drauf sind die schönen Kinderlein
im Augenblick verschwunden.

17. Die Frau ging wieder heim nach Haus,
tät alle Sach' erzählen,
und was sie hätt' gerichtet aus
mit ihrem Trauerquälen.

18. Sie sprach: »Wenn wir die
 Himmelsfreud'
nur allzeit woll'n bedenken,
wir würden uns um die Sterblichkeit
doch nimmer mehr so kränken.«

19. Hilf, Jesu, dass wir alle Zeit
die Seligkeit betrachten,
so werden wir das Kreuz und Leid
in dieser Welt nicht achten.

20. Hilf, dass wir kämpfen ritterlich
zu ehren deinen Namen,
bis wir abscheiden seliglich,
das hilf uns, Jesu! Amen.

nach: DVA = A 191 879, handschriftliches Liederbuch aus Voigtshagen, Pommern, um 1760

*Motiv von einer Liedflugschrift 1832;
Sammlung DVA Freiburg i. Br.*

TREUER KNABE (A)
(TREUER HUSAR)

1. Es war einmal ein braver Husar,
der liebt' sein Mädchen ein ganzes Jahr;
ein ganzes Jahr und noch viel mehr,
die Liebe nahm kein Ende mehr.

2. Der Husar zog in ein fremdes Land,
unterdessen ward sein Liebchen krank,
so krank, so krank bis auf den Tod,
drei Tage, drei Nächte sprach sie kein Wort.

3. Und als der Husar die Nachricht erhielt,
dass seine Liebste im Sterben liegt,
verließ er all' sein Hab und Gut
und schaut, wo sein Feinsliebchen ruht.

4. Und als er zum Schatzliebchen kam,
ganz leise gab sie ihm die Hand,
die ganze Hand und noch viel mehr,
die Liebe nahm kein Ende mehr.

5. »Guten Abend, guten Abend, Schatzliebchen mein,
was tust du hier so ganz allein?
stirb nicht, stirb nicht, mein Schätzelein,
die Lieb und Treu muß länger sein.«

6. »Guten Abend, guten Abend, mein feiner Knab,
mit mir will's geh'n ins kühle Grab.« –
»Ach nein, ach nein, mein liebes Kind,
dieweil wir zwei so Verliebte sind.«

7. Er nahm sie wohl in seinen Arm,
da war sie kalt und nicht mehr warm.
»Ach Mutter, ach Mutter, geschwind ein Licht,
meine Liebste stirbt, man sieht es nicht.

8. Wo kriegen wir nun sechs Träger her?
Sechs Bauernbuben, die sind so schwer.
Sechs brave Husaren, die müssen es sein,
die tragen mein Schatzliebchen heim.

9. Jetzt muss ich tragen ein schwarzes Kleid,
das ist für mich ein großes Leid.
Einen schwarzen Rock und noch viel mehr,
die Trauer nimmt kein Ende mehr.«

Ernst H. Wolfram, Nassauische Volkslieder, Berlin 1894, Nr. 27 (aus mehreren Orten in Hessen)

TREUER KNABE (B)
(ROTHUSAR)

1. Es war einmal ein Rothusar,
der liebt sein Mädchen ein ganzes Jahr,
ein ganzes Jahr und noch viel mehr,
die Liebe nahm kein Ende mehr.

2. Und als er vor der Türe stand,
da fing er laut zu weinen an.
»Ach Rothusar, ach weine nicht!
Dein Liebchen stirbt, du siehst es nicht.«

3. »Wo nehmen wir sechs Träger her?
Sechs Bauern sind zu ordinär;
sechs Rothusaren, die müssen sein,
die mir mein Liebchen begraben ein.

4. Ein rotes Kleid hat sie nun an,
ein schwarzes Kleid soll ich nun tragn;
ein schwarzes Kleid und noch viel mehr,
die Liebe nahm kein Ende mehr.«

5. Da draußen auf dem Friedhofstein,
da stand geschrieben fein:
»Vergiß nicht mein und denk an mich,
wennst du bei einer andern bist!«

*Gustav Jungbauer, Volkslieder aus dem Böhmerwalde, Bd. 1,
Prag 1930, Nr. 12b (aufgezeichnet in Gebhards, 1922)*

TREULOSE BRAUT (A)

1. Es war ein Mädchen jung von Jahren,
es war ein Mädchen jung und schön;
schon in ihrer frühsten Jugend
liebte sie einen Leutnant sehr.

2. Sie hatten sich beide Treu geschworen,
auf immer und ewig treu zu sein,
ihre Liebe sollte niemand trennen,
und deshalb schwuren sie sich Treu.

3. Es war kaum ein Jahr vergangen,
kam ein Graf so jung und fein;
er frug an um dieses Mädchen,
und sie gab ihren Willen drein.

4. Und als die Hochzeit werden wollte,
und alle Gäste waren da,
und die Braut war schön gezieret
mit Rosmarin und grünem Kranz,

5. da kam der Leutnant angeritten
auf seinem stolzen Füchselein,
trat zu ihr mit leisen Schritten:
»Ich grüsse dich, Feinsliebelein.«

6. »Jetzt darfst Du mich ja nicht mehr grüßen,
ich weiß von keiner Lieb' zu dir;
erst haben wir uns treu geliebet,
jetzt aber lieb' ich dich nicht mehr.«

7. Was zog der Leutnant aus der Scheide?
Ein Schwert, von Gold und Silber wert,
und stach Feinsliebchen in das Herze,
sie fiel in ihren tiefsten Tod.

8. Dies ist geschehen und ward gesehen
von Morgens bis am Morgenrot.
Es ist heute noch zu sehen,
wo das verlobte Mädchen ruht.

DVA = A 31 572, aus Pommern, ohne nähere Angaben, 1920er Jahre

TREULOSE BRAUT (B)

1. Einst ein Mädchen voller Tugend,
einst ein Mädchen jung und schön,
schon in ihrer frühsten Jugend
liebt sie einen Leutnant schon.

2. Den hat sie sich treu verschworen,
ihm auf ewig treu zu sein,
denn ihre Lieb sollt niemand trennen,
ja darum schworen sie sich beid'.

3. Kaum sechs Wochen war'n verflossen,
kam ein Landgraf jung und schön.
Er bat das Mädchen um das seine,
das Mädchen gab den Willen ein.

4. Und die Hochzeit war gefeiert,
und die Hochzeitsgäste waren da.
Und die Braut war schon gezieret
mit Rosmarien und Myrtenkranz.

5. Und der Leutnannt kam geritten
auf seinem roten Füchselein,
gegrüsset seist du Vielhergeliebt,
gegrüsset seist du tausendmal.

6. Du brauchst mich ja nicht mehr zu grüßen,
ich weiß von keiner Lieb zu dir,
du darfst von jetzt ab nicht mehr küssen,
ich weiss von keiner Lieb zu dir.

7. Was zog der Leutnannt aus der Scheide?
Ein Schwert von Gold war es so rot,
und stach das Mädchen wohl um das seine,
dem Grafen in den Armen tot.

8. Nun ist Feinsliebchen ja gestorben,
ja wo gräbt man sie nur ein?
In ihres Vaters Schönlustgarten,
wo viele Rosen und Nelken blühn.

9. Dieses war und ist geschehen
zu Kolberg an dem Ostseestrand.
Dieses ist noch heut zu sehen,
wo das verschworne Mädchen ruht.

DVA = A 117852; aufgezeichnet 1929 in der Gegend von Schönlanke, [ehemals] Westpreußen

UNBARMHERZIGER JUNKER (A)

1. Frankreich [!] war eine schöne Stadt,
und da ein Junker gewohnet hat,
der war so reich von Gütern.

2. Es wohnt eine Wittfrau nebendran,
und der ihr Mann gestorben war,
sie hat sechs kleine Kinder.

3. Die waren waren ganz unbekleid't,
das war der Mutter groß Herzeleid,
das Korn [Getreide] und das war teuer.

4. Die Frau nahm ein' Kessel in die Hand
und trug ihn dem Junker zum Unterpfand,
dass er ihr Korn sollt' lassen.

5. »Ach Frau, pack du dich aus meinem Haus,
sonst stoß' ich dich mit Füßen heraus,
kein Korn will ich dir lassen.«

6. Der Herr, der hat ein' getreuen Knecht,
der dient seinem Herrn getreu und recht,
wohl zu der armen Frauen.

7. »Ach Herr, lass ihr ein Sester Korn,
ich will es in meinen Lohn antun,
ich will ihn ihr selber tragen.«

8. Der Knecht ging wohl dreimal um das Haus,
er schlug die Gläserfenster heraus,
groß Wunder war zu sehen.

9. Da lagen sechs Kinder, die waren tot,
sie lagen all' in ihrem Blut,
die Mutter hatt' sich erhangen.

10. Der Knecht, der ging nach Haus geschwind
und erzählt es seinem ganzen Hausgesind',
wohl auch dem reichen Herren.

11. »Ach Knecht, sattel mir mein bestes Pferd,
der Weg ist mir schon reitenswert,
groß Wunder muss ich anschauen.«

12. Ja wie der Herr vor die Pforte kam,
da hat die Erd' sich aufgetan,
mit seinem Ross versunken.

13. Da lieg, da lieg, du Reichemannsgut,
lass niemand sterben durch Hungersnot,
durch Jesum Christum, Amen!

nach: DVA = A 52 805; aus einem handschriftlichen Liederbuch, Mainz 1844

UNBARMHERZIGER JUNKER (B)

1. Brabant war eine schöne Stadt,
darin ein reicher Junker war,
der war so reich an Gütern.

2. Darinn ein' arme Witwe war,
deren Mann gestorben war,
mit sieben kleinen Kindern.

3. Die Kinder schrien aus Hungersnot:
»Ach liebe Mutter, schaff' uns Brot,
wir müssen vor Hunger sterben!«

4. Die Frau, die nahm 'n Kessel in ihre Hand,
trug ihn dem Herrn zum Unterpfand,
er sollt ihr Korn drauf geben.

5. »Wer meine Körnlein haben will,
der muss der Gelder haben viel,
die Taler müssen klingen.«

6. Die Frau, die ging betrübt nach Haus,
zog ihre sieben Kinder aus
und tat sie all' umbringen.

7. Dem Herrn sein Knecht hört ein Geschrei
und eilt sogleich zum Haus herein,
den Jammer mit anzusehn.

8. »Ach Frau, lassen sie ihre Kinder leben,
zwei Scheffel Korn will ich ihr geben,
ich will sie ihr selber bringen.«

9. Der Knecht, der eilt geschwind nach Haus
und bracht sein'm Herrn die Botschaft an,
den Jammer mit anzuschauen.

10. »Ach Knecht, sattle mir mein bestes Pferd,
auf der linken Seit' mein goldnes Schwert,
den Jammer mit anzuschauen.«

11. Und als er an das Haus h'ran kam,
die Tür, die hat sich aufgetan,
im Blut sah er sie schwimmen.

12. Ach gebt den Armen ein Stücklein Brot,
dass sie nicht leiden Hungersnot,
durch Jesum Christum. Amen.

DVA = E 7817, aufgezeichnet in Rönnebeck bei Lindow, Neuruppin (Brandenburg), 1856

UNBERÜHRTES MÄNTELEIN

1. Es wollt' ein junger Geselle
des Morgens früh aufstehn,
drei Uhren vor dem Tage
spielen mit unserer Magde,
nach Röslein wollten sie gehn.

2. Er nahm sie bei der Hände,
bei ihrer schneeweißen Hand,
er führt sie in das Grüne,
sie sprach, sie wollt's nicht tun,
wie freundlich dass er sie bat.

3. Sie gingen ein wenig weiter
wohl auf ein' grünen Plan:
»Spreit't ihr euer Käpplein nieder,
es wird wohl besser wieder,
und spielt mit mir im Grün'.«

4. »Mein' allerbeste Kappen,
die kost' mich fünfzig Pfund,
spreit' ich sie zu der Erden,
verdorben möcht' sie werden
in einer kurzen Stund.«

5. Der Tag ging zu dem Abend,
die Sonn' ging ihren Gang,
das Mägdlein stund in der Türen,
der Jüngling kam dafüre
mit seiner Kappen lang.

6. Er sprach: »Guten Abend, Mägdlein«,
sie sprach: »Gott dank euch Mann,
die Engeln in dem Throne
werden dem Käpplein lohnen,
dass ich Mägdlein von euch kam.«

7. »Dass ich euch Mägdlein ließe,
das tät mein' große Zucht,
das Herz in meinem Leibe
fürchtet eure Ehre
und euer fromm Gemüt.«

8. Nun hört ihr jungen Gesellen,
was ist jetzt für ein Recht;
wenn ihr des Morgens früh aufsteht,
mit einer Magd spazieren geht,
so spart euer Käpplein nit.

9. Hätt' ich mein Käpplein nit gespart,
das Mägdlein darauf gelegt,
und hätt' ich's schon getan,
wie mir's darüber sollte gehn,
den Schaden müsst ich han [haben].«

nach: Lieder Büchlein [...], Frankfurt am Main 1580, Nr. 150 (nachgedruckt u. a. bei: Ludwig Uhland, Alte hoch- und niederdeutsche Volkslieder, Stuttgart 1844/45)

UNBESTECHLICHE

1. Es war ein Reuter wohlgemut,
er trug eine Feder auf seinem Hut.

2. Er ritt dem Grafen wohl durch sein Land,
und er ritt dem Grafen wohl durch sein Land.

3. Wohl durch sein Land, wohl durch seine Tür,
da saßen drei schöne Jungfrauen für [davor].

4. Die erste war hübsch, die zweite war fein,
die dritte die sollt' dem Reuter seine sein.

5. »Ach Reuter, fahrt nicht zu nah herbei,
euer Pferdchen schlägt uns alle drei.«

6. »Ach nein, mein Pferdchen schlägt euch nit,
es schlägt der schönen Jungfrauen kein'.«

7. Der Reuter von seinem Pferdchen sprang,
das Gold ihm in der Taschen klang.

8. »Ach Reuter, schenkt mir ein halbes Pfund,
bei euch zu schlafen 'ne halbe Stund.«

9. »Ein' halbe Stund ist gar nit lang,
bei mir zu schlafen einen Sommer lang.«

10. Der Sommer ging herum und um,
und der Sommer ging herum und um.

11. »Reuter, ich will meiner Mutter es sag'n,
meiner Mutter es sag'n und will mit euch geh'n.«

12. »Ja, wenn die Weidenbäum' Kirschen trag'n,
so sollst du deiner Mutter es sag'n.«

13. Der Reuter auf sein Pferdchen sprang
und zog davon mit Sing und Sang.

DVA = E 7249; aufgezeichnet in Luxemburg, im Mai 1820 (Sammlung Hoffmann von Fallersleben)

UNDANKBARER SOHN (A)
(WIEDERVERGELTUNG)

1. Ein altes Sprichwort wird gemeld't:
Wie einer seine Eltern hält,
so wird er wieder gehalten
mit der Zeit von den Kindern sein.
Das hört man von den Alten.

2. Einstmals ein Sohn gewesen ist,
wie man in den Historien liest,
der wider alle Gebühre
sein' Vater bei 'n Haar'n geschleppet hat
bis an die Stubentüre.

3. Als derselb' Sohn kam in Ehstand,
beschert ihm Gott auch zuhand
ein' Sohn. Nach etlich Jahren
schleppt er ihn 'naus über die Schwell'
in' Küch' bei seinen grauen Haaren.

4. Da schrie er laut: »Verschone, Sohn,
du hast mir geben meinen Lohn,
hör auf. Bis an die Schwelle
hab ich mein' Vater auch geschleppt,
ich bin gemessen mit gleicher Elle.«

5. Desgleichen wird auch gelesen,
dass ein alter Mann ist gewesen,
welcher bei seinem Leben
sein Gut seinem einzigen Sohn
gar hatte übergeben.

6. Der Vater alt wurde zum Kind,
wie man seinesgleichen noch viel find't;
ihm zittern Mund und Hände,
dass er sich nicht wohl behelfen kund,
war krumm und lahn in Lenden.

7. Sein Gesicht [Augenlicht] leget ihm sehr ab [?],
er schlich herum an einem Stab,
weil er nichts kund erwerben;
war dem Sohn Zeit und Weile lang,
dass sein Vater nicht tät sterben.

8. Die Schnur [Schwiegertochter] sprach zu ihrem Mann ohn' Scheu:
»Eu'r Vater frisst gleich wie unsere Säu,
vor allem mir ekelt und grauet;
damit und drauß' er isset und trinkt,
ihm was Sonderliches bauet!«

9. »Weil mein Vatter frisst wie ein Schwein,
will ich ihm machen ein Trögelein.«
Als er darüber bauet,
da stund sein kleines Söhnlein
und ihm fleißig zuschauet,

10. als ob er's wollte lehren fein.
Das Kind sprach: »Lieber Vater mein,
was tut ihr messen?«
Er sprach: »Ich mach' ein Trögelein,
draus soll dein Großvater essen.«

11. Das Söhnlein sprach: »Lieber Vater mein,
wenn ich nun auch werde fein
und ihr so alt und graue,
wie jetzund mein Großvater ist,
so will ich auch lernen bauen

12. und euch machen ein Trögelein,
wie ihr meinen Großväterlein,
daraus ihr auch sollt essen.«
Der Vater ließ all's steh'n und liegen,
tät der Arbeit vergessen.

13. Ihr Kinder reich, arm und klein,
lasst dies' Lied euer Spiegel sein!
Haltet Vater und Mutter in Ehren,
so wird euch Gott auch mit der Zeit
fromme Kinder bescheren.

14. Tut eure Eltern in Ehren halten,
so werd't ihr auch in Ehren altern
und wird euch hie auf Erden
Wohlgehen und groß Glück und Heil
von Gott bescheret werden.

nach: DVldr Nr. 123 A; Liedflugschrift ohne nähere Angaben, nach 1670

UNDANKBARER SOHN (B)

1. »Horch, mein Sohn, das ist genug,
wir messen mit gleicher Elle.
Ich hab' mein' Vater auch geschleppt
bis auf die Stubenschwelle.«

2. Die Wirtin war a zornigs Weib,
sie meint, er fresse wie ein Schwein.
Das tät ihr grauen beim Essen.
Sie meint, wenn er ein Trögle hätt',
dass er daraus könnt' fressen.

3. Der Wirt war ein gescheiter Mann,
schaut, dass er ein Scheit Holz bekam,
gar fleißig tut er bauen.
Er hat ein einzigs Söhnelein,
gar genau tät's zuschauen.

4. »Ach Vater, liebster Vater mein,
ihr halt' euch gar so behende drein,
was werd't ihr denn da machen?« –
»Ich mach' dem Großvater ein Trögelein,
daraus so kann er essen.«

5. »Wenn ihr so alt und schwach werd't sein,
mach' ich euch auch ein Trögelein,
dass ihr daraus könnt' essen.«
Die Arbeit, die lässt er liegen
die Arbeit tut er vergessen.

nach: DVldr Nr. 123 B; Joseph George Meinert, Alte teutsche Volkslieder in der Mundart des Kuhländchens [Mähren], Wien 1817, »Wiedervergeltung« (hier in hochdeutscher Schreibung)

UNGERATENE KINDER (A)

1. Merkt auf ihr Christen, steht still,
vernehmt, was ich jetzt singen will,
von einer erschröcklichen Geschicht
geb ich euch wahrhaften Bericht.

2. In einer Stadt Hagenau genannt,
waren zwei Eheleut wohlbekannt,
die hatten einen einzigen Sohn,
all's Übel sie ihm gestatten tun.

3. Der Knab war alt vierzehn Jahr,
kein Vater-Unser konnt fürwahr,
aber all Bosheit und Schellmerei
trieb er täglich ohne alle Scheu.

4. Die Mutter hat ihr Freud' dabei,
wenn das Söhnlein trieb Schelmerei.
Sie gab dem Söhnlein alles Recht,
wenn er auch tat, was er nur möcht'.

5. Wenn ihm die Mutter was schaffen tut,
der Knab darwider murren tut,
bietet der Mutter den Hintern dann,
fängt zu fluchen und schwören an.

6. Er schlägt auf seine Mutter los,
viel harte Wort gegen sie ausstoß,
du alte Sau, du Metz, du Bär,
bis ihn gestraft hat Gott der Herr.

7. Er wurde totkrank, kam ins Bett,
Tag und Nacht nichts als schreien tät,
o weh, o weh, was Angst und Schmerz,
wie tut mir jetzt so weh mein Herz.

8. Wie nach zwei Nächt', anbrach der Tag,
war er verschieden,
ich euch sag, erschröcklich er gestorben ist,
hör erteilen [?] du mein lieber Christ.

9. Noch selben Tag und Abendzeit
kam seine Seel kohlschwarz bekleid't,
in einer Hand ein feur'ge Rut,
seinen Eltern er vorweisen tut.

10. Und finge laut zu brüllen an,
o ihr Eltern seid schuldig dran,
vermaledeit in Ewigkeit seid ihr mit mir,
ich euch anzeig'.

11. Hätt' ihr die Ruten nicht gespart
in meinen jungen Tagen zart,
wär ich ein Kind der Seeligkeit,
ihr habt gefehlet beiderseit.

12. Die Mutter sank in Ohnmacht hin,
wie ihr der Geist vom Sohn erschien,
der Vater läuft zum Haus hinaus,
und streckte beide Arme aus.

13. So geht's bei vielen Eltern zu,
mit Wahrheit ich es melden tu,
die ihren Kindern, so noch klein,
in der Jugend alles übersehen.

14. Die Eltern sollen jederzeit,
die Kinder ziehn zur Ehrbarkeit,
dass sie Gott dienen früh und spat,
zu erlangen die göttliche Gnad.

15. Dies lasst uns all ein' Warnung sein,
dass wir von allen Sünden rein
bleiben gehorsam jederzeit,
zur Ehr der heiligsten Dreifaltigkeit.

DVA = A 209 273; aus Ludwig Uhlands Sammlung, wahrscheinlich nach einer Liedflugschrift des 19. Jh., »Von einem Sohn, welchen seine Eltern in der Jugend zu viel übersehen, nach seinem Tode aber ihnen mit einer feurigen Rute erschienen«

UNGERATENE KINDER (B)

1. Es war'n einmal zwei arme Leut,
die hatten nur einen einzigen Sohn;
der Sohn ward krank und kam aufs Bett,
den dritten Tag war er schon weg.

2. Den vierten Tag erscheint sein Seel:
Ganz schwarz war sie gekleidet schon,
in seiner Hand ein' feurige Rut,
die er seinen Eltern zeigen tut.

3. »Hättet ihr diese Rut nicht so oft gespart,
wär ich's ein Kind in Gottes Gnad;
aber weil ihr habt diese Rut gespart,
bin ich ein Kind ins Teufels Gestalt!«

4. Die Mutter fiel in Ohnmacht hin,
weil sie's ihren einz'gen Sohn verlorn.
Der Vater sprang zur Tür hinaus
und streckt seine beide Arme aus.

DVA = A 135 714; nach einem handschriftlichen Liederheft aus Rindheim bei Zabern (Elsaß), 1865 (Sammlung und Nachlass Franz Magnus Böhme, Dresden), »Der ungeratene Sohn als Gespenst«

Motiv von einer undatierten Liedflugschrift;
Sammlung DVA Freiburg i. Br.

UNGERATENE KINDER (C)

1. Wohl in der Hauptstadt Tanzen,
da war ein Bürgersmann.

2. Der zeugt mit seiner Frauen
ein'n Sohn und Töchterlein.

3. Der Sohn, der liebt das Spielen,
das Fluchen und Schelten sehr.

4. Die Tochter liebt' das Tanzen,
die Unzucht noch viel mehr.

5. Es war am Ostersonntag,
da hört man Traurigkeit.

6. Die Eltern täten sagen:
Macht euch in die Kirche bereit.

7. Tut Mess' und Predigt hören,
sie haben zusammen geläut't.

8. Der Sohn, der sprach zum Vater:
Du alter Hund! Schweig still!

9. Ich krieg dich bei den Haaren,
du darfst nicht reden viel.

10. Die Tochter sprach zur Mutter:
Du alter Brummebär!

11. Und als die Kinder geredet,
fielen sie nieder und waren tot.

12. Man liess die Kinder begraben
nach katholischem Gebrauch.

13. Es war am dritten Abend,
die Kinder schon wieder kamen.

14. Vor der Eltern Bett getreten,
voll Furcht und Traurigkeit.

15. Kohlschwarz waren sie anzusehen,
sie sprühten Feuer heraus.

16. O ihr gottlosen Eltern,
straft eure Kinder beizeit,

17. auf dass ihr nicht ersehet
eine solche Traurigkeit.

DVA = A 53 993; aufgezeichnet in Liebental (Schlesien), o. J. [um 1914]

UNGLÜCKLICHE NACHTFAHRT (A)
(VERUNGLÜCKTER FREIER)

1. Es wohnten drei Geschwister am Rhein,
die Gret, die Lies und die Maj.
Die jüngste, die darunter war,
die ließ den Knaben herein, juhe,
die ließ den Knaben herein.

2. Sie stellt ihn wohl hinter die Tür,
bis Vater und Mutter schlafen gingen,
da nahm sie den Knaben herfür.

3. Und sie führt ihn die Stiege hinauf.
Er meint, sie führt ihn zum Schlafengehn,
zum Lädel stürzt sie ihn hinaus.

4. Und er fiel auf einen Stein,
brach drei Rippen im Leib entzwei
und dazu das linke Bein.

5. Er latschte ganz bucklig nach Haus.
»Ach Mutter, ich bin gefallen,
gefallen auf einen Stein.«

6. »Mein Sohn, es geschieht dir dein Recht.
Ein andermal gehst du beizeiten nach Haus
wie ein anderer Bauernsohn auch.«

7. Und sie legt ihn wohl oben aufs Bett,
und als das Glöcklein zwölfe schlug,
hat ihn der Tod gestreckt.

Joseph Lefftz, Das Volkslied im Elsass, Bd. 1, Colmar 1966, Nr. 32
(aufgezeichnet in Dürrenbach 1911)

UNGLÜCKLICHE NACHTFAHRT (B)

1. Ich ging einst bei der Nacht,
ich ging einst bei der Nacht,
die Nächte, die war'n so dunkel, dunkel,
dass man kein Sternlein sah,
dass man kein Sternlein sah.

2. Ich stand vor Liebchens Tür,
die Tür'n, die war'n verschlossen, schlossen,
drei Riegel war'n dafür.

3. Drei Töchterlein schliefen darin.
Die jüngste, das war die allerschönste,
stand auf, ließ mich herein.

4. Sie stellt mich hinter die Tür,
bis Vater und Mutter ging' schlafen,
da holt sich mich wieder herfür.

5. Sie ging mit mir treppauf,
ich dachte, es ginge zum Schlafen,
zum Fenster stieß sie mich hinaus.

6. O, Schatz, der Fall tat weh,
drei Rippen, die blieben zerbrochen,
dazu das linke Bein.

7. Ist denn kein Doktor mehr da,
der mir den Schaden heilen kann?
Vom Lieben lass ich nicht.

DVA = A 152 652; gesungen von einer 36 Jahre alten Arbeiterfrau aus Schwirsen (Rummelsburg, Pommern) 1937

UNGLÜCKLICHE NACHTFAHRT (C)

1. Ich geh so gern bei der Nåcht,
ich geh so gern bei der Nåcht;
die Nåcht, die war so finster,
juch heirassa, fiderallala,
dass man kein Sternlein siagt.

2. Ich komm zu der Geliebten ihrer Tür,
die Tür, die war verschlossen,
drei Riegerl standen für.

3. Drei Schwestern waren drein;
die jüngste, die war die schönste,
die lässt mich zu ihr hinein.

4. Sie versteckt mich unter der Tür,
bis Vater und Mutter schlafen,
dann zog s' mich herfür.

5. Sie führt mich oben hinaus;
ich glaubte, sie führt mich schlafen,
beim Fenster stoßt s' mich hinaus.

6. Ich fiel auf einen Stein,
drei Rippen hab ich mir gebrochen
und auch das linke Bein.

Gustav Jungbauer und Herbert Horntrich, Die Volkslieder der Sudetendeutschen, Kassel o. J. [1943], Nr. 677 (aus Ludwikowa in Ostgalizien)

UNGLÜCKLICHER SCHUSS (A)

1. Es ging einmal beim Sonnenschein [!]
ein Waldmann, hübsch und rot [!]
mit seinem Hund in Wald hinein,
er ging in seinen Tod.

2. Das Mädchen, das ihm lieber war
als alles in der Welt,
ging, ohne Furcht vor der Gefahr,
ihm heimlich nach in's Feld.

3. Sie ging ihm nach und ging umher
von Forst zu Forst, von Wald zu Wald.
und dacht in ihrem Sinn
zu überraschen ihn.

4. Und endlich sprang des Waldmanns
   Hund
einem jungen Rehlein nach,
das kaum vor einer Viertelstund
im Mutterschoße lag.

5. Das Rehlein sprang bald hinter sich,
bald vorwärts und blieb stehen
und tat soviel als jämmerlich
dem Hunde zu entgehen.

6. Doch leider fand es keine Ruh
und blieb im Wald verlassen,
doch endlich sprang es dem Busche zu,
wo Waldmann's Mädchen saß.

7. Der Jäger kam und eilt herbei,
vermeinet was im Busch,
er schoss sein mörderisches Blei
dem Mädchen durch die Brust:

8. »Ach Bester, was hast du getan,
komm sieh mich sterben an!«
Er ging und fand sein Mädchen
im Blute schwimmend an.

9. »Ach Beste, ach verzeih es mir,
ein Unmensch, der ich bin.
Verzeihe deinem Mörder nur,
er ist's und folgt dahin.«

10. Im finstern Wald umher
schreit er mit blutvollem Schmerz
und schoss mit eben dem Gewehr
sich selber durch das Herz.

Curt Mündel, Elsässische Volkslieder, Straßburg 1884, Nr. 21 (aus Ingolsheim bei Weißenburg). »Waldmann« ist offenbar der Waidmann, Jäger. Solches Fehlhören bzw. individuelles Zurechtsingen ist typisch für das Volkslied.

UNGLÜCKLICHER SCHUSS (B)

1. Es ging bei hellem Mondenschein
ein Jäger wohlgemut.
Er ging wohl in den Wald hinein
und sucht nach einem Blut [Jagdwild].
Sein Mädchen, das ihm lieber war
wie alles auf der Welt
ging ohne Ruf, ging ohne Ruf
ihm heimlich nach ins Feld.

2. Von Wald zu Wald, von Busch zu Busch
schlich er sich nun heran.
Auf einmal schoss der Jägersmann
ein junges Rehlein an.
Das Rehlein sprang bald hin, bald her,
bald blieb es stille stehn, ja stehn,
bis dass es an die Stelle kam,
wo Jägers Liebchen stand.

3. Der Jäger kam herbeigeeilt
und merkte was im Busch.
Er schoss sein mörderisches Blei
sein Mädchen durch die Brust.
Drauf schrie sie: »Herzallerliebster, was hast du getan,
dass ich im hellen Blute schwamm?
Die dunkle Nacht war schuld daran,
dass ich jetzt sterben muss.«

4. Drauf nahm er sie in seine Arm
und gab ihr einen Kuss.
Sie aber jammert in seinem Arm,
dass sie jetzt sterben muss.
Da nahm er sein Gewehr zur Hand
und schoss sich durch die Brust, ja Brust.
Die dunkle Nacht war schuld daran,
dass er jetzt sterben muss.

*Harald Dreo und Sepp Gmasz, Burgenländische Volksballaden, Wien 1997,
Nr. 28 (vorgesungen in Piringsdorf, Burgenland, 1983)*

UNSCHULDIGE DIENSTMAGD (A)
(WEISMUTTER)

1. Ich stand auf hohen Bergen
und sah ein schönes Haus,
da kehrten alle früh Morgen
drei schöne Kaufleute ein.

2. Sie frugen wohl nach der Tochter,
nach der Dienstmagd noch viel mehr.
Die Tochter ging mit 'nem Kinde,
die Mutter wusst es nicht.

3. Die ging wohl zur Frau Weisen,
die sollt ihr geben Rat:
»Guten Morgen, guten Morgen,
   Frau Weise!
Geb sie mir guten Rat.«

4. »Den Rat, den ich dir gebe,
den musst du nehmen an:
Wir woll'n das Kindlein umbringen
und tuns der Dienstmagd an.«

5. Und als die Dienstmagd morgens
ihr Bettlein machen wollt:
»Ein Kindlein hab ich gefunden,
die Mutter bin ich nicht.«

6. »Hast du das Kindlein gefunden,
so musst du Mutter sein,
bei Frankfurt an dem Galgen
da musst du hangen drein.«

7. Als nun dreiviertel Jahr um war'n,
die Kaufleut wieder kam'n:
Wo ist die Herzliebste mein?«

8. »Dein' Herzliebste ist nicht hier,
sie ist schon eine Hur;
bei Frankfurt an dem Galgen
da wird sie hängen drein.«

9. Er gab sein'm Pferd die Sporen
und ritt nach dem Galgen zu:
»Guten Tag, guten Tag, Herzliebste!
was machst du hier allein!«

10. »Ich bin ja nicht alleine,
ich sitz in Jesu Schoß,
da droben die lieben Engel,
die geben mir Wein und Brot.«

11. »Ein Haus will ich dir bauen
von Gold und Edelstein,
ein Haus will ich dir bauen
von Gold und Diamant.«

12. »Willst du ein Haus mir bauen
von Gold und Diamant,
ich kann darin nicht wohnen,
ich sitze in Jesu Hand.«

DVA = A 42 332; aus der Sammlung von Franz Ludwig Mittler (um 1850), aus Magdeburg

UNSCHULDIGE DIENSTMAGD (B)

1. Zu Frankfurt steht ein schönes Wirtshaus,
ja zu Frankfurt an dem Tor,
da logierten reiche Leute,
und da ist ein gut Quartier.

2. Der eine freit wohl um die Tochter,
Der andere wohl um die schöne Magd.
Und die Tochter, die ward schwanger,
sie gebar ein kleines Kind.

3. Als sie nun das Kind geboren,
trug sie es der Magd in's Bett;
als die Magd das Bett wollt schwenken,
fand sie ein klein' Kind, war tot.

4. »Frau Wirtin, herzallerliebste Frau Wirtin,
geb sie mir einen guten Rat;
als ich wollt mein Bettchen schwenken,
fand ich ein klein Kind, war tot.«

5. »Geh' nur du verfluchtes Luder,
geh' nur, du verfluchte Hur,
du sollst an dem Galgen hangen,
ja, zu Frankfurt an dem Tor.«

6. Als drei Tag herummer waren,
kam ein Reiter geritten daher,
er tat die Frau Wirtin fragen:
»Wo ist eu're schöne Magd?«

7. »Sie tut an dem Galgen hangen
ja, zu Frankfurt an dem Tor.«
Schnell schwenkt er sein Pferdchen herum
Und ritt nach dem Galgen hin.

8. Sprach: »Feinsliebchen, was hast du verschuldet,
dass du an dem Galgen hängst?« –
»Ei, ich habe nichts verschuldet,
darum bin ich noch nicht tot.«

9. Der Reiter schnitt Feinsliebchen herunter
und ritt schnell nach dem Wirtshaus zu.
Und die Mutter ward zerhauen
und die Tocher kam ins [auf's] Rad.

Otto Böckel, Deutsche Volkslieder aus Oberhessen, Marburg 1885, Nr. 2 (»Gerettete Unschuld«)

UNTERGESCHOBEN (A)

1. »Ach Liese, so du dienen willst,
so komm und dien bei mir,
denn ich geb dir hundert Taler
und ein paar neue Schuh,
und schweigen musst du dazu.«

2. Sie konnt' nicht länger schweigen,
bis dass die Frau einkam:
»Ihr Mann will bei mir schlafen,
ach Frau, darf ich es tun?«

3. »Will mein Mann bei dir schlafen,
wo ich gar nichts von weiß,
mache du dein Bett recht weich und breit,
und leg mich selber hinein.«

4. Da kam der Herr gegangen,
im roten Röckelein,
er klopft wohl zwei oder dreimal an:
»Ach Liese, lass mir ein,
ach Liese, lass mir ein.«

5. Da kam sie her gegangen
im schneeweiß Hemdelein,
denn sie ließ ihren eignen Mann wohl ein,
wo sie bei schlafen will.

6. »Ach hätte meine Frau
einen solchen süßen Mund,
viel mehr wollt' ich sie küssen
wohl hundert, tausendmal
in einer Viertelstund.«

7. »Ach Mann, mein lieber Mann,
weißt du nicht, wer ich bin,
denn ich bin dein eignes Weibelein,
die [der] du so untreu bist.«

8. »Wo ist denn unsre Liese,
die liederliche Dirn,
denn sie ist wohl ausgegangen
nach ihrem Schatz wohl hin,
wo sie bei schlafen will.«

*DVA = A 154 435; aus dem handschriftlichen
Liederbuch des Seemanns Marcus Schlüter aus
Dückermühle bei Glückstadt (Holstein), 1860–1863*

UNTERGESCHOBEN (B)

1. »Ach Lieschen, wenn du dienen willst,
so diene du bei mir, so diene du bei mir,
300 Taler geb ich dir
dazu ein neu paar Schuh,
verschweigen kannst du's jo.«

2. »Ach Frau, ach Frau, ach liebe Frau,
der Herr will bei mir schlafen.« –
»Das ihn soll wohl ergehn,
mach du das Bett gar weit und breit.
Ich wär mich selber drein legen.«

3. Und als es um die Mitternacht kam,
da klopft es leise an:
»Ach Lieschen, lass mich rein.«
Sie sprang mit ihren rot Röckelein
und öffnet ihm die Tür.

4. Er fasst sie um und drückte sie,
er fasst sie um und küsste sie
in einer Viertelstunde wohl 100 000 mal.

5. »Ach Mann, ach Mann, ach lieber
Mann,
ach weißt du nicht, wer ich bin?
Ich bin ja deine liebe Frau,
die du so zärtlich küsst
und doch so untreu bist.«

6. »Wo ist denn unsre Lieseken
die lange liebe Nacht?« –
»Die ist bei ihren Feinstliebeken
die lange liebe Nacht.« –
»Ei die verdammte Hure!«

*DVA = A 140 321; aufgezeichnet in Papendorf bei
Prenzlau (Mark Brandenburg), 1931 (Sammlung
Johannes Koepp); »von der Frau des Pferdeknechts«*

UNTREUE BRAUT (A)

1. Es war ein Mägdelein von achtzehn Jahr,
die hatte zwei Knäblein lieb.
Der eine der war ein Schäferknecht,
der andre ein Amtmannssohn.

2. Sie tät den Bruder wohl fragen,
welchen sie davon nehmen sollt'.
»Lasse du den Schäferknecht gehen,
nimm du den Amtmannssohn.«

3. Der Schäfer tät sich verfluchen,
abscheulich von Gewalt:
»Der Teufel soll dich holen
bei deinem Hochzeitentanz!«

4. Der Teufel angeritten kam
gleich wie ein großer Herr:
»Erlaubt mit die Braut zu tanzen
auf diesem breiten Saal!«

5. Ach dreimal tanzt er 'rum, 'rum, 'rum,
zum Fenster fährt er 'raus.
Wo ist denn mein feins Liebchen geblieben,
wo werd' ich's wiederfinden?

6. In deines Vaters Garten,
da wirst du's finden stehn,
ihr Haar sind abgeschnitten,
ihr Leib ist Feuerflamm.

7. Kommt her, ihr Knecht, ihr Mädchens,
kommt, schaut den Spiegel an,
tut ja nicht mehr versprechen,
als was ihr halten könnt'.

DVA = E 5597; aufgezeichnet in Klein-Welle bei Perleberg
(Brandenburg), 1845 (Sammlung Ludwig Erk)

UNTREUE BRAUT (B)

1. Ein Mädchen von achtzehn Jahren
hatt' auch zwei Knaben lieb.
Der eine war ein Schäfer,
der andre war ein Amtmannssohn.

2. Sie tät ihren Bruder fragen,
wen sie denn nehmen sollt'.
»Lass du den Schäfer fahren,
nehm' du den Amtmannssohn.«

3. Der Schäfer tät sie fragen:
»Hast du nicht 'n Ring von mir?
Ein Ring von vierzig Groschen,
ist das nicht Ring genug?«

4. »Ich weiß von keinem Versprechen,
ich weiß von keinem Ring.« –
»So soll dich der Teufel holen
an deinem Hochzeitstag.«

5. Die Hochzeit war gekommen,
die Hochzeit war gemacht;
und als sie dreimal 'rumgetanzt,
flog sie zum Fenster 'naus.

6. Da drunten an einem Deiche,
da steht ein Feigenbaum,
darauf sitzt eine Braut' wohl
und brennet heller Flamm!

DVA = A 202 135; aufgezeichnet in Weibersbrunn bei Aschaffenburg (Franken), 1890

UNTREUE BRAUT (C)

1. Es war ein Mädchen,
das hatte zwei Bräutigams.
Der eine der war ein Tischler,
der andre ein Bauernsohn.
Und all ihr Mädchen und Damen
könnt nehmen ein Beispiel hiervon.

2. Sie tät ihren Vater wohl fragen,
wen sie wohl nehmen sollt.
»Nimm du den Bauernsohn
Und bleibe im Bauernstand!«

3. Es dauerte drei Wochen bis vier,
da kam der Tischler zu ihr.
Der Teufel der soll dich holen
an deinem Hochzeitstag!

4. Es dauerte sieben Wochen bis acht,
da kam der Hochzeitstag.
Da kamen irdische [!] Männer
und setzten sich neben die Braut.

5. Sie fingen an zu tanzen,
sie tanzten zuerst mit der Braut.
Sie tanzten wohl ein oder zweimal
und endlich zum Fenster hinaus.

6. Da kam der Bräutigam gegangen.
O weh, wo ist meine Braut? –
Die lieget in Abrahams Garten
dort unter den Feigenbaum.

7. Die Augen waren ihr ausgestochen,
keine Zunge mehr in ihr Mund.
Und all ihr Mädchen und Damen
könnt nehmen ein Beispiel davon.
Tut keinem die Ehe versprechen,
wenn ihr es nicht halten könnt.

*DVA = A 75 536; niedergeschrieben von Handarbeitsschülerinnen
in Ahrenviöl, Kreis Husum (Schleswig-Holstein), 1920*

VATER UND TOCHTER (A)

1. Es wollt' ein Jäger jagen,
so sagt er,
es wollt' ein Jäger jagen
drei Stunden vor dem Tagen,
im Walde hin und her:

2. Einen Hirsch, einen Hasen und ein Reh,
so sagt' er.
Er grüßt das Mädchen feine:
»Was tut sie so alleine
wohl in dem Wald so früh?«

3. »Ich will mir pflücken Rosen«,
so sagt sie,
»ich will mir pflücken Rosen,
wir wollen beide kosen,
wohl in dem Walde früh.«

4. »Ich kann vor meinen Hunden nicht«,
so sagt er,
»ich kann vor meinen Hunden nicht,
bleib sie nur, Schönste, wer sie ist,
wohl in dem Walde früh.«

5. »Lass er die Hunde laufen«,
so sagt sie,
»lass er die Hunde laufen,
wir wollen sie verkaufen,
wohl in dem Walde früh.«

6. »Ich kann vor meinen Hasen nicht«,
so sagt er,
»ich kann vor meinen Hasen nicht,
bleib sie nur, Schönste, wer sie ist,
wohl in dem Walde früh.«

7. »Lass er die Hasen schmausen«,
so sagt sie,
»lass er die Hasen schmausen,
es sind ja mehr als tausend
wohl in dem Walde früh.«

8. »Ich kann vor meinem Pferde nicht«,
so sagt er,
»ich kann vor meinem Pferde nicht,
bleib sie nur, Schönste, wer sie ist,
wohl in dem Walde früh.«

9. »Lass er das Pferd doch stehen«,
so sagt sie,
»lass er das Pferd doch stehen,
wir beide wollen gehen
wohl in dem Walde früh.«

10. »Ich kann vor meinen Sporen nicht«,
so sagt er,
»ich kann vor meinen Sporen nicht,
bleib sie nur, Schönste, wer sie ist,
wohl in dem Walde früh.«

11. »Lass er die Sporen klingen«,
so sagt sie,
»lass er die Sporen klingen,
wir beide wollen singen
wohl in dem Walde früh.«

12. »Ach! Mädchen, bist du rasend blind?«
so sagt er,
»ich bin dein Vater, du mein Kind.
Ach! Mädchen, bist du rasend blind
wohl in dem Walde früh?«

aufgezeichnet von Ernst Moritz Arndt auf der Insel Rügen; veröffentlicht in: Wünschelruthe, Göttingen 1818, S. 203

VATER UND TOCHTER (B)

1. »Gut Mojen, Madame Schejne!«
So sprecht er:
»Gut Mojen, Madame Schejne!
Wos tysty in Wald allejne,
in diesen Wald allejn,
wy kejner tyt nischt gejhn?«

2. »Ich klaub do schejne Rosen,«
so sagt sie:
»Ich klaub do scheine Rosen,
lomir bejde strosen [?]
in diesen Wald allejn,
wy kejner tyt nischt gejhn.«

3. »Ich kann iber maine Hintje nischt,«
so sagt er:
»Ich kann iber maine Hintje nischt,
sog schejn, Mädchen, wer dy bist
in diesen Wald allejn,
wy kejner tyt nischt gejhn?«

4. »Lass die Hintje billen,«
so sagt sie:
»Lass die Hintje billen
yn ty schejn main Gewillen
in diesen Wald allejn,
wo kejner tyt nischt gejhn.«

5. »Ich kann iber maine Ferdje nischt,«
so sprecht er:
»Ich kann iber maine Ferdje nischt,
sog schejn, Mädchen, wer dy bist
in diesen Wald allejn,
wy kejner tyt nischt gejhn.«

6. »Nehm die Ferdje bai dem Zaum«,
so sagt sie:
»Nehm die Ferdje bai dem Zaum
yn bind sie on an Eppelbaum
in diesem Wald allejn,
wy kejner tyt nischt gejhn.«

Übertragung:

1. »Gut' Morgen, Madame Schöne!«
So spricht er:
»Gut' Morgen, Madame Schöne!
Was tust du im Walde alleine,
in diesem Wald allein,
wo niemand tut nicht sein?«

2. »Ich pflücke schöne Rosen,«
so sagt sie:
»Ich pflücke schöne Rosen,
lass uns beide kosen
in diesem Wald allein,
wo niemand tut nicht sein.«

3. »Ich kann ob meiner Hunde nicht,«
so sagt er:
»Ich kann ob meiner Hunde nicht.
Sag' doch, Mädchen, wer du bist
in diesem Wald allein,
wo niemand tut nicht sein.«

4. »Lass die Hunde bellen,«
so sagt sie:
»Lass die Hunde bellen
und tu schon meinen Willen
in diesem Wald allein,
wo niemand tut nicht sein.«

5. »Ich kann ob meines Pferdes nicht,«
so spricht er:
»Ich kann ob meines Pferdes nicht.
Sag' doch, Mädchen, wer du bist
in diesem Wald allein,
wo niemand tut nicht sein.«

6. »Nimm das Pferd doch an dem Zaum,«
so sagt sie:
»Nimm das Pferd doch an dem Zaum
und bind' es an den Apfelbaum
in diesem Wald allein,
wo niemand tut nicht sein.«

7. »Ich kan iber maine Schwerdje nischt,«
so sprecht er:
»Ich kann iber maine Schwerdje nischt,
sog schejn, Mädchen, wer dy bist,
in diesen Wald allejn,
wy kejner tyt nischt gejhn.«

8. »Steck die Schwerdje in der Erd,«
so sagt sie:
»Steck die Schwerdje in der Erd:
»A junges Mädchen is alles wert
in diesen Wald allejn,
wy kejner tyt nischt gejhn.«

9. »Ich kann iber mainer Stiewel nischt,«
so sprecht er:
»Ich kann iber maine Stiewel nischt,
sog schejn, Mädchen, wer dy bist
in diesen Wald allejn,
wy kejner tyt nischt gejhn.«

10. »Zieh on die Stiewel auf die Fiß,«
so sagt sie:
»Zieh on die Stiewel auf die Fiß,
a junges Mädchen is zyckersiß
in diesen Wald allejn,
wy kejner tyt nischt gejhn.«

11. »Ich kann iber maine Sattel nischt,«
so sprecht er:
»Ich kann iber maine Sattel nischt,
sog schejn, Mädchen, wer dy bist
in diesen Wald allejn,
wy kejner tyt nischt gejhn.«

12. »Lass das Sattel zukoppens stejhn,«
so sagt sie:
»Lass das Sattel zukoppens stejhn
yn lomir bejde schlafen gejhn
in diesen Wald allejn,
wy kejner tyt nischt gejhn.«

13. »Zi bisty taub, zi bisty blind?«
So sagt er:
»Zi bisty taub, zi bisty blind?
Ich bin Vater, yn dy bist Kind!
In diesen Wald allejn,
wy keiner tyt nischt gejhn.«

7. »Ich kann ob meines Schwertes nicht,«
so spricht er:
»Ich kann ob meines Schwertes nicht.
Sag' doch, Mädchen, wer du bist
in diesem Wald allein,
wo niemand tut nicht sein.«

8. »Steck' dein Schwert doch in die Erd',«
so sagt sie:
»Steck' dein Schwert doch in die Erd',
ein junges Mädel ist alles wert
in diesem Wald allein,
wo niemand tut nicht sein.«

9. »Ich kann ob meiner Stiefel nicht,«
so spricht er:
»Ich kann ob meiner Stiefel nicht.
Sag' doch, Mädchen, wer du bist,
in diesem Wald allein,
wo niemand tut nicht sein.«

10. »Zieh deine Stiefel an die Füß',«
so sagt sie:
»Zieh deine Stiefel an die Füß',
ein junges Mädchen ist zuckersüß
in diesem Wald allein,
wo niemand tut nicht sein.«

11. »Ich kann ob meines Sattels nicht,«
so spricht er:
»Ich kann ob meines Sattels nicht.
sag' doch, Mädchen, wer du bist,
in diesem Wald allein,
wo niemand tut nicht sein.«

12. »Lass den Sattel zu Häupten stehn,«
so sagt sie:
»Lass den Sattel zu Häupten stehn
und lass uns beide schlafen gehn
in diesem Wald allein,
wo niemand tut nicht sein.«

13. »Bist du taub oder bist du blind?«
So sagt er:
»Bist du taub oder bist du blind?
Ich bin dein Vater, und du bist mein Kind!
In diesem Wald allein,
wo niemand tut nicht sein.«

14. »Ach Vater, Vater, wos hosty mir friehr nischt gesagt?«
So sagt sie:
»Ach Vater, Vater, wos hosty mir friehr nischt gesagt? –
Hast doch mir zy Schand gebracht
in diesen Wald allejn,
wy kejner tyt nischt gejhn.«

15. »Ach nehm die Schwerdje vyn die Schejd,«
so sagt sie:
»Ach nehm die Schwerdje vyn die Schejd
yn mir in Herzen geb
in diesen Wald allein,
wy kejner tyt nischt gejhn.«

14. »Ach, Vater, Vater, was hast du mir's nicht früher gesagt?«
So sagt sie:
»Vater, Vater, was hast du mir's nicht früher gesagt?
Du hast mich doch zuschand' gebracht
in diesem Wald allein,
wo niemand tut nicht sein.«

15. »Ach, nimm dein Schwert doch aus der Scheid',«
so sagt sie:
»Ach nimm dein Schwert doch aus der Scheid
und bohr' es mir ins Herz
in diesem Wald allein,
Wo niemand tut nicht sein.«

Alexander Eliasberg, Ostjüdische Volkslieder, München 1918, Nr. 53 (jüdisch-deutsche Fassung und Übertragung)

Motiv von einer undatierten Liedflugschrift;
Sammlung DVA Freiburg i. Br.

VATER UND TOCHTER (C)

1. »Guten Morgen, schönes Mädchen,
was suchst du in dem Wald?«
»Blümlein will ich brocken
und dich zu mir locken
in dem Wald alleine,
in dem Wald allein.«

2. »Sporen hört' ich klingen«,
so saget sie.
»Sporen hört' ich klingen
und ein Rösslein springen
in dem Wald alleine,
in dem Wald allein.«

3. »Nimm das Rösslein an den Zaum«,
so saget sie.
»Nimm das Rösslein an den Zaum,
häng' es an den Eichenbaum
in dem Wald alleine,
in dem Wald allein.«

4. »Steig herab von deinem Pferd«,
so saget sie.
»Steig herab von deinem Pferd,
setz' dich zu mir auf die Erd'
in dem Wald alleine,
in dem Wald allein.«

5. »Von meinem Pferde kann ich nicht«,
so saget er.
»Von meinem Pferde kann ich nicht,
wegen meines Mantels nicht,
in dem Wald alleine,
in dem Wald allein.«

6. »Hätt'st du mir das früher g'sagt«,
so saget sie.
»Hätt'st du mir das früher g'sagt,
hätt'st mich nicht in Schand' gebracht
in de Wald alleine,
in dem Wald allein.«

DVA = A 158 587, aufgezeichnet bei deutschsprachigen Siedlern in Lucac, Slawonien, 1938 [Jugoslawien]

VERFÜHRENDE MARKGRÄFIN

1. War einst ein jung, jung Zimmergesell,
der baut dem Markgrafen ein Haus
von lauter Silber und Edelstein,
sechshundert Schauläden [Fenster] hinaus.

2. Und als das Haus gebauet war,
da legt er sich hin und schlief.
Da kam des jungen Markgrafen sein Weib,
zum zweiten und dritten sie rief:

3. »Steh auf, steh auf, jung Zimmergesell,
denn es ist an der Stund;
hast du so wohl gebauet das Haus,
so küss mich an meinen Mund!«

4. Und als sie beide beisammen waren
und dachten, sie wären allein,
da führte der Teufel das Kammermensch her,
zum Schlüsselloch schaut sie hinein.

5. »Ach Herr, ach Herr, ach edler Herr,
so komm doch selber und schau:
Da küsst der schwarzbraune Zimmergesell
wohl deine schneeweiße Frau!«

6. »Und hat er geküsst mein schönes Weib,
des Todes soll er sein!
Einen Galgen soll er sich selber bau'n
z' Schaffhausen drauß an dem Rhein!«

7. Und als der Galgen gebauet war,
da führten sie ihn zur Stell;
er schlug die Äuglein wohl unter sich [nieder],
der schwarzbraun Zimmergesell.

8. Und als der schwarzbraune Zimmergesell
den letzten Sprossen auftrat,
er sprach: »Ihr sieben Landesherren,
gebt mir eines Wortes Macht!

9. Und käme die junge Frau Markgräfin
wohl für [vor] euer Bettlein zu stahn,
wollt ihr sie herzen und küssen fein,
oder wollt ihr sie lassen gahn?«

10. Da sprach zur Hand ein Edelherr,
ein alter greisgrauer Mann:
»Ich wollte sie herzen und küssen fein
und wollte sie freundlich umfahn [umarmen]!«

11. Da sprach der Markgraf selber wohl:
»Wir wollen ihn leben lan [lassen]!
Ist keiner doch unter uns allen hier,
der dies nicht hätte getan.«

12. Und als er hinausgezogen war
und ging wohl über die Heid,
da stand des jungen Markgrafen sein Weib
in ihrem schneeweißen Kleid.

13. Was zog sie aus ihrer Taschen fein?
Ein Ringlein von rotem Gold:
»Nimms hin du schöner, du feiner Gesell,
nimm hin zu deinem Sold!

14. Und wenn dir der Wein zu sauer ist,
so trinke Malvasier;
doch wenn dir mein Mündelein süßer ist,
so komm nur wieder zu mir!«

(gedrucktes) Münchner Liederblatt, 1911

Motiv von einer Liedflugschrift, gedruckt in Nürnberg bei Friedrich Gutknecht (um 1550);
Sammlung DVA Freiburg i. Br.

VERFÜHRT
(MÄDCHEN UND STUDENTEN)

1. Es wollt ein Bauer ausfahren,
einst frühmorgens in das Holz,
goggogei,
einst frühmorgens in das Holz.

2. Was begegnet ihm auf dem Wege?
Eine Dam' und die war stolz,
goggogei,
eine Dam' und die war stolz.

3. »Gegrüßt seist du, schwarzbrauns Mädelein,
ei, was thust du hier allein?
goggogei,
ei, was tust du hier allein?«

4. »Ich will nach meinem Vater
wohl in das Tannenholz,
goggogei,
wohl in das Tannenholz.«

5. »Komm und setze dich auf meinen Wagen,
ei, und fahr mit mir nach Heim,
goggogei,
ei, und fahr mit mir nach Heim.«

6. Und als sie eine Weil' gefahren:
Sieh, da liegt ein breiter Stein
goggogei,
sieh, da liegt ein breiter Stein.

7. Was macht man mit dem Stein?
Ei, den wirft man in den Rhein,
goggogei,
ei, den wirft man in den Rhein.

8. Geht dieser Stein zugrunde,
ei, so ist diese Dam' eine Hur',
goggogei,
ei, so ist diese Dam' eine Hur'.

9. Kommt er aber wieder zu Lande,
ei, so ist sie wieder gut,
goggogei,
ei, so ist sie wieder gut.

10. Dieses Liedlein ist gesungen
für die ganze Brüderschaft,
für Alte und für Junge,
wer es kann, der mach's uns nach.

DVldr Nr. 146, DVA = A 209 289; aufgezeichnet in der Gegend von Bückeburg (Niedersachsen), o.J. [19.Jh.], aus Ludwig Uhlands Sammlung

VERFÜHRUNG UND MORD (A)

1. Es ging einmal ein verliebtes Paar
in grünen Wald spazieren.
Der Knab, der ihr so untreu war,
tat sie im Wald verführen.

2. Er nahm sie bei der rechten Hand
und führte sie durch ein Gsträuche:
»O du, mein herzallerliebster Schatz,
da hast du deine Freude.«

3. »Ach wer wird in dem wilden Wald
eine schöne Freude haben?
Mir scheint, ich seh eine Todesgruft,
darein ich sollt begraben.«

4. Das Mädchen fing zu weinen an,
sie schlägt ihre Hände zusammen:
»O wär ich doch den heutigen Tag,
doch nicht spazieren gegangen.«

5. »Es nützt kein Bitten, kein Weinen nicht,
begraben musst du liegen,
damit die Schand nicht größer wird
und alles bleibt verschwiegen.«

6. Der Knab, der hört ihr nicht lang zu,
er macht ihr ein kurzes Ende,
er zog das Messer aus dem Sack
und ihr das Herz durchrennte.

7. Sie schrie: »O Jesus, steh mir bei
in meinen Ängst und Schmerzen,
verschone doch dein eignes Blut
mit deinem treuen Herzen!«

8. Er gab ihr dann den zweiten Stich,
dann schloss sie ihre Hände;
sie schrie: »O Jesus, steh mir bei
in meinem letzten Ende!«

9. Sobald das Madl verschieden war,
da fing sein Herz an schlagen,
voll lauter Reu und Gottesfurcht
konnt er sie nicht begraben.

10. Er schrie: »O Jesus, steh mir bei!«
Sind seine letzten Worte.
Er warf sich weinend auf ihr hin
und starb am selbigen Orte.

11. Es stand wohl an das ganze Jahr,
bis man sie hat antroffen,
da sind die Völker weit und breit
an denselbigen Ort hingloffen.

12. Um zu sehen an, was dies möcht sein,
was ihnen sei geschehen:
sie sind ganz schön, ganz weiß und rot,
sie sind ganz unverwesen.

13. Und als die hohe Geistlichkeit
dies Ding hat wohl erfragen,
da haben sie den Ort geweiht
und haben sie begraben.

14. Da ließen sie zu Ehren ihnen
eine Klosterkirche bauen,
da geschehen viele Wunderwerk,
wenn man auf sie vertrauet.

15. Ihr Buben und Madln allzugleich,
lasst euch die Lieb nicht blenden,
seht, wie die Verliebten zwei
so weit im Wald sein kömmen!

Alfred Quellmalz, Südtiroler Volkslieder, Bd. 1, Kassel 1968, Nr. 23 (aus St. Martin, Passeier; »Mord im Walde«)

VERFÜHRUNG UND MORD (B)

1. Es ging einmal ein verliebtes Paar
in grienen Wald spazieren,
der Jingling, der ihr untrei war,
wollt sie im Wald verfihren.

2. Er fangt sie bei ihr schneeweißen Hand,
wollt sie in Wald hin leiten,
er sprach: »Oh, Allerliebste mein,
genieße deine Freide.«

3. »Was soll ich hier im grienen Wald,
fir eine Freide haben,
mir scheint, es ist die Todesgrub,
wo du mich willst begraben.«

4. Das Mädchen fing zu weinen an,
schlag ihre Händ' zusammen.
»Ei, wär ich doch im grienen Wald
niemals spazieren gegangen.«

5. Der Jingling, der ihr untrei war,
gab ihr ein kurzes Ende,
er zog ein Messer gleich hervor,
das ihr das Herz zertrennte.

6. Sie sprach: »Oh Jesus, steh mir bei,
in meiner Angst und Schmerzen,
verschon dein eigenes Fleisch und Blut,
so wie auch mein treies Herze.«

7. »Es hilft kein Bitten und kein Flehn,
im Grabe musst du liegen,
bevor die Schand noch größer werd
und alles gleich verschwiegen.«

8. Er gab ihr noch den zweiten Stich,
sie sinkt langsam zur Erde,
sie sprach: »Oh Jesus, steh mir bei,
ich stirb in deine' Hände.«

9. Und als sie nun verschieden war,
fing an sein Herz zu schlagen,
vor lauter Angst und Traurigkeit
konnt er sie nicht begraben.

10. Sprach: »Oh Jesus, steh mir bei,
in meiner Angst und Schmerzen.«
Er legt sich leise auf sie hin
und stirbt an ihrem Herzen.

11. Nun stand es an drei ganze Jahr,
bis man sie hat getroffen,
man fand sie beide frisch und rein
und noch ganz unverwesen.

12. Und Mädchen und ihr Knaben all,
ihr habt auch recht verstanden,
wie sich mit diesem Liebespaar
hat es sich zugetragen.

13. Vor wahre Rei' [Reue] und
    Gottesfurcht
sind alle dort gestorben,
und haben beide allzugleich
die Gnad bei Gott erworben.

DVA = A 215 394; aufgezeichnet nach einer siebzigjährigen Frau von Paul Schwalm in Nemesnádudvar, Ungarn, 1977

VERFÜHRUNG UND MORD (C)

1. Es ging einmal ein verliebtes Paar
im grünen Wald spazieren.
Der Jüngling, der ihr untreu war;
wollt' sie im Wald verführen.

2. Er sprach zu ihr: »Herzliebste mein,
wie genieße deine Freude?«
»Was kann ich hier im finstren Wald
für eine Freude haben?«

3. Er zog das Messer gleich heraus
und sticht 's in ihren Herzen.
Sie schrie: »Oh, Jesus, steh mir bei,
in meiner Angst und Schmerzen!«

4. Vor lauter Lad und Traurigkeit
kann er sie nicht begraben.
Er legt sich hin auf ihre Brust
und stirbt auf ihrem Herzen.

5. Sie liegen beisamm' drei Viertel Jahr,
bis man sie hat gefunden.
Sie liegen beisamm' wie Müli [Milch] und
   Blut
und sind noch nicht verwesen.

6. Dann kommen die Vögilein von weit
   und breit
zu ihnen hingeflogen.
Sie verzehrten ihnen das ganze Fleisch,
bleibt weiter nichts als Knochen.

*DVA = Dokumentation zu Erk-Böhme Nr. 52; Beiträge
zur Volkskunde der Ungarndeutschen 4 (1982)*

VERFÜHRUNG UND MORD (D)

1. Es war einmal verliebtes Paar,
das ging in Wald spazieren;
der Jüngling, der ihr untreu war,
wollte sie im Wald verführen.

2. Er griff sie bei der weißen Hand
und zog sie ins Gebüsche:
»Hier leg' dich hin und ruh' dich aus,
hier sollst du Freud' genießen.«

3. »Was wird das für eine Freude sein,
die ich hier soll genießen?
Es wird vielleicht mein Unglück sein,
viel Tränen zu vergießen.«

4. Da zog er gleich das Messer raus
und stach ihr in das Herze.
Da schrie sie gleich: »O großer Gott,
hilf tragen meine Schmerzen!«

5. Da tat er gleich den zweiten Stich,
sie fiel zur Erde nieder.
Da schrie sie gleich: »O großer Gott!
wo bleiben meine Brüder?«

DVA = Dokumentation zu Erk-Böhme Nr. 52; Reinhold Keil, in: Heimatbuch der Deutschen aus Rußland 1982–1984, S. 186 (Wolgadeutsche)

VERKAUFTE MÜLLERIN
(MÜLLERTÜCKE)

1. Ein Müller ging in den Wald hinein.
Und als er in dem Walde ankam,
begegneten ihm drei Räuber,
drei Räuber und drei Mörder.

2. Der erste zog seinen Beutel heraus;
dreitausend Taler zahlt er aus
dem Müller für sein Weibchen,
dem Müller für sein Weibchen.

3. Der Müller denkt bei seinem Sinn:
»Das wär a Geld für Weib und Kind!
Mein Weibchen ist mir lieber,
mein Weibchen ist mir lieber.«

4. Der zweite zog seinen Beutel heraus;
sechstausend Taler zahlt er aus
dem Müller für sein Weibchen,
dem Müller für sein Weibchen.

5. Der Müller denkt bei seinem Sinn:
»Das wär a Geld für Weib und Kind!
Mein Weibchen ist mir lieber,
mein Weibchen ist mir lieber.«

6. Der dritte zog den Beutel heraus;
zehntausend Taler zahlt er aus
dem Müller für sein Weibchen,
dem Müller für sein Weibchen.

7. Der Müller denkt bei seinem Sinn:
»Das wär a Geld für Weib und Kind!
Mein Weibchen soll er haben,
mein Weibchen soll er haben.«

8. Der erste zog den Säbel heraus,
der zweite sagt: »Du musst sterben!«
Der dritte stach ihr nun ins Herz.
»Ei, Weibchen, du musst sterben.«

DVA = A 109 750, aufgezeichnet in Oberloschin (Gottschee, Slowenien), 1907, Sammlung Hans Tschinkel

VERKLEIDETER MARKGRAFENSOHN

1. Es war eins jungen Markgrafen Sohn,
der freit um des Königs sein Tochter;
er hatte gefreit sieben ganze Jahr,
er konnte sie nicht erfreien.

2. »Ach Schwester, leih mir dein samten Kleid,
und eine seid'ne Haube!« –
»Ach Bruder, willst du ein Mädchen betrügen:
ich seh dir's an den Augen.«

3. »Das Mädel, das ich betrügen will,
das geht dir in kein'n Schaden;
ein solches Mädel, wie diese ist,
die muss ich allzeit haben.«

4. Und wie der Graf vor des Königs Schloss kam,
bracht er ein schön'n gut'n Abend.
»Sind Sie weit her oder woll'n Sie weit hin,
oder woll'n Sie bei uns bleiben?«

5. »Ich bin weit her, ich will weit hin,
ja will bei Ihnen bleiben.« –
»Haben Sie kein'n Mann oder woll'n Sie kein haben,
oder woll'n Sie ein Jungfrau bleiben?«

6. »Ich hab' kein'n Mann, ich will kein'n haben,
ein Jungfrau will ich bleiben.« –
»Zünd an, zünd an, du Kucheljung,
zünd an die silberne Lampe.

7. Es werden zwei Fräulein zu Bette gehn,
wie sanfte werden sie schlafen!«

8. Und wie es nun um die Mitternacht kam,
die Fräule fing an zu sprechen;
da hört es bald der Kucheljung,
fing endlich an zu lachen.

9. »Schweig still, schweig still, du Kucheljung,
kannst du nicht stille schweigen?
Das samten Kleid, das draußen liegt,
das soll dein eigen bleiben.«

10. Und wie es nun um Morgen kam,
der König fing an zu fragen:
»Das sei ja Gott im Himmel geklagt,
warum schläft meine Tochter so lange?«

11. »Warum Ihre Tochter so lange schläft,
das will ich Ihnen wohl sagen:
Die gestrige Fräule, die zu uns kam,
die war der junge Markgrafe.«

12. »War das des reichen Markgrafen sein Sohn,
der meine Tochter will haben,
so will ich ihm meine Tochter auch geben
zu einem ehrlichen Weibe.«

13. Und als er wieder nach Hause kam,
da fing er an zu singen:
»Gestern Abend wollt mir der König seine Tochter nicht geben,
und heute muss er mir sie bringen.«

*DVA = E 2889, aufgezeichnet in Grabig (Schlesien), 1841,
Sammlung A. H. Hoffmann von Fallersleben*

*Motiv von einer undatierten Liedflugschrift;
Sammlung DVA Freiburg i. Br.*

VERLORENE SCHLAFDECKE (A)

1. Es wollt ein Tobaksspinner wandern gehn,
auf die Wanderschaft wollt er gehn.
Da begegnet ihm auf der Reise
ein Mädchen im weißen Kleide,
von Jahren war sie jung.

2. Der Tobaksspinner dacht' in seinem Sinn:
Ach Mädchen, wärst du mein!
»Hast du kein Schatz auf Erden,
oder willst du mein Schatz werden,
so komm und schlaf' bei mir!«

3. Und als es an den Abend kam,
der Tobaksspinner kam gegang'n.
Den Mantel umgehangen,
das Ringelein auf der Hand.
Sie waren sich beide so gut.

4. Indem sprach ihre Mutter:
»Wen hast du in mein Haus?« –
»Ach Mutter, ach Herzensmutter,
schlafen Sie eine gute Ruh,
schlafen Sie eine gute Ruh!
Die Decke ist mir entgangen,
ich will sie mir wieder 'rein langen,
die Nacht ist mir so lang.«

5. Und als es an den Morgen kam:
»Ach Tochter was hast du gemacht.
Wenn andre Mädchen tanzen
in ihrem grünen Kranze,
bei der Wiege (da) mußt du stehn«. –
»Wenn andre Mädchen tanzen
mit ihrem gefütterten Kranze,
schlaf' ich bei meinem Mann.«

DVA = E 5862; aufgezeichnet in Ketzin bei Nauen (Brandenburg), 1850; »Zwei Mädchen sangen's«

VERLORENE SCHLAFDECKE (B)

1. Es wollt ein Jäger einst jagen gehn
mit meinem Hündelein,
da begegnet ihm auf der Reise
ein Mädchen, gekleidet schneeweiß.
Schön war sie angetan.

2. »Ach Mädchen, liebstes Mädchen mein,
könnt es nur einmal sein,
eine Nacht bei dir zu schlafen,
meine Not will ich dir klagen.
Könnt es nur einmal sein!«

3. »Ach Jäger, liebster Jäger mein,
das kann ja einmal sein.
So komme du nur die Nachte,
sobald die Uhr schlägt achte,
so will ich dich lassen herein.«

4. Des Nachts wohl um die halbe Nacht
die Mutter des Mädchens erwacht.
»Ach Tochter, was tust du machen,
ich höre –
Wen hast du gelassen herein?«

5. »Ach Mutter, liebste Mutter mein,
schlaf sanft nur wiederum ein!
Ich wollte mich einmal strecken,
da ist mir gefallen die Decke.
Schlafe sanft nur wiederum ein!«

6. Wen ich hereingelassen hab,
der ist mir teuer und wert.
Er soll ja mein eigen werden,
so lang als ich lebe auf Erden.
Schlaf sanft nur wiederum ein!

DVA = A 79 864; aus dem handschriftlichen Bechtheimer Liederbuch, Bechtheim (Taunuskreis, Hessen), o.J. [19.Jh.]

VERSCHLAFENER JÄGER (A)

1. Es wollt ein Jägerlein jagen
drei Stunden vor dem Tagen,
wollt schießen ein Wild und ein Reh.

2. Er jagte auf grüner Heide
ein Mägdlein mit schneeweißem Kleide,
er bat sie um die Eh' [Ehe].

3. Er nahm sie bei der Mitte,
er trug sie in seine Schlafhütte
von der Nacht bis wieder gen Tag.

4. Da schliefen zwei Liebe beisammen
mit schneeweißen Armen umfangen,
sie schliefen bei der Nacht.

5. »Steh auf mein Jäger, es ist ja schon Zeit,
du hast dich verspätet, das Ding hat mich gefreut,
ein reines Jungfräulein bin ich noch.«

6. Das täte den Jäger verdrießen,
er wollte das Mägdlein erschießen,
weil sie ihm die Rede antät.

7. Sie fiel dem Jäger zu Füßen,
er sollte sie ja nicht erschießen,
er soll ihr verzeihen die Red'.

8. »Ach Jäger, ich will dich eins fragen,
ob ich kein grün's Kränzlein darf tragen
auf meinem schwarzbraunen Haar.«

9. »Kein grünes Kränzlein darfst du nicht tragen,
ein schneeweißes Häublein musst du aufhaben,
wie's andere Waldfraun [Jägerfrauen] tun tragen.«

10. »Jetzt lass ich mein' Härelein [Haare] fliegen,
ein ander schön Schätzle zu kriegen,
dem Jäger zum Schimpf und zum Spott.«

*DVA = E 7629, aus Achim von Arnims Sammlung, um 1806
in Schwaben aufgezeichnet*

VERSCHLAFENER JÄGER (B)

1. Es wollt ein Jäger einst jagen
dreiviertel Stund vor Tagen
ein Hirschlein oder ein Reh, ja, ja
ein Hirschlein oder ein Reh.

2. Was begegnet ihm auf der Heide?
Ein Mädchen war schneeweiß gekleidet,
schön war sie angethan, ja, ja
schön war sie angethan.

3. Er täte das Mädchen wohl fragen,
ob sie ihm wollt helfen jagen
ein Hirschlein oder ein Reh, ja, ja
ein Hirschlein oder ein Reh?

4. »Das Jagen im Walde, das mag ich nicht,
ein ander Vergnügen versag' ich nicht,
es sei auch, was es sei, ja, ja
es sei auch, was es sei«.

5. Sie setzen sich nieder beisammen
und täten sich zärtlich umarmen
bis dass der Tag anbrach, ja, ja,
bis dass der Tag anbrach.

6. »Steh' nur auf, du fauler Jäger,
die Sonne scheint über die Berge,
eine Jungfrau bin ich gewest [noch], ja, ja
eine Jungfrau bin ich gewest«.

7. Das wollte den Jäger verdrießen,
er wollte das Mädchen erschießen
wohl um das einzige Wort, ja, ja
wohl um das einzige Wort.

8. Er tät sich schnell wieder bedenken
und wollte das Leben ihr schenken
bis auf ein anderes Mal, ja, ja
bis auf ein anderes Mal.

9. Sie tat den Jäger wohl fragen,
ob sie ein Kränzlein sollt tragen
auf ihrem blonden Haar, ja, ja
auf ihrem blonden Haar.

10. »Du sollst kein Kränzlein mehr tragen,
du sollst eine Haube aufhaben
wie eine Jägersfrau, ja, ja
wie eine Jägersfrau.«

Otto Böckel, Deutsche Volkslieder aus Oberhessen, Marburg 1885, S. 47f., Nr. 48 E (aus Gleiberg, 1880)

VERSOFFENE KLEIDER (A)

1. Steig hinauf auf hohe Berge,
schaut hinunter in das tiefe Tal,
und da sah ich zwei bis drei Gesellen,
die bei einem Mädchen stehn.

2. Und der erste war ein Schäfer,
und der zweite war ein Kaufmannssohn,
und der dritte war ein Wanderbursche,
und der liebte auch das Mädchen schön.

3. Wanderbursche dreht sich um und um,
und er nahm das Mädchen bei der Hand,
und er führte sie so weit von dannen,
bis er an ein Wirtshaus kam.

4. »Guten Abend, Jungfrau Wirtin,
schenket ein mir ein Glas Wein,
denn das Mädchen hat so schöne Kleider,
ja versoffen müssen diese sein.«

5. »Ja versoffen seins [sind] die Kleider,
und kein Kreuzer Geld ist nicht mehr da,
und so musst du schöns brauns, braunes Mädchen
nackend gehn, ja gehn nach Haus.«

6. »Nackend kann ich ja nicht gehn
bis zu meines Vaters schönes Haus,
und ach so hätte ich in meinem Leben
keinem Wanderbursch getraut [vertraut].«

DVA = A 144 994, 1914 in Franken aufgezeichnet

VERSOFFENE KLEIDER (B)

1. Stand ich auf hohe Berge [hohen Bergen],
schaut herab ins tiefe, tiefe Tal,
und da sah ich drei Gesellen
bei einem Mädchen stehn.

2. Der erste war ein Schuster,
der zweite war ein Kaufmannssohn,
der dritte war ein Handwerksbursche,
dieser liebte das Mädchen schon [!].

3. Handwerksbursche dreht sich um und um,
er nahm das Mädchen bei der Hand
und führte es solange,
bis er an ein Wirtshaus kam.

4. »Guten Morgen, Frau Wirtin,
hat sie nicht ein gut's Glas Wein?
Denn das Mädchen hat so schöne Kleider,
die versoffen müssen sein.«

5. »Und die Kleider seins [sind] versoffen,
und kein Kreuzer Geld ist nicht mehr da.
Ei, so packe dich, du armes Mädchen,
du kannst gehen jetzt nach Haus.«

6. »Nach Hause kannst du [eigentlich: kann ich!] gehen,
aber nicht zu meines Vaters Haus,
denn das hätte ich in meinem Leben
keinem Handwerksburschen anvertraut.«

7. Handwerksburschen, das sein schöne Leut',
wenn sie auf der Reise sein.
Die verführen alle schönen Mädchen,
weil sie noch viel schöner sein.

DVA = A 141 931, vorgesungen von Frau Veronika Reder für Carl Hartenstein in Haselbach [Bischofsheim an der Rhön], 1933

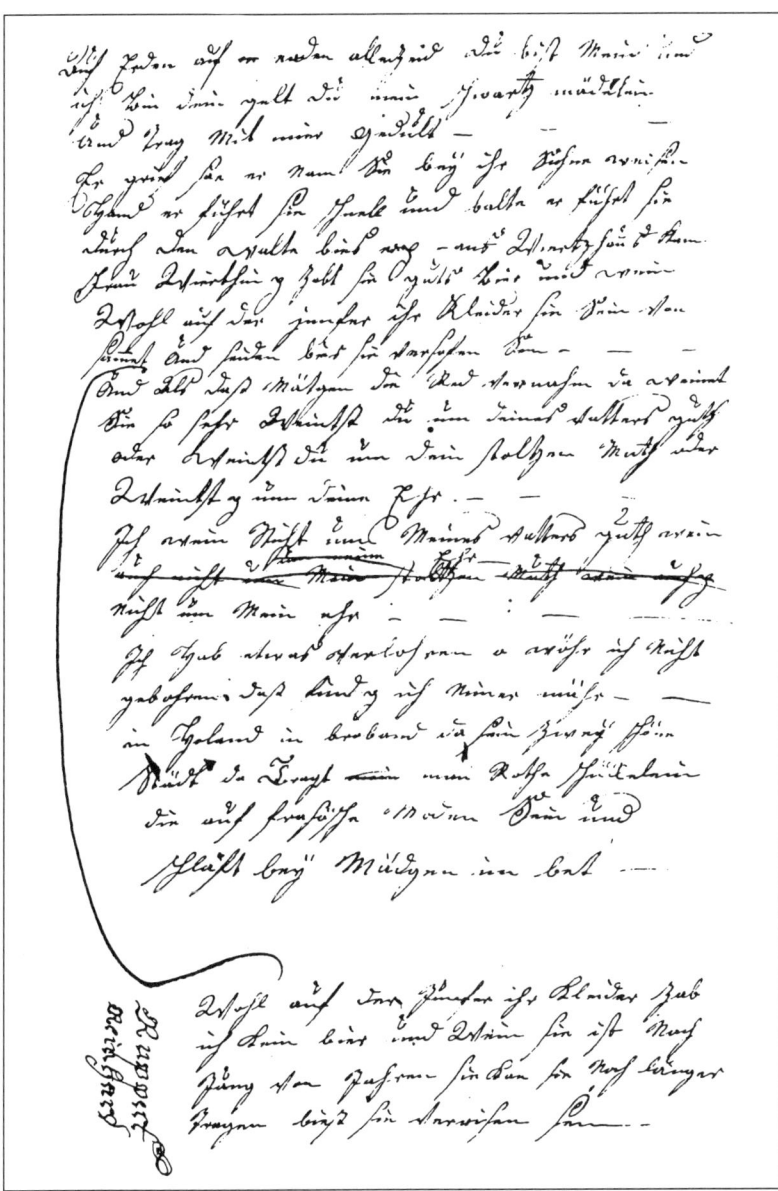

Niederschrift der Ballade »Versoffene Kleider« in einem 1760 datierten Rechnungsbeleg aus Nieder Klingen, Gemeinde Otzberg bei Darmstadt. Eine leergebliebene Seite wurde vom Amtsschreiber in einer Pause zu einer Federübung benützt. Aus dem Gedächtnis notierte er den Text eines Liedes; eine Str. fügte er nachträglich ein. »Auf Erden auf erden allezeid du bist Mein und ich Bin dein...« bis Str. 7 »in Holand in braband da sein Zwey schöne Städt da Tragt man Rothe Schückelein [Schuhe] die auf fra[n]sösche Moden Sein und schläft bey Mädgen im bet«. – Vgl. G.Großkopf und O.Holzapfel, In: Jahrbuch für Volksliedforschung 30 (1985) S. 37–42; Abb. S. 39.

VERSTEINERTES BROT

1. Es waren mal zwei Schwesterlein
zu Hamburg in der Stadt;
eine Reiche und eine Arme,
der Armen Mann war tot.

2. Die arme Schwester macht' sich auf
und ging wohl in die Stadt
zu ihrer reichen Schwester,
die sie in Freunden fand.

3. »Ach Schwester, liebe Schwester mein,
leih du mir doch zwei Brot'
für meine sechs kleinen Kinder,
dass sie nicht leiden Not.«

4. »Ach Schwester, liebe Schwester mein,
auf diesmal kann ich's nicht,
denn mein Mann ist nicht zu Hause;
auf diesmal kann ich's nicht.«

5. Der reiche Mann nach Hause kam
und wollte schneiden Brot;
das Brot war hart wie Steine,
das Messer rot wie Blut.

6. »Ach Frau, ach liebe Fraue,
wem hast du's Brot versagt?« –
»Ach meiner armen Schwester,
die da leidet Hungersnot.«

7. »Ach Frau, ach liebe Fraue,
so nimm und trage hin dies' Brot
zu deiner armen Schwester,
dass sie nicht leidet Not.«

8. Die reiche Frau, die macht sich auf
und ging wohl ihren Gang
zu ihrer armen Schwester,
die sie in Trauer fand.

9. »Ach Schwester, liebe Schwester,
hier bring' ich dir zwei Brot'
für deine sechs kleinen Kinder,
dass sie nicht leiden Not.«

10. »Ach Schwester, liebe Schwester mein,
auf diesmal will ich's nicht;
Gott hat uns heut gespeiset,
er wird's auch morgen tun.«

11. Die reiche Schwester macht sich auf
und ging wohl in die Stadt
zu ihren reichen Gütern,
die sie im Feuer fand.

12. Ihr Reichen nehmt euch wohl in acht
und gebt den Armen was,
denn Gott hat's euch gegeben,
er kann's auch wieder nehmen.

DVA = A 92 555, aus der Sammlung von A. Gadde, Gloddow, Rummelsburg (Pommern), o. J. [vor 1891]

VERUNGLÜCKTE MÜLLERSTOCHTER (A)

1. Meister Müller tut nachsehen,
was in seiner Mühl' ist geschehen;
denn das Rad bleibt von freien stehn,
als ob etwas zu Grund' wollt' gehn.

2. Die Müllerin in ihrer Kammer
schreit geschwind mit einem Jammer:
»Haben wir ein einziges Töchterlein,
das wird gewiß ertrunken sein.«

3. Der Müller sprach: »Um Gottes Willen,
lasset uns sein' Willen erfüllen!
Ist sie geboren zur Marter und Pein,
so soll es uns zur Freude sein.«

4. Der Müller lauft in vollem Schrecken
und fand sein Kind im Rad noch stecken;
die ehvor einer Rose gleich,
schnell ward sie zu einer Leich'.

5. Die Eltern schnell mit vielen trachten,
sie vom Rad ganz loszumachen.
Jetzt sieht man erst klärlich ein,
wie ganz zerbrochen ihre Bein'.

6. Ach, wer kann das Leid aussprechen!
Ach, wem sollt' das Herz nicht brechen
in Betrachtung der Todespein!
»Unser einziges Töchterlein!«

7. »Liebste Eltern, euch nicht betrübet,
die ihr mich so zärtlich liebet!
Ich komm' in jene Wohnung hin,
wo ich Braut und Jungfrau bin.

8. Droben in dem Rosengarten
tut mein Bräutigam auf mich warten,
und dorten in der Himmelsfreud'
ist mein Brautbett schon bereit.

9. Vierzehn Jahr' sind nun vergangen,
wo ich von euch viel Gut's empfangen.
Euch wird lohnen die Zuversicht
für die an mir geübte Pflicht.

10. Kommt, ihr Jungfraun und Bekannte,
wie auch Freund und Anverwandte!
Sag' euch allen gute Nacht.
Begleitet mich zur Grabesstatt!

11. Kommt, ihr Jungfraun, kommt
   gegangen,
seht, mich hat das Rad gefangen!
Ziert mein Haupt mit Rosmarin,
weil ich Braut und Jungfrau bin!

12. Kommt, ihr Träger, kommt gegangen,
seht, mich hat das Rad gefangen!
Begleitet mich dem Friedhof zu,
dann leget mich in meine Ruh'!

13. Begleitet mich in den Rosengarten!
Dort wird mein Bräutigam auf mich
   warten;
er führet mich in den Himmel ein,
dort werden wir ewig glücklich sein.

14. Denn jetzt ist aus meine Lebenszeit.
Ich eile fort zur Himmelsfreud',
hin zu Gott als Jungfrau rein,
zu wohnen bei den Engelein.«

Anton Schlossar, in: [Veckenstedts] Zeitschrift für Volkskunde 2 (1890), S. 271 (Graz in der Steiermark, um 1820)

VERUNGLÜCKTE MÜLLERSTOCHTER (B)

1. Als der Meister Müller ging in seine Kammer
und sah, was in der Mühle ist gescheh'n,
rang er die Hände voller Jammer:
Da muss was Schlimmes für sich geh'n!

2. Der Meister Müller kam gegangen:
»Das Rad, das blieb auf einmal stehn!
Es hat ein weißes Kleid gefangen,
da muss wohl eins zu Grunde gehn!

3. Das Liebste ist zu Grunde uns gegangen,
wir hatten nur ein einz'ges Töchterlein,
das hat das Mühlrad, ach, gefangen,
es muss uns wohl ertrunken sein!«

4. »Seht das Rad, das kommt gegangen,
seht, das Rad hat mich gefangen!
Ziert mit Rosen mich und Rosmarin,
weil ich eine reine Jungfrau bin!

5. Tragt mich also in die stille Ruh,
dort nach jenem kleinen Friedhof zu!
Dort in jenem Rosengarten
wird mein Bräut'gam auf mich warten!«

Alois Hruschka und Wendelin Toischer, Deutsche Volkslieder aus Böhmen, Prag 1891, S. 94, Nr. 8a (aus Komotau)

VERWANDELTE BLUME (A)

1. Draußen im Garten da ist
ein wunderschönes Paradies,
es ist so wunderschön,
dass man drin möchte gehn.

2. Und als ich in'n Garten rein kam
und eine schöne Blume vernahm,
pflückt' ich mir eine Blum
zu meinem Eigentum.

3. Ich pflückte die Blume sehr fein,
stellte sie in ein Gläschen ein,
stellte sie an einen Ort,
wo sie ja nicht verdorrt.

4. Und als ich in'n Garten wollt' gehn
und nach meinem Blümchen wollt' sehn,
da war mein Blümchen fort,
stand eine schöne Dame dort.

5. Ich grüßte die Dame sehr fein,
fragt, ob sie mein eigen wollt' sein.
Da sprach sie ganz vertraut:
»Ich bin ja deine, ja deine Braut.«

VERWANDELTE BLUME (B)

1. Dort unten in dem Tale,
dort steht ein wunderschönes Paradies,
es war so wunder, wunderschön,
dass man darin möchte gehen,
dass man darinnen möchte gehen.

2. Und als ich in den Garten 'nein kam
und alle diese Blumen vernahm,
pflück ich mirs eine, eine Blum
zu meinem Eigentum.

3. Ich legte das Blümelein so fein
in mein Schlafkämmerlein rein,
und als ich kam am selben Ort,
so war mein Blümlein fort,
stand eine schöne Jungfrau dort.

4. Ich fragte die Jungfrau so fein,
ob sie mein eigen möchte sein,
sprach sie: »O nein, o nein, o nein,
das kann fürwahr nicht sein.«

5. Als ich sie zum zweitenmale frug,
ob sie mir die Treu versprach,
sprach sie: »O ja, ja, ja,
weil ich das Blümlein war.«

DVA = E 11 412; aufgezeichnet im Kloster Michaelstein bei Blankenburg im Harz, 1844

DVA = A 151 076; aus einem handschriftlichen Liederheft aus Lützelburg (Saarburg, Lothringen), um 1880

VERWANDELTE BLUME (C)

1. Da drunten im Tale da liegt
ein wunderschön Paradies,
drin liegt ein Gärtlein fein,
drin blüht schön Röselein.

2. Ich pflückte das Röselein fein,
stellt es in ein Töpfchen hinein,
stellt es an einen Ort,
wo es mir nicht verdorrt.

3. Und als ich dann kam an den Ort,
da war schön Röselein fort,
da war schön Röselein fort,
stund eine schöne Dame dort.

4. Ich fragte die Dame gar fein,
ob sie nicht meine eigen möcht sein.
»Ich bin ja deine Braut,
bin dir schon vertraut.«

DVA = A 70 586; aufgezeichnet in Oberiberg (Schweiz), 1917

*Motiv von einer undatierten Liedflugschrift;
Sammlung DVA Freiburg i. Br.*

VERWUNDETER KNABE (A)

1. Es wollte ein Mädchen ganz früh aufstehn,
sie wollt' in den grünn Wald,
sie wollt' in den grünen Wald spazieren gehn.

2. Und als nun das Mädchen in den grünen Wald kam,
da traf sie einen an,
da traf sie einen an, der verwundet war.

3. Verwundet war er, vom Blute so rot,
und als man ihn verband,
und als man ihn verband, war er schon tot.

4. Ei soll ich schon sterben, bin noch so jung,
bin alt erst achtzehn Jahr',
soll schon kommen auf die Todesbahr' [Totenbahre], auf die Todesbahr'.

5. Ei soll ich schon sterben, bin ja noch so jung,
bin noch so jungfrisch Blut,
weiß noch nicht, wie das Lieben tut.

6. Wie lange soll ich trauern, mein herztausiger Schatz,
bis dass alle Wässerlein,
bis dass alle Wässerlein verflossen sein.

7. Alle Wässerlein seins [sind] verflossen zusammen ins Meer,
o so nimmt denn meine Traurigkeit,
o so nimmt denn meine Traurigkeit kein Ende mehr.

DVA = A 209 669, aus dem handschriftlichen Liederheft des Matthias Lind in Freistett, Kehl (Baden), 1870

VERWUNDETER KNABE (B)

1. Es wollt wohl ein Mädchen ganz früh aufstehn
und sie wollt wohl in den grünen Wald,
und sie wollt wohl in den grünen Wald spazieren gehn.

2. Und als sie eine Strecke in den Wald hinein kam,
hei, da fand sie wohl einer [einen],
hei, da fand sie wohl einer, der verwundet war.

3. Verwundet war er in seinem Blute so rot,
und als man ihn verband,
und als man ihn verband, war er schon tot.

4. Jüngling, du musst sterben, und du bist noch so jung,
und du bist noch so ein junges, junges Blut,
weißt ja kaum, was die Liebe tut, was die Liebe tut.

5. Und alle diese Bächlein, die da fließen am See.
Hei, so hat halt die Liebe,
Hei, so hat halt die Liebe keine Ende mehr.

6. Sie hat ja kein Ende und sie höret nie mehr auf,
und weil alle junge[n] Burschen,
und weil alle junge[n] Burschen müssen werden Soldat.

DVA = A 213 881, aufgezeichnet von Johann Fritz in Kakasd, Tolnau (Ungarn), 1976

VORWIRT
(NASSES GRABHEMD)

1. Es wollt' ein Herr ausreiten,
er ritt wohl in die Weite.

2. Er ritt wohl über'n geweihten Kirchhof,
da schrien ihm die Toten nach:

3. »Reit sachte, o lieber Herre mein!
du reitest mir über mein Gräbelein.

4. »Es ist des heutigen Tags ein Jahr,
dass du mich erschlagen hast.«

5. »Hab' ich dich gleich erschlagen,
die Sünde muss ich tragen.

6. Ich hab' mir genommen dein Wittfräulein,
ich erziehe deine Waiselein.«

7. »Mit was ziehst du meine Kindlein groß?« –
»Mit Beten, Schlägen und scharfer Not.«

8. »Hätt'st du mich lieber am Leben gelan,
ich hätt' mir sie wöllen schon selber schlan.

9. Ich lass meiner Frau mitte sagen,
sie soll nicht so weinen und weheklagen.

10. Sie soll nicht so weinen und traurig tun:
sie stört mir meine ganze Ruh.

11. Sie soll zu mir kommen
den Sonnabend auf den Abend.

12. Wenn alle die Türle verschlossen sein
und alle die Gräber weit offen sein.

13. Sie soll mir mittebringen
von weißer Leinwand ein Hemde.«

14. Und wie der Herr zu Hofe eintritt
und ihm die Frau entgegenschritt:

15. »Bist du mir gekommen, lieber Herre mein?
Warum tust du denn so lange sein?«

16. »Was soll ich denn nicht lange sein,
die Toten in den Gräbern mich anschrein,
der jüngste Tag wird nicht lange mehr sein.

17. Dein voriger Mann lässt dir mitte sagen,
du sollst nicht so weinen und weheklagen.

18. Du sollst nicht so weinen und traurig tun,
du störst ihm seine ganze Ruh'.

19. Du sollst zu ihm kommen
den Sonnabend zu Abend.

20. Wenn alle die Türen verschlossen sein
und alle Gräber weit offen sein.

21. Du sollst ihm mitte bringen
von weißer Leinwand ein Hemde.«

22. »Warum hast du ihm den Kittel so nass gemacht?
Lieber Gott, warum tust du das?«

23. »Ich will ihm lassen schneiden
von Sammet und von Seiden.

24. Von Sammet, von Seiden, von rotem Gold,
weil ich an seinem Tode schuld.«

25. Der Herr war nicht so faule,
er schlug die Frau ins Maule.

26. Er schlug die Frau ins Angesicht:
»Ist dir der vor'ge Mann lieber als ich?«

27. Das Weib nahm einen Stecken,
sie ging wohl den Kirchhof wecken:

28. »Steh auf, steh auf, du Erdenkloß,
und nimm mich 'nein in deinen Schoß!«

29. »Was willst du denn da hinne tun?
Du hast ja hier gar keine Ruh.

30. Da hörst du ja keinen Glockenklang,
da hörst du auch keinen Priestergesang.

31. Da hörst du ja kein Hähnlein krähn,
da hörst du ja kein Windlein wehn.

32. Geh du nur wieder heime
und erzieh dir deine Kindlein kleine!«

33. »Schließt euch, ihr Gräberlein, feste:
Die erste Treue die beste.

34. Schließt euch, ihr Gräberlein, feste zu:
Auf dieser Welt hab' ich keine Ruh.«

John Meier, Balladen, Bd. 2, Leipzig 1936, Nr. 389A (DVA = E 6131, aus Waltdorf in Schlesien o. J. [um 1850])

Motiv von einer Liedflugschrift um 1830;
Sammlung DVA Freiburg i. Br.

VRIESKEN

1. Des Morgens, da der Tag anschien,
der Wächter, der warf einen Stein
mit Kräften auf das Dach,
der Held, der war entschlafen
    [eingeschlafen],
das Fräulein sehr erschrak:
Wach auf, da es ist Tag.

2. Der Held wohl aus der Türe sprang,
in Weiberkleider er sich schwang.
Er eilet zum Tor hinaus.
Mein Fräulein zürnet sehre,
da ich mich verschlafen hab,
ich sollt' aus fischen gehen.

3. Der Held wohl zu der Türe austritt,
ein Pferd stund da, war ihm bereit',
darauf saß er und sang:
Gott geb' ihr ein' guten Morgen,
dazu einen guten Tag,
wo ich diese Nacht bei ihr lag.

4. Und das hörte ihr ehelicher Mann,
wie bald er aus dem Bette sprang,
er eilet dem Helde nach
über eine Heide grüne,
da fand er den Helden steh'n,
der Held war wohlgetan.

5. »Wie bist du Held so gar verzagt,
da du Weiberkleider trägst;
zieh' aus, denn es ist Zeit.
So dürfte kein Held nicht sagen,
dass ich hab' geschlagen ein Weib,
es kostet dich dein Leben.«

6. Das Fräulein an der Zinne stund
und sah zum Fenster aus,
es sah sich zwei Helden schlagen,
der eine war ihr Buhle [Liebhaber],
der andere ihr ehelicher Mann:
Gott helfe meinem Buhlen davon.

7. Der Held wohl zu der Türe eintrat,
das Fräulein ihm entgegen geht:
»Ihr seid mir willkommen,
mein lieber Mann, ihr seid
mir dreimal lieber viel lieber
als mein eigen Leben.«

8. »Da lach, du falsches Weib.
Vorhin hab ich dich also lieb
und der Held wohl bei dir schlief,
nun bin ich dir worden gram,
da bin ich euch wiederum lieb,
was gewinnt ihr denn daran,
den Schaden müsst ihr haben.«

hochdeutsch übertragen nach einer Aufzeichnung in der dänischen Handschrift Langebeks Quart, um 1560–1590 [O. Holzapfel]. – Damit diese Geschichte einen Sinn macht, muss man sich wohl vorstellen, dass der in Str. 7 zurückkehrende Held als Ehemann verkleidet ist.

WACKERES MÄGDLEIN

1. Ich weiß mir eine wunderschöne Magd,
auf ihres Vaters Zinnen sie lag,
sie sah daraus,
sie sah ihn kommen reiten,
ihres Herzens Lust.

2. Was bracht' sie ihm entgegen?
Ein Kleid von grüner Seiden,
das war gar hübsch und fein.
Das bracht' sie dem Ritter entgegen,
das wacker' Mägdelein.

3. »O Mägdlein, du viel junge,
wie bescheinet dich die Sonne,
dass du bist worden bleich.
Du hast ein' andern viel lieber dann mich,
Herzlieb, das reuet mich.«

4. »Sollt' ich nicht sein von Farben bleich?
ich trag' an meinem Herzen groß' Leid
allein, Herzlieb, von dir.
Dass du mich willst übergeben,
das glaub' du mir.«

5. »Ich will dich nit aufgeben,
ich hab' dich dreimal lieber
dann all' die Freunde mein.
Stehe auf, du wacker Mägdelein
und folge mir frei.«

6. Er nahm sie bei der weißen Hand,
er führt sie durch den grünen Wald
und [sie] brachen einen Kranz.
Da bot sie ihm ihren roten Mund,
das wacker Mägdlein jung.

7. Als der Reuter sein' Willen hat getan:
»Adé, schönes Lieb, ich muss gahn,
ich fahr' dahin.«
Alles, was er ihr gelobet hatt',
das schlug er ihr zu [ab].

8. Er setzt sie hinter sich auf sein Ross
und führt sie auf seines Vaters Hof [Schloss].
Unter einer Linden breit
da saßen die zwei zusammen
in rechter Stetigkeit.

9. Nun rat' ich keinem Mägdlein,
dass sie sich lassen verführen
von einem Mann.
Nun sind mir all' meine Freunde gram,
alle, die ich han [hab'].

10. Und wär' ich nun ein wilder Schwan,
so wollte ich fliehen über Berg und Tal
und über die wilde See;
so wüsste mein Vater noch Mutter nit,
wo ich hinkommen wär'.

11. Der uns dies' Liedlein erstmals sang,
ein freier Reiter ist er genannt;
er singt uns das,
er singt uns das und noch viel mehr,
Gott bewahr' ihm seine Ehr.

nach: Lieder Büchlin Zwey hunderdt vnd LVII. allerhandt schöner außerlesener Weltlicher Lieder, Köln 1580

*Motiv von einer undatierten Liedflugschrift;
Sammlung DVA Freiburg i. Br.*

WÄSCHERIN

1. Es sollt' ein Mädlein waschen gehn,
ihr Hemdlein weiß, ihr' Äuglein klar;
sie hört einen Reiter singen.
Sie winket ihm mit ihrer schneeweißen Hand,
dass er ihr hülfe auswinden.

2. »Ach Jungfrau, wollt ihr mit mir gehn,
da wo die schönen Röslein stehn,
draußen auf jener Wiesen?« –
»Ach Reuter, weißt du, der Vater nicht will,
es möcht' ihn sonst verdrießen.«

3. »Ach Jungfrau, wollt ihr mit mir gehn,
da wo die teigen [überreif] Birnen stehn,
dort draußen auf jeder Heiden?
Ach Jungfrau, wollt ihr mit mir gehn,
so geb' ich euch die teigen.«

4. Über die Heide so komm' ich nit,
es sei denn zuvor meinem Mütterlein lieb;
mein Mütterlein das will ich fragen,
und heißt's mich dann mein Mütterlein,
so will ich's fröhlich wagen.«

5. »Ich bin bei meinem Mütterlein gewesen;
so hat sie mir den Text gelesen:
Daheime soll ich bleiben,
und so ich über die Heide komme,
so geschehe mir als [wie] den andern Weibern.«

nach: Handschrift Mitte des 16. Jh. (Heidelberger Handschrift); u. a. abgedruckt bei: Arthur Kopp, Volks- und Gesellschaftslieder des XV. und XVI. Jahrhunderts, Berlin 1905, Nr. 128

WAISE UND STIEFMUTTER (A)

1. Ein Kind, das noch so zart,
schon eine Waise ward,
aber doch schon klug genug
nach seinem Mütterlein frug.

2. »Ach Vater, Vater mein,
wo ist mein Mütterlein?« –
»Dein Mütterlein schläft fest,
das sich nicht wecken lässt.«

3. Das merkte sich das Kind,
eilt' auf den Friedhof geschwind
und steckt' sein Fingerlein
tief in die Erd' hinein.

4. »Ach Mutter, Mutter mein,
sprich nur ein Wörtelein!« –
»Das Reden fällt so schwer,
die Erde drückt so sehr.«

5. Nach einem halben Jahr,
da ging sie wieder ans Grab:
»Ach liebstes Mütterlein,
eine andre Mutter ist mein.

6. Und kämmt sie mir das Haar,
so gibt sie mir gleich ein paar;
aber du nur, Mütterlein, du,
bandst mir eine Schleife dazu.

7. Und bitt' ich sie um Brot,
so wünscht sie mir gleich den Tod,
aber du nur, Mütterlein, du,
gabst mir einen Kuss dazu.«

DVA = A 90 483, »von der noch schulpflichtigen Emilie Brutschin« in Gresgen, Zell im Wiesental (Baden) vorgesungen, aufgezeichnet von Willibert Müller, 1926

WAISE UND STIEFMUTTER (B)

1. Einst war ein Mädchen sehr arm,
das keine Mutter mehr hat,
und als es groß genug
und ihren Vater frug:

2. »Ach Vater, ach Vater mein,
wo weilet mein Mütterlein?« –
»Dein Mütterlein schläft so fest,
dass es sich nicht wecken lässt.«

3. Und als dies vernommen das Kind,
eilt es zum Friedhof geschwind,
grub mit dem Fingerlein
tief in die Erd' hinein.

[Refrain:]
»Kehr heim, mein Kind, kehr heim,
eine andere Mutter ist dein.« –
»Eine andere Mutter jawohl,
aber nicht so gut wie du.«

4. Und kämmt sie mir morgens das Haar,
mein Haupt es blutet fürwahr,
kämmst 's [du es] liebste Mutter mir du,
ich bete dir still dazu.

[Refrain: Kehr heim ...]

5. Und wäscht sie mir morgens die Händ'
ihr Fluchen das nimmt gar kein End',
wäschst 's [du es] liebste Mutter mir du,
ich bete dir still dazu.

[Refrain: Kehr heim ...]

6. Und gibt sie mittags das Brot,
sie wünscht mir täglich den Tod,
gib 's liebste Mutter mir du,
ich bete dir still dazu.«

[Refrain:]
»Kehr heim, mein Kind, kehr heim,
sag 's deinem Vater allein,
bring' deinem Vater die Kund',
dass ich dich hol' in nächster Stund.«

DVA = A 105 275, »von jungen Leuten gesungen« in Straß (Bezirk Neuburg an der Donau), eingeschickt durch die Schulleitung von Straß, 1929

WASSERMANN
(SCHÖN HANNELE, AGNETE)

1. Es hatt' ein Bauer ein Töchterlein,
– zwischen Berg und tiefem Tal,
wohl über die See –
wie hieß es denn mit Namen sein?
– die schöne Hannele. –

2. Er ließ ihr eine Brücke bau'n,
zwischen Berg und tiefem Tal,
wohl über die See –
darauf soll sie spazieren geh'n
wie schöne Hannele.

3. Und da sie auf die Brücke kam,
zwischen Berg und tiefem Tal,
wohl über die See –
der Wassermann zog sie hinab
die schöne Hannele.

4. Dort unten war sie sieben Jahr,
zwischen Berg und tiefem Tal,
wohl über die See –
und sieben Kinder sie ihm gebar
die schöne Hannele.

5. Und da sie bei der Wiege stand,
zwischen Berg und tiefem Tal,
wohl über die See –
da hört sie einen Glockenklang
die schöne Hannele.

6. »Ach Wassermann, ach Wassermann!
Zwischen Berg und tiefem Tal,
wohl über die See –
lass mich einmal zu Kirchen geh'n
mich arme Hannele.«

7. Wenn ich dich lass' zu Kirchen geh'n,
zwischen Berg und tiefem Tal,
wohl über die See –
du möchtest mir nicht wiederkehr'n,
du schöne Hannele.«

8. »Warum sollt' ich nicht wiederkehr'n?
Zwischen Berg und tiefem Tal,
wohl über die See –
wer würde mir meine Kinder ernähr'n?
mir armen Hannele?«

9. Und da sie auf den Kirchhof kam,
zwischen Berg und tiefem Tal,
wohl über die See –
da neigt sich Laub und grünes Gras
vor der schönen Hannele.

10. Und da sie in die Kirche kam,
zwischen Berg und tiefem Tal,
wohl über die See –
da neigt sich Graf und Edelmann
vor der schönen Hannele.

11. Der Vater macht die Bank ihr auf,
zwischen Berg und tiefem Tal,
wohl über die See –
die Mutter legt das Kissen drauf
der schönen Hannele.

12. Sie nahmen sie mit zu Tische,
zwischen Berg und tiefem Tal,
wohl über die See –
sie trugen ihr auf viel Fische
der schönen Hannele.

13. Und da sie den ersten Bissen aß,
zwischen Berg und tiefem Tal,
wohl über die See –
fiel ihr ein Apfel auf den Schoß
der schönen Hannele.

14. »Ach Herzens-, Herzensmutter mein!
Zwischen Berg und tiefem Tal,
wohl über die See –
werft mir den Apfel ins Feuer 'nein,
mir armen Hannele!«

15. »Willst du mich denn verbrennen hier?
zwischen Berg und tiefem Tal,
wohl über die See –
wer wird unsre Kinder ernähren mir,
du schöne Hannele?«

16. »Die Kinder wollen wir teilen, gleich
zwischen Berg und tiefem Tal,
wohl über die See –
nehm' ich mir drei, und du auch drei,
du schöne Hannele.«

17. »Das siebente wollen wir teilen gleich,
zwischen Berg und tiefem Tal,
wohl über die See –
nehm' ich mir ein Bein, und du ein Bein,
du schöne Hannele.«

18. »Und eh' ich mir lass' mein Kind zerteil'n,
zwischen Berg und tiefem Tal,
wohl über die See –
viel lieber will ich im Wasser bleib'n,
ich arme Hannele.«

A. H. Hoffmann von Fallersleben und Ernst Richter, Schlesische Volkslieder mit Melodien, Leipzig 1842, Nr. 1 (aus Breslau). – Hoffmann von Fallersleben (1798–1874) war ein vielfältiger Gelehrter und Dichter. Er lebte von 1823 bis 1842 in Breslau, und seine Edition »Schlesische Volkslieder mit Melodien. Aus dem Munde des Volkes gesammelt« (hrsg. zusammen mit Ernst Richter, 1842) ist für die regional orientierte und nach authentischer Dokumentation strebende Volksliedforschung bahnbrechend geworden. Sein Register »Unsere volkstümlichen Lieder« (4. Auflage hrsg. von K. H. Prahl, 1900) schuf die Voraussetzungen für eine an literarischen Abhängigkeiten interessierte, rezeptionstheoretisch orientierte Forschung.

WEGWARTE (A)

1. Es ritt ein König hin und her,
er ritt wohl vor des Königs Tür.

2. Er wollte dem König seine Tochter haben,
der König tät's ihn versagen.

3. Ei, wenn er will meine Tochter haben,
so muss er mit in Kriege gahn [gehen].

4. Ei, wenn ich muss mit im Kriege gahn,
so muss ich doch ein Weibchen hab'n.

5. Wer soll denn meine Botschaft tragen,
wenn mein Herr König wird im Krieg erschlagen.

6. Die Drostel [Drossel] und die Nachtigall,
die solln die Frau Königin ihre Botschaft tragen,
wenn ihr Herr König wird im Krieg erschlagen.

7. Wer ist denn da, wer klopfet an,
der mir so leis aufwecken kann.

8. Die Drostel und die Nachtigall,
die klopften mit ihr'n goldnen Schnäblein an,
dass ihr Herr König wär im Krieg erschlagen.

9. Sie sollen nur trauern ein halbes Jahr,
von Rosen soll sie ein Kränzlein tragen.

10. Eh'r ich von Rosen ein Kränzlein trag',
viel lieber will ich weinen sieben Jahr.

11. Sie weinte sieben Jahr, sie weinte drei Nacht,
dass ihr kein Auge dreige [trocken] ward.

12. Da kam eine Stimme vom Himmel geflogen,
wo sie nicht wollte von Weinen ablassen,
so wollte sie Gott strafen hart und fest.

13. Gott strafe sie hart, Gott strafe sie fest,
dass sie zu einer Blume war.

14. Vormittags blüht sie helleblau,
nachmittags blüht sie dunkelblau.

15. Er ließ sie stehen in Regen und Schnee,
worüber alle lieben Leutchen vorüber gehn.

DVA = E 7021; aufgezeichnet in Ahlsdorf (Sachsen), 1853 (Wegen der etwas unklaren Dialogstruktur verzichten wir hier auf Anführungszeichen.)

WEGWARTE (B)

1. Wenn es der liebe Gott wette [wollte],
und dass wir zwei zusammen täten;
die erste Nacht, die er bei ihr schlief,
da bekommt er ein Bote, er muss in den Krieg.

2. Als der Reiter auf die Heide kam,
da begegnete ihm eine ganze Armee;
der jüngste, der darunter war,
der haut es dem Reiter das Haube [!] herab.

3. Der Kopf fiel auf die Erde,
die Zung fing an zu reden:
O du kleines Waldvögellein,
du solltest meiner Liebst' ihr Bote sein.

4. Frau Nachtigall, sie tut sich trillen,
sie fliegt in einen grünen Wald,
sie setzt sich auf einen dürren Ast,
ihr Herz hat weder Ruh noch weder Rast.

5. Frau Nachtigall, die tut sich trillen,
sie fliegt Feinliebste vors die Lade,
Feinlieb ist drein, so tret herfür,
eine traurige Botschaft bring ich dir.

6. Er sagt, du sollst nicht weinen,
er sagt, du sollst nicht trauern,
du sollst immer lustig und fröhlich sein,
sollst tragen von Blumen ein Kränzelein.

7. Frau Nachtigall, die tut sich trillen,
sie fliegt über Berg und Tal,
sie fliegt über Berg und Tal und grüner Klee,
wir zwei gesehn uns nimmermehr.

DVA = A 125 748; aus einem handschriftlichen Liederheft aus der Gegend um Forbach (Lothringen), 1899

WEGWARTE (C)

1. Wenn nun der liebe Gott wollte,
dass zwei Verliebte zusammen sollte;
die allererste Nacht, dass er bei ihr schlief,
die Order ist kam, er muss in den Krieg.

2. Musst du's den Krieg hineine,
wer bleibt bei mir's daheime,
wer wird mir's dann die Botschaft tragen,
wenn du vom Feind wirst totgeschlagen.

3. Sie gingen über Linker [?] und Heide,
da begegnen ihm drei Schwalië
   [Chevalier, Reiter],
der allerjüngst, der darunter war,
schlug ihm sein adelisches Haupt herab.

4. Das Haupt fiel auf die Erde,
die Zung fing an zu reden;
sie redt zu, sie redt zu klein Waldvögelein,
dir soll die Botschaft mein Herzliebste
   sein.

5. Klein Vög'lein tut sich wenden,
er fliegt über grüne Wälderen,
er setzt sich auf einen apfeldürren Ast,
sein Herz, das hat weder Ruh' noch Rast.

6. Klein Vög'lein tut sich drollen,
es fliegt über einen kühlen Bronnen,
es schlug darein sein kleines Federchen,
darein das Wasser soll betrübet sein.

7. Kleins Vöglein tut sich drillen,
es fliegt das Dörfelein hineine,
es fliegt das Dörfelein wohl auf und ab,
es fliegt Feinsliebste wohl auf die Lad'
   [Fenster].

8. Bist du feinst Liebste dareine
oder bist du nicht daheime,
die traurige Botschaft bring' ich dir,
euer feinst Allerliebster ist vom Feind
   zerschlagt.

9. Ihr sollt nicht weinen, nicht schreien,
und auch nicht traurig seine,
ihr sollt es tragen ein Kränzelein
von Rosmarin und Nägelein [Nelken].
Sie schreit drei Tag und sieben lange Jahr,
dass ihr kein Auge mehr trocken war.

DVA A 93 862; aus einem handschriftlichen Liederheft aus Fremersdorf bei Forbach (Lothringen), undatiert

WEINHOLENDES MÄDCHEN (A)

1. »Geh, mein Mädchen, hole Wein
bei dem schönen Mondenschein!«
Als sie kam bei Kreuzweg her,
da stand der Teufel im schwarzen Kleid.

2. »Fürcht dich nicht und mach kein Kreuz,
ich bin der Pfaff im schwarzen Kleid!« –
»Bist du der Pfaff im schwarzen Kleid,
so mach mit mir, was dich gefreut.«

3. Er nahm sie bei der weißen Hand,
und führte sie in das Höllenland.
»Luzifer, mach auf die Tür,
ich bring des Pfaff sein Weibchen hier.«

4. »Ich bin ja nicht des Pfaff sein Weib,
ich bin ja Goldschmieds Töchterlein.« –
»Bist du ja Goldschmieds Töchterlein,
so wollen wir gleich drei Diener sein.«

5. Der erste macht die Türe auf,
der andere trägt das Essen auf,
der dritte bringt das Glas mit Trunk,
von Pech und Schwefel helles Gestunk.

6. »Nimm trink, nimm trink, wir haben noch mehr!
Wir haben schon trunken.« – »Ich brauch nichts mehr.
Geh, sagts, geh, sagts mein'n Elterlein,
ich bin in der größten Höllenpein.«

7. Ihr Bruder, der ein Jäger war
und in den Wald jägieren kam:
»Schweige still, schweige still, mein Hündelein,
ich hör meiner Schwester ihr Stimmelein,
ich hör sie gar bitterlich weinen.«

8. Er nahm sie bei der weißen Hand
und führt sie in ihr Vaterland,
da wollt sie gerne sterben.

*Gottlieb Brandsch, Siebenbürgisch-deutsche Volksballaden, Hermannstadt 1938,
Nr. 6 (aus einem handschriftlichen Liederbuch aus Eibesdorf, um 1900)*

WEINHOLENDES MÄDCHEN (B)
(VERLORENER SCHUH)

1. Es hat ein schwarzbraunes Mädchen Pantöffelein verloren,
es kann ja nicht mehr – fidira, fidirala – ja finden.
Es suchet wohl hin, es suchet wohl her,
es fand sie wohl unter den Linden, ja Linden.

2. Und als das Pantöffelein gefunden war,
mit Freuden sprach sie: »Fidira herumer, ja 'rumer.
So sei es gelobt, so sei es getan,
Pantöffelein ist wiederum gefunden, ja gefunden.«

3. Es wollt' ein schwarzbraunes Mädchen vom roten kühlen Wein
zu Straßburg wohl auf der – fidira – Straßen, ja Straßen.
Es begegnet ihr derselbe junge Knab':
»Feinsliebchen, wollt' sie eins lassen, ja lassen?«

4. »Lasset ab, lasset ab, mein wunderschöner Knab',
mein Mütterlein, das könnt' mich – fidira – schelten, ja schelten,
verschüttest du den roten kühlen Wein
und bringst mich wohl um das Gelde, ja Gelde.«

5. »Wohl um das Geld und roten kühlen Wein,
dafür darfst du nicht – fidira, fidira – sorgen, ja sorgen.
Ist der Herr Wirt der ehrliche Mann,
der wird uns schon borgen, ja borgen.

6. Und wann er uns nicht borgen will,
so wollen wir ihn – fidira, fidira – bezahlen, ja bezahlen.«

aus Rappoltsweiler im Elsass, 1911; nach: August Kassel und Joseph Lefftz, Elsässische Volkslieder [Straßburg 1940]

WERBER UND JUDE

1. Zu Straßburg steht ein schönes Haus,
dort schaut ein wackeres Mädel heraus.
Sie ist sich nicht daheime,
sie ist eins Kaufmanns Töchterlein,
zu Köllen an dem Rheine.

2. Den andern Tag des Morgens früh
da kommt der Jungknab in aller Früh;
er tut das Mädchen fragen:
»Schönstes Schätzchen, wärst du mein,
Hochzeit täten wir machen!«

3. Das Mädchen gedacht in seinem Mut:
Hochzeit machen, und das wär gut.
»Wir wollen uns noch bedenken,
Fleisch und Brot, das müssen wir haben,
den roten Wein daneben.«

4. Der Knab, der sprang die Judengass hinein:
»Ach Jud, löhn [leih] mir ein Taler oder neun!
Ach Jud, löhn mir ein Taler,
's ist mir ein feins Mädchen zugered't,
dass ich sie kann bezahlen.«

5. Der Jud, der sprach als ›nein‹ dazu.
»Die Taler hab ich ja nicht genug.«
Es tut den Knab verdrießen,
er spannt das Rohr [Gewehr] in seiner Hand,
den Jud will er erschießen.

6. »Ach Knab, lass du das Schießen sein,
ich will dir geben ein Taler oder neun;
die Zins will ich dir schenken,
das Mädel soll dein eigen sein,
daran sollst du gedenken.«

[7. »Isch stelle dir den kühle rote Wein,
dann ladesch du misch zur Hochzeit ein.
Die Hochzeit wolle mir halte,
Brot und Fleisch, das hawe wir schon,
den kühle Wein wolle mir trinke.«]

DVA = A 185 215, Sammlung Louis Pinck, Hambach (Saargemünd, Lothringen), 1930 (Str. 7 ergänzt nach einer anderen Aufzeichnung, o. J.)

WIEDERFINDEN
(WANDERBUA)

Von der Wanderschaft a Bua
geht sein Dörfl freudi zua,
und sei erster Gang is gwiss,
wo sei Deandl z'finden is.

Er klopft stad auf's Fensterl h'nauf,
aber 's Deanderl macht nit auf;
jez ruaft er in's Stübl h'nein:
»Wo wird wohl mei Deandl sein?«

[zwei von sechs Str. = Anton Freiherr von Klesheim, 's Schwarzblatt aus'n Weanerwald, Bd. 3/2, Wien 1864, S. 25, »'s Wiederfindn«, 1850]

Aus einer Wiener Liedflugschrift: Wilhelm Hendl, o. J. [um 1887]; DVA = Bl 7953

WIEDERFINDEN (A)
(WANDERBUA)

1. Von der Wanderschaft zurück
führt ein' Jüngling das Geschick,
der nach langen Jahren kehrt
zu dem heimatlichen Herd.

2. Eilt mit sehnsuchtsvollem Sinn
zu des Liebchens Wohnung hin,
blickt zum Fenster stumm hinein,
wo die holde Braut mag sein.

3. Als er sie zu Haus nicht sieht,
wird's ihm bange ums Gemüt.
Fragt die Bäume in dem Wald
nach des Liebchens Aufenthalt.

4. Bitt' die Blümelein auf der Au,
dass sie mit ihm suchen gehn,
suchen auf der grünen Au,
doch kein Blümlein war zu sehn.

5. Es wird Nacht, der Mond bricht ein,
dringet er zum Friedhof ein,
dort sieht er bei hellem Glanz
einen frischen Rosenkranz.

6. Zwischen Ros und Rosmarin
steht des Liebchens Name drin.
Jetzt erst wird's dem Jüngling klar,
wo die Braut zu finden war.

7. Traurig ging er auf und ab,
heiße Tränen fallen ab.
Jetzt kann ich dich nimmer sehn,
muss nun einsam von dir gehn.

WIEDERFINDEN (B)
(WANDERBUA)

1. Von der Wånderschåft der Bua
er geht dem Dörfel fröhlich zua.
Sein erster Weg, der is für gwiss,
wo sei Diandle z'find is.

2. Klopft åns Fensterl leise drauf.
Sei Diandle måcht ihm går net auf.
Då geht der Bua ins Kammerl nein,
und sei Diandle wår net drein.

3. Åls der Bua sei Diandl net findt,
då fångt er z'woan ån wia a Kind.
Er frågt den Tånnenbam im Wåld
um sein Diandl ihrn Aufenthålt.

4. Und die Bleamlan bitt' er schön,
sie solln eahm's Diandle suachn gehn.
Sogår die Bleamlan gehen mit,
åber 's Diandle finden s' nit.

5. Und des Nachts beim Mondenschein,
då geht der Bua in Friedhof ein.
Då sah der Bua beim Mondesglånz
auf ein Gråb an grünen Krånz.

6. Und im Krånz von Rosmarin,
då steht dem Diandl ihr Nåmen drin.
Hiatz woaß der Bua håt schon für gwiß,
wo sei Diandle z'finden ist.

Othmar Meisinger, Volkswörter und Volkslieder aus dem Wiesentale [Baden], Freiburg i. Br. 1907, S. 58

Walter Deutsch u. a., Das Volkslied in Österreich, Wien 1993, S. 184 f. (nach: Lois Steiner, Mein Liederbuch, Graz 1987)

WIEDERGEFUNDENE SCHWESTER

1. Es ritt ein Jäger wohl über den Rhein,
bei einer Frau Wirtin da kehrte er ein.
»Frau Wirtin, hat Sie gut Wein und Bier?
Ich habe ja Geld, ich bezahl' ja dafür.«

2. »Ich habe ja Bier, ich habe ja Wein,
wenn Sie nur wollen meine Gäste sein.«
Das Mädchen brachte den Wein herein;
er kennet sie bei dem Ringelein.

3. »Frau Wirtin, ich hab es mir eben
   bedacht;
können Sie mir sie leihen eine halbe
   gute Nacht?« –
»Ihnen kann ich sie leihen wohl zwei
   oder drei,
wenn Sie dann mir wollen meine Gäste
   nur sein.«

4. Und als es nun am Abend ging,
das Mädchen an zu weinen fing.
»Ach, Mädchen, weine nicht zu sehr,
denn du sollst behalten ja all' deine Ehr'.«

5. Die Mitternacht die war verflossen,
kein Wort hatten sie zusammen
   gesprochen.
»Ach, Mädchen, kehr dich um zu mir,
und nenne mir all deine Freunde
   [Verwandte] mal für!«

6. »Der alte König wohl an dem Rhein
das ist der herzliebste Vater mein.
Die alte Frau Königin wohl an dem Rhein
das ist die herzliebste Mutter mein.

7. Mein jüngster Bruder, Johann Friedrich
   mein,
das weiß der liebe Gott allein.« –
»Dein jüngster Bruder, Johann Friedrich
   dein,
in dessen Armen schläfst du nur allein!«

8. Und als am Morgen die Sonne aufging,
Frau Wirtin wohl an zu wecken fing.
»Steh auf, steh auf, du junge Braut,
steh auf, wasch' Töpfe, feg' aus dein
   Haus!«

9. »Sie ist nicht meine junge Braut,
sie ist meine Schwester im Herzen
   vertraut.«
Der Jäger stand auf und sattelt sein Pferd
und stach die Frau Wirtin wohl mit sein
   Schwert.

10. Und als der König nun das vernahm,
dass Johann Friedrich mit seiner
   Schwester kam,
da ließ er alle Glocken gehn,
dass er seine Tochter hat wiedergesehn.

nach: DVldr Nr. 72, aus Schleswig-Holstein, nach der Zeitschrift Am Ur-Quell 6 (Hamburg 1896)

WIEDERSEHEN

1. Wie schön blüht sich der grüne Wald
mit gelben Blättern umhangen;
mein Schatz, der mich gefreuet hat,
der freut als wiederum ein' anderen.

2. Und der mich freut, der hat mich lieb,
er gebiet' mir allzeit die Ehre;
und wenn er hat den Willen von mir,
kein' andere wird ihm lieber werden.

3. Der jung Knab ging aus sieben lange Jahr,
weiß niemand, wo er hin wäre;
er verließ sein' aller schon schön Herzlieb
in ihrem Rosengarten.

4. Und wie die sieben Jahr herumer waren,
feinst Liebster kommt wieder in's Land;
er gesieht sein aller schon schön Herzlieb
spazieren im Rosengarten.

5. »Gott grüß euch, Mädchen, Gott grüß euch, Weib,
Gott grüß euch alle beide.« –
»Ich sei ein Mädchen oder sei ein Weib,
mit ihm mag ich allzeit reiten.«

6. Er nahm sie lieb, er nahm sie wert,
er schwingt sie hinter ihn [sich] auf sein Pferd,
sie reiten miteinander über Berg und Tal,
wohl in ihr Vaters Lande.

7. Und wie sie in ihr Vaters Haus kamen,
da gebiet er ihr gleich zu trinken,
sie ließ so manche heisere [!] Trän'
wohl in ihr Becherlein sinken.

8. Was zieht er aus? Ein' blauen Rock,
von schwarzer blauer Seide.
»Diesen hab ich getragen für groß Trauer und Leid,
von groß Trauer zu [groß] Freude.«

DVA = A 93 960; aus einem handschriftlichen Liederbuch aus Altrip bei Forbach (Lothringen), o.J. [19.Jh.]. Die letzte Strophe ist nur hier überliefert, sonst Abschluss mit Str. 7.

WIEDERSEHEN AN DER BAHRE (A)

1. »Jetzt reis' ich fort, geliebtes Kind,
ach Schatz, wohl in die Fremde.
Was gibst du mir zum letzten Mal,
dass ich an dich gedenke?«

2. »Was ich dir noch geben kann?
Ein' Kuss aus meinem Munde,
dass du gedenkst an mich zurück
all' Tag' und jede Stunde.«

3. Als er in der Fremde war,
sein Schatz war bald vergessen;
schreibt nie kein' Brief, ja nie kein' Gruß:
Das arme Herz muss brechen.

4. Als er wieder nach Hause kam,
Schwiegermutter ihm begegnet':
»Grüß Gott, grüß Gott, Schwiegermutter mein,
wo habt ihr eure Tochter?«

5. »Wo ich meine Tochter hab',
das will ich euch gleich sagen:
Sie liegt auf frischem Heu und Stroh,
frühmorgens wird sie begraben.«

6. Als er in das Zimmer trat,
zwei Kerzlein sah er brennen,
auf jeder Seit' zwei Mädchen stehn,
die bitter um sie weinten.

7. Er deckte ab das weiße Tuch
und schaut' ihr in die Augen:
»Schon längst bist du mein Schatz gewesen,
und niemand wird's mir glauben.«

8. Da zog er aus das blanke Schwert
und stach ihm [sich] in die Seite:
»Hast du gelitten bittern Tod,
so will ich Schmerzen teilen.

9. Und ein Grab von Marmorstein,
auf beiden Seiten Mauern.
Legt dann die Liebe mir hinein,
mit mir soll sie zerfaulen.

10. Wenn jemand kömmt und nach mir fragt,
so sagt, ich sei gestorben,
ich lieg' schon längst im kühlen Grab
und hab' mein' Schatz in Armen.«

DVA = A 21 134, aufgezeichnet in Oberterzen am Walensee (Schweiz), o.J. [um 1906]

WIEDERSEHEN AN DER BAHRE (B)

1. Es liebten zwei im Stillen sich,
sie liebten sich herzinniglich.
Die Liebe war so inniglich,
das Schicksal traf sie fürchterlich.

2. Der Jüngling wollt auf Reisen gehn.
Das Mädchen blieb ganz traurig stehn,
die Mutter sprach: »Ach, liebes Kind,
du weinest dir die Äuglein blind.«

3. »Ach Mutter, ich hab zwar keine Not,
ich wünsche mir schon längst den Tod.
Für mich gibt's keine Rettung mehr,
ach, wenn ich nie geboren wär'!«

4. Die Mutter merkt sich jedes Wort,
sie schrieb dem Bräutigam an seinen Ort:
»Wenn du nicht kehrest gleich zurück,
so kommst du um dein Erdenglück.«

5. Der Jüngling kehrte bald zurück,
er gab dem Liebchen seinen ersten Blick,
er wusste nicht, wie ihm geschah,
als er sein krankes Liebchen sah.

6. Er schloss sie sacht in seinen Arm
und küsste sie so herzlich warm.
Sie flüstert ihm ganz leise zu:
»Jetzt geh ich ein zur ewgen Ruh.«

7. Die Rosenwangen wurden weiß,
ihre zarten Hände kalt wie Eis.
So demutsvoll, so engelrein
schlief sie in seinen Armen ein.

8. Er kaufte sich ein schwarzes Kleid
und trug darin die Traurigkeit,
er trauert um sie ein ganzes Jahr,
bis dass sie ganz vergessen war.

Joseph Lefftz, Das Volkslied im Elsass, Bd. 1, Colmar 1966, Nr. 19
(aufgezeichnet in Erkartsweiler 1913)

WILDSCHÜTZ JENNERWEIN

1. Es war ein Schütz in seinen besten Jahren,
er wurde weggeputzt von dieser Erd,
man fand ihn erst am neunten Tage
bei Tegernsee am Peisenberg.

2. Auf den Bergen ist die Freiheit,
auf den Bergen ist es schön,
doch auf so eine schlechte Weise
musste Jennerwein zugrunde gehn!

3. Auf hartem Stein hat er sein Blut vergossen,
am Bauche liegend fand man ihn,
von hinten war er angeschossen,
zersplittert war sein Unterkinn.

4. Es war schrecklich anzusehn,
als man ihm das Hemd zog aus,
da dachte jeder bei sich selber:
Jäger, bleib mitn Selbstmord z'haus!

5. Du feiger Jäger, das ist eine Schande,
du erwirbst dir wohl kein Ehrenkreuz,
er fiel mit dir nicht im offnen Kampfe,
weils der Schuss von hint beweist.

6. Man bracht ihn dann noch auf den Wagen,
bei finstrer Nacht ging es noch fort,
begleitet von seinen Kameraden
nach Schliersee, seinem Lieblingsort.

7. Dort ruht er sanft, ja, wie ein jeder,
bis an den großen Jüngsten Tag,
dann zeigt uns Jennerwein den Jäger,
der ihn von hint erschossen hat.

8. Von der Höh gings langsam runter,
denn der Weg war schlecht und weit,
ein Jäger hat es gleich erfunden,
dass er sich hat selbst entleibt.

9. Und am großen Jüngsten Tage
putzt jeder sein Gewissen und 's Gewehr,
dann marschiern d' Jäger samt die Förster
aufs Gamsgebirg zum Luzifer.

10. Zum Schlusse Dank noch den Vetranen [Veteranen],
da ihr den Trauermarsch so schön gespielt,
Jäger, tut euch nur ermahnen,
dass keiner mehr von hinten zielt.

Kiem Pauli, Sammlung Oberbayrischer Volkslieder, München 1934/1971, S. 140 (aufgezeichnet in Tegernseerberg, 1910)

WINTERROSEN (A)

1. Es wollt' ein Mägdlein Wasser holen
bei einem kühlen Brunnen,
ein schneeweiß Hemdlein hat sie an,
dadurch schien ihr die Sonne.

2. Sie sieht sich hin, sie sieht sich um,
sie meint, sie wär alleine;
es kommt ein Ritter und sein Knecht,
er grüßt die Jungfrau reine.

3. »Gott grüß euch, zart Jungfräulein:
Was steht ihr hier alleine?
Wollt ihr das Jahr mein Schlafbuhl' sein,
so ziehet mit mir heime.«

4. »Und euer Schlafbuhl' bin ich nicht,
ich bin ein Mägdlein reine,
ihr bringt mir denn drei Röslein rot,
die dies' Jahr sind gebrochen.«

5. Er reit' den Berg und tiefes Tal,
er konnt' ihr keine finden;
er reit' wohl vor einer Malerin Tür:
»Frau Malerin, seid ihr darinnen?

6. Seid ihr darinnen, so tretet herfür
und malet mir drei Rosen,
malet sie mir hübsch und fein,
wie sie dies' Jahr gewachsen sein.«

7. Und da die Rosen gemalet waren,
da hub er an zu singen:
»Freue du dich, fein's Mägdelein, wo du bist,
drei Rosen tu ich dir bringen.«

8. Das Mägdlein an dem Laden [Fenster] stund,
gar bitterlich tät sie weinen:
»Ach Herr, ich hab's in einem Schimpf [zum Scherz] gered't,
ich meint, ihr find't mir keine.«

9. »Hast du's in einem Schimpf gered't,
gar schimpflich wollen wir's wagen:
So bist du mein und ich bin dein,
und schlafen wir beide zusammen.«

10. Der uns zwei scheid't, das ist der Tod,
er scheidet gar manches Mündlein rot,
er scheidet den Knaben und die Dirn',
er scheidet das Kind aus der Wiegen.

DVldr Nr. 145; nach: Ambraser Liederbuch (1582), Nr. 100

WINTERROSEN (B)

1. Ein Mädchen wollte Wasser schöpfen
in einem tiefen Brunnen.

2. Da kam ein reicher Herr zu ihr
und sprach: »Du bist ja meine.«

3. »Wie sollt ich denn die deine sein?
Ich muss zuerst die Eltern fragen.«

4. »Und wenn du sie gefraget hast,
so schenke mir drei Rosen.«

5. Da zog sie [!] über Berg und Tal
und fand ja keine Rosen.

6. Da kam sie an ein Malerhaus,
darinnen saß ein Maler.

7. »Ei Maler, wenn du malen kannst,
so male mir drei Rosen.«

8. Da zog der Maler 's Messer aus
und stach ihr in das Herze.

9. Und als sie dann gestorben war,
da wuchsen ihr drei Rosen.

10. Die erste weiß, die zweite gelb,
die dritte violette.

WINTERROSEN (C)

1. Es wollt ein Mädchen Wasser holen
an einem tiefen Brunnen.
Da kam ein Ritter daher geritten
und wollte bei ihr schlafen.

2. Ja, bei mir schlafen darfst du schon,
bringe mir zuerst drei Rosen,
die mitten im Winter gewachsen sind
und blühen auf die Ostern.

3. Er ging die Landstraß auf und ab,
fand aber keine Rosen,
da kam er vor ein Malerhaus,
der Maler schaute zum Fenster heraus.

4. »Ach Maler, liebster Maler mein,
male mir zuerst drei Rosen,
die mitten im Winter gewachsen sind
und blühen auf die Ostern.«

5. Und als drei Rosen fertig waren,
da nahm er sie beim Stiele.
»Schatz, freue dich, gleich wo du bist,
ich bringe dir die Rosen.«

DVA = A 105 908, aufgezeichnet von Emil Enzensperger in Hoyren bei Lindau am Bodensee, 1929

DVA = A 166 516, aufgezeichnet in Haselbach vor der Rhön, Unterfranken [Bischofsheim], 1930er Jahre von Carl Hartenstein

WIRTIN TÖCHTERLEIN (A)

1. Es ritten sich drei Mörder aus,
sie gaben sich für Grafen aus.

2. Sie kamen vor ein Gastwirtshaus:
»Frau Wirtin ist ihr Mann zu Haus?«

3. »Ach nein! Mein Mann ist nicht zu Haus,
er ist schon gestern geritten aus.«

4. »Frau Wirtin hat sie die Gewalt,
drei Reiter über Nacht zu behalt?«

5. »Ach wenn ich die Gewalt nicht hätt'
was sollt' denn da mein Wirtschaft werd'?«

6. Sie taten die Pferde in Stall hinein
und traten zu der Küch' herein.

7. »Frau Wirtin hat sie ein Töchterlein,
das uns kann reichen ein kühl Glas Wein.«

8. »Ach ja, ich hab' ein Töchterlein,
das euch kann reichen den kühlen Wein.«

9. »Frau Wirtin, jetzt kann sie schlafen gehn!« –
»Ach nein! Ich kann nicht schlafen gehn,
es möcht' ein Mord im Haus geschehn.«

10. Sie gaben ihr ein'n Schlaftrunk ein,
wie bald schlief sie so süße ein.

11. Der erste sprach: »Das Mädchen ist mein,
es hat von mir ein kühl Glas Wein.«

12. Der zweite sprach: »Das Mädchen ist mein,
es hat von mir ein Ringelein.«

13. Der dritte sprach: »Das Mädchen ist wert,
dass wir's zerteilen mit unserm Schwert.«

14. Es griff seiner Mutter wohl auf den Kopf:
»Ach Gott! Hätt' das mein Vater gewusst!«

15. Es griff seiner Mutter wohl auf die Brust:
»Ach Gott! Hätt' das mein Vater gewusst!«

16. Es griff seiner Mutter wohl auf die Füß':
»Ach Gott! Was schläft meine Mutter so süß!«

17. Sie legen das Mädchen wohl auf die Bank
und hauen es, dass es in Stücken sprang.

18. Sie legen das Mädchen wohl auf den Tisch
und verteilens, als wär's ein gebratner Fisch.

19. Und wo ein Tröpfchen Blut hinsprang,
da saß ein heiliger Engel und sang.

20. Sie sangen so hübsch, sie sangen so fein,
sie sangen das Mädchen in' Himmel hinein.

21. Und wo der Mörder das Schwert hinlegt,
da saß ein schwarzer Rabe und kräht'.

DVA = E 15 085; aufgezeichnet von Freiherr W. von Plönnies in Darmstadt, 1858 (Sammlung Erk), »Drei Mörder«

*Motiv von einer undatierten Liedflugschrift;
Sammlung DVA Freiburg i. Br.*

WIRTIN TÖCHTERLEIN (B)

1. Es reitn einmål drei Räuber aus,
die geb'm si' vor drei Goldschmied aus.

2. Und reiten vor ein hohes Haus,
dort schaut die Frau Wirtin beim Fenster raus.

3. »Frau Wirtin, ham's schöns Töchterlein,
dann kehren wir bei der Frau Wirtin ein.«

4. »Wenn ich nicht hätt' schöns Töchterlein,
wie könnt ich denn Frau Wirtin sein.«

5. Der eine schenkt ein Ringelein,
und das Madl trågt auf den Tisch.

6. [...] trågt wohl auf den Tisch,
dass ihr das Ringlein am Finger blitzt.

7. Der erste språch: »Das Madl ghört mein,
ich håb' geschmiedet das Ringelein.«

8. Der zweite der språch: »Des Madl ghört mein,
ich håb' geschmiedet der Stein darein.«

9. Der dritte sågt: »Das Mädchen ist es wert,
wir werd'n sie verteilen mit unsrem Schwert.«

Weiter kann ich's nimmer.

DVA = A 220 027; aufgezeichnet von Hinrich Siuts nach einer ungarndeutschen Sängerin aus Solymar, 1959;
[...] = unverständliche Stelle auf dem Tonband

WIRTSTÖCHTERLEIN (A)

1. Ich wollt, dass alle Tag Sonntag wär,
ritte, ritteriz,
dass ich bei meinem Feinsliebchen,
ritte, ritteriz,
dass ich bei meinem Feinsliebchen wär.

2. Bei meinem Feinsliebchen ist gut sein,
da zapft man Bier und Branntewein.

3. »Ach Mutter, verschafft mir einen Mann,
der mir die Zeit vertreiben kann.«

4. »Ach Töchterlein, bist viel zu klein,
du musst schlafen drei Jahre allein.«

5. »Ach Mutter, ich bin eben recht,
ich hab's probiert mit unserem Hausknecht.«

6. »Hast du's probiert mit unserem Knecht,
so musst du vor des Kaisers Recht [Gericht].«

7. »Ei muss ich vor des Kaisers Recht,
so hol' der Teufel unseren Knecht.«

DVA = A 17978; aus dem handschriftlichen Liederbuch des Carl Harz, 1819

WIRTSTÖCHTERLEIN (B)

1. Es zogen drei Burschen wohl über den Rhein,
bei einer Frau Wirtin, da kehrten sie ein.

2. »Frau Wirtin habt ihr gut Bier und Wein,
so bringet's den lustigen Burschen herein!«

3. »Gut Bier und Wein, das hab' ich wohl,
wie's einer Frau Wirtin geziemen soll.«

4. »Frau Wirtin, habt ihr ein schön' Töchterlein,
so bringet's zum Tanze den Burschen herein.«

5. »Mein Töchterlein ist noch viel zu klein,
es hüpfet [!] noch wohl drei Jahr' allein.

6. »Nein, Mutter, ich bin schon eben recht,
hab' neulich getanzet mit unserm Knecht.«

7. »Und bist du schon recht, lieb Töchterlein,
so tanzest hinfort du mit Herren allein.«

8. »Die Herren, die Junker, die mag ich nicht,
den lustigen Burschen versag' ich's nicht.«

DVA = A 25 947; »aus dem Leben unseres Volkes gegriffen, nicht anderswoher entlehnt«, aus einem Schweizer Wochenblatt, 1823

WIRTSTÖCHTERLEIN (C)

1. Es ritten drei Reiter wohl über den Rhein,
schnab auf!
Bei einer Frau Wirtin da kehrten sie ein.
Schnab auf und schnab nieder,
Sauf's aus und füll's wieder,
schnab auf!

2. »Frau Wirtin hat sie guts Bier und Wein,
so bringt es dem lustigen Reiter herein.«

3. »Gut Bier und Wein, das hab ich schon,
wie's einer Frau Wirtin gebühren soll.«

4. »Frau Wirtin hat sie ein schön Töchterlein,
so bringt es dem lustigen Reiter herein.«

5. »Mein Töchterlein ist es noch vieles zu klein,
es muss ja noch schlafen drei Jahre allein.«

6. »Ach Mutter, ich bin es schon eben recht,
ich hab es probiert mit unserm Hausknecht.«

7. »Hast du es probiert mit unserm Hausknecht,
so bist du vor Fürsten und Grafen schon recht.«

8. »Kein' Fürsten, kein' Grafen den mag ich nicht,
keinem lustigen Burschen versag ich nicht.

9. Ein lustiges Bürschchen das muss ich haben,
und soll ich ihn aus der Erd' herausgraben.

10. Und als ich ihn aus der Erd' herausgrub,
da war es ein lausiger Schneidersbub.

11. Ich grub ihn heraus und wieder hinein,
bis dass es ein lustiger Reiter wollt sein.«

DVA = A 91 382; aus dem handschriftlichen Liederbuch des Peter Berger, Selters (Westerwaldkreis), 1828

WIRTSTÖCHTERLEIN (D)

[1.] Es zogen drei Bursche [!] wohl über den Rhein,
bei einer Frau Wirtin, da kehrten sie ein.

[2.] »Frau Wirtin! Hat Sie gut Bier und Wein?
Wo hat Sie Ihr schönes Töchterlein?«

[3.] »Mein Bier und Wein ist frisch und klar,
mein Töchterlein liegt auf der Totenbahr.«

[4.] Und als sie traten zur Kammer hinein,
da lag sie in einem schwarzen Schrein.

[5.] Der erste, der schlug den Schleier zurück
und schaute sie an mit traurigem Blick:

[6.] »Ach! lebtest du noch, du schöne Maid!
Ich würde dich lieben von dieser Zeit!«

[7.] Der zweite deckte den Schleier zu
und kehrte sich ab und weinte dazu:

[8.] »Ach! dass du liegst auf der Totenbahr!
Ich hab' dich geliebet so manches Jahr.«

[9.] Der dritte hub ihn wieder sogleich
und küsste sie an den Mund so bleich:

[10.] »Dich liebt' ich immer, dich lieb' ich noch heut,
und werde dich lieben in Ewigkeit.«

Ludwig Uhland, »Der Wirtin Töchterlein«, 1809; vgl. Ludwig Uhland, Gedichte, hrsg. von Erich Seemann, Lahr 1949, S. 235 f. – Ludwig Uhland (1787–1862) studierte seit 1803 in Tübingen und fand dort unter Juristen und Medizinern einen Freundeskreis, der sich in romantischer Begeisterung auch mit dem Volkslied beschäftigte. Dem Freiherrn Leo von Seckendorf, Herausgeber eines »Musenalmanachs«, übersandte er 1807 und 1808 eine Anzahl von eigenen Liedtexten und von ihm notierte Volksballaden. Aus dieser Quelle schöpfte er, aber seine Texte wurden ihrerseits selbst zu Volksliedern. Carl Loewe (1818) und viele andere haben seine Kunstballade »Es zogen drei Bursche ...« vertont.

ZERBROCHENER KRUG (A)

1\. Es wollt's fein Mädel nach Wasser gehn,
ums Dorf schleicht sie herum,
schaut nach ihrem Liebsten um,
bis dass sie den Krug zerstößt,
bis dass sie ihn fallen lässt.

2\. Die Magd, die war zu lang draußen,
der Frau wird die Zeit so lang,
sie ertappt die Wasserstang
und schlägt auf die Magd so sehr,
je länger, je immer mehr.

3\. »Ach Frauel, liebstes Frauel mein,
geschlagen war ihr genug,
wenn ihr gleich Wagen und Pflug
und alles zusammen geschlagen hätt',
der Bauer mir nit mehrer tät.«

4\. Die Magd, die ist so fuchtig [ärgerlich],
lauft hin zu ihrem Herrn,
tut ihren Lohn begehrn.
»Herr, gebt ihr mir meinen Lohn,
wir müssen nun scheiden schon.«

5\. Der Bauer greift nein in' Taschen,
bringt raus drei Taler fein.
»Nimm hin, schöns Liebelein,
kauf dir davon Weizenbrot
und leid mir nur keine Not.«

nach: DVA = B 47 831; Sebastian Grüners Aufzeichnungen für J. W. von Goethe, 1825 im Egerland (Böhmen)

ZERBROCHENER KRUG (B)
(WASSERKRUG)

1. Es wollt ein Mädchen Wasser holen
mit einem Wasserkrug,
schaut ihr ein junger Geselle zu,
bis dass der Krug zerbricht,
bis dass er gefallen ist.

2. Die Bas' die saß am Fenster
und schaut der Magde zu,
und als die Magd nach Hause kam,
nahm die Bas' die Ofengabel,
sie gibt der Magd genug
wohl um den Wasserkrug.

3. Die Magd die sprang in die Scheune
   'nein,
wart', bis der Meister kommt.
»Meister, lieber Meister,
gebet ihr mir meinen Lohn,
denn ich will wandern schon.«

4. »Ei willst denn du schon wandern,
dein Jahr ist noch nicht aus.« –
»Ei wenn man einen so schlagen tut,
wohl um ein' Wasserkrug.«

5. Die Magd die sprang in die Küche 'nein,
wart', bis die Base kommt.
»Base, liebe Base, gebet mir meinen Lohn,
denn ich will wandern schon.«

6. »Ei was willst denn du schon wandern,
wer schlaft bei meinem Mann?« –
»Es ist ein Knab in unserm Dorf,
der schlaft ja alle Nacht bei dir.« –
»Schweig still und sag nichts von mir.

7. Ich hab ein brauner seidener Rock,
den will ich schenken dir,
schweig still, sag nichts von mir,
schweig still, sag nichts von mir.«

8. Die Magd, die sprang in die Scheune
   'nein,
wart', bis der Meister kommt.
»Meister, lieber Meister,
pfeifet ihr mir einen Tanz,
der Wasserkrug ist ganz.«

nach: DVA = A 90 904; aus einem handschriftlichen Liederbuch aus Lützelburg, Saarburg (Lothringen), 1879

ZWEI GESPIELINNEN

1. Es waren einmal zwei Gespielen,
eine reiche und eine arme;
die Arme fing an ein fröhliches Lied,
die Reiche fing an zu weinen.

2. »Ach Gespielin, liebe Gespielin,
warum weinest du so sehr?« –
»Allweil wir beide einen Knaben lieb haben,
ach Gott, wie wollen wir teilen?«

3. »Ich will dir geben mein jüngsten Bruder,
meins Vaters sein Gütle zum Teile!« –
»Und wenn du mir Silber und rotes Gold, gäbest,
so ist mir der Knab nicht feile.«

4. Der Knab, der unter der Linde stand,
hört all den Reden ein Ende:
Hilf reicher Christ, der oben uns ist,
mit welcher soll ich es wagen?

5. Ei, wag' ichs mit der Reichen,
sie ist auch nicht meines Gleichen;
ein reiches Gut ist bald vertan,
dann hat die Lieb ein Ende.

6. Und wag' ichs mit der Armen,
so wird sich Gott erbarmen;
Gott ernährt manchen Vogel in der Luft,
er wird uns auch ernähren.

nach: Ernst Meier, Schwäbische Volkslieder, Berlin 1855, Nr. 213
(»Die Arme und die Reiche«)

ZWEI WAISENKINDER

1. Es waren zwei Waisenkinder,
sie gingen zum Friedhof hin.
Sie knieten am Grabe der Mutter
und riefen mit lauter Stimm:

2. »Ach Mutter, ach liebste Mutter,
schenk uns ein Stückchen Brot!
Wir haben eine Stiefmutter
und leiden bittere Not.«

3. Da öffnet sich die Erde,
der Deckel sprang entzwei.
Sie nahm das jüngste der Kinder
und drückt's an ihre Brust.

4. Dem zweiten gab sie ein Körbchen
mit diesen Worten drin:
»Geh hin, du friedsames Mädchen
und wandre von Tür zu Tür.

5. Und wenn sie dir was geben,
so danke Gott dafür;
wir werden uns wiedersehen
im himmlischen Paradies.

DVA = A 96 709; aufgezeichnet in Efferen [Hürth] bei Köln (Rheinland), 1928

Motiv von einer undatierten Liedflugschrift, Augsburg:
Hans Zimmermann (Mitte 16. Jh.);
Sammlung DVA Freiburg i. Br.

ANHANG

Nachwort

Wenn Sie in sich stimmige (hoch)deutsche Volksballaden kennenlernen möchten, lesen Sie als Beispiele etwa die Texte von »Graf und Nonne«, den »Königskindern« oder »Schloss in Österreich«, aber auch »Brombeerpflückerin«, »Graf und Magd«, »Mädchenmörder« und »Nachtjäger«. Das ist der Ton, den wir hier generell einfangen und präsentieren möchten. Auch die ausgewählten Abbildungen passen sich dieser Stimmung an. Unsere Großeltern konnten darin einen Sinn erkennen und sicherlich sogar alltäglichen Trost finden. Doch hinter dieser gutbürgerlichen Fassade lauert zuweilen der Abgrund: »Bremberger«, dessen Herz gebraten wird; der »Eifersüchtige Knabe«, der sein Mädchen tötet; die »Mordeltern«, die ihren eigenen Sohn ermorden; die »Rheinbraut«, die vom Wassergeist geraubt wird.

Auch was uns heute zuweilen schmunzeln lässt, wie einige der Schwankballaden, z. B. vom »Edelmann im Habersack«, war doch ideologischer Ausdruck der Alltagswelt früherer Jahrhunderte und prägte Mentalitäten unserer Vorfahren bis in die jüngsten Jahrzehnte hinein. – Die Grundstimmung der Volksballade ist tragisch. Manchmal ist es ein fiktives Grauen wie beim (doch wohl harmlosen) »Butzemann« oder dem »Buckligen Männlein«. Aus unverständlichen Kinderliedtexten hat man vorschnell Kobolde und altgermanische Götter konstruiert. Doch tatsächlich hat die Volksballaden-Überlieferung des 19. und 20. Jahrhunderts viele Altersschichtungen, die zum Teil sicherlich in mittelalterliches oder gar archaisches Denken zurückreichen wie z. B. bei der »Wirtin Töchterlein«. Solche Texte reizen zu einer Entdeckungsreise ins Unbekannte.

Diese Textanthologie steht als »Lesebuch« in der Tradition germanistischer Beispielsammlungen. Besonders »Die schönsten deutschen Balladen« und ähnliche Titel gehören seit Generationen zum Vorrat an bürgerlichen Hausbüchern. Dort wird die Edition in der Regel mit einer oder zwei Volksballaden eingeleitet; etwa »Königskinder« und »Schloss in Österreich« gelten zu Recht als Favoriten. Dann folgt das übliche Repertoire der Kunstballade von Bürger bis Brecht, also seit dem späten 18. Jahrhundert bis zum modernen Protestsong mit balladenähnlichen Strukturen. Das hat durchaus seine Berechtigung, da es um *Kunst*dichtung geht, die auch die Lehrpläne der Schule beherrscht.

Die deutsche *Volksballade* dagegen ist die Hauptgattung des erzählenden *Volks*liedes; deren überlieferte Quellen gehen bis in spätmittelalterliche Zeit zurück. Einige ihrer Stoffe, z. B. »Abendgang« und »Königskinder«, reichen mit ihren literarischen Vorlagen sogar bis in die Antike (bzw. bis zu deren Wiederaufgreifen in der Renaissance) und können etwa zum römischen Schriftsteller Ovid zurückverfolgt werden. Daran knüpfen sich viele Spekulationen, denn die überlieferten Zeugnisse etwa nach Liedflugschriften gehören vorwiegend dem 16. und 17. Jahrhundert an oder entstammen mündlicher Tradierung (in der Regel erst des 18. und 19. Jahrhunderts, auch in handschriftlichen Liederbüchern). Die angenommene Blütezeit und die Spätphase der tatsächlichen Dokumentation klaffen manchmal erheblich auseinander, und das ist ein typisches Problem der Volksüberlieferung.

Bedeutsam ist der Einfluss dieser Volksdichtung auf die hochliterarische Kunstpoesie seit dem späten 18. Jahrhundert. Da wurde die Volksballade zum Vorbild für die Erneuerung des Kunstliedes um 1770. Johann Gottfried Herder hatte den jungen Goethe in Straßburg dazu angeregt, dem ›Volkston‹ zu lauschen, und Johann Wolfgang von Goethe notierte 1771 einige Volksballaden im Elsass, die heute noch als klassisch gelten (darunter z. B. »Graf und Nonne« und »Herr von Falkenstein« in zwei verschiedenen Niederschriften nach der gleichen Vorlage). Mit Gottfried August Bürgers »Lenore« (1774) beginnt dann die große Epoche der Kunstballadendichtung.

Lieder im Volkston bestimmten das poetische Selbstbewusstsein der literarischen Phasen um 1770 bis nach 1800, von Sturm und Drang, Klassik und Romantik bis hin zur ironischen Brechung des naiven Volksliedtons bei Heinrich Heine. Das war eine notwendige Reaktion auf den manchmal überschwenglichen Glauben an die ›Volksseele‹ und an das Phantom des anonym dichtenden ›Volkes‹. Die Hochliteratur ging dann wieder ihre eigenen Wege und hat erst in neuerer Zeit die schöpferische Kraft der Volkssprache in der Mundartdichtung wiederentdeckt. Dabei schwand aber auch die Erfahrung mit der besonderen Qualität der ursprünglichen Vorlagen langsam aus dem Bewusstsein der Dichter und ihrer zumeist bürgerlichen Leser.

Volksballaden wurden durchaus weiterhin gesungen und wirkten in mündlicher Überlieferung bis etwa zum Ersten Weltkrieg, in manchen konservativen Liedlandschaften, wo eine zumeist kleinbäuerliche Bevölkerung an hergebrachten Normen festhielt, auch bis in die jüngste Vergangenheit. Hierin lebten sich u. a. die Phantasien von Knechten, Mägden und Dienstboten aus. Allerdings befanden sich breite Teile der Bevölkerung in Stadt und Land damit im ideologischen Einklang.

Die quasi zeitlose Gattung Volksballade setzte (mit ihrem Stil) erzählerisch-dramatische und (mit ihren Inhalten) allgemein moralische Maßstäbe über Jahrhunderte hinweg. Die Volksballade berührt parallele Gattungen wie schwankhafte Erzähllieder, die auf komische Wirkung zielen (etwa »Schreiber im Korb« mit ebenfalls spätmittelalterlicher Tradierung, dokumentiert seit dem 16. Jahrhundert, aber mit Vorbildern bei Vergil). Schwankhafte Elemente können zuweilen mit sehr groben Tönen dort dominieren, wo noch ein mittelalterliches Empfinden für die Lust am Burlesken vorherrschte. Zumeist geht der Spott zu Lasten der Frau, und oft beherrscht männliches Gehabe die Szene. Das heißt aber nicht, dass diese Lieder nicht auch unter Frauen und Mädchen beliebt waren. Vor allem ältere Frauen waren, bedingt u. a. durch die traditionelle Aufzeichnungssituation, die vorwiegende Quelle für die Dokumentation der mündlichen Überlieferung.

Andererseits gibt es bei den Liebesballaden auch zarte Töne und Elemente, die uns ebenfalls aus der Zeit des spätmittelalterlichen Minnesangs entgegenzukommen scheinen: z. B. der ›Wächter auf dem Turm‹ bzw. ›auf der Zinne‹ mit seinem Tagelied, das die Liebenden weckt (u. a. bei »Kerenstein«, »Verführende Markgräfin« und »Vrieskens«). Im 18. Jahrhundert vermischte sich die Volksballade dann mit der Sensationsliteratur von Bänkelsang und Moritat (etwa in den »Mordeltern«; zu dieser benachbarten Gattung vgl. Wolfgang Braungart, Bänkelsang, Stuttgart [Reclam] 1985). Sie blieb in dieser Nähe zum modernen Straßenlied nicht frei von Elementen des Kitsches. Das ist eine umstrittene Behauptung (und z. B. die Begräbnisszenen von »Totenamt« im 15. Jahrhundert und von »Graf und Nonne« im 18. Jahrhundert sind durchaus vergleichbar).

Die Gattung Volksballade in ihrer bunten und manchmal widersprüchlichen Vielfalt der deutschsprachigen Überlieferung zu präsentieren, nicht jedoch von ihren angrenzenden Bereichen zu isolieren, ist Ziel der vorliegenden Sammlung, Deshalb sind u. a. auch Beispiele von Schwankballaden und von Moritaten mit aufgenommen worden. Nicht berücksichtigt wurden Liedtexte, die historische Personen besingen (Ausnahme etwa die Volksballadenbearbeitung der »Bernauerin«). – Selbst wenn man die Großgattung als erzählendes Lied bezeichnen will, bleiben genügend Exempel (ebenfalls in unserer Auswahl), deren narrative Gestalt etwas dürftig erscheint. Man gewinnt jedoch wenig, wenn man die Gattung allzu dogmatisch von anderen literarischen Formen isoliert. Die Grenze zum (nicht-erzählenden und auf einer einzigen Szene beharrenden) Liebeslied etwa ist fließend. Wir vermeiden es deshalb auch, eine Definition der Gattung zu geben. Allerdings kann man durchaus die Tendenzen ihrer gattungstypischen Darstellungsweise analysieren und beschreiben.

Die *balladeske Erzählweise* mit dramatischer Szenenfolge und charakteristischen Sprachstrukturen wie den signalgebenden epischen Formeln ist dominant und gattungsbildend für einen großen Bereich des erzählenden Liedes. Wir erkennen Konfrontationsformeln wie »…zum Tor hinausritt, da begegnet ihm…« bzw. »wie… kam, da… zum Fenster hinausschaut…« und ähnliche oder die Alarm- bzw. Reaktionsformeln »schwere Träume um Mitternacht« und »Sattel mir und dir zwei Pferd'…« Oftmals beschränken sich die wenigen handelnden Personen auf stereotype Gebärden. Überraschende Reaktionen werden formelhaft mit einem »Was zog er aus der Tasche? Ein Messer spitz und scharf…« u. ä. eingeleitet. Wenn der Mann die Frau »an der schneeweißen Hand« ergreift oder »auf sein Pferd schwingt«, ist zumeist an eine gewaltsame Entführung zu denken.

Es gibt einen ganzen Vorrat an stereotypen Darstellungselementen, die jedoch oft mehrdeutig sind. Für uns zuweilen erklärungsbedürftig haben sie sich in einem besonderen kulturhistorischen Kontext entwickelt, der Dichtung in mündlicher Überlieferung eigen ist. Im Sinne von u. a. Otto Holzapfel (»Die epische Formel in der deutschen Volksballade«, in: Jahrbuch für Volksliedforschung 18, 1973, und: Det balladeske [auf Dänisch], Odense 1980) und Flemming G. Andersen (Commonplace and Creativity, Odense 1985) spricht man von einer spezifisch balladesken Erzählweise.

Die Volksballade drückt sich oft bewusst vage aus, um einen großen Bereich von Assoziationen bzw. Konnotationen abdecken zu können. Man kann vieles zwischen den Zeilen in die Texte hineinlesen, und das ist eine der Voraussetzungen dafür, dass jede Sängerin und jeder Mitsänger oder Hörer seine individuellen Empfindungen darin angesprochen fühlt. So entzieht sich der Text aber (im Gegensatz zum sonst wortgetreu festgelegten dichterischen Werk) zumeist der eindeutigen Interpretation. Und wir wissen kaum etwas darüber, was vergangene Generationen bei diesen Texten tatsächlich empfunden haben. Die Stereotypisierung des Denkens überdeckt offenbar die individuell auszudrückende Gefühlswelt. Solche Texte sind eine interessante Quelle für die Mentalitätengeschichte.

Oftmals scheint eine Fassung (Variante) einer anderen desselben Liedtyps in wichtigen Elementen zu widersprechen. Selbstverständlich ist es nicht möglich, bei der Auswahl von etwa drei Varianten aus manchmal hunderten von Belegen alle narrativen Einzelaspekte eines Liedtyps anzusprechen. Auch haben sich die Inhalte der Volksballade auf der Ebene einzelner Motive im Laufe der Jahrhunderte manchmal stark verändert. Ihre großen Themen sind jedoch eher konstant geblieben, und deren Problemdarstellungen (allerdings selten mit Lösungen dazu) wurden von Generation zu Generation angepasst. Ist es früher ein Ritter gewesen, der treulos ein Mädchen verlässt, dann übernimmt später etwa ein Matrose diese Rolle. Der Fähnrich wird sogar durch den Fußballspieler ersetzt (in einigen Varianten vom »Bestraften Fähnrich«).

Andererseits gibt es zu besonders tragischen Geschichten direkt positive Gegendarstellungen (»Nachtjäger« und »Glücksjäger«). Diese wirken wie bewusst positiv gestaltete Entwürfe für eine bessere Welt. In der Welt der Volksballade ist das eher selten. Aber an solchen und anderen Details erkennt man (etwa im Gegensatz zu Märchen und Sage) die sprachliche und ideologische Lebendigkeit der anpassungsfähigen Gattung Volksballade. Auch das ist ein Argument, eine behutsame Modernisierung der Sprache zu versuchen: Zu ihrer Zeit wurden diese Lieder nicht aus rein antiquarischem Interesse gesungen, sondern waren aktuell und neu. Als Beispiel haben wir etwa beim »Brotfrevel« die Schreibung der Liedflugschrift von 1820 belassen (das Lied selbst mag etwa zweihundert Jahre älter sein, aber das haben die Käufer der Flugschrift kaum empfunden).

Bei aller Veränderlichkeit der Einzeltexte, welche sich in manchmal unzähligen Varianten spiegelt (von »Graf und Nonne« z. B. haben wir im Deutschen Volksliedarchiv über zweitausend deutschsprachige Aufzeichnungen), bleibt jedoch immer ein charakteristischer Kern analysierbar. Es ist eine Erzählideologie (vgl. Otto Holzapfel, »Erzählhaltung und Ideologie der Volksballade«, in: Hören Sagen Lesen Lernen. Festschrift für Rudolf Schenda, Bern 1995), die die Gattung ähnlich unverwechselbar bestimmt wie ihrerseits Volksmärchen und Volkssage. – Die Variabilität der Melodien ist übrigens relativ hoch (bei »Graf und Nonne« sind es über dreißig völlig unterschiedliche Melodientypen, jeweils wiederum mit Varianten), aber eine spezifische Volksballadenmelodik wurde nicht festgestellt. In älterer Zeit wurden zuweilen Kirchenliedmelodien übernommen, und das passt zur ernst-tragischen Grundstimmung der meisten Texte.

So stabil die *Tradierung* im Kern auch ist, so variabel sind doch Einzelelemente. Die Texte unterliegen Modeerscheinungen im Personenbestand (vom Ritter und König bis zum Jäger als Authoritätspersonen) und in den Requisiten (das Schwert wird durch das Gewehr ersetzt). Das sind jedoch nur Äußerlichkeiten. Die Liederzählungen sind in der Regel bereits derart verallgemeinert und zeitlos geworden, dass individuell gestaltete literarische Vorlagen (vgl. z. B. »Undankbarer Sohn«, aus einer Dichtung der Barockzeit entwickelt) oft kaum mehr erkennbar sind. Auch hinter dem großartigen Wurf von »Graf und Nonne« ist letztlich eine schöpferische Einzelindividualität zu vermuten. Solche Texte sind im eigentlichen Sinn des Wortes zu ›Liedern des Volkes‹, zu Volksliedern geworden.

Die hohe Zeit der Volksballade als gläubig akzeptierte, moralisch belehrende Institution von überlieferter Lebensweisheit ist sicherlich vorbei. Und ihre Mentalität ist zuweilen erdrückend, häufig frauenfeindlich, oft in engen feudalen Strukturen von Familienbindung und standesgebundener Unterordnung verhaftet (vgl. als fast revolutionäre Ausnahme »Edelmann und Schäfer«). Ihre Faszination als archaisch wirkende Sprachkunstwerke haben manche Texte nicht verloren. Allerdings ist das eine andere Ästhetik, die nicht an gängiger Metrik, nicht einmal an dem verbreiteten Muster der vierzeiligen Volksliedstrophe (Zeilen 2 und 4 endreimend) orientiert ist. Sogar wo Zeilen fehlen, steht es so in der Quelle. Häufig wurde beim Singen hier eine Zeile wiederholt (vgl. z. B. »Losgekaufte«). Wir versuchen jedoch keinesfalls, einen angeblich lückenhaften Text zu rekonstruieren (hier spielen oft Probleme der Aufzeichnung eine Rolle).

Zumeist wurden die Lieder den Aufzeichnern diktiert oder (in älterer Zeit) zum Mitschreiben auch der Melodie isoliert vorgesungen. Es gibt kaum Aufnahmen im tatsächlichen, von der Dokumentation unbeeinflussten, aktuellen Singgebrauch. Daher wissen wir über manche funktionalen Aspekte in der Singgemeinschaft relativ wenig. Dazu gehört z. B. auch die Verwendung im Tanz. Sie ist für die deutsche Überlieferung umstritten (es gibt z. B. einen Lothringer Beleg und eine niederdeutsche Tanzballade aus Ditmarschen), und man sollte sich dabei von der Gattungsbezeichnung Ballade, in den romanischen Sprachen gleich Tanzlied, nicht irreführen lassen.

Auch etwa der Einschub von refrainartigen Teilen ist möglich und aus den Dokumenten nicht immer erkennbar. In Skandinavien sind solche Refrains üblich, die getanzte Volksballade ist z. B. auf den Färöern belegt. Dass aber eine solche Aufführungsart wesentlich zur Ästhetik der Gattung beiträgt, zeigt z. B. ein Blick auf Hoffmann von Fallerslebens Aufzeichnung des »Wassermanns«. Dort bringt der in jeder Strophe wiederaufgenommene und eingeschränkt variierte Refrain mitten in die zweizeiligen Strophen ein Element ritueller Wiederholung hinein. Das gibt mit den dazu mitschwingenden, offenen Assoziationen dem Text den unverwechselbaren Reiz eines quasi magischen Spiels. Kinderlieder arbeiten ebenfalls in dieser Weise (vgl. zum »Mädchenmörder«).

Man kann die *Gattung* Volksballade in einem weiten und in einem engen Sinn sehen. Wir konzentrieren uns auf Zeugnisse aus mündlicher Überlieferung mit zumeist kürzeren Fassungen (etwa zehn Strophen), machen aber z. B. beim »Abendgang« die Ausnahme, indem wir den ausführlichen Beleg nach einer Liedflugschrift des 16. Jahrhunderts abdrucken. Wir können allerdings auch auf das »Jüngere Hildebrandslied« nicht verzichten, das letztlich ungeklärte alte Vorlagen hat (mittelhochdeutsche Heldenepik um Dietrich von Bern), aber in dieser Form doch der Volksballade nahe steht (die Überlieferung reicht vom Ende des 15. bis zum 17. Jahrhundert). Der Text ist hier modernisiert worden (ein Wagnis), um den sprachlichen Abstand zur Gegenwart möglichst zu verringern. In seiner Zeit wirkte dieses Lied durchaus nicht altertümlich. Allerdings das althochdeutsche »Hildebrandslied« (das mit dem oben genannten jüngeren Heldennamen und Erzählstoff gemein hat, aber von einer völlig anderen Ideologie geprägt ist) mit aufzunehmen (wie es einige Balladen-Anthologien tun), halte ich für verfehlt. Uns geht es vor allem um die populäre Überlieferung der Volksballade seit dem 16. bzw. dem 18. Jahrhundert. Es gibt jedoch vergleichbare Fälle, die zusätzlich jahrhundertealte Spuren in mündlicher Überlieferung hinterlassen haben.

Man kann sich in diese Welt, die uns fremd geworden ist, mit einiger Geduld einlesen. Sie erschließt uns ein Universum, das für viele Generationen unserer Vorfahren bestimmend war und das auch in unserer Gegenwart Spuren hinterlassen hat. Standesdenken und Schicksalsergebenheit verstecken sich auch in unserem Alltag. Zu schnell ist man weiterhin mit dem Spott über die unehelich Schwangere, deren Rock ›vorne zu kurz und hinten zu lang‹ wird. Männliches Gehabe ist weiterhin ein Problem.

Die jeweilige Quelle spiegelt sich in der sprachlichen Form. In der literarischen Fassung vom »Abendgang« aus dem späten 16. Jahrhundert und in einigen ähnlichen Beispielen ist die Sprache bewusst nicht normiert. In der Fassung etwa der Ballade vom edlen »Moringer« ist unsere Modernisierung des Textes dagegen sicherlich ein Wagnis (und im Detail problematisch). Zeittypisches sollte möglichst nicht verwischt werden. Allerdings versuchen wir bei neueren Aufzeichnungen generell eine *sprachliche Normalisierung* (die auch möglichst die heutige Rechtschreibung berücksichtigt). Wir belassen trotzdem an manchen Stellen, vor allem in den älteren Vorlagen, die originale Schreibweise, um einen Eindruck von der jeweiligen Quelle zu vermitteln.

Diese *Quellen* sind sehr unterschiedlich, und etwa ein Text mit deutlicher Anknüpfung an die Zeit der Türkenkriege wie beim »Dollinger« (mit einer ersten handschriftlichen Dokumentation um 1510) taucht in einem Zeitschriftenjahrgang von 1796 auf. Das ist in der tatsächlich nachweisbaren Tradierung der Volksballade sogar eine relativ frühe Quelle. Einigermaßen zuverlässige Aufzeichnungen aus mündlicher Überlieferung haben wir erst ab etwa 1840 (z. B. mit der Sammlung von A. H. Hoffmann von Fallersleben aus Schlesien, vgl. etwa »Wassermann«). Entsprechend weit klaffen manchmal archaische Erzählinhalte und tatsächlich gesungene Dokumentation auseinander. Das ist ein Hauptproblem der Erforschung von Volksballaden, die man also auch von dieser Sicht her kaum eindeutig datieren kann (siehe dazu auch unten). Fragen der generell unsicheren Entstehung treten gegenüber der Analyse des zu seiner Zeit jeweils tatsächlich gesungenen Textes zurück.

Insofern gibt es auch keine Reihenfolge der Balladen und ihrer Überlieferung. Der Versuch in einem Index, der sich an einem fiktiven Lebenslauf von Kindheit bis Tod orientiert, dient eher der Übersicht, weniger der ideologischen Systematisierung. Auf diesen *Volksballaden-Index* von 1996 wird im Kurzkommentar verwiesen. Er enthält 371 Liedtypen, die in unterschiedlicher Hinsicht als deutschsprachige Volksballadentypen akzeptiert worden sind. Daraus musste eine sinnvolle *Auswahl* getroffen werden. Zum einen sind mehrere sehr fragwürdige Beispiele gestrichen worden (darunter z. B. literarische Fälschungen), zum anderen hätten eine Anzahl von Einzelgängern (deren Popularität wir also nicht nachweisen können) und die große Zahl der im deutschsprachigen Raum oft isoliert stehenden Balladentypen aus der Gottschee (unter slowenischem Einfluss; siehe auch unten) das Bild der Gattung verwässert. Uns geht es um die vom 18. bis zum 20. Jahrhundert nachweisbar volksläufige (allgemein akzeptierte und populäre), erzählende Liedform mit weltlichen Themen. Aus dem religiösen Bereich ist die Legendenballade mit einigen typischen Beispielen vertreten.

Wir nehmen hier die in der Wissenschaft geläufigen Überschriften als Kriterium einer alphabetischen Reihung. Wenn mehrere Varianten eines Balladentyps abzudrucken sind (was grundsätzlich notwendig ist, da das Kennzeichen der Volksballade eben ihre textuelle [und melodische] Variabilität ist), ist eine chronologische Folge der Aufzeichnungen zwar sinnvoll, manchmal jedoch verwirrend. Etwa beim »Mädchenmörder« steht als Variante C ein Kinderspiel, welches man hier als stark umgesungenen Rest einer weitaus älteren Erwachsenenüberlieferung annimmt, während die Vollform der Ballade durchaus auch in jüngster Zeit aufgezeichnet worden ist. Altes und Neues steht nur scheinbar widersprüchlich nebeneinander. Die Entwicklung der Volksballade verlief nicht generalisierend nur in einer Richtung, sondern die Tradierungsgeschichte ist für jeden einzelnen Balladentyp neu und individuell zu klären. Im Kurzkommentar steht der Hinweis »DVldr« mit Nummer für die in der Volksballaden-Edition des Deutschen Volksliedarchivs bereits nach Texten und Melodien dokumentierten und kommentierten Volksballadentypen.

Die *Datierung* von Volksballaden hat mit mehreren Problemen zu kämpfen. So ist z. B. bei der Ballade vom »Tannhäuser« weniger bemerkenswert, dass hier spätantike Vorstellungen vom Venusberg bzw. mittelalterliche italienische Visionsliteratur hineinspielen oder dass hier ein Name entlehnt wurde, der möglicherweise mit dem hochmittelalterlichen Minnesänger in Verbindung gebracht werden muss (im 13. Jahrhundert und mit seiner politischen Parteinahme für Papst Urban IV.). Erstaunlich ist vielmehr, dass bereits in den ersten dokumentierbaren Varianten um etwa 1450 eine deutliche Kritik am Papsttum geübt wird und dass eine solche vorreformatorische Fassung auch im gut katholischen Kärnten gesungen wurde. Volksballaden zu datieren bedeutet demnach weniger, ihrem oft hypothetischen Ursprung nachzugehen als nach ihrem ›Sitz im Leben‹ zur Zeit der aktiven Aneignung und der jeweiligen aktuellen Singsituation zu fragen.

Die *Liedlandschaften* sind unterschiedlich vertreten. Sie sind hier keine politischen Bezeichnungen, sondern entstammen einer historischen Situation zur Zeit der Aufzeichnung. Zum Beispiel ist die tradierungsstabile Landschaft Lothringen (Lorraine) der 1920er Jahre mehrfach repräsentiert, und aus ähnlichen Gründen sind mehrere Aufzeichnungen der Ungarndeutschen aus den 1970er Jahren aufgenommen worden. Aber die Belege versuchen doch auch einen Eindruck von der geographischen Streuung zu geben (in historisch gewachsenen Regionen und Grenzen, die spätestens mit dem Zweiten Weltkrieg zerstört wurden). Manches muss hier unbefriedigend bleiben. Die *Gottschee* z. B., eine ehemals deutschsprachige Siedlung in Slowenien, zumeist bekannt durch ihren sehr altertümlichen Dialekt, ist hier durch die »Meererin« und zusätzlich durch zwei hochdeutsche Texte vertreten. Sie belegen, dass die Sprachinsel bei aller Isolierung auch Modelieder aus Binnendeutschland übernahm (»Edelmann im Habersack«) bzw. frühe Zeitungsliedtexte des 16. Jahrhunderts *hochdeutsch* bewahrte (»Verkaufte Müllerin«).

Apropos *hochdeutsch*: Wir respektieren das Niederdeutsche der älteren Quellen als eigene Hochsprache, die hier (mit Ausnahmen, z. B. beim »Mädchenmörder« die niederdeutsche Fassung von »Gert Olbert« und eine Variante bei den »Königskindern«) nicht vertreten ist. So gibt es von den großen klassischen Volksballaden durchaus auch eigenständige, niederdeutsche (bzw. in der älteren Überlieferung damit gleichgesetzt: niederländisch-flämische) Fassungen (vgl. dazu etwa Ludwig Uhland, Alte hoch- und niederdeutsche Volkslieder, Bd.1–2, Stuttgart 1844/45). Hier aber musste der Pragmatik einer (für ein hochdeutsch orientiertes Publikum gedachten) Lese-Anthologie der Vorzug eingeräumt werden. – Im Übrigen ist es ein besonderes Kennzeichen der Volksballade, dass sie in aller Regel in der standardisierten Hochsprache überliefert wurde. Die Sprache der Volksballade ist auch auf der Ebene ihrer populären Überlieferung ernst und literarisch geblieben. Die seltenen Dialektformen (z. B. in einigen Schweizer Liedern wie »Aargäuer Liebchen« und »Dursli und Babeli«) sind gesondert zu erklären (wahrscheinlich haben diese eine Kunstdichtung in gelehrter Mundart zur Vorlage).

Dazu gehören nicht zuweilen verwendete Ausdrücke der Alltagssprache, die aber relativ selten bleiben (z. B. auch Ausdrücke mit dem für uns ungewohnten grammatikalischen Rückbezug: »Der Edelmann zog *es* sein Hütlein herab« und »das war *sich* des Königs Sohn« und ähnlich). Die Volksballade repräsentiert nicht belanglose Zerstreuung, sondern auch dort, wo sie vordergrundig der Unterhaltung dient, etwa in der Spinnstube unter jungen Mädchen, eine ernste, oft moralisierende Belehrung, die in gehobener Sprache überliefert bleibt. Die Nähe zum Kirchenlied ergibt sich nicht nur bei der Legendenballade, sondern bei vielen weltlichen Texten, in denen auf den Himmel als letzte Instanz verwiesen wird. Auf Erden bleibt man als Opfer anscheinend macht- und rechtlos. Dieser in der Regel ernste Ton charakterisiert die Volksballade in vielen europäischen Sprachen, wo sie z. B. dazu dient, (pseudo-)historische Dimensionen und feudale Strukturen festzuschreiben (schwedische Volksballaden des Spätmittelalters etwa dienten z. T. direkt als politische Propagandadichtung).

Die selbstverständliche Verankerung der deutschen Volksballade im Material internationaler Parallelen (niederländisch-flämisch, dänisch, englisch, französisch und vor allem slawische Sprachen) konnte hier nicht berücksichtigt werden. Ohne mehrfache Kompromisse und vielfache Einschränkungen ist der Plan einer solchen Anthologie nicht durchführbar. Die Quellenangaben sind allerdings möglichst so gewählt, dass zumindest an jeweils einer Stelle die großen Volksliededitionen zu Wort kommen (unabhängig davon, dass diese auch ältere Quellen benützen). Ein Blick in die Quellenhinweise vermittelt also einen Eindruck von der Reichhaltigkeit der Primärliteratur zum Thema.

Hauptquelle ist die reichhaltige Dokumentation des *Deutschen Volksliedarchivs* in Freiburg i. Br. mit Bibliothek und Sammlungen (A- und E-Nummern). Bis Balladennummer 168 (DVldr Nr.) liegen ältere und jüngere Kommentare in der Edition des DVA vor: Deutsche Volkslieder mit ihren Melodien: Balladen, hrsg. vom Deutschen Volksliedarchiv unter wechselnden Hauptherausgebern, Berlin – Freiburg – Bern, Bd.1 bis Bd.10, 1935 bis 1996. In dieser Edition enthält der Bd.6/1, 1974, eine ausführliche Bibliographie und der Bd.8, 1988, eine umfangreiche Analyse einer einzigen Ballade, nämlich »Graf und Nonne«, die wohl in allen denkbaren Einzelheiten zeigt, was folkloristische und musikethnologische Analysen zur Zeit zu leisten vermögen. Den vorläufigen Abschluss fand die Edition mit dem Band 10, 1996, der einen Index der gesamten Überlieferung enthält. – Unser *Verzeichnis der Volksballadentypen* (Kurzkommentar) vermag nur kurze Hinweise zum ersten Verständnis zu geben; eine eigentliche Kommentierung ist hier nicht angestrebt.

Es gibt verschiedene Zugangsmöglichkeiten, sich mit der *Gattung Volksballade* näher zu beschäftigen. Die ältere Forschung war vor allem an den manchmal archaisch anmutenden Erzählinhalten interessiert. Sie betonte auch die *internationalen* Querverbindungen. Die Volksballade ist eine in praktisch allen europäischen Sprachen verbreitete Gattung, deren Hauptquellen unterschiedlich ediert vorliegen (in Auswahl): S. Grundtvig u. a., Danmarks gamle Folkeviser, Bd.1–12, Kopenhagen 1853–1976; F.J. Child, The English and Scottish Popular Ballads, Bd.1–5, Boston 1882–1898 (Melodien ergänzt durch B.H. Bronson, Bd.1–4, Princeton N.J. 1959–1972); C. Nigra, Canti popolari del Piemonte, Turin 1888; G. Doncieux, Le Romancéro populaire de la France, Paris 1904; Z. Kumer u. a., Slovenske ljudske pesmi, Bd.1–3, Ljubljana 1970–1992; S.G. Armistead, El romancero judeo-español en el Archivo Menendez Pidal, Bd.1–3, Madrid 1978; L. Vargyas, Hungarian ballads and the European ballad tradition, Bd.1–2, Budapest 1983; Sveriges Medeltida Ballader, hrsg. von Svenskt visarkiv, Bd.1ff., Stockholm 1983ff. (Bd.4, 1996); S.G. Armistead u. a., Judeo-Spanish ballads from oral tradition, Bd.1–2, Berkeley, CA. 1986–1994; A. Asplund, Balladeja ja arkkiveisuja. Ballads and Broadsides, Finnish Narrative Popular Songs, Helsinki 1994.

Diese Literaturliste ließe sich problemlos fortsetzen und durch eine große Zahl von Untersuchungen ergänzen. Entsprechend den vielfältigen Quellen gibt es eine Fülle von unterschiedlichen Fragestellungen zu Überlieferung, Texten und Melodien. Die Forschungen seit den 1970er Jahren konzentrierten sich zunehmend auf die (ebenso europäisch) verbreiteten, durch die *mündliche Überlieferung* bedingten Stileigentümlichkeiten der Volksballade (wenn auch in einer von Schriftlichkeit geprägten Kultur). Die dramatisch-lyrischen Texte werden, wie oben erwähnt, durch epische Formeln strukturiert, die vor allem an Stellen des sprunghaften Szenenwechsels den Erzählfluss charakterisieren. In den letzten Jahren zielen die Überlegungen darauf, hinter dieser liedhaften, besonderen Erzählweise Elemente von zeitgebundenen Mentalitäten zu analysieren.

Zweifellos kann man im Sinne von Aleida und Jan Assmann den Corpus der deutschsprachigen Volksballaden als einen Teil unseres *kulturellen Gedächtnisses* interpretieren (vgl. Jan Assmann, Das kulturelle Gedächtnis, München 1999). Das Grundprinzip ist auch hier rituelle Wiederholung (vgl. zum »Wassermann«) in engen, traditionell gebundenen Strukturen (welche manchmal erstaunliche Stabilität der Textinhalte und offensichtliche Enge der Mentalität bedingen) und Vergegenwärtigung als Teil einer jeweils aktualisierenden Aneignung.

Neben dem Vergessen ist das ein kreativer Hauptfaktor für die Variabilität der Texte. Der Balladentyp existiert nur in seinen Varianten (wir drucken mitunter auch Varianten eines Typs, die textlich einander sehr ähnlich sind; z. B. »Heilige Odilia« und »Unglückliche Nachtfahrt«). Es gibt keinen Urtext (selten eine erschließbare dichterische Vorlage; vgl. »Wiederfinden« als zweifelhaftes Beispiel für die jüngste Entwicklung der Gattung). Im wiederholten, gruppengebundenen Singen wird der Sinn eines Textes vergegenwärtigt. Diese Kultur erzeugt Vertrautheit und prägt Vertrauen. Ideen von Gemeinsamkeit und Regeln für zwischenmenschliches Verhalten werden dadurch sprachlich kodiert. Die Moral der Volksballade kann man im Rahmen der ›Einhaltung einer sozialen Verpflichtung‹ verstehen (geprägt u. a. durch stabile Standesgrenzen und enge Familienbande). Das ›revolutionäre Chaos‹ findet nicht statt (skandinavische Volksballaden sind dagegen etwa in ihrem Rollenverständnis der Frau weit aufmüpfiger).

Diese Erinnerungskultur (das ›kollektive Gedächtnis‹ nach Maurice Halbwachs die ›Weisheit‹ einer ›kalten Gesellschaft‹ im Sinne von Claude Lévi-Strauss) ist bewusst verallgemeinernd und enthistorisierend angelegt. Sie lässt das erzählte Ereignis zum allgemein vorbildlichen und verbindlichen Lehrstück werden, das jeden angeht und zeitlos allgegenwärtig scheint. »Diese Erzählung hat eine Funktion. Entweder wird sie zum ›Motor der Entwicklung‹, oder sie wird zum Fundament der Kontinuität« (J. Assmann, S. 75). Die Gattung Volksmärchen vermag etwa Utopien zu vermitteln und erscheint als Hoffnungsträger der Unterdrückten und Verachteten. Die Gattung Volkssage gilt u. a. als lokalisierte

Warnung und als historisierende Verortung von virulenten Ängsten und erklärungsbedürftigen Naturphänomenen.

Die Volksballade kennt (in der Regel) keine Lokalisierung in diesem Sinne. Das »Schloss in Österreich« wird keiner bestimmten Burg zugeordnet (auch nicht der niederösterreichischen Rosenburg, der das Geschehen nachträglich in Prosasagen zugeschrieben wurde). Und wenn der »Deserteur« zu Straßburg auf der Schanz nach Süden in Richtung Schweiz blickt, dann beruht das (bei den Sängern in Rumänien) weniger auf Kenntnis der lokalen Topographie, sondern auf der in diesem Element stabilen Überlieferung (während er dann allerdings den ›Rhein hinab‹ schwimmt). Volksballaden sind überall präsent und ideologisch zugleich in den eigenen vier Wänden verortet. Diese Lieder haben für große Teile der Bevölkerung wesentlich dazu beigetragen, das alltägliche Sinnbedürfnis aus der mündlich überlieferten Vergangenheit zu konstruieren und in ihren Texten festgeschrieben: ›So hat es meine Mutter erlitten. Es ist mein Los, Ähnliches zu erleben…‹ Es ist kein Wunder, dass mit dem radikalen Wandel unserer Gesellschaften seit dem Ende des 19. Jahrhunderts und im 20. Jahrhundert diese Überlieferungen weitestgehend verstummt sind.

Abkürzungen

Bd. = Band
DVA = Deutsches Volksliedarchiv, Freiburg i. Br. (und A- und E-Signaturen der Dokumentation)
DVldr = Deutsche Volkslieder mit ihren Melodien: Balladen, hrsg. vom Deutschen Volksliedarchiv, Bd. 1–10, Berlin, Freiburg und Bern 1935–1996
hrsg. = herausgegeben
Index = Otto Holzapfel, Balladenindex, in: Deutsche Volkslieder mit ihren Melodien: Balladen, Bd. 10, Bern 1996, S. 171–234
Jh. = Jahrhundert(s)
nach: = (in den Quellenangaben) die Vorlage wurde in erheblichem Maß der heutigen Rechtschreibung angepasst
Str. = Strophe
[!] = so steht es tatsächlich in der Vorlage, obwohl man sich etwas anderes vorstellen könnte
[?] = fragliche, ungeklärte Stelle im Text

Ergänzende Literatur

Braungart, Wolfgang, Bänkelsang. Texte, Bilder, Kommentare, Stuttgart 1985 (Reclams Universal-Bibliothek, 804).

Buchan, David, The Ballad and the Folk, London 1972 [u. a. über die soziale Einbettung der englisch-schottischen Volksballaden-Überlieferung].

Erk, Ludwig, und Franz Magnus Böhme, Deutscher Liederhort, Bd.1–3, Leipzig 1893–1894 [Nr. 1 bis 220 »Erzählende Volkslieder«; veraltete Textauswahl].

Glaser, Gert, Die Kärntner Volksballade. Untersuchungen zum epischen Kärntner Volkslied, Klagenfurt 1975 [Analyse der Liedüberlieferung einer alpenländischen Landschaft, die als eher volksballadenarm galt].

Handbuch des Volksliedes, Bd.1–2, hrsg. von R.W. Brednich, L. Röhrich und W. Suppan, München 1973–1975 [allgemeine Einführung, auch zu einzelnen Gattungen].

Holzapfel, Otto, The European Medieval Ballad, Odense 1978 [Tagungsbericht, u. a. über die internationalen Parallelen und über das Alter der europäischen Gattung Volksballade].

Holzapfel, Otto, Lexikon folkloristischer Begriffe und Theorien (Volksliedforschung), Bern 1996 (Studien zur Volksliedforschung, 17) [Stichwortbearbeitungen zur Forschung seit 1970].

Klusen, Ernst, Volkslied. Fund und Erfindung, Köln 1969 [engagierte Darstellung zur Genese und Entwicklung der Volksliedbegeisterung seit Herder über die Jugendbewegung bis zur Gegenwart].

Künzig, Johannes, und Waltraut Werner, Balladen aus ostdeutscher Überlieferung. Vier Langspielplatten mit Textheft, Freiburg i. Br. 1969 [Tonaufnahmen].

Künzig, Johannes, und Waltraut Werner, Volksballaden und Erzähllieder. Ein Repertorium unserer Tonaufnahmen, Freiburg i. Br. 1975 [Verzeichnis der im Künzig-Institut archivierten Aufzeichnungen].

Meier, John, Balladen, Bd.1–2, Leipzig 1935. Neudruck Darmstadt 1964 (Deutsche Literatur... in Entwicklungsreihen) [Textanthologie mit Kurzkommentaren aufgrund des damaligen Materials im Deutschen Volksliedarchiv].

Petzoldt, Leander, Bänkelsang. Vom historischen Bänkelsang zum literarischen Chanson, Stuttgart 1974 (Sammlung Metzler, 130) [mit Literaturhinweisen].

Richter, Norbert, Das epische Volkslied in Franken um 1900, Dissertation Würzburg 1973 [Darstellung der Gesamtüberlieferung aus einer Liedlandschaft].

Weissert, Gottfried, Ballade, Stuttgart 1980 (Sammlung Metzler, 192) [zur Kunstballade; mit Literaturhinweisen].

ERLÄUTERUNGEN

Wir haben uns heute daran gewöhnt, Märchen mit einem literarischen Interesse zu lesen und zu genießen. Auch Sagen begegnen uns zuweilen z. B. als touristische Hinweise. Die Gattungen Märchen und Sage haben seit der Romantik den Weg aus der mündlichen Überlieferung in das gedruckte Repertoire nicht nur des gebildeten Lesers gefunden. Sie sind dabei jedoch vielfach umgeschrieben und umgeformt worden; sie führen darin ein literarisches Eigenleben, und das bereits seit die Brüder Grimm mit ihren »Kinder- und Hausmärchen« (1812) stark bearbeitete Fassungen vorlegten. Und selbst wenn sich z. B. die Psychoanalyse mit dem Märchen beschäftigt, geschieht das zumeist ohne Rücksicht darauf, unter welchen Bedingungen diese Erzählungen vor etwa 1800 in vielleicht jahrhundertelanger Tradierung von Mund zum Ohr gegangen sind und als Erfahrungsvermittlung auch unter Erwachsenen existiert haben.

Mit der Volksballade begegnet uns eine Gattung der Volksliteratur, die – bis auf wenige Ausnahmen – nicht den Weg in das Lesebuch gefunden hat. Dafür wurde das narrative Volkslied zum Vorbild für die Kunstdichtung von Sturm und Drang, Klassik und Romantik. Aber die so erfolgreiche Kunstballade von Gottfried August Bürger bis Bertolt Brecht und bis in die Gegenwart ließ das ursprüngliche Modell schnell in Vergessenheit geraten. Eine neue Begegnung mit der Volksballade bedeutet eine Entdeckungsreise in die von uns vergessene und weitgehend verdrängte Lebenswelt unserer Groß- und Urgroßeltern. Zugleich ist es ein Ausflug in ein traditionsfestes Milieu von Großfamilie und Standesdenken, von überkommenen Normen und vorurteilsbelasteten Verhaltensweisen, von festgeschriebenen Mentalitäten, wie wir sie uns kaum mehr vorstellen können. Aber es ist auch eine faszinierende Welt spannender Erzählstoffe, die in der strophischen Liedform eine zeitlos überzeugende Gestalt gefunden haben.

Nicht nur wann und wie solche Liedgeschichten vorgetragen und gemeinsam gesungen wurden, müssen wir uns vergegenwärtigen, sondern auch die Mittel der erzählerischen Darstellung kommen aus einer manchmal archaisch anmutenden Welt, aus einem ritterlichen Milieu mittelalterlicher Färbung und aus einer schicksalsgläubigen Epoche vor etwa 1850, die uns allesamt fremd geworden sind. Deshalb ist es notwendig, Erläuterungen anzufügen, die für uns heute die dichterischen Mittel und die poetische Aussagekraft der Volksballade verstehbar und nacherlebbar machen. Das ist mit der folgenden Kommentierung angestrebt. Sie orientiert sich in der Reihenfolge ihrer ausgewählten Beispiele weitgehend an den Inhalten, so dass verwandte Erzählstoffe möglichst zusammenrücken und vergleichend analysiert werden können. Die Hinweise sind bei weitem nicht vollständig und erschöpfend, möchten aber den ersten Zugang zur Gattung Volksballade erleichtern, ohne sich allzusehr in Details zu verlieren.

An der Ballade vom **Abendgang** lässt sich die balladeske Erzählweise demonstrieren. Wir können nämlich durchaus auch Strukturen mündlicher Überlieferung in einer solchen gedruckten Liedflugschrift aus dem Ende des 16. Jahrhunderts nachweisen. Die Massendrucke, die überregional verkauft wurden, übernehmen Stoffe z. T. aus mündlicher Überlieferung, aber auch aus literarischen Quellen. Hier ist es der Erzählstoff nach dem antiken Schriftsteller Ovid, der in oft popularisierenden Bearbeitungen seit dem Mittelalter in der Spielmannsdichtung gerne gehört und auch in der Zeit der deutschen Renaissance neu gelesen wurde. Man kann diskutieren, ob solche Liedflugschriften bereits Volksliteratur sind; im 16. Jahrhundert war die Lesefähigkeit in der einfacheren Bevölkerung nicht sehr ausgeprägt.

Diese Drucke werden mit ihrer später verstärkt popularisierenden Verbreitung als billige Massenware und Kolportageliteratur eine Quelle für neue mündliche Überlieferung. Zum Beispiel gibt es Mecklenburger Sagen, aufgezeichnet im 19. Jahrhundert, die von diesem »Abendgang« berichten. Für uns ist es wichtig, am vorliegenden Text festzustellen, wie er mit balladesken Sprachformeln und mit der gängigen Ausdrucksweise der Gattung, mit Wiederholungen und mit Erzählstrukturen operiert, welche auch in mündlicher Überlieferung vorkommen.

Der Weg vom festgelegten Druck zum variablen Erinnern – und umgekehrt – ist hier offenbar relativ kurz, aber prägend. Die Umformungen, wie wir sie auch in den folgenden Liedern sehen, sind charakteristisch und betreffen ebenfalls die metrische Struktur. Aus der siebenzeiligen Strophe wird eine einfachere vierzeilige Form, die dann die typische Volksliedstrophe ist. Die Strukturen der Wiederholung und die formelhaften Ausdrücke können übernommen werden. Der Text ist also bereits auf die Bedingungen mündlicher Überlieferung hin orientiert. Formelhaftigkeit an sich beweist dabei nicht automatisch die mündliche Überlieferung; auch Hochliteratur arbeitet zuweilen mit Stereotypen und feststehenden Floskeln. Aber eine glatte, einfache Sprachführung in den gängigen Normen ist Voraussetzung für einen nahtlosen Übergang in mündliche Tradierung.

Ein Edelmann liebt eine Herzogin. Hier ist von einer Königin die Rede, eigentlich eine Prinzessin, ab Str. 2 heißt sie ›Jungfrau‹. Der Partner ist ein ›Ritter‹. Dieser erste Teil fehlt in manchen Varianten. Viele Texte springen ganz charakteristisch und ohne Vorgeschichten zu erklären mitten in die Handlung: der Abendgang. Die Jungfrau macht einen Abendspaziergang und bietet dem Wächter für seine Hilfe Gold an. Offensichtlich wird der Wächter damit bestochen. Bereits darin liegt eine Verfehlung, die tragische Folgen haben muss. Hier erfolgt ein Szenenwechsel. – In der Nacht warnt die Nachtigall; hier heißt es nur, dass sie singt. Ein Zwerg entführt die Jungfrau zu seiner Mutter. (Das ist eine Parallele zu dem bekannten Motiv vom ›Riesenspielzeug‹; vgl. die Kunstballaden von Friedrich Rückert, 1817, und Adelbert von Chamisso, 1831.) Die Zwergenmutter ist entsetzt und sieht als tragische Folge den Tod dreier Menschen voraus. Sie befiehlt, die Jungfrau schnellstens zurückzubringen. Als diese verspätet an den Platz zurückkehrt, an dem sie ein glückliches Stelldichein mit dem Edelmann erhoffte, ist der Ritter tot. Er hat sich vor Kummer selbst mit dem Schwert getötet.

In der antiken Form dieser Liederzählung ist es ein Löwe, der die Jungfrau verfolgt und sie daran hindert, rechtzeitig zum Treffen zu kommen. Der blutige Mantel bleibt bei der Flucht vor dem Löwen zurück. In unserer Ballade gibt die Frau dem Wächter diesen Mantel, aber das Motiv ist ›blind‹, d. h. für die weitere Handlung ohne Folgen. Kleidungsstücke als Lohn, z. B. gegenüber Sängern, waren im Mittelalter durchaus üblich. Im »Verkleideten Markgrafensohn« ist es der Küchenjunge, der mit einem Kleid bestochen werden soll. – Als der Ritter kommt und den blutigen Mantel sieht, ist er verzweifelt und tötet sich daraufhin selbst. So klingt die klassische Tragödie von Pyramus und Thisbe, wie sie der antike lateinische Schriftsteller Ovid (43 v. Chr. – etwa 17 n. Chr.) berichtet. Vieles davon erzählt die Ballade nicht bzw. formt die Geschichte um.

Als die Jungfrau den Ritter tot sieht, tötet sie sich. Der Wächter ruft und singt am Morgen. Es ist das Motiv des mittelalterlichen Tageliedes. Er klagt, und die Königin findet ihre Tochter nicht mehr. Der Wächter wird zur Strafe wie ein Fisch zerschnitten. Diese grausame Tisch-Fisch-Formel scheint ein sehr alter Bestand der gesamten Balladen-Überlieferung zu sein. Hier dient es zur Warnung für andere Wächter. – Soweit die Inhaltsangabe, die bereits etwas über die Entstehung und Entwicklung des Stoffes aussagt.

Wir kennen die Ballade im wesentlichen nur nach verschiedenen Drucken aus dem 16.

und 17. Jahrhundert und dann von ihrer romantischen Wiederentdeckung im 19. und 20. Jahrhundert. Ob sie bereits im Mittelalter, d. h. vor 1500 gesungen wurde, wissen wir nicht. Ein gewisses ›hohes‹ Alter wird die Ballade sicherlich haben. Überliefert ist sie u. a. auf Deutsch, auf Niederländisch und auf Dänisch. Die Literatur dazu ist umfangreich. – Wir verzichten hier darauf, die vielfältigen Probleme anzusprechen, die sich bei diesem Lied und entsprechend bei den folgenden Balladen ergeben können, z. B. auch hinsichtlich der Überlieferung der Melodien und der Tonangaben, das sind Melodieverweise, nach denen ein Text gesungen werden konnte. Wir beschränken uns auf die Darstellung der balladesken Erzählweise des Textes.

Liebe und Herzeleid wohnen eng beisammen (Str. 1). Davon berichtet unsere Geschichte, und zwar von zwei Menschen, die zu gut behütet werden (»vor großer hüte«) und deshalb nicht zueinander finden. Solche moralisierenden Einleitungen fehlen in der mündlichen Überlieferung weitgehend. Wenn eine Moral in der Volksballade verkündet wird, steht diese in der Regel am Schluss mit einer formelhaften Moralstrophe. Zumeist springt die Handlung kopfüber und ohne Vorbereitung in das Liedgeschehen hinein: »Die Jungfrau tat einen Abendgang …« (Str. 2).

Der Leser und der Hörer sind durch ähnliche Texte genügend informiert und sozusagen vorgewarnt, dass ein Spaziergang am Abend tragisch enden muss. Brave Leute sollen lieber zu Hause bleiben. Die Jungfrau besticht den Wächter (»reicher wollt' ich dich machen …«, Str. 2), denn dieser ist dem Vater verantwortlich, und er fürchtet deshalb mit Recht um sein Leben (Str. 3). Sie beschwichtigt ihn und meint, er solle sie mit einem Lied wecken (Str. 4), wenn sie – so hofft sie – mit ihrem Liebhaber zu lange zusammen ist, die Zeit und die Moral also gleichsam verschläft. Dieses Singen des Wächters ›am Morgen‹, beim Anbruch des Tages, ist ein häufiges Motiv aus mittelalterlicher Tradition, und auch das Lied selbst, das dann erklingt, wird ein Tagelied genannt.

So sollte die Geschichte an sich ausgehen, d. h. glücklich sollten die Liebenden ›bis zum Morgen‹ vereint bleiben. Hier dagegen passiert etwas Schreckliches. Die Nacht ist finster, und mit dieser bedrohlichen Vorahnung ist der liebliche Ort mit Brunnen, Linde und Nachtigall (Str. 6) – auch das ist ein häufiges literarisches Motiv – überhaupt nicht mehr schön. Ein Anklang an die Warnung durch die Nachtigall ist auch hier noch zu hören (»… wollt' mir ihn Gott behüten«, Str. 7). Der Ritter wird traditionell beschrieben mit ›braunen Augen‹ und ›rotem Mund‹ (Str. 7). Der ›hohle Stein‹ (Str. 6) aber in dieser scheinbaren Idylle ist der Aufenthaltsort eines Zwerges. Dieser ist kein harmloses »Zwergelein kleine« (Str. 8), sondern eine eher dämonische Gestalt, die dem Menschen gefährlich wird. Dass der Zwerg die Jungfrau entführt, kann als ihr vorweggenommener Tod verstanden werden. Auch hier schwingt die Drohung mit, dass das ›spät abends‹, also zu einer schicksalhaft ›ungünstigen‹ Tageszeit geschieht (Str. 9).

Es ist nicht zufällig, dass der Begriff Motiv hier mehrfach in Verbindung mit Parallelen aus der Hochliteratur verwendet wird. Wir meinen, dass ein Motiv nicht die typische Erzähleinheit der Volksballade ist, sondern dass dort die Szene wichtigster Bestandteil ist. Im Märchen dagegen werden ebenfalls Motive verarbeitet, und die Analyse von Märchenmotiven gehört zur Basis der Erzählforschung bei dieser Gattung. Die Volksballade dagegen bedient sich einer anderen Einheit. Der erzähltechnisch kleinste selbstständige Teil ist hier die Szene, und sie wird durch epische Formeln und andere stereotype Ausdrücke strukturiert. Szenen ähnlichen Inhalts und gleicher Wortwahl sind die Bausteine der Volksballade.

Entführung (Str. 9) und Zurückführung (Str. 11) werden mit den gleichen Worten geschildert. Es ist typisch für die mündliche Überlieferung dieser erzählenden Lieder und für ihre balladeske Darstellungsweise, dass gleiche Szenen mit fast identischen Sprachformeln dargestellt werden: ›Er nahm sie bei der Hand, bei der schneeweißen Hand; er führt sie an das Ende, bis er … fand.‹ Das ist eine klassische, auch in vielen anderen Balladen oft verwendete Entführungsformel. Hier wird nicht die individuelle Ausdrucksweise angestrebt, sondern man freut sich an der Wiederholung, am Wiedererkennen der vertrauten Formulierung, die für eine solche Szene als typisch angesehen wird.

Standardisierte Beschreibungen und ›balladeske Formeln‹ sind eine eigene Sprache, der sich diese Liedgattung bedient. Sie ist für das Genre derart charakteristisch, dass wir sie für die Definition der Volksballade verwenden: Zu dieser Gattung gehören Liedtexte, die sich balladesker Formeln für die Strukturierung ihrer Szenen bedienen. Das Formelsystem ergibt eine eigene Sondersprache. Diese Sprache stammt aus der mündlichen Überlieferung und ist unter ihren Bedingungen entwickelt worden. Sie macht mündliche Überlieferung weitgehend erst möglich. Wiederholungsformeln sind leicht zu merken, und die Strophen sind – das werden wir bei anderen Liedern sehen – durch Großstrukturen aneinander gekettet und eng miteinander verflochten. Dichtung ist auch hier ein ›dichtes‹, d.h. verdichtetes Gewebe von Worten. Formeln stellen eine besondere ›Verdichtung‹ sonst eher umständlicher Beschreibung dar. – Doch weiter in der Inhaltsbeschreibung:

Der Ritter ist tödlich verwundet (Str. 11); so wie er sich aus Verzweiflung selbst umbrachte, tut sie es dann auch (Str. 12). Jetzt tagt der Morgen. Aber dieser Morgen ist nicht Anlass für ein fröhliches und weckendes Lied durch den Wächter, sondern mit dem Tag wird das ganze Ausmaß der Tragödie sichtbar. Der Wächter bangt um sein Leben (Str. 13). König und Königin sprechen miteinander. Die Aufforderung zum Lichtanzünden (Str. 15) und die Ausführung (Str. 16) sind wieder formelhaft identisch, ebenso die Anrufung Gottes, d.h. des ›mächtigen Christ‹. Die tragische Handlung endet mit dem grausamen Tod des Wächters. Die folgende Moral, dass nämlich die anderen Wächter deshalb besser aufpassen sollten, wirkt gekünstelt und aufgesetzt. Eine solche Formulierung würde in der mündlichen Überlieferung kaum lange weiterbestehen. Typische Moralstrophen sehen etwas anders aus.

Mit einem Beispiel vom alphabetischen Ende unserer Zusammenstellung, mit der Ballade von **Waise und Stiefmutter** können wir u.a. darstellen, wie wir uns im Bereich mündlicher Überlieferung grundsätzlich nicht auf einen einzigen Text stützen dürfen, sondern mit vielen Varianten rechnen müssen, die zum gleichen Liedtyp gehören. Eine unserer Aufzeichnungen wurde »von jungen Leuten gesungen«, in Straß im Bezirk Neuburg an der Donau, und 1929 (ohne Melodie) an das Deutsche Volksliedarchiv (DVA), Freiburg i.Br., eingeschickt.

›Junge Leute‹ singen, der Lehrer hört es, und er notiert, wie er es gehört hat. Über Kleinigkeiten kann man deswegen unterschiedlicher Meinung sein, aber einen in seinen Assoziationen offenen Text hätten die jungen Sängerinnen und Sänger wahrscheinlich auch nicht genauer diktieren können. Es bleibt ein gewisser Unsicherheitsfaktor, wenn wir eine solche Aufzeichnung auf einen bestimmten Wortlaut hin festlegen wollen. Es gibt keinen allein korrekten Text eines Volksliedes, sondern nur Aufzeichnungen, wie die Lieder tatsächlich gesungen bzw. gehört wurden. Und jede einzelne Aufführung, jeder Singvorgang wird sich wahrscheinlich vom nächsten Singen mehr oder weniger geringfügig unterscheiden. Wir gehen davon aus, dass wir das Volkslied ausschließlich in seinen Varianten kennen, und deren gibt es zu jedem einzelnen Liedtyp in der Regel sehr viele. Auch zu dieser Volksballade kennt das Deutsche Volksliedarchiv weit über 300 Aufzeichnungen (einschließlich vieler fremdsprachiger Belege).

Die jungen Leute in Straß (heute ein Ortsteil von Burgheim bei Neuburg an der Donau) sangen 1929 wahrscheinlich, was sie bewegte, und zwar nicht unbedingt ein Lied, das sie so in der Schule gelernt hätten. Bewegt haben wird sie mit allen Assoziationen bzw. Konnotationen, das sind mitschwingende Wortbedeutungen, die sich aus dem Text ergeben, vor allem das emotional Anrührende in diesem Lied. Nämlich, dass eine Halbwaise, ein Mädchen, das seine Mutter verloren hat, »sehr arm« (Str. 1) ist. ›Reiche Leute‹ können mit ihrem Schicksal offensichtlich leichter fertig werden. ›Dort‹, in den Häusern der Reichen gibt es keine Probleme. Aber mit einem ›armen Mädchen‹ kann ich mich identifizieren. Die Identifikation mit einem Lied ist ein wesentliches Kennzeichen des Volksliedes. Von seiner Textaussage, unterstützt von der Melodie, fühle ich mich besonders angesprochen.

Auf dem Friedhof hält das Mädchen Zwiesprache mit der Mutter. Es ist sicherlich gewollt, dass der Refrain als Teil dieses Dialogs erst mit der 3. Strophe einsetzt. Dafür antwortet die tote Mutter dreimal hintereinander gleich: Du hast eine andere Mutter, und die hast du zu akzeptieren. Etwas unsicher sind wir mit der gewollten Zeitform im Dialog mit der Mutter. Entweder ist damit die Vergangenheit gemeint (»Wenn du mein Haar gekämmt hast, habe ich dazu gebetet ...«; Str. 4) oder: »Wasch du, liebe Mutter, meine Hände, dann bete ich dazu ...« (Str. 5). Zweimal werden die Vorwürfe des Kindes zurückgewiesen. Beim dritten Mal geht es um das tägliche Brot, und hier sagt der Text deutlich: »gibs liebste Mutter mir Du« (so die originale Aufzeichnung). Und da es darum geht, um tägliches und lebensnotwendiges Essen, kann sich die Mutter bei diesem dritten Mal nicht mehr zurückhalten. Sie will helfen. Aber wie? – »Ich hole dich in der nächsten Stund«. Das heißt doch wohl, dass das Kind sterben muss. Das ist nicht gesagt, aber assoziativ mitgedacht, von den Sängerinnen und Sängern mitgelitten. Von solchen emotional mehr oder weniger aufwühlenden Sätzen lebt das Volkslied. Hier kann man (wie beim modernen Schlager) mitfühlen, mitleiden, miterleben. Das sollten wir ohne Überheblichkeit als wichtig erachten.

Das ist der erste Ausgangspunkt für ein Verständnis des Textes, wie wir es vorschlagen möchten: nachzuspüren, was mit dieser einen Variante gemeint sein könnte; aufzuzeigen, was der Informant gerade bei diesem Text gedacht haben könnte; verstehbar zu machen, wie ein solcher Text in das Alltagsleben der Sängerinnen und Sänger gepasst hat. Als zweites kann man sich um die Inhalte jener vielen anderen Varianten kümmern, um deren unterschiedliche Aussagen, die wiederum in ihrer Zeit und mit ihrer Mentalität verortet werden müssten. Die Religionswissenschaft spricht vom ›Sitz im Leben‹ eines Textes. Drittens kann man sich aus der Gesamtschau aller vorliegenden Varianten überlegen, wie ein solcher Liedtyp sich möglicherweise historisch entwickelt hat, wie die denkbaren Verhältnisse zwischen den ältesten dokumentierten Belegen und den jüngsten Aufzeichnungen sind. Unseren Balladentext kennen wir allerdings erst in Aufzeichnungen seit dem 19. Jahrhundert.

Bei der Überlieferung der Volksballade gibt es Hinweise aus mehreren Jahrhunderten und aus vielen europäischen Sprachen. Unsere Ballade von »Waise und Stiefmutter« – die Überschrift hat die Wissenschaft nachträglich hinzugefügt, Lieder werden in der Überlieferung kaum mit einer solchen Überschrift bezeichnet – ist z. B. ebenfalls auf Tschechisch, Slowakisch, Polnisch, Russisch, in den baltischen Sprachen, auf Ungarisch, auf Slowenisch und auf Kroatisch und Serbisch überliefert. Aber auch die deutschsprachige Überlieferung reicht von Belegen aus Ostpreußen bis Westfalen, von Sachsen bis zum Rheinland, von Franken bis Lothringen und Österreich, Ungarn und bis zu den deutschsprachigen Siedlern (bis zum Zweiten Weltkrieg) z. B. in Polen, Rumänien und Russland. Es gibt sogar vergleichbare skandinavische und französische Waisenballaden, aber die Diskussion, wie ein Liedtext über fremdsprachige Grenzen hinweg vermittelt worden ist, würde an dieser Stelle zu weit führen. Balladen mit dem Inhalt von ›Waisen‹ und ›Stiefmüttern‹ sind keine typische Erscheinung der uns bekannten deutschsprachigen Überlieferung.

Übrigens kann man im Zweifel sein, ob dieser deutsche Text überhaupt zu Recht eine Ballade genannt wird. Er ist auffällig handlungsarm und besteht eigentlich nur aus dem Dialog zwischen Kind und Mutter. Eine eigentliche Entwicklung der Handlung findet kaum statt. Balladen spielen in der Regel an unterschiedlichen Orten und markieren damit eine dramatische Fortentwicklung der Erzählung, während die vorliegende erste Variante dieses erzählenden Liedes punktuell in einer einzigen Szene verbleibt.

In der folgenden Variante werden die Szenen notdürftig auf einen wiederholten Besuch auf dem Friedhof verteilt. So sangen auch andere Schulkinder dieses Lied, aber hier hat man nicht den Eindruck, dass das Kind tatsächlich weiß, was es sich unter einer ›bösen Stiefmutter‹ vorzustellen hat. Hier lebt dieses Volkslied auf einer anderen, eher sentimentalen Entwicklungsstufe des jungen Menschen, anders als z. B. beim Märchen, mit dem das Kleinkind auch Grausamkeit und existentielle Ängste verarbeitet. Vorgesungen wurde diese Variante »von der noch schulpflichtigen Emilie Brutschin in Gresgen, Wiesental [Baden]« und aufgezeichnet von Willibert Müller, 1926.

Um den Zusammenhang aller Varianten eines Liedtyps verstehbar zu machen, geht man von einer Standardfassung aus, die in einem Index der Gesamtüberlieferung aller deutschen Volksballaden einen festen Platz hat (O. Holzapfel, »Balladenindex«, in: Deutsche Volkslieder mit ihren Melodien: Balladen, Bd. 10, Bern 1996, S. 171–234). Hier: Ein Waisenkind will zur toten Mutter in das Grab, das ist aber zu eng. Da klagt es, wie schlecht es behandelt werde. Die tote Mutter kehrt nach Hause zurück und ermahnt Vater und Stiefmutter. Gott werde sicher helfen. – Wir stellen Abweichungen dieser Inhaltsangabe des Gesamttyps von beiden hier aufgeführten Varianten fest. Etwa in diesem Rahmen bewegen sich die inhaltlichen Unterschiede aller Varianten.

Aus der Dokumentation der Überlieferung ersehen wir, dass viele andere, vor allem auch fremdsprachige Belege recht drastisch damit umgehen, dass das Kind von sich aus in das Grab zur Mutter hinein will. Die Assoziation reicht dabei weiter als nur bis zum Selbstmord. Auch dass die tote Mutter zurückkehrt, ist wohl ein archaischer Zug, ein altertümliches Handlungselement. Das können wir in unseren Balladenaufzeichnungen aus dem 20. Jahrhundert nicht mehr voraussetzen. Hier wurde die Handlung offenbar irgendwann entmythologisiert, entdämonisiert und ihrer übernatürlichen Elemente entkleidet. (Oder das Lied hat solche Züge in der deutschen Überlieferung nie aufgewiesen.) Den Dialog am Grab der toten Mutter kann man so auch 1926 und 1929 nachvollziehen. Aber es ist wichtig zu verstehen, dass junge Leute damals nicht irgendeine uralte Ballade sangen, weil sie von deren weiter und vielfältiger Überlieferung beeindruckt waren – davon wussten sie sicherlich nichts –, sondern weil sie einen Text hatten (und eine gute Melodie sicherlich auch), der sie 1926 und 1929, in ihrer Gegenwart beeindruckte und ihnen etwas zu sagen hatte.

Dass eine Volksballade eine sehr alte Überlieferung haben kann, wollen wir am nächsten Beispiel demonstrieren. Wenn eine Ballade bis in die jüngste Vergangenheit hinein gesungen wurde, scheint es zumindest ebenso spannend, sich zu fragen, warum dieses Lied in der jeweiligen Gegenwart noch immer gesungen wurde, also wie jung das Lied ist, als sich zu wundern, wie alt der Text möglicherweise ist.

Drei Varianten der **Dienenden Schwester** unterstreichen das Zeitlose einer Balladenhandlung und gleichzeitig, wie höchst aktuell solche Erzählinhalte waren. Die »Dienende Schwester« bzw. »Des Markgrafen Töchterlein« folgt sieben Jahre lang einem Spielmann.

Sie kehrt zurück, klopft zu Hause an und muss sieben Jahre dienen. Das bedeutet vielleicht eine Buße für das Leben mit dem Spielmann. Sie wird krank bzw. ist von einem Apfel vergiftet worden. Erst da wird sie am Ring bzw. an ihrer Truhe, der Reisekiste für die Kleider, erkannt. Doch es ist zu spät, sie stirbt. Lilien wachsen auf dem Grab.

Wir kennen die umfangreiche Überlieferung dieses Liedes im 19. und 20. Jahrhundert, der erzählerische Kern erscheint aber älter. Die Inhaltsangabe für den Liedtyp erschließt die wichtigsten Erzählelemente aller Varianten. Daraus gewinnt man den Eindruck, dass die sieben Jahre Dienst als Magd doch als Buße für eine nicht-standesgemäße Verbindung mit einem Spielmann gedacht sind. Das hat seine Voraussetzung in der sozialen Bewertung des fahrenden Sängers im Mittelalter. In unserer Variante ist davon allerdings keine Rede, und es ist typisch für die Gattung Ballade, dass sie keine Erläuterungen dazu gibt. Das Schicksal trifft den Menschen, ohne ihn über die Hintergründe aufzuklären. Damit ist die Balladenhandlung zeitlos und das erzählte Geschehen für jede Generation neu und aktuell.

Nach dieser Buße stirbt die angebliche Magd. Die Lilien auf dem Grab signalisieren, dass ihr vergeben wurde. In dieser Form ist die Volksballade von der »Dienenden Schwester« weit verbreitet gewesen. Sie ist sicherlich älter, als die bei uns dokumentierte Überlieferung aus dem 19. und 20. Jahrhundert nahelegt. Besonders ihre umfangreiche Tradierung in der ehemals deutschsprachigen, slowenischen Sprachinsel Gottschee ließ Vermutungen über ein hohes Alter zu. Das soll uns hier nicht beschäftigen. So wie das Lied in Franken aufgezeichnet worden ist, beinhaltet es ein aus der historischen Zeit gelöstes Thema, welches auch Menschen im vorigen Jahrhundert und bis in unsere jüngste Vergangenheit hinein interessieren konnte.

In der Variante aus Franken ist von Buße für irgendein Vergehen nicht die Rede. Es ist hier auch unwichtig, einen besonderen Grund für ein ›Schicksal in der Fremde‹ erläutert zu bekommen. Das kann für jede und jeden so gelten. Besonders eine Frau war in der bäuerlichen Gesellschaft des vorigen Jahrhunderts auf eine gewisse Absicherung durch ein Dienstverhältnis oder Verwandte angewiesen. Hier also verschlägt es die jüngste Tochter eines sagenhaften »englischen« Königs, der auf jeden Fall weit weg ist und »über dem Rhein« wohnt (Str. 1), zu einer Wirtin im »Niederland«. Auch darunter muss man sich nichts Konkretes und geographisch Festgelegtes vorstellen, sondern dieses Land ist überall. Es signalisiert für die Informanten im 19. Jahrhundert nur einen gängigen Gegensatz wie zwischen dem Oberland und dem Unterland etwa der Schwäbischen Alb.

Wir werden typischerweise nicht näher informiert über das Schicksal gerade dieser dritten Tochter im Verhältnis zu den beiden anderen (Str. 1): »Der König, der drei Töchter hat ... Die erste ging nach Rosen, die andere in das Kloster, die dritte ...« Mit Rosen können sich verschiedene und widersprüchliche Assoziationen verbinden. Es mag ein Ortsname sein, die Tätigkeit Rosen zu brechen, ja sogar Leprosen, d. h. aussätzig, leprakrank sein. Oder es ist missverstanden und hat eine völlig andere Bedeutung. Aber das spielt hier keine Rolle. Auf solche Einzelheiten achtet die Volksballade nicht. Die zweite Tochter führt ein ›frommes Leben‹, und das könnte als Kontrast zur dritten gedacht sein, muss aber nicht. Wie in der entsprechenden Märchenformel kommt es nur auf diese dritte Person an, die in der Aufzählung zuletzt genannt wird. Ein solches Achtergewicht ist in der Volksüberlieferung üblich und unterstreicht die Person, auf die es ankommt.

Die Wirtin hat einen berechtigten und konkreten Einwand gegen diese Magd. Das sind offenbar Ängste, die zum Alltag gehören: Der Mann könnte sich in sie verlieben. In Strophe 2 steht es allerdings umgekehrt – ich drehe diese Argumentation bewusst um, weil ich das für realitätsnäher halte. Doch die Magd will ihre Ehre behaupten. Das »goldreiche Haar« (Str. 3) signalisiert, dass die Magd mehr ist, als sie als »schwarzbraunes Mägdelein«

(Str. 2) vorgibt. Schwarzbraun signalisiert in solchen Liedern oft Verführungsbereitschaft, und insofern hat die Wirtin für ihren Verdacht einen an sich berechtigten Grund. Ein bekanntes Lied des späten 16. Jahrhunderts lautet »Brauns Mägdlein, zieh dein Hemmet (Hemd, Unterrock) ab und leg dich her zu mir …«.

Die »sieben Jahre« (Str. 3 und 4) sind eine symbolisch lange Zeit. Da wird die Magd krank, und auch der Schluck Wein, den man ihr zur Stärkung reicht, hilft nicht. Hierin kann man durchaus ein gängiges Hausmittel sehen. Angesichts ihrer Not, vielleicht Todesgefahr, fragt man sie nach ihren »Freunden« (Str. 4), und das sind in der bäuerlichen Gesellschaft die Mitglieder der Großfamilie, die Verwandten. Niemand sollte allein sein. Ohne den Rückhalt in der Verwandtschaft ist man verloren. Erst im Tod offenbart sie ihre Herkunft. Als Zeichen ihres besseren Standes hätte sie andere Kleider tragen dürfen, ja eigentlich tragen müssen, nämlich »adelige Kleider« (Str. 6).

Die Gesellschaft ist streng nach Klassen geordnet, und ein äußeres Zeichen dieser Standesordnung sind bestimmte Kleidervorschriften. Darüber lässt sich bei anderen Balladen weiteres sagen (vgl. »Edelmann und Schäfer« und besonders »Herr und Schildknecht«). Tragisch, wer am falschen Platz steht. Er ist ebenso verlassen und allein, als wäre er ohne Verwandtschaft. Jede und jeder hat einen ihm von Gott zugewiesenen, festen Platz in der Gesellschaft. Hier hat man sich einzuordnen und zu bewähren. Exzentrische Schritte sind nicht erlaubt, auch keine individuellen Wünsche. Schuster bleib bei deinen Leisten, sagt man. Mit einer solchen Mentalität ist dieser Volksballadentext nicht uralt, sondern neu und auch im 19. Jahrhundert höchst aktuell.

Von der Liebe über den Tod hinaus handelt die Ballade **Hochzeit im Grabe** (Lenore, Toter Freier). Die Liedfassung aus der Steiermark scheint weniger davon bestimmt zu sein, dass der Mensch sich vor dem toten Wiedergänger ängstigt und es die natürliche Ordnung auf den Kopf stellt, wenn Tote die Lebenden nicht in Ruhe lassen. Hier ist der Tenor stärker konzentriert auf das Bild von der Liebe über den Tod hinaus. Es geht um die Zuneigung, die auch der Tod nicht zerstören kann. Ganz konkret und vor dem Hintergrund ihrer ländlichen Erfahrung riecht die Braut am Wiedergänger, woher er stammt. Sie scheint sich nicht zu ängstigen, dass ihr Weg in den Himmel zu ihm als Braut (Str. 7) ja ihren eigenen Tod bedeutet. In einer Aufzeichnung aus Kärnten, 1910, ist dieses Lied durchgehend in den regionalen Dialekt übertragen worden, und es entfernt sich damit noch weiter vom Ernst der Ballade in Richtung auf ein quasi entmythologisiertes Liebeslied: »… Geah, brock zusåmman viel Bluaman und bind's dar oa Kronzelein, sou tua's nar schean afputzn und in Himbl trågn hinein.«

In den Varianten aus Bayern und Franken geht es ebenfalls um Treue über den Tod hinaus zu dem, dem man versprochen ist. Doch wenn es nur der Tod wäre, müssten eigentlich keine Vorbereitungen für eine Hochzeit getroffen werden. Dafür spricht diese Variante nicht davon, dass auch das Mädchen sterben muss, aber sie führt sehr eindrücklich vor Augen, dass der Tote riecht. Man bemerke die häufige Verwendung des ebenfalls im Singen auffälligen Wortes ›riechen‹. Ist das vielleicht auch der Schauder, über den sich damals Jugendliche und Kinder beim Singen des Textes freuten?

Man muss dem Text vorsichtig abzuspüren versuchen, was in ihm wichtig ist und was dann erst in zweiter Linie kommt. Gleichzeitig haben wir das generelle Problem, wie sehr wir einen Text mit unserer nachträglichen Interpretation so ›pressen‹ dürfen, indem wir ihn wörtlich und eindeutig nehmen, und nicht mit der Melodie eher ›oberflächlich‹ und mit Assoziationen beladen offen und vieldeutig. Trotzdem scheint es mir wichtiger, hier diese Alltagsnähe eines Liedes zu betonen, nämlich wie es in der Zeit, in der es gesungen wurde, verstanden werden konnte, als darauf einzugehen, wie ›alt‹ das Motiv des toten

Wiedergängers ist. Dazu gibt es einige Literatur und viele Spekulationen, gleichfalls zum Verhältnis zu G. A. Bürgers berühmter Kunstballade »Lenore« (1774).

Unsere Varianten haben eine auffällige Zeitangabe, die einer Notiz wert ist. In einer Variante sind es ›achthalbe Jahre‹ her, dass der Tote begraben wurde. Im Hinblick auf die dann noch riechende Leiche könnte man geneigt sein, daraus ›anderthalb‹ (eineinhalb) Jahre zu machen und mit einer solchen Verbesserung zufrieden zu sein. Abgesehen von dem dann weiterhin offenen Problem, was der Informant sich unter dieser Textstelle vorgestellt haben könnte, ist eine solche Korrektur grundsätzlich falsch. In einer Variante, die in einer anderen Landschaft überliefert ist, wird nämlich ebenfalls von solchen ›achthalb‹ Jahren gesungen. Daraus korrigiert ein Informant in seinem Lied dann ›achteinhalb‹ Jahre. Es ist eigentlich nicht einzusehen, warum diese eher zufällige Zeitangabe richtiger sein soll. Achteinhalb ist keine typisch lange Zeit wie etwa sieben Jahre u. ä. In einer weiteren Aufzeichnung sind es »erst vierthalbe Jahr«, die als Zeitangabe auch nicht logischer sind. Aber die Korrektur in der genannten Variante zeigt, dass es durchaus Sänger gibt, die darüber nachdenken, was sie singen und entsprechende Lösungsmöglichkeiten versuchen. Für die meisten Aufzeichnungen gilt jedoch, dass über solche Kleinigkeiten hinweggesungen wird. Eine allzu kritische Philologie ist hier nicht angebracht.

Mit der Ballade von den **Königskindern** treffen wir auf ein typisches und wichtiges Thema der Überlieferung. Es geht um den Generationenkonflikt. Die Schwierigkeiten, die dabei auftauchen, sind in der Ballade interessanterweise nicht individuell gelöst, sondern werden in stereotypen Dialogteilen gleichsam allgemeingültig eingefroren. In dieser berühmten Volksballade wird die seit der Antike überlieferte Liebesgeschichte von Hero und Leander nach dem lateinischen Verfasser Ovid (vgl. zu »Abendgang«) thematisiert. Es ist ein Erzählstoff, der im Mittelalter und in der Renaissance wieder aufgegriffen wurde. Eine Einleitungsstrophe »Ach Elslein, liebstes Elslein ...« ist bereits früh überliefert: vor 1500 (auch mit Melodie).

Der Inhalt der Ballade ist in der Regel wie folgt: Zwischen zwei Burgen ist ein tiefer See. Die Bezeichnungen ›der See‹ und ›die See‹ für Meer wechseln mit anderen Hinweisen wie z. B. ›tiefes Wasser‹. Briefe gehen hin und her. Er will zu ihr schwimmen, und sie stellt ihm ein Licht auf, um ihm die Richtung zu weisen. Doch ein ›böses Weib‹ bzw. manchmal auch eine ›falsche Nonne‹ löscht die Kerze, und der edle Ritter ertrinkt. Die Volksballade ist gegenüber ihrer literarischen Vorlage umgeformt, vereinfacht und mit neuer Struktur versehen. Der Weg vom Schwimmen des Leander über den Hellespont, um die Priesterin Hero aufzusuchen, aus der Antike über mittelhochdeutsche Dichtung bis zum Volkslied des 16. Jahrhunderts ist lang. In einer Sturmnacht verlöscht die Lampe, und Leander ertrinkt. Beim Anblick des toten Geliebten stürzt sich Hero vom Turm.

Ein besonderes Kennzeichen für diese Ballade ist der formalisierte Dialog mit wiederkehrenden stereotypen Teilen »Ach Mutter ...« und »Ach Tochter ...« (ähnlich auch in der verwandten Ballade von der »Schönen Jüdin«). Die Tochter erfindet Ausreden, um allein spazierengehen zu können. Der Kopf tut ihr weh, die Schwester ist noch zu jung, der Bruder ist ein Kind. In diesen Elementen – der kleine Bruder als Aufpasser – kann man eine gewisse Alltagsnähe bzw. Vertrautheit mit den psychologischen Problemen des Alltags sehen. Solche Elemente der Erzählung schaffen eine Verstehensbasis, die die Identifikation und das Mitleiden mit der Geschichte erleichtern helfen. Obwohl die Ballade von einem großen Schicksal handelt, bearbeitet sie das Geschehen so kleinräumig, dass Sänger und Hörer sich in dieser Welt wiedererkennen können.

Endlich ergibt sich die Gelegenheit, und sie trifft einen Fischer, der den toten Ritter aus dem Wasser zieht. Manchmal trifft sie den Fischer, wie er gerade dabei ist, den ertrunkenen Ritter zu bergen. Dem Fischer schenkt sie zum Dank einen Ring und ertränkt sich dann selbst. Die Ballade verkürzt die denkbare Szene am Strand, in der die Tochter den Ritter sucht bzw. den Fischer bittet, den Ertrunkenen zu bergen. Nicht aus der Ungewissheit, ob der Ritter noch lebt oder bereits ertrunken ist, schöpft die Ballade dramatische Spannung, sondern aus der abrupten Szenenfolge selbst, die unbeirrbar auf eine Katastrophe zusteuert: Tod des Ritters und Selbstmord der Königstochter. Eine andere Möglichkeit scheint nicht vorstellbar zu sein.

Wichtig in der Ballade ist der Kampf gegen ein böses Schicksal, das die Liebenden trennt. Die Rolle der falschen Nonne ist demgegenüber schwach ausgeprägt. Sie trifft keine alleinige Schuld, sondern ist ebenfalls nur Werkzeug des Schicksals. Diese Figur, eine Erfindung der Ballade, ist also keinesfalls die Verkörperung des Bösen, sondern hat nur die Erzählfunktion einer Schädigerin (so auch häufig im Märchen). In dieser Form tritt sie überall auf. Interessant für den Sänger und Hörer ist also nicht der besondere Fall von Hero und Leander, die typischerweise in der Ballade namenlos geworden sind, sondern das allgemeine Schicksal, das alle Liebenden ähnlich treffen kann. Dagegen ist man machtlos, und es bleibt nur der Freitod. Diese Ballade hat damit für die Mentalität der Menschen, die dieses Lied bis ins 19. und frühe 20. Jahrhundert gesungen haben, eine Wirkung, die nicht zu protestierenden Aktionen, zum aufmüpfigen Handeln, sondern zur angepassten Passivität und zum Erdulden und Erleiden aufruft.

In Zürich sang man 1912 entsprechend dem eigenen Milieu vom »Schätzchen«, zu dem man möchte. Drei Kerzen sollen helfen, aber »ein falsches Nönnchen« verhindert das. Schon die Verkleinerungsform relativiert diese Rolle, aber die Folgen der Handlung jener allzu aufmerksamen Nachbarin sind tragisch. Der Jüngling ertrinkt. Während andere sich über den (arbeitsfreien) Sonntagmorgen freuen, hat die Königstochter verweinte Augen. Sie diskutiert mit ihrer Mutter, findet aber keinen Vorwand zum Weggehen. Erst als die Mutter zur Kirche geht, sieht sie ihre Chance. Den Fischer bezahlt sie mit ihrer Krone und mit dem Ring dafür, dass er den Ertrunkenen birgt. Beides, Krone und Ring, weltliche Ehre und Eheversprechen, braucht sie nun nicht mehr. Sie begeht Selbstmord, und der Abschied von Vater und Mutter enthält damit auch den Vorwurf an diese (nicht an die nebensächliche Nonne). Das ist die Zielrichtung der Klage, so sollen Eltern ihre Kinder nicht behandeln. Liebende soll man nicht behindern. Das ist die Botschaft dieses Liedes, und sicherlich ist es auch die Hoffnung der Sängerinnen und Sänger. Ideologisch versucht die Ballade mit ihrer Zielrichtung immer aktuell zu sein.

Der Dialog zwischen Mutter und Tochter ist stereotyp und in seiner wiederholt starren Form unpersönlich. Das ist zwar eine gängige Erzählform der Ballade, mag hier aber auch ein Spiegelbild für das Aneinander-Vorbeireden im Generationenkonflikt zwischen besorgten Eltern und unangepassten Kindern sein. Mit dem Liedinhalt wird bürgerliche Anpassung eingeübt und milieukonforme Sozialisation betrieben. Es geht um Einüben in soziale Verhaltensmuster, welche die traditionsgebundene Gesellschaft schätzt (und durch die diese Gesellschaft letztlich erhalten bleibt). Das vermischt sich – widersprüchlich vielleicht – mit Kritik an solchem Denken. Die Ballade diskutiert den Konflikt zwischen den Generationen. Eine Lösung bietet sie allerdings nicht.

Das Märchen vermag träumend die Vision von einer besseren Welt anzubieten. Die Ballade ist realitätsnäher und in der Einschätzung der Möglichkeiten zur Emanzipation, zur individuellen Befreiung eher nüchtern und illusionslos. Die Ballade predigt ihrer Ideologie nach die Anpassung an bestehende gesellschaftliche Normen, statt sie (wie das Märchen) in Frage oder gar auf den Kopf zu stellen. Im Märchen gewinnt der Arme und Benachteiligte häufig. In der Volksballade werden vorhandene Herrschaftsstrukturen bestätigt.

Wenn die Familie, dieser bewährte und fest überlieferte soziale Rahmen, für das Individuum versagt, wenn die Familie dem Einzelnen in der Not nicht hilft, dann kann die letzte Rettung nur durch den Geliebten erhofft werden. Davon handelt die **Losgekaufte**, z. B. vorgesungen 1938 von Veronika Reder in Haselbach vor der Rhön. Frau Reder, damals eine bekannte Volksliedsängerin, wurde 1883 in Haselbach geboren. Sie sang dort viele Jahre u. a. in der dörflichen Spinnstube; ihre Sammlung umfasste 1938 an die 400 Lieder.

Es ist eine merkwürdige Ballade, die Frau Reder hier dem Thüringer Volksliedsammler Carl Hartenstein vorsingt, und wir wüssten gerne, woher Veronika Reder ihr Lied hat (überliefert ist es wahrscheinlich von der Mutter). Es ist in den deutschsprachigen Liedlandschaften spärlich vertreten. Dafür gibt es unzählige internationale Parallelen. Sie sollen uns hier nicht näher interessieren, der Vergleich mit diesen macht jedoch deutlich, worum es geht. Die ›wunderschöne Anna‹ ist auf dem Schiff in Gefahr. Sie ist dort offenbar gefangen. Der nähere Grund dafür oder die Vorgeschichte dazu werden nicht angegeben. Nacheinander bittet sie die nahen Familienmitglieder, für sie Lösegeld zu zahlen. Dieser Loskauf eines Gefangenen ist eine sehr alte Rechtsinstitution, und dieser Frage gehen einige Untersuchungen über dieses Lied nach. Keiner will etwas opfern, zuletzt ist es nur der Geliebte, der seinen Ring bereits für sie versetzt hat und Anna damit rettet.

Die Form ist mit ihren vielen Wiederholungen fast wie ein ritualisiertes Kinderspiel. Ein balladesker Szenenwechsel findet nicht statt. Isoliert würden wir dieses Lied kaum als Ballade bezeichnen. Ich habe es trotzdem hier aufgenommen, weil es möglicherweise eine für uns wichtige Botschaft birgt. Der Vater soll seinen Hut versetzen: Das ist das bürgerliche Standeszeichen, das ihn vom einfachen Bauern unterscheidet. Der Hut ist ihm also sehr wichtig. Die Mutter soll ihren Rock versetzen: das wertvolle Kleidungsstück, auf das sie als Frau stolz ist. Die Schwester soll ihre Brosche versetzen: vielleicht der einzige Schmuck, den sie hat. Und der Bruder will sein Prunkstück, eine Uhr, nicht hergeben. Davon hat er geträumt, sonntags ›mit Uhr‹ spazieren zu gehen und damit zu zeigen, dass er es zu etwas gebracht hat.

Es gibt scherzhafte Berichte, dass Bauernburschen früher mit einer Zwiebel in der Hosentasche ausgingen, um zu zeigen, dass sie eine Taschenuhr besaßen. Das sind Symbole des alltäglichen Lebens in einer einfachen, eher ärmlichen Bevölkerung im 19. Jahrhundert, vielleicht in der von Reichtümern nicht gesegneten Rhön. Es sind Dinge, die nicht geopfert werden, obwohl ein naher Angehöriger in Not ist. Wer errettet denn die ›wunderschöne Anna‹: einzig der Geliebte, der seinen Ring opfert – das einzige Pfand ihrer Beziehung, das Zeichen eines Eheversprechens. Danach sehnt sich jedes Mädchen, und viele Balladen handeln davon: Wird der erträumte Mann mich nehmen oder mich sitzenlassen?

Sollten Kinder und Jugendliche, die ein solches Lied spielerisch sangen, lernen, dass man sich auf niemanden verlassen kann, auch nicht auf die eigene Familie? Sollten sie die hoffnungsvolle Erfahrung übernehmen, dass die Rettung vom großen Geliebten kommt? Gegenüber dieser Aktualisierung in der Mentalität und in der Ideologie des Liedes verblassen andere Fragen nach dem Alter der Ballade, nach ihren archaischen Zügen, nach ihren internationalen Parallelen etc.

Um Geschichte und Geschichten geht es bei der **Bernauerin**. Über diese Volksballade ist bereits vieles geschrieben worden. Das Besondere ist nämlich, dass ein tatsächlich geschichtliches Ereignis einem Lied zugrunde liegt, und zwar einem Lied, das eindeutig für Agnes Bernauer Partei ergreift, also gegen die Obrigkeit. Dass ein Lied auf dieses Ereignis gedichtet wurde, wird bereits für die Zeit vor 1500 berichtet.

Das Problem ist hier, wie ebenfalls in so vielen anderen Volksballaden, der Standesunterschied. Der zukünftige, regierende Herzog darf sich nicht mit der Tochter eines einfachen Baders verbinden. Der Bader hat wie der Henker einen unehrlichen Beruf. Aber sie will auf ihn nicht verzichten und lässt sich auch nicht dadurch davon abbringen, dass man ihr ein Schloss und einen anderen Herren als Ersatz anbietet. Da wird sie 1435 als Hexe hingerichtet, nämlich in der Donau bei Straubing ertränkt. Die Hilfe, die ihr zuerst der hl. Nikolaus zuteil werden lässt, bevor sie grausam wieder zurückgestoßen wird, signalisiert, dass sie unschuldig ist. Nach dem Text einer Chronik von etwa 1550 soll sie Sankt Petrus angerufen und ihm eine Kapelle versprochen haben (wieder nach anderen Varianten Maria). Doch ihr geschieht Unrecht, das nicht verhindert wird. Mit dem Opfer einer derartigen Rechtsbeugung konnte sich der einfache Mann, vielleicht hier noch stärker die einfache Frau, identifizieren. Das war der Obrigkeit nicht recht: um 1650 wurde das Lied in Bayern verboten. Flugschriften berichten jedoch weiterhin davon um 1750.

Ein französischer Kollege, Donatien Laurent, hat an einem erzählenden Lied aus der Bretagne, das über einen Mord berichtet, untersucht, wie die Liedversion aus mündlicher Überlieferung im vorigen Jahrhundert mit ihrer einseitigen Sicht dazu beitragen konnte, nach vielen Jahrzehnten das Verbrechen praktisch aufzuklären, welches die Behörden damals aus ihrer ebenfalls einseitigen Sicht falsch beurteilten. An schwedischen Balladentexten mit historischen Themen aus dem Spätmittelalter hat Karl-Ivar Hildeman dokumentieren können, dass die unterschiedlichen Liedfassungen jener Zeit auf jeweils einseitige Propagandadichtungen zurückgehen, die im Auftrag der konkurrierenden politischen Zielsetzungen gedichtet bzw. umgeformt wurden. Historische Fakten bzw. Behauptungen werden in Liedtexten allerdings nicht kongruent überliefert, sondern unterliegen den Umformungstendenzen der literarischen Gattung. Solche Texte sind besonders interpretationsbedürftig.

Aus dem historischen Ereignis um die Bernauerin wird ein liedhafter Erzählstoff, und zwar erkennbar mit einer Tendenz aus der Sicht der Sängerin und des Sängers. Aus Geschichte werden Geschichten, spannende Erzählungen in bestimmter Sichtweise, die nicht unbedingt die der Obrigkeit ist. Der regierende Herzog Ernst ist nach drei Tagen tot. In unserer Variante wird das nicht berichtet, dagegen der Selbstmord Albrechts, der als Schuld auf dem Vater Herzog Ernst lastet: So straft der Himmel menschliche Ungerechtigkeit. Historisch ist das ebenfalls nicht, aber im Liedgeschehen effektvoll.

Wo das Lied in der vorliegenden Form gesungen wurde, wissen wir nicht genau. Unsere Aufzeichnung stammt von dem älteren der Brüder Grimm, von Jacob Grimm, 1815. Nach einer weiteren Notiz soll es eine Frau aus Böhmen in den 1750er Jahren gesungen haben. Über diese prominente Volksballade ist einiges veröffentlicht worden. Carl Orff widmete 1946 »Die Bernauerin: Ein bairisches Stück« dem Münchener Volksmusikforscher Prof. Kurt Huber, den die Nationalsozialisten 1943 verhafteten und in Verbindung mit der Widerstandsgruppe der Weißen Rose umbrachten.

Die Auseinandersetzung um Standesgrenzen ist ebenfalls der Kern des Textes **Edelmann und Schäfer**. Dabei sind die Textfassungen seit dem Material, das von Achim von Arnim 1807 in Verbindung mit der Herausgabe von »Des Knaben Wunderhorn« (1806–08) gesammelt wurde, bis hin zu den Aufzeichnungen aus dem 20. Jahrhundert sehr unterschiedlich. Es ist kein Einzelfall, dass die Erinnerung an eine Ballade sich zwischen 1807 (Variante A) und 1965 (Variante C) so verflüchtigt hat. Das hat nicht nur damit zu tun, dass das bisher traditionelle Volkslied allgemein in Vergessenheit gerät und die entsprechenden Gelegenheiten es zu singen, verschwunden sind, etwa in der Spinnstube, der gemeinsamen Winterarbeit. Es hat auch damit zu tun, dass sich das Interesse an den Themen dieser Texte wandelt. Die Kleiderordnung, die bis in das 18. Jahrhundert hinein gesetzliche Vorschrift war, konnte auch noch im 19. Jahrhundert in Erinnerung daran Interesse wecken. Durch die Kleiderordnung wurde mühsam die Trennung der Standesgrenzen aufrecht erhalten, die sich aus dem Besitzstand allein nicht mehr ergab: Ein Bauer und ein Schäfer konnten reicher als ein Adeliger sein. Aber dem Adel als Grundherrn stand früher z. B. die niedere Gerichtsbarkeit gegenüber dem Leibeigenen zu: den Sohn ›seines‹ Bauern konnte man ins Gefängnis werfen lassen.

Das wird später nicht mehr verstanden, und das Thema ist nach dem offiziellen Wegfall der Standesgrenzen in dieser Form nicht mehr interessant. Aber es bleibt ein Traum eines armen Bauern oder eines armen Schäfers, dass man dem Edelmann gleich sein könnte, dass man sogar seine Tochter heiraten dürfte, wenn man nur ›tausend Diamanten‹ oder ›tausend Schäflein‹ hätte. – Bei der Variante C ist die Volksliedforschung übrigens dankbar, dass auch solche Bruchstücke aufgezeichnet wurden. In diesem Fall belegt gerade sie, dass das Thema veraltet, nicht mehr zeitgemäß ist und wahrscheinlich deshalb in Vergessenheit geriet. Das zu dokumentieren ist uns hier wichtiger, als zu den Hunderten von Aufzeichnungen einen weiteren Text vorzulegen, der vielleicht nur durch die Auskunft des Wissenschaftlers rekonstruiert wurde.

Mir erscheint es geboten zu sein, Volksballaden aus ihrer Zeit der aktiven Überlieferung und der tatsächlichen Dokumentation heraus zu verstehen und sie nicht in eine hypothetische, alte Überlieferung hinein zu konstruieren. Manches ist durchaus nicht so alt, wie es scheint. Gerade in diesem Punkt ist die Volksüberlieferung mit vielen Vorurteilen belastet. Manches Lied erstaunt vor allem dadurch, dass es noch vor relativ kurzer Zeit gesungen wurde. Das gilt z. B. für die folgende Ballade aus dem gleichen Themenkreis.

Mit **Graf und Nonne** haben wir nicht nur formal das klassische Balladenschema vorliegen, sondern auch eines der Hauptthemen dieser Gattung, nämlich die Enge des Standesdenkens. Dabei gibt es keinen Zweifel, dass der Freiherr von Leoprechting um die Mitte des 19. Jahrhunderts diese sehr bekannte und verbreitete Ballade so singen hörte. Es muss auch nicht von ihm stammen, dass der Text an manchen Stellen etwas holprig und unlogisch klingt. Unter den über zweitausend deutschsprachigen Aufzeichnungen dieser Ballade haben wir viele derartige Belege, die ähnliche Unsinnigkeiten überliefern: Wein aus ›einem‹ Glas (statt: aus seinem Glas), ›ein Denkmal‹ (statt: dein Andenken an mich), die Liebe, die ›zwischen bei uns ruht‹, die Nonne ›trat sogleich geschritten‹, dass er ›aus kühlem Wein‹ stirbt und so weiter. Einem Volksballaden-Text darf man nicht so genau auf die Finger gucken.

Wenn man von diesen Formulierungen absieht, ist die Struktur der Handlung klar: Es gibt zwei Szenen, die erste im Dialog zwischen Graf und Mädchen. Die zweite Szene setzt mit dem Auftrag an den Knecht ein, die Pferde zu satteln. Der Übergang, der Szenenwechsel, ist zuweilen deutlicher markiert, indem der Graf z. B. aus ›schweren Träumen‹ erwacht und ahnt, dass das Mädchen den Plan, ins Kloster zu gehen, ausgeführt hat. Die zweite Szene spielt vor dem Kloster. Noch einmal sieht er seine Angebetete, und sie reicht ihm zu trinken. Das ist eine symbolische Wiederholung des Zutrinkens aus der Anfangsszene. Dort steht diese Geste quasi für ein Heiratsversprechen, auf das sie nicht eingehen kann, weil sie zu arm ist. Standesgrenzen machen diese Verbindung illusorisch. Standesgrenzen bestimmen auch, dass sich solche Mädchen keine Illusionen machen sollen. Der Graf ist nicht für sie bestimmt. Angesichts dieser Tatsache ist es unerheblich, ob er sie wirklich heiraten würde oder ob er nur mit ihr ›spielen‹ will (vgl. »Graf und Magd«).

Warum aber ermordet sie ihn (falls es korrekt ist, dass er am Wein stirbt; in anderen Varianten heißt es z. B. noch deutlicher ›am Klosterwein‹). Das ist so unlogisch, wie auch alle anderen Lösungsvorschläge, die dieser Balladentyp in verschiedenen Fassungen anbietet: Er stirbt, sie stirbt, beide sterben zusammen, sie flieht mit ihm (Version der »Glücklichen Nonne«), sie sterben aber dann auch. Dieses Durcheinander weist darauf hin, dass es darauf nicht ankommt. Mit dem traurigen Schluss soll eine Stimmung erzeugt werden, die dem Tenor des Liedes folgt. Junge Mädchen sollen sich keine Hoffnungen auf irgendwelche Grafen machen. Wenn sie keinen ebenbürtigen Mann bekommen, dann sollen sie lieber ins Kloster gehen. Die starren Standesgrenzen sind gottgewollt, und der Mensch soll keine Hoffnungen hegen, dass sich das ändert.

Die Ballade stammt in dieser Form wahrscheinlich aus der Mitte des 18. Jahrhunderts. Um 1750 war eine solche Problematik hochaktuell, und erst die französische Revolution von 1789, die deutsche Revolution von 1848 und der Erste Weltkrieg 1914/18 beseitigten solche Standesgrenzen endgültig. Viel älter als 250 Jahre muss diese Ballade nicht sein. Für manche Kollegen und in der älteren Literatur ist sie mittelalterlich, aber ich habe dafür keine überzeugenden Argumente finden können.

Eine Besonderheit dieses Balladentyps ist der Ich-Anfang. Die Erzählperspektive wechselt dann aber, aus ›ich‹ wird ›er‹ und ›sie‹. Diesen auffälligen Perspektivwechsel haben auch die meisten anderen Varianten dieses Typs. ›Ich‹ bedeutet: ›Ich habe es selbst gesehen‹ und ›ich kann die Wahrheit dieser Geschichte bezeugen …‹. Mit dem Bild von Berg und Tal wird der Standesunterschied zusätzlich unterstrichen. Das ist eine Formel, die offenbar von anderen Liedern übernommen wurde. Jüngere Fassungen haben hier das traurige Bild von den welkenden Blättern eingesetzt, und so wurde aus der Ballade ein beliebtes Soldatenlied.

Die Ballade **Herr und Schildknecht** widmet sich ebenfalls dem Standesdenken und übt ungewöhnlicherweise Kritik daran, wenn auch nur in assoziativer Form. Es ist jedenfalls auf den ersten Blick nicht eindeutig, worauf es in diesem merkwürdigen Dialog zwischen Herr und Knecht ankommt. Der Diener soll nicht etwa Selbstmord begehen und mit dem Herrn zusammen sterben, wie man fälschlich annehmen könnte, sondern er soll, mit diesem gleichgestellt und deswegen im ›weißen Hemd‹, ins Himmelreich einziehen. Damit bekommt der Text eine für uns unerwartete Spannung und wird zu einer Kritik an der Standesgesellschaft, ein Aufruf zur Meuterei gegen die Adelsherrschaft, wenn man dem Knecht Recht gibt. Diese war im ländlichen Bereich, etwa in Teilen der nord- und nordostdeutschen Gutswirtschaft, bis zum Ersten Weltkrieg noch vorherrschend und beherrschend. Das Problem beschäftigte die Leute also: die drückende Herrschaft der von Geburt aus Mächtigen. So versteht es eine andere Variante aus dem Schwarzwald, die zu Beginn des 19. Jahrhunderts gesungen wurde:

>»Ei Knecht, nimm du mein wunderschönes Weib,
>dazu den Markgrafen, der in der Wiege leit [liegt].«
>
>»Nun Herr, jetzt reit' ich fort und lass' euch begraben
>und lass' euch mit den Schülern auf den Kirchhof tragen.«

So wurde es um 1804 in Gütenbach im Schwarzwald überliefert. Die »Schüler« sollen wohl singen und damit für ein – in der Vorstellung der Sänger – standesgemäßes Begräbnis sorgen. Wenn der Knecht die Frau seines Herrn heiratet und zugleich den Nachkommen, den ›Markgrafen, der in der Wiege liegt‹, annimmt, wird er selbst zum Herrn. Auf diese revolutionäre Verkehrung der Zustände weist eine andere Variante hin, die im Rheinland gesungen wurde. Hier bietet der tödlich Verwundete seinen ganzen Besitz an, seine Kühe und seine Lämmer, d.h. Besitz, der in bäuerlichen Kreisen etwas galt, aber der Knecht weiß, was er will:

»Die Küh‹ und Lämmelein will ich nit,
euer Töchterlein das nehm' ich mit.«

Nun ist aus dem Knecht geworden ein Herr
und fährt mit Kutschen und Pferden einher.

Die Variante wurde nach angeblich mündlicher Überlieferung in Viersen im Rheinland 1875 notiert. Vor diesem Hintergrund wird auch deutlich, warum es in unserem Beleg z.B. heißt, dass der Diener »unbelohnt« bleibt. Wenn der Herr stirbt, hat der abhängige Diener keinerlei Rechte und keine soziale Sicherheit mehr. Da er nicht »von Adel« ist, nützt ihm auch materieller Reichtum nichts. Er wäre nicht berechtigt, ein »silbernes Schwert« zu tragen. Auch kann er nicht »Hündlein peitschen«, denn selbst diese wissen, wer der Herr ist, sind also dem Knecht gegenüber weiterhin »bös«. Die Welt ist standesmäßig starr geordnet, man muss die gegebenen Grenzen zwischen den Ständen anerkennen, keiner kann sich darüber hinwegsetzen.

Obwohl unser Text die Gleichstellung mit dem Herrn nicht deutlich ausspricht, lässt er solche Gedanken assoziativ offen. Texte in mündlicher Überlieferung arbeiten vielfach mit solchen Assoziationen und unterschwelligen Gedanken. Das müssen wir erst mühsam aus dem Kontext erschließen, nämlich aus dem sekundären Wissen darüber, wann und von wem solche Lieder gesungen und welche Gedanken deshalb damit verbunden worden sind, wen der Text betraf und wer davon betroffen war.

Ein gutes Lied sei ein wahres Lied, hat ein dänischer Kollege formuliert. Wahr ist ein Text, der allgemein gültige Wahrheiten so ausspricht, dass diese für jede und jeden individuell annehmbar sind. Ein gutes Lied ist paradoxerweise so offen für Assoziationen in alle Richtungen, dass sich jeder davon angesprochen fühlen kann. Das ist u.a. der Vorteil formelhaft gebundener Sprache, die auf der einen Ebene, an ihrer Oberfläche, zwar stereotyp festgefügt ist, aber auf einer anderen, assoziativen Ebene viele Nebenbedeutungen mittragen kann.

Die Volksballade und das Volkslied als Spiegel traditioneller Verhaltensnormen sind voll von Erinnerungen an Standesbewusstsein und Kleiderordnungen: Die dienende Königstochter hätte ihre reiche Kleidung, ihre adeligen Kleider tragen müssen; der Edelmann grüßt irregeführt den vornehm in Samt gekleideten Schäfer; der Bauer soll bei seiner Mütze bleiben und keinen Hut tragen (z.B. im »Schnaderhüpfel«); das Bauernmädchen erträumt sich Schnallenschuhe usw. Bis ins 18. Jahrhundert hinein waren Kleiderordnungen ständiges Objekt genauer Gesetzgebung, modische Übertreibung z.B. war staatlich verboten. Der Staat wachte über viele Bereiche, die wir heute als individuelle Privatangelegenheit verstehen.

In der Volksballade von der **Schönen Jüdin** geht es um das Problem von Gesellschaftsgrenzen und daraus entstehenden individuellen Konflikten. Gleichzeitig bietet dieser Liedtyp ein Beispiel für den fließenden Übergang der Ballade zur Nachbargattung des Liebesliedes. Das ist eine interessante Tendenz, die sich an vielen Belegen zeigt. Vielleicht ist es entwicklungsgeschichtlich bedingt, dass sich das Interesse für die erzählende, über Neuigkeiten informierende Gattung Volksballade abgeschwächt hat, während die Liedtexte nach einem Funktionswechsel im Bereich des unterhaltenden und werbenden Liebesliedes weiterlebten.

Vorerst aber nehmen wir die Aufzeichnung C als Beleg dafür, dass man einem Text hinsichtlich seiner Wortwahl nicht zu nahe treten darf. Die Handlung wird hier unterschiedlich lokalisiert, »am See«, d. h. an einem See in den Strophen 2 und 8, »am Strand« in Strophe 4, »am Rhein« in Strophe 7 und an der See (»die See«), d. h. am Meer in Strophe 11 derselben Aufzeichnung. Mir scheint es unwahrscheinlich, hierin z. B. eine gewollte Steigerung bis zum Meer sehen zu wollen. Hier ist die Wortwahl bewusst diffus und deshalb für viele Assoziationen offen. Jeder kann seine, ihm vertraute Landschaft hineinlesen. Das Schicksal der Jüdin spielt nicht an einem bestimmten, fernen und geographisch beschreibbaren Ort, sondern hier und überall. Nun soll mit dem Begriff Assoziation nicht alles erklärt werden, aber anders ist für mich diese auffällige Unbestimmtheit der Texte hinsichtlich ihrer punktuellen Einbindung in Ort und historischer Zeit nicht erklärbar. Volksballaden-Schicksale geschehen immer und überall; sie betreffen nicht literarische Figuren, über die distanziert berichtet wird, sondern mich und dich. Die Offenheit des Textes macht eine individuelle Nähe der Betroffenheit möglich.

»Es war einmal eine Jüdin …« gehört zu einem berühmten und in allen deutschsprachigen Liedlandschaften verbreiteten Balladentyp. Es ist eine faszinierende Volksballade. Der schönen Tochter einer stolzen Jüdin wird es verboten, zum Tanz zu gehen. Mit ›schön‹, ›wunderschön‹, ›stolz‹ und ähnlichen Worten wird wohl auch ausgedrückt, dass es sich nicht um eine Zufallsliebelei oder um ein Verhältnis zu einer sozial niedrig gestellten und als gering eingeschätzten Person handelt. Dann ist es auch nicht weiter auffällig, dass mit dem Liedanfang »Es war eine schöne Jüdin, ein wunderschönes Weib, sie hatt' eine schöne Tochter, ihr Haar war schön geflochten, zum Tanz war sie bereit«, wie er in der Sammlung der Romantiker »Des Knaben Wunderhorn« Band 1, 1806, steht, das Adjektiv ›schön‹ sozusagen inflatorisch verwendet wird. Mit der Häufung des Ausdrucks ›schön‹ erweckt man die Aufmerksamkeit, die man als Vorsänger für die erste Strophe eines Liedes braucht.

Eine Variante setzt gleich verstärkt mit einem tragischen Unterton ein, indem die Jüdin »zum Tod« bereit ist. Aber die Ausreden im Dialog mit der Mutter sind die gleichen, und sie charakterisieren den Balladentyp (neben der Ballade von den »Königskindern«, mit der es diese wichtige, stilistische und inhaltliche Überschneidung gibt). Kleiner Bruder und kleine Schwester sollen als ›Aufpasser‹ mitgehen, aber sie ›verderben einem den Spaß‹: Vögel und Blumen sind vor ihnen nicht sicher (Str. 4 und 6). Kaum dreht sich die Mutter um bzw. »schlummert ein wenig ein« (Str. 7), da springt die Tochter zum Tanz bzw. geht wie in unserer Variante ›spazieren an den Rhein‹ (Str. 7). Und jetzt kommt eine Szene, die sinngemäß eigentlich eher zu den »Königskindern« gehört: der Fischer, der den Leichnam des Ertrunkenen findet. Wichtig ist hier wohl, dass die Jüdin den »jungen Herrn Pater« sucht (vgl. die entsprechende Variante zu den »Königskindern«). Auch hiermit ist signalisiert, dass sich eine Jüdin mit einem Christen einlassen will.

Es fällt auf, dass von vornherein keine negativen Vorstellungen damit verbunden werden, dass ein Christ bzw. der Pater zur Jüdin Verbindung sucht. Die Szenerie spielt sozusagen zeitlich deutlich vor der Epoche des wachsenden Antisemitismus nach 1900 (und nach verschiedenen historischen Wellen des Judenhasses früherer Jahrhunderte). Das Lied ist ideologisch gesehen offenbar in einer Zeit entstanden, in der Christen und Juden in Deutschland zusammenlebten und man trotz bestehender Gegensätze Interesse füreinander zeigte. Die übrige Volksliedüberlieferung, wie sie uns vor allem nach Dokumenten des 19. Jahrhunderts vorliegt, bestätigt das. So kennen wir z. B. einen Vierzeiler »Mädel kämm dich, putz dich, wasch dich schön, morgen wollen wir zum Tanze gehn«, bei dem einzelne Varianten einsetzen mit »Judenmädle …« und »zur Hochzeit gehn«. Bei Anton Birlinger (Schwäbische Volkslieder, 1864) steht sogar »Judenmädle putz dich …, dann darfst du mit Christenbuben gehn«.

Dieser Vierzeilertyp ist im gesamten deutschen Sprachraum weit verbreitet gewesen und lebte noch im Berliner Gassenhauer weiter. Er ist nicht denkbar aus einseitig antisemitischer Haltung, und er setzt wohl auch das Milieu des verstärkt emanzipierten Judentums voraus, wie es sich unter liberalen Verhältnissen in manchen Landschaften seit Beginn des 19. Jahrhunderts und um und nach 1850 entwickeln konnte. Mit der Bezeichnung ›schön‹ in unserer Balladenaufzeichnung wird sogar Bewunderung gezollt. Nur wenn sie ihn heiraten wollte (so heißt es in anderen Varianten dieser Ballade), müsste sie doch zum christlichen Glauben wechseln. Das wird aus der christlichen Sicht dieser Ballade grundsätzlich für möglich gehalten. Aus der Sichtweise der traditionellen Jüdin sieht das ganz anders aus.

Die Jüdin gerät in Konflikt mit ihrer eigenen Tradition, mit ihrer engen Familienbindung und mit ihrem Glauben. In manchen Varianten wird von ihr ausdrücklich verlangt, dass sie sich christlich taufen lässt (mit einem neuen Namen). Das ist für die Jüdin in diesem traditionellen Milieu offenbar undenkbar. Der Selbstmord ist der einzige Ausweg aus dem Konflikt zwischen Liebe zu einem Christen und den Bindungen an die jüdische Familie und den jüdischen Glauben. Zwar ist die Ballade wahrscheinlich aus christlicher Sicht formuliert (wie mein amerikanischer Kollege Philip Bohlman annimmt), hat also kein tieferes Verständnis für die Probleme der Jüdin, aber immerhin zeigt sie einen Konflikt auf. Dieser ist insofern realistisch geschildert, als es tatsächlich eine ausweglose Situation ist, die für manche durchaus Realität sein konnte.

Das gilt natürlich auch für einen Menschen im Konflikt zwischen anderen Glaubensgemeinschaften oder sonstigen starren gesellschaftlichen Bindungen. Es gibt eine interessante türkische Parallele zu diesem Balladentyp, und zwar dort mit einem armenischen Partner. Auch deutsch- bzw. jiddischsprachige Siedler jüdischen Glaubens im westlichen Russland haben die Ballade von der schönen Jüdin um 1900 so gesungen und mit dem Text sicherlich konkrete Erfahrungen und realistische Vorstellungen verbunden. Dabei passt diese Ballade mit ihren offenbar christlich geprägten Vorurteilen durchaus nicht in ein solches jüdisches Milieu. Die Ausweglosigkeit bis zum Selbstmord der Jüdin z. B. scheint darin nicht gerade vorbildlich und die harte Konsequenz nicht nachahmenswert. Selbstmord ist dem jüdischem Glauben nach eine Ungeheuerlichkeit und ähnlich, vielleicht sogar verstärkt undenkbar wie im Christentum. Auf den Selbstmord zielt aber die Handlung der Ballade.

Wie wir als Interpreten mit diesem Widerspruch umzugehen haben, muss weitgehend offen bleiben. Einen eher zufälligen Hinweis liefert die Dichterin Marie Luise Kaschnitz (1901–1974) in ihrer surrealistischen Autobiografie »Das Haus der Kindheit« (1956). Darin heißt es im 46. Abschnitt aus der Erinnerung an ihre eigene Jugend in Berlin vor dem Ersten Weltkrieg: »Diesmal traten wir zusammen in einen Raum, in dem eine Gaslampe brannte und der offensichtlich eine Bügelstube war. Zwei junge Mädchen mit roten, heißen Gesichtern schoben glühende Bolzen in ihre großen, sonderbar geformten Bügeleisen und fuhren damit über weiße Wäschestücke hin, wozu sie ein Lied sangen, in dem sie (wie ich erst jetzt bemerke, höchst unlogischerweise) erklärten, dass heute nicht gebügelt und genäht würde, weil der Geburtstag Seiner Majestät sei« (M. L. Kaschnitz, Nicht nur von hier und von heute, Hamburg 1984). Für das Lied und für diese Szene reicht es, dass mit dem Wort gewisse Assoziationen geweckt werden, die in eine ähnliche Richtung gehen (trotz widersprüchlicher Konsequenzen). Logisch sind die Bezüge zwischen Text und Realität nicht immer, aber man kann davon ausgehen, dass die Textauswahl nicht zufällig stattfindet, sondern Wünsche und Hoffnungen signalisiert und eine Betroffenheit spiegelt, die wir allerdings erst herausarbeiten und verstehen müssen.

Literatur und auch Volksliedtexte erschaffen eine eigene Welt, die zur Realität im Kontrast steht oder diese ergänzt. Vor allem beim Märchen wird es deutlich, dass es eine bessere Welt ist – besser für den einfachen Menschen, besser als diese Realität, in der nur die Reichen das Sagen haben. Literatur und Phantasie sind nahe Verwandte; das Märchen wird zum Hoffnungsträger oder verhilft zur Weltflucht. Volksliteratur, populär gewordene und mündlich geprägte Überlieferung sind in der Regel keine innovative Erfindung eines namhaften Dichters (literarische Vorbilder hingegen sind häufig), sondern sie beinhalten tradierte, übernommene Vorstellungen, Vorurteile und traditionelle Ansichten. Diese prägen den Text und schaffen nicht nur eine neue Welt, sie zementieren und verlängern die herrschenden und bestehenden Verhältnisse auch gegen jede (an sich sinnvolle) Möglichkeit eines Wandels. Das geschieht paradoxerweise auch gegen die Interessen der Betroffenen, und zwar um den Preis, dass die weiterbestehende Ordnung immerhin eine gewisse Sicherheit gegen alle Unwägbarkeiten sozialer Experimente bietet. Ein harmloses Beispiel dafür: ›Was der Bauer nicht kennt, frisst er nicht‹. Essgewohnheiten gehören zu den stabilen Elementen eine stabilen Gesellschaft; wechselnde Essgewohnheiten signalisierten zumeist auch einen sozialen Wandel.

Wir werfen noch einen kurzen Blick auf die Erzählstruktur, die charakteristische, balladeske Züge trägt. Der Dialog »Ach Mutter, liebste Mutter …« (Str. 2, 4 und 6) und »Ach Tochter, liebste Tochter …« (Str. 3, 5) arbeitet mit identischen Wiederholungen. Der Szenenwechsel ist deutlich markiert: »Und als sie kam ans Ufer …« (Str. 8). Szenenwechsel und narrative Dialoge gehören zu den Stilelementen, die dann im Liebeslied verschwinden; für die Ballade sind sie notwendig und genretypisch. An dieser Stelle kommt auch die verbreitete Tendenz zur variierenden, aber zuweilen inhaltsleeren Wiederholung in der zweiten Zeile zum Tragen: »Und als sie kam ans Ufer, hinaus ans Ufer am See …« (Str. 8). Die vierzeilige Strophenform erscheint zuweilen aufgeschwellt; ihre zweite Zeile variiert oder wiederholt zuweilen den Gedanken aus der ersten Zeile. Auch das erleichtert das Erinnern des Textes in mündlicher Überlieferung.

Um Kritik am Männlichkeitswahn und an der Lieblosigkeit geht es in den Texten der Ballade **Graf und Magd** (Ritter und Magd). Die Begegnung am Brunnen ist eine balladentypische Szene, ebenso das ›Röcklein vorne kurz und hinten lang‹, welches eine Schwangerschaft drastisch augenfällig macht. Dass der Graf sich mit dem Gewehr ›sticht‹ (Str. 12), kann man mit dem Bajonett (Seitengewehr) erklären. Die Szene ist rührend, das ›Grab aus Marmorstein‹ nähert sich dem Kitsch. Den Grafen plagen Gewissensbisse, aber zu spät. Einen derartigen pseudo-glücklichen Schluss leistet sich die folgende Variante nicht. Da geht es realistisch um Abfindung (mit dem Pferdeknecht und viel Geld) und, da die junge Frau dieses ablehnt, nur um ihren Tod und den ›rosenroten Mund‹. Dass den Grafen Reue ergreift, kann man hineinlesen, muss es aber nicht. Das ist wohl auch realistischer: ›Sie hat als Magd gedient und mit ihm geschlafen‹.

Dazu passt auch, dass der Befehl, die Pferde zu satteln – die ganze Strophe ist eine typische balladeske Formel für einen Szenenwechsel – sich nicht wie in der ersten Variante aus den ›schweren Träumen‹ – ebenfalls eine typische, balladeske Strophe mit entsprechend formelhaftem Wortlaut – ergibt, sondern als ›weltläufige Reise‹ dargestellt wird. Der Graf schleicht sich sozusagen aus der Verantwortung – der Sänger berichtet in der 5. Strophe von der Schwangerschaft – und geht weltmännisch ›auf Reisen‹. Entsprechend ist von Reue, von einer Reaktion überhaupt nicht mehr die Rede. ›Der Graf steht wortlos blamiert da …‹

Man muss nicht alles erklären und ausführlich kommentieren wollen. Dieser Balladentext spricht wohl ausreichend für sich selbst, und auch wir erleben ihn als Anklage gegen die Lieblosigkeit dieser Welt. Ist das alles für uns unendlich fern und nur Geschichte? Kaum, meine ich. Vergleichbare lieblose Texte habe ich an anderer Stelle veröffentlicht (vgl. O. Holzapfel, Lieblose Lieder. »Und fragst Du mich, was mit der Liebe sei« – Das ›sozialkritische‹ Liebeslied, Bern 1997). Dort sind es sogenannte Liebeslieder aus dem 19. Jahrhundert, die eigentlich das Gegenteil ausdrücken und von einer erschreckenden verbalen Lieblosigkeit unserer Urgroßelterngeneration zeugen. Ist auch das nur dahergeredet? Dort habe ich kommentierend verschiedene Erklärungen versucht, die aber zuweilen mehr Fragen aufwerfen, als sie beantworten können.

Man kann noch eine andere ›Dichtung und Wahrheit‹ zum Vergleich heranziehen – und auch diese eventuell damit abtun, dass es sich nur um erdichtete Inhalte handelt, nicht um eine reale historische Quelle. Allerdings sind die Lebenserinnerungen, aus denen folgender Text stammt, sehr nahe an der Realität verfasst und nicht ausschließlich fiktiv. Und: Es sind sehr eindringliche Erinnerungen einer bayerischen Bäuerin, die 1919 in Niederbayern geboren wurde und deren autobiographische Notizen 1984 veröffentlicht wurden. Damals lebte sie in Pfarrkirchen, Niederbayern.

»Ich hab im Krankenhaus eine Frau kennengelernt, die meine Bettnachbarin war. Jetzt ist sie schon alt, sie möchte auch nie mehr zur Welt kommen.

Ihre Eltern waren sehr arm, so musste sie schon als Kind zu fremden Leuten. Erst hatte sie einen guten Platz. Dann wuchsen die eigenen Kinder der Leute heran, und sie musste weggehen. Da war es nicht leicht, ein Heim zu finden. Sie war zwar nur das einzige Kind, aber ihr Vater war arbeitslos und die Mutter krank. Die Eltern brachten sie dann bei einem Nachbarn unter. Sie boten ihr [geboten ihr] noch lange auf, sie solle recht fleißig sein, sie sei ja in der Nähe ihrer Eltern.

An Lichtmess, dem 2.Februar, kam sie hin. Am späten Nachmittag schickte der Bauer das ganze Gesinde in den Stall, und sie musste mit dem Bauern zum Futterschneiden auf den Heuboden gehen. Kaum waren sie oben, wurde er handgreiflich. Wie er sah, dass sie nicht von der Sorte war, warf er sie mit Gewalt ins Heu. Sie wehrte sich, da sagte er, wenn du nicht willst, kannst du gleich gehen! Da ging sie noch am späten Abend heim.

Die Mutter sagte, wir haben gar nichts zum Essen, geh doch wieder hin, vielleicht wird er doch noch gescheiter. Da ging sie wieder hin. Am nächsten Tag machte er das gleiche, und weil sie keinen anderen Ausweg wusste, gab sie nach. Nun war sie ihm ausgeliefert und oft hat sie geweint. Wegen dem bisschen Essen machte der Hammel mit ihr, was er wollte. Tagsüber musste sie genauso schwer arbeiten wie die anderen, obwohl sie noch schwach und klein war. Damit die anderen Dienstboten nichts merkten, war der Bauer tagsüber auch noch recht grob zu ihr.

Das ging gut ein Jahr, dann sagte sie zu ihm, Bauer, ich bin schwanger! Da wurde er ganz narrisch und schrie, aber nicht von mir! Du Hure! Mistviech! Dreckpritschn herglaufene!, und noch viele andere Schimpfworte gab er ihr. Sie sagte es der Bäuerin. Da halfen der Bauer und die Bäuerin zusammen und jagten die Magd vom Hof. Ihr bisschen Gewand haben sie ihr über die Stiege nachgeworfen.

Mit ihren Eltern hat sie bitterlich geweint. Sie hat dann ihr Kind geboren. Alle haben sie immer wieder nach Arbeit gesucht, weil nicht mal Wäsche da war. Und der Saubauer gab ihr nicht einen Liter Milch für das Kind. Zu jedem sagte er, das Kind habe er nicht gemacht. Niemand half den armen Leuten, mit dem großen Bauern wollte sich niemand abwerfen [anlegen]. Mühsam haben die junge Mutter und ihre Eltern das Kind großgezogen. Der Sohn ist später ein ganz tüchtiger Mann geworden. Er hat ein schönes Haus, eine nette Frau und zwei Kinder, und die Mutter hat in ihren alten Tagen noch einen schönen Lebensabend.« (Anna Wimschneider, Herbstmilch: Lebenserinnerungen einer Bäuerin, München 1991; zuerst 1987)

Ist das alles zu verworren, allzu entsetzlich und peinlich, um sich einen Reim darauf zu machen? Aber gerade in den Balladenstrophen hat man sich ›einen Reim‹ darauf gemacht! Damit waren die Probleme zwar nicht gelöst, sie wurden aber immerhin in einer gesungenen Strophenform angesprochen, die jeder akzeptieren konnte, und zwar gerade auch, weil diese Strophen gesungen wurden, nämlich als Text von der Melodie eher verklärt und verdeckt. Damit übte man zugleich assoziativ, d. h. unausgesprochen zwischen den Zeilen, Kritik an diesem Männlichkeitswahn und an solcher Lieblosigkeit. Die Kritik wurde in eine erzähltechnisch episch-dramatische Form gebracht, von der sich jeder angesprochen fühlen konnte, die also keine und keinen unbewegt ließ. Manche Volksballaden, z. B. in Skandinavien, können zudem getanzt werden, wobei man die Texte dann in der eigenen Bewegung wohl nochmals intensiver miterlebt und körperlich durchleidet.

Der Balladentext vom **Verkleideten Markgrafensohn** handelt in den Zwängen gesellschaftlicher Ordnungssysteme von der Überschreitung der Grenzen. Als dieser Text gedichtet wurde, d. h. vor der Mitte des 16. Jahrhunderts, konnte man damit rechnen, dass ein Reisender bei der Mühsal der damaligen Fortbewegungsmöglichkeiten gastfreundliche Unterkunft bekam. Umso mehr galt das für eine alleinreisende junge Frau, ein an sich in der damaligen Realität eher unwahrscheinlicher Fall. Deshalb wohl die genauen Fragen in den Strophen 4 und 5. Weiterhin spiegelt der Text für uns archaische Unterkunftsmöglichkeiten in einem gemeinschaftlichen Schlafraum. Da die ›Jungfrau‹ keinen Mann ›will‹ (Str. 6), kann sie also nur in der Jungmädchenkammer, d. h. bei der Königstochter untergebracht werden. Dort gehen dann ›zwei Fräulein‹ zu Bett, um ›sanft‹ zu schlafen (Str. 7).

Falls hier ein ironischer Unterton mitgedacht ist, ist eine solche distanzierte Erzählhaltung, die auf zusätzliches Wissen des Zuhörers baut, in der Volksballade nach mündlicher Überlieferung des 19. Jahrhunderts eher selten zu finden. Dazu passt allerdings hier, dass der Küchenjunge, als er den wahren Sachverhalt durchschaut, zu lachen anfängt (Str. 8). Die angebliche Jungfrau hat offenbar vor der Tür ihr Kleid fallengelassen (Str. 9). Der spionierende Küchenjunge ›fing an zu lachen‹ (Str. 8); der König ›fing an zu fragen‹ (Str. 10). Als alles glücklich überstanden ist, ist es der verkleidete Mann, der ›fing an zu singen‹ (Str. 13). Hier hat der Text gewisse poetische Qualitäten, die in langer mündlicher Überlieferung offenbar nicht verblasst sind.

Die Ballade ist klar gegliedert. Die Begriffe, welche die Stellen eines szenischen Umbruchs markieren, sind alle mehr oder weniger mit einer Schwelle assoziiert: Er reitet ›über die Heide‹ und singt ›vor ihrem Fenster‹; ›um Mitternacht‹ hört sie der Küchenjunge; ›am Morgen‹ fragt die Mutter bzw. der Vater hat ›schwere Träume‹. Schwellen-Erfahrungen hat der Völkerkundler Arnold van Gennep im Rahmen der Übergangsriten 1909 untersucht. Man kann dieses Konzept auf die Überlieferung im Volkslied anwenden (vgl. O. Holzapfel, in: Jahrbuch für ostdeutsche Volkskunde 33, 1990). Die Schwelle ist jeweils räumlicher oder zeitlicher Art, besagt aber immer deutlich, dass jetzt besondere Vorsicht geboten ist, dass hier besondere Gefahr droht, dass darin Unheil vorausgesagt wird. In unserer Balladenaufzeichnung heißt es an diesen Stellen: »sieben ganze Jahr« (Str. 1) als symbolisch lange Zeit; er kommt »vor des Königs Schloss« (Str. 4); »wie es nun um die Mitternacht kam« (Str. 8); »wie es nun um Morgen kam« (Str. 10).

Im Kontrast dazu heißt es in Str. 13: »Und als er wieder nach Hause kam …«, d. h. in seine eigene, sichere Umgebung, da »fing er an zu singen«, da konnte er zufrieden sein. Diese Ballade endet also nicht tragisch; sie hat einen (zumindest für den männlichen Helden) glücklichen Ausgang. Von den Gefühlen der Frau ist nicht die Rede, aber ihr Einverständnis wird anscheinend vorausgesetzt. Was »gestern Abend« (Str. 12) noch unsicher schien, ist heute Tatsache geworden. Alle diese Formulierungen kennen wir als übliche epische Formeln, als signalgebende, dichterische Versatzstücke, die für bestimmte balladeske Szenen wieder und wieder verwendet werden. Im Falle dieser Balladenaufzeichnung ist das Gewebe aus solchen stereotypen, d. h. formelhaften Elementen besonders dicht. Diese Textteile sind eng aufeinander bezogen und gleichzeitig so gestaltet, dass sie auch auf uns heute keineswegs trocken und formelhaft wirken.

Die sprachliche Darstellungsweise entspricht der Mentalität bzw. der Ideologie, die mit diesem Text vermittelt wird: Die Welt der Ballade ist klar geordnet und deutlich gegliedert. Stabile Verhältnisse herrschen. So soll es bleiben bzw. so soll die Ordnung wiederhergestellt werden. Wer diese stört oder in Frage stellt – und solches ist, wenn überhaupt, nur einem männlichen Helden erlaubt, und zwar in der Regel zum Schaden der Frau –, überschreitet ständig Grenzen und Schwellen. Wie hoch gepokert wird, ersieht man daraus, dass in einigen Varianten mit dem Galgen gedroht wird. Merkwürdig unproblematisch akzeptiert der König hier die Verführung seiner Tochter, nachdem er sich ›sieben Jahr lang‹ geweigert hat.

Die Königstochter steht als blasse, wortlose Figur mitten in diesem Machtkampf. Sie wird offenbar nicht gefragt, für sie interessiert sich die Ballade nicht. Viele solche Texte sind aus einseitig männlicher Haltung formuliert, über die wir uns heute wundern müssen. Dem Mann wird nahegelegt zu täuschen. Nur die Schwester hat den Verdacht, aber sie bekommt gesagt, dass sie sich da raushalten soll: »das geht dir in kein'n Schaden« (Str. 3). Das bedeutet: Das geht dich nichts an, weil es dir nicht schadet. Eine mögliche Solidarität der einen mit der anderen Frau wird damit vom Mann gleich verneint.

Der »Kucheljung« (Küchenjunge) hat eine ähnliche Statistenrolle wie oben die ›falsche Nonne‹ oder das ›Kuchelweib‹ (bei den Balladen von den »Königskindern« bzw. der »Schönen Jüdin«). Er ist leicht zu beschwichtigen und wird mit dem Wert des samtenen Kleides bestochen (Str. 9). Das Samtkleid, d. h. die Verkleidung der angeblichen Frau, liegt ›draußen‹ (Str. 9); der Mann hat das Kleid abgeworfen, bevor er in die Frauenkammer trat. Die Entlohnung mit einem Kleidungsstück ist z. B. von mittelalterlichen Minnesängern überliefert; das entspricht durchaus der Realität. Pikanterweise ist es hier eben ein Frauenkleid, das vor der Tür liegt, weil es seine Rolle erfüllt hat. – Es ist ein allseits vor allem die Männer interessierendes Thema. Dieser Balladentyp ist seit der Mitte des 16. Jahrhunderts bis in die Gegenwart überliefert worden, und er wurde ebenfalls auf Holländisch, auf Französisch, auf Spanisch (in der als besonders altertümlich geltenden Überlieferung des Jüdisch-Spanischen) und in Skandinavien gesungen.

Beim **Bestraften Fähnrich** notieren wir folgende zentralen Begriffe für die Analyse: Triumph der Männlichkeit oder Strafe für Vergewaltigung? Die Botschaft dieser Ballade ist deutlich genug: Die Vergewaltigung durch einen Soldaten wird mit dem Galgen bestraft. Widerspricht diese Ballade damit dem vielfältigen Befund innerhalb der gesamten Gattung, dass es hier oft um einen Triumph der Männlichkeit geht, und zwar offenbar unabhängig davon, ob Männer oder Frauen diese Lieder singen? Nur bedingt. Auch diese Ballade hat eine Entwicklung durchgemacht, die sie von ihren ersten Belegen um die Zeit vor 1800 zu einem zwischen den beiden Weltkriegen beliebten Soldatenlied machte, in dem es u. a. heißt: »… das Mädel war [selbst] schuld daran.« Hier ist aber auch das Milieu verändert worden. Jetzt sind es Fußballspieler, die über den Rhein ziehen, und es ist der ›Spielführer‹, der nach dem Schuldigen sucht. Aber der Triumph ist ganz auf der Seite des Mannes: »… dann zogen sie wieder der Heimat zurück, vergessen war das Madel, vergessen war das Spiel, ein Fußballspieler liebt zuviel«.

Als nationalsozialistisches Lied hat dieser Text Karriere gemacht. Da ist es ›ein junger

Offizier vom Hitlerbataillon‹, der dem Mädel ›das Herz gestohlen‹ hat. Auch das gehört zur etwas ungewöhnlichen Geschichte der Volksballadengattung, dass ein Text derart aktualisiert und in die eigene, unmittelbare Gegenwart hinein umgeschrieben wird. Dabei wird unter der Hand die Ideologie des Liedes verändert und verschärft, und zwar deutlich in Richtung chauvinistischer Männlichkeit. Am Anfang geht es um die Frage der Ehre. Der bestrafte Fähnrich bittet seiner Frau auszurichten, er sei ehrenhaft gestorben, und auch ihr ist diese Lüge wichtig. Der Schein soll gewahrt werden. Am Ende der Entwicklung, von der wir nicht wissen, wie lange sie gedauert hat, weil wir die Überlieferung erst seit dem 19. Jahrhundert kennen und unterschiedliche Texte grundsätzlich auch nebeneinander existieren konnten, steht dann die grobe Aussage, dass verführte Mädchen ›selbst daran schuld sind‹.

Man treibt seinen Spott mit dem **Edelmann im Habersack**. Aber hinter dem Scherz steckt ein anderer Ton und eine ernsthafte Fragestellung. Ist das Mädchen zwar ehrenhaft, der Realität gegenüber aber naiv und in ihrem Verhalten, von den Männern aus gesehen, einfach dumm? Eingewebt ist diese Geschichte in das Milieu der Mühle und des Müllers. Dass dieser stiehlt, ist ein traditioneller Vorwurf aus der Sicht des Bauern. Der kann nicht verstehen, dass aus seiner ganzen Getreideernte nur ein Sack Mehl wird. Darüber hinaus ist mit der Mühle viel Geheimnisvolles verbunden gewesen: Sie lag abseits, sie klapperte, und man hat damit allerlei sexuelle Assoziationen verbunden.

In dieser Schwankballade – zentral ist dabei die List, mit der sich der Liebhaber in die Mühle schmuggeln lässt: der Sack, der plötzlich nicht nur ›Hände und Füße‹ bekommt – geht es der Mutter (die damit offenbar einverstanden ist) nur um eine gute Partie für die Tochter. Der Tochter dagegen geht es um ihre jungfräuliche Ehre, um ihren ›Kranz‹. Von Liebe als Voraussetzung für eine Ehe ist nicht die Rede. In einer Variante ist die Müllerstochter selber reich, und wenn sie geschwiegen hätte, hätte sie einen Edelmann bekommen. Die Tochter zieht jedoch einen ›braven‹ bzw. einen ›lustigen Schneider‹ vor. Der Schneider ist traditionell arm am Beutel und ein Hungerleider. Wie kann sich die Tochter zwar ehrenhaft, aber so dumm verhalten? Klingt der Spott darin mit, wenn es sich nach ›dem Ausgraben‹ (also dem mit großer Mühe endlich Erworbenen) nur um einen ›dreckigen Schusterbuben‹ handelt? Sind es nur die Männer, die darüber lachen können?

Das Lied war bis in die Gegenwart sehr beliebt. Karl Horak z. B. hat es 1941 in Tiers bei Bozen aufgezeichnet. Vorgesungen wurde es von der 29-jährigen Anna Resch, die es »von der Mutter gelernt« hatte. Obwohl in diesen Varianten erste Spuren von Dialekt auftauchen, ist das eher die Alltagssprache, die sich nicht unterdrücken lässt. Der Text der ernsten Ballade verbleibt hochdeutsch, sogar im Fall dieser Schwankballade: »... und sollt i'n wohl müssen aus der Erd außagrabn.« Das ist an sich erstaunlich und zeigt, dass die Gattung Ballade auch an ihren Rändern doch weitgehend Literatur bleibt und als solche auch mündlich in der Schriftsprache überliefert wird. Sogar eine Aufzeichnung in der Gottschee ist hochdeutsch (auch andere Belege dieser Ballade dort), obwohl gerade die Überlieferung in der ehemaligen Insel deutschsprachiger Siedler in Slowenien ausgeprägt im Dialekt ist.

Vom Unverständnis der Mutter und von der Willkür des Vaters handelt die Ballade von **Graserin und Reiter**. Eine der Aufzeichnungen stammt aus der »Sammlung baierischer Volkslieder von Dr. Karl Rottmanner«, um 1805/1808, aus Oberbayern. Diese Ballade ist durchaus von klassischer Bauart. Sie ist relativ kurz, hat jedoch zwei Szenen (Str. 1–4 und Str. 5–12), wovon die zweite vom Dialog mit jeweils identischen Elementen geprägt ist (»Ach Mutter, liebste Mutter ... – Ach Tochter, liebste Tochter ...«). Auch mit den Wiederholungsteilen von jeweils zweiter Strophenhälfte am Anfang der nächsten Strophe (Str. 2:3, Str. 3:4, Str. 6 und 7 [Wiederholung im Dialog], Str. 8:9, Str. 10: [variiert] 11, Str. 11:12) entspricht der Text der Forderung nach leichter Memorierbarkeit. Er lässt sich leicht merken und damit mündlich überliefern.

Wir kennen einen Frühbeleg um 1535 und dann die Überlieferung im 19. Jahrhundert, wobei die Fassungen, d. h. die verschiedenen Ausformungen der Handlung, untereinander sehr stark differieren. Man kann in diesem und in ähnlichen Fällen nicht nachweisen, ob der Stoff zu dieser Ballade von vornherein in unterschiedlichen Liedtypen bearbeitet worden ist, die sich dann später im Prozess mündlicher Überlieferung aneinander angenähert haben. Oder ob es umgekehrt war, dass sich ein vorerst einheitlicher Liedtyp im Laufe der Überlieferung auseinanderentwickelte und daraus einzelne, mehr oder weniger selbstständige Lieder entstanden. Bei dieser Ballade können wir in drei verschiedenen Varianten eine mögliche Entwicklung beobachten von der epischen Vollform zu Strophenbruchstücken, die wahrscheinlich noch von der Assoziation, der gedanklichen Erinnerung an die Ballade leben.

Das gilt allerdings nur idealtypisch. Es spricht nichts dagegen, dass alle drei Formen auch gleichzeitig und nebeneinander existiert haben, nämlich z. B. in unterschiedlicher Funktion als längeres Erzähllied und als kurzes Unterhaltungslied zum Tanz. In der Assoziation zur dritten Variante als mitgesungene Strophe zum Tanz könnte dann etwa mitschwingen: ›Ich würde mich als Mann gerne mit dir einlassen, aber du weißt [wie in der Ballade], ich kann dir nichts bieten ...‹ Das kann als Form der Werbung um ein Mädchen aufgefasst werden, welches man vielleicht erst gerade beim Tanz kennengelernt hat. Falls sie nicht darauf eingeht, ist der Korb zu verkraften, weil es ja nur ein Lied war. Insofern können solche formelhaft und konventionell, traditionell überlieferte und allen bekannte Werbungsformen mit Liedern auch individuell helfen.

Einen solchen Hintergrund muss man ebenfalls bedenken, wenn man in der Ballade **Schreiber im Korb** von Frauenlist hört (und über Männerrache verwundert ist). Es ist der Mann, der sich ein leichtes Abenteuer gönnen kann und will und Einlass bei einem Mädchen verlangt. Sie verweist jedoch auf den Herrn des Hauses; sie ist also dort z. B. als Magd. Den Hausherrn will sie mit einem nächtlichen Abenteuer nicht im Schlaf stören. Der Liebhaber kann demnach, was im Lied nicht näher ausgeführt ist, nicht etwa über die knarrende Treppe kommen. Doch sie hat einen anderen Weg und lässt einen Korb am Seil hinab, mit dem er nach oben schweben soll. Das tut er auch, aber auf dem halben Weg lässt sie ihn hängen und holt den Herrn. Erst als Hänslein ihr die Ehe verspricht, will sie mit ihm fortziehen. Damit hat sie scheinbar ihr Ziel erreicht. Hier folgt nun eine epische Formel, dass er sie nämlich ›bei ihrer schneeweißen Hand nimmt [und in ein anderes Land führt]‹. Das ist in der Volksballade eine klassische Entführungsformel, und sie lässt nichts Gutes ahnen. Er verkauft sie in ein ›Fräuleinhaus‹, in ein Bordell. Jetzt hat er seine Rache, sie jammert, und Männer können über diesen gelungenen Scherz lachen.

Aber wie ist es bei den modernen Formen dieser Schwankballade? Da wird in der Variante B nur vom Missgeschick des Mannes berichtet, und dieser erzählt es auch noch in der Ich-Form. Wenn man jedoch die Variante C betrachtet, zwar auch in der Ich-Form, aber mit einer ziemlich eindeutig groben Strophe 5, ist es doch der ›beliebte Witz unter Männern‹.

Von der Ballade **Schwabentöchterlein** kennen wir eine ältere Überlieferung aus dem 16. Jahrhundert, aber auch Aufzeichnungen aus dem 19. und 20. Jahrhundert. Das Lied ist zumeist in Frankfurt oder in Hamburg lokalisiert, hier ausnahmsweise in Regensburg.

Eine solche Zuschreibung könnte darauf hindeuten, dass diese Variante in Bayern gesungen wurde. Aber der ›Markgraf‹ in Regensburg ist wohl keine bestimmte historische Persönlichkeit. Es geht wiederum wie in vielen anderen Balladen um das allgemeine Problem des Standesunterschiedes und um männliche Willkür den Frauen gegenüber. Die Bauerntochter ist mitschuldig, denn von ihr heißt es, dass sie nicht »gerne dienen« wollte (Str. 1), also über ihren angeborenen Stand hinauswollte. Das zeigt sich auch daran, dass sie sich Kleidung anmaßt, die ihr nicht zusteht: Der Schnallenschuh des Bauernmädchens ist ein Zeichen vornehmer und städtischer Art, ein Signal für eine höherwertige Kleiderordnung.

Indem die Ballade mit dem Gegensatzpaar von bäuerlicher Unfreiheit und städtischer Freiheit argumentiert kommt noch ein anderer Aspekt hinzu. ›Stadtluft macht frei‹, heißt es sprichwörtlich. Die Stadt bot – falls man sich als Wohlhabender das Bürgerrecht erkaufen konnte – Freiheiten, die der bäuerlichen Gesellschaft verwehrt waren. Die Stadt war noch bis zum Beginn des 20. Jahrhunderts – vom Land aus gesehen – eine ganz andere, eine erstrebenswerte Welt. In einigen Varianten heißt es, dass die Schwester des Bauernmädchens bereits in der Stadt ist und dort offensichtlich als Prostituierte arbeitet. War das die erhoffte städtische Freiheit?

Auf eine kleine, aber typische Unstimmigkeit wollen wir noch hinweisen. Das Bauernmädchen geht in die ›Stadt Regensburg‹ (Str. 2 und 3). Schwanger kehrt sie wieder aufs Land zu ihrer Mutter zurück. Der Markgraf [›von Regensburg‹], der seinem Knecht das Satteln der Pferde befiehlt, will ebenfalls ›nach Regensburg‹ (Str. 10). Andere Ortsnamen kennt die Variante nicht, aber sie kennt offenbar auch nicht den Gegensatz zwischen Stadt und Land in und um Regensburg. Darauf, gerade auf Regensburg, kommt es der Ballade also nicht an, sondern nur allgemein auf die Stadt als Kontrast zum ländlichen Bereich.

Das ist demnach ein allgemeiner Bericht von einem Schicksal, wie es jede Frau treffen kann, obwohl man die Lokalisierung an einem mehr oder weniger bekannten Ort gerne z. B. als Indiz für besondere Glaubwürdigkeit der Geschichte akzeptiert; es ist eine wahre Geschichte. Das gilt auch für den poetischen Horizont der Volksballadenüberlieferung, und entsprechend lassen sich viele der hier gebrauchten Strophen und Strophenteile in thematisch ähnlichen Liedern wiederfinden. Die formelhafte Sprache für die Volksballade schließt ein, dass man die gleichen Formelstrophen an parallelen Stellen verwendet (z. B. in »Graf und Magd« mit vergleichbarer Handlung). Auch hier spielt in der Volksdichtung die Freude am Wiedererkennen die größere Rolle als die individuelle poetische Erfindung wie in der Kunstdichtung.

Spielmannssohn: In Schwaben, südlich von Dinkelsbühl, wurde diese altertümliche Ballade in der zweiten Hälfte des vorigen Jahrhunderts mitgeteilt. Die 2. Strophe ist nur zweizeilig, könnte aber durch Wiederholungselemente problemlos ergänzt werden. Ob dieses Lied tatsächlich mit nur sieben Strophen und diesem offenen Schluss gesungen wurde, ist nicht zu klären. An sich reicht die Drohung mit dem Galgen für einen dramatischen Verlauf aus. In verschiedenen Parallelen ist die Geschichte jedoch weiter ausgeführt. Zudem werden in anderen Varianten die Momente der Verführung noch verschärft: Der Spielmannssohn geigt dem ›braunen Anneli‹, das am ›Laden‹ (Fenster) wartet. Das ist eine Metapher für ein verführungsbereites Mädchen. Dazu kommt die betörende Macht der Musik, und ›geigen‹ ist in diesen Liedern an sich bereits ein Wort, das sexuelle Assoziationen auslöst (in Str. 5: er spielt ihr die Weise allein auf ihrer Kammer). Diese Ballade ist nicht sehr häufig überliefert, aber weit verbreitet (auch mit internationalen Parallelen).

Der Spielmann gehörte im 16. und 17. Jahrhundert zu den unehrlichen, nicht als standesgemäß anerkannten Berufen. Man hörte allerdings gerne seine Musik, und besonders war man auf die neuen Weisen gespannt. Auch auf den Liedflugschriften der Zeit ist die Bezeichnung ›neues Lied‹ ein besonderes Qualitätsmerkmal und dient der Verkaufsförderung dieser fliegenden Blätter. Aber sich mit dem Spielmann einzulassen, bedeutete Schande, und wenn es eine hochstehende Persönlichkeit war, konnten dem weitgehend rechtlosen Spielmann einige Probleme drohen. Die Kläffer oder ›Klaffer‹, die einen verraten, gehören wie die ›falschen Nonnen‹, die ›Küchenjungen‹ und die ›Pferdeknechte‹ zu den literarischen Figuren, die durch üble Nachrede (kläffen) Schaden stiften. Dass der Spielmann hier in der Ich-Form berichtet, erhöht die Identifikationsmöglichkeit mit diesem Träger von Sympathie; jeder hat Mitleid mit dem armen Gesellen, dem man so übel mitspielt. Moral [unausgesprochen]: Man halte sich lieber von unstandesgemäßer Liebelei fern; da drohen Probleme. Auch mit diesem Lied ist die Volksballade ihrer Ideologie nach systemerhaltend und konservativ, sie bestätigt den Herrschaftsanspruch der Obrigkeit.

Welch ein Vergnügen, endlich mal dem Jäger und damit der Obrigkeit im Dorf eins auswischen zu können! Die ›unter der Haube‹ eingebundenen Haare waren ein Zeichen der verheirateten Frau. Wenn ich die Haare lang fliegen lasse – das ist ein altes Symbol in der europäischen Volksballade –, zeige ich öffentlich, dass ich noch unverheiratet und Jungfrau bin. Für den Jäger ist das eine Schmach. Das ist nicht der einzige inhaltliche Aspekt des Liedes vom **Verschlafenen Jäger**, denn ›sie wäre ja doch ganz gerne die Frau des Jägers geworden …‹ Das kommt in anderen Varianten deutlicher zum Ausdruck. Von solcher Doppeldeutigkeit zwischen der Sehnsucht der Frau nach einem wohlsituierten Mann einerseits und starker Weiblichkeit andererseits, die sich ebenfalls durchsetzen kann, lebt dieser Text.

Die Vorstellung von starken Männerrollen vermittelt dagegen das Lied von den **Versoffenen Kleidern**. Hier geht es um männliche Willkür und um die Rechtlosigkeit der Frau. An Deutlichkeit lässt dieses Lied keine Fragen offen. Aber wenn man den Text näher anschaut – das ist, wie wir immer wieder kritisch betonen müssen, im Detail vielleicht übertrieben –, verrät er doch eine gewisse Ambivalenz, nämlich doppeldeutige Gefühle. Die Reihung ist deutlich: Nach dem Schuster bzw. dem Schäfer und dem Kaufmannssohn, ist der Handwerksbursche bzw. der Wanderbursche als Ehepartner ökonomisch gesehen nur dritte Wahl. Aber ›er liebt schon‹ das Mädchen (Variante A) oder ›er liebt das Mädchen schön‹ (Variante B), ist also besonders verführerisch. Und die Str. 6 in der ersten Variante müsste eigentlich das Mädchen sprechen, d. h. sie würde nach dieser Erfahrung ihre Mitgift, ›ihres Vaters Haus‹, nie einem Handwerksburschen anvertrauen.

So führt auch die Variante B aus, aber es ist wohl typisch, dass in der Variante A die Sängerin (!) durcheinander gerät und in der Str. 6 den Burschen sprechen lässt. Denn diese Vorsängerin singt dann auch in der Str. 7 über die Handwerksburschen, »die verführen alle schönen Mädchen, weil sie noch viel schöner sein [sind]«. Was will diese Frau also? Eine schöne Verführung und betrogen werden oder die sichere Existenz mit einem treuen Ehemann? Wir wissen nicht, welche Assoziationen, welche unausgesprochenen Gedanken und Nebenbedeutungen die Sängerin und ihr gesellschaftliches Umfeld mit diesem Lied verbanden. Hat man überhaupt über die Lieder gesprochen?

Wir wissen u. a. von einem Beispiel russlanddeutscher Sängergruppen in ihrem Exil in Kasachstan, dass sich verschiedene Gemeinschaften mit tradierten religiösen Liedern unterschiedlicher Herkunft erst auf eine Fassung von Text und Melodie einigen mussten, bevor sie gemeinsam singen konnten. Im Amerikanischen sagt man zu einer solchen abklärenden Übereinstimmung als Grundlage für weitere Verhandlungen, dass man erst

›aus einem gemeinsamen Gesangbuch zu singen‹ lernen muss (vgl. O. Holzapfel, Religiöse Identität und Gesangbuch, Bern 1998). Aber das ist etwas anderes, als sich mit den erzählten Inhalten von Balladen kritisch auseinanderzusetzen.

Wir wissen überhaupt wenig über die möglichen Kommentare der Informanten zu ihren Liedern. Und es ist nicht einmal sicher, dass man auf Nachfrage Antworten dazu bekommen hätte. Zumindest haben wir kaum Belege dafür, dass eine Sängerin bzw. ein Sänger wirklich kritisch über den Text nachdenkt bzw. ein Reflektieren über den Text auch dem Aufzeichner in Worte gekleidet hätte mitteilen können. Diese Schwachpunkte wissenschaftlicher Feldforschung und ein solcher Mangel an kritischer Interviewtechnik sind unter den unterschiedlichsten Aspekten mehrfach diskutiert worden. Man spricht von ›teilnehmender Beobachtung‹, um Texte im tatsächlich gehandhabten Milieu, in ihren Kontexten zu dokumentieren, aber die Realität war in der Regel doch das Abfragen und Sammeln von erinnerten Objekten. Was herauskam, war nicht ein kommentiertes ›Video des Lebens‹, sondern ein Artefakt für die Schublade des Museums. Aber jede Interpretation ist schließlich nur eine Annäherung.

Um eine tragische Beziehung unter Ungleichen geht es in der Ballade von der **Elfjährigen Markgräfin**. An sich erübrigt sich hier ein Kommentar. Es gibt verschiedene Punkte, die je nach Interpretation unterschiedliches Gewicht haben können oder denen in unterschiedlichen Varianten ein jeweils anderer Schwerpunkt zugemessen wird: bäuerlicher Stand gegen adeligen Reiter; kindliches Alter des verführten Mädchens, und zwar unabhängig von früher unterschiedlichen Vorstellungen von Volljährigkeit und heiratsfähigem Alter. In der narrativen Struktur fallen die Strophen 4 und 5 auf als erzählerischer Vorwand, um den Grafen in Strophe 6 zurückkehren lassen zu können. Diese Rückkehr wird für die folgende Szene gebraucht. Man kann die Unsicherheit in der Art und Form des Begräbnisses (Str. 10) kommentieren, nämlich für einen Selbstmörder oder für einen, dem vergeben worden ist.

Für die Ballade typisch ist, dass hier nicht vorgerechnet und überlegt wird, wer an welchem Unglück schuldig ist, sondern dass der Text mit seiner Schilderung eines allgemein tragischen Geschehens eine episch-dramatische Stimmung erzeugt und verbreitet, die über das individuelle Einzelschicksal hinausweist. Ein Kern der Argumentation liegt darin, dass die ungleiche Verbindung von einem jungen Bauernmädchen mit dem hochgestellten Markgrafen nicht gutgehen kann. Ob und wie sie sich lieben, ist dann unerheblich, und diese Perspektive unterscheidet die allgemein tragische Volksballade z. B. von dem den historischen Fakten näherstehenden Lied von der »Bernauerin«.

Alltag und Traumwelt prallen im Lied von der **Entführten Graserin** aufeinander. Wir haben die Dreizeiligkeit der ersten Strophe übernommen. So wurde das Lied durchgehend mit den entsprechenden Wiederholungen gesungen. In der letzten Strophe 12 greifen wir diese Form wieder auf. Sie ist hier jedoch variiert, indem die dritte Zeile keine bloße Wiederholung darstellt, sondern dem Lied inhaltlich einen schwerwiegenden Abschluss gibt. In manchen Motiven anderer Aufzeichnungen erinnert diese Ballade an die fürchterliche Geschichte vom »Mädchenmörder«, aber in unserer Fassung ist sie zu einem Lied mit sehr menschlicher Argumentation geworden. Einige dämonische Töne, die wir aus Parallelen kennen, sind hier verschwunden.

›Wollte Gott, dass junge Mädchen, die beim Heumachen sind, ruhig ihrer Arbeit nachgehen können, ohne dass sie belästigt werden ...‹: So können wir wahrscheinlich den Beginn der Strophe 1 lesen. Die Graserin ist eine Magd, die zum Heumachen auf eine vielleicht entfernte Wiese ausgeschickt worden ist. Das ist (war) der Alltag: Wie oft haben nicht die Eltern gewarnt, dass sie sich mit keinem Mann einlassen soll, der so des Weges daherkommt. Er ist ein ›stolzer Reiter‹, aber welchen Anspruch er darüber hinaus an die Graserin hat, bleibt unklar. Ein Kommentar dazu führt aus, dass die Wiese dem Herrn gehört, er also für deren Benützung ein Pfand verlangen kann. Aber von solchen Spitzfindigkeiten braucht die Ballade nichts zu wissen. Auf jeden Fall ist es männliche Willkür, und dazu passend ist die an dieser Stelle gebrauchte, gängige epische Formel für Entführung. Die Magd zeigt sich immerhin beeindruckt, dass dem Reiter ›sieben Schlösser‹ gehören. Das ist die Traumwelt. Die Zahl sieben signalisiert hier märchenhaften Reichtum. Und auch die Schwiegermutter scheint ihr freundlich gesinnt (Str. 8; dass die Mutter ›ihnen entgegen schreit‹, Str. 7, ist eine übliche Formel und bedeutet nicht unbedingt aggressives Verhalten).

Damit wird angedeutet, dass die Magd eine gute Partie machen und die Frau eines reichen Mannes werden könnte. Davon müsste an sich jedes einfache Mädchen träumen. Man erweist der Frau noch die Ehre, ihr zum Essen gebackenen Fisch und Wein vorzusetzen, und zwar am Tisch des Herrn (Str. 9), also nicht etwa abseits, wo das Gesinde essen muss. Doch da fällt der Blick aus dem Fenster hinweg ›über Berg und Tal‹, und sie hat Heimweh. Die Schlösser könnten ›alle verbrannt‹ sein (Str. 12). Sie hätte doch lieber zu Hause bleiben sollen.

Hier bekommt die Ballade eine ideologische Wendung und erinnert damit an »Graf und Nonne«, wo die Frau von sich aus auf jede Möglichkeit der Standeserhöhung verzichtet. Nicht nur den Männern, vor allem aber den adeligen Männern, ist nicht zu trauen. Ein einfaches Mädchen soll in ihrer Welt bleiben. Alles andere bringt nur Unglück. Mit der Ideologie des Textes werden soziale Grenzen zementiert und bestehende Abgrenzungen der Standesunterschiede für undurchlässig erklärt. Mit dieser die Traditionen stabilisierenden Mentalität wirkt der Text anti-emanzipatorisch.

In einer Variante aus Nordböhmen ist der dämonische Zug noch vorhanden, wenn es wie folgt anklingt: »Wenn ich doch bei meinem Vater wär', das Falkenschloss versunken wär'.« Im Gegensatz zur Ballade vom »Mädchenmörder« gelingt die Entzauberung nicht. In der letzten Strophe wird die Graserin grausam ermordet. Auch hier können wir die balladeske Erzählstruktur nachzeichnen: z. B. die Verkettung der Strophen untereinander durch Wortwiederholungen (Pfand = Str. 2 und 3; Sichel = Str. 3 und 4; setzen = Str. 7 und 8; Grab = Str. 12 und 13). Die Strophe 7 ›auf die Bank setzen, so dass der Gürtel vom Leibe absprang‹ ist eine gängige, grobe und bildlich deutliche Formel für Verführung, ja Vergewaltigung. Das Argument ist naheliegend, dass mit einem solchen Text unterschwellige und bewusste Ängste, vielleicht Angstträume, verarbeitet und diskutiert werden. Gleichzeitig wird der Alltag gepriesen, das kleine Glück des Heumachens für die väterliche Scheune, und die Phantasie von den ›sieben Schlössern‹ wird als Illusion enttarnt. Die Ballade lehrt illusionslosen Verzicht.

Wer aber sang eine solche grauenhafte Geschichte zur Unterhaltung? Und vielleicht für Kinder? Ein ähnliches, vieldiskutiertes Problem ergibt sich mit der Grausamkeit im Märchen. Wer sollte damit und wovor eigentlich abgeschreckt werden? – Aus Strophe 4 der Variante A kann man direkt auf einen Raubmord aus niederen Beweggründen schließen, wenn der Räuber über ›Sichel‹ oder ›Damenkleider‹ nachdenkt, die dann doch keine zufriedenstellende Beute sind. Wir müssen ganz vorsichtig über eine mögliche Mentalität in einer Bevölkerung nachdenken, die zeitlich kaum eine oder zwei Generationen von uns entfernt solche Lieder sang. Aber auch bei diesem relativ kurzen zeitlichen Abstand müssen wir uns eingestehen, dass wir über die Motivation, solch ein Lied erklingen zu lassen, praktisch nichts wissen.

Fremd geworden ist uns ebenso die wie selbstverständlich lieblose Instrumentalisierung der Beziehungen, aus der die Willkür des Mannes spricht. Davon handelt das Lied von der **Erzwungenen Ehe**. Es wurde von Pfarrer Louis Pinck 1932 in Lothringen aufgezeichnet. Wir kennen es z. B. auch in ungarischen Fassungen, in slowakischen, mährischen, tschechischen, südslawischen, rumänischen, bulgarischen, griechischen und bretonischen Parallelen. Pfarrer Pinck, der in den 1920er und 1930er Jahren die Volkslieder seiner Umgebung in Lothringen aufzeichnete, sich von seinen Pfarrkindern vorsingen ließ und ihre handschriftlichen Liederhefte sammelte, war besonders an alten Balladen interessiert. So wird er auch vorliegender Ballade gelauscht haben. Sie ist zwar erst im 19. Jahrhundert überliefert worden, weist aber nach Lajos Vargyas (Hungarian Ballads and the European Ballad Tradition, Budapest 1983) einige Elemente auf, die auf ein weitaus höheres Alter hindeuten. Dazu gehört z. B. die Tisch-Fisch-Formel in Strophe 8, die eine sehr altertümlich anmutende Parallele hat: zur Strafe ›auf dem Tisch wie ein Fisch zerschnitten‹ werden (vgl. »Bremberger«). Aber die Problematik der Ballade ist auch in einem traditionsgebundenen, bäuerlichen Milieu zu Anfang des 20. Jahrhunderts höchst aktuell. Dieses Lied spielt vordergründig in einem bäuerlichen Milieu; ›die Knaben‹, die in Strophe 2 eindringen, werden nicht näher charakterisiert.

Es ist naheliegend anzunehmen, dass dahinter wie so oft ein Standesunterschied steckt (vgl. »Graf Friedrich«), der die Situation verschärft und die Rechtlosigkeit des Bauern und seiner Tochter unterstreicht. ›Braun Anneli‹ ist zwar ›fein‹ und ›wacker‹ (Str. 1), aber eben auch ›braun‹, und das besagt in der Sprache der Volksballade, dass sie ›verführungsbereit‹ ist bzw. zu sein hat, nämlich ›den Herren zu Diensten‹. Die Tochter, offenbar noch sehr jung (›ich mag noch keinen Mann‹ Str. 4), wird gegen ihren Willen verheiratet. Vielleicht ist es ja sogar eine gute Partie, und es nützt ihr nichts, sich hinter dem Ofen zu verstecken (Str. 4). Aber sie wird nicht glücklich und ist am selben Tage tot: ›braun Annel wird kalt und nicht mehr warm‹.

Die lieblose Instrumentalisierung der Beziehungen, d. h. hier die Umdeutung von Liebe in eine günstige Gelegenheit, schlägt sich in sprachlichen Spuren nieder: In Strophe 5 und 7 heißt es, dass Anneli ›einen‹ Mann bekommt (irgendeinen, nicht den, den sie vielleicht liebt) und dass die besten Tage ›beim Mann‹ sind (wieder irgendeiner, namenlos und für Anneli kein individueller Partner). Dieser Mann bleibt im Hintergrund, ebenfalls das spätere Schicksal, falls Anneli doch überleben sollte. Auch darum hat man sich nicht zu kümmern, sondern die Tochter ist aus dem Haus, und zum Abholen des Mädchens (nicht etwa zur Werbung) schickt der Herr nur ›die Knaben‹ (Str. 2). So kurz diese Ballade ist, hat sie doch auch ihre charakteristische, balladeske Gliederung: Während der Vater ahnungslos beim Wein sitzt, kommen die Knaben zur Stubentür herein (Str. 2). Das ist eine typische, epische Szene von hoher Dramatik.

Überaus grausam erscheint einem die Willkür des Schicksals mit dem Tod am Hochzeitstag. Hier gilt offenbar eine über menschliche und männliche Willkür weit hinausgehende Vorbestimmung, die die Ballade von **Graf Friedrich** beherrscht. Über diese berühmte Ballade ist viel geschrieben worden. Sie ist in zahlreichen Varianten seit dem 16. Jahrhundert bis in die jüngste Vergangenheit aus fast allen deutschsprachigen Liedlandschaften bekannt. Der Hintergrund für die tragische Handlung wird nicht erläutert, und das ist für die Erzählweise der Volksballade typisch. Es geht nicht darum, individuelle Gründe dafür zu finden, warum Graf Friedrichs geliebte Braut ein so tragisches Ende finden muss. Das allgemein gültige Schicksal steht im Vordergrund. Es kann jeden treffen, und von dieser Aussage fühlt man sich individuell angesprochen. Hier wird sozusagen das allgemeine Schicksal verklagt, während es in der Ballade von der »Erzwungenen Ehe« die männliche und wahrscheinlich standesherrschaftliche Willkür ist, die angeprangert wird. Biegt man diese Ideologie jeweils für seinen Text zurecht, so liegen die beiden Balladen in den übrigen Elementen gar nicht so weit voneinander entfernt. Auch ihre erzähltechnischen Mittel sind die gleichen.

Der **Mädchenmörder** ist ein international verbreitetes Volksballadenthema. Hier geht es um Verführung und Mordversuch, auch wenn das aus manchen, während der offenbar langen Überlieferungszeit zerbrochenen Kurzformen nicht mehr ersichtlich ist. Die ältere Forschung wäre geneigt gewesen, bruchstückhafte Zeilen und Strophen zu korrigieren und ›richtig‹ zu ergänzen. Wir gehen dagegen davon aus, dass der Sänger sich etwas unter der Fassung vorstellte, wie er das Lied sang, und mit diesem Text muss es einen Sinn ergeben. (Außer der Informant gesteht, dass er alles vergessen hat.) Für den Wissenschaftler erschließt sich der Inhalt im Vergleich aller Varianten:

Die Königstochter (Helena, Fridburg, Anneli) möchte mit Herrn Halewijn (Gert Olbert, Schön Heinrich) ziehen, mit einem Räuber ›über den Rhein‹ (weit weg). Der Reiter Ulinger (auch ein Metzger) singt am Fensterladen ein Lied mit drei Stimmen (das ist ein zauberhaft betörender Gesang). Vater, Mutter und Schwester raten ab. Solche Dialoge sind typische Darstellungsformen der Ballade. Der Bruder erinnert warnend an den Jungfernkranz. Doch sie zieht ihre besten Kleider an, ordnet das Haar und reitet los bzw. er (der Verführer) schwingt sie auf sein Pferd und reitet mit ihr über die Heide. Hier tauchen einander ähnliche epische Formeln der Entführung auf: ›er nahm sie bei ihrer schneeweißen Hand …‹, und er ergreift sie am Gürtel.

Mitten in den Wald führt sie Herr Halewijn. Tauben und blutrotes Quellwasser warnen. Sie kommen in den Galgenwald, wo Frauen erhängt sind. Dort rasten sie, und er breitet den Mantel aus. Vor ihrem Tod, meint er, soll sie noch ihr schönes Kleid ausziehen, sie dagegen versucht Zeit zu gewinnen. Sie will das Horn blasen, will seine Haare waschen bzw. lausen, sie will drei Schreie tun. Das alles sind retardierende, verzögernde Momente in der Handlung, die spannungssteigernd wirken. Schließlich kommt der Bruder doch noch und stellt den Mörder zur Rede. Und er tötet den Verführer seiner Schwester. Das muss man in manchen Varianten gedanklich ergänzen, und erstaunlicherweise ist ein solches Detail für viele Texte offenbar unwichtig. Sie ist gerettet, kehrt aber zuweilen (unlogischerweise) zum Schloss zurück, wo Halewijns Mutter sich über den abgeschlagenen Kopf wundert, den die Braut auf dem Schoß liegen hat. Der Kopf wird bei Tisch vorgezeigt. Merkwürdige Details prägen diese Ballade.

Die Ballade ist auf Deutsch, Niederdeutsch und Niederländisch seit dem 16. Jahrhundert häufig überliefert. In Frankreich heißt sie »Renaud le Tueur de Femmes« und erinnert auch dort an das Blaubart-Thema. Auf Englisch kennen wir die Parallele »Lady Isabel and the Elf-Knight«. Hier hat der Mörder ebenfalls Züge eines überirdischen Dämons. Das Lied steht inhaltlich der »Entführten Graserin« nahe. Die Variante D hat ein besonderes Gepräge durch die refrainartigen Wiederholungen der Zeile ›Über Berg und Tal soll's klingen‹. So kann man auch z. B. ein fröhliches Jägerlied singen, und viel von dem dämonischen Ton älterer Aufzeichnungen ist hier nicht mehr zu spüren. Entsprechend hat der Mädchenmörder auch keinen ritterlichen Namen (wie z. B. niederländisch ›Heer Halewijn‹), sondern er ist verbürgerlicht, nämlich ein Metzger. Dass man in Lothringen einem, der vom Rhein kommt, nicht trauen soll, kann einen regionalen Kontrast zum Hintergrund haben. Aber wahrscheinlich ist es nur ein fremder Metzger von weit her, mit dem man lieber nicht in den Wald gehen sollte. Die Mörder-Geschichte bekommt hier den moralisierenden Beigeschmack einer alltagsnahen Belehrung.

Und wenn es vor allem eine Mörder-Geschichte ist, liegt es nahe, das Mädchen auch sterben zu lassen, selbst wenn das eine zentrale Liedidee der traditionellen Ballade in ihr Gegenteil verkehrt. Leben oder tot sein wird als Ritual gespielt. Unterschwellig zum Einlernen als moralisch angesehener Normen heißt das, dass das individuelle Leben nicht viel wert ist. Das sonst mitfühlend beweinte und schließlich gerettete Mädchen, im Text deutschsprachiger Siedler aus Wolhynien (Russland) 1944 »Radinchen« genannt (Variante E), hängt ›tot an der Eiche‹. So wurde ›gespielt‹!

Es ist typisch für die Volksballade allgemein in dieser Variante, dass in Strophe 13, nach den Schreien von Strophe 12, Radinchen bereits ›am Galgen hängt‹ und man damit die Pointe vorwegnimmt. Die Ballade baut eine Spannung mit anderen Mitteln auf. Die grausige Handlung selbst ist allen bekannt und muss nicht dramatisierend verschärft werden. Statt überraschender Darstellung bietet die Ballade das rituelle Spiel der Wiederholung bekannter Tatsachen. Diese sind an sich tragisch genug, und dass man sie nicht verhindern kann, dass man dem Schickal nicht in die Speichen fallen kann, ist die moralische Lehre, die man daraus zu ziehen hatte. So etwas war, meine ich, mentalitätsbildend: Wehre dich nicht, erleide stumm dein Schicksal.

Dieser Umgang mit dem Schicksal scheint für die Volksballade charakteristisch und spiegelt eine zugrundeliegende Mentalität. Der Schicksalsglaube an eine anonyme Macht, der man sich wehrlos ausgeliefert fühlt, zieht sich durch die Jahrhunderte. Er ist in diesem Sinne zeitlos und wohl eng mit der Psyche des Menschen verbunden, wo dieser z. B. nicht etwa durch moderne Formen des christlichen Glaubens emanzipiert scheint. Von dem römischen Dichter Horaz (65–8 v. Chr.) stammt das Wort: »Wir zappeln wie Hampelmänner an fremden Drähten ...« Der französische Philosoph Michel de Montaigne (1533–1592) prägte den Ausdruck: »Wir gehen nicht; wir werden geschoben, wie Treibholz, jetzt sachte, jetzt heftig, je nachdem das Wasser erregt oder ruhig dahinfließt.«

Die Volksballade hat vieles mit der Inszenierung eines Stückes auf der Bühne gemeinsam. Dialoge werden auswendig und steif angelernt aufgesagt. Wie Marionetten handeln die Personen, Zug um Zug haben sie ihre Rolle zu spielen. Dazu kommt eine hohe Stilisierung der Erzählinhalte und eine starke Formalisierung durch die strophische und szenische Struktur und durch die stereotype Sprache. Form und Inhalt entsprechen sich; Johann Wolfgang von Goethe war von dieser Stimmigkeit von Epik, Lyrik und Dramatik zu Recht fasziniert. Das alles erscheint ebenfalls für eine bestimmte Epoche des Spätmittelalters besonders charakteristisch. Johan Huizinga hat darüber geschrieben (Herbst des Mittelalters, 1919/1941). Schicksal wird zum Spiel, Spiel wird zur Geschichte: zeitlose Wahrheit und spannende Erzählung. Die Volksballade mit der Geschichte vom Mädchenmörder ist nur ein Beispiel dafür; sie berührte Erwachsene und Kinder.

Die gespielte Liedgeschichte wiederholt sich in abgewandelter Form im verbreiteten und früher traditionellen Kinderspiellied von »Mariechen saß auf einem Stein ...«. Man hat es für ein besonderes Zeichen einer ›uralten‹ Ballade gehalten, wenn diese sich bis zum Kinderlied weiterentwickelt hat. Auf jeden Fall hat sie eine bemerkenswerte Entwicklung hinter sich, bevor sie einer solchen Milieu- und Funktionsveränderung unterliegt. Nur der weitgespannte Variantenvergleich macht den Zusammenhang der extrem voneinander abweichenden Texte überhaupt einsichtig. Im ritualisierten Kinderspiel wird die Handlung noch trockener und emotionsärmer. Das beweinte Mädchen ist schon längst gestorben. Von der übernatürlichen Macht des Ritters Blaubart ist nicht die Rede, aber das Spiel bleibt eine Warnung vor dem Schwarzen Mann, der hier allerdings mit einem (sonst damals eher als vorbildlich angesehenen) Fähnrich assoziiert wird.

An literarische Formen des Mittelalters knüpft die Ballade vom **Nachtjäger** an. Zugrunde liegt eine umgedeutete Allegorie, die in der Volksüberlieferung nicht verstanden bzw. so nicht gewollt wurde. Aus dem Bild der Liebessehnsucht wird ein konkretes Jagdabenteuer. Wir kennen die Überlieferung um 1700 und umfangreich dann im 19. und 20. Jahrhundert. Frühere Interpretationen, dass es sich um eine Geschichte in der Tradition des Sagenmotivs von der ›Wilden Jagd‹ handelt, die ihrerseits mit dem germanischen Gott Wotan verbunden wurde, sind abzulehnen. Die Vorlage zu unserer Ballade liegt in der spätmittelalterlichen Liebesallegorie von der ›vergeblichen Jagd‹, die ein dichterisches Bild für die Minne ist, das ist höfische, sublimierte Liebe und Verehrung. Solche Minneallegorien waren beliebt und lebten davon, dass ein Jäger mit allen möglichen Mitteln, auch mit unehrlichen wie Fallenstellen usw. versucht, seine Liebe zu erjagen. Die Minnevorstellung zielt aber darauf, dass dieses ersehnte Liebesverhältnis eigentlich unerreichbar bleibt: Das Jagen bleibt vergeblich bzw. ist verloren. »Ich schwing mein Horn im Jammertal, mein' Freud ist mir verschwunden … mein Jagen ist verloren …« dichtete in dieser Tradition Herzog Ulrich von Württemberg 1510.

Das poetische Bild wird in unserer ersten Variante durchaus mit der Wirklichkeit der Jagd verbunden. Das Wild wird ›aus dem Korn‹, dem Getreidefeld, wo es Schaden anrichtet, in das ›Holz‹, in den Wald getrieben. Die Netze sind ›hoch‹ oder ›niedrig‹ gestellt. Aber die Zielrichtung ist die Symbolik dahinter: die nächtliche Jagd, die Frau als ›wildes Tier‹, die Jungfrau, die ›fallen‹ muss. Auch die Steigerung der Jagd in drei Stufen (Fuß, Arm, Leib) ist bezeichnend, aber der Schluss ist glücklich: sie wird des Jägers Weib. In einem Beleg von 1773 ist es ähnlich. An ›Arm‹ und ›Fuß‹ wird sie gefangen, doch der Anschlag gilt dem ›Wild‹, das dann sterben muss. In dieser frühen Form ist die Vorstellung noch schwankend, wer eigentlich gejagt wird und welches Ziel es hat, nämlich das ›Wild‹ zu töten oder die eingefangene Frau zu ehelichen.

Man kann in diesem Zusammenhang an zahlreiche Abbildungen vorwiegend aus dem Spätmittelalter und der Renaissance erinnern, mit denen solche Liebesjagden illustriert wurden, z. B. auf Wandteppichen. Da jagt ein Jäger sein Wild mit ehrenwerten Hunden, die die Namen von Tugenden tragen. Ein anderer Jäger bemüht sich mit Fallen und Netzen, und seine Hunde heißen ›Neid‹ und ›Hass‹. Da erhält auf einem Bild der Renaissance das gejagte Wild das Gesicht eines Mädchens. Schließlich gehört hierher noch der gesamte symbolträchtige Bereich religiöser Überlieferung, in der das gejagte Einhorn sich in den Schoß der hl. Maria flüchtet.

Mit einer symbolischen Deutung gibt sich die Volksballade nicht zufrieden oder kann damit nichts anfangen. Sie will eine konkrete und dramatische Handlung. Die Volksballade war bis in unsere Gegenwart hinein eine höchst lebendige Gattung. Dass die Entwicklung zur Konkretisierung des Geschehens weiterwirkt, zeigt sich an zwei Varianten, die in Unterfranken aufgezeichnet wurden. In der ersten Variante (D) wird weiterhin ›wildes Schwein‹ (die Jagdbeute) mit dem ›schwarzbraunen Mädchen‹, dem typisch verführungsbereiten Mädchen, gleichgesetzt. Da muss sie, gefangen, ihren Jungfernkranz hergeben, und trotzdem stirbt sie. Grob könnte man dazu Vergewaltigung und Mord sagen, und der ›Trost‹ für die Frau gegenüber dem männlichen Jäger mit seinem ›stolzen Mut‹ sind höchstens ›drei Lilien auf dem Grab‹.

Das Liebeslied von den ›Drei Lilien‹ hat sich von einer solchen Fassung selbstständig gemacht: »Drei Lilien, drei Lilien, die pflanzt ich auf ein Grab; da kam ein stolzer Reiter und brach sie ab …« (um 1830). In einer weiteren Variante (B) aus Franken zeigt sich, wohin ein solches Lied sich weiterentwickeln kann. Hier ist der Jäger modern mit einem Gewehr ausgestattet. Warum er aber das ›schwarzbraune‹ Mädchen erschießen sollte, bleibt ungesagt. Und auf dem Grab ist es ein ›Bauer‹, der die Lilien bricht, und deshalb können sich Jäger und Bauern nicht leiden. Natürlich nicht wegen der Lilien, aber wegen des Wildes, das die Herrschaft jagen will. Das Wild aber zerstört das Getreide, und diese

Sorge war sicherlich in Franken um 1850 weiterhin eine Realität. Aber warum sollte ein Jäger dem Bauern gram sein wegen Lilien, die er auf dem Grab eines Mädchens gepflanzt hat, welches er vorher ermordet hat? Derartige Fragen an die Logik des Textes in solchen Liedern darf man nicht stellen. Das zeigt jedoch, wie sehr ein unlogischer Text von einer Melodie trotzdem singbar und durchaus verwendbar gemacht werden kann. Und es zeigt, wie wenig man sich dabei denkt, wenn man singt.

Merkwürdig kommen einem auch die **Winterrosen** vor. Hier mischen sich Spaß und Ernst, aber mit welchem Inhalt? Mit Blick z. B. auf eine Aufzeichnung aus Hoyren bei Lindau am Bodensee von 1929 muss man schon sehr gutwillig gegenüber Volksliedtexten sein, um zu akzeptieren, dass eine Einzelperson oder eine Gruppe dieses Lied so singt. Warum wunderte man sich nicht über den Text und lehnte ihn ab? Nein, die »Winterrosen« sind eine wunderschöne Volksballade, die sehr gern gesungen wurde. Nur im Zusammenhang mit den übrigen, sehr zahlreichen Varianten erschließt sich uns der Sinn des Liedes, der in der vereinzelten Aufzeichnung dunkel bleiben kann.

Um ihren Widerstand zu überwinden, muss er eine schwierige Aufgabe lösen, nämlich mitten im Winter besondere Rosen bringen. Einmal ist es allerdings das Mädchen selbst, das solche Rosen suchen muss. Nicht weniger unlogisch erscheint es, dass sie vom Maler dann erstochen wird. Auf ihrem Grab wachsen endlich die Rosen, die zur Aufgabenstellung gehören. Man kann sich nur vorstellen, dass das Lied von einer Melodie getragen wird, und dass man dann über solche Ungereimtheiten hinwegsingt.

Mit dem **Dollinger** sind wir bei ›Ungar, Türk' und Teufel‹. Sehr freundlich ging man nicht miteinander um. Die bis in die frühe Neuzeit drohende Türkengefahr wurde auch als Gefahr für den einzigen ›rechten‹ Glauben verstanden. So muss denn der herausfordernde Türke selbst dorthin, wo er seinen Gegner haben will, zum Teufel nämlich, in die ewige Verdammnis. Der Text ist lokal mit Regensburg verbunden. Neuere Untersuchungen weisen mit dem handschriftlichen Frühbeleg von etwa 1510/1519 in diese Stadt. Dazu kommt eine Regensburger Tafel, die seit der Mitte des 16. Jahrhunderts von unserer Geschichte berichtet, und es ist dieser Text (modernisiert in der Schreibung), der 1796 abgedruckt wurde. Historisch werden wahrscheinlich Ereignisse des 10. Jahrhunderts besungen (um 913 bzw. 927 Einfälle der Ungarn nach Bayern; 955 Schlacht auf dem Lechfeld gegen die Ungarn). Aber wann das Lied entstanden ist, muss offen bleiben. Nicht unwahrscheinlich, dass es ein Produkt des historisch interessierten frühen 16. Jahrhunderts ist.

Der **Herr von Falkenstein** sieht am Wege ein ›Mädel mit weißem Kleid‹ stehen (Str. 1). Das signalisiert in der Volksballade allgemein und für ihn als Ritter und Mann Verführungsbereitschaft. So bietet er sich an, mit dem Mädchen zu schlafen, seine Schlafkammer mit ihm zu teilen, eben sein ›Schlafbuhle‹ zu sein (Str. 2). Das ist durchaus kein Heiratsangebot, aber auf eine solche spitzfindige Unterscheidung legt die Ballade keinen besonderen Wert. Doch mit einem Unbekannten will das Mädchen sich nicht einlassen. Als der Mann sich jedoch als Herr von Falkenstein zu erkennen gibt (Str. 3) – das ist eine traditionelle ritterliche Geste, dem anderen seinen Namen zu nennen –, weiß das Mädchen plötzlich, mit wem es zu tun hat. Die Frau bittet um einen Gefangenen, welcher ihr die Ehe versprochen hat (Str. 4), um ihren Verlobten nämlich. Was dieser verbrochen hat, um vom Ritter eingesperrt zu sein, interessiert die Ballade nicht. Er muss ›im Turm verfaulen‹ (Str. 5).

Das Lied handelt von männlicher und hier besonders adeliger Willkür, und es übt in assoziativer Form Kritik am Feudalsystem. Es ist typisch für die Balladenhandlung, dass sie über die Hintergründe eines Geschehens nichts berichtet. Auch daraus entsteht ein

Gefühl der unabwendbaren Tragik. Zum nachmittelalterlichen Feudalsystem gehörte es, dass der Adel (in Grenzen) eigene Gerichtsbarkeit ausübte. Von der Willkür der adeligen Grundherren ist in den Balladen immer wieder die Rede. Das ist der Tenor deutscher Volksballaden in der Überlieferung des 18. und 19. Jahrhunderts. Ob es auch generell vorher so war, muss offen bleiben; einige Belege sprechen dafür. Aber z. B. Dänemark hat eine stark ritterlich und höfisch geprägte Volksballadengattung aus dem 16. Jahrhundert. Die adelige Willkür war offensichtlich ein fast alltägliches Problem für die betroffenen Sängerinnen und Sänger im Bereich der Überlieferung deutscher Volksballaden. Das sagt auch etwas über das Publikum, bei dem solche Lieder wahrscheinlich entstanden sind und beliebt waren. Der Adel wird seine eigenen Fehler wohl kaum so deutlich besungen haben.

Hier vermag die schwache Frau, über deren Stand allerdings nichts gesagt wird, den Ritter mit den eigenen Waffen zu schlagen, mit seiner eigenen Auffassung von adeliger Ehre. Wenn sie ein Messer tragen dürfte, wie jeder Mann (sogar ein Knecht, Str. 9), würde sie mit ihm kämpfen. Waffen zu tragen war ein Privileg des Adels. Großmütig lässt der Ritter daraufhin beide laufen; mit einer Frau könne er nicht fechten. Aber sie sollen aus seinem Land verschwinden. Und hier regt sich dann Kritik an dieser adeligen Willkür in der letzten Strophe (welche allerdings unbeantwortet bleibt): Der Gefangene fühlt sich unschuldig und will im Land bleiben. Die Kritik wird nicht kommentiert; sie ist eine Assoziation, die man sich mitdenken darf, aber nicht muss. Jedoch mit dieser textuellen Offenheit scheint die Ballade das Problem immerhin zu diskutieren. Dann kann sich jede und jeder selbst das denken, was man für richtig hält. Aber sie und er sollen es für sich behalten. Die Ballade ruft mit dieser erzählerischen Ideologie zwar nicht zur Veränderung auf, jedoch sie hält die Möglichkeit dazu immerhin offen.

Epische Formeln und stereotype Ausdrücke

Wir möchten an dieser Stelle einiges zusammenfassen, was verstreut über die hier präsentierten deutschen Volksballaden hinsichtlich der epischen Formeln und stereotypen Ausdrücke gesagt wird. Ein Verzeichnis solcher Sprachformeln zeigt die relative Einförmigkeit der Ausdrucksweise in den verschiedenen Liedern. Es gibt einen festen Wortschatz und einen ziemlich engen Vorrat an bestimmten Ausdrucksweisen, die immer wieder verwendet werden, und zwar quer durch alle Liedtypen. An den entsprechenden gleichen Textstellen in unterschiedlichen Varianten eines Liedtyps werden nicht unbedingt identische Formeln verwendet, sondern ähnliche Ausdrücke aus dem, wie wir sagen, gleichen Formelfeld. Das zeigt, dass der Formelgebrauch in der Regel nicht zur Individualität des vorliegenden, bestimmten Liedtyps gehört (z. B. »Königskinder« mit all ihren Varianten), sondern zur allgemeinen Sprache der Volksballadenüberlieferung. Ausnahmen verstehen wir als direkte Liedanleihen, z. B. die Berg-und-Tal-Formel, die möglicherweise aus »Graf und Nonne« stammt und sich von dort her verbreitet hat.

Die Verständigung über das Geschehen in der Ballade gründet sich auf eine besondere, leicht memorierbare, gedächtnismäßig einfach festzuhaltende Sprache und auf entsprechende Strukturen, d. h. auf eine überlieferte Ausdrucksweise, die allen geläufige Assoziationen auszulösen und mitzutragen fähig ist. Selbst wenn man den genauen Wortlaut einer Formel nicht mehr nachvollziehen kann, weil einzelne Wörter darin völlig veraltet sind, bleibt weitgehend ein Verständnis, was insgesamt mit dieser Formel gemeint ist. Erst in einer Spätphase der Überlieferung – typologisch gesehen – werden Formeln auch ›falsch‹ gebraucht. Das ist an sich keine richtige Bezeichnung dafür. Es bedeutet, dass die Formel ihren Sinnkontext verloren hat und damit für den Erzählzusammenhang funktionslos geworden ist. Hier spielt der Zeitfaktor sicherlich eine Rolle, aber nicht nur. Die Bedeutung einer Formel wird nicht vergessen, sondern verschwindet mit veränderten kulturellen Voraussetzungen.

Die lebendige Formel wird von einem kulturhistorisch vertrauten Zusammenhang getragen, z.B. Begegnung ›vor dem Tor‹ oder Zusammentreffen beim ›Blick aus dem Fenster‹, welche entsprechende Vorstellungen von schicksalhafter Vorbestimmtheit nahelegen. Zumindest gilt diese Behauptung für solche Regieanweisungen innerhalb der Volksballade. Wie weit sie auch die Realität im Leben der Sängerinnen und Sänger betroffen haben, muss offen bleiben. Das hängt davon ab, in welchem Maß man solche Texte für mentalitätsbildend bzw. vorurteilsfördernd hält und wie weit man meint, dass Literatur den Menschen überhaupt zu beeinflussen vermag. Umgekehrt liegt hierin eine Voraussetzung, die Liedtexte auch als Spiegelbild der davon betroffenen Gesellschaft und ihrer Mentalitäten zu verstehen.

Grammatik und Satzbau der Volksballadensprache sind bekannte Kommunikationsmuster der Sänger- und Hörergemeinschaft. Man kann also, theoretisch, eine ›echte‹ Volksballade texten, wenn man deren Inhalt und Handlung kennt und sich der geläufigen Formelsprache bedient. Aus diesem Grunde hat man früher an Improvisation in mündlicher Überlieferung gedacht (vgl. Albert Bates Lord, The Singer of Tales, 1960, und eine Flut daraus resultierender Literatur), aber das war wohl ein Denkfehler. Die Liedtexte werden mit ihren Formeln bzw. festen Ausdrücken aus bestimmten Formelfeldern mündlich überliefert. Die Formeln erleichtern die gedächtnismäßige Weitergabe erheblich. Dabei dürfen wir aber ›Formel‹ nicht als etwas Starres und Unveränderliches verstehen, sondern als ein Sprachgerüst, das durchaus interne Varianten erlaubt. Formeln sind also bis zu einem gewissen Grad der gleichen Variabilität (Veränderlichkeit) im Laufe mündlicher Überlieferung unterworfen, wie der gesamte Text. Formeln bewegen sich zumeist innerhalb definierbarer Grenzen eines Feldes gleichen Grundverständnisses, d.h. gleicher Assoziation, die mit diesem Formeltyp verbunden ist. Wenn ich etwa ›zufällig‹ aus dem Fenster sehe und dabei eine für mich wichtige Person entdecke, die ebenso ›zufällig‹ vor dem Tor steht, ist dieses Zusammentreffen sicherlich vom Schicksal vorherbestimmt.

Die folgende Übersicht zeigt die Variationsbreite innerhalb eines Formelfeldes bei ähnlichen, funktionsgleichen und inhaltlich verwandten Ausdrücken. Wir verzichten dabei auf die Stellennachweise; die Belege sind unseren Texten entnommen und wiederholen sich ständig. Manche Bereiche überschneiden sich. Aber die Belege stammen nicht nur aus parallelen Varianten des gleichen Liedtyps, sondern – und das ist wichtig – vor allem aus völlig unterschiedlichen Balladentypen. Ihre Formeln gehören also nicht zum individuellen Lied, sondern sind der gattungstypischen Sprache zuzuordnen. Es gibt unterschiedliche Formeln mit einer ähnlichen Bedeutung, die für gleiche Szenen zur Verfügung stehen.

Das hier angedeutete System eines nach inhaltlichen Stichwörtern aufgestellten Formelregisters lässt sich nach Bedarf differenzieren. Zum Beispiel kann man es nach den besonderen epischen Strukturformeln aufstellen, die von Begegnung bzw. Ankunft und Empfang über Alarmformeln und ›schweren Träumen‹ bis hin zur ›Sattelstrophe‹ und Formeln für dem Kampf reichen (vgl. O. Holzapfel, in: Jahrbuch für Volksliedforschung 18, 1973). Mit solchen Formelreihen oder stereotypen Ketten aufeinander abgestimmter Ausdrücke kann eine gesamte Handlung stilisiert werden. Es entsteht eine relativ stabile Erzählstruktur, die ebenfalls mündliche Überlieferung möglich macht. Das habe ich an anderen Stellen mehrfach skizziert, besonders auch am dänischen (vgl. O. Holzapfel, Studien zur Formelhaftigkeit der mittelalterlichen dänischen Volksballade, Frankfurt am

Main 1969, Nachdruck auf Mikrofiches Egelsbach 1994, und Det balladeske. Fortællemåden i den ældre episke folkevise, Odense 1980) und am deutschen Material. Die englisch-schottische und die französische Überlieferung kennt dazu viele Parallelen und ähnlichen bzw. gleichen Formelgebrauch (vgl. Flemming G. Andersen, Commonplace and creativity. The role of formulaic diction in Anglo-Scottish traditional balladry, Odense 1985).

Es kommt hier nicht darauf an, spezielle Untersuchungen zu einzelnen Formelbereichen zu referieren. Auch nicht auf eine Quantifizierung kommt es mir an, mit der man früher Formeln abzählte und aus einem unterschiedlichen Prozentgrad an Formelhaftigkeit übereilte Schlüsse zog. Man beurteilte diese Dichtung fälschlicherweise als Improvisation (Prozentsätze mussten dabei ziemlich willkürlich errechnet werden), was sie nur scheinbar ist. Wir sprechen höchstens von ›gebundener Improvisation‹, d. h. von Variation in engen Grenzen. Die Volksballadensprache war innerhalb des Deutschen eine traditionelle Sondersprache, die gattungstypisch ist. Wir definieren ›Ballade‹ sogar über deren charakteristischen Gebrauch von ›epischen Formeln‹. Vergleichbares lässt sich z. B. auch für andere Liedgattungen und für Märchen und Sage erarbeiten. Um die poetische Dichte und Kraft dieser Ausdrucksweise zu erfahren, muss man sich mit ihren Bedingungen und Einzelheiten vertraut machen.

Ankunft: Sie kam vor einer Frau Wirtin Tür … / sie reiten vor ihr Haus … / als sie zur Pforte kamen … / und im Kloster angekommen …

Begegnung: über die Brücke … ihm entgegenritt / über die Brücke ging …, da begegnet ihm / es …, da begegnet / es wollt …, da begegnet / und da sie … kamen, … begegneten / und als … reinkam, … ihm entgegen kam / … da begegnet ihm / … zu der Tür eintrat, … ihm entgegen geht

Begegnung, plötzlich und überraschend: Und wie er … kam, da stand / und wie er auf die Mitte hinauf kam, da … / und als sie kam …, da sah sie / und als sie kam …, da stand / und als sie … kamen, da hörten sie / und als sie … ritten ein, da trug man / und als sie … kamen, da trug / und wie … kam, brachte er / und als er … kam, da … usw. – Dieser Formeltyp ist das am häufigsten gebrauchte Hilfsmittel für eine dramatische Darstellung im Zentrum der Balladenhandlung, nämlich das überraschende Zusammentreffen der beiden Hauptpersonen.

Begegnung: über die Heide ritt …, entgegen sieht. – Neben dem Wald, der im Märchen eine signifikante Rolle spielt und ebenso in den archaisch anmutenden dänischen Volksballaden als typischer Ort der Gefährdung auftaucht, ist die Heide ein Stelle der ›gefährlichen‹ Begegnung.

Begegnung am Brunnen: Wasser schöpfen in einem tiefen Brunnen … / Wasser holen an einem tiefen Brunnen … – Die Begegnung am Brunnen ist ein in der gesamten Literatur beliebtes Motiv (etwa in der Erzählung der Bibel häufig) und eine typische Balladenszene. Wasserholen am Brunnen gehörte früher zur täglichen Hausarbeit, und der Brunnen war damit ein selbstverständlicher Ort der Begegnung und des Gedankenaustausches.

Formeln der Begegnung im weiteren Sinne sind häufig gebrauchte Strukturen, die bei einem ›zufälligen‹ Blick hinaus Personen zusammenführen, z. B. … zum Fenster hinaus, da sieht …, oder die bedrohliche Konfrontation signalisieren, z. B. … kommen zur Stubentür herein, der Vater der saß … – Aus einer Begegnung entwickelt sich als nächste Szene in der Ballade häufig ein Dialog der Personen. Uns geht es hier nur um die Form, um den Rahmen für diesen Dialog, nicht um die Inhalte, die darin vermittelt werden.

Dialog: Ach Vater, ach Vater mein ... / ach Mutter, Mutter mein ... / ach Sohn, ach Sohn ... Sehr häufig ist im Dialog die einfachste Wiederholungsform: Ach Mutter, liebste [liebe] Mutter [mein] ... Sie wird erweitert mit z. B. Ach Mutter, herzliebste Mutter ... / ach schönste Madmoisell ... / ach leidiger Henker ... – Der Dialog wird ebenfalls sehr häufig z. B. mit einem einfachen »Ach Schätzchen ... « oder »Ach Edelmann ... « eröffnet. Variierte Formen dazu sind: Ei Mutter, ei Mutter ... / ei Edelmann ... / ei Diener ... / o Mutter ... Vater, ach ...

Empfang: Sie reiten ... den Hof hinein, ... ihnen entgegen schreit / ... ritt zum Tor hinein, ... ihm entgegen kam

Entführung: [nehmen] bei der Hand, bei ihrer schneeweißen Hand / er nahm ... bei ihren schneeweißen Händen, er führt ..., [bis an] ein Ende / er nahm ... bei der Hand ..., bis er ... kam / er nahm ... bei der Hand, und er führte ... bis / er nahm sie bei ihrer schneeweißen Hand und führte sie ... / er nahm sie bei der Mitte ...

Entführung zu Pferd: ... nahm er sie bei ihrem Rock und setzte sie hinter sich auf sein Ross / er greift sie wohl mit ihrem Rock, er schwingt sie wohl auf sein hohes Ross / er schwang ... auf sein Ross und ritt / er nahm sie ... und schwenkt sie ... auf sein Ross / er nahm sie an ihrem rechten Arm, er schwenkt sie auf sein hohes Ross ... – Eine Entführungsformel ist eine Floskel für die Reaktion, bei der eine Handlung nach der signalhaften Vorbereitungsformel stereotyp weitergeführt wird.

Fenster (Formel für die schicksalhafte Begegnung): ... an der Zinne stand und sah zum Fenster aus ... / da sah ..., zum Fenster sah sie raus / da sah ..., zum Fenster sah sie raus / da schaut ... bei dem obersten Laden raus / sie reiten vor das ..., schaut zum Fenster raus ...

Heide gilt (wie der Wald) als ›gefährliche‹ Landschaft: ... über eine Heide grüne, da fand er ...

Kontrastformeln, [soziale] Gegensätze: auf hohen Felsen ... in das tiefe Tal / auf hohe Berge ... ins tiefe Tal / auf hohe Berge ... in das tiefe Tal

Lilien (und andere Blumen) auf dem Grab: drei Lilien, die wuchsen auf ihrem Grab / drei Ilgen [Lilien] auf ihrem Grab / drei Lilien wuchsen auf ihrem Grab / da wuchsen drei Lilien auf ihrem Grab / gestorben war, da wuchsen ihr drei Rosen ... – Blumen auf dem Grab gehören in der englisch-schottischen Volksballade zu den typischen Abschlussformeln einer Balladenhandlung. Sie schildern z. B. mit dem Bild der auf dem Grab wachsenden Pflanzen, die sich umschlingen (oder gar über dem Dach der Kirche zusammenwachsen), dass die Toten im Grab endlich zusammengefunden haben, welche im Leben nicht zusammenkommen durften. In der deutschen Überlieferung signalisieren Lilien auf dem Grab auch die Vergebung für menschliche Sünden.

Sattelstrophe: Er sprach zu seinem Knecht: Sattle mir und dir zwei Pferd ... [der Weg ist reitenswert] / sattle mir den Gaul ... usw. – Das ist eine häufig gebrauchte Formel, die bei einem Szenenwechsel neues dramatisches Geschehen einführt. Es folgt z. B. eine tragische Begegnung ›auf der Heide‹. Die Sattelstrophe ist eine typische Alarmformel (oder auch bereits beginnende Aktion), die etwa von einer anreihenden Begegnungs- und Entführungsformel fortgesetzt werden kann.

schwarzbraun u. ä. [verführungsbereit]: schwarzbraunes Mägdelein / schwarzbraunes Haar / braunes Mädchen / braun Anneli / schwarzbraunes Mädchen / ... küsst der schwarzbraune Zimmergesell wohl deine schneeweiße Frau. – Schwarzbraun war die sonnengebräunte Magd, mit der man (Mann) gefahrlos anbandeln konnte. Damen mit weißer Haut bleiben im Haus, scheuen die pralle Sonne, brauchen keine anstrengende Arbeit draußen zu leisten und sind vornehm. Das ist eine mögliche Erklärung dazu. Schwarzbraune Mädchen sind nicht immer verführungsbereit, aber diese Bezeichnung löst in den Texten solche Assoziationen aus. Diese stehen als Kontrast zum sonstigen höfischen Schönheitsideal des bleichen, blassen, weißen Mädchens (siehe auch bei der Entführungsformel z. B. die ›schneeweiße Hand‹). Solche Damen sind (in der Regel) unnahbar (oder sollten es sein, siehe oben die ›schneeweiße Frau‹). Schwarzbraun quasi als Signal für ein ›fröhliches Abenteuer‹ ist in der gesamten Volksliedüberlieferung verbreitet (vgl. etwa »Schwarzbraun ist die Haselnuss ... «).

Tisch-Fisch: Sie führen sie wohl an den Herrentisch, sie tragen ihr wohl auf gebackene Fische / sie setzten die Jungfrau wohl hinter den Tisch und trugen ihr auf gebratenen Fisch / sie setzen ... an den Tisch, ... gebackene Fische / sie führten ... zu Tische ... gebackene Fische ... – Das ist eine höfische Floskel, mit der einer Person ein besonders gutes Essen serviert wird. Solches hat seinen kulturgeschichtlichen Hintergrund. Vor allem die an manchen Stellen merkwürdige Kombination mit der folgenden Formel, nach der eine Person ›wie ein Fisch‹ zubereitet und also ermordet wird, ergibt eine eigenartige, widersprüchliche Stimmung. Für die folgende Mord-Formel gibt es archaische Belege, deren Interpretation für mich bisher nicht ausreichend geklärt ist.

Tisch-Fisch, auf den Tisch ... schneiden wie Fisch [Mord!]: auf einen Tisch ... schneiden gleich wie einem Salmen Fisch / auf den Tisch ... wie einen Karpfenfisch / man legt den Bremberger auf ein' Tisch, schneidet ihn zu Riemen wie ein' Fisch [kombiniert mit dem Essen des Herzens].

Traum, schwere Träume, bilden die typische ›Alarmstrophe‹: ... um Mitternacht, es träumte ihn sehr schwere / es stand wohl an den dritten Tag, dem Herrn träumt es schwere ... [Kombination von Zeitformel und Traumformel] – Der Traumstrophe folgt häufig die Sattelstrophe; der Alarm geht in Aktion über.

Überraschungsformeln (z. T. retardierend, die Handlung verzögernd): Und als ... ist die Formel für eine plötzliche, überraschende Begegnung. Dieses ›und als‹ wird sehr häufig verwendet. Differenzierter ist die Überraschung mit folgenden Ausdrücken: Was nahm sie von ihrem Haupte / was zog sie ab vom Finger / was sieht er ... / was zog er aus der Scheide? Ein Schwert von Gold rot und stach ... usw. – Die Formulierung ist vom Ansatz her ähnlich wie in der ›überraschenden Begegnung‹ (siehe oben). Fast nie wird eine kleine Handlung, wie z. B. das Abstreifen eines Ringes, direkt ausgedrückt (etwa: Jetzt nahm sie den Ring ...), sondern immer wieder überrascht die Formulierung mit dem kleinen Vorspann ›Was ... ‹ Das steigert punktuell die dramatische Spannung, aber nur auf der sprachlichen Ebene. Die folgende Handlung ist für den Hörer kaum überraschend.

Verfasserstrophe: Der uns das Lied von neuem sang ... / wer ist, der uns dies Liedlein sang, so frei gesungen hat ... – Wie die ›Lilien auf dem Grab‹ und etwa eine Moralstrophe am Schluss gehört die Verfasserstrophe nicht zu den eigentlichen epischen Formeln der Volksballade. Diese Formel ist nicht Teil des Inhalts, sondern gehört zum Rahmen eines Liedes.

Vergewaltigung: Sie setzten die Jungfrau auf die Bank ... Gürtel vom Leibe sprang

Verräter bzw. (scheinbar) personifiziertes Unglück. Diese Figur ist von der Rolle her als ›Schädiger(in)‹ für die Entwicklung der dramatischen Spannung in der Handlung notwendig: Das hört ein falsches Nönnchen ... / da hört es bald der Kucheljung ... / das hörte die üble Schwieger ... / da führte der Teufel das Kammermensch her, zum Schlüsselloch schaut sie hinein ...

Wald als gefährlicher Bereich: ... wollt gehen in den Wald / und als ... in den Wald hinauskam, begegnet [kombiniert mit einer Formel der Begegnung] / und es gingen ... in den grünen Wald / er reitet mit ihr wohl in den Wald ... / und wie sie in den Wald hineinkamen ... – Wie beim Fenster mit dem Blick ›weit hinaus‹ liegen ›Wald‹ und ›Heide‹

jenseits der Schwelle von Haus und Hof und außerhalb des gepflügten Ackers. Diese Schwelle wird auch in den skandinavischen Volksballaden deutlich markiert. Tragisches Zusammentreffen findet am bzw. im Tor des Hofes und der Burg statt. Ahnungsvolle Blicke gehen aus dem Fenster und über die Zinne hinaus. Auch in der französischen Volksballade ist der Blick ›von der Zinne‹ eine weitverbreitete Formel. Der ›Wald‹ hat als Formel zuweilen durchaus auch einen konkreten und realen Hintergrund wie z. B. in der Ballade von der »Brombeerpflückerin«. Das widerspricht dem Gebrauch epischer Formeln nicht.

warnender Vogel: … eine grüne Linde, Frau Nachtigall saß und sang / … darauf saß eine Turteltaube / da saßen zwei Turteltauben …

weit weg, in die (gefährliche) Fremde: … wohl über dem Rhein / … über den Rhein / es wollt … über den See … – ›Über den Rhein‹ ist eine im deutschen und z. B. auch im slowenischen Volkslied allgemein viel gebrauchte Formel, die zumeist Trennung und Abschied signalisiert. Der Rhein ist im Lied und in der historischen Realität auf weite Strecken zwischen verschiedenen Kulturlandschaften eine typische Schwelle, die früher nicht ohne Not überschritten wurde. Heiraten zwischen evangelischen und katholischen Landschaften, die durch den Rhein getrennt waren, schienen bis in das 20. Jahrhundert hinein ungewöhnlich. Mit dem Bild vom Rhein wird also historische Erfahrung verarbeitet, die allerdings nicht in jeder Region gleich war. Am Oberrhein bildete der Fluss keine starre Grenze.

weit weg: Es ritt … den breiten Weg, den schmalen Steg / es reit … wohl über ein' breite Heide / übern schmalen Steg, da … / über Berg und Tal, bis … / über Berg und Tal …

Zeitformeln – Morgen: Da es des Morgens taget … / und wie es nun um Morgen kam … / und als nun des Morgens … / bis an den hellen Morgen … / von der Nacht bis wieder gegen Tag …

Zeit – Nacht: Die Nacht, die war so finster … – Mitternacht: Und wie es nun um die Mitternacht kam … / und als es war um Mitternacht … / wie ist gekommen die Mitternacht … / die Nacht war bis zur Mitte …

Zeit – kurze Dauer: Es stund wohl an den dritten Tag … / es steht an bis auf den dritten Tag … / es stund wohl an drei Tag, drei Nacht … – längere Dauer: Es stund wohl an ein halbes Jahr …

Damit sind Interpretationshilfen gegeben, die aber nicht automatisch auf jede Textstelle zutreffen müssen. Die Volksballadensprache ist für die Sänger und Hörer, die in der Tradition mündlicher Überlieferung stehen, keine Fremdsprache, die besonders erlernt werden müsste, sondern eine poetische Ausdruckweise, an die man sich gewöhnt hat und die man durch den Gebrauch kennt. Nur heute ist uns manches fremd und muss erklärt werden. In der traditionellen Überlieferung ist diese Ausdrucksweise so wenig eindeutig, wie es auch unsere Alltagssprache ist. Die Muttersprache lernen wir durch Gewöhnung, nicht durch die Definition von einzelnen Wortbedeutungen. Versuchen Sie z. B. einmal für einen Fremden genauer zu definieren, was es bedeutet, ›in Teufels Küche‹ zu kommen … Woher wissen Sie, welche ›Küche‹ der Teufel hat? Aber auch wenn Sie die Herkunft und die wortgenaue Bedeutung des Ausdrucks nicht kennen – für diese Redensart gibt es bereits Belege im 16. Jahrhundert –, wissen Sie, was damit gemeint ist (nämlich in eine missliche Lage geraten). Sie verbinden den Ausdruck mit den richtigen Assoziationen, und zwar ohne sich genauer darüber Rechenschaft abzulegen, was es wortwörtlich bedeutet. Ähnlich ist es mit der Volksballadensprache.

In der Ballade von der **Brombeerpflückerin** ist es die Frau, die besonders ›früh aufsteht‹ (Str. 1). Das signalisiert, dass es sich um eine ›brave, fleißige Frau‹ handelt. In der Gottscheer Überlieferung ist daraus eine charakteristische Formel für den Liedanfang geworden (»Wie früh ist auf ... «), der für die Lieder dort typisch ist und wahrscheinlich einen ähnlichen Hintergrund hat. (Für die Liedüberlieferung in dieser ehemaligen deutschen Sprachinsel in Slowenien muss man allerdings auch mit starken südslawischen Einflüssen rechnen.)

Betrachten wir die Variante C, die 1957 in Lindberg bei Zwiesel (Bayerischer Wald) aufgezeichnet wurde. Der männliche Spott über Frauen und Mädchen ist hier überdeutlich. Dieses Lied, das noch bis in die jüngste Zeit beliebt geblieben ist, hat eine Vorgeschichte, die in die Jahre vor 1800 zurückreicht. Ein Frühbeleg ist der Wunderhorn-Text von 1808. Zwar ist die frauenfeindliche ›Schwiegermutterstrophe‹ (vgl. Variante A) wohl eine jüngere Zutat, aber der deutliche Tenor des Textes ist gleich geblieben: Es gibt gewisse Bereiche des Lebens (hier ›Wald‹ genannt), die den Männern vorbehalten sind bzw. sein sollen und wo die Frauen nur unterwürfig zu dienen haben. Das ist nicht nur literarische Stilisierung, sondern spiegelt historische Realität und Erfahrung. Es gab früher, d. h. bis in das 19. Jahrhundert hinein das herrschaftliche Privileg, im Wald zu jagen, und dieses Vorrecht vertrat der Förster für seinen adeligen Herrn.

Da störte es das Jagdwild, wenn jemand im Wald z. B. Reisig sammelte für die Heizung im Winter, Laub für die Streu im Kuhstall oder zur Fütterung, oder wenn jemand eben nur Beeren pflückte. Für viele arme Bauern war das früher lebensnotwendig. Aber in unserem Text ist dieser realistische Hintergrund bereits nebensächlich geworden. Hier geht es um männliches Vorrecht an sich. Der Jäger bzw. der Jägersohn verlangt den ihm zustehenden Lohn, und wenn das Mädchen dann mit einem Kind dasitzt, erntet es nur Spott, der in vielen anderen Varianten noch viel krasser ausgedrückt wird. Die Frau kann ›im Häusl‹ oder ›vor der Haustür‹ sitzen und sehen, wie sie mit ihrem Kind zurechtkommt.

An diesem Balladentext, der sehr häufig und in allen deutschsprachigen Volksliedlandschaften überliefert ist, lassen sich verschiedene Probleme diskutieren. Eine erstaunliche Tatsache ist – man hat das am umfangreichen und gut dokumentierten Material gut untersuchen können –, dass der frauenfeindliche Text mit der gleichen Beliebtheit unter Frauen wie unter Männern rechnen konnte, wie David G. Engle (1982) feststellte. Daraus darf man wiederum schließen, dass die Sängerinnen nicht näher über ihren Text nachdachten bzw. ihn mit Assoziationen füllten, die nicht im Text angedeutet sind oder diesem sogar widersprechen. Dieser offenkundige Widerspruch zwischen Textaussage und eigener, individueller Situation ist sehr bemerkenswert.

Was besagt in diesem Zusammenhang genau die Strophe (Variante D) über die Schwiegermutter? Zielt sie gegen eine mit vielen Vorurteilen beladene Rolle in der Großfamilie? Wie ist die Rolle des Mannes in dieser Situation? – An sich waren es ja eher die jungverheirateten Frauen, die sich mit einer Schwiegermutter auf dem fremden Hof arrangieren mussten (vgl. »Entführte Graserin«). Es war in der Regel die Frau, die in eine fremde Familie hineinheiratete und dort ihre neue Rolle finden musste. Interressiert sich die Ballade überhaupt für solche Realität des Alltags, oder ist sie nur Dichtung, die kaum direkten Bezug zur Wirklichkeit hat? Auch hier behelfe ich mir mit der Vorstellung, dass mit dem Text bei der Sängerin und beim Sänger verschiedene Assoziationen bzw. Konnotationen verbunden sind, Gedanken zwischen den Zeilen, die nur mitgedacht werden und den Text doch für jeden einzelnen wichtig machen. Falls das stimmt – und darüber haben wir bei allen Liedern keinerlei Aufzeichnungen –, dann müssen solche unterschwelligen Gedanken dem Text direkt widersprechen können. Ist solches denkbar?

Als Assoziation bezeichnen wir eine wichtige Erscheinung, die uns als eine Folge, aber auch als Motor für mündliche Überlieferung und gedächtnismäßige Weitergabe erscheint, nämlich das unter- bzw. unbewusste »Vermischen von Strophen und Liedern, die ursprünglich nicht zueinander gehören«. Die bewusste Vermischung dagegen nennen wir Kontamination. Die Suche nach einem im Gedächtnis aufbewahrten Eindruck wird dadurch begünstigt, dass man sich etwas ins Gedächtnis ruft, was zu dem Gesuchten im Verhältnis der Ähnlichkeit steht. Ähnlichkeit lässt bei einem Sänger, der viele Texte beherrscht, »Teile aus anderen Liedern im Gedächtnis auftauchen, und diese fremden Zusätze drängen sich dann ins Gesungene ein« (Erich Seemann, in: Deutsche Volkskunde, 1926). Für diesen Vorgang gebrauchen wir in der Volksliedforschung den psychologischen Begriff Assoziation. Ähnlichkeit des Inhalts führt zu »unorganischen Konglomeratkontaminationen«, das sind willkürliche Vermischungen sonst nicht zusammengehöriger Gedanken (Max Lüthi, in: Enzyklopädie des Märchens, Bd. 1, 1977).

Es scheint ebenfalls ein Problem von Assoziationen zu sein, dass ideologische Aussagen, die sich mit einem Liedtext verbinden, dem tatsächlichen Wortlaut widersprechen, und zwar nicht, um Ideologie zu verbergen, sondern weil der Text unfähig scheint, eine Lösung für das Problem zu bieten, das er anspricht. Der überlieferte Wortlaut bleibt also unverändert, unterliegt nicht der argumentativen Variabilität, die auf kritischem Nachdenken beruht. Das gibt es für das Volkslied als Regelfall nicht, sondern der Sänger ist in der Lage, mit dem Text Assoziationen zu verbinden, die dem Wortlaut eigentlich nicht entsprechen bzw. ihm – nach unserer Vorstellung – sogar widersprechen.

Ein Beispiel dafür ist die Ballade von der »Schönen Jüdin«, die so auch von jüdischen Russlanddeutschen gesungen wurde, also von Sängerinnen und Sängern, die von dem negativen Fall der Ballade selbst betroffen waren. Sie konnten sich mit dem Textinhalt der Ballade wohl nur identifizieren, wenn sie deren Zielsetzung in das Gegenteil verkehrten, dass nämlich das Festhalten an der jüdischen Religions- und Familienbindung an sich etwas Positives ist und positive Folgen hat, eben nicht den Selbstmord der »Schönen Jüdin«. Wie also können Frauen, die die Ballade von der »Brombeerpflückerin« sangen, und zwar offenbar mit großer Begeisterung, diesem Lied positive Seiten abgewonnen haben? Wohl nur, indem sie eines sangen und anderes dachten. Die mögliche Doppelbödigkeit des Textes ist ein Problem der an ›Ideologie‹ interessierten Volksliedforschung und macht jede Textinterpretation grundsätzlich schwierig.

Wir haben ebenso Verständnisprobleme bei der Ballade **Geburt im Walde**, die sich uns darstellt als Bericht über eine Schwangere, die von der eigenen Mutter verstoßen wird. Vom Inhalt her ist das eine ungewöhnliche Ballade, die wir hier mit drei verschiedenen Varianten präsentieren. Das Mädchen ist vom ›stolzen Reiter‹ schwanger geworden, und die Mutter verstößt deshalb ihre eigene Tochter (A, Str. 3). Der Reiter dagegen kümmert sich um sie. Von ihrer Schwangerschaft muss er – bleiben wir am Text – deshalb noch nichts wissen, aber diese Frage bleibt undiskutiert. Als die Wehen einsetzen, schickt sie ihn fort. Als Mann soll er nichts davon mitbekommen, wo sonst ›zwei oder drei Frauen‹ helfen (Str. 12). Als er zurückkommt, ist sie tot, und zwei Söhne sind geboren, um die er sich kümmern will. Mit dem Begräbnis für sie bricht die Handlung dieser Variante ab; das dramatische Geschehen ist damit abgeschlossen.

In gängiger Volksüberlieferung hat man früher zuweilen die Geburt von Zwillingen als Zeichen von unehelicher Schwangerschaft angesehen; das könnte hier mitgemeint sein. Als Rückblende wirft das ein besonders tragisches Licht auf die Frau, und vielleicht ist der ›stolze Reiter‹ daran nicht unschuldig. Wer der Vater ist, bleibt unausgesprochen. Wiederum schweigt die Ballade über Details und liefert keine Informationen zum Hintergrund, den man sich assoziativ und offen dazudenken muss. Andere Varianten sind darin kaum deutlicher.

In manchen Belegen wird der bzw. ein Sohn Priester. Das kann man als Sühne für die Schuld der Mutter bzw. der Eltern verstehen, aber eine nähere Erklärung dazu fehlt. Eine Variante interessiert sich ausschließlich für die Szene der Geburt, während die oben geschilderte Vorgeschichte offenbar unwichtig geworden ist. Konnten Männer und Frauen aus solchen Liedtexten auch etwas über ihr Verhältnis zueinander lernen? Immerhin freut sich der Reiter offenbar über die ›wunderschönen Knäbelein‹, von deren weiterem Schicksal hier ebenfalls nichts berichtet wird.

In einer Variante, 1975 aufgezeichnet, spielt das Verhältnis zur Mutter eine Rolle. Diese ›wundert sich‹ (C, Str. 1). Sehr hilfreich scheint das nicht zu sein. Ganz im Gegenteil verstößt sie ihre Tochter. Was sollte man daraus lernen? War das bereits eine Form von Kritik, darüber zu erzählen bzw. zu singen? Von einer Strafe für die Mutter ist in keiner Variante die Rede. Und die Szene der Geburt hat in der zuletzt genannten Aufzeichnung der Mann einfach verschlafen!

Die archaisch wirkende Ballade vom **Bremberger** mit der überaus grausigen Hinrichtung erfordert einige Erklärungen. Wir greifen nur zwei Aspekte heraus. In der skandinavischen Überlieferung kennen wir diese Ballade als »Herzog Frydenberg«; sie ist in Dänemark und in Schweden überliefert. Im dänischen Text heißt eine zentrale Strophe: ›Da nahmen sie Herzog Frydenberg, legten ihn auf einen Tisch, da brieten sie ihn, wie der Bauer brät einen Fisch‹. Dazu gibt es einen Fund in der schwedischen Literatur, der 1439 datiert wird, also sogar an die hundert Jahre älter ist als die bisher nachweisbare deutsche Überlieferung (vgl. O. Holzapfel, Folkevise und Volksballade. Die Nachbarschaft deutscher und skandinavischer Texte, München 1976).

Das ist eine grausige Ballade, aus der man verschiedene Dinge herauslesen kann. In der Ich-Form fängt der Sänger an, dass er sich von den weißen Brüsten eines Fräuleins leicht verführen ließ (Str. 1). Doch der Geliebte dieser Frau – das ist nicht unbedingt zwingend, es bleibt assoziativ offen – liegt jetzt als Gefangener im Turm (Str. 3). Warum, wird nicht gesagt, aber offenbar ist seine Beziehung zu der Frau so nicht akzeptabel. Nach sieben Jahren wird er herausgeführt (Str. 4) und ›wie ein Fisch‹ zubereitet. Aber nicht genug damit: Sein Herz wird der Frau zum Essen vorgesetzt, worauf sie stirbt.

Hier folgen einige Strophen, die man nach dem Anfang der Str. 8, »Der uns das Lied von neuem sang ...«, Verfasserstrophen nennt. Das ist eine gängige Formel für den selbstverständlich unbekannten und anonymen Sänger und Verfasser. Die Formel soll wohl die Glaubwürdigkeit dieser ›wahren Geschichte‹ unterstreichen. Es ist eine Modeerscheinung, eine Konvention, solche Verfasserstrophen zu formulieren, die den abschließenden Rahmen eines Liedes bilden. Hier folgt noch eine Moralstrophe, in der dem ›jungen Knaben‹ (Str. 9) geraten wird, von der Liebe besser zu lassen. Darf man den Text auch wieder so genau lesen, dass ›sie‹ (Str. 10) in der Hölle schmachten muss? Von ihm ist wiederum nicht die Rede. Ein Mann kann sich offenbar erlauben, was der Frau verwehrt ist, und sie hat allein die Folgen zu tragen.

Verfasserstrophen sind kein spezifisches Kennzeichen der Volksballade, sie sind im nachmittelalterlichen Lied allgemein weit verbreitet und finden sich z. B. auch in Texten, die historische Ereignisse besingen.

Der Stoff der Ballade von der **Liebesprobe** basiert auf dem ritterlichen Milieu des Hochmittelalters. Etwa ein Kreuzzug bedingte die Abwesenheit des Mannes über viele Jahre hinweg, und die Nachrichten, die man dann erhielt, konnten sehr unsicher sein. Wie war es mit der Treue der Frau in dieser Zeit? Varianten (A und B) des 19. und 20. Jahrhunderts sind in das Milieu der Gegenwart hinein umgeschrieben worden. Hier ist es der Mann, der auf ›sieben Jahre Wanderschaft‹ geht. Davon, dass er in dieser Zeit treu bleiben sollte, ist nicht die Rede.

Als er zu spät zurückkehrt, ist sein Mädchen traurig, erkennt aber den ›stolzen Reiter‹ nicht. Sie schöpft auch keinen Verdacht, woher dieser denn weiß, dass ihr Geliebter in der Ferne Hochzeit gefeiert haben soll. Das Mädchen hat seine Rolle als Unwissende zu spielen. Alle Personen der Handlung füllen solche Rollen aus, die wenig Individuelles an sich haben und mit denen man sich deshalb leicht identifizieren kann. Umgekehrt hat man den Eindruck, dass das wirkliche Leben in der Realität auch nur ein Rollenspiel ist. Vor allem die Frau scheint gegen oder ohne ihren eigenen Willen zum Mitspielen verurteilt zu sein.

Und wenn sie sich wohl mit Recht über den treulosen Mann beschwert hätte, wäre der Geliebte, der sich erst dann zu erkennen gibt, einfach fortgeritten. In älteren Fassungen lüftet der Ritter hier den Helm und legt seine Verkleidung ab. So einfach ist das; die Frau hat die Konsequenzen allein zu tragen, nicht der Mann. Vor allem Frauen haben diesen mit vielen Assoziationen über ›treue Liebe‹ belasteten Text gesungen. Die Liebesprobe ist vor allem ihre Probe, eine Probe der Frau. Nach dem Zeugnis der Treue des Mannes fragt niemand.

Sehr deutlich wird in dieser Hinsicht die Ballade von der **Verführenden Markgräfin**. Die Ballade thematisiert u. a. den Unterschied zwischen einem Handwerker aus einfachem Herkommen und niederem Stand, der »schwarzbraun« ist, und einer Frau von hohem Stand, die »schneeweiß« ist (Str. 5). Wir kennen von verführungsbereiten Mädchen die Bezeichnung ›schwarzbraun‹, die sich offenbar sowohl auf die Haut wie auch vor allem die Haarfarbe bezieht. Mit den entsprechenden Farben waren Vorurteile eng verbunden, die verschiedene Ursachen hatten. Unter anderem kann man damit argumentieren, dass der arbeitende Mensch der Sonne ausgesetzt war, also ›schwarzbraun‹ wurde, während die vornehme Dame sich (früher) vor dem Sonnenlicht schützte und ›schneeweiß‹ blieb. Aber ›schneeweiß‹ ist auch das Untergewand und der Leib der »schönen« Frau (Str. 6). Wenn sie in Strophe 12 »in ihrem schneeweißen Kleid« dasteht, dann ist sie wieder verführungsbereit. Sie bietet ihm sogar einen Ring, den man als Eheversprechen verstehen kann. So ruft man also offen zum Ehebruch auf und verhöhnt damit anscheinend feste Privilegien in einer sonst nur von Männern bestimmten Welt.

Zu Strophe 10 »greisgrau« kennen wir in unserer heutigen Sprache nur das ›eisgrau‹. Hier handelt es sich wahrscheinlich um ein Fehlhören, das für die mündliche Überlieferung typisch ist. Andererseits wird eine durchaus sinnvolle Wortform gebildet. Als Folge mündlicher Überlieferung unterschied man früher zwischen dem bloßen Vergessen sinnvoller Wortformen und logischer Inhalte einerseits und dem produktiven Umsingen andererseits, das neue, sinnstiftende Formen schafft. Liedüberlieferung ist nicht nur Zersingen – diese einseitige Sicht wurde bereits 1930 von Erich Seemann kritisiert –, sondern die mündliche Überlieferung ist ein durchaus kreativer, schöpferischer Vorgang.

Die Ballade von **Vriesken** als dem tragischen Helden und Verführer haben wir einer dänischen Quelle entnommen. Dort wurde sie um 1570 in niederdeutscher Sprache in eine Handschrift eingetragen:

> Des morgenn do der dach Annscheinn, der wechter
> der warff einer steinn, Metth kreffthenn vff

dem dach der heldt der ward Entslaffenn Das
Freulin ser erschrach. Erschrach wach uff vnd dais Jst dach [...]

An manchen Stellen mag unsere Normalisierung lückenhaft sein und bleibt zur Diskussion offen; die Handschrift ist schwer zu lesen. Es ist für diese Ballade die einzige niederdeutsch-dänische Quelle, z. T. in einer typischen Sprachmischung. Daneben gibt es inhaltlich abweichende niederdeutsche und niederländisch-flämische Texte, u. a. gedruckt im Antwerpener Liederbuch von 1544, im Liederbuch Amsterdam um 1590 und im Liederbuch Haarlem um 1640. Eine Melodie steht bereits in der Sammlung »Souterliedekens« von 1540; das Lied ist dieser Tonangabe nach also sogar noch älter als die dokumentierbaren Texte.

Ein Wächterruf mit einem Tagelied weckt Vriesken, der die Nacht bei der Frau eines anderen zugebracht hat. Als Frau verkleidet verlässt er die Burg. Ihm begegnet der Ehemann, der Vriesken zum Zweikampf auffordert und ihn tötet. Mit den Kleidern Vrieskens – das wird in unserer Variante nicht gesagt – kehrt der Mann zurück und hält seiner Gattin ihre Frauenkleider bzw. ihre Treulosigkeit vor. Einer anderen Variante nach will sie sterben bzw. geht ins Kloster. Auch: Sie wird ins Kloster geschickt; er verlässt sie.

In unserem Text ist nur vom namenlosen Helden die Rede, und er ist es, der – noch immer mit den Frauenkleidern angetan – umgekehrt den Ehemann tötet, zur Frau zurückkehrt und diese als ›falsches Weib‹ zur Rede stellt, also bestraft (... den Schaden müsst ihr haben, Str. 8). Der Ideologie des Textes nach ist es die Frau – ›Fräulein‹ wird hier auch für eine Verheiratete gebraucht –, die Schuld auf sich lädt. Von einer Mitschuld des Helden bei der Verführung ist nicht die Rede. Ganz im Gegenteil maßt der Held sich an, sie wegen ihrer mangelnden Treue ihm als ›Buhlen‹ gegenüber zu bestrafen. Das ist ein starkes Stück männlicher Willkür.

Der Text der Ballade vom **Heimkehrenden Bräutigam** thematisiert Trennungsängste. Zu diesem Lied muss nicht viel gesagt werden. Der versöhnliche Schluss – hier: er wünscht ihr Glück – unterscheidet den Text von dem folgenden Lied vom »Heimkehrenden Soldaten«. Man kann diesen wenig belegten Liedtyp auch als Bearbeitung des international verbreiteten Motivkomplexes mit dem folgenden Text betrachten. Dort geht es erzählerisch mehr um die Rückkehr, die seit Homers »Odysseus« in der griechischen Antike ein beliebtes Erzählthema war. Hier geht es um die gefühlvolle Vorgeschichte, die offenbar Ängste in eine versöhnliche Liedgeschichte kleidet. Selbst wenn das ursprüngliche Liebesverhältnis nicht wiederhergestellt wird – in unserer Variante verzichtet der Heimkehrer, während es sonst der zweite Geliebte ist, der sich zurückzieht –, so steht doch die Idee dahinter, dass trotz solcher Probleme die Welt noch und wieder in Ordnung gebracht werden kann.

Von Trennung und Wiedersehen handelt auch der **Heimkehrende Soldat**. Im Gegensatz zum vorstehenden Lied, das auf Deutsch nur wenig überliefert ist, kennen wir diesen Liedtyp von vielen Aufzeichnungen, auch in anderen europäischen Sprachen. Es ist die eigentliche Bearbeitung des Odysseus-Motivs. Dazu gehören auch Nebenmotive, die den Konflikt verschärfen, wie z. B. die ›falsche Nachricht‹, woraufhin die Frau wieder heiraten will. Doch selbst mit den Kindern des zweiten Mannes kann man sich arrangieren – in einer Variante ist es nur ein drittes Kind –, und der erste Vater lässt sich mit seinem ältesten Sohn wieder beim Militär anwerben.

In einer Variante gehen sie beide zur See, zur Marine. Das war neben der Auswanderung nach Amerika um 1850 und nach dem Ersten Weltkrieg ebenfalls eine Möglichkeit, solche Probleme zu lösen. Nach 1945 spielte für einige die französische Fremdenlegion diese Rolle. Die Frage ist nicht, ob das realistisch ist; mit dem Lied wird das Problem aber bearbeitet, und man setzt sich mit Lösungsmöglichkeiten immerhin auseinander. So ein Lied hilft, soziale Rollen einzuüben und zu verstehen, es ist nicht bloße Unterhaltung. Die Trennungsängste, von denen dieses Lied zeugt, waren durchaus realistisch: Während eines Militärdienstes, der früher drei Jahre oder länger dauerte, konnte vieles passieren.

Die Geschichte von Mord und Verrat der **Frau von Weißenburg** lässt sich aus der Gesamtschau aller bisher bekannten Varianten und Aufzeichnungen darstellen: Die Frau von Weißenburg – Adelheid, vielleicht eine historische Person, die dem 11. Jahrhundert zugerechnet wird – lässt durch einen Brief ihren Liebhaber Friedrich (historisch wohl Ludwig von Thüringen?) aus der Fremde kommen. Er lässt Pferde satteln, sie erwartet ihn am Fenster. Der Graf von Weißenburg (historisch der Pfalzgraf Friedrich) sei auf der Jagd. Mit dem Szenenwechsel werden nochmals Pferde gesattelt. Es folgt die Frage nach dem Testament, und der Pfalzgraf Friedrich wird ›unter der Linde‹ getötet. – Mit dem neuen Szenenwechsel werden wieder Pferde gesattelt. Sie wartet am Fenster; der Mörder und Liebhaber (Ludwig) bringt der Frau selbst die Botschaft, und sie belohnt ihn mit einem Ring (Eheversprechen). In anderen Varianten weist er sie jedoch als Verräterin ab. Er reicht ihr eine seidene Schnur. Das ist offenbar die Aufforderung, Selbstmord zu begehen.

Der Ballade liegt möglicherweise ein historischer Stoff aus der Zeit des frühen Mittelalters zugrunde. Die ersten Dokumente der Ballade kennen wir dagegen erst 500 Jahre später, aus dem 16. Jahrhundert. Es ist müßig zu spekulieren, wie alt diese Ballade ist. In den vorliegenden Texten sind die individuellen, gar historischen Gestalten völlig verblasst und anonym geworden. Das tritt ein, weil in der Volksüberlieferung und in der mündlichen Tradierung der Volksballade kein spezielles, sondern ein allgemeines Schicksal interessiert. Entsprechend blass sind die Angaben, dass die Frau einen Verrat angezettelt hat. Das muss man selbst aus Andeutungen schließen.

Stärkeres Gewicht legt die Ballade auf die Handlung und auf das dramatische Geschehen, weniger auf direkte moralische Belehrung über die Folgen. Die erzählerischen Mittel, die z. B. in Variante B verwendet werden, sind die der klassischen Volksballade: epische Formeln vom Zusammentreffen zweier Hauptpersonen ›vor dem Haus‹, während die andere Person gerade ›zum Fenster rausschaut‹ (Str. 1 und Str. 13); identische Dialogformeln (Guten Tag ... in Str. 2, 5 und Str. 14), gleichgültig, ob man der ›Frau am Fenster‹, dem Mordopfer oder der Verräterin begegnet; identische Frageformeln in den ›Vermächtnisstrophen‹ (Oh sag an ... in Str. 7, 8 und 9), gleichlautende theatralische Überraschungsformel an inhaltlich höchst verschiedenen Stellen (Was zog ... in Str. 10 und Str. 12).

Man hat den Eindruck, dass hier keine spannende Geschichte mit wirklichen Überraschungsmomenten erzählt werden soll, sondern dass wie ein Ritual ein allen bekanntes Ereignis auf der Bühne abläuft oder gemeinsam gespielt wird. Wie Kindern, denen Märchen erzählt werden, achtet man darauf, dass äußerlich ähnliche Episoden in identischer Form erzählt werden. Die wiederkehrende Form und der gleichbleibende Ausdruck werden hochgeschätzt, nicht die überraschende Neuerung. Diese Wiederholungsformen entspringen einer der gesamten Gattung eigenen Volksballadensprache, sie erleichtern und ermöglichen mündliche Überlieferung. Solche Texte sind leicht zu merken, und werden zudem von der mit jeder Strophe wiederkehrenden, gleichen Melodie getragen.

Man kann im Zweifel darüber sein, ob solche Texte pschychologiearm sind, oder ob gerade in der gleichförmigen und relativ trockenen Darstellungsweise eine Besonderheit steckt, abgesehen von kitschnahen Elementen, wie das ›spritzende Blut‹ in Strophe 12.

Auch das ist eine Formel, die in vielen anderen Balladentypen begegnet. Der Bewertungsmaßstab Kitsch ist übrigens für Volksdichtung höchst umstritten, aber zur Desillusionierung wohl nützlich (vgl. Wolfgang Braungart, in: Jahrbuch für Volksliedforschung 41, 1996). Mir scheint, dass hier eine hervorragende Parallele zum wirklichen Leben konstruiert wird, das in dieser Zeit der Liedüberlieferung ebenfalls in starren, eng überschaubaren Grenzen verlief, sich in täglichen, gleichförmigen Wiederholungen abspulte. Das Leben blieb in Grenzen, die dem einzelnen zwar kein individuelles Glück bescherten, aber relative Sicherheit in der Gruppe und im angeborenen Stand. Selbst wenn ein blanker (literarischer) Mord verübt wird, bleibt diese Welt geordnet und stabil, und die Folgen für jegliches Handeln sind absehbar.

›Leben des Volkes‹ hieß damals Dasein in überschaubaren Ordnungen. Man hat den Eindruck, dass die Ordnung, welche den unsicheren Menschen vor dem Chaos schützt, und das geregelte Zusammenleben in der Gruppe in jedem Fall aufrechterhalten bleiben sollen, selbst wo den einzelnen Menschen bitteres Leid daraus trifft. Diese Mentalität förderte nicht das Individuum, sondern ordnete alles den Gruppeninteressen unter. Eine solche Mentalität war zutiefst konservativ und innovationsfeindlich, ungeeignet, Erneuerungen hervorzubringen oder zu fördern. Das war der Preis für die Stabilität.

Selbst wo, wie im folgenden Beispiel, großes Unrecht geschieht, weil ›die Herren‹ je nach ihrer Willkür handeln können, ist das Ziel wiederum die Herstellung der ursprünglichen Ordnung. (Wir wechseln ganz bewußt Gegenwart und Vergangenheit der Verbformen, um immer wieder erneut deutlich zu machen, dass die Balladentexte zwar längst vergangenes Geschehen vergegenwärtigen – auch für uns Leser heute –, dass diese Lieder und die dahinterstehende Überlieferung aber für uns doch literarische Vergangenheit ist.)

Wiederhergestellt wird also die ursprüngliche Ordnung, obwohl sie verwerflich ist. So wird nicht der Status des privilegierten Standes an sich angetastet, das Unrecht wird nicht auf Erden geändert, sondern ›die Herren‹ werden vom Teufel geholt. (Aber neue Herren werden ihnen wohl nachfolgen.) Hier vermag man auch eine Mentalität zu erkennen, die ihre Parallele sogar im reformatorischen Denken hat. Selbst wenn die Reformation an sich in wesentlichen Teilen aufrührerisch war, predigten die Protestanten doch mit Martin Luther weiterhin: ›Gebt dem Kaiser, was des Kaisers ist ... ‹ Das Verhältnis des Individuums zu Gott sollte nicht angetastet werden, aber ›sein Reich ist nicht von dieser Welt‹. Hier auf Erden bleibt alles unverändert. Das ist zumindest unser Eindruck, wenn wir diese Texte lesen. Heinrich Heine, der ein beißender Kritiker der allzu anpassungsbereiten, christlichen Gesellschaft war, spottete z. B.: » ... den Himmel überlassen wir den Engeln und den Spatzen.«

Die Ballade **Herr von Braunschweig** ist im engen Zusammenhang mit der folgenden vom »Schloss in Österreich« zu sehen, und zwar auch in der Verwendung ähnlicher Erzählformeln und der gleichen balladesken Struktur. Dort geht es ebenfalls um adelige Willkür gegenüber einem unschuldigen Kind. Ein Knabe hat ein Kaninchen gejagt und damit das adelige Jagdprivileg verletzt. Für diese Wilderei soll das Kind nun sterben. Wenn wir an die Ballade über die »Frau von Weißenburg« denken, dann fällt auf, dass der Tod des Kindes nicht verhindert wird. Die Gerechtigkeit wird erst im Jenseits ausgeglichen. Der eine kommt in den Himmel, der andere in die Hölle. Aber das System an sich auf der Erde wird nicht angetastet.

Mit **Schloss in Österreich** haben wir innerhalb des Rahmens der großen Klassiker der Überlieferung das Modell einer typischen Volksballade mit balladesken Erzählstrukturen und Gebrauch von epischen Formeln. Diese Ballade ist häufig überliefert, und zwar durchgehend vom 15. bis zum 20. Jahrhundert. Als Variante A liegt »Schloss in Österreich« auf einer gedruckten Liedflugschrift vor, die 1606 datiert ist. Ort und Drucker sind jedoch unbekannt. In der Regel sind solche Drucke anonym; oft tragen die Heftchen als Modeartikel und billige Massenware den Vermerk »Gedruckt in diesem Jahr«. Unser achtseitiges Heftchen trägt den anpreisenden Titel »Drey schöne Newe [neue] Lieder«. Die ›Ware Lied‹ soll gefällig und neu sein. Der einfache Titelholzschnitt zeigt ein Liebespaar und bezieht sich nicht auf unser Lied.

Der Liedanfang »Es … « (Str. 1) rückt das Geschehen in zeitlich und räumlich unbestimmte Weite, die auch durch den Zusatz »Österreich« kaum aufgehoben wird. In der phantasievollen Beschreibung des Schlosses wird kein konkreter, historischer Ort gesucht, auf kein bestimmtes, historisch fixierbares Ereignis abgehoben, sondern es wird die zeitlose Allgemeingültigkeit des im Lied beschriebenen Schicksals unterstrichen. Es geht nicht wie beim Märchen (»Es war einmal … «) um ein fiktives, erfundenes Geschehen, sondern um den Wahrheitsgehalt der folgenden Liederzählung. Auch andere Lieder bedienen sich dieses Anfangs einer sehr populären Ballade; Strophe 1 ist zu einer vielgebrauchten ›Wanderstrophe‹ geworden, was nicht mit der auf anderer Grundlage allgemein verfügbaren epischen Formel verwechselt werden darf.

Der »junge Knabe« (Str. 2), namenlos wie ein Ich und Du, der hier »auf seinen Hals«, d. h. mit der Drohung der Todesstrafe, gefangen liegt, verkörpert ebenso wie der Liedanfang eine allgemeingültige Situation, mit der Sänger und Zuhörer sich leicht identifizieren können. Mit dieser Tendenz zur ›Familiarisierung‹ (Max Lüthi 1970) rückt ein individueller, fernstehender Held in den menschlich nahestehenden, familiären Umkreis eigener Vorstellungswelt und gewohnter Erlebnishorizonte. So heißt es in Strophe 1, das Schloss sei »uns« erbauet; auch das kann ein kleiner Identifizierungspunkt sein. Die Ballade baut punktuell eine Sympathiebrücke zwischen Balladensänger und -hörer einerseits, dem Helden des Liedes andererseits. Das Publikum will weniger eine fremde, exotische Geschichte hören, sondern sein eigenes Schicksal miterleben und mitleiden. In diesem Sinne sind die Liedtexte nicht spannend, weil man diese Lieder und ihre Inhalte in der Regel bereits kennt, sondern man erlebt und erleidet sie jeweils neu, indem sie zusammen gesungen und gehört werden. Die Ballade lebt von diesem ritualisierten Gemeinschaftserlebnis, das ein wesentliches Element mündlicher Überlieferung ist.

Im Rahmen mündlicher Überlieferung ist der Strophenbau zu sehen. Die vierzeilige Strophe mit oft sehr freien Endreimen (z. B. in Str. 9: steigen / Weile) in den Zeilen 2 und 4 ist in der Regel nach einem festen Schema aufgebaut: Aussage und Wiederholung bzw. Ergänzung in den Zeilen 1 und 2, Kernaussage der Strophe in den Zeilen 3 und 4: Strophe 2 gefangen liegen / unter der Erde, d. h. unter unmenschlichen Bedingungen. Wiederholung in Strophe 4. In Strophe 5 Vorstelligwerden wegen des Gefangenen bzw. Angebot eines Lösegeldes. Teilweise Wiederholung in Strophe 6 und der Vorwurf als Kernaussage in Strophe 6, Zeilen 3 und 4: mit der goldenen Kette hat er sein Leben verwirkt. Und so weiter. Besonders die Zeilen 1 und 2 sind Ansatzpunkte formelhafter Sprachelemente (Str. 3 ›vor den Turm‹; Str. 4 mit dem stereotypen Dialogbeginn ›Ach Vater … ‹). Im Rahmen des stereotypen Strophenbaues liegt auch die Verkettung durch Wiederholung in den Strophen 12, Zeile 3–4, und Strophen 13, Zeile 1–2.

Wenn man eine solche Bauweise durch die ganze Ballade hindurch verfolgt, bemerkt man, dass das Beziehungsgeflecht formaler, sprachlicher und inhaltlicher Elemente sehr dicht ist. Diese relativ geschlossene Form ist eine Voraussetzung mündlicher Überlieferung bzw. in der Wechselwirkung einer ständigen Umformung auch Ergebnis solcher Tradierung. Das wesentliche Kennzeichen der Volksballade in mündlicher Überlieferung ist ihre formelhafte Struktur und ihre ebenso formelhafte Sprache.

Die Volksballade behandelt ihren Erzählstoff in dramatischer Form in mehreren Szenen, die durch Dialoge und direkte Rede getragen werden. Eine Referierung des Handlungsgeschehens findet kaum statt, schon gar nicht eine nähere Begründung für die Handlungsentwicklung. Hintergründe müssen den Dialogen entnommen werden, stehen zwischen den Zeilen bzw. werden übergangen, weil sie für das unmittelbare Liedgeschehen unerheblich scheinen. Die Volksballade analysiert nicht einen Vorgang, sie stellt ihn dramatisch dar. Mittel dramatischer Darstellung sind die Dialogteile, die in fast identischer Form wiederholt werden: »Ach Sohn ... « (Str. 3), »Ach Vater ... « (Str. 4). Auch sonst dienen Wiederholungen (»Nattern und Schlangen ... «, Str. 2 und 4) dazu, eine Verkettung fester Strophenfolgen und Szenen zu erreichen. Gleiches gilt auch für die folgenden Strophen. So haftet der Text umso leichter im Gedächtnis.

Der Knabe trägt eine goldene Kette, die ihn verdächtig macht. Diese hat er von einem Fräulein, also nicht gestohlen (Str. 7). Was es mit dieser Beziehung auf sich hat, wird nicht erläutert; mit Strophe 7 ist die Szene bereits abgeschlossen. Hier kann ein inhaltlicher Vergleich mit zwei verwandten englischen und französischen Balladen helfen, die Hintergründe, die für unsere Variante unwichtig scheinen, näher zu erläutern. Die englische Ballade erzählt von zwei Brüdern, die sich mit den Töchtern des Bürgermeisters einlassen. Warnungen werden überhört, und als der Vater der beiden Brüder herbeieilt, sind diese bereits gefangen und sollen hängen. Auch durch Lösegeld ist der Bürgermeister nicht zu bewegen, Gnade walten zu lassen. In einer französischen Parallele dazu, »Ecoliers pendus«, erleiden ›die gehenkten Schüler‹ dieses Schicksal aus dem gleichen Grund, nämlich wegen des gesellschaftlichen Abstandes zwischen ihnen, den mittellosen Schülern, und den hochstehenden Töchtern, mit denen sie sich einlassen wollen. Die Standesgrenze haben sie übersehen bzw. nicht beachtet, und die Nicht-Anerkennung gesellschaftlicher Grenzen wird überaus hart bestraft.

In einer niederländischen Ballade ist es ein Kind von zwölf Jahren, das wegen eines gejagten Kaninchens angeklagt ist und deshalb sterben soll (vgl. »Herr von Braunschweig«). Die Schuld am Geschehen wird den grausamen ›Herren‹ – wo sie in unserer Ballade so genannt werden, bleiben sie typischerweise anonym – zugesprochen, denn es fehlt ihnen an christlichem Mitleid. Nächstenliebe zeigt seinerseits dagegen der zum Tode verurteilte Knabe, als er darum bittet, auf Rache für ihn zu verzichten (Str. 13). Das Geschehen rollt dann doch unerbittlich einem schrecklichen Ende entgegen. Maßlos werden dreihundert Mann ›wegen des Knaben‹ umgebracht (Str. 16). Die vom Himmel ausgesandten Engel sollen nicht nur den Tod rächen, sondern vor allem die Ehrlosigkeit, die darin besteht, dass der Knabe am Galgen hängenbleibt (Str. 15), also nicht christlich beerdigt werden kann. Auch in anderen, ähnlichen Balladen kann man zuweilen im Zweifel sein, was schwerer wiegt: menschliches Leid oder die Verletzung gesellschaftlicher Vorschriften von Ehre und Anstand. Auch hier wird assoziativ mit Strafe gedroht, wenn man solche Grenzen nicht respektiert.

Die Ballade ist derart dicht gefügt, dass der Text nur mit relativ wenigen, prägnanten Reimwörtern auskommt, die wiederholt werden und aneinandergereiht bereits ein erstaunlich deutliches Bild des Geschehens vermitteln: gefangen / Schlangen / gegangen / sterben / Leben / gerochen (rächen). Auch das haftet leichter im Gedächtnis. Mit einer formelhaften ›Verfasserstrophe‹ schließt die Ballade. Diese Formel ist hier insofern etwas ungewöhnlich, als sie nicht vom ›Reiter‹ oder ähnlichen Personen als Verfasser spricht, sondern von ›drei zarten Jungfräulein zu Wien‹ (Str. 17), die das Lied gedichtet hätten. Rahmenstrophen dieser Art sprengen bewusst den epischen Horizont der Ballade und führen ihrerseits das Geschehen aus der Zeitlosigkeit in die Gegenwart der Sängerinnen und Sänger zurück.

Die weit verbreitete Ballade vom **Schwatzhaften Junggesellen** hat zwar Belege, die bis in das 16. Jahrhundert zurückreichen, das Problem ist jedoch ganz modern. Es wird mit bemerkenswertem Humor geregelt. In einigen Varianten heißt es drastisch, der Jüngling solle seinen Kopf zum Schlafen ›in einen Kuhdreck‹ legen. Aber, wie die letzte Strophe besagt, wird der Reiter nur wegen seiner Dummheit getadelt, dass er sich nämlich vorlaut verraten hat. Das Faktum selbst, nämlich »beim schönsten Mägdelein« liegen zu wollen, bleibt unkritisiert. Eine Kritik an diesem Männlichkeitswahn kann man höchstens zwischen den Zeilen lesen … Ob und wie das bei weiblichen und männlichen SängerInnen ankam, ist eine andere, offene Frage.

Eifersüchtiger Knabe: Handelt diese Ballade von verständlicher Eifersucht oder vom Mord? In der Kürze des Textes wird manches unverständlich. Aber das sang man also: Es ist schön, wenn die Burschen wandern gehen, und zwar in ferne, fremde Länder. In vielen Varianten wird er gezwungen zum Militärdienst zu gehen, und es scheint völlig unsicher und offen, wann er zurückkehrt. Er verlangt jedoch von seiner Liebsten, dass sie ihm treu bleibt. Doch dann steht er nach langer Zeit wieder vor Liebchens Tür und grüßt sie herzlich. Sie allerdings macht ihm klar, dass sie bereits einen anderen hat. In vielen Varianten fügt sie noch hinzu, dass sie jetzt einen besseren Mann habe, nicht so einen Hergelaufenen, entlassenen Soldaten oder eben einen Wanderburschen.

Muss man ihr einen Vorwurf machen, dass sie ihm unter völlig unsicheren Voraussetzungen nicht treu geblieben ist? Das wird nicht diskutiert. Aber das Lied wurde begeistert von Männern gesungen – es war ein beliebtes Soldatenlied – und auch von Frauen. Unvermittelt ist auf jeden Fall der moritatenhafte Schluss mit dem ›spritzenden Blut‹, der zum Kitsch tendiert. Aber niemand redet von Mord.

Fast niemand redet vom Mord: Es gibt u. a. einen Beleg, in dem als letzte Strophe – als Formel ist das eine sogenannte ›Verfasserstrophe‹ – folgt: » … Wer hat nur uns das Lied gemacht bis auf den heutigen Tag, das hat's gemacht ein Schleifer jung [ein Handwerksbursche], der sein Mädchen hat umgebracht«. Kann man singend sich selbst des Mordes bezichtigen? In einer anderen Variantengruppe verspürt man fast so etwas wie eine Drohung an die Mädchen: » … So geht's euch Mädchen allen …, verliebt euch nur in einen und dem bleibt ewig treu«. Dieses ist auch zu vermuten, wenn in einer Variante bei Stephan Ankenbrand um 1910 zwar nicht vom Mord die Rede ist, aber dafür ›die Mädchen‹ im Heimatort der Gewährsperson Röllbach in Franken direkt angesprochen werden – wir kennen die Strophe als gängigen Vierzeiler:

> Es ist ja kein Apfel so rund,
> es sind doch zwei Kerne darin.
> Es ist ja kein Mädchen in Röllbach,
> sie führt einen falschen Sinn.

In vielen Varianten ist nicht nur vom Verständnis für den Burschen die Rede, in manchen Fällen hat man sogar Mitleid mit dem, der sein (von ihm ermordetes) Mädchen verloren hat. (Manchmal äußert die Mutter des Burschen im Lied solche Bedenken.) Bei dieser Ballade (und bei anderen) habe ich stärkere Zweifel, inwieweit man die Sängerinnen und Sänger fragen darf, ob ihnen denn bewusst ist, was sie da singen. Aber auch diese Ballade hat ihre Tradition und wurde, wie ebenfalls u. a. »Graf und Nonne« als einer der Frühbelege von Johann Wolfgang von Goethe 1771 im Elsass abgeschrieben. Seit dieser Zeit wurde diese Ballade nachweislich von allen, von Männern und Frauen, mit Begeisterung gesungen.

Liebe spielt bei der Ballade von den **Mordeltern** keine Rolle, sie haben allein aus Geldgier den eigenen Sohn getötet. Wir kennen diese Liederzählung in einigen voneinander etwas abweichenden Fassungen. Der Sohn eines Gastwirts bzw. eines Straßburger Müllers oder »Hans Eichelmann aus Ziese« (?) geht als Geselle auf die Wanderschaft bzw. muss in den Krieg. Andere Fassung: Zwei Bauernsöhne ziehen in den Krieg; mit reicher Beute kehren sie nach langer Zeit zurück. Hauptfassung: Nach 16 Jahren kehrt der Sohn zurück. Die Eltern in Wesel am Niederrhein bzw. in der Schweiz (und manche andere Ortsangaben) erkennen ihn nicht. Der Reiter wird bewirtet (Formel: Tisch-Fisch). Er trägt den Wirtsleuten auf, sein gespartes Geld zu verwahren. Die Tochter leuchtet ihm zu Bett. Sie berichtet ihm von dem Bruder, und er gibt sich ihr zu erkennen. Sie soll es den Eltern jedoch verheimlichen.

Um Mitternacht erschlagen die Eltern bzw. ermordet die Frau den vermeintlichen Fremden. Am Morgen fragt der andere Reiter nach seinem Kameraden und erklärt, dass es ihr Sohn war bzw. der Ermordete schreit, die Tochter hört es und verflucht ihre Eltern. Die Eltern bringen sich um, die Tochter stirbt vor Leid. Dazu gibt es datierbare Mordgeschichten aus der ›Zeitung‹ zwischen 1618 und 1932. Wir sprechen direkt von einem ›Zeitungslied‹.

Das Lied steht der Gattung Bänkelsang nahe, und die meisten Aufzeichnungen haben eine Form, wie sie früher auf dem Jahrmarkt vorgetragen wurde. Auf einer kleinen Bank (Bänkel) stand erhöht die Sängerin oder der Sänger. Sie verdienten am Verkauf ihrer Lieder, die als billige Liedflugschriften gedruckt waren. Es war gängige Unterhaltungsliteratur für die Leute, die sonst ohne Buch lebten. – Eine balladeske Gliederung ist deutlich vorhanden und strukturiert auch dieses Lied: Auftakt mit ›Es reiten ... vor das Haus‹, wo Frau Wirtin ›zum Fenster rausschaut‹ (Str. 1); Dialoge mit identischen Anfangsteilen ›Ach ja, ach ja ... ‹ (Str. 2), ›Ach nein, ach nein ... ‹ (Str. 8 und 9); über die Schwelle treten › ... zur Tür neitrat‹ (Str. 3) als Signal für den Kern der dramatischen Ereignisse, nämlich Raubmord an dem unbekannten bzw. unerkannten Reiter (Str. 5); Gliederung durch die Tageseinteilung: ›Des Morgens, als der Tag anbrach ... ‹ (Str. 7) usw.

Von einem Aufzeichner aus der Oberpfalz haben wir einen Bericht, wie um 1860 in einer solchen Moritat – das ist eine der möglichen Worterklärungen dazu: Mordtat – der Sachverhalt dargestellt wird. Dabei wird bewusst die Grenze zwischen Dichtung und Realität verwischt, ähnlich wie bei modernen Zeitungsmeldungen in der Sensationspresse: »Ein Müllersohn kam weit aus der Fremde und hatte viel Geld erspart. Als er nach Hause kam, begegnete ihm seine Schwester. Sie hatte eine unbeschreibliche Freude. Er ging nach Haus und sprach um eine Nachtherberge an und gab sich nicht zu erkennen. Er gab ihnen sein Geld zum Aufheben. Die Müllerin, vom Golde verführt, sagte: ›Wollen wir ihn umbringen, so ist uns doch geholfen!‹ Er [der Mann] wollte aber nicht. Sie aber hitzte ein Pfännlein voll Schmalz und schüttete es ihm in den Hals und nahm ihn und grub ihn in den Misthaufen ein. Die Schwester kam und fragte nach dem Bruder. Sie sagten, sie haben [hätten] keinen Bruder gesehen. Sie erzählte, dass er schon bei ihr gewesen sei. Sie mussten es doch gestehen, dass er schon in den Mist eingegraben worden ist. Die Tochter ging und machte die Anzeige, und weil [während] sie aus war, erhängte sich der Vater, und die Mutter ist in das Wasser gegangen (gesprungen), und so sind sie wegen dem Geld alle unglücklich geworden«. – Die »Frankfurter Zeitung« brachte 1925 folgende Meldung:

»Aus Welt und Leben: Eine schaurige Familientragödie. In einer rumänischen Gemeinde bei Konstanza ereignete sich ein Verbrechen, das von einem dramatischen Dichter erfunden sein könnte. Der Sohn eines Fischers, der als neunjähriger Knabe nach Amerika gekommen war, kehrte nach einer Abwesenheit von 18 Jahren in die Heimat zurück als Besitzer eines gewissen Vermögens. Er wollte seine Eltern überraschen, gab sich für einen Fremden aus, der ihren Sohn gekannt habe, und zeigte seine Tasche, in der er sein Vermögen geborgen habe. Man lud ihn zum Essen ein und bot ihm ein Zimmer für die Nacht an. Kaum war der Fremde zu Bette gegangen, als die Frau in ihren Mann drang, den Gast zu töten und sich das Geld anzueignen. Der Mann weigerte sich und verließ das Haus. Kaum hatte er sich entfernt, ergriff die Frau ein Beil, begab sich nach dem Zimmer, wo der Fremde schlief, und spaltete ihm den Schädel.

Der Mann hatte inzwischen im Dorfe erfahren, dass der Fremde sein Sohn sei; voll Freude eilte er zurück; beim Eintritt in das Haus empfing ihn die Frau mit den Worten: ›Ich habe ihn getötet!‹ Der Vater stieß einen Schrei aus und warf sich auf die Erde; er war wahnsinnig geworden. Die Mutter, von Gewissensbissen ergriffen, wollte sich das Leben nehmen. Sie wurde jedoch daran verhindert und nach dem Gefängnis verbracht. Die Summe, die der junge Mann bei sich trug, belief sich auf 30 000 Dollars.«

Bei der Legendenballade **Theresia** (Kommandantentochter von Großwardein) haben wir ebenfalls in einem Liedtext eine Mischung von Elementen aus Moritat, Zeitungslied und Ballade. Hier ist es jedoch ein religiöses Thema. In Ungarn in Großwardein hat der Kommandant eine Tochter, die er einem jungen Kavalier zur Frau geben will. Die Tochter will Jungfrau bleiben; sie hat sich dem Herrn Jesus versprochen. Zur Hochzeit bleibt die Braut traurig; sie ruft Jesus um Hilfe an, der ihr als Pfand einen Ring schenkt. Zusammen gehen Jesus und die Frau im Garten Blumen brechen – das ist wohl ein bewusster Kontrast zum Rosenbrechen in weltlichen Liebesliedern als sexuelle Metapher –, und er führt sie auch in seines Vaters Garten [Paradies]. Zurückgekehrt will sie zu ihrem Vater, doch sie war 120 Jahre lang weg (andere Varianten: 620 Jahre) und stirbt bald in Seelenfrieden.

Ähnliche Legenden kursierten seit dem 13. Jahrhundert. Die Entrückung aus der menschlich begrenzten Zeit ist ein häufiges Erzählelement von legendarischen Stoffen. Die räumliche Entrückung und die Wiederkehr werden in vielen Balladen als göttliche Wunder verstanden. Eine ›Braut Christi‹ zu sein und dem Drängen anderer widerstehen zu müssen, ist Teil der Heiligenleben von z. B. Agnes und Genovefa. Hier verbindet sich dieses Geschehen mit der Vita der hl. Theresia, deren Verehrung um 1700 in Österreich verbreitet war.

Die Begegnung mit Jesus im Blumengarten kennen wir aus anderen Legendenliedern (z. B. auf die hl. Regina) – soweit zu den inhaltlichen Motiven. Von der Form her unterscheidet sich dieses Lied von den klassischen Balladen u. a. darin, dass aus distanzierter Haltung eines Erzählers berichtet wird, wo die Volksballade sonst unmittelbare dramatische Handlung in Dialogform bevorzugt. Auch die Länge des Liedes spielt eine Rolle; mit 26 Strophen ist das nicht mehr ein primäres Gemeinschaftslied, sondern ein Vortragsstück. Als sekundäres Gemeinschaftslied – über die Relevanz solcher Unterscheidung kann man unterschiedlicher Meinung sein – war es gerade wegen der Länge z. B. beim Totenwachtsingen in Österreich beliebt. Die Aufmerksamkeitsformel am Anfang (» … merkt auf mit Fleiß«, Str. 1) kennen wir von der Moritat, dem Vortragslied auf der Straße und dem Jahrmarkt. Dort musste man sich mit solchen Floskeln Ruhe und Zuhörer sichern. Der Liedanfang selbst »In Ungarland, zu Großwardein, soll neulich was geschehen sein … « ist vom Stil her die übliche Floskel des Zeitungsliedes, der mit dem Liedflugblatt verbreiteteten ›sensationellen Neuigkeit‹. Zumeist waren das allerdings Unglück, Katastrophen und Mord. So mischen sich verschiedene Stilelemente aus der Volksballade und ihren Nachbarbereichen.

Religiöse Themen stehen nicht im Mittelpunkt der klassischen Volksballade, bestimmen sie aber mit. Die Legendenballade ist eine selbstständige Gattung mit eigenen Überlieferungsbedingungen. Eine Teilgattung der Volksballade, die in vielen Bereichen der Überlieferung in Skandinavien und in England z. B. als archaisch und typisch gilt, spielt in der deutschen Tradierung eine eher untergeordnete Rolle. Wo nämlich Mythisches und Magisches auftaucht, scheint es in einer bereinigten Form zu sein. Die Ballade von der **Rheinbraut** handelt zwar von einer solchen dämonisierten Angst, aber sie unterstreicht das Grauen nicht, wie man das z. B. von der Sage her gewöhnt ist. So diskutiert diese Ballade nicht die Möglichkeit oder Wahrscheinlichkeit, dass ein ›wilder Wassermann‹ um ›deine‹ Hand anhalten könnte. Das dämonische Naturwesen steht wohl symbolisch für eine von vornherein tragische Beziehung, und in dieser Hinsicht ist auch diese Geschichte wahr.

In Strophe 2 sind es die Eltern bzw. der Vater, die zur Hochzeit drängen. Sie kann nur allein in der Kammer ›ihr Elend und ihren Jammer verweinen‹ (Str. 3). Das ist ein starkes poetisches Bild für den Konflikt der Generationen und die Unfähigkeit der Eltern, mit ihrem Kind angemessen zu sprechen. Wieder meldet die Ballade assoziativ Kritik an. Auf jeden Fall werden mit dem Text unterschwellige Ängste, die jede Braut hegt, in Worte gefasst und damit für die einzelne Frau ›durchlebbar‹ gemacht. Aber diese Ängste konzentrieren sich hier nicht auf Dämonisches.

Der Ausdruck ›gute Nacht‹ in Strophe 4 und 5 ist doppeldeutig; sie müsste nicht noch einmal wie in Strophe 6 auf ihr Unglück hinweisen. Nicht nur der Mann passt nicht zu ihr, sondern auch dessen Mutter ist ein solches ›wildes Wasserweib‹. Sie heiratet als Frau in eine andere Familie hinein, und dieser radikale Wechsel ihres gewohnten Beziehungsgeflechts macht ihr Angst. Weitere Symbole markieren die Schwelle, ohne dass man diese näher deuten muss bzw. kann: Schwäne und Sonne (Str. 7 und Str. 9). Das dritte und in der Steigerung stärkste Symbol ist die Brücke (Str. 10). In weiteren Schritten dramatischer Steigerung wird die Festigkeit der Brücke geprüft (Str. 11 und 13). Doch ihr Einbrechen auf der Brücke folgt nicht den physikalischen Gesetzen, sondern denen der tragischen Vorbestimmung. Sie ist nicht zu retten (Str. 16 und 17). Die Ballade schließt mit einer dunklen Andeutung, die an das Ritter-Blaubart-Thema in der Ballade vom »Mädchenmörder« erinnert (Str. 18). Sieben bzw. ›vielen‹ Frauen ist es bereits so ergangen. Jetzt wird der Mann sich an seiner eigenen Mutter rächen.

Steckt hier mehr dahinter oder ist es die Andeutung, dass auch er in seiner Entscheidung nicht frei war, eine bestimmte Frau zu heiraten? Die Ballade muss solches nicht näher ausführen und braucht die zusätzliche andere Geschichte nicht. Diese andere Geschichte würde Probleme bereiten: Wieso verteidigt der Wassermann seine Braut dagegen, ins Wasser zu fallen? Oder wer ist der ›Er‹ der Strophe 11 und 13? Wer spricht (quasi als Fährmann) die Strophe 18? Solche Nebenmotive verfolgt die Ballade nicht. Sie ergreift ein in Andeutungen ausreichend passendes Bild, um die Tragik voll zu machen: Auch die eigene Mutter trifft das Unglück.

Zum Ende unserer Kommentierung weisen wir auf noch eine weitere Ballade mit religiöser Thematik hin: **Tannhäuser**. Hier geht es um die Solidarität mit den von der Gesellschaft Verstoßenen. Überliefert ist das Lied in vielen Varianten seit der Zeit um 1450 bis in die Gegenwart, eine Variante wurde z. B. noch um 1950 aufgezeichnet. Sieben Jahre verbringt der Ritter Tannhäuser seine Zeit im Berg bei Frau Venus. Da erbittet er von ihr Urlaub. Er kommt aus dem Berg und pilgert nach Rom, um beim Papst Vergebung für seine Sünden zu suchen. Der Papst verweigert diese: So wenig ein dürrer Stab grünen werde, so wenig könne er Vergebung gewähren. Tannhäuser zieht wieder in den Berg und wird willkommen geheißen. Am dritten Tag grünt der Stab, aber Danhuser, so die niederdeutsche Namensform, wird vergeblich gesucht. Papst Urban IV. soll ›verloren‹ (verdammt) sein; kein Papst, kein Kardinal darf einen Sünder verdammen.

Dieser Schluss ist eine bemerkenswerte Kritik an der Amtskirche aus vorreformatorischer Zeit. Das haben die Zeitgenossen ebenfalls so empfunden. Aus der umfangreichen Literatur zu diesem Lied möchte ich hier nur auf eine neuere Aufzeichnung aufmerksam machen, die von Karl Horak aus Penon im Etschtal, Südtirol, stammt. Dort lauten die Strophen 5 bis 7 wie folgt, und in dieser Abschwächung gegenüber älteren Varianten mag man den nachhaltigen Einfluss der katholischen Gegenreformation sehen. Zumindest ist die Kritik am Papst aus dem Text verschwunden, man vermeint sogar herauszulesen, dass das Oberhaupt der römischen Kirche in Schutz genommen wird:

> 5. Der Papst, er nahm das Wunder wahr,
> fragt nach dem Sünder nach,
> er hat ihn ja nicht mehr erfraget,
> weil ihn niemand gesehen hat.
>
> 6. Der Sünder war nicht verzweifelt,
> er ging auf einen Berg.
> Gott selbst ging ihm entgegen
> mit einer roten Fahn.
>
> 7. Er [Jesus] zeigt ihm seine fünf Wunden,
> sprach: Sünder, du gehörst mein.
> Er ist in den Himmel gefahren
> mit vielen Engelein.

Der ›Venusberg‹ ist sicherlich so doppeldeutig, wie es da steht, verstanden worden: Er klopft an und verfällt dann ›diesem Ort‹ (Str. 2), wo er ›sieben Jahre‹, eine symbolisch lange Zeit, verbringt. Man nennt ihn einen Sünder, die gesellschaftliche Umgebung missbilligt sein Verhalten. Nur der Papst könne eine solche Todsünde erlassen bzw. angemessen bestrafen. Doch der Papst verweigert ihm die Absolution. Ob aus eigener Machtvorstellung oder, weil er sich dazu angesichts dieser Sünde nicht fähig sieht, wird nicht unmittelbar gesagt. Der dürre Stab (Str. 6), der nicht grünen kann, ist ein starkes Symbol für die Unmöglichkeit der Vergebung. Doch das Wunder passiert (Str. 8), der Papst kann den Tannhäuser jedoch nicht mehr finden.

Hier muss man den Assoziationen nachspüren, die im Text anklingen: Tannhäuser bleibt allein (Str. 9), fern von allen, alleingelassen von der menschlichen Gesellschaft und ohne helfende Hand mit all seinen Problemen. Ob er im Himmel ist oder im sündigen Venusberg (Str. 10), ist dann eigentlich unerheblich. Doch niemand soll sich anmaßen, einen Mitmenschen zu verstoßen. Kein Papst und kein Kardinal (Str. 11) sollen solches tun. Gott schenkt mir Gnade, wenn ich aufrichtig bereue. ›Allein aus Gnade‹ war in reformatorischer Zeit ein wichtiges Schlagwort. Für diese protestantische Bewegung mitten in den katholischen Ländern Österreichs und Bayerns kann man die Ballade in ihren Erstbelegen um 1450 als Vorboten und Frühbeleg verstehen. Das Lied blieb sehr beliebt. Für uns ist es ein starker Aufruf zur Solidarität mit den von der Gesellschaft und den Regierenden Verstoßenen.

Zusammenfassung

Wir haben eine ganze Reihe von deutschen Volksballadentexten kennengelernt. Wir haben ihre Inhalte, ihre Liederzählungen diskutiert, und wir haben die Mittel ihrer erzählerischen Gestaltungsweise untersucht. Vor allem dieser letzte Aspekt, nämlich darzustellen, mit welchen Mitteln epischer Gestaltung die Lieder vorgeführt werden, hat mich besonders interessiert. Die Sängerinnen und Sänger der Volksballaden formen ihre Texte mit Hilfe epischer Stereotypen, die das Liedgeschehen in bestimmter Weise erläutern und interpretieren. »Schloss in Österreich« ist ein klassisches Modell der Volksballade mit balladesken Erzählstrukturen und epischen Formeln.

Diese Formeln sind nicht sinnentleerte Versatzstücke, wie man früher zumeist behauptet hat, sondern sie geben dem Text eine inhaltlich sinnvolle Struktur. Sie gliedern ihn nach Szenen und narrativen Schwerpunkten, und sie machen die Erzählung im typisch sprunghaften Stil dieser Liedgattung verstehbar. Wo sonst etwa in einem Roman Hintergrundinformationen und psychologisierende Erklärungen notwendig sind, um die Handlung zu erläutern, begnügt sich die Volksballade mit den einfachsten Signalen, die das Geschehen begreifbar machen. Allerdings wird nichts erklärt, sondern wie auf einer Bühne mit (teilweise) stummen Schauspielern dramatisch dargestellt. Der Hintergrund und die nähere Begründung für eine Handlung bleiben ausgespart. Auch die Handlung selbst wird nicht diskutiert, sondern muss als Faktum widerspruchslos hingenommen werden. Das ist die inhaltliche Seite dieser Erzählweise. Sie ist für die Volksballade etwas Besonderes, und sie charakterisiert die Gattung.

Ihrer formalen Funktion nach sind die Formeln vor allem auch ständig wiederholte Elemente, die die mündliche Überlieferung der Texte nicht nur erleichtern, sondern eigentlich erst möglich machen. Solche Texte, die durch allgemein bekannte Formeln gestützt und getragen werden, kann man sich leicht merken. Und man kann den Text, wenn man ihn teilweise vergessen hat, damit rekonstruieren. Das gilt nicht nur für einzelne Vorsänger, deren Gedächtnisfähigkeit in der Regel weitaus höher war, sondern praktisch für jedermann, und damit wird die Volksballade tatsächlich zum Lied jeder lokalen Gemeinschaft, zum Volkslied. Man kann es weitersingen, bis einem das Folgende wieder einfällt. Auch die einfache, vierzeilige Strophenstruktur mit unkomplizierten Reimformen und die generelle Kürze unserer Balladen unterstützen die Überlieferungsbedingungen; ebenso lassen sich gleiche Melodien für viele verschiedene Texte verwenden. Dazu gehört, dass die Handlungsstränge sehr einfach gestaltet sind. Es gibt nur wenige handelnde Personen, die zudem in der Regel namenlos bleiben. Formelhaft und von Wiederholungen geprägt ist der Dialog, der auf weite Strecken die Handlung trägt.

Die Dialogteile sind stereotyp; sie wiederholen sich ohne Rücksicht auf die Stellung der redenden Personen zueinander. Inhaltlich Gleiches wird mit identischer Wortwahl wiederholt; jeder Angeredete, ob Freund oder Feind, ist z. B. ein ›Liebster ... ‹ Erläutert und erklärt wird nichts. Die Psychologie der handelnden Personen ist deswegen nicht unbedingt flach, aber sie ist maskenhaft, manchmal erschreckend grob und ohne mildernde Zwischentöne. Die Figuren handeln nach festen und harten Normen und wiederum so vordergründig, dass Zusammenhänge des Geschehens unschwer erinnert werden können. Damit ist die Textoberfläche hinsichtlich ihrer narrativen Mittel erläutert.

Die epischen Formeln haben aber auch in ihrer Tiefenstruktur eine ästhetische und eine psychologische Funktion. Sie machen den Text derart eindringlich und in seinen Konturen hart, dass man die Unausweichlichkeit des Schicksals umso drastischer begreifen lernt. Die epischen Formeln sind also nicht nur Überlieferungshilfen, sondern sie charakterisieren in besonderer Weise den poetischen Kern der Volksballade. Gegen diese formalisierte Sprache regt sich kein Widerspruch. So muss man das Schicksal akzeptieren, so ist die unumstößliche Wahrheit der Lieder von Generation zu Generation überliefert worden.

Wir behaupten, dass diese formelhafte Darstellungsweise einer Mentalität entspricht, die nicht nach Veränderung schreit, sondern Bestehendes akzeptiert und festgefügte Vorurteile weitertradiert. In diesem Sinn wird in unserem Konzept die Tradition als entwicklungs- und emanzipationsfeindlich denunziert. Die Texte rufen nicht zur Befreiung auf, sondern bieten undiskutierbare Sicherheit im bewährten Rahmen. Die Liedtexte sind Träger und Vermittler einer durchaus als konservativ beschreibbaren Ideologie.

Wir haben allerdings bei Texten wie denen von der »Brombeerpflückerin« und von der »Schönen Jüdin« deutlich gemacht, wie schwierig es für uns heute ist, nachträglich die Ideologie dieser Liedtexte zu verstehen und die Mentalität ihrer Sängerinnen und Sänger zu dokumentieren. Wir geraten schnell an die Grenzen der Interpretierbarkeit der Texte, wenn wir sie nicht in einem Rahmen zu verstehen suchen, der von den gesellschaftlichen Bedingungen des entsprechenden Milieus geprägt ist. Das ist auch ein Argument dafür zu versuchen, die Texte in ihre Zeit des aktuellen Singens hineinzulesen und sie nicht ausschließlich aus dem Alter [Urtext] und dem Herkommen [ursprüngliche Vorlage] ihrer Motive zu verstehen – so interessant solches im Einzelfall sein mag. (Der Urtext war ein Phantom, dem die ältere Forschung viel Aufmerksamkeit widmete.) Den Rahmen, die sozialen Bedingungen des Sängermilieus, müssen wir mit Elementen, die außerhalb der Texte liegen, zu rekonstruieren versuchen, und damit sind wir weitgehend überfordert.

Dieser Rahmen entspricht der festgefügten, feudal geprägten und ständischen Ordnung (Standesordnung) der Gesellschaft, die seit dem Mittelalter bis in das 19. Jahrhundert hinein herrschte. Sie bot dem Einzelnen nur kleine Freiheiten in enggefügten Grenzen, aber sie gab eine generelle Sicherheit für das Individuum in den bewährten Strukturen von Großfamilie, Dorfgemeinschaft, Altersgruppe und Berufsstand. Wer sonst keine Wünsche hatte, konnte damit gut auskommen; Individualität war nicht gefragt. Wer nicht damit zurechtkam, zerbrach. Die Volksballaden sind grundsätzlich tragisch, manchmal sogar auch die Schwankballaden, die uns heute kaum mehr ›lustig‹ vorkommen bzw. einen für uns fremden Humor zeigen.

Der Standesunterschied wird z. B. durch Kleidungsvorschriften dokumentiert; sie spielen in der Volksballade eine erstaunlich große Rolle. »Edelmann und Schäfer« ist das klassische Beispiel. Nur assoziativ klingt Kritik daran an (»Herr und Schildknecht«). Auch in einer Zeit, in der die strengen Standesgrenzen durchlässiger werden, verbleibt man in der Mentalität, dass es Kleidung bzw. Verhaltensnormen gibt, die angemessen sind, und solche, die die eigene innere Haltung (auch die aufgezwungene oder anerzogene Haltung) nach außen hin dokumentieren.

Der Druck der dörflichen Öffentlichkeit ist groß; niemand kann aus der Reihe tanzen, ohne heftig gerügt zu werden. Selbst wer als junges Mädchen davon träumt, einen Grafen zu heiraten, geht lieber ins Kloster (»Graf und Nonne«), als sich auf eine unsichere Vision von einem anderen Leben einzulassen. Im Gegensatz zum Märchen mit seiner Vision von der möglichen Umkehrung ungerechter Verhältnisse, z.B. mit dem verachteten Aschenputtel, das schließlich doch den Prinzen bekommt, vermitteln die Volksballaden eine harte Realität. Wer in den ausweglosen Konflikt gerät, zwischen Wunsch und Wirklichkeit wählen zu müssen, für den bleibt nur der Freitod (»Schöne Jüdin«).

Wenn Sagen, eine andere wichtige, erzählende Gattung neben Ballade und Märchen, Warnungen vor bestimmten lokalen Gegebenheiten vermitteln – sogenannte Warnsagen –, wenn Märchen Hoffnungen und Träume auf ein besseres Leben in dieser Welt bündeln, dann übermittelt die Ballade die Botschaft von der Unabänderlichkeit des Schicksals (vgl. »Graf Friedrich«), von dem Annehmen-Müssen der Gegebenheiten im täglichen Leben, vom Akzeptieren der tradierten Ordnung, vom Erkennen harter Realität usw. Aber auch von der Sicherheit traditioneller Ordnung, von dem Erleiden-Können harter Schicksalsschläge, manchmal verbunden mit dem Trost auf eine bessere Welt im Jenseits, und zwar nicht nur in den religiös fundierten Balladen sprechen unsere Texte. Die Mentalität der Ballade stammt offenbar aus einer realitätsnahen Welt von Jugendlichen und Heranwachsenden bzw. Erwachsenen, während das Märchen Erklärungen versucht, die vor allem (heute) der Mentalität von Kindern entsprechen. Wo das Märchen Visionen entwirft, wirkt die Ballade desillusionierend. Wahrscheinlich entsprechen diese Gattungen zwei verschiedenen Entwicklungsstufen der sozialen Anpassung. Die typischerweise zumeist tragisch endende Ballade erscheint pessimistisch gestimmt.

Besonders schlimm scheint uns das überall dort, wo Männlichkeitswahn und Lieblosigkeit herrschen (»Graf und Magd«), und solche Balladen erscheinen direkt als erschreckend grausame Warnballaden für Mädchen und junge Frauen. Denen werden offenbar bestimmte Verhaltensnormen vorgeführt, und ihnen wird unterschwellig nahegelegt, ja aufgezwungen, sich an die gesellschaftlichen Normen zu halten. Die dabei deutlich werdende, offensichtlich mangelnde Solidarität unter den Betroffenen (z.B. bei der unehelich Schwangeren, die von der Mutter verstoßen wird: »Geburt im Walde«), ist ein Problem, zu dem wir keine Lösung wissen bzw. die vorgeschlagenen Lösungen bleiben unbefriedigend, z.B. die der widersprüchlichen Assoziationen. Grenzüberschreitungen werden geahndet und gehen nur in Ausnahmefällen gut aus, und dann nur zumeist für den Mann: »Verkleideter Markgrafensohn«.

Wo Frauenlist sich durchsetzt, muss man das auf eine humorvolle Weise hinnehmen, und man [Mann] bleibt dann trotzdem in seiner Männlichkeit bestätigt (»Schreiber im Korb«). Solche Lieder singen wohlgemerkt auch Frauen. Die Welt der deutschen Volksballade scheint von der Ideologie her vorherrschend jedoch eine Männerwelt zu sein. Männliche Willkür und die Rechtlosigkeit der Frau sind beliebte Liedthemen (z.B. »Versoffene Kleider«, »Entführte Graserin«, »Erzwungene Ehe«, »Brombeerpflückerin« usw.). Das ist unser genereller Eindruck. Man muss allerdings in Kauf nehmen, dass unsere Sichtweise aus heutigem Empfinden heraus zustandekommt. Offen muss bleiben, ob die Sängerinnen und Sänger im 19. und frühen 20. Jahrhundert das auch so empfunden haben. Allgemein wissen wir leider zu wenig darüber, ob und wie weit die Informanten ihre Texte reflektiert haben.

Aus dem Gesagten wird deutlich, warum es von Volksballaden (wie vom Volkslied überhaupt) nicht einen einzigen richtigen Text gibt und geben kann, sondern viele Varianten, die im Rahmen eines Typs jeweils das Gleiche oder Ähnliches auszusagen versuchen. Die Variante ist die Aktualisierung der zeitlosen Wahrheit des Liedes mit den eigenen Worten der Gegenwart. Allerdings ist das selten die Sprache des Alltags, sondern die Ausdrucksweise literarischer Überlieferung. Manchmal werden Einzelheiten und Motive der Gegenwart angepasst; die veraltete Überlieferung wird aktualisiert. Zum Beispiel tauchen in jüngeren Texten dort ›Jäger‹ auf, wo früher eher ›Ritter‹ und ›Reiter‹ herrschten, aber das ist keine durchgehende Forderung. Das Geschehen der Volksballade bleibt auch hierin auf literarischer Distanz.

Die Lieder sind für die Sängerinnen und Sänger Gegenwart. Sie sangen sie nicht, weil sie uralt waren, sondern weil sie in die Gegenwart der Überlieferung gehörten. So dachte man weiterhin bzw. so sollte man unter dem Druck der Tradition weiterhin denken und empfinden. Die Liedtexte spiegeln damit die Mentalität ihrer Überlieferungszeit, sowohl von den Inhalten, wie auch von den formalen Erzählmitteln her. Die Texte bewegen sich im bewährten Rahmen von Assoziationen. Sie lösen selbst gleichgerichtete Assoziationen aus und normieren damit Gefühle und Einstellungen.

Man hat zu Zeiten wenig gelesen (die Lesefähigkeit war früher begrenzt), aber die Tatsache, dass manche Lieder im Druck vorlagen (als Liedflugschriften, die man auf dem Jahrmarkt zur Erinnerung billig kaufen konnte), unterstützt, dass man sie für wahr halten musste. Das gedruckte Wort wurde kaum angezweifelt. Vielfach hat man solche Drucke in handschriftlichen Liederheften abgeschrieben, die zumeist wohl weniger dazu dienten, dass aus ihnen tatsächlich und wortwörtlich vorgesungen wurde, sondern dass man diesen wichtigen Text in seine eigene Sammlung integrierte. Es ist ein relevanter Aspekt des Volksliedes, dass man sich von einem bestimmten Lied angesprochen fühlt und sich mit ihm identifiziert.

Die hier skizzierten Charakteristika der deutschen Volksballade gelten zum großen Teil auch für die entsprechende Überlieferung im englisch-schottischen Sprachraum (einschließlich USA) und im Bereich der skandinavischen Sprachen (gemeint sind die germanischen Sprachen, d. h. außer etwa dem Samischen, aber z. B. durchaus mit Übersetzungen in das Finnische). Auch die französische Volksballade und wahrscheinlich ebenfalls andere Parallelen in den romanischen Sprachen tragen wesentlich ähnliche Züge als gemeinsame Gattungscharakteristika einer europäischen Volksballade. In diesem kulturellen Erbe stellt die deutschsprachige Überlieferung einen beträchtlichen und wichtigen Teil dar.

Kurzkommentar

Aargäuer Liebchen
DVldr Nr. 167; Index D 1. – Während der junge Knabe beim Militär ist, sucht sich Anneli einen anderen Mann. Die Überlieferung aus dem 19. und 20. Jh. ist ungewöhnlicherweise in Mundart und beruht wahrscheinlich auf einer (bisher nicht näher ermittelten) Schweizer Dialektdichtung aus der Zeit kurz nach 1800. Mit der Mode dieser Jahre wurde der Text in Mundart geschrieben (vgl. auch »Dursli und Babeli«), während die Volksballade sonst als ernste Gattung Schriftdeutsch bevorzugt.

Abendgang
DVldr Nr. 19; Index B 1. – Pyramus findet den blutigen Mantel seiner Geliebten Thisbe, die sich auf der Flucht vor einem Löwen gerettet hat. Er glaubt sie tot und tötet sich in Verzweiflung darüber selbst. Dieser narrative Stoff des römischen Dichters Ovid, aufgegriffen wahrscheinlich in der Renaissance (vgl. »Königskinder« dagegen allerdings bereits im 15. Jh. belegt), wird mit dem Zwergenthema (verwandt dem Motiv von Adelbert von Chamissos »Riesenspielzeug«) und dem Wächterruf (Tagelied) zu einer Liederzählung des 16. und 17. Jh. ergänzt. – Vgl. Kommentar dazu S. 463.

Alter Mann und Schüler A–B
DVldr Nr. 25; Index L 1. – Für das Verbrechen eines alten Mannes muss ein junger Schüler büßen. Er ist so höflich, dem Alten die Last zu tragen, und das war offenbar falsch. Auf Erden gibt es keine Gnade; das Unrecht wird ›nur‹ mit himmlischen Mitteln gesühnt. Eine ähnliche Haltung spiegelt z. B. die berühmte Volksballade »Schloss in Österreich« (auch in der Dialogführung eine enge Parallele dazu!). – Beide Varianten haben ihre für mündliche Überlieferung typischen Widersprüche: In Variante A, Str. 2, soll der Schüler das Geld gerade dorthin tragen, wo es gestohlen wurde, und in Variante B, Str. 8, will der Schüler erst selbst die Augen verbunden haben (im »Schloss in Österreich« reicht der Henker das Tuch).

Bauer im Holz
Index I 1. – Die Schwankballade hat ein nicht nur im 16. und 17. Jh. beliebtes Thema: eheliche Untreue. Hier ist es der (gebildete) Schreiber, sonst oft der ›Pfaffe‹, der ebenfalls konfliktträchtig zur Alltagswelt des Bauern im Kontrast steht (vgl. Hermann Strobach, Bauernklagen, Berlin 1964, Nr. 18, und Klaus Roth, Ehebruchschwänke in Liedform, München 1977, Typus D 25).

Bauer und Magd A–B
Index I 2. – Es ist eine im 19. und 20. Jh. überlieferte Schwankballade. Bemerkenswert ist, wie die Bäuerin reagiert: Sie (in ähnlichen Varianten) überrascht die beiden und meint, wenn der Bauer die Köchin ›rumpelt‹, tut sie das ebenfalls mit dem Knecht.

Bauer und Student
Index D 2. – Wofür der Bauer Geld bietet (sogar bis zum Inzest), das bekommt der mittellose, fahrende Student von selbst. Bereits im 15. Jh. ist dieser ›gar schmutzige Text‹ auf Latein überliefert. ›Heimliche Liebe‹ ist ein wichtiges Stichwort traditioneller Liedüber-

lieferung; dumm ist (aus der Sicht des Mannes), wer solches ›öffentlich‹ macht (aber nur diese Öffentlichkeit bietet dem Mädchen Aussicht auf ein Eheversprechen).

Bauerntöchterlein

DVldr Nr. 51; Index E 1. – Sollte man eine einfache (vielleicht auch noch zu junge) Bauerntochter nicht zu einer reichen Heirat zwingen? Liegt darin eine Warnung mit diesem tragischen Lied, das wir um 1800 dokumentiert haben?

Bayrischer Hiasl

[nicht im Index] Mathäus Klostermaier (geb. 1736) wurde vielfach besungen; als Wilderer, Rebell und ›edler Räuber‹ half er den Bauern gegen den Wildschaden. 1771 wurde er in Dillingen hingerichtet. Dieses erzählende Lied liegt an sich außerhalb der Grenzen der Gattung Volksballade, die sich generell nicht um historische Fakten bemüht.

Belohnte Unschuld

Index D 5. – Die arme Magd geht barfuß, widersteht aber der Verführung. Ihr Lohn ist das Eheversprechen. In balladesker Personenökonomie sind Verführer und Verlobter als Erzählfiguren identisch. Hier geht es nicht um eine dramatische Handlung (mit differenzierten Personen), sondern um Moral. Das erzählerische Beiwerk wird bis zur Unkenntlichkeit der Handlung eingespart.

Bernauerin (Agnes Bernauer 1435)

DVldr Nr. 65; Index C 1. – Staatsinteressen zwingen Albrecht III. von Bayern dazu, auf die unstandesgemäße Bernauerin zu verzichten. Sie wird als Hexe verleumdet und 1435 in Straubing ertränkt. Diese historischen Fakten werden erzählerisch umgestaltet und dann auch balladesk verarbeitet: drei Reiter, Sobald-Formeln (Str. 8 und 10), Dialogstruktur, Dritter-Tag-Schluss usw. Auch dass der Vater Herzog Ernst bzw. (in unserer Variante) der Sohn Albrecht angeblich Selbstmord begehen, ist eine balladeske Umformung historischer Tatsachen. – Vgl. Kommentar dazu S. 473.

Bestrafte Zechprellerei A–B

Index G 2. – In den Volksballade spielt die ›männliche Frau‹ eine besondere Rolle; hier wird das Motiv in burlesker Weise ausgekostet. Der Mann wird geschlagen bzw. liefert seine Hose ab (welche die Frau nun ihrerseits anhat). Es ist ein internationales Erzählmotiv: Zu den Aufzeichnungen in Ungarn gibt es Parallelen in Lothringen, in Frankreich und Spanien.

Bestrafter Fähnrich A–C

DVldr Nr. 168; Index D 6. – Die Verführung wird mit dem Tod am Galgen bestraft. Für den Unteroffizier ist es wichtig, ›ehrenvoll‹ erschossen worden zu sein. Im 20. Jh., unter veränderten Moralvorstellungen, wird daraus das männliche Gehabe eines Fußballspielers. – Vgl. Kommentar dazu S. 483.

Betrügerischer Freier (Stolz Heinrich)

DVldr Nr. 42; Index E 2. – Margretchen wird, getäuscht und entehrt, in den Selbstmord getrieben (vgl. auch »Bluthochzeit«). Die deutsche Überlieferung um 1850 hat viele internationale Parallelen (u. a. französisch und englisch und in Skandinavien).

Bettelmann und Edelfrau A–B

Index I 5. – Dem Bettler (oder Pilger) darf die Frau eine milde Gabe nicht abschlagen; so verlangt es die christliche Tugend. Da der Mann alles weggeschlossen hat (an sich hatte damals die Frau die Schlüsselgewalt im Haus), bietet sie dem Bettler ein ›warmes Almosen‹ an: ihren eigenen Körper. Über diese Schwankballade hat man seit dem 16. Jh. gelacht. Vgl. Lutz Röhrich, Erzählungen des späten Mittelalters […], Bd. 2, Bern 1967, Nr. IX (»Das Almosen«, mit Kommentar).

Bluthochzeit

DVldr Nr. 46; Index E 3. – Vor das 19. Jh. reicht die Dokumentation dieses Textes nicht zurück, aber fremdsprachige Parallelen lassen ein höheres Alter vermuten (allerdings weckt Zuccalmaglio als Quelle den Verdacht einer Imitation). Der feudalen Gewalt gegen offenbar rechtlose Untergebene vermag sich die Frau nur durch den Tod zu entziehen. Im Gegensatz zu »Betrügerischer Freier« erscheinen hier die ›sieben Schlösser‹ als Realität. Aber sie verzichtet doch auf die lockende Verführung, als arme Müllerin jetzt Pfalzgräfin werden zu können. Hier erscheinen soziale Gegensätze ›von unten‹ kommentiert und (mit dem tragischen Ausgang der Handlung) auch kritisiert.

Braun Annel

Index D 7. – Das braune [d. h. im Lied: verführungsbereite] Annel lässt ihn herein, doch beim Abschied geht es schief. Sie stellt sich unwissend, die Nachbarin allerdings weiß Bescheid. Im Volkslied allgemein ist die soziale Kontrolle durch ›die Leute‹ und durch die Nachbarn in der kleinen, lokalen Gemeinschaft ein wichtiger Faktor.

Bremberger

DVldr Nr. 16; Index I 6. – Verraten und gefangen wird der Liebhaber auch noch grausam ermordet, sein Herz wird gebraten (antikes Motiv des Thyestesmahls; vgl. »Grausiges Mahl«). Die Namensgleichheit mit einem historischen Minnesänger hat im 16. Jh. vielleicht keinen bewussten Hintergrund mehr. – Vgl. Kommentar dazu S. 503.

Brombeerpflückerin A–D

DVldr Nr. 147; Index H 1. – Nach dem erotischen Spiel geht es um die Anerkennung der Vaterschaft, über die man(n) sich noch im 20. Jh. eher lustig machen konnte. Für junge Mädchen war es ein ernstes Problem, mit einem unehelichen Kind allein und unversorgt zu bleiben. Dass dieses Kind immerhin angesprochen wird (wenn auch in chauvinistischer Weise kommentiert), das erklärt vielleicht, warum das Lied in gleicher Weise unter Frauen wie unter Männern sehr beliebt war. – Vgl. Kommentar dazu S. 501.

Brotfrevel

Index F 2. – Es ist ein älteres deutsches Zeitungslied, das bei uns erst auf einer Liedflugschrift um 1820 belegt ist, jedoch in Skandinavien als Volksballade gesungen wurde (dänisch bereits 1657 belegt, schwedisch 1759; vgl. Otto Holzapfel, Folkevise und Volksballade. Die Nachbarschaft deutscher und skandinavischer Texte, München 1976, S. 148–151). Die moralische Belehrung darin ist sehr intensiv.

Buckliges Männlein

Index O 4. – Brentano überarbeitete eine fragmentarische Aufzeichnung eines vielleicht doch im tieferen Sinn ernsten Textes: Ein koboldartiges, ›bucklicht‹ Wesen steht immer im Weg, bis endlich für es gebetet wird (vielleicht für seine Erlösung?). Älter als aus den 1770er Jahren (von Goethe im Elsass notiert) sind die erhaltenen Belege jedoch nicht, und damit bleibt das beliebte Kinderlied für alle Spekulationen offen.

Buhlerische Frau

Index I 7. – Der edlen Kaiserin genügt ihr alter Mann nicht. Ein junger Knabe kommt in ihr Schlafzimmer, wo sie ein weißes [verführerisches] Hemd anhat. Um Mitternacht muss der Knabe aus dem Fenster fliehen und kann sich gerade noch retten. – Das Ambraser Liederbuch [Schloss Ambras bei Innsbruck in Tirol], gedruckt 1582, ist ein berühmter Beleg aus der Gruppe der »Frankfurter Liederbücher« des späten 16. Jh. mit einer komplizierten Druckgeschichte und bisher weitgehend ungeklärten Abhängigkeitsverhältnissen. Bergmanns Edition (1845) ist unzureichend und zeigt oft erhebliche Abweichungen von der Vorlage.

Butzemann A–E

Index O 5. – Das Kinderlied vom Bi-Ba-Butzemann, der im Haus herumtanzt, zählte F.M. Böhme (1893) zu den Volksballaden, weil ihm angeblich die Liederzählung von einem Kobold zugrundeliege. Doch die Überlieferung ist erst seit dem Anfang des 19. Jh. belegt, und nicht jedes Kinderlied ist der Rest einer vergessenen, archaischen Volksballade. Kinderlieder auf angeblich altgermanische Mythen zu beziehen, war um 1880 bis in die 1920er Jahre hinein Mode; der Nationalsozialismus übernahm diese Tradition begeistert. – Butze[n]mann, das ist Buuskerl, Bösman und Buse, bezeichnet den Popanz [Unhold] als den plötzlich Daherfahrenden, ›Bausenden‹, durch sein jähes Erscheinen Schreckenden (Ludwig Laistner, Über den Butzenmann, in: Zeitschrift für deutsches Altertum 32, 1886, S. 153). – Das Lied vom Butzemann, der [im Jahre 1547] im Reich herumgeht (daraus abgeleitet Variante A), ist eine Erfindung der Wunderhorn-Herausgeber von 1806/08, Arnim und Brentano.

Deserteur

Index F 4. – Ein Söldner wird, als er Alphornklänge hört, vor Heimweh fahnenflüchtig. Dieses Soldatenlied hat erzählende Elemente, und im 18. Jh. machten sich die Gelehrten und Mediziner ernsthafte Gedanken über die angeblich ›einst tödliche Schweizer Krankheit‹ (vgl. C. Schmidt-Cadalbert, »Heimweh oder Heimmacht«, in: Schweizerisches Archiv für Volkskunde 89, 1993).

Dienende Schwester (Königstochter) A–C

DVldr Nr. 75; Index B 3. – Davon träumt wohl jede: unerkannt, aber edler Herkunft zu sein. Hier jedoch ist das (unerklärliche bzw. in der Volksballadenhandlung nicht begründete) Schicksal allzu grausam. Trost scheint es nur im Himmel zu geben. – Vgl. Kommentar dazu S. 468.

Doktor Faust

Index F 5. – Mit der vorliegenden Überlieferung auf Liedflugschriften ist das eher ein literarisches Lied, das so kaum ungekürzt in mündlicher Überlieferung bestehen konnte. Dieses erzählende Lied ist erst im frühen 19. Jh. dokumentiert, bietet also keine nachweislich alte Quelle zum Fauststoff.

Dollinger

Index F 6. – Die Angst vor den Türken [bzw. Ungarn] spielt im Text von ca. 1630 eine aktuelle Rolle. Der wundertätige Kaiser und das Kreuz helfen dem christlichen Ritter. Hier wird moralische Aufrüstung betrieben. – Vgl. Kommentar dazu S. 494.

Donaustrudel A–D

Index F 7. – So ganz ›lustig‹ ist diese Jungfernprobe für die Betroffenen nicht, obwohl die Angst vor dem Wassermann im 19. Jh. wohl nur literarische Überlieferung ist (vgl. »Rheinbraut«). Auch hinter der Salzburger Dialektfassung (bzw. in der Alltagssprache) erkennt man ›hochdeutsche‹ Strukturen. Die Parodie (Variante D) gehört nur als Sonderfall hierher; sie wurde in der jüngsten Folk-Bewegung populär (u. a. durch Peter Rohland, Hein & Oss, Tom Kannmacher und als Straßenmusik der 1980er Jahre).

Dornröschen A–B

Index F 8. – Wenn man sonst manche Kinderlieder als Reste uralter Volksballaden anerkennen will, so ist es nur logisch, auch dieses Kinderspiellied mit zu der erzählenden Gattung zu rechnen. Doch die überlieferten Belege reichen nicht vor das 19. Jh. zurück; eine balladeske Struktur ist kaum erkennbar.

Drei Gefangene

Index F 9. – Dass das Mädchen, um den Reiter freizubekommen, ein weißes Hemd anbietet, erklärt sich aus der alten Rechtsinstitution des Losbittens eines Gefangenen durch Heirat (vgl. auch zu »Hinrichtung«). Belege des Liedes kennen wir bereits um 1600.

Drei Seelen vor der Himmelstür (Höllentrunk)

Index F 11. – Diese moralisch belehrende Legendenballade droht um 1800 mit Höllenstrafen für Sonntagsentweihung und Putzsucht (mit slawischen und niederländischen Lied-Parallelen).

Dursli und Babeli A–B

DVldr Nr. 157; Index B 6. – Angeblich nach einem historischen Vorbild um 1700 ist das (neben dem »Aargäuer Liebchen«) eine auffallende Schweizer Dialektdichtung über Franz, der (für vielleicht längere Zeit) zum Militär geht, seiner Barbara aber dennoch treu bleiben will.

Edelmann im Habersack A–D

Index D 8. – Die Müllerstochter hätte mit Hilfe der Mutter eine gute Partie gemacht, doch sie zieht es vor, ›dumm, aber ehrlich‹ zu bleiben. Bereits im 16. Jh. lachte man darüber. Diese Schwankballade ist übrigens z. B. in Norwegen noch 1986 höchst beliebt (vgl. Olav Solberg, in: tradisjon 18, 1988). – Vgl. Kommentar dazu S. 484.

Edelmann und Schäfer A–C

Index C 2. – Die Standesunterschiede werden (im 18. und 19. Jh.) auch durch die Kleidung markiert. Darüber sollte sich selbst ein reicher Schäfersohn nicht hinwegsetzen. Doch viel Geld bestechen den Edelmann bzw. dessen Tochter. Der Standesstolz ist leer geworden bzw. wird kritisiert. – Vgl. Kommentar dazu S. 474.

Eifersüchtiger Knabe A–C

DVldr Nr. 166; Index M 4. – Aus Eifersucht darf der Mann offenbar jenes Mädchen ermorden, das einen anderen als ihn vorzieht. Der moritatennahe Text des 18. bis 20. Jh. gibt den Männern recht. Diese Volksballade war sehr beliebt und weit verbreitet. Bemerkenswert in Variante A und B ist in Str. 7 die Wendung in die Perspektive eigenen Erlebens; das Lied wird aktualisiert und emotional am eigenen Ich von Sänger und Sängerin orientiert. – Vgl. Kommentar dazu S. 510.

Elfjährige Markgräfin

DVldr Nr. 53; Index E 6. – Er bereut, sie – (auch im 16. Jh.) noch ein Kind – verführt zu haben, und anscheinend wird ihm sogar vergeben (formelhafte Lilien auf dem Grab). – Vgl. Kommentar dazu S. 488.

Entführte Graserin A–B

DVldr Nr. 45; Index E 8. – Beim Heumachen wird sie entführt und verführt und dann noch grausam ermordet (archaische Tisch-Fisch-Formel). Sollten solche Texte über Todesahnungen im 19. Jh. eine Moral festigen, die dem Mann gegenüber der rechtlosen Frau weitgehend freie Hand lässt? Wir wüssten gerne mehr über die damit zusammenhängenden Mentalitäten. – Vgl. Kommentar dazu S. 488.

Erle A–B

Index O 6. – Die verwunschene Tochter in Gestalt einer Erle (in der tschechischen Variante B ein Ahorn) wird von Spielleuten erlöst. F.M. Böhme vermutete hinter diesem ›Zauberlied‹ (zu Recht) slawische Herkunft des Textes, da aber auch skandinavische Überlieferung bekannt sei, hätten ›auch die Deutschen dergleichen haben‹ können.

Erlösung vom Galgen A–B

DVldr Nr. 22; Index L 5. – In einer allzu grausamen Welt beschämt die kleine Schwester die ›Herren‹, indem sie ihren Bruder auf ungewohnte Weise rettet (Motiv der Lady Godiva). Das schreiende Unrecht des Vaters aber muss man anscheinend hinnehmen? Belege dieser interessanten Volksballade kennen wir nur aus dem 19. Jh.

Erzwungene Ehe

DVldr Nr. 50; Index E 16. – Auch wenn die Mutter ihr zuredet, erfüllen sich Annelis Todesahnungen. Gegen die Ehe wehren kann sie sich (im 19. Jh.) offenbar nicht. – Vgl. Kommentar dazu S. 490.

Eule und Adler

Index F 15. – Die Tierhochzeit ist ein altes internationales Liedthema (deutsch z.B. mit der »Vogelhochzeit«, die wir aber nicht zu den eigentlichen Volksballaden zählen, vgl. Index F 41). Hier, im 19. Jh., ist es ein erzählendes Bild über die Verführung der Mädchen. Sie sollen sich in Acht nehmen. Aber wird der ›Adler‹ damit auch kritisiert?

Fahrt ins Heu (Bauer ins Heu)

Index I 10. – Wie bei der Schwankballade »Bauer im Holz« verbirgt sich im Text mit dem Spott auf den Bauern auch sozialer Zündstoff. Das ist nicht nur ein ›lustiger‹ Ehebruchschwank (bis in die Gegenwart beliebt), sondern (unverarbeitet) auch Kritik am System.

Falscher Pilger

DVldr Nr. 91; Index I 19. – Die Frau weist ihren Mann wegen des unhöflichen Ausfragens eines Pilgers zurecht, und er schlägt sie deshalb. Dafür will sie sich rächen, und sie zieht mit dem (verkleideten) Pilger davon. Als sich dann noch herausstellt, dass sie Schlossherrin geworden ist, kann er (machtlos) nur darauf verweisen, sie solle »Spott und Schande« haben. Doch das gilt offenbar eher für ihn selbst. Die gesellschaftlichen Konventionen werden mit diesem Ehebruchschwank (vielleicht) problematisiert. So sang man um 1600 und im 19. Jh. Auch Anklänge an den Minnesänger Gottfried von Neifen aus dem 13. Jh. sind verarbeitet (vgl. zum »Fassbinder« und »Moringer«), und es gibt u. a. englische, skandinavische, französische und spanische Parallelen. Bemerkenswert in unserer Variante ist das Prahlen des Pilgers in der (sonst formelhaften) Verfasserstrophe (Str. 18).

Falscher Schneider A–B

Index C 16. – Wenn sie nicht dem (auch noch in der Standesordnung des 19. Jh.) verachteten, als Dieb und Hungerleider beschimpften Schneider aufgesessen wäre, hätte sie eine gute Partie machen können. Zum Schaden hat sie auch noch den Spott.

Fassbinder (Binderlied)

Index D 9. – Das ist eine Schwankballade über den Fassbinder, den Küfer, gesungen zum männlichen Vergnügen. Zwar ist der Text eigentlich ohne (dramatische) Handlung, dafür aber mit alter Überlieferung: Der erotische Inhalt wird bereits Gottfried von Neifen zugeschrieben (13. Jh.): »Es fuor ein büttenære...«

Frau von Weißenburg A–B

DVldr Nr. 30; Index L 7. – Bereits im 16. Jh. sang man diesen angeblich auf Ereignisse aus dem 11. Jh. (Adelheid und Friedrich, das ist Ludwig von Thüringen [?]; Graf von Weißenburg = Pfalzgraf Friedrich) bezogenen Erzählstoff von Mord und Verrat in einem ritterlich-feudalen Milieu. – Vgl. Kommentar dazu S. 506.

Frecher Knabe

DVldr Nr. 165; Index D 10. – Fast spielerisch und wie ritualisiert klingt diese Volksballade des 19. Jh. (mit niederländischen Parallelen im 16. Jh.). In balladesker Personenökonomie sind hier die Figuren der Mutter und des Richters zusammengeflossen (in anderen Varianten ist es die Mutter des Mädchens). Selbst ein ›ehrenwerter Kaufmannssohn‹ kann wegen Vergewaltigung am Galgen enden!

Fuhrmann und betrogenes Mädchen

Index D 11. – So kann es gehen: Die Frau wird betrogen und muss nun mit dem alten Müller Vorlieb nehmen. Über dieses Lied konnten um 1800 die Männer lachen. In anderen Varianten steht der Fuhrmann nun bei einem anderen schwarzbraunen, d. h. verführungsbereiten Mädchen.

Fuhrmann und Wirtin

Index I 12. – Diese Schwankballade vom Wirt, der seine Frau mit dem Fuhrmann erwischt (der Schluss ist in unserer Variante ergänzt), ist auf Liedflugschriften des 16. Jh. belegt; sie wurde in Lothringen noch im 19. und 20. Jh. gern gesungen.

Geburt im Grabe

DVldr Nr. 109; Index N 2. – Wie bei »Jerman Weizers Frau« liegt hier ein Zeitungslied zugrunde (ältere Quellen gehen zurück bis um 1760), dessen Ernsthaftigkeit man in unserer Variante kaum mehr erkennt. Die Gattung Volksballade ist damit eigentlich bereits verlassen. Dieses ›Küchenlied‹ erklang z. B. vor 1865 auf dem Jahrmarkt in Schlesien.

Geburt im Walde A–C

DVldr Nr. 7; Index H 2. – Abseits gehalten von der üblichen Konvention, soll ein Mann der Frau bei der Geburt nicht helfen dürfen. Dieses Motiv kennt bereits die mittelhochdeutsche Epik. Die Zwillingsgeburt ist auch im 19. Jh. noch zuweilen mit dem Aberglauben angeblicher Untreue verbunden. – Vgl. Kommentar dazu S. 502.

Gefangenenbefreiung (Gefangener Hans)

Index G 4. – Statt Rosental und Amsterdam werden in anderen Varianten auch »Antwerpen« und »am Rhein« genannt. Nicht das (möglicherweise) historische Ereignis, sondern die zeitlose, unerhörte Geschichte interessiert seit dem 16. Jh. (in niederländisch-flämischer, niederdeutscher und hochdeutscher Überlieferung dokumentiert).

Genovefa

DVldr Nr. 104; Index L 8. – Die verlassene Frau wird verleumdet (Griseldis-Motiv). Das ist ein moralisierendes Lehrstück und eine Warnung an Mann und Frau. Um 1700 haben wir das Lied auf Liedflugschriften überliefert. In seiner ausführlich berichtenden Art, ohne balladeske Dramatik, gehört dieser Text eigentlich nicht zur typischen Volksballade.

Gerächter Bruder

DVldr Nr. 28; Index M 7. – Raben erzählen vom Tod des Bruders. Der Mord wird an den »drei Landsherren« gerächt, die sich vergeblich herauszureden suchen. Spuren dieses Liedes kennen wir aus dem 16. Jh., Belege dazu sind aus dem 19. Jh. bekannt.

Giftmord aus Eifersucht A–B

Index M 8. – Der Schwanenwirt vergiftet seine Braut; Eifersucht darf man dahinter vermuten, aber Variante A schweigt dazu. Auch Variante B lässt manches offen. Falls man die Braut nicht bekommt, tötet man sie einfach?

Glücksjäger

DVldr Nr. 134; Index E 19. – Die Liederzählung vom Jäger, der sich eine Frau erjagt und seiner Mutter die Beute präsentiert, ist die bewusste Kontrastdichtung zur tragischen Geschichte vom »Nachtjäger«.

Graf Friedrich A–B

DVldr Nr. 48; Index E 18. – Unbegreiflich ist der fast mythisch anmutende Hintergrund des tödlichen Unfalls bereits in der alten Textfassung um 1550. Dieser Liedstoff bleibt bis in das 20. Jh. hinein populär. War sie schwanger? Will sie in der ersten Nacht unberührt bleiben, um (einer alten Vorstellung nach) das spätere Glück zu erhöhen? Dem Mann wird auf jeden Fall im Himmel vergeben; das bezeugen auch die Wunder. – Vgl. Kommentar dazu S. 490.

Graf und Magd (Ritter und Magd) A–D

DVldr Nr. 55; Index C 15. – Was für den Standesherren ein Spielchen ist, endet für die abhängige Magd tödlich. Seine Reue kommt zu spät. Die Anpassung in der Variante D, in der der Ritter mit einer Schneiderstochter spielt, hebt weiterhin besonders hervor, dass das Mädchen niedriger Herkunft ist (auf der sozialen Leiter des Ansehens im Volkslied steht der Schneider weit unten; vgl. »Falscher Schneider«). Die Überlieferung reicht vom 18. bis zum 20. Jh. – Vgl. Kommentar dazu S. 480.

Graf und Nonne A–F

DVldr Nr. 155; Index C 4. – Standesgrenzen sind (um 1750) unüberwindbar; man soll (bis in das 20. Jh. hinein) als junges Mädchen nicht einmal davon träumen dürfen, vielleicht doch einen Grafen heiraten zu können. Das Kloster ist der rechte Ort für sittsame Bewahrung und für Entwöhnung von den Träumen über die große, überraschende Liebe. Auch der Sinn einer festgefügten Gesellschaftsordnung sollte nicht angezweifelt werden. Das scheint die Mentalität dieses Textes zu sein (vgl. Otto Holzapfel, »Graf und Nonne« = DVldr, Bd. 8, 1988). Solche Lieder sind systemstabilisierend und zutiefst veränderungsfeindlich (sind sie aber auch unterschwellig sozialkritisch?). Es ist vielleicht kein Zufall, dass das die zahlenmäßig am häufigsten dokumentierte deutsche Volksballade ist (im DVA über 2.000 Varianten; allein in Skandinavien ca. 600 Parallelbelege dazu). Mit dieser klassischen Volksballade, und zwar in J. W. von Goethes Abschrift aus dem Elsass 1771 (Variante A), eröffnet J. G. Herder seine bahnbrechende Sammlung »Volkslieder«, Teil 1, Leipzig 1778. – Vgl. Kommentar dazu S. 475.

Graf von Rom

DVldr Nr. 14; Index K 3. – Diese Liedgeschichte vom Pilger gilt als klassische Volksballade. Der Stoff ist auch anderweitig überliefert (Alexander von Metz; Graf im Pflug) und wird um 1500 bis um 1650 vielfach auf Liedflugschriften gedruckt. Unserem Beleg nach blieb der Text weiterhin populär.

Graserin und Reiter A–C

DVldr Nr. 149; Index D 14. – Beim Heumachen lockt ein Abenteuer; seit dem 16. Jh. wird davon in verschiedenen Fassungen gesungen. Allerdings sind die Heiratsaussichten gering: Die Mitgift ist vom Vater verspielt, der stolze Reiter ist wahrscheinlich ohne Geld. – Vgl. Kommentar dazu S. 484.

Grausame Mutter (Hamburger Kindermord)

Index H 4. – Kindsmord war im 18. und 19. Jh. ein reales Problem, welches hier im Bänkelsang (als Moritat auf dem Jahrmarkt vorgetragen und als Liedflugschrift verkauft) thematisiert wird (als klassische Volksballade wird der Stoff dagegen in der »Rabenmutter« bearbeitet).

Grausamer Bruder

DVldr Nr. 68; Index M 10. – Die Volksballade vom Grafen, der mit seiner Schwester sieben Stunden tanzt, bis ihr die Muttermilch aus der Brust springt (und also ein uneheliches Kind verrät), soll vor 1770 aus Dänemark übernommen worden sein. Auch sonst gibt es dazu internationale Parallelen.

Grausiges Mahl

DVldr Nr. 17; Index M 11. – Der Mann bekommt ›Hände und Füße‹ zu essen und ›Essig im Blut‹ zu trinken. Er ist müde und will lieber ›bei der Jungfrau‹ schlafen. Diese jedoch hat die Ehefrau wegen seiner Untreue ermordet und ihm davon zu essen gegeben. Das bleibt ungenannt, doch mit dem Schwert im Bett zwischen ihnen trennt er sich von ihr. Obwohl im ritterlichen Milieu angesiedelt und mit dem Thyestesmahl (vgl. »Bremberger«) anscheinend archaisch, ist das Lied nur im 19. Jh. belegt.

Haferbinden (Gerstebinden)

DVldr Nr. 135; Index D 13. – Einiges ist merkwürdig an dieser unsicher überlieferten Volksballade des 16. Jh. Erst macht der Bräutigam seinem Mädchen ein reiches Geschenk, dann muss sie aber um ihr Leben bangen (und findet sich damit auch noch ab).

Hammerschmied A–B

DVldr Nr. 88; Index H 5. – Zwar rächt der Bruder die Entehrung der Schwester, aber er tötet damit tragischerweise den Vater ihres Kindes (angedeutet: Der Bruder wird wegen des Mordes hingerichtet werden). Belegt ist dieses Lied im 19. und 20. Jh.

Haslacher Tal

Index M 12. – Er tötet einen Kameraden bei Haslach [Kinzigtal, Schwarzwald]. Vielleicht aus Geldgier, vielleicht aus Eifersucht, aber die Volksballade braucht dafür offenbar keine nähere Begründung. Ihr genügt der tragische Schluss mit der drohenden Hinrichtung. Die ersten Belege dazu sind um 1800 überliefert.

Hauptmannstochter

DVldr Nr. 101; Index G 6. – Neben »Tochter als Fähnrich« gehört dieses Lied von der »kapitänischen Dame« zu einem seit etwa 1600 auch international verbreiteten Themenkreis von der als Soldat handelnden bzw. verkleideten Frau. Hier ist der Konflikt noch dadurch verschärft, dass sich Vater und Tochter gegenüberstehen.

Heilige Katharina A–B

Index O 12. – Die Legendenballade erzählt einen Ausschnitt in balladesker Bearbeitung. In der Vita der Heiligen ist es der heidnische Kaiser Maximilian, der Katharina von Alexandria (4. Jh.) zum Götzendienst zwingen will und sie grausam hinrichten lässt. Seit etwa 1600 sang man das weit verbreitete Lied.

Heilige Odilia A–C

Index O 14. – Die verbreitete Legendenballade von Odilia, die als blindes Kind von ihrem Vater ausgesetzt, dann aber gerettet wird, beruht vielleicht auf einem Lied spätestens des 16. Jh. (»Sant Udilia die wart blind geborn…«). Bei ihrer Taufe wurde die Heilige sehend (ihr Quellwasser hilft demnach bei Augenleiden); sie starb 720 und liegt im Kloster auf dem Odilienberg im Elsass begraben.

Heimkehrender Bräutigam

DVldr Nr. 102; Index K 5. – Das ist eine Paralleldichtung zum »Heimkehrenden Soldaten«; möglicherweise liegt ein gemeinsamer Liedtyp zugrunde. – Vgl. Kommentar dazu S. 505.

Heimkehrender Soldat A–C

DVldr Nr. 103; Index K 6. – Der Liedtext kombiniert die Heimkehrergeschichte (antikes Thema des Odysseus, schwankhaft umgedeutet) mit der Andeutung, dass der Ehemann tatsächlich betrogen wurde. Die französische Vorlage hat als Zwischenruf statt dem »Hurrah« ein »Kuckuck« (coucou), bezogen auf einen, dem ›Hörner aufgesetzt‹ wurden. – Vgl. Kommentar dazu S. 505.

Herr Oluf A–B

Index O 15. – Die von Herder 1779 aus dem Dänischen übersetzte Ballade ist selbst populär geworden und hat einige Varianten in mündlicher Überlieferung gebildet. Dabei wird, vielleicht nicht zufällig, der Kern der dänischen Fassung, nämlich der Konflikt mit den Elfen (Erl-König ist eine Fehlübersetzung Herders), rückgängig gemacht: In unserer Variante aus Pommern ist es eine eifersüchtige Königstochter, die das Unglück bewirkt. Die dänische Volksballade »Elveskud« hat ihrerseits eine bretonisch-französische Parallele (»Le roi Renaud«), und über die möglichen Zusammenhänge ist viel spekuliert worden.

Herr und Schildknecht

DVldr Nr. 34; Index C 7. – In Liedbelegen seit etwa 1648 wird festgeschrieben, dass der einfache Knecht kein edler Ritter werden kann: Die Frau und sogar der Hund würden ihn nicht anerkennen. Nur der Himmel steht ihm offen. Liegt hierin eine Kritik an der Standesgesellschaft oder eine belehrende Liedgeschichte, die die bestehenden Unterschiede bestätigen soll? – Vgl. Kommentar dazu S. 476.

Herr von Braunschweig

DVldr Nr. 23; Index L 9. – In der feudalen Gesellschaft hat der Herr die lokale Gerichtsbarkeit [an sich nur die niedere, d. h. ohne Todesstrafe] und damit das Recht auf seiner Seite. Selbst dann, wenn es um die unmenschlich grausame Strafe für ein nur kindliches Vergehen geht (Jagdfrevel, doch an einem Kaninchen). Liedbelege seit etwa 1500 bis ins 20. Jh. halten dieses fest: Nur im Himmel ist Hoffnung auf Gerechtigkeit. Auch hier ist die Ambivalenz von Systemkritik und Bestätigung des Bestehenden offen und ungeklärt (vgl. zu »Herr und Schildknecht«). – Vgl. Kommentar dazu S. 507.

Herr von Falkenstein

DVldr Nr. 21; Index G 7. – Die (für deutsche Volksballaden-Quellen) ungewöhnliche Tatkraft der Frau bricht die Enge feudaler und weitgehend männlich bestimmter Standesherrlichkeit auf. Dieses Problem diskutiert ein solcher Text vom 16. bis zum 18. Jh. – Vgl. Kommentar dazu S. 494.

Herzogin von Orlamünde

Index M 13. – Dieser Text, nach einer historischen Chronik des 16. bzw. 17. Jh. von Achim von Arnim für das »Wunderhorn« 1806 neu bearbeitet, kann nur eingeschränkt als Volksballade gelten. Wir kennen keine gesungenen Zeugnisse aus mündlicher Überlieferung dazu (aber Prosaparallelen in Sage und Märchen). Die Grenzlinie zwischen Kunstballade (eines namhaften Dichters) und Volksballade (anonym in mündlicher Überlieferung) scheint zuweilen fließend. Andere Texte aus dem »Wunderhorn« sind durchaus zu Volksliedern geworden.

Hinrichtung

Index H 6. – Ein sündiges Mädchen [wohl eine uneheliche Schwangerschaft, offenbar bereits eine Kindsmörderin?] lädt ihre Eltern ein zur ›Hochzeit‹ vor dem Scharfrichter. Auch der Jüngling, der sie heiraten will [als damals offenbar literarisch und juristisch mögliche Erlösung unterm Galgen; vgl. zu »Drei Gefangene«], kann sie nicht mehr retten. Erste Quellen dieser moralisierenden Volksballade kennen wir aus der Zeit um 1650.

Hochzeit im Grabe (Lenore, Toter Freier) A–E

Index B 9. – Gottfried August Bürgers »Lenore« (1774), eine der ersten klassischen Kunstballaden überhaupt, hat möglicherweise eine populäre Vorlage gehabt (auch in Prosasagen). Die Dokumentation mündlicher Überlieferung unseres Textes setzt aber erst um 1790 ein (also nach Bürger) und vermischt bereits beide Stränge der literarischen Tradierung und der mündlichen Überlieferung. – Vgl. Kommentar dazu S. 470.

Hungerndes Kind A–B

DVldr Nr. 115; Index F 24. – Bis die Mutter mit ihren Ausreden am Ende anlangt, ist das Kind bereits tot. Dieses Lied ist eine böse soziale Anklage in einer Zeit, in der Hungerjahre zum Alltag armer Leute gehörten (vgl. Barbara Muschiol, in: Jahrbuch für Volksliedforschung 41, 1996).

Jäger auf königlicher Heide A–B

DVldr Nr. 150; Index D 15. – Dem Jäger (in der bäuerlichen Gesellschaft ein Vertreter der herrschaftlichen Authorität) steht das offenbar zu, und die Frau kann nur über die verlorene Ehre und ihr weißes Kleid jammern. Und über ihre schönen Haare, die jetzt ja ›unter die Haube‹ müssen. In der Kinderspielform ist man (wohl unbewusst) viel radikaler: Sie wird einfach ermordet.

Jäger im Tannenholz A–C

DVldr Nr. 151; Index D 16. – Der Jäger begegnet dem Mädchen im Wald; es soll bei ihm ihre Ehre lassen, doch es will lieber den Wald meiden. An dieser Authorität darf man nicht zweifeln (vgl. auch: »Jäger auf königlicher Heide«).

Jagdabenteuer

Index O 20. – F.M. Böhme nahm diesen scherzhaften Text unter die Volksballaden auf, weil er das Modell für die »Kronschlange« abgab (die jedoch, wie Böhme zur »verdächtigen Quelle« feststellt, eine Dichtung Wilhelm von Zuccalmaglios, um 1835, ist).

Jerman Weizers Frau

DVldr Nr. 108; Index N 3. – Eine Sensationsmeldung des 19. Jh., abgeleitet aus einer Liedflugschrift, gedruckt und verbreitet um 1640 (damals auf Zellerfeld im Braunschweigerland bezogen): Die Frau, mit ihrem Kind scheintot beerdigt, wird doch noch aus dem Grab gerettet (vgl. auch »Geburt im Grabe«). Die balladeske Struktur tritt gegenüber dem Zeitungslied völlig zurück.

Jüngeres Hildebrandslied

DVldr Nr. 1; Index A 11. – Dieser Text steht trotz seiner Einzelelemente aus alter literarischer Schichtung, die weit vor diesem Beleg zurückreicht, der Volksballade des 16. und

17. Jh. näher als der altgermanischen Epik, aus der (auf welchen Wegen auch immer) die Namen für die Helden und der Erzählstoff entlehnt wurden: Hildebrand kehrt aus der Fremde zurück, der junge Alebrand [Hadubrand] erkennt den Vater nicht, sondern verhöhnt den Alten. Sie kämpfen heftig (Motivkomplex des Vater-Sohn-Kampfes), dann erkennen und anerkennen sie sich gegenseitig mit der Nennung ihrer Namen. Fröhlich kehren sie zu Ute (Frau bzw. Mutter) zurück (zusätzlich: Wiedererkennen am Ring im Becher wie beim »Moringer«), während im alten Hildebrandslied der Tod des einen, des Sohns, sich notwendigerweise aus dem altgermanischen Ehrencodex ergibt.

Junger Held

DVldr Nr. 60; Index C 10. – Erst weist sie ihn ab, dann wird sie doch von ihm verführt. Nur der Mann fühlt sich dabei als junger Held bzw. hier in unserer Variante als ›jung frisch Blut‹, und die Ehre zu rauben erscheint wie ein Spiel. Das Lied kennen wir um 1600 und aus dem 19. Jh. (wahrscheinlich ist es aus dem Niederländischen übernommen).

Jungfer Dörtchen

DVldr Nr. 57; Index B 11. – Der Schatz (Dörtchen) ist krank; ihr Bräutigam, der Jäger, kommt zu spät. In einer Fassung begeht er Selbstmord. Manchmal wachsen ihre Blumen auf dem Grab zusammen (so in der englischen Parallele »Lord Lovel«). Trost gibt es nur im Himmel; die Erde erscheint wie ein stabiles Jammertal. Ist das eine erschreckend perspektivlose Mentalität oder zeigt es Gottvertrauen in einer streng gefügten, traditionsgebundenen Gesellschaft?

Kerenstein

DVldr Nr. 18; Index B 12. – Der Wächter auf der Zinne (eine Tagelied-Situation in der Minnedichtung) ist unschuldig, da die Schöne freiwillig mitging. Graf Kerenstein trauert über seine entführte Tochter. Hier klingen mittelhochdeutscher Minnesang und Assoziationen an den Kürenberger nach und machen deutlich, dass die Volksballade in manchen Bereichen an die spätmittelalterliche Literatur anschließt (und vielleicht sogar ältere, nicht dokumentierte Überlieferung hat).

Kindsmörderin A–B

Index H 8. – Es ist ein bedrückendes und (im 18. und 19. Jh.) höchst aktuelles Thema. Auch der Fähnrich kommt zu spät, um »Pardon«, d. h. die Begnadigung, zu bringen. Die Nähe zu Gottfried August Bürgers Schauerballade »Des Pfarrers Tochter zu Taubenhain« (1781) ist gegeben, damit auch der moritatenhafte Ton (vgl. auch zu »Unschuldige Dienstmagd«).

König von Mailand

DVldr Nr. 67; Index H 10. – Möglicherweise sehr alt (vgl. die Form archaischer Privatjustiz) ist dieses Lied sonst nur um 1800 in der Nähe von Freiburg i. Br. aufgezeichnet worden. Es galt als Beispiel der Traditionsbeständigkeit in den ehemals deutschsprachigen Siedlungsinseln im Osten und für die Bewahrung von mündlicher Überlieferung in (angeblich) vom sprachlichen Mutterland isolierter Lage.

Königskinder A–G

DVldr Nr. 20; Index B 13. – Von den nachweisbaren Belegen her ist dies eine der ältesten deutschen Volksballaden und zugleich wohl eine der populärsten, deren Überlieferung kontinuierlich vom 15. bis ins 20. Jh. reicht. Das Thema Hero und Leander (nach dem römischen Dichter Ovid) ist antiker Herkunft; es ist aber völlig offen, wann die Liedgestaltung einsetzt. Der Text hat u. a. französische, italienische und spanische Parallelen (welches ebenfalls auf ein gewisses Alter des Volksballadentyps schließen lässt). Neben »Schloss in Österreich« sind die »Königskinder« auch in vielen Balladen-Anthologien als klassisches Beispiel für die Volksballade vertreten. – Die Variante G ist eine moderne Parodie, verfasst im Dienst politischer Propaganda gegen ein geplantes Kernkraftwerk und ein Industriegebiet nördlich des Kaiserstuhls. – Vgl. Kommentar dazu S. 471.

Kronschlange

Index O 20. – Ein Jäger sieht die Kronschlange beim Baden, raubt ihr die Krone und erwirbt damit die schönste Braut. Was hier wie eine archaische Volksballade mit einer Tierverwandlung erscheint (F.M. Böhme nennt es ein »Zauberlied«), ist wahrscheinlich eine Dichtung von Wilhelm von Zuccalmaglio, 1835 (in Anlehnung an eine Kunstballade von Fr. Kind). Diese ›Fälschung‹ benutzt den Liedanfang und den Refrain des lustigen »Jagdabenteuers«.

Liebesprobe A–B

Index I 17. – Die Linde im Tal und manchmal auch die Nachtigall sind Requisiten dieser Liederzählung über die Treue der Ehefrau seit dem 16. Jh. (vielleicht bereits aus dem 15. Jh.). Der Text wurde z. B. auch in skandinavische Sprachen übersetzt. Was wohl am Anfang (mittelalterliche) Ritterthematik und Erzählung über die Abwesenheit während eines Kreuzzuges war, wurde um 1855 als Auswanderung aktualisiert (und hier mit einer Serie von stereotypen Wünschen kombiniert, die wir aus anderen Liedern kennen). – Nur ihre Treue wird erprobt. Was maßt er sich eigentlich an? – Vgl. Kommentar dazu S. 503.

Lindenschmidt

Index F 27. – Man hat hinter diesem historischen Lied sogar ein tatsächliches Ereignis identifiziert: Der Raubritter Lindenschmidt wurde in Frankenthal am Rhein gefangen und 1490 in der Pfalz [nicht wie angegeben in Baden] hingerichtet.

Losgekaufte

Index B 16. – Es lohnt sich, auf den Liebsten zu hoffen, auch wenn die ganze Familie kein Lösegeld zahlen will bzw. Ausreden dagegen hat. Mit dieser hoffnungsvollen Illusion sang man den Text sehr häufig seit dem 18. Jh. Er hat viele internationale Parallelen (u. a. englisch-amerikanisch »The Maid Freed from the Gallows«). Neben dem Hinweis auf eine alte Rechtsinstitution (vgl. Adalbert Erler, Der Loskauf Gefangener, Berlin 1978) thematisiert das Lied vielleicht eine grundsätzliche Angst vor dem Bruch des scheinbar sicheren Beziehungsgeflechts von Familie und Sozialstruktur, unter deren mentale Enge eine junge Frau andererseits besonders zu leiden hatte (vgl. »Mädchen und Fähnrich«). – Vgl. Kommentar dazu S. 473.

Mädchen und Fähnrich A–B

DVldr Nr. 127; Index E 22. – Auch wenn man die Tochter eines reichen Mannes ist, darf man den (armen) Fähnrich lieben. Davon darf sie mit dem Lied träumen. Sie muss aber mit ihm fliehen, d. h. das Mädchen trennt sich von Vater und Mutter und von der mit der Familie gebotenen sozialen Sicherheit. – In typischer Personenökonomie ist aus dem Schweinehirten ebenfalls ein reicher Herr geworden; die Volksballade konzentriert ihre Handlung auf extrem wenige und kaum differenzierte Personen.

Mädchen und Hasel A–B

DVldr Nr. 138; Index H 12. – Dieser Dialog und das Streitgespräch mit dem warnenden Baum sind bereits im Meistersang des 16. Jh. belegt. Als Volksballade entspricht der Text auch der gewünschten Moral und der zeitlosen (d. h. überlieferten) Mentalität im 19. Jh.

Mädchen und Landsknecht A–B

DVldr Nr. 162; Index D 19. – Ob Landsknecht (im 17. Jh.) oder Matrose (im 20. Jh.): Eine Vergewaltigung [?] bleibt offenbar ungesühnt. Klagt hier jemand an oder werden Illusionen über den ›ehrbaren Landsknecht‹ noch genährt?

Mädchenmörder A–F

DVldr Nr. 41; Index E 23 und M 14. – Niederländisch »Heer Halewijn«, deutsch auch »Ulinger«, »Schön Heinrich«, »Mariechen saß auf einem Stein…« (Kinderspiel) u. ä., ist das Liedthema vom Ritter Blaubart (französisch »Renau le Tueur des Femmes«, »Barbebleue«; englisch-schottisch »Lady Isabel and the Elf-Knight«), einem international verbreiteten und häufig gesungenen Volksballadentyp, deutschsprachig seit dem 16. Jh. – Da ihm das schöne Kleid leid tut, soll sie es ausziehen. Als er höflich zur Seite schaut, zieht sie sein Schwert (Variante A). Der Mörder, der ein Liedchen singt (Variante D), tut dieses manchmal mit mehreren Stimmen gleichzeitig (Variante F), was sein dämonisches Wesen verraten soll. In Variante E wird sie tatsächlich ermordet; damit wird der (angebliche) Erzählkern völlig verfehlt. – Vgl. Kommentar dazu S. 491.

Mannstolles Mädchen (Malers Töchterlein) A–B

DVldr Nr. 126; Index D 20. – Sie ruft am Fenster nach einem Mann, der ihr die Laute schlüge und die Geige spielen könne (sexuelle Metaphern). Als sie dann betteln gehen und ihre schönen Kleider hergeben muss, ist die Illusion endgültig zerbrochen. Das ›schwarzbraune Mädchen‹ gilt im Volkslied als verführungsbereit. Dass hier eine Rolle in Variante B mit einer Malerin (ungewöhnlicherweise weiblich) besetzt ist, entzieht sich (bisher) näherer Erklärung (vgl. auch zu »Winterrosen«). – In Variante A sind die Anführungszeichen wörtlicher Rede so gesetzt, dass der Refrain »O weh, liebes Mädlein…« auf verschiedenen Ebenen in einem Spannungszustand zwischen dem inneren Lieddialog, dem äußeren Kommentar und einer Aktualisierung für den (fiktiven und den realen) Sänger (Str. 9, ein Salzburger) bleibt. So etwas kann Teil einer (subjektiven) Interpretation sein.

Maria und der Schiffmann

Index O 22. – Die Wundergeschichte (Legendenballade) dient als Exempel für gottgefälligen Lebenswandel. In manchen Varianten bittet Maria auch für den Schiffmann, wie sie ebenso für die arme Seele bittet, die regelmäßig eine Kerze entzündete (vgl. »Maria und die arme Seele«).

Maria und die arme Seele

Index O 22. – Trotz abweichender Handlung wird dieser Liedstoff ebenfalls der Legendenballade von »Maria und dem Schiffmann« zugerechnet. Besonders in den ehemaligen deutschsprachigen Siedlungsgebieten in Osteuropa konnten diese Lieder aufgezeichnet werden.

Maria und die Espe A–B

Index O 23. – Ein Teil der vielen Legendenballaden um Maria, die ihr Kind sucht (eine Vorahnung der Kreuzigung; vgl. »Mariae Wanderung«) erzählen, wie die Espe, die sich nicht verbeugt, bis zum Jüngsten Tag zittern muss.

Mariae Wanderung

Index O 24. – Es ist ein Legendenlied mit der Vision von der Passion Christi; die dokumentierte Überlieferung ist aus dem 19. und 20. Jh.

Mariens Traum

Index O 25. – Dieses Legendenlied (mit nur schwach ausgeprägter Handlung) wurde bereits um 1600 gesungen; bis in das 20. Jh. hinein kannte man es bei deutschsprachigen Siedlern in Russland.

Markgraf von Backenweil

DVldr Nr. 13; Index K 7. – Eine französische Heimkehrersage erzählt von dem Herrn von Bacqueville eine ähnliche Geschichte wie die des »Grafen von Rom« (siehe dort). In Lothringen und im Elsass ist das Lied um 1800 bis ins 20. Jh. populär geblieben; auch die etwas gestelzte Sprache deutet hier auf französischen Einfluss hin.

Meererin A–B

DVldr Nr. 4, Gottscheer Volkslieder Nr. 57; Index E 24. – Bereits früh ist die Wäscherin am Meer, doch ein Schiff kommt und rettet die (offenbar vorher entführte) ›schöne Meererin‹. Spekulationen über den Zusammenhang mit dem mittelhochdeutschen Epos von der Kudrun (Gudrun-Sage, 13. Jh.) knüpfen sich an diese sehr archaisch wirkende Gottscheer Volksballade (hochdeutsch im Gegensatz zu vielen anderen Liedern aus der ehemaligen Sprachinsel in Slowenien).

Mord an der Braut A–B

Index M 9. – Da er lieber eine reiche Braut haben will, vergiftet er die arme (Variante A). – Wenn er sie nicht bekommt, muss sie sterben, und ein Mitgefühl scheint ihm, der ›freiheitlich‹ genannt wird, sogar sicher. Dieser Text B nähert sich dem Bänkelsang; die balladeske Struktur ist schwach ausgebildet. – Die tatsächliche Verwandtschaft beider Varianten eines Typs wird sich schwer nachweisen lassen.

Mordeltern A–C

Der von der Wanderschaft zurückkehrende Geselle (bzw. der aus dem Krieg kommende, reiche Sohn) wird – unerkannt – aus Habgier von den eigenen Eltern ermordet. Dieser moritatennahe Stoff (Bänkelsang) erklang seit dem 17. Jh. in vielen verschiedenen Fassungen und wurde zwischen 1618 und 1932 als Zeitungslied mehrfach an jeweils ein bestimmtes, aktualisiertes Ereignis geknüpft. – Vgl. Kommentar dazu S. 511.

Mordknecht

DVldr Nr. 37; Index M 18. – Im Streit tötet der Knecht seinen Herrn. Von der Frau fordert er noch Botenlohn. Sie findet den Toten und beschließt, ins Kloster zu gehen. Es ist ungewöhnlich, dass die Verfasserformel (Str. 9) mit einer aktualisierten Drohung verbunden wird. Aus der Liederzählung wird damit eine reale Warnung.

Moringer

DVldr Nr. 12; Index K 1. – Ritter Moringer [Minnesänger Heinrich von Morungen?] will in das Sankt Thomasland [Indien] pilgern. Der junge Herr von Neifen (vgl. »Falscher Pilger«) wird als Pfleger eingesetzt. Nach sieben Jahren plagen schwere Träume (epische Formel) den Moringer, ein Engel befiehlt ihm heimzukehren. Als er erwacht, ist er vor seiner eigenen Mühle. Auch in der Burg bleibt er unerkannt (Motiv des Odysseus). Gegen Abend trägt der Gast ein Lied vor (wie Walther von der Vogelweide): Sein Bart ist grau, nun ist er Knecht. Die Braut, aufmerksam geworden, reicht ihm einen Becher Wein; am Ring im Becher, den er zurückreicht, wird der Moringer erkannt und willkommen geheißen. Dem jungen Herrn von Neifen wird vergeben, er bekommt die Tochter zur Braut. Überlieferte deutsche Belege sind um 1450 bis um 1570 datierbar; wir kennen u. a. slowenische und spanische Parallelen.

Muskatbaum

DVldr Nr. 130; Index C 13. – Dass der Pferdeknecht die Königstochter bekommt, ist wohl mehr ein Traum und so märchenhaft wie der Muskatbaum (Gewürze sind in den Liedern Zeichen für etwas besonders Wertvolles bzw. Unwirkliches), aber der Text diskutiert immerhin das Problem solcher Standesunterschiede im 15. und 16. Jh.

Mutschelbeck

DVldr Nr. 64; Index L 16. – Der reiche Mu[t]schelbeck aus dem Elsass wird verleumdet, seine Frau ermordet (verbrannt; Str. 7 und 47) zu haben. Er will in Basel vor Gericht erscheinen, obwohl man ihm wegen der drohenden Todesstrafe davon abrät. Gegen eine hohe Kaution kommt er frei und sucht ein Kloster in der Nähe auf. Seine Frau, die sich in diesem Kloster verborgen hält, bestätigt schließlich seine Unschuld. Doch sie erwartet ein Kind von einem Knecht. Mutschelbeck verzichtet allerdings auf eine Bestrafung (er erkennt das Kind sogar als Miterben an; Str. 51) und pilgert nach Santiago de Compostela. Der Bürgermeister von Straßburg soll sich solange um die Kinder kümmern. Wir kennen vereinzelte Belege aus der ersten Hälfte des 16. Jh.; der Vorgang macht einen (bisher nicht ermittelten) historischen Eindruck. Der Text ist jedoch (z. B. mit der stereotypen Sattelstrophe und der epischen Ankunftsformel) balladesk bearbeitet.

Nachtigall als Warnerin

DVldr Nr. 137; Index F 29. – Ähnlich wie bei »Mädchen und Hasel« geht es um die jungfräuliche Ehre (Kranz), die schnell verloren ist. Mit diesem moralisch belehrenden Ton sang man das Lied vom »Warnenden Vogel« seit etwa 1500 (auch niederdeutsch-niederländisch und in Skandinavien). Zusätzlich wird hier der Altersunterschied zwischen Ehepartnern problematisiert (im Lied in der Regel junge Frau und alter Mann).

Nachtjäger A–D

DVldr Nr. 133; Index E 27. – Von einer umgedeuteten Minneallegorie des 13. und 14. Jh. abgeleitet, singt man um 1700 und im 19. und 20. Jh. von der konkreten Jagd auf ein Weib, das dann ohne ersichtlichen Grund wie ein Wild erlegt wird und sterben muss. Nur die Lilien auf dem Grab trösten (daraus wurde ein eigenes Lied: Drei Lilien). Manchmal hat der Text auch einen glücklichem Ausgang (vgl. »Glücksjäger«). Früher hat man fälschlicherweise dahinter Wodans wilde Jagd vermutet und damit einen Rest altgermanischer Dichtung. – Vgl. Kommentar dazu S. 492.

Nähterin

DVldr Nr. 8; Index E 28. – Die Mutter ist zwar tot (Geburt im Wald, in der Handlung ausgespart), aber der Vater wird für das Kind sorgen. Diese in Schlesien im 19. Jh. vereinzelt auftretende Volksballade hat internationale Parallelen, und ähnliche Themen kennen wir vor allem aus slawischer Überlieferung. Besonders in den slawischen Sprachen gibt es viele Parallelen zur deutschen Volksballaden-Tradition.

Peter Unverdorben

DVldr Nr. 26; Index L 10. – Peter Unverdorben wird in Neuenburg [Oberpfalz] gefangengehalten (im Turm ›Schüttdenhelm‹). Er bittet die Heiligen und die Herren, ihm zu helfen. Mit einem formelhaften Segen (Laub und Gras, Sonne und Mond) nimmt er Abschied (vom Leben). Den Hintergrund für das tragische Geschehen referiert die Volksballade nicht.

Pfaffendirne (Teufelsross)

Index O 29. – Vom Teufel verführt, muss sie höllische Strafen erleiden (bestraft wird das Mädchen, nicht der Pfaffe): In ein Pferd verwandelt blutet sie beim Beschlagen. Was hier als archaisch erscheint, ist als Lied erst im 19. und 20. Jh. dokumentiert.

Pferdediebstahl (Pferdedieb Kugelmann)

Index F 32. – In der Gaststube singt Kugelmann offenbar das Lied, während seine Gesellen im Stall den Diebstahl tatsächlich ausführen. Es ist möglicherweise ein altes Lied, das wir aber erst im 19. Jh. nachweisen können.

Rabenmutter A–B

DVldr Nr. 114; Index H 14. – Das Kind, das ausgesetzt wurde, verklagt seine Mutter am Hochzeitstag. Kindsmord war ein wichtiges Thema des 18. und 19. Jh.; der Text diskutiert ein damals aktuelles Problem (vgl. u. a. »Grausame Mutter«, »Kindsmörderin«, »Susanna Cox«). In manchen Varianten wird der Kontrast noch dadurch verstärkt, dass der gerettete Knabe in die Schule gehen und Priester werden darf.

Ranzenmann A–B

Index H 15. – Das Mädchen, das sich im Wald mit dem Ranzenmann [Bettler] eingelassen hat, muss zum Doktor, der sie über ihre Krankheit (Schwangerschaft) aufklärt. Nun muss sie selbst betteln gehen. Das ist eine böse Warnung, aber wohl wenig hilfreich für ein unehelich schwangeres Mädchen. Die grausame soziale Isolierung von Normverletzern wird hier anscheinend literarisch eingeübt.

Rattenfänger von Hameln

Index O 30. – Achim von Arnim dichtete diesen literarischen Text nach der Sagenfassung (um 1600, Ereignis datiert auf 1259) neu; die Quellenangabe ›mündlich‹ im »Wunderhorn« 1806/08 sollte echte Volksüberlieferung bzw. deren Qualität suggerieren. Seit dem Ende des 18. Jh. (Herder) wurde das Volkslied zum Modeartikel, und erst um 1840 setzt eine kritische Liedaufzeichnung ein, die zwischen mündlicher Überlieferung und literarischer Tradition bzw. Imitation zu unterscheiden sucht.

Raubmord bei Paris A–B

Index M 21. – Aus dem (bereits als Moritat nicht näher lokalisierten) Bänkelsang wird versucht, eine Volksballade zu formen; das ursprüngliche Ereignis soll sich in »Corbeil bei Paris 1825« abgespielt haben. Näheres wissen wir dazu nicht.

Raumensattel

DVldr Nr. 27; Index L 11. – In der Schenke geht es hoch her. Obgleich gewarnt, will der Ritter nicht weichen. Für seine Verurteilung kann der Gegner viel bezahlen, doch Raumensattel vertraut darauf, dass ehrliche Männer nicht gegen ihn aussagen werden. Macht und Reichtum gehen allerdings vor Recht, und Raumensattel wird hingerichtet. Ein Wunder bezeugt seine Unschuld (ebenso anspruchsvoll ist seine ›Ladung vor Gottes Gericht‹). Sein Tod wird gerächt, doch für den Ritter kommt dieser Trost zu spät. Auch im 19. Jh. sang man diese Geschichte; einen historischen Hintergrund dazu hat man bisher nicht ermitteln können.

Reiter und Hirtenmädchen

DVldr Nr. 148; Index H 16. – Im Wald verführt, muss sie ein dreiviertel Jahr hinken. Auch das ›Treten auf den Fuß‹ ist eine verbreitete erotische Metapher. Erst als das Kind größer wird, kann sie wieder lachen. Die Überlieferung ist im 18. und 19. Jh. belegt.

Reiterlied

Index C 14. – Vom ›Hündlein gebissen‹ [schwanger], aber nicht ›gefressen‹: verführt, aber doch zufrieden? Ist das im 16. und 17. Jh. nur die Wunschvorstellung des Mannes?

Rheinbraut A–C

DVldr Nr. 47; Index O 31. – Der Wassermann (vgl. »Wassermann«) ist eine der wenigen naturmythischen Figuren der deutschen Volksballade. In Skandinavien dagegen ist diese Gestalt häufig belegt und, wie auch in unserem Text, eine gefährliche, archaische Macht. Ist diese Volksballade deshalb besonders alt, oder ist sie eine romantische Neuentdeckung (in kitschnaher Form dann auch in der Jugendbewegung des Wandervogels beliebt)? Die verbreitete Überlieferung des 19. und 20. Jh. bietet auch andere Fragen bezüglich ihrer Herleitung. In den beiden jüngeren Varianten geht es z. B. weniger um den Wassermann als um die Angst vor der zu frühen Verheiratung; das ist mehrfach ein Thema in diesen Liedern. – Vgl. Kommentar dazu S. 513.

Richmudis von Adocht

DVldr Nr. 112; Index N 5. – Von einer erweckten Scheintoten berichtet eine Chronik in Köln bereits für das Jahr 1499. Die zur Geschichte gehörigen Pferdeköpfe im Fenster sind im Turm auf dem Kölner Neumarkt zu bewundern (und werden so seit 1687 für diesen Platz erwähnt).

Ritter Ewald A–B

[nicht im Index]. – Das Lied ist seit 1789 sehr häufig belegt; sein (angeblicher) Verfasser ist Franz von Ratschky (1779), aber es findet sich nicht in seinen veröffentlichten Gedichten. Der Text reflektiert die Angst vor der Untreue; selbst im schnodderigen Berliner Schlager klingt diese Tragik nach.

Sächsischer Prinzenraub

[nicht im Index]. – J.G. Herder (1778) nennt es ein »Bergmannslied«, d.h. aus einer Sammlung der damals (im 16. und 17.Jh.) standesstolzen Bergleute. Die Quelle ist allerdings Johannes Vulpius (1704). Das historische Ereignis auf Schloss Altenburg datiert 1455; Kunz wurde 1455 in Freiberg (Sachsen) hingerichtet. Auch in »Des Knaben Wunderhorn« (1806) steht dieser Text, der nicht nur mit seiner gestelzten Sprache (bes. in Str. 7 Wörter der Gaunersprache) aus dem Rahmen fällt und gekünstelt wirkt.

Sangeslohn A–B

DVldr Nr. 124; Index D 24. – Erklärt wird in dieser Liederzählung nicht viel, aber die Stimmung ist tragisch. Es ist typisch, dass die Volksballade mit Hintergrundinformationen geizt. Das Lied des 16.Jh. ist nach 1908 im Wandervogel populär geworden (im »Zupf« in untereinander sehr abweichenden Fassungen), und es wurde in den 1920er Jahren mehrfach nachgedruckt.

Schlangenköchin A–D

DVldr Nr. 79; Index M 22. – Diese ausgeprägte Dialog-Ballade trägt archaische Züge, hat aber (im Deutschen) eine unsichere Überlieferung. Sie ist seit etwa 1800 dokumentiert. Clemens Brentano hörte sie angeblich von seiner Amme (so zitiert im Roman »Godwi«, 1801/1802, und danach in »Des Knaben Wunderhorn« 1806/08). Diese eigenartige Volksballade hat u.a. englische (»Lord Randal«), skandinavische und spanische Parallelen, und man hat eine englische Vorlage dazu vermutet: Thomas Randolph soll 1332 einem Giftmord zum Opfer gefallen sein.

Schloss in Österreich A–C

DVldr Nr. 24; Index L 12. – Das ist eine klassische Volksballade mit dramatischem Szenenwechsel, wenigen Figuren, stereotypen Dialogen und durchgehender Überlieferung vom 15. bis zum 20.Jh. Sie ist wohl erst nachträglich mit der Rosenburg in Niederösterreich verbunden worden. Thema ist das soziale Unrecht in einem Feudalsystem, in dem der Burgherr einen unschuldigen Knaben hinrichten lässt, weil dieser eine als unstandesgemäß angesehene Liebe nicht eingesteht (Hintergründe dazu verrät der Text typischerweise nicht). Der Balladentyp ist mit englischen (»The Clerk's twa Sons o Owsenford«) und französischen (»Ecoliers pendus«) Parallelen international verbreitet (vgl. Otto Holzapfel, in: Gedichte und Interpretationen. Deutsche Balladen, hrsg. von G.E. Grimm, Stuttgart: Reclam, 1988; mit der Darstellung der balladesken Struktur des Textes und seinen epischen Formeln). – Vgl. Kommentar dazu S. 507.

Schön Adelheid

DVldr Nr. 74; Index C 17. – Eine entführte Königstochter und eine (fast) misslungene Hochzeit: Ist das ein Text nur zum weltvergessenen Träumen? Die zweite Braut wird misstrauisch und ahnt, dass der Bräutigam zweispurig fährt; doch dann erkennt sie ihre einst geraubte Schwester. Deutschsprachig ist es ein (etwas zweifelhafter) Einzelgänger, aber mit Parallelen u.a. auf Niederländisch und Flämisch, in Skandinavien (sehr populär auf Dänisch, »Skøn Anna«) und in englischer Überlieferung.

Schöne Jüdin (Jüdin) A–D

DVldr Nr. 158; Index C 9. – Selbstmord ist auch dem jüdischen Glauben nach eine schwere Sünde. Wo der anscheinend aussichtslose Konflikt, dass eine Jüdin, die einen (christlichen) Schreiber liebt, sich nicht einfach umtaufen lassen kann, nicht mehr verstanden wurde (oder nicht aktuell war), wird daraus ein banales Liebeslied, in dem sie ›ihrem Christian‹ treu bleibt. Bemerkenswert ist, dass dieses Drama auch in jüdischdeutscher Sprachform vorliegt (aber wohl aus christlicher Perspektive formuliert worden ist). In einer türkischen [!] Parallele lässt sich dagegen der Mann darauf ein, den Glauben zu wechseln! – Vgl. Kommentar dazu S. 477.

Schöne Magdalena A–B

DVldr Nr. 125; Index E 30. – Die ältere Fassung mit der Falkenstrophe zeigt Anklänge an Motive des späten Minnesangs; das Lied ist im 16. Jh. und dann ab 1800 dokumentiert. So unwirklich wie die Bäume im Garten, so unrealistisch erscheint auch die heimliche Liebe.

Schreiber im Korb A–C

Index D 26. – Diese Schwankballade geht dem literarischen Thema nach auf den römischen Autor Vergil zurück. Nachweisbar populär war sie im 16. und im 19. Jh. Solche Liedstoffe sind wahrscheinlich mit der Renaissance modern geworden, aber erotisch fundierter Spott konnte auch im 20. Jh. unterhalten, sogar in der Ich-Form. – Vgl. Kommentar dazu S. 485.

Schuster und Edelmann

Index I 23. – Der Edelmann verführt das schöne Weib des Schusters. Dieser zieht des Edelmanns Kleider an und geht zu dessen Frau. Der Edelmann muss am nächsten Morgen die Schusterkleider anziehen; erschrocken begegnet er dem Schuster in edlen Kleidern. Alle Dinge haben sich verkehrt; sie haben einander »beschissen« und müssen beide darüber lachen. Überliefert im 16. und 17. Jh. und mit spanischen Parallelen.

Schwabentöchterlein

DVldr Nr. 73; Index D 27. – Stadtluft macht nicht frei, sondern das Bauernmädchen wird verführt und schwanger wieder nach Hause geschickt. Dass den Markgrafen dann Reue packt (bis zum Selbstmord) ist wohl eher Wunschdenken in diesem Liedstoff des 16. und des 19. und 20. Jh. – Vgl. Kommentar dazu S. 485.

Schwartenhals

Index F 37. – In der Ich-Form klagt ein armer Ritter und Straßenräuber. Nach ersten Zeugnissen um 1560 und z. B. in »Des Knaben Wunderhorn« (1806) erklang diese Volksballade mit einem eigenständigen Text noch vereinzelt im 20. Jh.

Schwatzhafter Junggeselle A–B

DVldr Nr. 139; Index L 13. – Der sich im Wirtshaus beim Trinken verplappernde Junggeselle ist vom 16. bis zum 20. Jh. ein beliebtes Volksballadenthema gewesen. – Vgl. Kommentar dazu S. 510.

Schwester Giftmischerin

DVldr Nr. 78; Index M 23. – Um einen Herrn (Fürst Georg in einer Variante aus der Gottschee) heiraten zu können, wird der Bruder vergiftet (wohl von ihr, aber er gibt den Rat). Natürlich will er sie dann nicht heiraten. Nachdem sie alles verloren hat, klagt sie. Wir kennen dazu u. a. slawische, französische und italienische Parallelen (»Donna Lombarda«).

Spielmannssohn

DVldr Nr. 62; Index D 28. – Der bestehende Standesunterschied wird dadurch verschärft, dass der Spielmann (ein umherwandernder Musikant) zwar beliebt, aber rechtlos und ehrlos war. In manchen Varianten wird jedoch auch der König vom Geigenspiel betört. – Vgl. Kommentar dazu S. 486.

St. Jakobus

Index O 37. – Die Legendenballade wohl aus dem Ende des 15. Jh. beschreibt die Ausrüstung der Jakobspilger nach Santiago de Compostela, neben Rom ein Hauptpilgerort Europas und Ersatz für die Wallfahrt ins Heilige Land. Der Spitalmeister (Herbergsvater), über den es Beschwerden gibt, wird hingerichtet. Die Erzählstruktur ist wenig entwickelt; es findet kein balladesker Szenenwechsel statt. Gehört das Lied in den Umkreis der Pilgerunterhaltung auf dem Weg nach Santiago, die bes. in Frankreich eine eigene Tradition hatte?

Steutlinger

DVldr 31; Index L 14. – Hans Steutlinger oder Hensel Straudinger hat (über seinem Stand?) eine adelige Frau geheiratet. Dass er sein Erbe verteilt, deutet auf seinen Tod hin. Das Geschehen, in Freiburg i. Br. lokalisiert, bleibt unerklärt; der Text ist lückenhaft. Den historischen Hintergrund dazu kennen wir nicht.

Stolze Müllerin A–C

Index I 24. – Bemerkenswert sind bei dieser Schwankballade (seit dem 16. Jh. belegt) die beiden Lösungsmöglichkeiten in unseren abgedruckten, neueren Varianten: Das Vermögen wird gemeinsam versoffen (A) bzw. sie baut sich eine neue Mühle und mahlt weiter (B und C). Dieser grobe Ehebruch (»mahlen« auch als Metapher für sexuelle Handlung) ist also lustig. Wo bleibt da die sonst so heftig beschworene Moral?

Sultans Töchterlein A–B

Index O 38. – Sogar des Sultans Tochter bzw. »Regina« lässt sich von »Christus dem Blümleinmacher« bekehren. Der Text ist seit dem 16. Jh. kontinuierlich belegt und hat auch niederländische, dänische und schwedische Parallelen. Der naiven Andacht sind Elemente des Kitsches nicht fremd.

Susanna Cox

Index H 17. – Es ist eine auf Liedflugschriften verbreitete Moritat über eine Frau, welche 1809 in Reading (Pennsylvania) wegen Ermordung ihres unehelichen Kindes hingerichtet wurde. Die balladeske Struktur ist in diesem neueren Zeitungslied bzw. Bänkelsang nur schwach ausgeprägt.

Tannhäuser A–C

DVldr Nr. 15; Index O 39. – Vom religiösen Inhalt her (auch: »Danuser«, »Baldhauser« u. ä., ebenfalls niederdeutsch verbreitet) ist das eine Legendenballade mit antiken Elementen (Venusberg). In der Überlieferung seit etwa 1450 zeigt sich eine überraschend deutliche Kritik an der Amtskirche. Die Verbindung zum Minnesänger bleibt dagegen vage. – Vgl. Kommentar dazu S. 513.

Theresia (Kommandantentochter von Großwardein)

Index O 19. – Die Legendenballade von der »Ungarischen Braut« arbeitet mit Textelementen des Zeitungsliedes, d. h. der über Liedflugschriften noch im 19. Jh. gläubig verbreiteten Sensationsmeldung. – Vgl. Kommentar dazu S. 512.

Tochter als Fähnrich

DVldr Nr. 96; Index G 12. – Die Frau in Soldatenkleidern ist spätestens seit Johanna von Orleans (Jeanne d'Arc) ein internationaler Mythos. Wie bei der »Hauptmannstochter« ist der Konflikt mit der Männerwelt dadurch auf die Spitze getrieben, dass Vater und Tochter sich treffen. Man ahnt, dass die Geschichte eigentlich ausführlicher sein könnte (der Vater hat den Soldaten abgewiesen; Str. 7), aber das Dargebotene reicht für die balladeske Dramatik völlig aus.

Tod und Magdalena

Index O 46. – Ein edler Herr, dem ›weder Haut noch Haare fehlen‹, also scheinbar kein Geist, hat die schöne Magdalena genommen. Als er stirbt und Mädchen und Knaben aus der Kunkelstube zum Friedhof gehen, kommt ihnen der Tod (der Tote) entgegen. Magdalena verzeiht ihm; da zerfällt er zu Staub und kann (christlich) begraben werden. Man kann sich vorstellen, dass junge Mädchen dieses Lied bei der gemeinsamen Arbeit in der Spinnstube (in Lothringen »Kunkelstube« genannt) gern sangen.

Töchterlein des Grafen

DVldr Nr. 63; Index C 5. – Es ist eine hoffnungsvolle Liebesgeschichte, die wohl im 16. Jh. aus mittelhochdeutschen Romanstoffen französischer Herkunft geformt wurde (deutsch z. B. »Floris und Blancheflur«). Eine jüngere Überlieferung dazu ist nicht bekannt (aber eine niederländische Parallele ebenfalls des späten 16. Jh.).

Tote Braut

[miterwähnt im Index unter N 7]. – Zeitungslied, Bänkelsang und ältere Volksballade überschneiden sich in Themenwahl und Tradierungsform (gedruckte Liedflugschrift). In der jüngeren mündlichen Überlieferung werden z. T. balladeske Strukturen neu geformt, doch der literarische Stil des Kunstliedes dominiert weiterhin den Text. Dabei kann ein an sich zentrales Thema, nämlich der Scheintod (»Scheintote Braut«, vgl. DVldr. Nr. 113), wie in unserer Variante völlig verschwinden.

Totenamt

DVldr Nr. 61; Index M 24. – »Es taget im Osten…« (um 1420) enthüllt eine tragische Stimmung. Erklärt wird nichts (und das ist typisch für die Volksballade): Der Liebste liegt erschlagen. Auch mit der frühen Dokumentation zu Anfang des 15. Jh. gilt diese Volksballade als eine der ältesten. Die (formelhafte) Begräbnisszene taucht ähnlich in Texten des 18. Jh. auf.

Totes Liebchen A–B

Index B 20. – Der Bursche fensterlt beim Mädchen, doch seine Liebste ist tot, und er klagt. Dieses erzählende Lied (weitgehend ohne balladeske Struktur) ist mehrfach in Österreich belegt. Auf einer Wiener Liedflugschrift um 1830/40 ist Florian Pfaffenlechner als Verfasser genannt. Der Übergang von der (älteren) Volksballade zum neueren alpenländischen Lied ist fließend, und für letzteres ist (ab etwa 1830) die Mundart modern geworden. Entsprechend wird die Tragik in männliches Gehabe umgebogen (Variante B).

Tränenkrüglein (Macht der Tränen)

DVldr Nr. 122; Index A 18. – Ist ein derartiger Text tröstlich, oder hat die Gesellschaft ein Interesse daran, selbst die Trauer über den Verlust eines Kindes in eng tolerierten Grenzen zu halten? Die Aufmerksamkeitsformel am Anfang (Str. 1) ist ein Element des Bänkelsangs und der Situation auf dem Jahrmarkt angepasst.

Treuer Knabe (Treuer Husar) A–B

Index B 22. – Für den einen ist das Lied zum Karnevalsschlager verkommen, für den anderen ist das ein Zeichen der wandelbaren Lebendigkeit eines Textes, der seit dem 19. Jh. beliebt ist. Davon zeugt die sehr umfangreiche Überlieferung (auch mit französischen und skandinavischen Parallelen). Über Geschmack kann man streiten; auch Texte anderer Volksballaden bewegen sich oft in der Nähe des Kitsches.

Treulose Braut A–B

Index K 9. – Die untreue Frau weist bei ihrer Hochzeit mit dem Grafen den Leutnant ab, und er ersticht die Braut. Wie so oft in diesen Liedern ist die Argumentation einseitig männlich. Die Überlieferung kennen wir aus dem 19. und 20. Jh.

Unbarmherziger Junker A–B

Index C 18. – Von der Herkunft eher ein Zeitungslied (auf Flugschriften verbreitete spektakuläre Neuigkeit) hat der Text balladeske Strukturen angenommen (z. B. die Sattelformel). Wolfgang Steinitz zitierte das Lied als Beispiel für politisch motivierten Bänkelsang ›gegen Gutsherren und Reiche‹ (Deutsche Volkslieder demokratischen Charakters..., Bd. 1, Berlin 1954, Nr. 35).

Unberührtes Mäntelein

DVldr Nr. 141; D 30. – Er und sie werden verwarnt. Aber dass er so ritterlich ist, scheint (verglichen mit anderen Texten) eher Wunschdenken. Dieses Lied lebte im 17. Jh. in den Niederlanden und in Dänemark weiter.

Unbestechliche

DVldr Nr. 144; Index D 31. – Die Überschrift mag durch andere Varianten seit dem Ende des 14. Jh. [!] berechtigt sein. Hier geht es jedoch um vollendete Verführung: Das Pferd soll sie nicht treten (eine erotische Umschreibung). Aber dann bietet sie sich selbst an, und wenn die Mutter davon erfährt (Weidenbäume mit Kirschen als Unmöglichkeitsformel), ist der kecke Reiter längst davon.

Undankbarer Sohn (Wiedervergeltung) A–B

DVldr Nr. 123; Index A 19. – Ein Bruchstück aus Joseph George Meinerts Sammlung von 1817 (für die sich Goethe begeisterte) stellt offenbar im Ansatz eine balladeske Umformung eines penetrant belehrenden Liedes aus der Zeit um 1670 dar. Heinz Rölleke macht dazu auf eine Barockdichtung von Hans Moscherosch (1641) aufmerksam (in: Jahrbuch für Volksliedforschung 18, 1973).

Ungeratene Kinder A–C

Index A 20. – Dieses Zeitungslied (welches ein tatsächliches Geschehen berichten will) wird unterschiedlich lokalisiert: Hagenau im Elsass, Straßburg, Nancy oder Danzig (wohl »Tanzen« in Variante C) usw. Hier werden die Eltern im 19.Jh. ermahnt, ihre Kinder streng und ordentlich mit Schlägen zu erziehen, da sonst die Hölle drohe.

Unglückliche Nachtfahrt A–C

Index D 32. – »Es fuhr gut Schiffmann übern Rhein auf einem Gilgenblättelein…«, heißt es Mitte des 16.Jh.; auf einem ›Lilienblatt‹ bedeutet ›mit falschen Mitteln‹ bzw. ›vergeblich‹. Es ergeht dem heimlichen Liebhaber schlecht. So sang man nach dem Rostocker Liederbuch 1478, und der Text wurde z.B. bereits im 17.Jh. ins Isländische übersetzt.

Unglücklicher Schuss A–B

Index M 25. – Es gibt Argumente dafür, hier nicht von einer Volksballade, sondern von einem populär gewordenen Kunstlied des frühen 19.Jh. zu sprechen (datierbar ab ca. 1830). Auch die Nähe zur Moritat ist auffallend; Liedflugschriften haben um 1880 das Lied weit verbreitet. Der Verfasser ist unbekannt; ein Gedicht von Heinrich Seidel, »Der Waidmann« (1828), behandelt den gleichen Inhalt.

Unschuldige Dienstmagd (Weismutter) A–B

Index H 18. – Es ist mit der historisierenden Lokalisierung ein Zeitungslied (vielfach auf gedruckten Liedflugschriften verbreitet), möglicherweise zuerst um 1600 für Reims, Frankreich, kolportiert (und daraus könnte Frankfurt geworden sein). Wie bei der »Kindsmörderin« wird ein im 18. und 19.Jh. aktuelles Thema behandelt. Und hier wird die Unschuldige sogar noch gerettet (Variante B).

Untergeschoben A–B

Index C 6. – Da der Herr zur Magd, zur Liese ins Bett drängt und diese sich an die Frau wendet, hilft eine List: Der Mann verführt ahnungslos seine eigene Frau. Aber über Liese lästert man(n) im 19. und 20.Jh. nur. Als Parallele gibt es eine populäre dänische Schwankballade.

Untreue Braut A–C

Index K 8. – Hier spielt wahrscheinlich ein Standesunterschied keine große Rolle (etwa Amtmann und Schäfer; aber Variante C, Str. 2: Bauernstand), jedoch die Drohung gegen die Treulose, wenn sie nicht den richtigen Bräutigam wählt, ist vehement. Wir kennen viele Aufzeichnungen aus dem 19. und 20.Jh.

Vater und Tochter A–C

DVldr Nr. 142; Index A 21. – Ein verführungsbereites Mädchen entgeht knapp dem Inzest. Selbst wenn, wie in unserer Variante C, dieses entscheidende ›Ich bin dein Vater‹ verloren gegangen ist, bleibt die Assoziation der drohenden Schande, wenn man ›im Wald allein‹ ist. Neben der jüdisch-deutschen Fassung gibt es auch ein jiddisches Lied: »Wos tut dos Mejdl in Wald allejn? Asoj sogt er…«.

Verführende Markgräfin

DVldr Nr. 164; Index I 25. – Mit Elementen des späten Minnesangs (Wächter und Tagelied; nicht in dieser Variante) erklang das Lied bereits im 16. Jh., aber das (männliche) Vergnügen daran ist im 20. Jh. nicht minder. – Vgl. Kommentar dazu S. 504.

Verführt (Mädchen und Studenten)

DVldr Nr. 146; Index H 13. – In einigen Varianten werden die Verführer als Studenten bezeichnet (damals manchmal mittellos Umherziehende). Aber zentral ist das böse Motiv von der Jungfernprobe: Schwimmt der Stein im Wasser, ist alles in Ordnung. Die Überlieferung ist um 1580 und vereinzelt im 19. und 20. Jh. belegt.

Verführung und Mord A–D

Index M 26. – Er (!) war ihr untreu, sie hat Todesahnungen und weint. Doch er hat kein Erbarmen, und damit die Schande nicht größer wird, ersticht er sie. Dann begeht er Selbstmord. Was daran so wunderbar ist, dass »ihnen zu Ehren« schließlich eine Kapelle gebaut wird (Variante A), entzieht sich näherer Einsicht. In der Variante D schreit sie wie beim »Mädchenmörder« um Hilfe. Hier ist das ein blindes Motiv; die Handlung bricht ab.

Verkaufte Müllerin (Müllertücke)

DVldr Nr. 86; Index M 27. – Die grausige Tat hat möglicherweise einen Hintergrund im archaischen Aberglauben um ein ungeborenes Kind. Für die Überlieferung als Zeitungslied (Sensationsmeldung eines tatsächlichen Geschehens) seit dem 16. Jh. ist es blanker Mord.

Verkleideter Markgrafensohn

DVldr Nr. 6; Index C 19. – Die (wiederum wohl nur für den Mann) schöne Liebesgeschichte wurde um 1550 bis in das 20. Jh. gesungen; das Verkleidungsmotiv hat internationale Parallelen. – Vgl. Kommentar dazu S. 482.

Verlorene Schlafdecke A–B

DVldr Nr. 153; Index H 19. – Die herrliche Ausrede der Tochter ergab den Titel. Doch die Folgen des Abenteuers gehen zu Lasten der Frau [umschrieben]: Jetzt muss sie an der Wiege stehen, statt zum Tanzen zu gehen. Überliefert ist der Text um 1580 und im 19. und 20. Jh. Die eine Variante ist modernisiert mit der Figur des Tabakarbeiters; die andere hat zwar den eher traditionellen Jäger, aber dafür das zentrale Motiv der Schlafdecke vergessen.

Verschlafener Jäger A–B

DVldr Nr. 152; Index D 36. – Sich über die Obrigkeit, den Jäger, lustig zu machen, ist gefährlich. Wenn auch noch eine Frau über dessen Männlichkeit spottet, erscheint der Text im Zusammenhang der übrigen Lieder geradezu aufmüpfig (wobei die zweite Variante diese Idee brav umdeutet und die Selbstherrlichkeit des Jägers noch stärker herausstellt). – Vgl. Kommentar dazu S. 487.

Versoffene Kleider A–B

DVldr Nr. 160; Index D 37. – Es gibt eine frühe Aufzeichnung dieses Liedes um 1760; es hat aber auch im 19. und 20. Jh. weite Verbreitung gefunden und wurde (trotz des frauenfeindlichen Inhalts) ebenfalls gerne von Frauen gesungen, vielleicht zur moralisierenden Abschreckung. Die gegenseitige Solidarität unter den betroffenen Frauen war, so weit die Liedtexte dieses spiegeln, erschreckend gering.– Vgl. Kommentar dazu S. 487.

Versteinertes Brot

Index C 20. – Aus einem Zeitungslied des 16.Jh. entwickelt (da sind die Kinder bereits tot, im Wald erhängt), zeigt der Text des späten 19.Jh. eine naive, starr geformte Parallelität der Erzählstruktur und eine stereotype Sprache, die das Lied zum eindringlichen, religiösen Exempel werden lässt.

Verunglückte Müllerstochter A–B

DVldr Nr. 106; Index F 40. – Das Mühlrad bleibt stecken, die einzige Müllerstochter ist verunglückt. Das ist eine realistische Schreckensvision im 19.Jh., die auch dadurch kaum gemildert ist, dass sie als Braut im Himmel erwartet wird. Merkwürdig berührt es doch, wie in Variante A, Str. 3 im vorauseilenden Gehorsam und auf die bloße Ahnung hin der »Willen Gottes« zitiert wird. Der logische Erzählablauf (an dem es in den Volksballaden häufig mangelt), wird offenbar zugunsten der lehrhaften Moral geopfert.

Verwandelte Blume A–C

Index O 53. – Dieses der Legende nahestehende Lied (19.Jh.) hat zwar eine angedeutete balladeske Struktur, aber kaum Dramatik, schon gar nicht eine tragische Handlung: Mit der verwandelten Blume erhält der Ich-Erzähler eine Braut (vgl. »Wegwarte«).

Verwundeter Knabe A–B

Index B 24. – Viele Fragen knüpfen sich an diesen Liedtyp mit Aufzeichnungen seit dem 16.Jh. Die Volksballade verrät nichts über die Hintergründe einer möglichen Beziehung zwischen den beiden; der (unlogisch strukturierte) Dialog bleibt offen. Eine ungarndeutsche Variante aktualisiert die unerklärliche Geschichte sinnvoll mit der Gefahr des Soldatenlebens.

Vorwirt (Nasses Grabhemd)

DVldr Nr. 89; Index K 10. – Der Vorwirt ist der verstorbene Mann, dessen Grabesruhe offenbar unnötig gestört wird. Die Frau soll mit dem neuen Mann zufrieden sein, statt sich zu beklagen.

Vriesken

DVldr Nr. 32; Index I 26. – Wächterruf und Tagelied wurden aus mittelhochdeutscher Tradition übernommen und hier im 16.Jh. in niederdeutscher Sprachform kombiniert mit der Geschichte vom Verrat durch die eigene Ehefrau.– Vgl. Kommentar dazu S. 504.

Wackeres Mägdlein

DVldr Nr. 161; Index D 39. – Im 16.Jh. ist das ein guter Rat an die Mädchen, sich nicht verführen zu lassen. Aber wie soll man es machen, wenn man sich nach einem Liebsten sehnt?

Wäscherin

DVldr Nr. 156; Index D 40. – Wer sich im ›Hemdlein weiß‹ zeigt, signalisiert im Volkslied Bereitschaft zur Verführung: Es droht ein zweifelhaftes Abenteuer. Die Überlieferung ist im 16. und im 19.Jh. dokumentiert.

Waise und Stiefmutter A–B

DVldr Nr. 116; Index A 25. – Aus einem größeren Kreis von Texten, die das Schicksal armer Waisen thematisieren, ist eine Fassung des 19.Jh. ausgewählt worden, zu der wir auch internationale Parallelen kennen.– Vgl. Kommentar dazu S. 466.

Wassermann (Schön Hannele, Agnete)

Index O 51. – Wie bei der »Rheinbraut« ist der Wassermann hier eine naturmagische Gestalt. Trotzdem zählt die Mutterliebe, und statt dass die Kinder geteilt werden (Salomonisches Urteil), will Hannele doch lieber zu den Wasserwesen zurückkehren. Die deutsche Überlieferung im 19.Jh. hat z.B. skandinavische (»Agnete og Havmanden«, 18.Jh.) und englische (»King Orfeo«) Parallelen, über deren Verhältnis untereinander viel spekuliert worden ist. Die literarische Parallele z.B. zu unserer Str. 10, in der sich in der Kirche die Edelleute vor schön Hannele verneigen, ist die dänische Fassung, in der sich bei dem Besuch des schönen Wassermanns in der Kirche ›alle kleinen Bilder umdrehen‹ (könnte heißen: sich abwenden vor dem nicht-christlichen Dämon, aber auch: sich ihm zuwenden, weil er so übernatürlich schön ist).

Wegwarte A–C

Index O 53. – Die Wegwarte (zum gleichen Liedtyp wie »Verwandelte Blume« gezählt) steht als Symbol für die treu Liebende, auch über den Tod hinaus. Der Stoff schließt an antike und mittelalterliche Muster sowie an Volksmärchen an (Ovid und die ›Blumen der Tugend‹ von Hans Vintler, Grimms Kinder- und Hausmärchen Nr. 76 »Die Nelke«). Merkwürdig ist, dass hier übermäßiges Weinen (ähnlich wie bei der gestörten Grabesruhe) als Sünde bestraft wird (Variante A), während die mehrfach überlieferte Lothringer Fassung (Varianten B-C) auf dieses Detail verzichtet, ja auf die Verwandlung in eine Blume überhaupt. Es fällt zuweilen schwer, das zentrale Motiv einer Volksballade zu erkennen. Die Gattung bevorzugt eher übergreifende Themen (hier: übermäßiges Weinen; aber damit kann man kaum eine dramatische Handlung konstituieren).

Weinholendes Mädchen (Verlorener Schuh) A–B

DVldr Nr. 128 und 129; Index D 35 und D 41. – Die Angst vor dem Teufel dominiert die eine Aufzeichnung aus dem rumänischen Siebenbürgen. In der anderen Variante ist dieser Liedtyp kombiniert mit der seit dem 16.Jh. belegten Metapher vom verlorenen Schuh als Bild für eine Verführung.

Werber und Jude

DVldr Nr. 131; Index C 22. – Wenn man eine anspruchsvolle Braut hat, kann man sich in der Judengasse das Geld zur Hochzeit beschaffen, auch mit Gewalt. Ist das nur üble Mentalität? In einer Variante lässt sich der Jude – sprachlich karikiert – sogar darauf ein, bei der Hochzeit mitzufeiern.

Wiederfinden (Wanderbua) A–B

[nicht im Index] Als er von der Wanderschaft zurückkehrt, findet der Bub (Bua) seine Liebste nicht mehr. In Österreich wird dieses populär gewordene Kunstlied mit gewisser Berechtigung als Liebesballade bezeichnet. Wir kennen dazu die dichterische Vorlage von 1850 in Mundart; die Varianten in mündlicher Überlieferung tendieren bemerkenswerterweise zum Hochdeutschen (auch in Österreich).

Wiedergefundene Schwester

DVldr Nr. 72; Index B 25. – Unter entwürdigenden Umständen muss das Mädchen dienen, bis der Jäger (Prinz »Johann Friedrich«) kommt, seine Schwester befreit und die Wirtin tötet. Was so zu Ende des 19. Jh. gesungen wurde, geht dem Thema nach angeblich auf mittelhochdeutsche Epik (Kudrun) zurück.

Wiedersehen

Index E 33. – Sieben Jahre Trennung drohen das Ende der Liebe zu bedeuten, doch der Abschluss der typischen Handlung ist diesmal offenbar glücklich. Er zieht die dunkle Trauerkleidung aus [?], weil er sie doch noch gewinnen konnte. Das Lied wurde (mehrfach) bisher nur in Lothringen aufgezeichnet.

Wiedersehen an der Bahre A–B

DVldr Nr. 56; Index B 26. – Man kann sich in den Schmerz hineinsteigern, der die Trennung der Liebenden (aus welchen Gründen auch immer) mit tödlichem Ausgang und für die Betroffenen ergreifend thematisiert. Der Text entspricht in Struktur und Sprachform der balladesken Erzählweise: Trennung ohne Begründung, überraschende Begegnung beim Nach-Hause-Kommen, dramatische Konfrontation mit der toten Geliebten, moralisierender Schluss.

Wildschütz Jennerwein

[nicht im Index] Der Wilderer Georg Jennerwein (geb. 1848) wurde 1877 auf dem Peißenberg bei Tegernsee erschossen (möglicherweise aus Eifersucht; ein Selbstmord wurde vorgetäuscht). Sein Grab ist in Schliersee. »Auf den Bergen ist die Freiheit…« (Str. 2) wird mit dem bayrischen König Ludwig II. verbunden. Wie der »Bayrische Hiasl« ist Jennerwein ein Volksheld. Das Totengedächtnislied auf ihn hat keine balladeske Struktur und die moritatenhafte Melodie eines Drehorgelliedes.

Winterrosen A–C

DVldr Nr. 145; Index E 34. – Der Ausgangspunkt im 16. Jh. ist der Ritter, der sich um eine Maibraut bemüht, und der zu dieser Jahreszeit natürlich noch keine Rosen bringen kann. Wo man dieses nicht (nicht mehr) verstand, verwandelte sich der Text bis zur Absurdität (Variante B: Der Maler ermordet sie). Die ungewöhnliche Rolle einer Malerin (weiblich) in Variante A haben die »Winterrosen« mit einer Gestalt im »Mannstollen Mädchen« gemeinsam.– Vgl. Kommentar dazu S. 494.

Wirtin Töchterlein A–B

Index M 28. – Drei Reiter wollen das Mädchen mit dem Schwert zerteilen. Die Verführungsformel ›setzen auf die Bank: Gürtel absprang‹ und die Mordformel ›Tisch: zerteilen wie ein Fisch‹ sind tatsächlich archaische Elemente. Nach ersten Spuren im 17. Jh. gibt es Belege dieses grausamen Liedes bis in die Gegenwart.

Wirtstöchterlein A–D

Index D 42. – Diese Volksballade war die Vorlage bzw. Anregung für Ludwig Uhlands Kunstballade »Es zogen drei Bursche wohl über den Rhein…« von 1809 (hier als Variante D). Allerdings sind alle unsere Belege jünger (es gibt eine niederländische Parallele aus dem 17. Jh.).

Zerbrochener Krug (Wasserkrug) A–B

Index D 43. – Den Krug am Brunnen zerbrechen, Rosen brechen, den Schuh verlieren: Das sind Metaphern der Verführung. Die Magd muss sowohl nach ihrem Liebsten sehen als auch dem Bauern gefügig sein, was die Bäuerin dann nicht gerne sieht. Sie bzw. die Base hat jedoch auch manches zu verbergen. Man kann sich offenbar einigen.

Zwei Gespielinnen

Index C 23. – Zwischen einer Armen und einer Reichen soll der Knabe seine Braut wählen. Die moralische Lehre ist überdeutlich. Reichtum ist bald vertan: Das ist die Ideologie der Armut. Er nimmt also die Arme. Ist das, verallgemeinert, nur eine Notlüge, weil man die Reiche sowieso wohl kaum zur Frau bekommen hätte?

Zwei Waisenkinder

DVldr Nr. 118; Index A 2. – Die tote Mutter tröstet ihre beiden Kinder, die ans Grab gekommen sind. Sie sollen betteln gehen und auf ein Wiedersehen im Paradies hoffen.

Alphabetisches Verzeichnis der Balladenüberschriften und -anfänge

Die Überschriften sind in Kapitälchen, Anfänge normal gesetzt.

Aargäuer Liebchen	11
Abendgang	12
Aber will ich singen	288
Ach Hannche, liebes Hannchen	202
Ach Joseph, liebster Joseph	201
Ach Lieschen, wenn du dienen willst	380
Ach Liese, so du dienen willst	380
Ach merket auf ihr Menschen all	341
Ach Vater, gib mir nur einen Rat	155
Ach, das Herz, das tut mir bluten	148
Ach, unsere liebe Frau	245
Albert Graf von Nürnberg spricht	176
Als der Meister Müller ging in seine Kammer	408
Als die heilig Sankt Odilja geboren war	161
Als die heilige Odilja geboren war	160
Als wir einst verschütt gegangen waren	67
Als wir jüngst in Regensburg waren	64
Alter Mann und Schüler A	15
Alter Mann und Schüler B	16
Bauer im Holz	17
Bauer und Magd A	18
Bauer und Magd B	20
Bauer und Student	21
Bauerntöchterlein	22
Bayrischer Hiasl	23
Bei der Nacht ging ich spazieren	182
Belohnte Unschuld	25
Bernauerin	26
Bestrafte Zechprellerei A	28
Bestrafte Zechprellerei B	29
Bestrafter Fähnrich A	30
Bestrafter Fähnrich B	31
Bestrafter Fähnrich C	32
Betrügerischer Freier	33
Bettelmann und Edelfrau A	34
Bettelmann und Edelfrau B	36
Bie vrie ischt auf de Mêrarin	254
Bin ein Mädchen aus Braunau	64
Bluthochzeit	37
Brabant war eine schöne Stadt	365
Braun Annel	39
Bremberger	41
Brombeerpflückerin A	43
Brombeerpflückerin B	44
Brombeerpflückerin C	45
Brombeerpflückerin D	46
Brotfrevel	47
Buckliges Männlein	50
Buhlerische Frau	51
Butzemann A	53
Butzemann B	53
Butzemann C	53
Butzemann D	54
Butzemann E	54
Christinchen ging in den Garten	296
Da drunten im Tale da liegt	410
Der Bauer aus dem Schwabenland	20
Der englische König wohl über dem Rhein	56
Der Heinrich wollt spazieren gehn	238
Der Jäger längs dem Weiher ging	191
Der Jäger längs dem Weiher ging	214
Der Mond, der scheint so helle	280
Der Pfalzgraf zu dem Waidwerk reit't	37
Der Schwanewirt sprang zum Tor hinaus	122
Der Sultan hat ein Töchterlein	340
Der Türk und auch der Kaiser	159
Des Abends bei dem Mondenschein	197
Des Morgens, da der Tag anschien	416
Deserteur	55
Die Eule auf dem Zaune saß	97
Die halige Maria	246
Dienende Schwester A	56
Dienende Schwester B	57
Dienende Schwester C	58
Doktor Faust	59
Dollinger	63
Donaustrudel A	64
Donaustrudel B	65
Donaustrudel C	66
Donaustrudel D	67
Dor wiren twee Königskinder	211
Dornröschen A	68
Dornröschen B	69
Dornröschen war ein schönes Kind	68
Dornröschen war ein schönes Kind	69
Dort unten am Graben, dä steht a Haus	77

Dort unten in dem Tale	409
Draußen im Garten da ist	409
DREI GEFANGENE	70
DREI SEELEN VOR DER HIMMELSTÜR	71
Du hast gesagt, du nehmest mich	139
DURSLI UND BABELI A	73
DURSLI UND BABELI B	74
EDELMANN IM HABERSACK A	75
EDELMANN IM HABERSACK B	76
EDELMANN IM HABERSACK C	77
EDELMANN IM HABERSACK D	78
EDELMANN UND SCHÄFER A	79
EDELMANN UND SCHÄFER B	80
EDELMANN UND SCHÄFER C	82
EIFERSÜCHTIGER KNABE A	83
EIFERSÜCHTIGER KNABE B	84
EIFERSÜCHTIGER KNABE C	86
Ein altes Sprichwort wird gemeld't	368
Ein Edelmann reitet zum Tor hinaus	79
Ein freiheitlicher Sohn	256
Ein Jäger wollte jagen	187
Ein jeder betracht, der gewisshaft ist	116
Ein Kind, das noch so zart	420
Ein Liedlein wollen wir singen	28
Ein Liedlein wollen wir singen	157
Ein Mädchen von achtzehn Jahren	382
Ein Mädchen wollte früh aufstehn	46
Ein Mädchen wollte grasen	147
Ein Mädchen wollte Wasser schöpfen	438
Ein Mädlein an ein'm Laden stund	241
Ein Müller ging in den Wald hinein	396
Ein Ritter spielt die ganze Nacht	133
Ein Schäfer über die Brücke trieb	82
Ein Sünder kam gegangen	344
Ein Sünder wollte reisen	343
Eine Mutter verwundert sich sehr	113
Einst ein Mädchen voller Tugend	363
Einst hab ich ein Mädchen in der Wirtschaft busiert	324
Einst war ein Mädchen sehr arm	421
ELFJÄHRIGE MARKGRÄFIN	88
ENTFÜHRTE GRASERIN A	89
ENTFÜHRTE GRASERIN B	90
Er ist der Morgensterne A	302
Er ist der Morgensterne B	303
ERLE A	91
ERLE B	92
ERLÖSUNG VOM GALGEN A	93
ERLÖSUNG VOM GALGEN B	94

ERZWUNGENE EHE	96
Es bettelt sich ein Bettelmann aus Ungerland heraus	34
Es blies ein Jäger wohl in sein Horn	123
Es blies ein Jäger wohl in sein Jägerhorn	275
Es flogen drei schwarze Raben	119
Es freit' ein wilder Wassermann	293
Es fuhr, es fuhr, es fuhr	17
Es geht ein Knab' spazieren	183
Es ging bei hellem Mondenschein	377
Es ging ein braun Mägdlein über den Steg	228
Es ging ein Jäger jagen	189
Es ging ein Jäger jagen ein wildes Schwein	276
Es ging ein Jäger wohlgemut	198
Es ging ein Knab spazieren	106
Es ging ein Knab spazieren	190
Es ging ein Knabe spazieren	180
Es ging ein Mädchen stolz	284
Es ging einmal beim Sonnenschein	376
Es ging einmal ein verliebtes Paar A	392
Es ging einmal ein verliebtes Paar B	393
Es ging einmal ein verliebtes Paar C	394
Es gingen einmal drei Spielleut	91
Es graste ein Jungfrau, hübsch und fein	89
Es hat ein Bauer braun Anneli fein	96
Es hat ein Edelmann ein Weib	99
Es hat ein schwarzbraunes Mädchen	428
Es hätt' e' Buur e' Töchterli	73
Es hätt' ein Bauer ein Töchterlein	21
Es hätt' ein Bauer ein Töchterlein	88
Es hätt' ein Bauer ein Töchterlein	328
Es hätt' ein Bauer ein Töchterlein	422
Es hätt' ein Biedermann ein Weib	98
Es hatt' ein Gastwirt einen Sohn	257
Es het e Bur e's Töchterli	74
Es hüt' ein Mädchen die Lämmelein im Holze	291
Es ist nit lang, dass es geschah	218
Es kam ein Knab für's Bauern Tür	22
Es kehrt ein Fürst beim Fürsten ein	203
Es liebten zwei im Stillen sich	435
Es liegt ein Schlösslein in Osterreich	308
Es marschieren drei Reiter wohl über den Rhein	31
Es pocht so grässlich an die Tür	287
Es reisen drei Regimenter wohl über den Rhein	30
Es reit der Herr von Falckenstein	174
Es reit't ein Herr und auch sein Knecht	261

Es reiten aus zwei Reiterlein	260
Es reiten drei Herren zum Tore hinaus	26
Es reitn einmål drei Räuber aus	441
Es ritt ein Herr und auch ein Knecht	171
Es ritt ein Herr zum kühlen Wein	93
Es ritt ein Jäger wohl über den Rhein	432
Es ritt ein Jägersmann über die Heid'	149
Es ritt ein König hin und her	424
Es ritt ein Ritter über die Ried	239
Es ritt ein Türk aus Türkenland	63
Es ritt ja ein Reiter sehr weit und sehr breit	170
Es ritten drei Burschen durch Rosental	114
Es ritten drei Reiter wohl über den Rhein	444
Es ritten sich drei Mörder aus	439
Es saß ein Mädel und nähte	277
Es saßen drei Halunken	331
Es schlief ein Graf bei seiner Magd	132
Es schliefen zwei verborgen	181
Es soll ein Mädchen früh aufstehn	279
Es sollt' ein Mädlein waschen gehn	419
Es sollte ein Kind zur Schule gehn	173
Es spielen drei Kaufleut an einem Tisch	94
Es spielt ein Graf mit seinem Schatz	130
Es spielt' ein Graf mit seiner Dam'	128
Es stand eine Linde im tiefen Tal	215
Es stehen drei Sterne am Himmel	84
Es stehn die Stern am Himmel	179
Es steht ein Baum in Österreich	266
Es stieg ein Mädchen wohl in ein Schiff	229
Es stoht eis Schlössli unten am Rhein	15
Es taget in Österreiche	355
Es tanzt ein Bibabutzemann	54
Es tanzt ein Bi-ba-butzemann	54
Es tanzt ein Butz und Butzemann	53
Es tanzt ein Potzelmann	53
Es tät ein Mädel früh aufstehn	43
Es träumte einer Frau	248
Es treiben drei Weiber die Küh'	29
Es trieb ein Hirt im finstren Wald	282
Es trieb ein Schäfer die Lämmelein aus	80
Es trieb ein Schäfer früh hinaus	281
Es war amal a Mensch gewest	318
Es war ein Bauer im Schwabenland	18
Es war ein junger Knab	156
Es war ein Mädchen, das hatte	383
Es war ein Mädchen jung von Jahren	362
Es war ein Mädchen von achtzehn Jahren	382
Es war ein Mädchen von Farbe so bleich	110
Es war ein Mägdelein von achtzehn Jahr	381
Es war ein reicher Bauernsohn	255
Es war ein Reuter wohlgemut	367
Es war ein Schütz in besten Jahren	436
Es war eine Frau einst schwanger	109
Es war eine schöne Jüdin	315
Es war einmal ein alter Mann	16
Es war einmal ein braver Husar	360
Es war einmal ein edler Herr	351
Es war einmal ein Küpper gut	312
Es war einmal ein Rothusar	361
Es war einmal ein verliebtes Paar	395
Es war einmal eine Jüdin	317
Es war einmal eine Müllerin C	339
Es war einmal eine Müllnerin B	339
Es war eins jungen Markgrafen Sohn	397
Es war'n einmal drei Kaiser	158
Es war'n einmal drei Reiter gefang'n	70
Es war'n einmal zwei arme Leut	371
Es warb ein schöner jüngling	206
Es waren drei Handwerksgesellen	332
Es waren einmal zwei Gespielen	448
Es waren mal zwei Bauernsöhn	259
Es waren mal zwei Schwesterlein	406
Es waren zwei Königskinder	209
Es waren zwei Landeskinder	213
Es waren zwei Waisenkinder	449
Es welken alle Blätter	138
Es wohnet Lieb bey Liebe	12
Es wohnt ein Müller an einem Teich	75
Es wohnt ein Müller an jenem Teich	76
Es wohnt ein Müller bei einem Teich	78
Es wohnt ein reicher Kaufmannssohn	224
Es wohnt ein reicher Schlächtersmann	222
Es wohnt eine reiche Müllerin	338
Es wohnt' ein Müller an dem Rhein	71
Es wohnte ein Pfalzgraf wohl an dem Rhein	57
Es wohnten drei Geschwister am Rhein	373
Es wollt 's fein Mädel früh aufstehn	226
Es wollt a Moiderla gråsn	147
Es wollt ein Bauer ausfahren	391
Es wollt ein Fuhrmann ins Weinland fahren	108
Es wollt ein Jäger einst jagen	402
Es wollt ein Jäger einst jagen gehen	400
Es wollt ein Jäger jagen	186
Es wollt ein Jägerlein jagen	401
Es wollt ein Knab spazieren gehen	39
Es wollt ein Madchen in der Früh' aufstehn	44
Es wollt ein Mädchen Wasser holen	438
Es wollt ein Mädchen Wasser holen	447

Es wollt ein Metzger wohl über den See	236
Es wollt ein Tobaksspinner wandern gehn	399
Es wollt wohl ein Mädchen ganz früh aufstehn	412
Es wollt' ein Böttcher wandern	103
Es wollt' ein feines Mägdelein	153
Es wollt' ein Herr ausreiten	413
Es wollt' ein Jäger jagen	190
Es wollt' ein Jäger jagen	274
Es wollt' ein Jäger jagen, so sagt er	384
Es wollt' ein junger Geselle	366
Es wollt' ein Mädchen spazieren gehn	225
Es wollt' ein Mädel früh aufstehn	101
Es wollt' ein Mädel früh aufsteh'n	102
Es wollt's fein Mädel nach Wasser gehn	446
Es wollte ein Mädchen früh aufstehn	45
Es wollte ein Mädchen früh aufstehn	146
Es wollte ein Mädchen ganz früh aufstehn	411
Es wollt' ein Mägdlein Wasser holen	437
Es wollte sich ein Jüngling erwerben	163
Es zogen drei Bursche wohl über den Rhein	445
Es zogen drei Burschen wohl über den Rhein	443
Es zogen zwei Burschen wohl über den Rhein	32
EULE UND ADLER	97
FAHRT INS HEU	98
FALSCHER PILGER	99
FALSCHER SCHNEIDER A	101
FALSCHER SCHNEIDER B	102
FASSBINDER	103
Feinsliebchen du sollst mir nicht barfuß gehen	25
Frankreich war eine schöne Stadt	364
FRAU VON WEISSENBURG A	104
FRAU VON WEISSENBURG B	105
FRECHER KNABE	106
FUHRMANN UND BETROGENES MÄDCHEN	107
FUHRMANN UND WIRTIN	108
GEBURT IM GRABE	109
GEBURT IM WALDE A	110
GEBURT IM WALDE B	112
GEBURT IM WALDE C	113
GEFANGENENBEFREIUNG	114
Geh ich halt wohl in den Wald	66
Geh, mein Mädchen, hole Wein	427
GENOVEFA	116
GERÄCHTER BRUDER	119
Gestern Abend hat mich ein Madl geniert	323
GIFTMORD AUS EIFERSUCHT A	121
GIFTMORD AUS EIFERSUCHT B	122
GLÜCKSJÄGER	123
Gott grüß' euch, edle Fraue	152
GRAF FRIEDRICH A	125
GRAF FRIEDRICH B	127
Graf Friedrich tät ausreiten	125
Graf Friedrich wollt' ausreiten	105
Graf Friedrich wollt' ausreiten	127
GRAF UND MAGD A	128
GRAF UND MAGD B	130
GRAF UND MAGD C	132
GRAF UND MAGD D	133
GRAF UND NONNE A	134
GRAF UND NONNE B	135
GRAF UND NONNE C	136
GRAF UND NONNE D	138
GRAF UND NONNE E	139
GRAF UND NONNE F	140
GRAF VON ROM	141
GRASERIN UND REITER A	146
GRASERIN UND REITER B	147
GRASERIN UND REITER C	147
GRAUSAME MUTTER	148
GRAUSAMER BRUDER	149
GRAUSIGES MAHL	152
Gut Mojen, Madame Schejne!	385
Gut' Morgen, Madame Schöne!	385
Guten Morgen, schönes Mädchen	388
HAFERBINDEN	153
HAMMERSCHMIED A	154
HAMMERSCHMIED B	155
Hans, sattle mir den Gaul	104
HASLACHER TAL	156
HAUPTMANNSTOCHTER	157
HEILIGE KATHARINA A	158
HEILIGE KATHARINA B	159
HEILIGE ODILIA A	160
HEILIGE ODILIA B	161
HEILIGE ODILIA C	162
HEIMKEHRENDER BRÄUTIGAM	163
HEIMKEHRENDER SOLDAT A	164
HEIMKEHRENDER SOLDAT B	165
HEIMKEHRENDER SOLDAT C	166
HERR OLUF A	167
HERR OLUF B	170
Herr Oluf reitet spät und weit	167
HERR UND SCHILDKNECHT	171
HERR VON BRAUNSCHWEIG	173
HERR VON FALKENSTEIN	174
HERZOGIN VON ORLAMÜNDE	176

Hier auf diesem breiten Steine	333
HINRICHTUNG	177
Hinter meines Vaterlis Haus	272
Hinter Poilen wohnt a Jid	316
HOCHZEIT IM GRABE A	179
HOCHZEIT IM GRABE B	180
HOCHZEIT IM GRABE C	181
HOCHZEIT IM GRABE D	182
HOCHZEIT IM GRABE E	183
Horch, mein Sohn, das ist genug	369
Horchet zu und schweiget still!	249
Hört Christenleut jetzt ein neues Lied	297
Hört ihr Christen mit Verlangen	59
Hört was ich heute singen will	47
HOrt zu jr Herren gross vnnd klein	325
Hört zu, ihr lieben Christenleut'	192
HUNGERNDES KIND A	184
HUNGERNDES KIND B	185
I bin da boarisch Hiasl	23
Ich bin durch Frauen Willen	199
Ich geh so gern bei der Nacht	375
Ich ging einst bei der Nacht	374
Ich hab gewacht ein winterlange Nacht	41
Ich kam vor einer Frau Wirtin Haus	330
Ich ritt einstmals zu Braunschweig aus	292
Ich stand auf hohen Bergen	378
Ich steh auf einem hohen Berg	134
Ich stund auf hohen Felsen	136
Ich verkünd euch neue Märe	141
Ich war ein kleiner Spielmannssohn	334
Ich weiß ein Jäger, der bläst sein Horn	273
Ich weiß ein's Grafen Töchterlein	352
Ich weiß mir ein edle Keyserin	51
Ich weiß mir eine wunderschöne Magd	417
Ich will zu Land ausreiten	193
Ich wollt, dass alle Tag Sonntag wär	442
Ihr Burschen merket auf	283
Im Äärgäu sind zwëu Liebi	11
Im Frühjahr, im Frühjahr tun sich alle Vöglein paaren	357
Im Sommer da baut halt der Vogel sein Nest	356
In das Dorf geht Johann eilig hin	121
In der Hauptstadt Kopenhagen	354
In des Gartens dunkler Laube A	299
In des Gartens dunkler Laube B	299
In einem kleinen Dorfe	210
In Österreich stand ein stolzes Schloss	310
In Ungarland, zu Großwardein	347
JÄGER AUF KÖNIGLICHER HEIDE A	186

JÄGER AUF KÖNIGLICHER HEIDE B	187
JÄGER IM TANNENHOLZ A	189
JÄGER IM TANNENHOLZ B	190
JÄGER IM TANNENHOLZ C	190
JAGDABENTEUER	191
JERMAN WEIZERS FRAU	192
Jetzt reis' ich fort, geliebtes Kind	434
JÜNGERES HILDEBRANDSLIED	193
JUNGER HELD	197
JUNGFER DÖRTCHEN	198
KERENSTEIN	199
Kind, wo bist du denne henne west?	304
KINDSMÖRDERIN A	201
KINDSMÖRDERIN B	202
KÖNIG VON MAILAND	203
KÖNIGSKINDER A	206
KÖNIGSKINDER B	207
KÖNIGSKINDER C	209
KÖNIGSKINDER D	210
KÖNIGSKINDER E	211
KÖNIGSKINDER F	212
KÖNIGSKINDER G	213
KRONSCHLANGE	214
LIEBESPROBE A	215
LIEBESPROBE B	217
LINDENSCHMIDT	218
LOSGEKAUFTE	220
Luise ging im Garten	295
MÄDCHEN UND FÄHNRICH A	222
MÄDCHEN UND FÄHNRICH B	224
MÄDCHEN UND HASEL A	225
MÄDCHEN UND HASEL B	226
MÄDCHEN UND LANDSKNECHT A	228
MÄDCHEN UND LANDSKNECHT B	229
MÄDCHENMÖRDER A	230
MÄDCHENMÖRDER B	232
MÄDCHENMÖRDER C	234
MÄDCHENMÖRDER D	236
MÄDCHENMÖRDER E	238
MÄDCHENMÖRDER F	239
Mammele, Mammele, Schnittel haben!	185
MANNSTOLLES MÄDCHEN A	241
MANNSTOLLES MÄDCHEN B	243
Maria ginget, sie ging	244
MARIA UND DER SCHIFFMANN	244
MARIA UND DIE ARME SEELE	245
MARIA UND DIE ESPE A	246
MARIA UND DIE ESPE B	246
Maria, du sollst auswandern gehen	247

Mariae Wanderung	247
Mariechen saß auf einem Stein	234
Mariens Traum	248
Markgraf von Backenweil	249
Meererin A	251
Meererin B	254
Meister Müller tut nachsehen	407
Merkt auf, ihr Christen groß und klein	358
Merkt auf, ihr Christen, steht still	370
Mord an der Braut A	255
Mord an der Braut B	256
Mordeltern A	257
Mordeltern B	259
Mordeltern C	260
Mordknecht	261
Moringer	262
Muskatbaum	266
Mutschelbeck	267
Mutter, ach Mutter, es hungert mich	184
Nachtigall als Warnerin	272
Nachtjäger A	273
Nachtjäger B	274
Nachtjäger C	275
Nachtjäger D	276
Nähterin	277
Nicht mehr tut mich es erfreuen	83
Nun will ich aber heben an	346
Peter Unverdorben	278
Pfaffendirne	279
Pferdediebstahl	280
Rabenmutter A	281
Rabenmutter B	282
Ranzenmann A	283
Ranzenmann B	284
Rattenfänger von Hameln	285
Raubmord bei Paris A	286
Raubmord bei Paris B	287
Raumensattel	288
Regina ging i Garte	340
Reiter und Hirtenmädchen	291
Reiterlied	292
Rheinbraut A	293
Rheinbraut B	295
Rheinbraut C	296
Richmudis von Adocht	297
Ritter Ewald A	299
Ritter Ewald B	299
Sächsischer Prinzenraub	300
Sangeslohn A	302
Sangeslohn B	303
Schiffer auf! Erwache noch einmal!	220
Schlangenköchin A	304
Schlangenköchin B	305
Schlangenköchin C	306
Schlangenköchin D	307
Schloss in Österreich A	308
Schloss in Österreich B	310
Schloss in Österreich C	311
Schön Adelheid	312
Schön Albrecht wollt' spazieren gehn	232
Schöne Jüdin A	315
Schöne Jüdin B	316
Schöne Jüdin C	317
Schöne Jüdin D	318
Schöne Magdalena A	319
Schöne Magdalena B	320
Schreiber im Korb A	321
Schreiber im Korb B	323
Schreiber im Korb C	324
Schuster und Edelmann	325
Schwabentöchterlein	328
Schwartenhals	330
Schwatzhafter Junggeselle A	331
Schwatzhafter Junggeselle B	332
Schwester Giftmischerin	333
's Bedlmannl reist von Ungarn 'raus	36
Soldat kam aus dem Kriege	164
Soldat kommt aus dem Kriege, hurra, hurra	165
Soldaten kommen aus dem Kriege	166
Spielmannssohn	334
St. Jakobus	335
Stand einst ein Lindenbaum im Tal	217
Stand ich auf hohe Berge	404
Stand ich auf hohem Berge	135
Steig hinauf auf hohe Berge	403
Steig ich auf das Berglein	140
Steutlinger	337
Stolz Heinrich der wollt' freien gehen	33
Stolze Müllerin A	338
Stolze Müllerin B	339
Stolze Müllerin C	339
Sultans Töchterlein A	340
Sultans Töchterlein B	340
Susanna Cox	341
Susannchen sprang zum Tor hinaus	154
Tannhäuser A	343
Tannhäuser B	344

Tannhäuser C	346
Theresia	347
Tochter als Fähnrich	350
Tod und Magdalena	351
Töchterlein des Grafen	352
Tote Braut	354
Totenamt	355
Totes Liebchen A	356
Totes Liebchen B	357
Tränenkrüglein	358
Treuer Knabe A	360
Treuer Knabe B	361
Treulose Braut A	362
Treulose Braut B	363
Unbarmherziger Junker A	364
Unbarmherziger Junker B	365
Unberührtes Mäntelein	366
Unbestechliche	367
Und als die Adelia geboren war	162
Und es gingen zwei Verliebte	112
… und dann ritten Viekenludolf	53
Und wollt ihr hören, was ich will jehen	321
Undankbarer Sohn A	368
Undankbarer Sohn B	369
Ungeratene Kinder A	370
Ungeratene Kinder B	371
Ungeratene Kinder C	372
Unglückliche Nachtfahrt A	373
Unglückliche Nachtfahrt B	374
Unglückliche Nachtfahrt C	375
Unglücklicher Schuss A	376
Unglücklicher Schuss B	377
Unschuldige Dienstmagd A	378
Unschuldige Dienstmagd B	379
Unsre liebe Frau reist übers Gebirg	246
Untergeschoben A	380
Untergeschoben B	380
Untreue Braut A	381
Untreue Braut B	382
Untreue Braut C	383
Valet, valet zum Thor hinaus	350
Vater und Tochter A	384
Vater und Tochter B	385
Vater und Tochter C	388
Verführende Markgräfin	389
Verführt	391
Verführung und Mord A	392
Verführung und Mord B	393
Verführung und Mord C	394

Verführung und Mord D	395
Verkaufte Müllerin	396
Verkleideter Markgrafensohn	397
Verlorene Schlafdecke A	399
Verlorene Schlafdecke B	400
Verschlafener Jäger A	401
Verschlafener Jäger B	402
Versoffene Kleider A	403
Versoffene Kleider B	404
Versteinertes Brot	406
Verunglückte Müllerstochter A	407
Verunglückte Müllerstochter B	408
Verwandelte Blume A	409
Verwandelte Blume B	409
Verwandelte Blume C	410
Verwundeter Knabe A	411
Verwundeter Knabe B	412
Von der Wanderschaft a Bua	430
Von der Wånderschåft der Bua	431
Von der Wanderschaft zurück	431
Vorwirt	413
Vriesken	416
Wackeres Mägdlein	417
Wäscherin	419
Waise und Stiefmutter A	420
Waise und Stiefmutter B	421
Wanderten zwei Spielleut'	92
War einst ein jung, jung Zimmergesell	389
War einst 'ne alte Witwe	211
Wär' ich ein wilder Falke	319
Was geschah an einem Montag	320
Was könnt mich denn besser erfreuen	86
Was pocht so grässlich an der Tür	286
Was trag ich unt'r meinem Herzen?	177
Was wollen wir singen und heben an?	337
Wassermann	422
Wegwarte A	424
Wegwarte B	425
Wegwarte C	426
Weinholendes Mädchen A	427
Weinholendes Mädchen B	428
Wel will met Gert Olbert utriden gon	230
Well mir aber singen	267
Wenn es der liebe Gott wette	425
Wenn nun der liebe Gott wollte	426
Wer da will auf St. Jacob gohn	335
Wer ist da drauß und klopfet an	58
Wer ist der bunte Mann im Bilde	285
Werber und Jude	429

Wie früh ist auf die Meererin	251	Wirtstöchterlein D	445
Wie schön blüht sich der grüne Wald	433	Wo bist du denn gewesen, Herztöchterlein?	306
Wiederfinden A	431	Wo bist du denn mit der Kunkel gewesen	307
Wiederfinden B	431	Wohl in der Hauptstadt Tanzen	372
Wiedergefundene Schwester	432	Wollt ihr hören fremde Mär	262
Wiedersehen	433	Wollte's Gott Gräserin grasene gehn	90
Wiedersehen an der Bahre A	434	Wu bistu gewesen, wu bistu gewesen	305
Wiedersehen an der Bahre B	435	Zerbrochener Krug A	446
Wildschütz Jennerwein	436	Zerbrochener Krug B	447
Will ich in mein Gärtlein gehen	50	Zu Frankfurt an der Oder	107
Winterrosen A	437	Zu Frankfurt steht ein schönes Wirtshaus	379
Winterrosen B	438	Zu Mitterfasten es geschah	278
Winterrosen C	438	Zu Nürnberg da steht ein hohes Haus	243
Wir woll'n ein Liedel heben an	300	Zu Öst'rreich stand ein schönes Schloss	311
Wirtin Töchterlein A	439	Zu Straßburg auf der langen Brück'	55
Wirtin Töchterlein B	441	Zu Straßburg steht ein schönes Haus	429
Wirtstöchterlein A	442	Zwei Gespielinnen	448
Wirtstöchterlein B	443	Zwei Waisenkinder	449
Wirtstöchterlein C	444	Zwischen zweyen burgen	207

Sach- und Personenregister

Abend 465
Ambraser Liederbuch 522
Apiarius 195
Arnim, Achim von 179, 474, 522, 529
Assoziation 468, 469, 477, 478, 479, 485, 495, 500, 501, 502, 514, 517, 518
Aufzeichnung 466
Bänkelsang 511, 527, 534, 537, 541
balladesk 455, 466, 489, 490, 520, 525, 539
Begegnung 497
Blaubart 491, 533
Böhme, Franz Magnus 180, 283, 462, 522, 530
braun, siehe: schwarzbraun
Brentano, Clemens 179, 521, 522, 538
Brosch, Albert 25
Bürger, Gottfried August 471, 530, 531
Datierung 458
Deutsches Volksliedarchiv 323, 459
Dialekt, siehe: Mundart
Dialog 471, 472, 478, 484, 491, 498, 506, 509, 515, 519
Ditfurth, F.W.Frh. von 348
Drehorgel 235
Ehre 484, 495, 509
Entführung 485, 491, 498
epische Formel 455, 483, 495, 497, 506, 507, 515, 539
Erk, Ludwig 283, 462
Feldforschung 488
Freiburg i.Br. 323, 540
Generationenkonflikt 471, 472, 513
Goethe, Johann Wolfgang von 134, 175, 453, 510, 522, 527, 542
Gottschee 253, 254, 458, 484, 501, 534, 539
Grimm, Brüder 126, 463
Groos – Klein 135
Haare 487
Hameln 285
Herder, Johann Gottfried 168, 453, 527, 529, 536
historisches Ereignis 474, 506
Hoffmann von Fallersleben 283, 423
Horak, Karl 16
Ich-Anfang 476, 503
Ideologie 472, 483, 484, 487, 489, 495, 516, 517
Index, Balladen-Index 468, 519ff.
Kassel – Lefftz 229
Kinderlied 50, 54, 492, 522, 523
Kinderspiel 68, 473, 492
Kindsmord 527, 530, 536
Kitsch 137, 507, 510
Kleiderordnung 470, 474, 516
Klusen, Ernst 168, 462
Köln 537
Kudrun 534, 547
Künzig, Johannes 58, 462
Legendenballade 512, 528, 533, 534, 540, 541
Liebeslied 481, 539

Liedflugschrift 13, 19, 40, 49, 54, 62, 72, 85, 118, 124, 131, 137, 143, 179, 188, 195, 196, 208, 231, 242, 269, 289, 290, 306, 327, 345, 349, 415, 463, 508, 518, 522, 530, 541
Lilien auf dem Grab 419, 454, 469, 498, 535
Lokalisierung 461
Marriage, M. Elizabeth 44
Meier, John 323, 462
Mentalität 470, 472, 483, 489, 496, 507, 516
Minne 493
Moral 49, 460, 465, 487, 503, 520
Moritat 511, 527, 531, 534, 537, 541, 543
Motiv 465
mündliche Überlieferung 179, 460, 464, 466, 496, 504, 506, 508
Mundart 64, 459, 470, 484, 519, 523, 542
Nachtigall 465, 500
Odysseus-Motiv 505, 529, 535
Otzberg 405
Ovid 464, 519, 532
Pinck, Louis 87, 351, 490
Quellmalz, Alfred 57
Reder, Veronika 473
Regensburg 486, 494
Rhein 500
Sadebaum 172, 225
Sattelstrophe, Pferde satteln 480, 498, 506
Schicksal 472, 490, 492, 515, 522
Schwalm, Paul 140
Schwankballade 484, 485, 519, 521, 523, 524, 525, 539
schwarzbraun, braun 470, 486, 490, 498, 504
Schwelle 482, 500, 513
Schwiegermutterstrophe 46, 501
Soldatenlied 138, 223, 476, 483, 510
Standesunterschied 470, 473f., 475f., 486, 489, 509, 516, 523, 527, 529, 535, 540, 543
Strophe 464, 508
Szene 465
Tagelied 13, 131, 464, 465, 505, 531, 544, 545
Tisch-Fisch-Formel 464, 490, 499, 503
Tonangabe 13, 227
Tradierung 456
Traum, schwere Träume 480, 499
Typ, Liedtyp 468
Uhland, Ludwig 231, 445, 459, 547
Variante 458, 460, 466, 468, 517, 519, 534
Verfasserstrophe 499, 503, 509, 510, 525
Verkäufer 115
Volksmusikarchiv, Bruckmühl 346
Wunderhorn 179, 529
Wyhl 213
Zeitangaben 471, 500
Zeitungslied 511, 512, 521, 526, 530, 534, 540, 541, 542, 543, 545
Zuccalmaglio, Wilhelm von 38, 530, 532
Zwerg 465

Abbildungen, wenn nicht anders angegeben, aus dem Deutschen Volksliedarchiv, Freiburg i. Br.

Standard-Anthologien im Großformat bei Artemis & Winkler

Der Neue Conrady

Das große deutsche Gedichtbuch von den Anfängen bis zur Gegenwart.
Herausgegeben von Karl Otto Conrady.
Erweiterte und aktualisierte Neuausgabe 2000.
Ca. 1300 Seiten. Gebunden mit Schutzumschlag
ISBN 3-538-06894-1

Konkurrenzlos in ihrer umfassenden zeitlichen und thematischen Fülle von Beispielen ist diese Standard-Anthologie ein unentbehrliches Nachschlagewerk für den Kenner und Liebhaber, eine Fundgrube für alle, die sich für Dichtung begeistern.

Effi Biedrzynski
Das große deutsche Novellenbuch

1112 Seiten mit 12 Farbtafeln
ISBN 3-538-06640-X

Dreißig Meisterwerke novellistischer Erzählkunst von Goethe bis Walser.

Helmut Brackert
Das große deutsche Märchenbuch

912 Seiten mit 12 Farbtafeln.
ISBN 3-538-06637-X

Die Volksmärchen sind in dieser repräsentativen Sammlung ebenso reichhaltig vertreten wie die Märchen der Romantik und die exemplarischen Märchen des 20. Jahrhunderts.

Heinz Rölleke
Das große deutsche Sagenbuch

1020 Seiten mit Ortsregister und 12 Farbtafeln.
ISBN 3-538-06642-6

Die größte Sammlung deutscher Sagen in einem Band, gegliedert nach Landschaften. Ortssagen, geschichtliche Sagen, Natursagen und dämonische Sagen stehen hier neben alpenländischen Frevelsagen und Handwerkssagen.

Neu bei Artemis & Winkler

Die schönsten Märchen und Erzählungen der Weltliteratur:

Vom Einhorn und der Schönen Melusine

Liebesgeschichten und
Märchen der Weltliteratur.
Herausgegeben von Ursula Schulze
und Ulrich Mattejiet.
Mit zahlreichen Illustrationen.
Gebunden, durchgehend 2farbig.
ISBN 3-538-06857-7

Träumereien an französischen Kaminen

Märchensammlung.
von Richard von Volkmann-Leander
Mit einem Nachwort von Ursula Schulze.
Mit zahlreichen Illustrationen.
Gebunden, durchgehend 2farbig.
ISBN 3-538-06860-7

Schöne Lau und Baba Jaga

Frauenmärchen der Weltliteratur.
Herausgegeben von Ursula Schulze
und Ulrich Mattejiet.
Mit zahlreichen Illustrationen.
Gebunden, durchgehend 2farbig,
ISBN 3-538-06826-7

Schlaf, süßer Schlaf

Geschichten und Gedichte der Weltliteratur.
Herausgegeben von Simone Frieling
und Dieter Lamping.
Mit zahlreichen Illustrationen.
Gebunden, durchgehend 2farbig,
ISBN 3-538-06842-9

Von Käuzen und Sonderlingen

Skurrile Erzählungen der Weltliteratur.
Herausgegeben von Klaus Seehafer.
Mit zahlreichen Illustrationen.
Gebunden, durchgehend 2farbig,
ISBN 3-538-06825-9

Der Druide und die Mondkönigin

Irische Märchen und Sagen.
Herausgegeben von Ursula Clemen
und Kurt Schier.
Mit Jugendstilillustrationen
von Audrey Beardsley
Gebunden, durchgehend 2farbig.
ISBN 3-538-06841-0